U0016795

CRISSCROSSING
COMMUNICATION
RESEARCH

Historical Contexts
and Global Perspectives

傳播縱橫

歷史脈絡與全球視野

李金銓

著

獻給

顏嘉琪博士

終身伴侶

生命因她而美

自序

一

　　做學術工作總會碰到奇特的「書緣」，譬如終身難忘的「友緣」。這種書和朋友不必多，但得到了就一輩子受用。本書以《傳播縱橫：歷史脈絡與全球視野》為名，是受到了米爾斯《社會學的想像力》（Mills, 1959）的啟發。早年求學時期，邂逅了米爾斯，讓我明白了自己想做怎樣的學者，從而建立學術風格與研究旨趣。米爾斯強調，要不斷聯繫個人關懷與公共議題，而且任何重大問題都必須放在歷史（時間）的視野和全球（空間）的架構中考察。他還細緻地刻畫了學者的生活方式、治學的態度，以及開拓想像力的各種方法，最終目的就是要達到學術研究的藝術境界。當時我正在摸索學術門徑，米爾斯不啻提供了一個指南針：原來學術與生命是不應該割裂的，而是彼此活在一個同心圓內，由內向外擴張，連成一脈，個人的心路歷程不斷與社會結構有機互動。

　　現代學術以問題為中心，縱橫自如，超越學科窄框，卻又論理嚴謹，證據豐富。我曾自許要發展深刻的問題意識，從遠處大處著眼，並發展各種組成的環節與細節，以期以小見大，並願意承擔社會倫理與學術責任。我的學術生涯一直是在國際傳播的領域摸索，以脫胎自博士論文的專著《媒介帝國主義再商榷》（Lee, 1980）發其端，參與了當時備受矚目的「國際資訊與傳播新秩序」辯論。其後三十多年，我的研究分為兩個支流：一是國際媒

介對於世界重大事件的新聞建構，以《全球媒介奇觀》（Lee, Chan, Pan, and So, 2002）及一系列單篇論文為代表；二是轉型社會（尤其是中華圈）的媒介與權力結構之間如何互動，以及政治經濟脈絡如何形塑媒介的結構與文化（Lee, 1990, 1994, 2000, 2003; Chan and Lee, 1991），其中若干論文曾擇要改寫為中文，並收錄於《超越西方霸權：傳媒與文化中國的現代性》（李金銓，2004）。近十幾年來，我特別關注國際傳播的知識論和方法論，旨在探討如何從在地經驗彰顯和接通全球視野，一方面具有民族文化的特色，一方面又能提升到普遍性的理論，庶幾與西方學界平等對話（Lee, 2015）。此外，我也對新聞史——特別是民國報刊——發生興趣（李金銓，2008，2013）。

　　教研生涯四十年，好像剛開始就要結束了。陶淵明在臨命之前，猶且引用《左傳》的話慨歎「人生實難」。像我這樣無足輕重的小人物，在退休前夕更體會到「學問實難」的道理，縱使窮盡畢生之力，欲獲得點滴寸進，也未必有太大的把握。回顧這一段既漫長卻又短暫的歲月，不禁欣喜愧怍交集；欣喜的是一輩子能做自己愛做的事，愧怍的是學海無涯，而生命與才情有限。這四十年，大概有一半時間在美國的明尼蘇達大學，一半時間在香港，因為工作環境的需要，我使用英文寫論文的機會竟比中文多得多。本書收錄的論文，包括國際傳播與新聞史兩個領域，都是過去十年內陸續發表的。在編輯的過程中，想到莊子說的「偃鼠飲河，不過滿腹」，不禁唏噓、悚然而汗顏。

　　在香港城市大學，我有幸參與了媒體與傳播系和傳播研究中心的創立。2005年開始，無心插柳柳成蔭，又創立了「中國大陸青年新聞傳播學者到訪項目」，至今已有兩百多位學者參加，遍布大江南北各重要高校。他們是當前中國傳播研究的中堅隊伍，有的已成長為學界翹楚。我從《論語》的「友多聞」取義，名曰「多聞雅集」，象徵由「博學多聞」的「新聞人」所成立的朋友圈，彼此互稱「多友」。多友們熔友誼和學術為一爐，已蔚然形成一所風格獨特的「無形學府」（invisible college）。本書書稿承多友張彥武先生鼓勵；李紅濤博士在挪威訪學期間，撥冗閱讀書稿，指出若干錯誤，並改定

通用譯名；宋韻雅博士協助文檔轉換，在此一併致謝。

2016年下半年健康突然不合作，生了一場大病。全靠嘉琪無私無怨、無微不至的照顧，正慢慢度過一個一個難關。她原在明大是出色的專業心理醫師，只因遷就我「不安分」的選擇，屢次舉家遷徙於太平洋兩岸之間。與她結褵為終身伴侶，是我畢生最大的福分。在這裡，我也想表達對遠居美國的子女居安、居明，媳佩英，以及孫女以文、以元、以立的思念。我謹以謙卑而感恩的心，把這本書獻給他們。

二

大病初癒，生命給我第二次機會，我心中充滿感恩。一場大病使「生老病死」變得這麼真實，使「無常」變得這麼靠近。以無常為常，我沒有怨天尤人，只祈求上蒼賜我以勇氣、信心和耐心，照著該做的節奏一步步走過難關。我在病中把內心感想錄了音，共十九段，其中有一段中說道：「什麼是幸福？平常人做平常事，就是幸福。」人常在福中不知福，一旦失去健康，一切皆空。病了一整年，和嘉琪每天二十四小時長相廝守，還覺得時間不夠用，彼此加深心靈的聯繫，重新體驗生命的意義。世界上大概只有夫妻和親情是在受難中不會起身告辭的。平時各忙各的，很多事視為當然，但病中極端無助，一個眼神也感受到不渝的感情。嘉琪是我的觀音。家人不棄不離溫暖我心，朋友關懷常記我心。這本書是一個平凡的學術人所做出卑微的獻禮，於私是記錄，於公則表示我在學術對話中報了到。

三

2018年清明時節，煙雨三月會杭州，承浙江大學傳媒與國際文化學院慨助，群賢匯聚西湖湖畔，參加第三屆「多聞論壇」。我是「退院老僧」，應命做了一場公開報告——「傳播縱橫：學術生涯四十年」，難得風雨夜，捧場客個個手提滴水的雨傘，或坐或站，室內擠滿了人，又一路延到走廊外。

接著，李紅濤博士安排了另一場懇切的座談會，由劉鵬博士出馬主持，敦邀姜紅教授和吳飛教授兩位「多友之友」，以及李艷紅、劉海龍、孫信茹和朱麗麗等四位「多友」教授，他們在百忙中撥冗評點本書的未刊稿。各抒己見，逸興遄飛，縱橫自如，處處洋溢著溫暖的友情，綻放著智慧的火花，實為我的退休增添殊榮。

四

雖然浪跡國外半個世紀，繞了半個地球，我在心理上始終未曾離開過臺灣社會。從香港退休以後，搬回臺北定居，更朝夕重溫我年輕時熟悉的草木和風物。晨昏在大安森林公園漫步，在街頭巷尾喝咖啡，回家的感覺真好。國立政治大學傳播學院和文學院共同徵召我回去當教育部的「玉山學者」，人生在這個階段還有機會回到母校和故鄉做事，我倍感幸運。

本書收錄的文章積存了最近十年的心血，即將進入公共領域和讀者見面，衷心高興又不免忐忑。本書得以問世，我必須在此鄭重感謝劉幼琍教授引介給聯經出版公司，更要感謝聯經陳芝宇總經理的青睞以及張擎先生的費心編輯。

此刻我的心境可以用下面三句話概括：

蘇東坡（北宋1037-1101）論吳道子（唐680-759）的畫：「出新意於法度之中，寄妙理於豪放之外。」

朱熹（南宋1130-1200）論學：「舊學商量加邃密，新知培養轉深沉。」

李如一（明1556-1630）禪詩：「是非無實相，轉眼究成空。」

前兩句話我懸為治學的鵠的，第三句話則是為學做人的究竟本相。這三句話都是我永遠心嚮往之而不能至的境界。

參考書目

李金銓（2004），《超越西方霸權：傳媒與文化中國的現代性》，香港：牛

津大學出版社。

李金銓主編（2008），《文人論政：知識分子與報刊》，桂林：廣西師範大學出版社；臺北：政大出版社。

李金銓主編（2013），《報人報國：中國新聞史的另一種讀法》，香港：香港中文大學出版社。

Chan, Joseph Man, and Chin-Chuan Lee (1991), *Mass Media and Political Transition: Hong Kong Press in China's Orbit*. New York: Guilford Press.

Lee, Chin-Chuan (1980), *Media Imperialism Reconsidered: The Homogenizing of Television Culture*. Beverly Hills, CA: Sage.

Lee, Chin-Chuan, ed. (1990), *Voices of China: The Interplay of Politics and Journalism*. New York: Guilford Press.

Lee, Chin-Chuan, ed. (1994), *China's Media, Media's China*. Boulder, CO: Westview Press.

Lee, Chin-Chuan, ed. (2000), *Power, Money, and Media: Communication Patterns and Bureaucratic Control in Cultural China*. Evanston, IL: Northwestern University Press.

Lee, Chin-Chuan, ed. (2003), *Chinese Media, Global Contexts*. London: Routledge.

Lee, Chin-Chuan, ed. (2015), *Internationalizing "International Communication."* Ann Arbor, MI: University of Michigan Press.

Lee, Chin-Chuan, Joseph Man Chan, Zhongdang Pan, and Clement S. K. So (2002), *Global Media Spectacle: News War over Hong Kong*. Albany, NY: State University of New York Press.

Mills, C. Wright (1959), *The Sociological Imagination*. New York: Oxford University Press.

目 次

第二篇　民國報刊：新聞與歷史的聯繫

第一章

傳播研究的時空座標

兼釋「橫看成嶺側成峰」

一、直覺智慧與社會科學

　　一百多年來，中西文化的問題一直困擾著中國知識界。上個世紀30年代，陳寅恪（2001：285）在審查馮友蘭《中國哲學史》（下冊）的報告說：「其真能於思想上自成系統，有所創獲者，必須一方面吸收輸入外來之學說，一方面不忘本來民族之地位。此二種相反而適相成之態度，乃道教之真精神，新儒家之舊途徑，而二千年吾民族與他民族思想接觸史之所昭示者也。」文化千古事，陳氏炯炯之言絕不過時。這段廣為徵引的名言揭示了中外學說相輔相成的至理，但這種境界對一般學者來說只能心嚮往之。我在中華文化的薰陶之下長大，又接受西方社會科學的訓練，兩頭不到岸，乃敢自不量力，常常思索如何才能彼此融會貫通。慢慢摸索，累積了一些非常粗淺的感想，不妨提出來拋磚引玉，權當本書《傳播縱橫：歷史脈絡與全球視野》的導讀。

　　中國的人文傳統似乎偏重直覺的智慧，經常寥寥數語下一結論，充滿了洞見，令人豁然開朗，卻不太交代推論的具體過程。宏觀思考喜歡刻畫大輪廓，較少有細部的理解，知其然而不知其所以然。有些直覺的智慧包含豐富而深刻的經驗，例如從《論語》抽出「己所不欲，勿施於人」這句話，不必用抽象邏輯的推演，一般人便能直接領悟，而且立刻了然於心。這是何等了不起的傳統。不過，直覺智慧的話說得太過精簡，往往話中有話，意在言

圖1.1　陳寅恪（1890-1969）著作：《金明館叢稿二編：獨立之精神自由之思想》。

外，有時甚至互相矛盾，亦未可知。例如陳寅恪（2001：262）對於《論語》的蘊旨，有言：「夫聖人之言必有為而發，若不取事實以證之，則成無的之矢矣。聖言簡奧，若不採意旨相同之語以參之，則為不解之謎矣。既廣搜群籍，以參證聖言，其言之矛盾疑滯者，若不考訂解釋，折衷一是，則聖人之言行，終不可明矣。」（見1949年為楊樹達《論語疏證》所作之序）換言之，孔子的智慧博大精深，言辭卻極簡略，是故後人必須以事實參證，在語境下排比，並詳加考訂解釋，始能明白並闡發其層層潛德之幽光，然而各家的解釋也不免互有出入。

倘若將學術比喻為一座金字塔，塔尖當是智慧，塔底是基本材料，社會科學則是介於兩者之間的中層建築。現代社會科學是靠概念、邏輯和證據三部分有機的結合，每篇文章有論旨，有推理，有證據，不僅要知其然，還要知其所以然。一方面，我們把林林總總的材料，用概念化賦予秩序，提升它的抽象度到中觀的層面。沒有概念化的工作，材料就像羽毛亂飛，整合不起來；一團毛線看似紛亂，要是找出線頭，便可以理順秩序，而這個線頭就是概念化。一方面，應該適度降低智慧的抽象層次，一層一層明白解剖，透過嚴謹而細緻的論證，步步推理，嚴謹有序，不能隨意跳躍，最後用證據證偽或證實，判斷論旨是否站得住腳。

我們不妨引用中國人的話語（包括經典、詩詞、成語、格言、隱喻）來闡釋治學心得。這些文化瑰寶描寫人生經驗，總結民間智慧，言簡意賅，字字珠璣，三言兩語，盡得風流。中國文字崇尚簡約，意象豐富，朦朧最美，稱得上最富詩意的形象語言，而詩無達詁，解詩人可以馳騁想像力。但以中文寫起硬邦邦的法律文件，卻暴露出它的邏輯結構不夠嚴謹。傳統上，中國的政令和法律習慣於宣示一些抽象的大原則，然而根據這些原則所制訂的施

行細則卻不夠具體而精確。中國人的話語又常常講得太精太簡，語焉不詳，再加上國人就像胡適筆下所形容的「差不多先生」，凡事不求甚解，只借助簡單的直覺揣摩個大概，而且以隨意的方式填補意義的空白，而不訴諸嚴密的邏輯推理，結果難免歧義橫生。許多話語背後，甚至出現意思不同甚至相反的話語，令人納悶而無所適從。

　　中國人文經典的魅力所在，也許正是這種「道可道非常道」、意在言外的空靈玄妙之意境。但社會科學所道（articulate）者，不是「非常道」，而是可道之「常道」，而且意在言「中」，不是意在言「外」，總是力求明白準確，減少爭辯或誤解的空間。回到「己所不欲，勿施於人」這句話，我們從未懷疑這是顛撲不破的普遍倫理原則。但在特殊的情況下，假若施者之所不欲，正是受者之所欲，則「己所不欲」而「施於人」，便成了兩全其美的讓渡關係。反之，「己所欲，施於人」，有時固然取得兼善雙贏的效果，有時反而變成強人所難，無理霸道，等於好心做壞事。社會科學必須提防抽象的全稱命題，應該建立「條件式」（conditional）的命題，未可籠統「一概而論」。

　　環顧當今僵硬的學術八股充斥，味同嚼蠟，啃也啃不動，幾乎如千人一面般可憎，使得中國傳統文人小品散文式的學術論文乍看十分清新引人。我十分同情這個心理需求，但竊以為清新小品散文式（light-hearted prose）風格或可偶一為之，切勿成為學術論述（academic essay）的正途。社會科學必須說道理，擺證據，而在最需要循環往復邏輯論證的時候，小品散文式的論文往往以巧妙的比喻、華麗的辭藻輕輕滑溜過去；也就是該凝重的地方，反而以空靈的姿態閃身而過，或語出輕佻浮誇，譁眾取寵，跑野馬，繞花園，卻遲遲進入不了正題。論理透徹而清晰，又有文采，那是可遇不可求的事。文采應是自然流露，刻意追求反而會變成瞭解知識的障礙。一般人但知欣賞其一片縹緲之美，口瞪目呆，卻未必確知作者真正的意思，要是碰到鼎鼎有名的作者，更只能怪自己程度不夠。即使作者經常片面舉例，而不全面舉證，或以偏概全，或引喻失當，或以詞害意，但因為有中國傳統文化的思考習慣為之障眼，一般人也不太仔細推敲其話語是否禁得起邏輯推理和經驗證

據的考驗。

許多隱喻和成語鮮活而深刻，但由於「道」不盡同，感性的意象與直覺的智慧必須過幾趟水，轉化成為明白精確的社會科學知性語言，再以嚴謹的邏輯和概念思考解開謎團。大致說來，要經過三道考驗。首先要剝解話語裡一層包一層的意思，縮小並明確其語義，語義的維度具體化以後，比較不易歧義叢生。其次，確定不同話語的局部適用範圍，使它不能漫溢到範圍之外。最後，裁斷並安頓不同話語之間的關係，舉例言之，設若有兩種不同的說法（成語、預設、論述），必有四種可能的邏輯關係，四者必居其一：（1）兩說都錯；（2）兩說互相排斥，若甲說對，則乙說必錯，反之亦然；（3）在不同的語境或條件下，兩說俱言之成理；（4）兩說互相支持，唯解釋力不同，以其中一說為主，另一說為輔。

經過這樣嚴格的轉化與發展以後，許多熟悉的形象話語——例如從較具體的「三個和尚沒水喝」、「百犬吠聲」、「遠親不如近鄰」，到較抽象的「物以類聚，人以群分」、「好事不出門，壞事傳千里」、「利令智昏」、「曾參殺人」——當可在社會科學許多領域的實驗和觀察中（例如社會心理學的「社會順從」）獲得證實或證偽，凝成更細緻的普遍通則；一方面條理分明，確定該原則在「特定條件下」的真偽，而不是以朦朦朧朧的話含混過關，另一方面則提升它的概括性，超越特殊時空的侷限，更有力解釋現代的社會生活。

一流的學者必有一流的直覺，但是這個直覺不是普通人的直覺，而是透過嚴格訓練和長期耕耘所獲得敏銳而深刻的學術洞察力。以禪修三境界為喻，初修時只簡單體會到「見山是山，見水是水」的狀態（正）；繼而進入複雜的懷疑階段，以致有「見山不是山，見水不是水」的反應（反）；最後返璞歸真，攀升回轉到另一個高度，回歸到「見山是山，見水是水」（合）的清澄之境。為了方便敘述，我姑且歸類為「一般直覺」（ordinary intuition）與「深刻直覺」（profound intuition）兩種。「一般直覺」指多數人從日常生活經驗中所獲得第一層次的直覺，但憑感覺、習慣、類比和附會瞭解事物，親切熟悉，而顧不得周密的邏輯和證據，有類於社會學家墨頓

（Merton, 1972）說的「熟悉知識」（acquaintance with）。「深刻直覺」則是指學者歷經了系統觀察與分析所得到的洞見，他們經過肯定（learning）、否定（unlearning）、再肯定（relearning）的過程，浸淫提煉，沿著陀螺盤旋到居高臨下的第三境界，獲得類似墨頓說的「系統知識」（knowledge of）。換言之，他們經過正反合的辯證三部曲，先放棄狹隘武斷的絕對觀，再放棄漫無紀律的相對觀，然後在高處確立自己的位置和世界觀。

　　對學者而言，「一般直覺」誠然可貴，卻不足為憑。但如何能夠培養「深刻直覺」的境界呢？章學誠（1738-1801）說：「學者不可無宗主，而必不可有門戶。」用現代的語言來詮釋，就是「一門深入，觸類旁通」。學者須得在慎思明辨以後，選擇一個適合自己才情與脾性的學術範式，從中汲取豐富思想資源。我開始教書時，施蘭姆（Wilbur Schramm）先生講了一個故事勉勵我。他說，當年在哈佛大學有兩位傑出的博士生，一時瑜亮，他們的導師（諾貝爾獎得主）預料其中一位將來的成就會更大，因為他的選題更好，「插頭可以涌入更大的電流（範式）」，頗有中國話「海納百川」的意味。所謂「入乎其內，出乎其外」，這是一條老生常談卻平實可靠的途徑。唯有先鑽進一個範式內部辛勤耕耘，精進不已，摸透它的門路、風格和方法以後，才有可能跳出那個範式來談超越、轉化或更新。

　　著名的科學史家孔恩（Kuhn, 1970）說：「須先做傳統者，才能做創新者。」這是極為精闢的警句。創新談何容易？多數人都是傳統者，創新者終歸是少數人。但科學家的創新沒有簡單的捷徑，無法取巧，更不是平地忽然一聲雷響，還得老老實實穿過傳統的軌道，隨著範式的基本預設、解釋和範例，周而復始，從事枯燥的思考和實際操作，久之從各種累積的「例外」中發現既有範式的破綻，於不期然間突然靈光一現，深有所悟，驅使最有創意的科學家去改變原有範式的若干核心預設，提出嶄新而有效的思路或方案，以解決懸而未決的理論問題。其結果，新範式建立，不僅超越或推翻原有的範式，而且全然翻新整個學術社群看問題的視野。孔恩的卓見未必直接適用於人文學科與社會科學，卻深富啟示的間接意義。俗話說，堡壘內部出來的敵人最可怕，因為只在塔外觀望徘徊，必定無法探究塔中的堂奧。一味好高

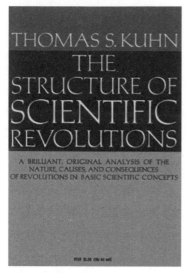

圖1.2　孔恩（1922-1996）著作：《科學革命的結構》。

驚遠，不肯深入一門，表面上好像東西南北什麼都懂，其實只能淺嘗輒止，囫圇吞棗，或氾濫無歸，文章即使寫得再花花綠綠，除了拾掇「此人說，彼人說」以外，實無所見。外行人看看熱鬧罷了，但內行人要看的還是門道。

現代學術不光為了培養以引經據典為炫耀的「活動書架」，也要傾聽可能發展出創造力的內在聲音。而經典經過互相排比、解構與重構，置之不同的現實語境，當可獲得嶄新的理解。學者若修持達到清澄「深刻直觀」的境界，必已培養了一套完整而深邃的方法看問題，具備敏銳而獨特的洞察力。他們洞察整體與部分的關係，發現問題之間所存在的漏洞，而又能跳出既有的框框進行創意思考，把握機先，提出解決問題的想法或方案。他們不僅嗅得出問題的重要性和精微處，也有能力把一般的直覺轉化為社會科學的語言與思維方式。這樣的學者由於有自信，已經建立自己的風格與視野，知道自己所站的位置，故能觸類旁通，不囿於門戶之見，願意與其他不同的立場從容對話。對話是互相切磋，適度容納異說，截長補短，而不是無條件投降。在這種境界上，中國直覺智慧與社會科學可以互通互證，要是搭配得宜，從形象表述轉化為抽象思考，簡直佳偶天成。結合成功與否，取決於三種特性：一是敘述性，概念能夠準確充分描述經驗實踐和日常話語；二是解釋性，概念層次井然，刻畫複雜的面相，推斷因果關係，並賦予意義；三是普遍性，從具體、個別而有限的經驗提升到理論概括的高度，可以跟西方的學術平等對話。對整個中華學術社群來說，這是一項巨大的共同挑戰，也是潛在的重大創新，值得大家勇敢而耐心摸索。

社會科學是從西方傳入的，在華人社會的發展時間尚短，道路崎嶇。傳

播研究尤其年輕，尚未定型。向西方學習是必經之路，但在此關鍵時刻，必須趁早提醒自己：一方面追求專業的嚴謹規範，一方面謹防落入過度專業化而畫地自限的陷阱，以致異化為技術化、碎片化、孤島化的窠臼。理論範式學到一定程度之後，便要深刻反省哪些對母社會、母文化是適合的，哪些是不適合的。最後，一方面要超越西方的話語霸權和文化霸權，一方面也要警惕「義和團式的學術民族主義」借屍還魂，而切切實實發現真問題，拿出具有文化特色的重大業績，回饋給西方乃至世界的學術圈。等到哪天我們有這樣的實力和業績，便足以和西方平等對話。在我的心目中，長期「對話」比短期「對抗」更重要，即使需要「對抗」也是為了達到「對話」的目標。為此，我們得有心理準備，對話不是天賦的資格，而必須具備相應的學術資本，所以這是一條漫長的道路，有賴幾代人不懈的努力，不斷建立並充實多元多樣、活潑豐富、自由獨立的學術社群。但現在還言之過早。

二、知識的社會建構

　　接下來，我想以蘇軾（1037-1101）的〈題西林壁〉為引子，說明我對社會科學的一些看法，以提供本書導讀的綱領。[1]這首千古名詩共四句，只有二十八個字，卻栩栩如生描寫了無窮的審美意象。這個審美意象竟暗合了社會科學的邏輯意蘊，通透而具體，實在是中國直覺智慧的極致：

　　　橫看成嶺側成峰，遠近高低各不同。
　　　不識廬山真面目，只緣身在此山中。

1　「多聞雅集」在四川大學舉行2015年聚會，邀請我口頭發言，事後黃順銘商請苗慧、李豔芬兩位同學幫我整理出錄音稿，本文即在此基礎上擴充改寫而成。2017年1月18日扶病勉力完成本文初稿，1月27日（送丙申猴年舊歲的除夕夜）定稿於石硤尾靜心齋，承好友唐小兵、黃順銘、李紅濤、張彥武和姜紅提供回饋。本文由《開放時代》於2017年第3期209-223頁刊布。其後繼續擴充改寫時，復蒙於淵淵和劉就惠賜意見。

　　以此出發，我準備從現象學的角度探討國際傳播與新聞史的三個關鍵問題：（1）有沒有絕對的真實，社會建構的觀點提供什麼啟示？（2）局內人的觀點與局外人的觀點有何利弊得失，如何互相滲透？（3）如何觀察經驗世界的常與變，同與異？這三個問題其實息息相關，渾然密不可分，分開來是為了討論的方便。這三個問題都涉及知識論和方法論，在大方向上，我的淺見最初甚得社會學領域的現象學家諸如柏格（Berger, 1963; Berger and Luckmann, 1967; Berger and Kellner, 1981）、拉克曼（Luckmann, 1978）以及塔克曼（Tuchman, 1978）等一脈的啟發，但後來轉益多師，許多具體影響的來源已不復辨識。我在本文對第一個問題的討論稍多，第二個問題略簡短。第三個問題，系統論述似不多見，所以特意在這方面多所著墨，並以實例反覆論證，千祈方家高明不吝教益。

多重社會真實的建構

　　我先從蘇詩第三句講起。「不識廬山真面目」，然而什麼是「真面目」？中國國畫往往寫意多於寫實，人們看廬山是重意抑或重實？要是廬山的「實體」可以完整而全面呈現，有誰得而識之？西方哲學經常設定上帝為真知和全知的造物主，以此論斷人類的有限性，從而建立各種理論論述。佛教也說，佛陀覺己覺人，超脫六道輪回，而眾生執迷不悟，因貪嗔痴而無明，觀看事物和體驗人生直如「瞎子摸象」，只看到表面，看不到本質。「瞎子摸象」的故事出自《長阿含經》第十九卷，記敘十分生動：

　　　時，鏡面王即卻彼象，問盲子言：「象何等類？」其諸盲子，得象鼻者，言象如曲轅；得象牙者，言象如杵；得象耳者，言象如箕；得象頭者，言象如鼎；得象背者，言象如丘阜；得象腹者，言象如壁；得象髀者，言象如樹；得象膊者，言象如柱；得象跡者，言象如臼；得象尾者，言象如緪。各各共諍，互相是非，此言如是，彼言不爾，云云不已，遂至鬥諍。時，王見此，歡喜大笑。爾時，鏡面王即說頌曰：「諸盲人群集，於此競諍訟，象身本一體，異想生是非。」

在這個故事裡，鏡面王是大徹大悟的佛陀化身，具有直觀世界本真的神通，故曰「象身本一體」；但眾生凡人猶如諸盲，沒有這種神通，摸到象的一小部分（鼻、牙、耳、頭、背、腹、髀、膊、跡、尾等等），便自以為是大象的全貌（如曲轅、如杵、如箕、如鼎、如丘阜、如壁、如樹、如柱、如臼、如絙），於是爭訟不已，乃至「異想生是非」（張冀峰，2016）。看「廬山真面目」譬如瞎子摸象，即使廬山有完整的物質存在（material existence），人們的感官和認知受到嚴重的侷限，不管身處山內或山外，觀察到的圖景永遠是局部的和片面的，而無法窺

圖1.3　《全球媒介奇觀：香港的新聞戰》。

其全貌。縱然借助最新的科學儀器，例如衛星定位和航空拍攝，也必然牽涉角度和位置的問題，橫側歪斜，遠近高低，都會影響取景的不同。

　　這裡先舉一個國際傳播的研究案例，庶幾賦抽象的闡述以具體感。2017年轉眼已是香港回歸二十周年。1997年香港回歸，允稱舉世重要的「媒介事件」，吸引了數千名各國記者前來採訪。當時，我和同事陳韜文、潘忠黨以及蘇鑰機（Lee, Chan, Pan, and So, 2002）深度訪問76位來自八個國家和地區的記者，並針對他們的報導（包括報刊和廣播電視新聞，共計3883篇）做了詳盡的話語分析，以抽絲剝繭的方式歸納其「意識形態束叢」（ideological packages），進而聯繫新聞視角到各國的國家利益與外交政策。當時冷戰剛剛結束，各國記者感興趣的是中國，而不是香港。新聞報導占據各種光譜，形成一場意識形態的話語角逐：

◆　中國強調，香港回歸洗雪了自從鴉片戰爭以來一百五十年的民族恥辱，因為鄧小平的改革開放及其高瞻遠矚的「一國兩制」政策，香港回歸成為可能。（冷戰期間，香港是中國對外的主要窗口，它能夠保持現狀，是因為毛澤東定下「長期打算，充分利用」的政策方針。）

香港和臺灣的報導以「文化中國」沖淡「政治中國」的調門。

◆ 英國媒介緬懷昔日帝國的榮光：英國打下良好的基礎，香港從一個荒涼的漁村變成國際都會和金融中心，這是「具有英國特色的中國人成功的故事」。但報導絕口不提鴉片戰爭，反而諷刺香港的難民源自動盪的中國。英國建構的話語，完全符合它離開殖民地時一貫的口徑——「我們給世界帶來文明」——正是薩依德（Said, 1993）所揭櫫的典型「東方主義」。

◆ 美國報導惋惜「東方之珠」送入「虎口」，英國人離開以後，唯美國有力量和道義責任挺身護衛香港的「自由民主」與生活方式。美國既非宗主國，憑什麼干預香港事務呢？沒有別的，就是國際霸權的意識形態在作祟。

◆ 澳大利亞的報導呼籲要採取獨立於華盛頓和倫敦的外交政策，但易說難行，媒介報導充滿了反對中國的偏見，幾乎與美國無異。此外，大量香港移民進入加拿大，中文成為英語和法語之後的第三大語言，加國媒介聲言香港回歸直如國內新聞的延長。

◆ 日本最關心的是經濟，不是政治——香港能否繼續穩定，有利於其商業利益？自由民主本非主導日本外交政策的基本原則，日本媒介以第三者旁觀的角度報導中美英的爭執，自己盡量不介入其中。

從現象學的角度，這個案例闡發了六層意義，以下逐一討論。第一，移步換景，看到的景觀就不一樣。遠近高低各不同，難道遠的對，近的就不對，高的對，低的就不對？顯然不是。無論在時間上或空間上，遠看近觀各有長短：看得遠，輪廓清晰，細節模糊；看得近，細節清晰，輪廓模糊。太靠近的歷史有太多的遮蔽，不容易看清真實，就是這個道理。所謂境由心造，一樣山水多樣情，對於外在客觀景物的理解，往往是內在心理活動的投射，而又涉及觀察者的處境及周遭的條件——這是主觀和客觀交融互動的社會建構，即是「互為主觀」（intersubjective）的過程。世間沒有絕對客觀的單一真實（reality，或現實），而是由各種詮釋社群從遠近高低的角度，建構「成嶺」或「成峰」的多重真實（multiple realities）。因此，我常覺得社

會科學沒有絕對的對，也沒有絕對的錯，觀察的角度和位置不同，得到的結論往往也有異。

在香港回歸的國際報導中，各國的話語都有「本質化」的傾向，突出對自己有利的論述，抹煞其餘，甚至彼此針鋒相對，猶如公說公有理，婆說婆有理。當然，這是比較極端的案例，因為涉及意識形態的鬥爭。即令如此，不是說你主觀，我也主觀，主觀與主觀之間就是永不交叉的平行線，只能各說各話，甚至必須鬥得你死我活。須知意見不同，或多或少還是可以互相溝通瞭解的。真實既是主客交融的建構，詮釋社群之間不應該是絕緣體，彼此在善意和尊重的基礎上，追求共同的目標與價值，透過反覆不斷的傾聽、辯論和對話，設身處地，當可獲得某種程度的「同情理解」（empathetic understanding）。詮釋學大師高達美（Gadamer, 1998）稱之為「視野的交融」（fusion of horizons），即是透過主客觀互相溝通的過程，涵攝各方的看法，而獲得新的瞭解。這自然是很難達到的境界，卻未必是虛幻的建構。猶如民主的本質，宜乎視為一個不斷追求「止於至善」的動態過程，而个是一種固定不變的成品（Boorstin, 1974）。傾聽起碼使人謙遜，知道對方並非完全無理取鬧，己方的意見並非盡善盡美，往往只是一種權衡之下的選擇，明乎此，大家就不必劍拔弩張了。人類社會本來就不完美，溝通也不可能盡善，談不攏的暫時放著，求大同，存小異，繼續努力。（當然，我們必須預設「願意溝通」為必要的條件，遇到基本教義派的銅牆鐵壁，也只能「道不同，不相為謀」了。）

第二點，顧名思義，multiple realities 擺明是「多於一種」的真實建構，是複數的，卻不是「無限多」的，否則必流於虛無主義，不但知識系統割裂到喪失立足點，人類溝通也將完全不可能。英國史學家卡爾（Carr, 1964）說：

> （我們）不能說：因為一座山從不同的視角好像呈現不同的形狀，所以客觀上是沒有形狀的，而是有無數的形狀。也不能說：因為詮釋是建立史實必要的一環，因為沒有一個現有的詮釋是完全客觀的，所以一個詮釋和另一個詮釋一樣好，而原則上史實是無法客觀詮釋的。（頁26-27）

　　我大致接受這段相當精闢的話。但如何做到「客觀詮釋」，怎麼樣才是客觀的標準呢？我以為現象學對「互為主觀」的主張還比較切實。因為真實不是簡單而自明的，必須彼此在對話、辯駁和意會的過程中，從各種角度揣其大意，以獲得同情的理解。不用說，在這些多元或多重的真實中，有的建構當然更深刻更有意義。絕對主義只承認一種正確的解釋，而極端的相對主義則接受各種標準不一的解釋，猶如俗話說的「撿到籃裡就是菜」，過猶不及，這兩種立場應為智者所不取。至於哪一個真實建構最有分量，一方面要看證據的多寡與精粗，有多少解釋力，一方面還要取決於相關詮釋社群的廣泛共識。

　　第三點，主導建構「多重真實」的因素是什麼？可能是階級、種族、膚色、科技、經濟、意識形態、文化價值或國家利益等，有些因素在若干的議題或事件上特別突出，這些因素也可能發生交互作用。按照這個邏輯，我們相信多因多果，相信或然率，而不願意接受單因論，也排拒各種先驗的決定論，例如階級決定論、經濟決定論、科技決定論，或歷史決定論。這些決定論彷彿以不變應萬變，放諸全球而皆準，各地經驗必須「迎合」它的先驗真理。但「真實」沒有這麼簡單。我在明尼蘇達大學任教時，報載一位非裔女法官到中學演講，勉勵貧困的同學只要努力必可爬上去，改變社會階層。但她自歎穿起法袍，人家尊敬她是法官，一旦脫下法袍，出了門，人家說那不過是個黑女人。這個故事讓我印象深刻，膚色是不能改變的，階級和膚色即使互為關聯，卻無法彼此取代。在上述香港回歸的案例中，顯然國家利益超越其他因素，成為媒介話語的驅動力。

　　學者的知識和視野無不受到個人經驗、師承譜系、周遭環境與時代思潮等圈圈的實存經驗所侷限，造成「內外有別」、雙重標準或言行不一，自己也未必完全警覺。近世紀大英帝國的政治領袖（如邱吉爾）都是死不悔改的殖民主義者，以為上帝恩賜他們以統治世界的特權；18和19世紀的歐洲思想家在國內宣揚自由主義、個人主義和天賦人權，在國外卻幾乎都維護殖民主義和種族主義；更有極端的偽科學家扭曲進化論，以頭顱的形狀「證明」黑人是未進化的「猿人」（Ferguson, 2004）。美國的《獨立宣言》宣稱

人生而平等，憲法是一部保障人民權利的偉大傑作，但美國在歷史上卻長期歧視少數民族（黑人、印第安人，甚至華人）和女人。上個世紀60年代，美國學生抗議成為反越戰和反主流文化運動的一個場景，激進學生在占領大學行政人樓以後，男生便聚首思考下一步的行動策略，卻讓並肩戰鬥的女生去煮食做雜事，即在激進的學生運動陣營內男女並未擺在平等地位，因而間

圖1.4　《真實的社會建構》。

接催生了女權運動。如今，比比皆是的英國文化學者大義凜然地批判國內階級和性別不公，卻大多忽略帝國主義的視角，對第三世界也未必真正關心或同情。

　　此外，各國都有不少民族情緒膨脹的學者，他們力爭國際地位，對國內少數民族的次等待遇竟視而不見。這說明了什麼？首先，任何抽象概念必須適當解構，不同的面相與語境互相聯繫，我們看到階級和種族、性別、宗教、國家利益、民族情緒和意識形態交錯起作用，它們既不能籠統混為一談，也不是勉強化約成某個粗糙的單因可以充分解釋的。其次，學者的視野有盲點，甚至充滿學術的傲慢，容易被單面邏輯所遮蔽，我們除了要時刻反觀自己的死角，還要多多虛心聆聽別人。這是很難做到的理想，卻不能放棄不斷嘗試。三，決定論突出某些因素，使人必須直面正視它，不能加以回避，因而活絡我們的思想，使問題看得更全，但若堅持以決定論解釋一切，而抹煞其他說法，反而是非常偏執而危險的。

　　第四點，社會學假設整體大於個體的總和，真實的建構不是各個版本一加一機械式的拼湊。以香港回歸為例，即使把各國媒介的報導攏合起來，難道就是報導的全貌？當然不是，因為不在樣本內的國家很多，而受訪各國內部也有主流和支流的差異。橫嶺側峰，不論單獨或合起來，都不是盧山的整

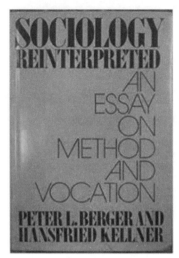

圖1.5　柏格以現象學重釋社會學。

體。再如瞎子摸象，有的摸到鼻子，有的摸到眼睛，有的摸到大腿，不一而足，但這些部位加起來也無法構成大象的全貌。同樣的道理，假如挑選最好的前鋒、中鋒、後衛，組成一支籃球隊，理應所向無敵才對，但這些大牌明星極可能各自唯我獨尊，互相拆臺鬥氣，以致整隊敗績累累。相反，哀兵卻可能制勝，因為他們面對輸贏的壓力較小，如果有默契，又敵愾同仇，倒可以一鼓作氣打出漂亮的成績。在分析上，我們必須注意部分與部分之間的有機互動，以及這些互動如何影響整體的凝聚力。

　　第五點，話語建構即使多元化或相對化，版本之間仍然避不開中心與邊緣的權力關係，並非所有的話語都是等量齊觀的。國際新聞眾聲喧譁，深受各國利益的影響，邊緣小國根本很難走上國際舞臺發出微弱的聲音，而強國的話語是內外有別的。美國的國內新聞，也許比較能夠反映多元的利益與觀點，故盡量平衡報導民主黨和共和黨、白宮與國會的齟齬；但美國的國際新聞，則因國家的海外利益超越黨派，口徑往往比國內新聞單一，要是報導敵國（如目前的伊朗、敘利亞或朝鮮）更一面偏袒美國。我們知道，西方秉持「新聞專業主義」，強調客觀公正，不偏不倚，事實與意見相剝離，但這些原則不是真空存在的，而必須深植於一套「恆久價值」（enduring values）的假設之上，包括文化中心主義、以中產階級為主的自由民主制度、負責任的資本主義、個人主義以及不走極端等等（Gans, 1979）。除非媒介凍結最高層次的假設，把既有社會構成的基礎視為當然，否則新聞專業主義的操作必將無法落實。正因為記者以其本國的恆久價值為依歸，他們總是有意無意以主流意識報導外國，新聞專業主義更不適用於不友好或與美國制度相反的國家。

　　第六點，毋庸置疑，整個傳播研究（包括國際傳播領域）是由西方（尤

其是美英）的學術籠罩和主導的。這裡，我不禁想起德國法蘭克福學派第二代巨擘哈伯馬斯（J. Habermas），他的「公共領域」（public sphere）理論在英語世界享有盛名，也曾一度在華人學界中風行。不少年輕學生沒有讀過（別說讀通）哈伯馬斯，但大概覺得「公共領域」是動人的口號，所以在申請博士班時動不動宣稱要研究新媒體的「公共領域」。有一年，我在復旦大學新聞學院辦的暑期班問道：「許多人斷章取義，抄錄一段哈伯馬斯的話，接著就迫不及待甚至不假思索地加以演繹。為什麼碰到『哈伯馬斯說』，跟著就『由此可見以下幾點』了呢？」眾笑，因為聽者也明白訴諸權威是有問題的。其後不久，我在臺北參加傳播學術年會，某位年輕學者一五一十追溯哈氏在哪本書怎麼闡釋「公共領域」，最後總結在臺灣社會的「公共領域」不夠成熟。我應邀講評時開他玩笑：「你把哈伯馬斯的一家之言當成《聖經》，難怪你做起了『查經班』的工作。但你想罵臺灣社會的『公共領域』，方法很多，何必繞一大圈抬出德國權威來壯膽？」哈氏的「公共領域」有西歐特殊的歷史語境，包涵了分析面和規範面，不能照搬硬套。我建議他不妨借助哈氏的觀點以活絡思想，但最後必須落實到在地經驗的分析，不能以議論代替分析，更不能奉哈氏為評斷一切的「真理」。這兩件事差不多發生在同時，我相信具有典型的文化意義，而不是巧合。有趣的是「哈伯馬斯熱」退潮以後，華人學界又轉而追逐新的偶像了。

　　我們如何從優吸收西方學術，而不淪為它們的「翻版」，又如何超越西方文化中心主義？這正是本書關注的主要旨趣。我在書中一再強調反對極端的實證主義，搬一個貌似放諸四海而皆準的命題或理論，在各國反覆謀求經驗上的印證。另外一方面，我們如何處理各種霸道的文化中心主義（ethnocentrism）橫行？有些作者為了反對西方霸權，建構在我看來相當封閉的「非西方」（亞洲、儒家、非洲，甚至黑人族群）模式。我對「亞洲文化模式」和「儒家文化模式」有些負面的評論（李金銓，2004: 283-285），因為我雖然不反對建構「非西方」模式，但前提是它必須開放，願意和西方平等對話，斷不能像原教旨派似的，假設「非西方」天然占據道德高地，因而走向批判對象的反面。

　　郭振羽教授（Kuo and Chew, 2011）提出的方案比較富有建設性，我願貢獻淺見，以就教方家。他受到「中國結」隱喻的啟發，主張把各種「文化中心主義」（他們的文中附上圖示說明，提到非洲、亞洲、歐洲、太平洋諸島、美國印第安及其他的文化中心主義）編織成為一張集錦，形成「中國結」似的整體。從表面形式來看，彷彿以 a + b + c +……+ n = N 的公式簡單相加以後，拿到更高的抽象層次糅合，總體（N）就超越了個別的文化中心主義（a，b，c，……）了。但細想之後，我覺得文化交流沒有這麼簡單，還有不少問題必須商榷。其一，這個「結」不管怎麼編織，總不能包涵無限多的「文化中心主義」，到底哪些應該被納入，要納入多少個（n=？）才夠扎實？其二，知識生產與分配必有權力與支配的關係，這個「結」的組成孰為中心，孰為邊緣？美國的聲音大於墨西哥，中國的聲音大於越南，毋寧是自明的道理。其三，這種一加一式的勾結與鏈接，糅合以後加以抹平成為一塊，就是「超越」嗎？經過機械式的折中以後，祛除異以強求同，各組成部分就自然消弭於無形嗎？還有，各種知識或文化體系背後都蘊含了一些基本預設（presuppositions），預設與預設之間難道沒有矛盾衝突，而一旦起衝突，當以什麼語境來裁決？其四，這個「結」不可能靠自然的力量形成，而必須靠人為的努力，從各種文化系統中抽繹出普遍性與特殊性，進而綜合之──然而是誰被賦予超凡的能力，站在更高的視野來做這種綜合工作呢？其五，每個「文化中心主義」內部有主流與支流之分，例如美國文化不是鐵板一塊，其主流文化和印第安人次文化的關係如何？

　　倘若不拿西方理論來套取華人社會的經驗，而大雜燴式的「編結」也行不通，那該怎麼辦？我自己嘗試從韋伯和現象學發展出一條路徑，首先考察在地經驗的內在理路，然後在抽象階梯逐級上升，於是在各個適當的點接觸更大的文獻，最後在地經驗得以和全球視野溝通融合。這是強調從具體性慢慢上升到普遍性，而不是以普遍性抹煞具體性。當然，我們平常必須對理論有所吸收，才能活絡思想，為問題和經驗提供線索，從具體材料中窺視背後的理論意義。要之，應該以開放的態度吸收西方理論，但我們反對輕易奉之為圭臬，視之為標準答案，以致凌駕具體的經驗分析（詳見第四章）。

局內人與局外人的觀點互相滲透

蘇詩後兩句彷彿暗示，跳出山外，方得認識廬山真面目。「當局者迷，旁觀者清」，指的是一場棋局，看棋者因為沒有實際利益的考慮，比較超脫冷靜，往往比下棋者更清楚全盤棋弈的動向，也就是假定局外人有觀察的優勢。這種說法可能只對一半。另外一半則質疑旁觀者在局外看戲，縱能察知外緣的表象，畢竟事不關己，隔靴搔癢，焉能深入瞭解下棋者作為局內人的心理動向？這　推演，又可能片面陷入局內人的迷思了。

詩無達詁，通讀整首蘇詩，我覺得還是前兩句——橫看成嶺側成峰，遠近高低各不同——比後兩句更重要。觀察的位置、天氣變化以及觀察者的處境，都會影響視覺效果；不論在此山中或此山外，視野各有侷限，只能看到局部的景物。正如著名社會學家墨頓（Merton, 1972）宣稱，「局內人」和「局外人」的說法都找得到片面的例證，但畢竟各有各的盲點，所以最後必須互相交流滲透。

依照墨頓的說法，局內人擁有天賦的資格，例如天生的性別或膚色，這是難以改變的，但局內人並未因此獲得壟斷真理的權利，他們也不一定有特殊通道。假如把局內人的迷思推展到極端，終必釀成一場無比荒謬的災難：譬如只有中國人才能瞭解中國，只有精神病人才瞭解精神病人，只有蜀人才懂得做川菜，而老師無法瞭解學生，白人無法瞭解黑人，現代人更無法瞭解唐宋的典章制度及當時士大夫的心理活動。類似的例子不斷化約，上綱上線，可以無限繁衍下去。話語建構一旦本質化和絕對化到這個地步，毫無轉圜或商量的餘地，整個社會關係網絡必撕裂為碎片，全然沒有溝通的基礎；任何知識（不管是歷史、地理、文化）的立足點勢將蕩然無存；中外古今的鴻溝無法逾越，最後甚至連納粹那種滅絕人性的種族排外主義都變得合理。

須知瞭解是相對的，不是絕對的。瞭解也涉及不同的層次與面相。男人也許「不完全瞭解」女人，但絕非「完全不瞭解」女人。男人難道完全瞭解男人，我又何嘗完全瞭解自己？在某個程度上，精神科醫生不是比他的病患更能透視病因嗎？換言之，我們不能絕對化、本質化、簡單化，道理一以貫之，放諸個人和社群如此，在國家和跨文化各層面亦當作如是觀。新聞史研

究發現常與變，跨國和跨文化傳播研究梳理同與異（見下詳述），但不應該庸俗地把這些視為二元對立。墨頓（Merton, 1972）認為，局內人也許比較瞭解日常生活熟悉的知識（acquaintance with），但局外人靠長期觀察和深刻反思，獲得系統的抽象知識（knowledge about）並不比局內人遜色。對局內人習以為常的事物，局外人卻問得出新鮮的問題，提供不同的解釋。更重要的是，墨頓宣稱人們的身分不是單一不變的，而是背負著一群「交叉的身分集合」（cross-cutting status set，或譯為「身分簇」）。現象社會學家柏格（Berger, 1963）直說我們都是「複數之人」（plural persons），既是局內人，也是局外人，而且出入內外之間。儘管局內局外的多元組合成分不同，彼此還是可能互通心意的。任何「認同政治」（identity politics）之可怕，正是因為它一旦滑向基本教義派，必然帶有極端的排他性，閉起眼睛關起耳朵，漠視證據，違背道理，為了捍衛他們的「真理」甚至不惜鋌而走險。基本教義派者堅持內是內、外是外，內與外完全黑白對立，黑與白不僅無法互相滲透，黑白之間也沒有重疊的灰色地帶。河水起碼可以不犯井水，他們偏要鬥得你死我活，結果就全面剝奪了理性溝通和互相瞭解的可能。

張隆溪（Zhang, 2015: 71-85）述評西方漢學家分析中國文化的派別，也有局內人和局外人之分。傳統漢學家從西方現代化理論、中國如何回應西方的「刺激與挑戰」以及帝國主義視角分析中國，問題頗多。有鑑於此，美國學者寇恩（Paul Cohen）提出以中國為中心的取徑，假定中國歷史依照自己的軌跡發展，中國不是一部吸收外來因素的大容器。當然，依照中國「自己」的軌跡運行也只是程度的差別，中國不可能完全自外於周遭環境和國際情勢；而學者在分析中國時，也往往把整體化為更小的單位（如地區或省分）。其次，法國學者朱利安（François Jullien）從西方的立場為出發點，並以之為依歸，只把中國視為「他者」，或是一面反照鏡，其結果往往是證實他們自己的預設和範式。第三個取徑如美國學者宇文所安（Stephen Owen），則是東西或中外截然兩分。第四種取徑，如印度裔學者杜贊奇（Prasenjit Duara），他雖然承認很難以歐洲史的概念和理論分析中國史，也不相信民族主義的宏大敘述，但在實踐上卻大量引用當代西方的概念和理

論，正好和「中國中心論」背道而馳。在評介各種取徑以後，張隆溪落實到墨頓對局內人／局外人互相滲透的立場。

　　漢學和中國研究，如同其他第三世界的研究，在西方學術體系是邊緣學科，在美國大學課程劃歸為「區域研究」，與傳統主流的學科建制隔離。日本學者溝口雄三批評，二戰以後，日本的傳統漢學主要是以日語閱讀中國的經典（漢字對他們來說是外文），逕自把自己主觀的映像投射到古代中國，這種日本化的漢學是「沒有中國的漢學」，它所反映的，與其說是中國，不如說是日本；而新興的當代「中國研究」則是以西方的現代性模式看中國的「落後」。溝口研究的是中國史，日本知識界因而視之為主流文化批判圈的外人，而中國人也未必接受他的一些基本假設。也許因為夾在「局內人」和「局外人」之間，是人類學家所說的「熟悉的陌生人」，引起角色的雙重尷尬。他自稱頗覺「孤立」，但又自信只要假以時日他的學說可以扭轉情勢而獲得主流接受（見Chan and Sun，2016的訪問）。在一篇著名的文章〈以中國為方法〉，溝口雄三（Mizoguchi, 2016）指出中國歷史發展有特殊的內在動力，不應該套入西方眼光的現代性架構，西方人看世界的「方法」不必是全球的統一標準。世界是多元而相對的，他希望從中國史的特殊邏輯，配合世界各地時空座標的特殊邏輯，凝練出多種看世界的方法，共同建立一個更寬更高視野的現代性，既更有普遍意義，又不犧牲文化的獨特性。我對國際傳播文化性的論旨（第四章），與溝口雄三對歷史方法的闡述，在知識論或有不謀而合之處。

　　局內人和局外人終須回應「同情理解」的挑戰。南京大學舉辦第二屆「多聞論壇」，主題是傳播學與歷史學、人類學的對話。這裡介紹傳播學與史學對話的部分討論。[2]史學研究是材料與問題的對話。有的研究必須仰賴新材料，例如新出土的考古文物才能解答若干上古史的疑點；另一種研究則

---

2 《新聞記者》2016年6月，總400期專題：〈學科的對話，思想的碰撞──第二屆「多聞雅集」的傳播學術對話〉，頁49-69。張生，〈新聞史研究的視野〉，頁50-52；唐小兵，〈矚目於一個更廣闊、縱深和細節化的媒介歷史世界〉，頁53-55。隨後有五位學者與講者參加對話。

是靠新問題提供新視野，猶如聚光燈照明了原來躲在角落暗處的人與事，使舊材料獲得嶄新的意義。南大歷史系張生教授的研究風格屬於後者，他強調史料浩瀚無窮，如何提新問題更重要。他指出「史料學」（傅斯年）和「在鄉史觀」（寇恩）的侷限，然後從海洋史的角度說明，許多過去視為當然的解釋，在新的視野下卻未必成立。他的研究顯示，局內人（琉球或沖繩）對於釣魚島的史觀便和局外人（中、日、美）迥然不同。我因此聯想到辨識廬山的真面目，如何拼湊眾瞎子所摸到的大象？我願意相信，觀點即使再歧異，過程即使再艱辛，彼此還是要做溝通的努力。現象學家稱之為negotiation的過程，這個字在商場是議價的意思，在外交是談判；在文化溝通，則是以善意試圖進入對方的語境，經過反覆的說明、辯難、揣摩和商量，達到「心知其意」的境界，建立彼此可以同意的底線，也找出那些雖瞭解但不同意的部分。而「溝通」即是communication的原始意義（詳見本書第二章），從溝通的過程中彼此獲取互為主觀的同情理解。

　　華東師大唐小兵博士談到史家如何進入研究對象的內心世界，而又與它保持適當的距離。人是一堆矛盾的產物，在不同的情境下發酵，既可殊途同歸，亦可分道揚鑣，同調又異態，因此呈現了個人與時代交涉的五彩繽紛。唐博士呼籲學者不帶偏見閱讀史料，這是誠實的態度。但不帶「偏見」並不是拋棄預設，因為沒有預設是無法瞭解歷史世界的；更不是以贖罪的心理，對異己的人事做過分浪漫的詮釋。不帶偏見，是要持平，要戒慎恐懼，提防被預設的盲點所蒙蔽而不自知，以致對材料做出選擇性的解讀。必也，不亢不卑，設身處地，對史料做「同情的理解」。最好是預設和史料能夠做到水乳交融；萬一史料不合預設，則只能調整預設，不能隨便篡改史料。預設只是觀察分析的工具，必須隨著史料的開展或深挖而變動，譬如望遠鏡或顯微鏡不斷尋找最清晰的遠近聚焦，使概念或理論提供解釋史料之助。

　　張、唐兩位先生都涉及異見如何溝通的問題。對此，巴倫波因和薩依德有一連串探討音樂與社會的對話──《平行與弔詭》（Barenboim and Said, 2002），深刻而有趣。薩依德說，以色列人和巴勒斯坦人衝突不已，雙方的歷史文化和宗教很不同，但他們的命運纏繞在一起，必須活在同一塊土地

上，若不尋求和平共處，就只能世代仇恨下去，所以最好選擇溝通對話，設身處地，力求互相理解，想出解決的辦法來，當然這不是意味著必須放棄自己以求同。著名指揮家兼鋼琴家巴倫波因從音樂的角度說得更形象：「你得保存極端（的聲音），但找到聯繫，隨時找到聯繫，這樣會有一個有機的整體」（頁69）。吉光片羽，充滿智慧：指揮家最大的挑戰就是怎麼尋找聯繫，而不是消滅、抹煞或壓抑刺耳的聲音。交響樂本來就是各種不同樂器和不同音調的矛盾統一。

　　從古典音樂取喻，社會科學的解釋的主旨不就在建立合理而有生命力的「聯繫」（connections），使人與社會的關係豁然貫通嗎？首先，極端與極端之間呈現著全面的光譜，基礎統計學稱之為「全距」或「極差」（range），我們可以在這個全面光譜中找到事物之「同」（集中趨勢，即central tendency），可以計算數值與集中趨勢相異的程度（標準差，standard deviation），這就是歸納分析的開始，也是我們緊接下來要討論的題目（常與變，同與異）。其次，怎樣建立極端與極端之間－－和諧與衝突，矛盾與統一，常與變，同與異，強與弱，黑與白，明與暗，濃與淡，生與死，久與暫，陰與陽，雅與俗，深沉與熱情，褻瀆與崇高──的種種聯繫，形成一個有機的整體，則饒富想像和創意的空間。西方有些國家的歷史學家合寫有爭議的歷史，中日韓學者開始合寫歷史教科書。兩岸學者合寫的《新編中國近代史》（王建朗、黃克武，2016），更是有別於過去僵硬的革命史觀，嘗試透過新問題和新材料，互相切磋琢磨。該書透露了一個有趣的信息：臺灣史學界愈來愈願意承認

圖1.6　巴倫波因（1942-）和薩依德（1935-2003）的對談：要不斷建立有機的聯繫。

國民黨最後在大陸的全面潰敗，而大陸史學界也愈來愈肯定國民政府在主導抗日正面戰場的角色。

中國大陸和臺灣史學界內部當然也有異同，但兩岸之間的合作象徵著更大的意義，即是不同的（以前是敵對的）詮釋社群不僅互為「局內人」和「局外人」，並且出入「局內人」與「局外人」的角色，試圖透過和解和對話，獲取「互為主觀的理解」。他們只要放下成見，尊重史實，虛心聆聽對方的闡釋，便可逐漸化解誤會與偏見，求同存異，擴大共識面，以豐富歷史複雜的多元面相。可惜新聞史學界一向因循保守慣了，不講究人文與社會科學的理論，很少有方法論的自覺，加以圈內自我防衛意識偏強，頌揚多於爭鳴，其發展情勢遠遠落後於整個史學界的百花齊放。好在新聞史學界逐漸以比較平實的分析，取代臉譜化的政治判斷或道德褒貶，並重新評估若干以往被視為「定論」的人與事（如梁啟超、張季鸞、胡適、魯迅、鄧拓、成舍我，乃至《大公報》、《申報》與《新華日報》），但整體步伐尚待大力邁開。

常與變，同與異

就時間和空間的座標來說，蘇軾的〈題西林壁〉描述廬山當前景色的變與異，而沒有觀照到廬山的「過去」與「今日」甚至「未來」之間的關係。換句話說，他似乎忽視了事物的「時間性」維度。對照之下，李白（701-762）詩云「今人不見古時月，今月曾經照古人」，則是詩人對時間的詠歎。前一句形容人之「變」，逝者皆如斯乎，一旦光陰流逝，再也看不到古月；後一句形容月之「常」，照爍古今，不因人的世代變化而異。李白這兩句詩生動刻畫了辯證的兩面性。同時代的王昌齡（698-756）也有「秦時明月漢時關，萬里長征人未還」之句，刻畫了思念出征良人的幽怨，並寄託於歷史的想像之中。陽中有陰，陰中有陽，正是代表這個深刻而平易的道理。

其實，蘇軾絕非不重視時間性，也絕非不理解常與變的道理。常與變，既因事物存在的狀態，亦因觀察者的境界（horizon）、視野與心態，兩者相互作用而成。蘇軾在〈赤壁賦〉寫道，跟他一起泛舟的友人「哀吾生之須臾，羨長江之無窮」，東坡勸他不必羨慕。他說：

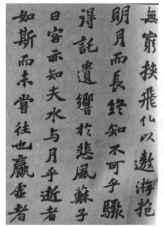 

Scanned with CamScanner　　　　Scanned with CamScanner

圖 1.7、1.8　蘇軾（1037-1101）所書寫的〈赤壁賦〉。（李金銓攝自字帖）

　　客亦知夫水與月乎？逝者如斯，而未嘗往也；盈虛者如彼，而卒莫消長也。蓋將自其變者而觀之，則天地曾不能以一瞬；自其不變者而觀之，則物與我皆無盡也，而又何羨乎？

　　世間之理必須「自其變者」（長江的一景一物每瞬間無不在變化）和「自其不變者」（滔滔長江，清風明月，皆萬古不變）合而觀之，使短期的視野和長期的視野交錯重疊，才能獲得圓融清明之見。這是值得時刻銘記在心的真諦。移步換景，境由心轉，柳暗花明，這種直覺智慧的形象深合現象學之旨，只是西方社會科學擅用概念和邏輯來解釋層層的現象。[3] 即如上引〈赤壁賦〉這段話——遑論《莊子‧秋水篇》河伯和海神之間生動絕倫的對話——涵義極為濃縮而深刻，若以社會科學的邏輯一層一層溶解它，是可以鋪陳寫出一部大書的。

---

3 例如陳少明（2016）從孔子與弟子的一段對話展開，結合古典社會學的文獻，探討親人、熟人和生人的倫理關係，既刷新儒家文化資源的現代意義，也指出其內在限制（即未發展出西方類型的契約說），中外互相參證匯通，這是頗有啟發的一例。

　　常言道，新聞是歷史的初稿。新聞和歷史都是社會建構。現在是過去的延續（常，continuities），也是過去的斷裂（變，rupture或discontinuities）。新聞聚焦於「現在」的人與事，只有在歷史的架構下，才能聯繫到過去與未來的意義。時間本如長江綿延不停的流水，但史家常以關鍵的事件、轉折、時刻或其他里程碑設為柵欄，進行歷史分段。也就是在自然時間之「常」，強加人為時間之「變」的框架，一邊以此駕馭材料，一邊又藉以敘述、比較並解釋「段內」和「段間」歷史延續與變化的同與異。歷史分段是截斷時間之流的手段——借用現象學的說法，把時間放在括弧內（bracket）——以便把鏡頭拉近到框架內的前景，但前景不能獨立而存在，必須有背景襯托，所以在聚焦局部（分段）的歷史時，要不斷聯繫局部與局部、局部與整體、前景與背景，方始見得常與變的交光互影。

　　歷史分段既是必要的社會建構，當然不是絲毫不可變動。現在人文學科與社會科學一般不相信社會達爾文主義的「進步觀」了，因為歷史曲折複雜，不是一步步直線向前發展，就在不經意的時候它可能逆轉、停頓、倒退或迂迴前進，人類社會無法假設現在必然比過去好，或未來必然比現在好。但回顧近代中國，知識界受進化論的影響最深。甲午戰爭（1894）清廷初敗於日本，四年後嚴復譯自赫胥黎的《天演論》問世，揭櫫「物競天擇，優勝劣敗，適者生存」的律則，震撼了貧窮積弱的中國。文化界領袖（如劉師培、章炳麟、嚴復、梁啟超、吳稚暉、胡適、魯迅）幾乎普遍篤信直線思維的社會進化論，其中劉師培更認為中國社會的發展整整落後於西歐一個階段（余英時，2007：273-277）。殊不知19世紀的的大英帝國正是以進化論為名，以船堅炮利為實，遂行其經濟擴張和傳教狂熱的野心，極盛時期統治了全世界三分之一土地、四分之一人口，號稱「日不落國」（Ferguson, 2004）。大眾化報紙銷路橫掃英國，充當帝國海外擴張掠奪最得力的鼓吹手（Curran and Seaton, 2018: 39-40）。大英帝國公然強取豪奪之餘，更宣稱把文明帶給全世界，不啻包辦了天下的利益和是非。相同的，溝口雄三說，日本是掠奪性強的武士文化，其軍國主義的侵華行徑也是搬弄西方思潮為飾詞，佯以「現代」國家教化「落後」國家（見Chen and Sun，2016的專訪）。馬

克思主義的社會進化階段論史觀曾一度主導中國史的分期，尤其是斷定「資本主義的萌芽」起於何時，傾全國史學界之力，而事倍功半，更是眾所周知的事。直線的進步觀深深引導中外新聞史的書寫。如同我在本書第三章和第四章所分析的，以進化論為圭臬的「現代化理論」更誤導了二戰以後國際傳播研究的方向數十年。

　　歷史除了不是「直線」發展，也不是「單線」發展。以前精彩的章回小說，常常話分幾頭暢快馳騁，然後又千絲萬縷串聯成完整的故事，在變化的情節中有統一的結構，這個傳統對歷史敘述的方法頗富意義。不幸目前所見，華文社區書寫的新聞史有許多躲在簡單而乾枯的「事實」後面，沿著俗諦直線又單線發展，很少呈現多重奏生動活潑的緊張與對話關係。多元史觀應該鼓勵學者從多層角度靈活分期、分段、分類，不但從社會上層、中層和下層的視野看問題，也看他們如何從正面和側面互動，只要言之成理，有充分史料支持，必可開啟想像力，對歷史的複雜性做出更入微的探究。薩依德（Said, 1993）從古典音樂汲取靈感，不斷提倡「對位閱讀」（contrapuntal reading）的方法，即是從文學藝術和思想文化的創作之中，「一併」而又「同時」閱讀殖民帝國的征服史（如英國）與被殖民屬地的抗爭史（如中東、印度、中美洲和非洲——乃至他未提及的彈丸之地香港），以勾連雙方互相纏繞、重疊和依賴的命運，往往就在交叉的介面上，以前遮蔽的文本和情景重新帶入分析的視野之中，因此得以挖掘並闡發獨特又有普遍性的文化和歷史蘊義。這種對位閱讀法對於處理時間（歷史）和空間（地理）都是深有啟發的。錢理群（2012）分析毛澤東時代和後毛澤東時代，聚焦於政治權力高層、知識人、民間異議刊物等在各階段的三重「複調」交叉互動，在我看來也是值得借鏡的「對位閱讀」範例。話說回來，任何分析都有分寸和尺度的問題，必須拿捏得準確，不宜矯枉過正，否則本末倒置反而失焦。例如葛兆光（2014）指出，中國自從秦漢以來，中心一直是清晰而穩定的，邊緣是模糊而移動的，儘管各種取徑和視野（地方史、世界史、東亞史、「同心圓」、邊疆史，以及後現代或後殖民主義）對研究中國歷史各有不同的價值，但不能因為複線發展而過分沖淡或解構「中國史」本身。

　　我們必須記住：學者根據研究的題目與材料做出分期或分段，採取某種分析策略，並不止是「術」的一面；在「術」的背後更有「道」的一面，也就是牽涉到知識論和方法論的價值判斷，而這個「道」對梳理經驗材料的內在理路之「術」其實蘊含著指導作用。「術」是顯而易見的表面，「道」經常是隱而不彰的裡層，我們不但要盡可能瞭解作者分段後面的世界觀，也隨時警覺自己視為當然的預設。這裡姑且舉三個例子以說明之：第一，將近一百年前，芝加哥社會學的先驅帕克（Park, 1923）提出報紙的「自然史」：有如萬物「生老病死」的自然規律，美國報紙自從誕生以後，歷經黨報、獨立報而發展到「黃色報」的階段。帕克發表這篇文章時，正當聳動性黃色新聞的高峰，在這以後報刊繼續它的生命；帕克的分析當然不是報刊史的終點，但報刊若依據生老病死的規律，黃色報刊以後發展會有什麼軌跡，帕克未能提供有力的線索。他的「自然史」描述靜態的狀況，似乎多於解釋動態的變化。社會科學經常必須借助生物學的隱喻（如「經濟成長」）或機械學的隱喻（如「國家機器」）構思，只是在轉換視角的過程中絕不能簡單套用。第二，日本學者溝口雄三建議以「一個世紀」為單元，分析現代中國在世界格局中由衰轉盛的過程（Chen and Sun, 2016: 639-340）。他以一個世紀為單元所觀察的歷史事實，所賦予史實的意義，以及常與變的關係，不論注意力或比重自然都與其他分段方法截然異趣，至於哪一種分段更好是可以公開討論的。第三，大家熟知，黃仁宇（2001）提倡「大歷史」，強調歷史結構有長期的合理性。這個預設也值得商榷。像美國社會學的結構功能論者一樣，他先肯定歷史發展的結果是合理的，然後再回頭追溯合理的原因，因此他對歷史之「常」的興趣或大於歷史之「變」，以致忽略或粉飾中期短期的不合理，並且無意中合理化（rationalize）歷史發展的顛簸道路。「直線」和「單線」邏輯若推到極端，可能得到成王敗寇的結論。

　　我想，廬山的景物一直存在，觀景的人如何得窺其遠近高低的峰與嶺？歷史的人與事一直存在，或明顯或晦暗，觀史的學者也應該望遠鏡和顯微鏡交互為用，遠觀近看，宏觀和微觀相輔相成，層次交錯而又井然，從不同的角度看到過去的人在什麼場景做什麼事。縱使史學家所站的觀察位置不同，

看到的景觀不盡相同，還是可以透過「意義交涉」的過程獲得互為主觀的理解。說到底，時間本身就是一個建構的概念，一旦概念形成，便會影響甚至左右我們看世界的方法。我們理解的時間概念其實還是很片面，例如佛家建構輪迴觀和講空性的決絕時間觀（不生不滅，即生即滅），道家建構迴圈的圓形時間觀（始即是終，周而復始），印度教有旋轉型的時間觀，西方宗教也有以死亡為生命再生的說法，這些都是對線性時間觀的重大挑戰。它們給社會科學的「方法」帶來什麼啟示，就我的閱讀範圍所及，似乎沒有看到重要的討論。

　　我們對歷史（包括新聞史）發生興趣，一定是受到某種心理觸動，可能呼應時代的關懷，產生有切己之感的問題，希望回到歷史的軌跡做韋伯式的「心智實驗」（mental experiment），以發現若干線索，合力挖掘、還原並重建歷史的面目，以促進人性活動的瞭解。因此需要開拓豐富的歷史想像，以引領學者問一些有意義的問題，從而在歷史材料的梳理和挖掘中，言人所不能言，見人所不能見。這種想像不是胡思亂想，而是基於敏銳的問題意識、深厚的知識儲備，以及充分掌握並善於解讀材料。以今日的流行去臆度或剪裁過去的事相，厚誣古人，或為了現實的需要而曲解歷史，都是缺乏學術誠實之品性的。我喜歡觀察改朝換代的眾生相，在歷史的時光隧道裡，窺探時代的走向和關鍵人物的動態。這時候常與變的關係最能夠清楚浮現出來，幾乎無所遁形（例如Chan and Lee，1991）。我嘗試寫過一篇〈記者與時代相遇〉（李金銓，2013b，收入本書第十一章），自認這是一篇蘊含生命關懷之作。我選擇三位著名記者（蕭乾、陸鏗、劉賓雁）的生命史為個案，「再現了這幾十年的時代精神，（他們）每每必須在時代變化的時刻抉擇一條安身立命之道，不管選擇哪一條道路，都必須付出沉重的承擔。他們的心曲是個人與時代的糾葛，是大我與小我的互動，也都具有悲劇的色彩」。我的旨趣是通過比較的視野考察異同，既以大見小，又以小見大，以探索時代、報館和記者的交光互影。

　　「常」與「變」之於新聞史，猶如「同」與「異」之於國際傳播。前者是歷史的維度，後者是地理的維度，合起來構成時間和空間交叉的座標。在

一個國際會議上，有位美國學者報告他在八個東南亞國家做的問卷調查。他說就傳媒與政治參與的關係而言，八個國家沒有太大的分別。報告完畢，立刻引起熱辯，到底是「同」還是「異」更重要？有人接著說，我們以前偏重看異，以後應該多看同，言下頗有恍然大悟之意。我愈聽愈不對勁，最後忍不住說：這麼大陣仗，卻沒有發現差別，簡直匪夷所思；究其原因有二，一是沒有問對問題，二是使用的經驗指標太鈍，分析不到家。同與異是一體的兩面，不論在理論上或經驗上，有同必有異，有異必有同。

為什麼我們不能只看同，為什麼差異這麼重要？著名英國文化研究學者霍爾（Hall, 1997）在一篇分析媒介如何「再現他者」的文章裡，試圖從四個角度來回答這個問題。一，從語言學來說，要是沒有差異（黑白、晝夜、男女、英國／外國人），意義就不存在。二，從語言的理論來說，意義必須透過與「他者」的對話來建構。三，從人類學來說，必須在一個分類系統裡將事物歸到不同的位置，文化才能建立意義；萬一事物錯置或不合分類，必將導致文化失序。四，從精神分析來說，唯有從「他者」的反照和從與「他者」的交往，才能建立自我認同（頁234-238）。霍爾強調，如果不談差異，就很難分析媒介的話語、知識與權力的關係。霍爾以西方通俗媒介（電影、廣告、文字）塑造黑人的刻板印象為分析個案，媒介首先把黑白種族的差異推到兩極對立，並把黑人化約成幾個永遠不變的特質（例如，相對於白人，黑人「天生」懶惰，故其文化原始、野蠻而未進化），接著再把這種話語進一步「自然化」。大家忘記這些妖魔化話語是人為的建構，儘管這些話語以偏概全，缺乏事實根據，但因為符合社會和文化上根深蒂固的成見，久而久之，所謂「黑人文化落後」的說法就自然而然，不假思索，變成了人盡皆知的「普通常識」。話語這樣不斷簡單化約，再抽象升級，加油加醋，上線上綱，終於轉化成為社會控制的權力與知識。既然大家把「常識」視為當然，不太質疑它的對錯，常識往往就是意識形態隱藏得最密實的地方。

建構種族的形象如此，建構性別、宗教、階級或跨文化的形象亦然。薩依德（Said, 1978, 1993）在這方面的理論貢獻尤為卓著。他批評，英、法、美等西方帝國的文學作品和媒介以第三世界為他者，憑藉想像建構本質化

的「東方主義」話語，以獲取並鞏固帝國的文化霸權。帝國殖民者以「文明者」自居，預設被殖民者為野蠻的「他者」，需要外來的文明與教化。而被殖民者的野蠻落後，不但內部毫無差異，而且從來一成不變。根據這些偏見和預設，殖民者可以「理歪氣壯」地脫離當地的脈絡與當時的情境，以臆測為事實，以偏見取代分析。其結論往往化約為以下的公式：反正（印度人、非洲人、阿拉伯人、加勒比海人……）就是（懶、笨、迷信、落後，或其他刻板印象……），所以無可救藥，必須靠西方國家救贖。西方媒介建構的伊斯蘭形象（尤其是阿拉伯世界）更極盡其偏頗、窄化而粗鄙之能事，簡直把它們醜化得一無是處（Said, 1981）。若放到拙文的脈絡來看，「東方主義」所展現的，其實就是同與異的「文化政治」：它一方面假設所有的殖民屬地同樣落後，無一例外（即有同無異），而且落後到底，絲毫不變（即有常無變）；另一方面又強調帝國與屬地在各方面存在著黑白的極端差異，如不可逾越的鴻溝，完全抹煞帝國與屬地命運與共之同。結果，屬地的落後襯托出帝國的偉大，而帝國的侵略行徑則美化為「教化」屬地子民。（所謂「內在殖民」，都市人歧視農村人，中產階級歧視在都市討生活的邊緣人，漢族歧視少數民族，異性戀者歧視同性戀者，不也是相同的「他者」建構嗎？）

　　回到〈題西林壁〉這首詩，廬山整體之「同」乃盡在不言中，蘇軾強調的是地理位置變換所看到廬山的部分樣貌與景色之「異」，部分之異不啻建立在整體之同，同中有異，其實也是異中有同。見同不見異，猶如見異不見同，顯然都失之偏頗。莊子說：「自其異者視之，肝膽楚越也；自其同者視之，萬物皆一也。」更是說明：觀點與角度的變化，使我們能夠在異中見同，同中見異──不止是廬山的整體與部分之間有同與異，廬山的部分與部分之間也有同與異──最後能夠求同存異。這是中國人一脈相承的圓融智慧，也應該懸為跨文化交往的基礎。[4]社會科學是處理普遍性（同）和特殊

---

[4]「BBC未來」專欄作者若布森（Robson, 2017）的文章可為「同中有異，異中有同」提供有趣的佐證。他引述大量研究證據說，東亞人（中、日）偏向集體主義，西方人偏向個人主義。但東亞也有內部差異。以中國而言，長江以南的「種稻區」，由於耕作勞力密集，水利灌溉需要通力合作，而長江以北的「種麥區」靠雨量，所需勞力減半，

性（異）的藝術，怎麼可能像那位美國學者但見其同不見其異，或者反過來但見其異不見其同？

　　無論如何，我們不能小看學者到底選擇以同或異為基本假設，因為這個假設可以左右他們如何觀察、認知和建構社會圖像。例如美國的「中國研究」創始者費正清（John K. Fairbank, 1907-1991），在學界和新聞界有很大的影響力，他曾領頭為風起雲湧的「文革狂飆」辯護，理由是中國有特殊的歷史、文化和社會，不應該以西方的標準衡量它；但「文革」結束以後，他們又紛紛回到普世價值，與中國官方合拍，否定「文革」的合理性。看到1989年天安門的血腥鎮壓以後，費正清臨終的最後一本書，幾乎改變了他前半生的論調。換言之，費正清先強調社會發展之異，後強調人類價值之同，一念之差，論旨南轅北轍。說到底，同與異是一體的兩面，也是互相蘊含的辯證，缺一不可。至於是大同小異，同異參半，抑或小同大異，則是經驗的問題，不能由先驗的預設僭越或定奪。在這一點，我同意張隆溪（2000）的看法，要隨時放在具體的環境來解決，「在差異強調過分時，就須指出文化之間也有相同或相通之處，而如果差異完全被抹煞，則有必要指出文化傳統或政治制度之不同」（頁83）。這是允執厥中的道理。

　　一般而言，在社會科學，「解釋異」要比「敘述同」來得有趣。剛開始學敘述統計時，重點在概括「同」（即平均數、中位數、眾數等，順帶才講標準差），後來學推論統計時，主要是衡量樣本平均數之差異，然後借助各種模型，推論到總體的特徵、數值與差異，並以「顯著度檢測」（test of significance）的方法測量從樣本推論到總體所產生的統計誤差。敘述統計是基礎，但推論統計發展出來各種模型，卻要比起敘述統計更複雜而豐富多了。以「變異數分析」（analysis of variance）為例，我們在解釋因果關係

因此「種稻區」比「種麥區」居民更傾向集體主義。（這個命題尚在印度檢測中。）至於日本，北海道原來只有土著居住，直到明治維新時才開始鼓勵大量移民，並從美國引進農業技術。研究發現，北海道比本州（僅在其南53公里處）居民更重視個人成就，更有企圖心；其認知結構更接近美國的拓荒精神，而與日本其他島的民眾反而相距更遠。

時，考察「他變項」對「自變項」起什麼作用，需先比較自變項因數「群內」的平均數差異，再比較「群間」的平均數差異，最後檢測「群間」差異（between variances）若大於「群內」差異（within variances），是否達到統計的顯著度。「群間」與「群內」的界定，視乎「群」的範圍而定。假如我們想比較東南亞國家和東亞國家之間的「群間」差異，那麼東南亞各國之間的差異便是「群內」差異。假如我們想比較東南亞地區國與國的「群間」差異，東南亞各國內部的差異便是「群內」差異。上引美籍學者果真發現東南亞這八個國家「群間」都無差異，豈不是用幾句話概括敘述，就一言以蔽之了？要是有同有異，那就得費力解釋這些國家有何不同，以及產生「異」的脈絡、過程與前因後果。（作家以生花妙筆描寫人生，道理是否也異曲同工？托爾斯泰說：「幸福的家庭都是相似的，不幸的家庭各有各的不幸。」果其然，千篇一律的幸福故事不免單調乏味，而各種不同的不幸故事才真正轉折多致而引人。）再以此脈絡分析前面提到的東方主義話語，其實就是「群內」差異的最小化，因此假定所有的殖民地都一樣落後，加上「群間」差異的最大化，因此呈現帝國（文明）與殖民地（落後）之間的黑白對比。

　　然而，同與異的問題或因學科的發展與特性而異，也因個別學者的觀點而異。一般公認錢鍾書（1910-1998）是學貫中西的人物，但他不太相信抽象的理論系統，而注重以筆記的方式疏證中（中國文本）西（佛經、西方文學哲學）文化相同和相通之處，以證明「東海西海，心理攸同」。學界對錢鍾書致力於累積許多知識的「散錢」沒有串成體系，一直靜訟不已。余英時讚譽錢氏的淵博，但也指出錢氏講同不講異，「因為相異的地方很難講」。又說：「相異之處，就是要講一個大的背景，大的架構。所以他（錢）可以避免這種大的判斷，也可以少給人家攻擊的餘地」（引自傅杰，2010，頁160）。

圖1.9　余英時，《中國近世宗教倫理與商人精神》。

　　總之，應該執普遍性（同）和特殊性（異）的兩端，不是簡單的同與異，是在各個層次上分析其「同中之異」與「異中之同」。過分向「同」或向「異」傾斜，都存在著分析上的偏差。而這個傾向又和學術的預設息息相關。余英時先生（1987）這段話說得最為透徹：

　　　　我們在比較中西歷史和文化之際又不能不特別注意其相異之處。然而文化異同的層次是無窮的，並不能簡單地、平面地、靜態地分別為「異」、「同」兩類。如果我們從動態的觀點細察中西某一方面的演變，我們可以發現其中有一層層的異中有同、同中有異的辯證關係。有時部分之異不能掩蓋整體之同，有時部分之同又不能掩蓋整體之異，反之亦然。不但如此，更有時表面的相似正含蘊著實質上的差異，而表面上相反，卻轉而包藏著實質上的類似。文化異同的複雜現象阻止了任何化約論的成立的可能性。（〈自序〉，頁65）

　　為免空發議論，我想舉出傳播研究的四個相關實例以說明之，並以這些例子為接引，略述我對知識論和方法論的若干淺見。第一例，科技決定論者往往誇大科技的力量，在各種新科技問世時，都說成掀起了史無前例、驚天動地的變化。事實上，每一次新科技出現時，學界所提的問題都大體驚人地相似。相反的，政治經濟學家則貶低科技的力量，認為新科技不是在社會真空出現的，而須在特定的政治經濟基礎上發展出來，並進一步鞏固原有政治經濟基礎的控制與支配地位。換言之，前者強調科技之「變」，後者強調政治經濟基礎之「常」。以我之見，不妨把這兩個說法看成界標，當會釋放出較大的解釋空間，進而分析一些「中層」（middle-range）的問題，以新科技與舊科技的互動為例，考察溝通方式、日常生活、產業結構和社會關係的常與變。

　　《經濟學人》（Economist, 2017: 19）封面故事的小標題說：「社交媒體一度被視為民主的恩典，現在開始看似民主的懲罰。」此文標題誇張，分析大致持平。通俗討論總喜歡選戲劇性的例子，未免聳人聽聞。然而學術界也

往往各執一端，抓住片面的道理，言之鑿鑿，特別是在「理論上」（未必是經驗上）的可能性爭論不休，因此永遠沒有交集點。三十多年前，通信衛星、個人電腦和多頻道有線電視初升地平線，兩位論點鮮明對峙的著名學者各在同一年出版專書大做文章。科技樂觀派（Pool, 1984）強調，新媒體將突破傳統媒介的技術瓶頸，信息載量豐富而多元，使得國內國外交流暢通無礙，充分發揮解放心靈的潛能，彷彿「美麗的新世界」即將來臨。而悲觀派（Schiller, 1984）則預言新媒體將為壟斷性的全球公司如虎添翼，甚至為虎作倀，使它們更有能力操縱世界財富與信息，製造為資本邏輯服務的信息，以致侵犯國家主權，宰制社會心靈，在所不惜，彷彿世界即將陷入黑暗的深淵。雙方繼承了上個世紀70年代「國際資訊與傳播新秩序」爭論的餘緒。他們都已雙雙作古，自其著作出版三十多年以來，尤其當今新科技（如網際網路、社交媒體、智能手機、人工智能）的發展遠遠超出他們的預料，但類似的爭論仍然反覆出現。若就本文的脈絡來說，辯論的主題與綱領卻似未超出典型的範圍。以我之見，在兩極之間應該設立限制性的具體「條件」，考察在什麼條件下新媒體是解放的，在什麼條件下是宰制的，甚至在什麼情況下是既解放又宰制的。

　　附加這種「條件性」（conditionality），看問題就不會黑白分明，二元對立，在經驗上更可以觀察到各種複雜的、變動的乃至矛盾的辯證關係。新媒體解放了什麼，宰制了什麼？這個問題不能籠統泛論，更無法像鐵板神算般的片言而決，我們應該明確地界定新媒體的內容、對象、範圍、層次和經緯度：新媒體對部分人、某些事有解放的作用，對其他人、某些事卻可能起宰制的效果；對解決個別問題是解放，對解決整體問題卻可能是宰制；個人層次的解放，可能構成社會層次的宰制；在此時（此地）是解放，在彼時（彼地）反而是宰制，反之亦然。所有的分析最終還得落實到具體的語境和脈絡，深入考察權力關係如何介入新媒體的體制管理、內容監察和使用群體等問題。我始終認為，除非粗暴地一刀切，複雜的問題不可能有簡單的答案。但複雜的分析不等於繞迷宮，也不是晦澀難解，故作深刻狀；所謂抽絲剝繭，不是簡單化、貧瘠化、幼稚化，不是削足適履，而是為複雜而豐富的分

析提供條理分明的秩序、層次井然的闡述。假若我的理解大致不謬，這正是現象學的旨趣。

　　我願在此援引兩項自己的研究，以進一步闡述這條思路。其一，上個世紀70年代第三世界極力要求重整「國際資訊與傳播新秩序」，頗有山雨欲來之勢。我把「文化（傳播）帝國主義」和「資訊自由暢通」兩說視為互濟的悖論（paradox），而不是水火不容的異端，我並以比較性的個案分析斷定，在不同的條件下（國家、議題、語境）兩說各言之成理。在學理上和政策上，最後歸宗於「自由而公平的資訊流通」（Lee, 1980）。我強調自由與公平不可偏廢，基本精神與聯合國教科文組織的報告《多種聲音，一個世界》（McBride, 1980）互通。其二，自由多元派的學者強調政治經濟學的政治壟斷面，激進派則強調政治經濟學的經濟壟斷面，我以為在不同的條件下（政治體制、經濟發展、資本形成、國際環境）兩說各有各的解釋力，但在轉型社會裡，兩說則矛盾不安地交織著起作用（李金銓，2004：25-44）。這種取徑不是毫無原則的折中主義，更不是一加一除以二般的和稀泥，而是避免無限上綱，特別注意到社會關係具體的「條件性」與「辯證性」。

　　第二例，美國有多少新聞自由──關鍵是跟誰比，跟什麼比？這類問題最好依託在「比較」的架構中考察同與異，結論才比較穩當。否則，在孤立的語境下，逕自抬高或貶低美國的新聞自由，無非是根據自己的信念立下一個規範性的標準。我敢斷言：美國的新聞自由不是全有或全無，既非虛妄的，亦非漫無邊際的，因此必須把握它的能動性範圍和邊界。一般教科書形容美國的新聞界是行使「第四權力」的「看門狗」（watch dog），制衡並監督行政、立法和司法部門的權力。這是過分浪漫的想像；權力中心和媒介跳一支探戈舞，領舞者通常是權力中心，跟舞者則是媒介。與「看門狗」截然相反的，則是以喬姆斯基（Chomsky, 1990）為代表的激進派。他們轟擊以《紐約時報》為首的自由派新聞界為權勢建制服務，猶如乖順的「哈巴狗」（lap dog），這點我將於稍後回來討論。還有折中派（Donohue, Tichenor, and Olien, 1995）則認為新聞界是「警衛犬」（guard dog），它雖為權勢結構監看外在環境的變化，但仍然有相對的自主性，未必全然聽命或順從於權勢結構，甚至當權力結構發

生內在矛盾時，媒介起報導、批評和協調的角色。因此，美國媒介積極維護國家利益，但經常批評政府的人事與政策。這大概是比較中肯的見解。

　　與「警衛犬」異曲同工的是哈林（Hallin, 1986）。他說，如果新聞議題落入社會廣泛的「共識區」內（例如美國外交政策是正義的體現），媒介是權勢結構的啦啦隊，不太會去挑戰廣泛的社會共識；如果議題在「歧異區」內（即社會規範或價值普遍所不認可，例如妖魔化敵對的國家），媒介的口徑也大致「從眾」；唯有議題落入「有認受性的爭議區」（sphere of legitimated controversy）內，例如民主共和兩黨的爭端、行政與立法部門的齟齬、行政部門內部（國務院與國防部）的衝突，此時媒介必須反映各方的立場，因而呈現其多元的客觀性。這說明新聞的客觀性當初是具有特定的歷史和社會語境的，雖然它後來也流傳到別的社會，甚至成為當地主流的信念。我把美國精英報紙對外交政策的論述，概括為「建制內的多元」（李金銓，2004：120），其特徵之一是「言論多元，卻拘泥於官方既定的狹隘視野之內，也是『統一中見分歧』，宛如唱出一個主題的幾個變奏。」質言之，美國在國內的「民主自由」形象和在國外的「帝國主義」形象表面上是矛盾的，其實並行不悖，甚至並駕齊驅，相輔相成。

　　第三例，我想緊挨著第二例，再從另一個角度延伸，比較徹底審視懷疑派的一個基本預設：所有媒介都是為權力服務的。這個預設不能說錯，但有沒有意義？倘因這個預設而斷言《紐約時報》和蘇聯解體以前的《真理報》是一丘之貉，那就只需要政治宣言，不需要嚴謹的學術分析了。假如分析的抽象層次一味上綱到制高點，得到的結論往往是「太陽從東邊升起」般的常識（truism），因為那才是恆久不變的。又如「人生在世，必有一死」，這個全稱命題雖可引發各種哲學玄思和文學想像，但在社會科學的經驗知識範圍內卻毫無意義，因為五歲小孩都知道太陽不從西邊升起，而死神徵召時連偉人也不會豁免。一旦我們肯適度降低抽象層次，開始討論死亡的狀況、基因、環境、前因、後果和意義（「重於泰山」或「輕於鴻毛」），其中有同有異，就不可能有一個固定的標準答案了。總之，有些學者眼裡容不得一粒沙，以為「天下烏鴉一般黑」，其實天下的烏鴉有各種不同程度的灰色，但

他們總認為這些深淺程度卻是無關宏旨的。[5]

喬姆斯基是20世紀偉大的語言學家和公共知識人，但他用以解釋美國媒介外交報導的「宣傳模式」（Herman and Chomsky, 1988）卻有上綱上線的傾向。《紐約時報》以「無懼無私」自許，大量證據顯示歷任總統都不敢對該報的批評掉以輕心，喬氏（Chomsky, 1990）卻指斥它為「官報」（official press）。借用上面提到的隱喻來形容，媒介就是一隻順從權力結構的「哈巴狗」。為什麼？因為喬姆斯基說，自由派媒介以公正客觀為幌子，其實是替統治階級製造「必要的幻覺」（necessary illusions），充當美國恐怖超強的「宣傳員」。他自詡寫了幾千頁的東西，「以社會科學的標準可說是證據確鑿，其預測能力尤有過之；誰能對這個結論提出嚴重的挑戰，我可沒有聽說過」（Chomsky, 1990: 9）。他怎麼敢這樣自信？在我看來，因為喬氏堅持「宣傳模式」是不移的定論，一旦是定論，他自可萬變不離其宗，再多的個案也只見其同不見其異，以致重複為先驗的結論下注腳（詳見李金銓，2004：263-276）。

喬姆斯基懶得罵保守反動的右派媒介，卻視有血緣之親的自由派媒介為眼中釘，極盡抨擊之能事。美國憲法第一修正案明文保障言論自由，新聞界發揮輿論監督的功能，例如揭發「水門案」醜聞，導致尼克森總統戲劇性下臺，一般人推崇這是新聞界出彩的篇章。喬氏卻堅持不過是製造民主的假象，因為尼克森下臺，福特上臺，好像跑馬燈一樣，何嘗動搖了既有的權力結構和制度（資本主義官商複合體）？不錯，美國的體制相對穩定，恐怕很難發生喬氏心目中那種翻天覆地的變化，美國媒介本質上維護國家基本利益和主流核心價值，對外國的報導尤其吻合（但不是配合）外交政策的大方向，這些都是毫無疑問的。我自己也做過大量研究，提供具體的證據（例如

---

5 美國拉斯維加斯賭城發生大規模槍擊命案，造成59人死亡，500多人受傷。每當重大槍擊事件發生，總有人呼籲立法管制重型槍械，但最後總是無疾而終。「美國全國步槍協會」（NRA）組織嚴密，動員能力極強，一出事立刻發動凌厲的公關攻勢，聲稱任何立法都是剝奪人民的「憲法權利」（憲法第二修正案保障人民持有槍械自衛的權利）。一旦問題無限上綱（簡單化約）為憲法的公民「基本權利」，就封閉了討論極端與極端之間的可能性，也無法正視個人自由與社會安全如何取得平衡。（2017年10月5日記）

李金銓，2004）。但話說回來，美國媒介還有另外一面，它們確實把專業主義看得很認真（見附錄一），而且抨擊起政府失策、官員瀆職，以及大公司的貪婪，絲毫不留情面。我們必須認真看待他們的「認真」，不能一筆抹煞就算了事。如果《紐約時報》是喬姆斯基所說的「官報」，世界上恐怕找不到令當權者更頭痛的「官報」了。喬氏的「必要的幻覺」並未解答這個疑惑。

　　說起美國主流媒介對專業原則的認真，許多國人可能不知道，或者覺得不可思議。大家知道，《華盛頓郵報》報導「水門案」，每個「事實」必須經過兩個消息來源證實才算數。該報直搗白宮權力的最高層，新聞採訪的程序萬一在任何環節違規或失手，報紙的政治代價和聲譽折損都必將無可估計。1980年代，我在明尼蘇達大學任教時，某位領先的州長候選人被控曾經侵犯少女，當地《明尼阿波利斯星論壇報》派出兩位記者分頭獨立追蹤線索，不准互通信息，直到兩人一致核實無誤才引爆新聞，迫使該候選人鎩羽退選。這種例子所在皆有，不必多舉。問題是：這樣仔細核實，沒有捕風捉影，還會出錯嗎？當然，記者終歸是人，人難免要出錯的。但美國法院強調正當程序（due process），誹謗罪的判定取決於記者涉案的動機，而不是看他們行動的後果。換言之，媒介只需證明它的報導嚴守正當程序，「心無惡意」（absence of malice），就不必顧慮新聞報導出來以後是誰受益誰受害了（Gans, 1979）。例如《時代》雜誌當年直指以色列國防部長夏隆必須為侵略黎巴嫩負責，夏隆控告它誹謗，卻以失敗終，因為法院認為《時代》已在採訪過程盡其所能求證事實，何況要求對方回應亦為其所拒。《紐約時報》也有幾起類似的判例。這是一般原則，不是特例，所以我們要瞭解媒介與權力結構關係的兩面性，才不會倒向片面之言。

　　既然是「官報」，為何還極力抨擊政府失策、官員瀆職，和大公司的貪婪？為了自圓其說，有些西方左翼學者稱之為「公司自由主義」（corporate liberalism），這個論調很普遍，我毋須引經據典了。他們辯稱媒介所以這樣做，是為了剔除少數的害群之馬，以維護既得利益互相勾結的政經結構於不墜，並為喪失公益、缺乏平等的自由主義制度延年益壽。你說它錯，他們振振有詞；你說它對，他們又沒有提出令人信服的理據。當基本教義解釋不通

時，他們便臨時轉彎，歧生一個權宜性（ad hoc）的說詞。然而我認為這是強詞奪理的循環邏輯，正反道理都是他們包辦的。姑不論此說是不是「陰謀論」，我想問媒介犧牲「自己人」，是出於維護既有制度的「動機」，還是因為媒介專業主義造成的「效果」？無論是動機或後果，「公司自由主義」的解釋更符合哲學上的「目的論」（teleology）——分析的目的早已包含了答案，難怪論者能夠以不變應萬變，以萬靈妙方等著解答任何疑難。

　　打擊稻草人雖不太費勁，卻容易丟掉真正的目標。以往美國官方在海外宣傳美國是「自由世界」的領袖和新聞自由的燈塔，我們且不理會此說的是非。如實說，美國憲法明文保障的言論自由，法院為之賦予實質的內容。[6]「水門案」不是孤例，以它為代表的揭醜事件有極其複雜的政治社會文化背景，雖然不必孤立拔高，卻不能視為當然。回到統計學的比喻，要是把美國媒介看作單一的整體系統，由於「群內」沒有別的參照系，論者自可憑其好惡言人人殊，愛之譽其為「看門狗」，恨之毀之為「哈巴狗」。但如果角度轉換到「群間」的比較，各國媒介必須在特定的語境下分高低，論者便無法隨好惡任意褒貶，這時美國媒介的相對自主性乃得到彰顯，所以美國媒介不是「看門狗」，也不是「哈巴狗」，還是「警衛犬」的比喻比較恰當。換言之，論者不能無限度地美化美國的新聞自由，也不能用絕對標準加以一筆抹煞，更不應該被喬姆斯基的「宣傳模式」大煙幕所掩蓋。

　　最後，第四例，我們試把第三例（美國媒介的常與變）擴展到跨國和跨文化研究，探討各國媒介遞嬗的同與異。有著名學者——特別聲明：我取其典型，而不是針對個人——研究跨國的傳媒與社會轉型，例如俄羅斯、匈牙利、智利和埃及（或其他國家），結論是支配結構並未因為政權遞嬗而發生太大變化，一批新官僚取代舊官僚，一批新的既得利益者繼承或取代舊的

---

6 例如尼克森政府以「國家安全」為理由，要求法院禁止《紐約時報》和《華盛頓郵報》刊登國防部的機密越戰文件。最高法院於1971年以6比3的票數，否決聯邦政府司法部申請的禁制令。最高法院認為官方舉證不足，未能證明兩報揭露越戰文件危及國家安全。基於憲法第一修正案保障新聞自由，最高法院的判決明確反對政府實行「事前檢查」（prior censorship）。

既得利益者，反正換湯不換藥，各國莫不皆然，故分別不大——乍聽這樣武斷的結論，豈非和世界各國「太陽從東邊升起」異曲同工？他們總是先設定一套幾近烏托邦式的絕對理想（例如「體制變革」、絕對平等、全面重組權力和資本結構），唯有滿足這些先驗的期望，他們才肯承認是真正的「轉型」，其他點點滴滴的變化（例如「體制內改革」、相對平等、節制政權與資本的力量）則是枝節而瑣碎的。

　　我理解，高懸純潔無瑕的鵠的，彷如置身無菌室，道德批判力沛然莫之能禦，行文也盡可痛快淋漓。烏托邦的理想儘管遙不可及，卻是一股鞭撻現實、引領向上的精神力量，所以獲得諾貝爾文學獎的作家很多是左翼的。人類社會永遠在理想與現實之間折衷，永遠不可能完美，所以道德批判會繼續下去，而且必須繼續下去。然而，社會科學的首要目的不是道德批判，而是瞭解「經驗世界」，社會科學家通常也無力直接做道德批判。經驗世界無法向壁虛構，如果道德調門提得太高，話說得太絕，是否反而遮蔽了學者必須觀察的常與變、同與異？正因為激進派懸鵠過高，模糊了「變」與「異」，他們一旦「胸有成竹」，那麼選擇什麼國家當研究個案反而次要，所以有時候尚未讀到他們的分析我們已可預知結論了。我不是主張放棄高遠的理想，向現實低頭，但我相信學者應該先低調觀察現實，虛心解釋現實，行有餘力再批判現實。好的社會分析即蘊含好的社會批判，差的社會分析不可能產生好的社會批判，道理甚明。

　　馬克思說過，瞭解世界不夠，還要改變世界。縱然如此，瞭解世界還是先於改變世界，若不瞭解，如何改變？固然有極少數人既能「瞭解」世界又能「改變」世界，但我不敢高估一般書齋學者改變世界的能力。學者不是先知，不是傳教士，不是革命者，還可能有偏執自大的習性，不必一開始就以道德家的姿態站在泰山之巔，睥睨天下，指指點點，不止一覽眾山小，更道地面上的百般景致索然，乏善可觀。無論人間怎麼變化，一概不合他們身居雲端的期望，這豈不是道德上的傲慢與觀察上的扭曲？我還想強調，所謂「轉型」，標準應當是相對開放而多元的：若干國際學者以局外人的身分俯瞰，看到他們心目中微不足道的變化，但對生活在那個社會的局內人而言，

點點滴滴的變化卻可能讓他們親身感受到天壤之別。相反的，例如「文革」時期局內人所遭遇的煎熬和苦難，有的局外人卻可以憑空把它美化為伊甸園和田園詩。這兩種觀點孰是孰非，是應該互相觀照、參考和對話的。再說，如果我們滲透到表層底下，滴水穿石，邊緣包圍中心，局部的變化是否可能引起量變，擴大為質變？儘管這是經驗的問題，米爾斯氏的想像力卻激發一些跳出模子以外的視角。

　　第三第四兩例都犯了全稱命題的弊病，而且只論「有無」，不論「多少」，黑白之間沒有妥協或商量的餘地。斷定「有無」（如黑與白）容易，解釋「多少」（如灰的成色）卻煞費周章。因此，「美國有無新聞自由」是個偽命題，真正的問題是美國比哪個國家的新聞自由多，比哪個國家少？在哪個時期，或在哪個議題上，美國新聞自由的範圍變寬或變窄，背後的原因何在？（例如在社會運動蓬勃的時期，最高法院對言論自由案的判決是否傾向自由派的解釋？）在跨國研究亦復如是，應該在不同的時空、各種層次多做縱橫比較，不止「有無」，還有「多少」。前面說過，全稱命題因為太空泛，太抽象，脫離具體的語境，所以永遠錯不了，但它的解釋力畢竟太粗疏，甚至有帶著結論找證據的危險，既看不到常與變的關係，也忽略細緻的同與異。我聯想到，《詩經》三百零五首何其多彩多姿，給道學家化約成「思無邪」三個字，倒是乾淨俐落了，但文學韻味焉存？回到第四例，如果將分析的調門適度降低，這幾個不同國家轉型的權力舞臺（國際局勢、權力結構）、演員和戲碼，乃至觀眾（民意轉向、社會運動的分合）難道一成不變嗎？果如是，不如推出一個案例為總代表或標本好了，何須費事做細緻的跨國分析？所以，假如只看「能動者」（agent，即社會演員）或只看結構（structure），而不看兩者的複雜互動，都將導致分析上嚴重的盲點。

　　我反覆強調，社會科學有「條件性」，無法像數學公式一樣推演到其他習題，而全稱命題卻抹煞了這種「條件性」。我喜歡的社會科學著作，要見其大，又能見其小，結構上要言不煩，脈絡層次分明，提綱挈領，因果嚴謹；但在分析上，每個主題又轉折多致，柳暗花明，可以引出許多意義豐富的問題。在我的想像中，好的研究題目活像一隻鋪開的八爪章魚，每一片爪

伸展出去，都觸摸到許多相關的新問題，再用理論、邏輯和證據加以觀照，以達到觸類旁通的效果。這個意象是不是刻畫了執簡馭繁的道理，既保存問題意識的完整性，也不犧牲意義闡釋的豐富性？前面說到，天下烏鴉不是一般黑，而有深淺不同的灰色；交響樂指揮家的耳朵特別靈敏，聽得出各種樂器和聲音微妙的差異，畫家眼中的色譜也不知道比常人寬出多少倍。我深信，學者要捕捉深淺不一的灰色，要聆聽起伏變化的主題與變奏，要探索人與社會的曲折奧祕，就不能只拿起斧頭砍過去，更需要巧妙地使用繡花的針法。所謂「條件性」，是指要抓有理論意義的主要矛盾和關鍵因素，而拒絕多如牛毛的瑣碎平庸，條件愈精確，愈能夠提出好問題，分析自然也愈細緻入微。這個本領需要長期培養，有了深厚的學術功力、醇美高尚的品味和豐富的想像力，轉化為敏銳的直覺，乃能水到渠成。

　　總之，學說是社會經驗的抽象建構，是活的，學派與學派之間有異同，學派內部也有異同，而且因時因地有異同，但全都得在具體的社會時空脈絡下索解。正如活的生命必須不斷呼吸新鮮空氣，不斷吸收養料，不斷新陳代謝，理論也不應該固態化、冷凍化、屏息化，變為一成不變的封閉系統，而要保持開放靈活的動態激盪。我認為最好的社會科學研究永遠在理想與現實的張力之間尋找最大的可能性。最後，「同與異」是不斷和「常與變」交織起作用的：此時之同（常）可能是彼時之異（變），短期之變（異）無礙於長期之常（同），而全部之常（同）更可能隱藏局部之變（異）——不斷琢磨這些邏輯的可能性，不僅啟動了理論的想像力，而且牽引了宏觀與微觀、時間與空間、文化與文化之間的動態聯繫。

　　總結這篇文字，得四個要點。第一，直覺智慧與嚴謹的社會科學語言和邏輯是可以互通的，至於如何互通，則是非常複雜的，有待整個學術社群進一步共同思考，從實踐中摸索出切實有效的道路，而且道路應該是多元的，不拘泥於一端。擴大而言，中西文化各有各的傳統，彼此內內外外的各層次都有同有異，如何有機交流，互通互濟，顯非易事，但道理相通，也值得從多方面不斷嘗試。第二，社會真實的多重建構，既非單一，亦非無限；真實的整體猶如瞎子摸象，不是簡單的部分與部分拼湊而成，其建構涉及權力中

心與邊緣的關係。第三，不管是國際傳播或是新聞史，局內人與局外人的觀點必須互相滲透，從溝通對話中獲得互為主觀的同情瞭解。第四，社會科學及傳播研究旨在揭開人與社會的多元性、複雜性和矛盾性，要能見樹又見林，分析的角度和結論跟隨重要的條件而變化，故必須捕捉時間（歷史）與空間（全球）的交互視野，考察它們如何影響事物的「常與變」以及其變化的「同與異」。

三、本書的結構與旨趣

最後大略介紹本書的結構與旨趣。本書分為三個單元，分別是國際傳播、新聞史和學術訪談。

第一單元的國際傳播，包含四篇，多屬於跨學科視野的通論性質文章。我對國際傳播的專題研究和經驗分析，有小部分寫成中文收入《超越西方霸權：傳媒與文化中國的現代性》（李金銓，2004），其他的研究請參考我以英文發表的論著。通論性質的文章比想像的難寫，既要盡量言之有物，還要深入淺出，涉及面又廣，更不應該誇誇其談，在取捨之間不免頗費躊躇，所以我寫起來總是戒慎恐懼，好像有許許多多眼睛直直盯住我，等著看我在哪裡說錯話或說傻話。一個人在行內棲息四十年，總會對這個領域累積一些想法，如今我大概已賺到了可以直抒胸臆的年紀，因此這些文字可能帶有強烈的個人色彩，既沒有遵守四平八穩的安全原則，也沒有地毯式徵引文獻，我更不相信理論像時裝愈新愈好。我不敢祈求所有人同意我的偏見，假如我可以說我在湖中丟下了幾顆引起若干漣漪的小石粒，那就夠了。

貫穿第一個單元的主題是傳播研究的「內眷化」、窄化和碎片化。第二章分析美國國內傳播的範式轉移，主流的支配性研究技術愈來愈求精細，視野愈縮愈瑣小，不斷在原來的圈子內打轉，缺乏理論的創新，導致一片「精緻的平庸」。此文的緣起是應邀在浙江大學對學生演講，承李紅濤博士的安排，請學生整理出錄音文稿。文稿經我一擱多年，直到洪浚浩教授主編《傳播學新趨勢》（北京：清華大學出版社，2014），邀我共襄盛舉，才藉機改

寫成文，權充該書開首之篇。本文曾分別在《傳播理論與實踐》（臺北）及《書城》（上海）刊登，並由《新華文摘》和《人大複印資料》全文轉載，再經網上流傳，引起非常廣泛的討論。

　　第三章追溯美國的現代化理論如何籠罩國際傳播的方向。和美國國內傳播的內眷化一樣，以美國為中心的國際傳播也有相同的問題，學術旨趣和關懷愈趨狹隘，而且從美國的觀點觀看世界，以致脫離「美國以外的世界」的現實。我在這章先批評國際傳播主流文獻的缺失，然後提出在反思以後下一步怎麼走？第四章〈在地經驗，全球視野──國際傳播研究的文化性〉，自認為是重頭之作，總結了我多年來對國際傳播知識論和方法論的思考，企圖連接在地經驗到全球視野，以整合文化的特殊性和理論普遍性，而又避免重蹈西方「學術殖民化」的覆轍，最終的目的是建立文化主體性，與西方學術界平等對話。這個主題和精神貫穿了全書，但第四章的表述最完整，最集中。它不啻是我個人求學歷程的自述，因為它從側面反映了我思想變化的一些過程。其醞釀的時間也許很長，但寫作的因緣則起於香港城市大學的一項國際學術會議，那場會議邀請了十多位來自各國的知名學者，文章結集出版，書名為《「國際傳播」的國際化》（Lee, 2015）。本書的第三章為該書的開首篇，本書第四章也收錄於該書，兩篇都先用英文撰寫，後以中文改寫。第三章刊登於《開放時代》（廣州），第四章同時發表於《思想》（臺北）和《開放時代》。附錄二我介紹丁未教授的研究，曾刊登於《讀書》（北京），她以人類學式田野觀察訪問，接地氣，又通理論，建立了地方─國家─全球（local-national-global）的聯繫，或可為我在第四章展開的論點（在地經驗與全球視野）提供一個具體的例證。

　　第五章出自拙著《超越西方霸權：傳媒與文化中國的現代性》（李金銓，2004）的代序，著眼於傳播研究如何與西方學術主流對話。我指出，美國主流媒介研究關心的是體制內的一些技術問題，特別是選舉（美式民主）與消費（資本主義），而我們至少得擺出一大部分精力在翻天覆地「體制變化」的宏大敘述。我問道：

　　他們的問題也許「不完全」是我們的問題，我們的問題幾乎「完全不是」他們的問題。我們侷促在全球學術市場的邊緣，既不願隨著他們的音樂指揮棒翩翩起舞，又渴望跟他們平等對話，如何是好？（頁2）

　　該文正好契合本書主題，似乎可以呼應其他幾篇文章，也是我長期以來的核心關懷，故收錄在此，以增加互相參詳的機會。

　　第二個單元是新聞史，第六章到第十一章，聚焦於民國報刊。我因有組織會議的機緣，出版《文人論政：知識分子與報刊》（李金銓，2008）和《報人報國：中國新聞史的另一種讀法》（李金銓，2013a）兩書，忝為新聞史行家引為同道。第六章是《文人論政》的序導讀，第七章是《報人報國》的導讀，主旨連貫，宜為姊妹篇。它們除了勾勒兩本書的結構和主旨，我也做了一些獨立研究，釐清脈絡，建立各種聯繫，以推進問題的討論。

　　第八章以後殖民主義為出發點，分析1910-1930年代英美在中國（尤其是上海）以報刊展開輿論角逐，曾刊登於《傳播與社會學刊》（香港）。第十章則以「範式轉移」為核心概念，配合「能動者」與「結構」的互動，分析密蘇里新聞教育模式為何勢如破竹，沒有遭遇任何抵抗，便使中國的新聞教育全面成為它的翻版。此文原來收錄在《文人論政》一書。這兩章都是和密蘇里大學張詠教授合作的，我們試圖以社會科學（特別是知識社會學）的眼光分析新聞史的問題。（第十七章的訪談論及社會科學和歷史學的互相啟示，第八章和第十章可視為我們在這方面的嘗試。）

　　第九章介紹唐小兵博士的著作，此文曾在《思想》和《書城》發表。唐著以小見大，從比較兩個詮釋社群，即以胡適為首的《大公報》「星期論文」和以魯迅為首的《申報》「自由談」，從這個視窗探討近現代中國自由派與激進派在言論場域的對峙與交鋒，很有啟發意義。

　　第十一章〈記者與時代相遇──以蕭乾、陸鏗、劉賓雁為個案〉，原載《報人報國》，比較近代中國三位著名記者與他們的報館（《大公報》、南京《中央日報》、《人民日報》）在1940年代國共政權交替和1980年代中共政治路線鬥爭的層層交涉，這兩段歷史場景藕斷絲連，又前後呼應，反映

了記者與時代相遇的波濤詭譎。與此有關的兩篇附錄，分別涉及《大公報》和南京《中央日報》：附錄四評價《大公報》的文人論政，曾刊布於《二十一世紀》（香港）和《新聞記者》（上海）；附錄五追念業師徐佳士先生高風亮節——他年輕時在南京《中央日報》陸鏗手下跑新聞——兼及若干前輩學人的掌故，或為學術史提供一幅側面的寫照，此文曾分別在《傳播理論與實踐》（臺北）和《國際新聞界》（北京）發表。

第三個單元收了八篇訪談錄，包括第十二章到十九章。承朋友們的好意，要我從不同方面談談為學的點滴心得，主題圍繞著國際傳播與新聞史兩個領域。因為提問者（著名的學者和記者）個個是高手，而且個個做足功課，儼然有備而來，難怪他們提出的問題往往比我的回答精彩得多。儘管鄙見卑之無甚高論，但講的既是真心話，是經驗談，念及愚者千慮，或有一得，我還是決定收容在此，說不定對青年學生有一點參考價值。

最後的〈跋〉長達三萬多字，回顧並總結了我的學術生涯——教學研究凡四十年，再向前追溯求學經歷則長達五十年——我試圖把不同時期的片段串成一篇比較完整的故事。我的經驗與閱歷儘管平凡，成就更微不足道，然文中所記敘的軌跡，包括我在漫長而短暫的學術歷程中所碰到的一些人，所讀的一些書，所做的一些事，兼而思考一些學術問題和治學方法，也許可以幫助後學者從側面瞭解這半個世紀以來學術動態與變化的一鱗半爪。附錄六是南京大學鄭欣教授為第一屆「多聞論壇」所寫的，捕捉了「多聞雅集」的精神，他的溢美之詞我完全愧不敢當。

關於注釋的格式，必須交代一下。第一部分的國際傳播，悉依社會科學的慣例，採用在文中夾注被引作者的姓氏與出版年分，再在文末附列「參考書目」。第二部分的新聞史，均採用人文學科所習慣的注腳。

我再三仔細通讀書稿，各章都或多或少做過修訂，即使做不到文從字順，至少把含糊的話說得更清晰。我也藉機補充若干未盡之言，篇幅比原稿大幅增加。尤其是第一章增加一萬多字，並增寫附錄一〈「媒介專業主義」的悖論〉，其他數章的若干段落改寫多遍，各處亦見字句變動。如同所有的論文集，部分論點難免出現於不同的章節。之所以如此，因為第一部分是通

論性質，當初以經營單篇論文為語境，這些論點乃成為必要的組成部分；而第三部分的訪談，提問者關心的議題多少有點重疊。儘管李紅濤博士通讀全文以後安慰我，問題不太嚴重，我還是不免忐忑。重複處能刪則刪，但若傷了文氣、文意和文理，我就一仍舊貫，並紅著臉自我安慰：交響曲的主題（motif）有穩定、勾勒和強調的作用——其實這只是藉口，真正的原因當然是我才疏學淺。讀者知我罪我也。

參考書目

陳少明（2016），〈親人、熟人與生人——社會變遷圖景中的儒家倫理〉，《開放時代》，第5期（總269期），頁131-143。

陳寅恪（2001），陳美延編，《陳寅恪集・金明館叢稿二編》，北京：生活・讀書・新知三聯書店。

傅杰（2010），《余英時談錢鍾書》，收入余英時（2010），《情懷中國》，香港：天地圖書有限公司。頁155-162。

葛兆光（2014），《何為中國》，香港：牛津大學出版社。

黃仁宇（2001），《放寬歷史的視界》，北京：生活・讀書・新知三聯書店。

李金銓（2004），《超越西方霸權：傳媒與文化中國的現代性》，香港：牛津大學出版社。

李金銓主編（2008），《文人論政：知識分子與報刊》，桂林：廣西師範大學出版社，臺北：政大出版社。

李金銓主編（2013a），《報人報國：中國新聞史的另一種讀法》，香港：香港中文大學出版社。

李金銓（2013b），〈記者與時代相遇——以蕭乾、陸鏗、劉賓雁為個案〉，李金銓主編，《報人報國：中國新聞史的另一種讀法》，香港：香港中文大學出版社。頁403—464。

錢理群（2012），《毛澤東時代和後毛澤東時代，1949-2009：另一種歷史書寫》，臺北：聯經出版事業股份有限公司。

王建朗、黃克武主編（2016），《新編中國近代史》，北京：社會科學文獻出版社。

余英時（1987），《中國近世宗教倫理與商人精神》，臺北：聯經出版事業股份有限公司。

余英時（2007），《知識人與中國文化的價值》，臺北：時報文化出版公司。

張冀峰（2016），《「盲人摸象」故事的真相如何？完全不是我們所想的》，《中華讀書報》，5月30日。

張隆溪（2000），《走出文化的封閉圈》，香港：商務印書館。

Barenboim, Daniel, and Edward W. Said (2002), *Parallels and Paradoxes: Explorations in Music and Society*. New York: Pantheon.

Berger, Peter L. (1963), *Invitation to Sociology: A Humanistic Perspective*. Grand City, NY: Doubleday.

Berger, Peter L., and Thomas Luckmann (1967), *The Social Construction of Reality: A Treatise in the Sociology of Knowledge*. Garden City, NY: Doubleday.

Berger, Peter L., and H. Kellner (1981), *Sociology Reinterpreted*. New York: Anchor.

Boorstin, Daniel J. (1974), *Democracy and its Discontents*. New York: Random House.

Carr, Edward H. (1964), *What is History?* London: Penguin.

Chan, Joseph Man, and Chin-Chuan Lee (1991), *Mass Media and Political Transition: Hong Kong Press in China's Orbit*. New York: Guilford Press.

Chen, Kuan-Hsing, and Sun Ge (2016), "Facing History with a Sense of Awe: Interview with Professor Mizoguchi Yuzo," *Inter-Asia Cultural Studies: Movements*, 17, 4: 632-655.

Chomsky, Noam (1990), *Necessary Illusions: Thought Control in Democratic Societies*. Boston: South End.

Curran, James, and Jean Seaton (2018), *Power without Responsibility*. 8th edition.

London: Routledge.

Donohue, George A., Phillip J. Tichenor, and Clarice N. Olien (1995), "A Guard Dog Perspective on the Role of Media," *Journal of Communication*, 45, 2: 115-132.

Ferguson, Niall (2004), *Empire: How Britain Made the Modern World.* London: Penguin.

Gans, Herbert I. (1979), *Deciding What's News*. New York: Pantheon.

Gadamer, Hans-Georg (1998), *Truth and Method.* 2nd rev. ed., translated by Joel Weinsheimer and Donald Marshall. New York: Continuum.

Hall, Stuart (1997), "The Spectacle of the Other," in Stuart Hall (ed.), *Representation: Cultural Representations and Signifying Practices*. London: Sage.

Hallin, Daniel C. (1986), *The "Uncensored War:" The Media and Vietnam*. New York: Oxford University Press.

Herman, Edward, and Noam Chomsky (1988), *Manufacturing Consent*. New York: Pantheon.

Kuhn, Thomas S. (1970), *The Structure of Scientific Revolutions*. Chicago: University of Chicago Press.

Kuo, Eddie C.Y., and Han Ei Chew (2011), "Beyond ethnocentrism in communication theory; towards a culture-centric approach," in Georgette Wang (ed.), *De-Westernizing Communication Research*. London: Routledge. pp. 172-188.

Lee, Chin-Chuan (1980), *Media Imperialism Reconsidered: The Homogenizing of Television Culture*. Beverly Hills, CA: Sage.

Lee, Chin-Chuan, ed. (2015), *Internationalizing "International Communication."* Ann Arbor, MI: University of Michigan Press.

Lee, Chin-Chuan, Joseph Man Chan, Zhongdang Pan, and Clement S. K. So (2002), *Global Media Spectacle: News War over Hong Kong*. Albany, NY:

State University of New York Press.

Luckmann, Thomas, ed. (1978), *Phenomenology and Sociology*. London: Penguin.

Merton, Robert K. (1972), "Insiders and Outsiders: A Chapter in the Sociology of Knowledge." *American Journal of Sociology*, 78, 1: 9-47.

McBride, Sean (1980), *Many Voices, One World*. Paris: Unesco.

Mizoguchi, Yuzo (2016), "China as Method," *Inter-Asia Cultural Studies*: *Movements*, 17, 4: 513-518. Translated by Viren Murthy.

Mills, C. Wright (1959), *The Sociological Imagination*. New York: Oxford University Press.

Park, Robert (1923), "The Natural History of the Newspaper," *American Journal of Sociology*, 29: 273-289.

Pool, Ithiel de Sola (1984), *Technologies of Freedom*. Cambridge, MA: Harvard University Press.

Robson, Robert (2017, January 18), "How East and West Think in Profoundly Different Way," www.bbc.com/future/story/20170118

Said, Edward W. (1978), *Orientalism*. New York: Pantheon.

Said, Edward W. (1981), *Covering Islam*. New York: Pantheon.

Said, Edward W. (1993), *Culture and Imperialism*. New York: Knopf.

Said, Edward W. (1994), *Representations of the Intellectual*. New York: Pantheon.

Schiller, Herbert I. (1984), *Information and the Crisis Economy*. Norwood, N.J.: Ablex.

Tuchman, Gaye (1978), *Making News: A Study in the Construction of Reality*. New York: Free Press.

Zhang, Longxi (2015), *From Comparison to World Literature*. Albany, NY: State University of New York Press.

附錄一

「媒介專業主義」的悖論

　　近年來學界對於媒介專業主義（media professionalism）有許多討論，我順著第一章的脈絡略陳管見。新聞媒介的專業「主義」在中文語境易滋誤解，實因ism的翻譯所致，但稱之為專業精神或專業規範又不能盡括其意。其他涉及ism的中譯——例如「東方主義」或「消費主義」——都有相同的顧慮，暫不置論。媒介專業主義強調事實與意見分開，新聞呈現正反兩面的事實，力求客觀公正，這是1830年代以後美國市場不斷抬頭所形成的規範。媒介為了追求市場利潤，必須放棄黨同伐異，避免事實混雜意見，逐漸形成多元報導的風格，讓各種利益在市場上競爭制衡，以爭取龐大的新興中產階級讀者（Schudson, 1978）。學界論述和批評媒介專業主義的文章很多，立場分歧很大，但各方肯定媒介是社會「公器」——為公共福祉服務——殆無疑義（可以參閱潘忠黨、陸曄，2017）。在此，我只準備以筆記方式討論涉及本文脈絡的問題，即如何從不同的層次、脈絡和語境，解讀不同的立場和闡釋，權充這場討論的注腳。

　　首先，激進西方左派學者，姑且以塔克曼（Tuchman，1978）為代表，若非懷抱左翼自由主義的意理，就是充滿不同樣態的社會民主主義憧憬。塔克曼從現象學的角度分析新聞機構如何建構社會真實，她批判媒介專業主義形同一套「客觀的策略性儀式」（strategic ritual of objectivity），意謂媒介運用客觀性的技巧，建立社會共識的假象，其實新聞網圍繞著合法的中心機構，新聞節奏跟官僚機構的運轉同聲共氣。這樣時空交織所布置的「新聞

網」，使得媒介機構得以善用有限的資源，靈活調配人力物力，以捕捉難以捉摸的外在環境，進而編織以「事實」為基礎的意義之網。正因為「新聞網」的運作，媒介在時間上和空間上都得依附於（不是聽命於）權力結構，其長遠的宏觀效果則是支持既有秩序，甚至抹煞異見，阻撓變革。激進派學者多少有民粹情結，他們批評記者和媒介在專業主義的保護傘下變得傲慢專橫，高高在上，不論語言和視野都脫離了草根。這樣筆鋒一轉，其實又可以聯繫到葛蘭西（Antonio Gramsci）角逐文化或話語「霸權」（hegemony）的理論，做出精彩有力的分析文章了。喬姆斯基的立場與此接近，只是他採取「工具論」（instrumentalist）的機械式觀點，直接認為媒介是國家與資本結構的「工具」，分析遠不如塔克曼這般細緻。他們說的對不對？假若出發點是「體制變革」（change *of* the system），從根本上全面否定現有政經體制的合理性，這種批評是深刻而頗具洞見的。弔詭的是：民主國家的主流媒介是穩定社會秩序的一股力量，社會上似未普遍認同顛覆體制的必要，更不贊成憑著浪漫的藍圖大修大補。

倘若我們降低調門，把焦點移轉到「體制內變革」（change *within* the system），看法就截然不同了。我們知道，19世紀末20世紀初，進步運動孕育了美國新聞界獨特的「扒糞運動」（muckraking），記者以事實為武器，揭露官商（或官商勾結）的黑暗面，照顧民間疾苦，進一步鞏固媒介專業主義的成熟。當年胡適回國，對美國新聞界的「扒糞運動」推崇備至，不是沒有道理的。質言之，媒介專業主義包含一套核心價值和一套操作技術：技術上力求事實與意見分離，形式上力求客觀公正，不偏不倚；這套技術的後面是核心理念，蘊含著美國主流社會的「恆久價值」，旨在促進政治（行政、立法、司法）、經濟和文化各方面的溫和漸進改革，最終則務使民主體制「利他」，資本主義必須「負責任」，提倡「好政府」和公平競爭，反對財富集中與勞工剝削，不走極端，保護個人自由（Gans, 1979）。除非能夠假設媒介維護社會的恆久價值，否則「客觀性」的技術是無法落實的。一百多年來新聞界的「扒糞」傳統不絕如縷，而且與時俱進，「水門案」之類的事件不過是承其餘緒的現代版而已。自由多元派相信，只有上帝可以設計出一幅完

美的藍圖，但人類生而不完美，他們所構建的人間社會當然不可能完美，任
何以權威暴力推行「救世主」式的激進完美方案，必然不擇手段以達到崇高
的目的，那終將是通往奴役的道路。他們一向認為現有的西方民主體制和資
本主義社會大致健全（不完美，也不可能完美），因此沒有必要動搖根本，
只須和風細雨的局部改革，按部就班，一點一滴小規模修修補補，使制度更
加完善而已。然而民主不是成品，而是不斷追求完善的過程，人和制度都有
很強的惰性，所以必須隨時戒慎恐懼，輿論監督也永不歇止。換言之，媒介
專業主義並不追求烏托邦的絕對理想，而是以務實方案處理「不完美」的人
類社會。

　　西方學者批判全球性的媒介與資本壟斷，激進派從根本否定資本主義
的正當性，自由派則批評這些巨無霸跨國公司背馳「負責任的資本主義」
（responsible capitalism）的基本原則，立足點不同，卻是一種良性的知識
（甚至政治）激盪。黑白之間有中間色，多數人犯不著鬥得你死我活。在媒
介專業主義的問題上，激進派和自由派貌似截然對立，在我看來則是「悖
論」，如何取態和裁斷，視乎解讀者的政治立場、語境、在什麼抽象層次看
問題而定。媒介專業主義具有美英自由主義的特色，在歷史脈絡中形成以
後，向外不均勻地輸出。第三世界國家談起媒介專業主義，多半停在話語層
面，徒具表面形式，能夠付諸實踐的不多。正如窮人怕營養不良，富人怕
痴肥和厭食，只有對症才能下藥。在匱乏專業精神的媒介環境裡唾棄專業
主義，憑空盲目跟隨西方激進派追求絕對的烏托邦想像，就像晉惠帝問饑
民「何不食肉糜」一樣虛幻又荒謬，而且不啻以火攻火，乃至煽風點火，使
得火焰愈燃愈熾，以致不可收拾。看到有人罔顧脈絡，尋章摘句，或斷章取
義，或望文生義，硬拉西方的一派敲打西方的另一派，完全無助於解決自己
的問題。還有少數聰明的糊塗人，為了迎合某種旨意而反對媒介專業主義，
既是左支右絀，卻又隔靴搔癢，那是根本沒有辦法討論的。

　　反之，過猶不及，如果美國和西方社會把媒介專業主義變成不假思索
的信仰，而且經制度化成為習以為常的實踐，媒介久而變得太自大傲慢，與
底層草根脫節，那麼聽聽理性批判，應該如空谷足音，發人深省，頗有「他

山之石，可以攻錯」的解放意義。但激進派長於從根本批評現狀，卻短於提出可行的替代方案，自由派則在可行的方案範圍力求改良。（必須說明：西方的左派通常站在批判權力的位置，但在中國，老左不用說了，若干極端民族主義的新左卻拾西左之牙慧轉而擁抱國家權力。兩者固然不可混為一談，卻不失為知識社會學的好課題。）有趣的是學界容易高估意識形態批判的作用。激進批判話語固然頗能在西方校園內引起思考或共鳴，但它影響新聞界的實踐卻不甚彰顯，這是西方馬克思主義「學院轉向」逐漸與社會運動脫節以後所共同面臨的格局與困境。

　　儘管表面上水火不容，激進派和自由派其實都必須尊重共同的底線：新聞不可以罔顧事實（儘管對「事實」的理解有精粗），不可以故意說謊造假，不可以公器私用，不可以違反民主的價值。我常想，「皮之不存，毛將焉附」，是不是在媒介專業主義的基礎上，才可以談「超越」媒介專業主義？「超越」畢竟不是「摧毀」，好比我們必須借助語言溝通，語言本身有它的內在限制，是必要而不完美的溝通工具。我們需要靠非語言和整體語境輔助語言的不足，但沒有人會蠢到將語言一股腦兒拋棄；抽掉語言的溝通，其他外緣因素都難以奏效。新聞不能沒有底線，譬如建築，唯有建立在穩固的基礎上，高層的樓閣才能有所依託。

　　眾所周知，傳統媒介的空間受到新媒體的逼壓，發展極為困難，圖存之道在於及時改變經營策略、技術手段和新聞運作。現在是西方媒介專業主義幾十年來的最低潮，恐怕正滑落到底線的邊緣。主流媒介的「客觀」新聞不斷腐蝕，市場壟斷和利潤掛帥日甚一日，閱聽者大量流失，黨同伐異的趨勢上升，媒介與日常的社會生活逐漸脫節。川普當選美國總統以後，公眾對主流社會制度、對媒介的信任危機更雪上加霜。根據蓋洛普調查，2016年全美只有32%公眾相信主流媒介，二十年內如雪崩式從半數（1997年尚有53%）掉到三分之一。兩極分化日益加劇，兩黨猶如陌路甚至仇人，媒介簡直幾乎丟掉了共和黨人，只有14%（1997年尚有41%）的共和黨人願意相信媒介。川普不惜以總統之尊，興風作浪，挑撥是非，不時發表錯誤或毫無根據的民粹言論，他攻擊媒介是「虛假新聞」（Fake news），為「人民公敵」，其撕

裂社會的意圖和力度尤為前所未見。

　　前幾年，新媒體寵兒如谷歌、臉書、推特、亞馬遜的發展彷彿勢不可擋，現在發現民粹主義當道，數位媒體的功能容易受到野心者濫用，為假消息推波助瀾，以致動搖美國新聞界背後「恆久價值」的基石。2016年美國總統大選期間，俄羅斯當局鑽臉書的安全漏洞，斥巨資買政治廣告，並在社交媒體散布不利於民主黨的虛假消息，企圖干擾美國的輿論場域，進而影響選情的走向，引起危害國家安全的隱憂。美國右派不斷散發煽動性的不實消息，川普的盟友——如後來與之鬧翻的史蒂夫·班農（Steve Bannon）——甚至委託英國私人公司（Cambridge Analytics），從臉書竊取五千萬人的個人資料，大規模侵犯隱私，以為黨派操縱選舉之私用。臉書還擅自同其他大公司分享其用戶個人資料，以擴大市場占有率。這些事經過《紐約時報》和《華爾街日報》深度調查報導，引起莫大的公憤，臉書立刻陷入信用危機。美國聯邦特別任命的檢察官尚在調查中，國會也召開聽證會。世界各地的極端組織善於利用新媒體散布謠言，鼓吹暴力。美國和歐盟一直威脅要立法管制新媒體，但至今只聞樓梯響，這個法律如何訂立與如何執行必然大費周章，何況還牽涉到重大的公司利益（見Economist, 2017）。媒體必須有效提高透明度，以實際行動防範假新聞和憎恨性言論的流傳，倘若自甘毀棄專業主義，甚至明目張膽偏袒謀私，必將喪失公共信任的防線。2018年9月26日歐洲業者（包括主要的線上平臺、社交媒體巨頭、廣告主和廣告經營者）在布魯塞爾發布歐盟首份自律公約《反虛假信息行為準則》，能否奏效尚待觀察。人類不斷與自己創造的科技巨獸鬥智。臉書企圖制訂技術標準和手段，以清除每天來自全世界超出一百種語言、排山倒海的假新聞和憎恨性言論，這絕對不是容易的事。我們無法確知將來會怎麼演變，但人類社會在不斷前進、後退、轉彎的過程中，總會找出（也許是暫時性的）應對方略，不至於束手無策，否則豈不是宣判文明的終結？開放社會有自我矯正的功能，一邊出現新問題，一邊尋找解決對策。世界上沒有什麼辦法是一勞永逸的，但透過這樣不斷週期性調整，當可形成某種動態的平衡。

　　在大西洋彼岸的英國，情形也好不到哪裡。記得上個世紀70年代中

期,著名學者卡茨(Katz, 1977)應邀為英國廣播公司(BBC)撰寫一項政策建議書,他羅列一系列他認為值得研究的問題,以指引未來產學合作的方向。卡茨所援引的文獻以「行政型研究」為基調,遭到英國左派批判學者的反對。BBC服膺的新聞專業主義,政治立場中間取向,左派學者質疑它過分維護既有秩序,不夠「左」,他們連帶指責卡茨沒有提出批判性的激進研究方案,因此不利於廣播體制的「全面」民主化。緊接著到了整個1980年代,保守黨首相柴契爾夫人以市場競爭和多元選擇為名,大力推動公共資產私有化,並猛力攻擊BBC立場「太左」。BBC在報導北愛爾蘭的衝突中盡量保持不偏不倚,並未一味偏袒英國政府,竟然允許與政府敵對的新芬黨甚至共和軍出聲,使得柴契爾怒不可遏。報業大王梅鐸與柴契爾(以及其他保守政客)結盟,不惜發動手下各報抨擊BBC的壟斷地位,梅鐸自己卻擠入衛星電視獨占市場。為了釜底抽薪,柴契爾企圖使出殺手鐧,處心積慮要取消BBC賴以生存的執照費——在英國凡擁有電視機的家庭必須向政府繳交年稅,這筆錢用來資助BBC公共電視的運作。她甚至矢言將它分而拆之,BBC左右受敵,情勢萬分嚴峻。縱使柴契爾的計畫最終並未獲得成功,但此一時也彼一時也,英國左派學者到這個地步已經別無選擇,必須挺身捍衛BBC,因為這是公共領域的最後一道防線。1990年代以後,政權幾經更迭,即連布萊爾的「新工黨」也延續了市場掛帥的「新自由主義」秩序,至今一直沒有退潮。唯一可以安慰的是BBC挺過了各種政治風暴、經濟興衰和科技挑戰,火浴鳳凰而後重生,至今仍是最受英國民眾歡迎的媒介,也是全球新聞專業主義的標竿。

　　長期以來據說英國報紙是世界上最好的,這是神話,也是「不美麗的誤會」。艦隊街的小報極盡渲染誇張、失真敗德之能事不說,大報無不以商業利益掛帥,更與權勢結構互相利用,捆綁得難分難解。如今在數位化媒體的圍攻下,寒風颳得更加凜冽,嚴肅主流媒介(特別是報業)的脖子被緊緊掐住,廣告收入幾近崩盤,生存維艱,新聞公信降到谷底,社交媒體的假消息滿天飛。英國公投決定退出歐盟以後,根據愛德曼(Edelman)的調查,宣稱信任主流媒介的公眾,從2015年的34%降到2017年的24%(兩年內跌

12%），每四人就有三個不信任媒介，媒介信任度居歐洲各國之末。媒介的信任危機反映社會和政治制度的信任危機，尤以年輕人為然。在這樣惡劣的生態下，媒介將何以為繼？報紙黨同伐異如故，甚至變本加厲；好在電視大致還能守住專業準則（最權威的分析，請見Curran and Seaton, 2018）。我要指出的是：覆巢之下無完卵，假如連專業掛帥的BBC都走投無路，無法生存，那麼再激進浪漫的想像都將化為泡影，因此左派學者也引以為憂。這種微妙的轉變說明左派學者必須審時度勢，他們原來在抽象的象徵層次上反對BBC或媒介專業主義，但眼前清楚看到語境、意義和底線不斷在移動，不得不調整發言位置和因應對策，以免（如西諺說的）把小孩和洗澡水一起潑灑出去。

　　全球化使跨文化交流頻繁，促進思想的引入、混生與適調。這是漫長而複雜的過程，橘逾淮為枳，所以無法生吞活剝，而必須考慮到語境對接的程度與面相。媒介專業主義是現代性的表現，西方必須走出困境，已如前述。現代性有不同的道路，不必定於西方一尊，何況西方同中有異，不可以簡單籠統歸為一尊。媒介專業主義在進入第三世界的語境以後，哪些有普遍性，哪些有特殊性，社會基礎何在，如何轉化到另一個社會和文化的肌理？這些都是極為複雜的問題，然而維護公共價值、利益與觀點的基本精神卻不可變。反之，貿然把西方的烏托邦式批評閉著眼睛搬到第三世界複製，輕率否定媒介專業主義，必造成帽子和頭顱尺寸不合的諷刺，這是可以斷言的。而在許多現代性尚未完成的社會，如何看待西方流行的「後現代」理論，也值得第三世界學者公開討論。罔顧現實的社會語境，野蠻硬生地橫向移植任何理論，不但犯了「具體錯置的謬誤」（fallacy of misplaced concreteness），也是我執和妄想的表現。

　　史學界可以證明西方（包括英美法）的民主制度在發展過程中充滿血腥，但邏輯上是否因此引出「我們不要民主制度」（不管如何定義）的結論呢？馬克思原來以人道主義批評西方民主制度不夠徹底，而不是全盤否定它，後來愈變愈激進，排他性反而更強。英國首相邱吉爾對「民主」的說法已是耳熟能詳了，我對「媒介專業主義」的看法庶幾近之：

　　許多形式的政府都試過了，而在這個罪惡和苦惱的世界裡，將來還會再試。沒有人假裝民主是完美或全智的。的確，可以說民主是最壞形式的政府，除了時時嘗試過的其他各種形式以外。（1947年11月11日，邱吉爾在英國下議院演講）

　　最後，我再舉三例說明跨國語境對接的微妙關係，有時候語境重疊又留下缺口，產生一些意想不到的後果，其意義在跨文化研究殊堪玩味。其一，記得在1960-1970年代激越反戰和反建制的歲月裡，西方著名左翼理論家包括傅柯（Paul-Michel Foucault）、阿圖塞（Louis Althusser）和威廉斯（Raymond Williams）都自稱深受毛澤東思想和「文化大革命」的影響。之所以可能，在我看來，是因為他們只需要在抽象層次抽取毛主義的象徵資源（例如矛盾永不熄滅論、「為人民服務」和「長征」的隱喻），插入當時西方抗議政治和思想的語境，卻不必正視「文革」在中國大地具體發生什麼，更不必面對大規模的社會破壞與人性摧殘。記得威廉斯（Williams, 1977）在闡發葛蘭西的「霸權」理論時，曾提出「選擇性吸納」（selective incorporation）的概念，借用在目前這個語境未必說不通。其二，很久以前，我聽過美國漢學家狄培理（William Theodore de Bary）的演講，記得他說他最敬佩的兩位當代中國學人是胡適和錢穆。狄培理身處西方漢學的語境，與中國的學術生態保持適當距離，毋須理會圈內分明的壁壘，方可相對超然，從兩個極為不同的人物和範式選取他想要的營養。其三，薩依德（Said, 1994）的宏大敘述一直以「啟蒙」和「解放」為中心旨趣。他主張知識人一貫對權勢者講真話，不要有雙重標準，所以他一方面批判西方殖民主義，一方面抨擊阿拉伯世界（包括他的原鄉巴勒斯坦）的專制封建主義。我們在閱讀他的著作時，不要顧此失彼，只選自己要聽的那邊。媒介專業主義是否也該考慮到跨文化語境的對接？

參考書目

潘忠黨、陸曄（2017），〈走向公共——新聞專業主義再出發〉，《國際新聞界》，第10期。

Curran, James, and Jean Seaton (2018), *Power without Responsibility.* 8th edition. London: Routledge.

Econmist (2017), "Social Media and Politics," *November* 4-10, pp. 19-22.

Gans, Herbert I. (1979), *Deciding What's News*. New York: Pantheon.

Katz, Elihu (1977), *Social Research on Broadcasting: Proposals for Further Development*. London: BBC.

Said, Edward W. (1994), *Representations of the Intellectual*. New York: Pantheon.

Schudson, Michael (1978), *Discovering the News*. New York: Basic Books.

Tuchman, Gaye (1978), *Making News: A Study in the Construction of Reality*. New York: Free Press.

Williams, Raymond (1977), *Marxism and Literature*. New York: Oxford University Press.

第一篇

國際傳播

中華與世界接軌

第二章

傳播研究的「內眷化」
簡評美國主流研究的典範與認同

　　傳播研究已成為全世界景觀了，但它畢竟發源於美國，刻上深刻的美國文化烙印，即使歐洲和其他地區已發展出不同的風格，至今畢竟還是以美國的影響最大。傳播學引進臺灣和香港七十年（中國大陸四十年）了，傳播學（甚至整個社會科學）不是繼承中國傳統的知識體系，而是從外國全新介紹進來的，許多學者對「傳播學」不免有嚴重的身分危機感：到底傳播學在華人社會走對了路，還是走錯了路，下一步何去何從？原則上，大家都會同意，我們一方面要「引進」西方學術，一方面又要批評「全盤西化」。但究竟要如何做呢？這樣的大題目，誰也無法單獨回答，更不是三言兩語講得清楚的。無論如何，不二法門總要先鑽進去學人家，然後要能夠跳出來，才能攀登另一個高度——「入乎其內，出乎其外」這句話彷彿是老生常談，其實嘗得為學甘苦的人都深知很難做得好的。必須聲明：我自從1971年到美國念書，後來留在美國教書，前後將近三十年，與美國的傳播文獻結下不解之緣；我是受益者，受益不代表沒有批評，批評不代表全面否定，更不是在鼓吹狹隘的文化民族主義。其實，在述評美國文獻的時候，未始不是為自己建造一面借鏡。

　　美國的主流傳播研究是指什麼呢？大致來說，美國的傳播研究有兩個範式：一是由芝加哥大學早期社會學家開創，以都市社會學的視角研究媒介對社區整合的角色，這個範式在第一次和第二次世界大戰之間獨領風騷；另一個範式，在二戰結束後，芝大的傳播研究逐漸式微，其領導地位由哥倫比亞

大學的社會學家和社會心理學家所取代，哥大以量化實證方法和結構功能論研究媒介短期效果，旨趣和風格與芝大截然異趣。兩個範式的風格和遞嬗，暫且按下不表，我想先交代的有三個觀察：第一，美國的主流傳播研究二戰後是以哥大的範式為主軸一脈相承的，影響力至今未衰；儘管後來歐洲傳進左翼的政治經濟學和文化研究，甚至美國本土也發展出各種比較激進的研究取向，各自占據一個角落，卻未曾撼動哥大範式的主流地位，而且有更多國家跟著模仿這個範式。早年芝大的範式可能沉寂，卻沒有消失，而轉為暗流，時而湧現，成為哥大主流的參照系。第二，有趣的是哥大傳播研究的先驅，在傳播學科建立的襁褓階段便紛紛告別傳播研究的領域，以至於哥大重要成員之一貝雷爾森（Berelson, 1958）宣布要為傳播研究送終。在這種詭譎的情況下，哥大的影響力怎麼能夠維持不墜呢？在我看來，哥大範式得以承傳，施蘭姆（Wilbur Schramm，或譯宣偉伯）發揮關鍵性的作用。他在伊利諾大學和史丹佛大學成立兩座傳播研究的堡壘，不斷從其他比較成熟的社會科學領域引進概念與問題意識，其中尤以哥大的研究旨趣（連同它的學術操作方式）最突出，經過施蘭姆及其同事綜合推進以後，又不斷回饋、引領到全國的新聞學院，蔚然自成一個系統。第三，在新聞傳播學院的範圍內，還有一個可憂的現象，這也是本文所要強調的論旨：施蘭姆在傳播研究草創時期，念念不忘「跨學科」的視野；而現在的主流研究自以為已經成熟而不假外求了，反而呈現一片閉關自守的狀態。因此，整個學科越來越專業化，壁壘分明，而過分專業化導致了形式化、技術化的傾向，只向縱深的小題目發展，格局愈來愈小。

不僅華人學界對於傳播學有認同危機，美國傳播學界也一直對這個學科提出質疑。在貝雷爾森為傳播研究發出訃聞以後十四年，著名的社會學家甘斯（Gans, 1972）問道，傳播理論為何如此「饑荒」？他說，一方面傳播研究的流行文化，領域太窄了，而社會學家所感興趣的是高雅文化；但另一方面，如果把大眾傳播視為美國文化社會的一部分來研究，則又未免失之寬泛。多年之後，普利和卡茨（Pooley and Katz, 2008）重提社會學家為何拋棄傳播研究，其轉捩點在於範式轉移：原來在一戰和二戰之間，面臨工業化、

都市化和移民浪潮的社會大轉型，芝加哥大學社會學家以社會制度和集體行為的視角來考察傳媒。但二戰以後，傳播研究重心轉移到哥倫比亞大學，視野隨之窄化，主旨在以社會心理學探討傳媒短期的說服效果。這是我個人衷心贊同的觀點，在後文將詳細敘述。

　　談到認同危機，常有年輕學生問起，傳播學是不是一個獨立的學科，甚至到底「傳播」是否可以稱「學」？中國大陸有所謂「一級」和「二級」學科的設置，那是教育行政的措施，牽涉許多無關學術的考慮；但以學術論學術，傳播學是不是一個獨立學科？對於這個學科定位，學界一直爭論不休。首先，1970年代初有若干馬克思派政治經濟學家主張，傳播既然是上層建築的一部分，學者最重要的還是要分析下層建築的經濟基礎，一旦瞭解下層建築的經濟基礎，即可「順藤摸瓜」，分析或推論上層建築傳播領域的現象。經過政治經濟學家與文化研究學者的長期辯證，我們知道學者對於經濟基礎的重要性看法不一，但即使有人把經濟基礎擺在最核心的位置，現在也不太會接受這麼機械的化約論了。其次，有人認為傳播是跨學科的橫向研究，不同於一般社會學、心理學、政治學的「縱向」學科，與其稱之為「傳播學」，不如稱之為「傳播研究」，以保持它的開放性（Paisley, 1984）。從更廣義來說，文化學者凱瑞（Carey, 1992）認為媒介是社會生活鬥爭的場域（site of struggle），裡面有各種勢力和觀點在折衝樽俎，在互相合作、競爭和對話中建構象徵意義。歐洲的文化研究學者（例如Raymond Williams, Stuart Hall）更尖銳，他分析媒介在意識形態「爭霸」（hegemony）過程中所起的作用，所牽涉的範圍甚廣，這裡無法細論。假若我們接受廣義之說，就必須接著追問：每一個學科都有它的邊界（boundary），有一組基本問題，有一套特殊語言乃至於看世界的方法，那麼這樣鬥爭或稱霸的「場域」顯然企圖貫通各領域，算不算是一個性質特殊的「傳播學科」呢？甚至，傳播研究難道一定要成為獨立的學科嗎？

　　第三，若從狹義來說，傳播學能不能取得像社會學或心理學的學科地位？很多人很焦急，一直想知道：「到底我是誰？」我自己倒不太為這種事操心，因為水到自然渠成，要是一時水不到、渠不成，平白操心也是徒然

的。學科地位畢竟是靠學界共識認定的，而不以我們主觀的意志為轉移。要
是為了求心理安慰，逕自宣布自己是獨立學科，卻不被別人所認可，這樣自
卑又自大的「壯膽」有什麼意義？基於我個人的訓練和興趣，我總相信現代
社會不能脫離傳播生活而存在，如果社會學可以研究家庭、犯罪、人口等等
問題，我們又有何理由不能研究媒介和傳播的制度、現象、過程和效果？英
國學者坦斯多（Tunstall, 1970）編過一本書，就叫《媒介社會學》。有人稱
我做的是「媒介社會學」，我總是欣然接受。也許每個人的出發點不同，我
在乎的是有無能力針對媒介和傳播提出原創性的問題，並給以堅實的分析，
至於貼上傳播學或媒介社會學的標籤，是無關宏旨的。

　　當然，從學術行政的角度來說，如何為傳播學定位是重要的，因為這
和資源分配息息相關。在中國大陸，傳播學被認可成為「一級」學科，只
要行內學者不因此沾沾自喜，以為「學問之大，盡在於斯」，那麼能爭取到
更多資源和地位自然是應該歡迎的。在美國，傳播學大體還是交叉的邊緣學
科，許多大學文理學院的核心是文學系、數學系、哲學系、物理系、歷史系
之類，新聞科系雖熱門卻非核心。有的大學成立傳播學院，儼然自成系統，
不隸屬於文理學院，但傳播學院內部各系的課程往往多所重複。我也做過學
術行政，深知到大學當局和各系爭取有限的資源時，不能太自貶身價，總要
極力維護傳播是溝通人文學科與社會科學的橋梁，是占據中心地位的新興學
科。學術政治必須在科層體系內建立學科的正當性，這個道理我完全同情。
然而本文以學術論學術，不涉及實際的學術政治，旨在探討學科發展的道
路，所以不妨有話直說，即使說錯了，也不影響到學科的根本利益，何況大
家還可以平心靜氣地商量。

　　這是一篇通論性質的文字，緣起於一次對學生所做的學術報告，後來
根據現場錄音改寫而成，文字盡量保持原來的口語。我無意做地毯式的文獻
掃描，何況這類書籍坊間也所在多有。我要提供的是一張路線圖，首先從字
源探索廣義的「溝通」與狹義的「傳播」之間的關係，然後敘述早年在「統
一科學」運動下，施蘭姆嘗試建立統攝性的「溝通學」，這個努力最終是失
敗的，由此反映了「溝通學」與「媒介研究」的張力。接著述評美國傳播學

早期的兩大範式及其興替，即由哥倫比亞學派取代芝加哥學派成為主流，視野逐漸窄化。美國主流傳播的理論匱乏，是因為學科日趨「內眷化」，誤以為本學科自給自足，一味追求內部的窄深，以致技術愈來愈精良，卻缺乏思想創新，甚至逐漸脫離人文學科與社會科學的主要關懷。最後著眼於傳播研究的「在地經驗」與「全球理論」。秉承「舊學商量加邃密，新知培養轉深沉」的古訓（朱熹語），我且效法野人獻曝，提出若干不成熟的孔見，以就教於傳播學術圈的師友們，其中以偏概全，掛一漏萬，非特難免，可能十分嚴重。無論讀者最終是否同意我的解讀，我願意開宗明義坦白交代這一點。

傳播的三層意義：溝通，交通，媒介

根據科學家的估計，人類在地球上已有一百萬年的歷史。施蘭姆（Schramm, 1981）將這一百萬年畫到一個二十四小時的鐘面上，每分鐘代表七百年，每秒鐘代表十二年。這樣算來，攝影術出現於午夜以前十三秒，電報午夜前十一秒，電話午夜前八秒，電影午夜前七秒，廣播午夜前五秒，電視午夜前四秒，衛星、電腦則是午夜前三秒才出現的。總之，這些先進的傳播科技原來都是在午夜十三秒以前才密集出現的，儘管一個接一個，快得令人喘不過氣來，它們不過是歷史長河的小點滴罷了。我們眩惑於科技的神奇，常常忘記歷史的悠遠，各種眩目的科技只是如此新近的發明。以我的生長歷程為例，要到小學六年級家裡才有收音機，高中三年級才第一次看到電視的面目。但年輕一代是與電視共生的，呱呱落地即直接進入電視影響圈內。現在的兒童大概認定電腦和iPad這些「玩具」存在五百年了，屬於他們的「基本人權」，難怪他們操作起iPad那麼嫻熟自如，不像他們的祖父母那麼笨，看了半天說明書還未必懂。

我想參考威廉斯（Williams, 1976: 62-63）對字源的界說，以闡明communication在中文所包含的三種意義：溝通、交通與媒介。communication的原始意義在中文就是「溝通」，在拉丁文與community同個字源，都是 *communis*，即是要建立「共同性」（make common）——也就是透過社區內

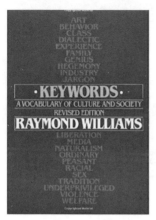

圖2.1　威廉斯，《關鍵詞》。

人們面對面的溝通，彼此分享「資訊」和「情感」，以建立深刻的「瞭解」。其中最重要的場域莫過於家庭。家裡面的聲息氣味都熟得不得了，隔壁房間有人走過來，只要聽腳步聲就曉得是誰，根本不必抬頭看。可見「熟悉」是溝通的基本要素。因此有人建議，學好英文的不二法門，就是跟美英人士結婚——但這個方法也不見得靈光，我有朋友娶美國太太，英文卻講得結結巴巴的；因為他們結婚共同生活以後，盡在不言中，許多話只要起個頭或講半句，伴侶早已心知肚明了。難怪夫妻愈老愈像，連生活習慣、脾氣、語言行為方式都不知不覺互相感染，道理也一樣。哈伯馬斯提出的「公共領域」，也是從家庭開始的；人們走出「家庭」的堡壘之後，進入一個充滿陌生人的「公共」場域，在那個場域裡彼此不熟悉，必須建立一個免於政治壓迫和免於資本污染的情境，使大家透過批判性的理性溝通，求同存異。

溝通最有效的媒介是語言，儘管語言有各種缺陷，科技再發達卻絕對無法取代語言的基本功能。（當然我也同意，心心相印，無聲勝有聲，禪宗拈花微笑，不著文字，是心靈溝通的最高境界，但那是另外一個語境的題外話了。）到了產業革命以後，communication進入第二個階段，增加了「交通」的意義。工業社會製造就業機會，大量農民遷徙到城市，拜賜於舟、車、飛機、電話、電報，即使徙至遠處仍可維繫感情和意義的共同性。交通工具打破了地理的藩籬，延長人們溝通的能量，但溝通內容的稠密度卻非大為稀釋不可。今天交通銀行譯為Bank of Communications，交通部譯為Ministry of Communications，沒有翻錯，這是保留communication第二層的意義。以溝通「稠密度」來說，最高的是見面，可以近距離親身聆聽語言的意義，聽其言，觀其行，揣摩言外之意或未言之意，甚至察言觀色，即是進行「非言語溝通」（nonverbal communication），這樣彼此透過各種直接接觸的方式，

在反覆交涉中建立準確的意義。要是彼此見不到面，退而求其次，只好打電話；打電話總比不打好，但假如夫婦長期分處太平洋兩端，無法有肌膚之親，只靠電波傳情，結果愈傳情愈薄，最後怕要分道揚鑣的。為什麼生意人當面幾杯黃酒下肚，談不攏的東西也談得攏了？為什麼中國人喜歡請客吃飯，「以肚子控制腦子」？原因無他，都是為了搞熟，拉下面具，大家好說話。又如，白宮和克里姆林宮早就設有「熱線」，照說一通電話可以解決的事，何勞外交官風塵僕僕，飛來飛去？因為雙方必須坐下來當面談，察言觀色，聆聽弦外之音，或步步為營，或互相讓步，以避免擴大爭端。

晚至1950年代，英文才出現mass media（大眾傳媒）一詞，泛指我們所熟知的報紙、雜誌、廣播、電視，乃至延伸到今天所謂的「新媒體」（包括網際網路、衛星和社交媒介等載體），這已經進入communication 的第三層意義了。倘若第二層意義指「物質的」交通工具，第三層便是指「心靈的」交通工具。大眾傳媒無遠弗屆，超越時空，涵蓋面廣，由少數的「傳播者」與廣人的（mass在此指大量massive）「受眾」建立「共同性」，但這種溝通是單向的，音影稍縱即逝，又都缺乏雙向回饋的功能，其內容的稠密度必然更加稀釋了。在古典社會學裡，mass還意指中文的「烏合之眾」，形容受眾的背景分歧，組織鬆懈，群龍無首，受眾與受眾、受眾與傳播者之間互不相識。正因為是「烏合之眾」，老死不相往來，早期哥倫比亞學派才會假設媒介可以長驅直入，其信息有力「擊中」這些「原子化」（atomized）的受眾，改變他們的態度與行為，後來的研究證明這個假設是無稽的（詳下）。照李普曼（Lippmann, 1922）的說法，大眾媒介把「外在的世界」轉換成為我們「腦中的圖像」，而記者是兩者之間的中介（mediated），他們必須運用刻板印象（stereotypes）捕捉複雜的外在世界，不免掛一漏萬，所以李普曼鼓吹由專家精英為公眾闡釋社會事項。早年芝加哥學派稱媒介為「有組織的情報」（organized intelligence），由記者、編輯等組成的科層組織，有目的地收集、製造和散發各種資訊。既然公共輿論（public opinion）代表「理性溝通」，為何又說「烏合之眾」的媒介（mass media）促進公共輿論的「理性溝通」，其中理論的矛盾如何統一？那就必須進一步假設：即使個人是無

知愚昧的，眾人卻是有集體智慧的。所謂「群眾的眼睛是雪亮的」，也有異曲同工之妙。這個矛盾如何安排，產生許多社會理論的流派，這裡無法詳說了。

　　這三層意義出現的時間有先後，既獨立發展，又同時存在。任憑現代「傳播」科技有多先進，也無法取代面對面的「溝通」，而和「溝通」與「交通」的功能也不完全重疊。西方民主理論的浪漫原型，從希臘的城邦政治，聯想到美國新英格蘭小鎮的議事廳，假設社區內人人互相熟悉，見多識廣，更熱心參與公共事務。實際上，李普曼（Lippmann, 1922）批評在美國幅員這麼廣大的國家，這種為小國寡民設計的民主藍圖是不切實際的。即使明知不可能實現，美國總統候選人還喜歡描繪一幅「電子議事廳」（electronic town hall meeting）的願景──雖然美國人民無法聚合在一個地方親身接觸，還是想像可以透過最新科技促進全民溝通，正是「身不能至，而心嚮往之」，可見這個印象如何深植於美國人的深層心理結構中。

　　過去二十年，數位化技術把我們帶進一個「新媒體」的嶄新紀元。新媒體為舊媒體（特別是報刊）的生存帶來極大的威脅，而且促進各種新舊媒體的匯流與整合，發展之速宛如舊小說形容的「迅雷不及掩耳」，從1990年代中葉網際網路開始普及，接著又有社交媒體的流行，接二連三的變化令人目不暇接。資訊環境猶如舊貌換新顏，改變人們日常生活的習慣，影響整個資訊產業鏈的重組與消長，新媒體甚至介入美國總統大選的運作，至於未來的面貌更難預測。當然，世事之理可以「自其變者而觀之」，也可以「自其不變者而觀之」，何者變，何者不變，新舊媒體如何互動，尤其值得密切關注。研究新媒體現在最時髦，學界是否以原來的理論和知識體系來瞭解新媒體，新媒體是否產生新理論？新媒體研究如火如荼，但歷史尚短，還不到下結論的時候。我自己從旁努力觀察這方面的發展，卻總感覺追不上情勢變化，因此不敢多所置喙，留待更有資格的專家來闡述。

統攝性的傳播科學？

　　數年前，我在中國大陸參加一個國際學術會議，發現應邀報告的題目繁多而龐雜，有人談「文化帝國主義」、國家形象，針對的是傳媒的角色；但也有人談祖孫關係，那是涉及第一個意義的「溝通」了。這兩方面的知名學者都很認真，但好像在兩個世界各說各話，學術關懷和問題意識南轅北轍，完全無法交流得上。這又回到「什麼是communication」的問題來了。這裡，我要提醒準備到美國念書的學生，如果你選報speech communication系（現在紛紛改名為communication studies系），那就是打算做類似祖孫關係的研究，舉凡人際傳播、小團體傳播、組織傳播（少部分傳媒問題）、演說和言辭，這個系是正確的歸宿。但你若選擇School of Journalism and Mass Communication，則幾乎全心關注第三層意義的大眾傳播了。以學科定位而言，communication research應該以媒介為中心，還是應該泛指各種「溝通」？如果泛指各種人類「溝通」（human communication），一般社會學家、人類學家、心理學家也應該算在內，因為他們研究人情、關係與權力網絡，不啻是廣義的社會科學。但如果是以媒介為中心，我們縱使運用社會學、心理學解釋一些媒介現象，核心關懷始終是媒介問題，也就是以媒介為主，以其他知識背景為輔。[1]

　　我的學術興趣是以媒介為重心的大眾傳播（mass communication），但必須把媒介緊密聯繫到更大的政治、經濟和文化脈絡裡，而不是封閉式兀自關起門來「以媒介看媒介」。這種傳播研究關注什麼問題？社會學經常提到agency（能動性、自主性）跟structure（結構）的互動：行動者有何行使自由意志的能力，其極限何在？行動者採取哪些行動才可以改變結構？而結構又如何一方面保障、一方面制約行動者的自由與能力？以此為分析的綱領，

---

1 以專業組織而論，speech communication學者參加的是National Communication Association，新聞與大眾傳播學者參加的是Association for Education in Journalism and Mass Communication，而雙方學者都參加International Communication Association。

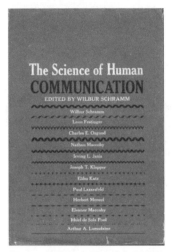

圖2.2　施蘭姆企圖建立人類溝通的「統一科學」。

媒介研究包括三個層次：一，以媒介與社會的關係而言，媒介是行動者，社會是結構；媒介必須在特定的社會內運作，而和社會、政治、經濟和文化結構發生複雜的辯證聯繫。二，在媒介內部，媒介組織（如報館）是結構，專業人士（如記者、編輯、市場行銷者）是行動者；記者可以影響報館的運作，但報館的規範反過來制約或保障記者的行動。三，以媒介與受眾的關係而言，媒介是行動者，受眾就是結構；媒介對受眾產生什麼影響，而社會大眾又如何形塑媒介的品味與內容？抓住這三個綱領，我們自然可以引出很多子題（參考Croteau，Hoynes，and Milan，2012）。

　　在美國，傳媒研究之所以有今天，公認以施蘭姆的貢獻最大。他多才多藝，高中畢業時，辛辛那提職業棒球隊要他去打棒球，他在哈佛大學念碩士時，在波士頓一個職業樂團吹長笛。拿到博士學位以後，他在愛荷華大學英語系當教授，遇到美國經濟大恐慌，他寫短篇小說賺外快，小說得過著名的歐亨利獎，並收入中學的教科書裡。他晚年時曾告訴我，偶爾還接到那幾篇短篇小說的版稅。接著他創立愛荷華大學新聞學院，更重要的是他後來在伊利諾大學創立全美（全世界）第一個傳播研究所（Institute of Communication Research），我們這個年輕的學科從此宣布誕生。

　　1950年代，二戰結束後，美國學術界掀起一個野心勃勃的「統一科學」（unified science）運動。在這個運動的影響下，施蘭姆（Schramm, 1962）說：「communication 是最基本的社會過程之一，甚至是**唯一的**社會過程。」這是極為廣泛的定義，幾乎涵蓋了人類溝通（human communication）的核心，甚至全部，因此是政治學（如民意）、社會學（如社會結構）、心理學（如群眾心理與認知）、經濟學（如信息經濟）、語言學等等學科的匯點和中心。既然如此，何不建立一套獨特的「溝通科學」（communication science），以居高臨下的角度俯瞰，足以統攝或整合社會科學各領域的視野？在伊利諾大學時期，環繞在施蘭姆身邊的學者來自各種不同的專業，例如兩位資訊科學的大家，連書名都叫做《溝通的數學理論》（*A Mathematical Theory of Communication*）（Shannon and Weaver, 1949）；又如奧斯古德（Charles Osgood）是著名的語意心理學家，他和同事完成一部書，從幾個語義的向度衡量心理結構（Osgood et al., 1957）。施蘭姆顯然相信匯聚一流的頭腦，讓他們從不同的觀點在一起碰撞，可以爆發全新的知識火花，叫做「溝通科學」。當然，這個「統一科學」運動證明是失敗的，施蘭姆自己也慨歎道：「許多人穿過，很少人逗留。」社會科學的各路英雄好漢，因緣際會，偶爾在邊緣處相會，觸摸到若干「溝通」的問題，但他們穿過十字路口以後，又向本學科的方向和旨趣直奔。奧斯古德還是回去當心理學家，香農和韋弗還是資訊科學家，早年這批先驅很少自我認定是「傳播」學者的。施蘭姆也無力留住他們，十字路口還是十字路口，只穿過，不逗留。傳播研究不但沒有成為統攝性的中心理論，而且邊緣如故，只能繼續拚命爭取中心的承認。

　　後來，施蘭姆移師西部的史丹佛大學，創立另外一個舉世聞名的傳播研究所（Institute for Communication Research），更是培養了數代傳播研究的領袖人物。他還是時時宣稱「溝通」是最基本的社會過程，似乎沒有忘情於統攝性理論，但具體的研究卻從廣義的「人類溝通」轉而專注於建立狹義的「傳媒研究」。他這時期的研究包括電視在兒童日常生活的角色、教育電視，特別是媒介在國家發展的功能。縱然跨學科的統攝性理論建構失敗，然而傳媒研究的理論根基不足，施蘭姆還是不遺餘力地從老資格的社會科學吸取理論養料，以灌溉新興傳媒研究的園地。他褒揚傳媒研究有四位「祖師爺」，都來自其他的學科，包括社會學家拉查斯斐（Paul Lazarsfeld）、政治學家拉斯威爾（Harold Lasswell）以及團體動力學的勒溫（Kurt Lewin）和實驗心理學的賀夫蘭（Carl Hovland）。施蘭姆的「點將錄」，未必是定論，但他所推崇的傳播研究都是實證主義的範式，其中三位大師後來與傳播研究漸行漸遠，事實證明影響最大是拉查斯斐，他與同事墨頓（R. K. Merton）在

哥倫比亞大學發展的範式，奠定了美國實證量化傳播研究的基礎，進而蔚為美國傳播研究的主流，其長處短處都在這裡。等到這個路數變成支配性的主流範式，學術發展逐漸呈現偏枯的趨勢，幾乎忘記了更早前芝加哥大學社會系還有另一個主要的傳統，哥大的傳統與歐洲的激進思潮更是南轅北轍。

美國媒介研究的兩個範式

　　美國的傳播研究深受社會學和社會心理學的啟發，英國的文化研究脫胎於文學批評，淵源大為不同。在美國，傳播研究有兩個最重要的範式，一個是芝加哥學派，一個是哥倫比亞學派，它們的崛起、發展和消長各有時代的烙印，也反映美國社會脈絡的遞嬗。稱之為「學派」，是因為它們所提出的問題、使用的方法對傳播研究都有根本性的影響，內部縱有差異，但整體合起來看，芝加哥學派和哥倫比亞學派是迥然不同的。茲參考哈特（Hardt, 1992）、齊特羅姆（Czitrom, 1982）和凱瑞（Carey, 1992）等人的著作，約略述評如下，並歸納其要點於表1。

　　美國版圖的拓展史是由東向西移動的，全國第一大城當然是紐約，而第二大城長期而言就是芝加哥。直到後來西部的洛杉磯崛起以後，芝加哥的關鍵地位才稍有退色。芝加哥是中西部最大的樞紐和集散地，轉運周圍農業州的資源到東部，也是全國工商業、製造業和運輸業聚集的心臟，無論在地位、資源或價值取向上，芝加哥與東部都市平分秋色，甚至分庭抗禮。美國象徵人類史上橫跨新大陸的第一個民主實驗，這個新興國家歷經都市化、工業化和大量移民的洗禮，使得整個社會秩序和核心價值動盪不已，必須重新整合再出發，於是知識界領袖在上個世紀初發起了一場影響深遠的「進步運動」（Progressive Movement）。政治上，它鼓吹以中產階級為主的「好政府主義」，鼓勵報刊揭發政客貪腐無能，它提倡個人憑本事升遷，反對絕對或武斷，主張以科學方法促進社會改革；經濟上，它反對社會資源與財富寡頭壟斷，並維護市場的公平競爭，反對資本家剝削勞工；文化上，它提倡新的中產生活方式、新式藝術和建築品味，以及都市計畫（Carey, 1997）。「進

表1 芝加哥學派與哥倫比亞學派的比較

	芝加哥學派	哥倫比亞學派
極盛時期	一戰到二戰之間，美國社會歷經動盪。	1950年代以後，美國國力日正當中。
聚焦	報刊是社會文化機制的一部分，與城市發展和移民社會息息相關。報刊的作用在於維繫政治和道德共識。	以媒介效果為主。把社會結構視為當然。
範式	實踐主義，報刊促進社會改革。與「進步運動」同步。	結構功能主義，媒介維繫社會和心理系統的平衡。
研究方法	人類學參與式觀察深訪，社區研究。	以問卷調查和內容分析為主。不重視歷史。
知識論	經驗性，闡釋性。象徵互動說。	實證經驗研究。
代表性學者	Robert Park , George Herbert Mead, Herbert Blumer, Morris Janowitz, Kurt and Gladys Lang	Paul Lazarsfeld, Robert K. Merton, Elihu Katz

步主義」更新了美國的核心價值，其中一環便是孕育了美國社會的「媒介專業主義」。「進步運動」的餘緒，更是開啟了美國的對外擴張，包括開始介入亞洲事務，並提出「門戶開放」為口號進入中國與列強爭奪勢力範圍。

芝加哥大學是「進步運動」的重鎮。芝加哥大學首創全國第一個社會學系，該系在一戰到二戰之間獨領風騷。芝加哥的社會學家們受到杜威的「實踐主義」（pragmatism）所影響，放棄歐洲式的抽象玄思，而注重學術在社會和政治改革所產生的實際效果。他們以芝加哥這個城市為活生生的社會實驗室，做了大量人類學式開創性的社區研究。他們研究的範圍很廣，其中一環是把報刊視為社會的有機環節和組成部分，探討報刊如何促進社會秩序的整合、社區和諧以及種族融合。上個世紀初，芝加哥有三分之一的人口是外國移民，農村人口和「解放」的南方黑人更一波一波地湧進芝加哥的工廠討生活，勞資糾紛和種族歧視十分嚴重。媒介不是被孤立看待的，而是與整個

圖2.3　杜威（1859-1952）的
實踐主義影響芝加哥學派。

圖2.4　芝加哥學派米德
（1863-1931）。

圖2.5　芝加哥學派帕克
（1864-1944）。

「進步運動」的都市發展、移民過程和社會秩序相
伴相生，研究旨趣充滿了自由主義漸進改革的精
神。大規模的社會變遷引起動盪，道德基礎與政
治共識失衡，學者探討如何使用媒介維護社區的
整合與共識，以促進社會的改革與進步，其終極
目標即在於完善美國式的民主制度和資本主義。

　　芝加哥學派的研究既是經驗性的，又是詮釋
性的。它著重參與式觀察，也使用歷史和人類學
田野方法，以社區研究為主。記得他們曾派駐學
生在商店門前「站崗」，實地記錄交易的種族和
階級情形，店主不知道他們幹什麼，打電話要警
察驅逐他們。芝加哥學派的掌門人帕克（Park,
1982），研究報刊的「自然史」（natural history）
以及移民報紙對融入美國社會的影響，他曾到燕
京大學做訪問教授，是費孝通的老師。布魯默
（Herbert Blumer）是「象徵性互動派」的代表，
在集體行為和民意研究的貢獻卓著，影響很大。
傑諾維茨（Morris Janowitz）研究社區報紙與社
區權力結構，以及社區報紙如何促進社區和諧。
朗氏夫婦（Kurt Lang and Gladys Lang）配合實地
觀察和電視內容的分析，提出媒介建構「第二手
現實」。這些都是具有開創性的貢獻。

　　二戰結束以後，美國取代英法帝國主義成
為世界霸權，國力如日正當中，最重要的問題是
如何持盈保泰，學界所關注的是維護社會系統的
穩定平衡，研究旨趣日趨保守，他們提的問題比
芝加哥學派窄化得多。這時，社會學的重心已從
芝加哥大學移轉到哈佛大學，但帕森斯（Talcott

Parsons）提出宏觀結構功能論，過於抽象艱澀，
從一個名詞跳到一個名詞，無法接受具體經驗證
據的考驗。以傳播學而言，其重心又轉移到哥倫
比亞大學。理論家墨頓（Robert K. Merton）提倡
「中距離」的結構功能論（middle-range theory），
以接通抽象概念與具體經驗，使理論能夠接受經
驗證據的檢查。墨頓和以量化研究方法見長的拉
查斯斐（Paul Lazarsfeld）合作無間，相得益彰，
訓練了數代社會學各領域（包括傳播社會心理學）
的著名學者。哥大仰賴企業界（尤其是紐約的哥
倫比亞廣播公司）和政府提供大量研究經費，他
們使用相當精細的問卷調查和內容分析，研究媒

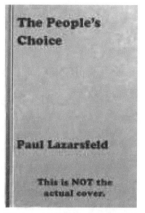

圖2.6　拉查斯斐《人們的選
擇》，為第一本最重要的量
化傳播效果著作。

介如何改變人們的短期態度與行為，特別是選舉與消費購物方面。大公司和
政府資助學術界，自然不願意學術界用這些研究來檢驗甚至批判它們，因此
哥大的學者們幾乎凍結了社會制度與結構性問題，把媒介與權力結構的關係
視為當然，只以工具的眼光孤立看媒介產生什麼效果。他們原來期望媒介發
揮「魔彈式」（magic bullet）的強大效果，但各種實證研究卻紛紛否定這個
假設，反而發現媒介無力直接改變人們的態度或行為，只能鞏固他們固有的
預存立場。這個結論使得他們開始懷疑傳播研究的價值，以前的樂觀期待轉
變為悲觀情緒，以至於哥大的重要成員之一貝雷爾森（Berelson, 1959）過早
為傳播研究發出訃聞。

　　拉查斯斐原是來自奧地利出色的應用數學家，移居美國以後發明了若干
重要的量化研究和統計方法。他的追蹤研究（panel study）當初是為美國農
業部設計的，正好碰上美國總統大選，他就把這套方法拿到俄亥俄州的伊利
（Erie）縣使用，即在選舉過程中每隔一段時間就反覆回去訪問相同的樣本，
以追蹤選民投票意向和行為，看他們受媒介影響的方向與程度。研究成果
總結在《人們的選擇》（Lazarsfeld, Berelson, and Gaudet, 1948）這本書中，
這是開創傳播研究量化實證研究的先河。（有一次，我和業師羅傑斯開車經

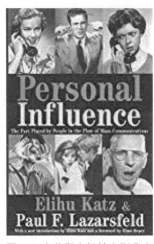

圖2.7　卡茨與老師拉查斯斐合著《親身影響》。

過該地，看到高速公路伊利的路標，心中仿若觸電，頗有到麥加「朝聖」的味道。）該書否定媒介有強大的勸服效果，提出「兩級傳播」的說法，也就是媒介無法直接影響受眾的態度與行為，有一群意見領袖先吸收過濾媒介的資訊，再傳布給廣大的受眾。後來，他和學生卡茨合作，在《親身影響》（Katz and Lazarsfeld, 1955）中把「兩級傳播」和意見領袖做更詳實的試測。

　　現在回顧哥大對於「兩級傳播」和「意見領袖」的提法，實與李普曼（Lippmann, 1922）早年對於公共輿論所提出的見解若合符節。前面說過，李普曼認為公共事務複雜萬端，新聞媒介需要靠刻板印象瞭解外在世界，新聞報導本身有相當大的內在缺陷，而且為政府和大公司操縱心靈的公關企業又方興未艾，為此他提倡由專家精英為公眾闡釋公共事務。與李普曼論爭的杜威雖然也承認公共事務複雜，但杜威寄望於公眾參與和社區溝通，以凝聚民間智慧，反對精英治國。杜威哲學是芝加哥學派的指南針，從這裡我們也看出它和哥大學派在政治立場上的基本差異。

　　正當哥大學派取代芝加哥學派成為傳播研究的主流，美國的國際傳播研究也在麻省理工學院醞釀形成中，其中最重要的是勒納（Lerner, 1958）的著作《傳統社會的消逝》。其基本數據來自哥大在中東所做的問卷調查，是第二手分析，但影響甚大。究其原因，此書立論背後的基礎是當時美國社會科學的支配思潮——現代化理論，自然不容易受到挑戰；勒納提出一套貌似「科學」的解釋，也為美國外交政策提供合理化。勒納說，第三世界要現代化，必須利用媒介灌輸人們的「移情能力」（empathy，或譯為「同理心」），潛移默化，使他們打破宿命論——如果人人具備這種「移情能力」的現代人格，整個社會必然告別傳統，步入現代的門檻。這個理論到現在已被攻擊得體無完膚，但它曾為國際傳播研究定下數十年的基調。施蘭

姆（Schramm, 1964）為聯合國教科文組織寫的《大眾媒介與國家發展》，一度被第三世界領袖奉為「聖經」；羅傑斯（Rogers, 2003）的「創新擴散」（diffusion of innovations）則在第二代學者中是影響最深遠的。施蘭姆和羅傑斯都以勒納的學說為範式，鼓吹第三世界以媒介為現代化、國家發展的觸媒劑，以媒介促進民族整合、經濟現代化和文化自主。在這裡，我要指出一個知識社會學上的弔詭：一方面，在美國國內，哥大學者總結「媒介有限效果論」，媒介只能強化人們固有的立場，無法改變他們「短期」的態度與行為；但另外一方面，在國際上，美國學者憑藉有限的證據，卻信心十足，以預言式的話語強調，媒介在第三世界社會變遷的「長期」過程中扮演舉足輕重的角色。國內傳播和國際傳播的發展軌跡既合流，又分途，其間關係尚待細緻分析（見本書第三章）。（有趣的是，由於政治情況和學術見解丕變，倘以當今左派的觀點重新做一百八十度相反的解讀，則哥大學者的發現也許不再證明媒介的效果「有限」，反而證明媒介具有維持現狀的「強大」效果。為什麼？因為假如媒介強固人們的頑存立場，維持他們態度和行為長期穩定不變，媒介豈不正是權力結構控制社會的思想利器，反而符合葛蘭西的文化霸權〔hegemony〕理論？當然這種說法又失諸簡單武斷。）

芝大和哥大這兩個社會學系早已放棄傳播研究，各自往別的方向走，而傳播研究則被後來興起的新聞傳播院系接收入版圖。但無論從哲學思想、研究旨趣或方法技術來說，哥大當年因緣際會，逐漸凌駕芝大之上，至今仍是影響當今美國傳播學的主流範式，歷久不衰。上個世紀70年代，歐洲激進派政治經濟學和文化研究先後引進美國，它們以西方馬克思主義為張本，攻擊美國主流傳播研究不遺餘力。但美國畢竟是世界最大的學術市場，成為不假外求的體系，歐洲的挑戰未能動搖哥大範式在美國的支配地位。歐洲的批判理論原來是對美國提出「敵對的」的世界觀，但到了美國就被分插到整個學術光譜中的一支，其批判性當然明顯削弱。美國式傳播研究更擴散到世界上許多國家，華人學界主要也在這個影響圈內。「全球化」的聲音響徹雲霄，傳播研究卻未必更多元或更國際化。

芝大的傳播研究範式縱然退隱為暗流，但從未完全失傳。上個世紀60、

70年代，美國社會各種要求變革的勢力——反越戰運動、婦女運動、種族運動和學生運動等等——風起雲湧，改革派學者回去芝大範式尋找血脈，重新發現先驅學者懸而未決的問題。尤其重要的，芝大的範式比哥大更能接通歐洲思潮。其一，芝大的實踐主義取向採取自由主義漸進改革的立場，雖與法蘭克福批判學派（馬克思主義加佛洛伊德的精神分析）以及後來各種左派的觀點不同，但它們的主題意識都扣緊了媒介和權力的互動關係，不至於水火不容，使美國和歐洲傳統有對話的基礎。其二，芝大先驅學者米德（George Herbert Mead）發展的「象徵互動論」，有人認為是美國文化研究的代表（Becker and McCall, 1990）。「象徵互動論」雖然不及歐陸傳進來的現象學那麼抽象而深刻，彼此卻可以曲徑通幽，而哥大的結構功能學派和現象學則幾乎毫無共同語言。許多美國學者只知道哥倫比亞學派的工作，對其他範式不是不瞭解就是漠視，這是理論視野上很大的盲點。最積極重新發現、詮釋芝加哥學派的貢獻者，莫過於雄辯滔滔的文化學者凱瑞（James Carey），他從芝大實踐主義的範式詮釋歐洲進口的激進學術思潮，也尖銳批評美國主流的哥大傳統。

理論貧乏與「內眷化」

美國新聞院系和傳播研究的接軌相當偶然，而新聞院系接收社會系遺留的傳播研究有何得失？新聞教育是美國的特殊產物，歐洲的精英貴族大學和美國的哈佛大學排斥新聞教育，輕視它缺乏知識骨幹。1908年密蘇里大學成立全世界第一所新聞學院。四年後，哥倫比亞大學新聞學院相繼出現——普立茲死後，希望捐贈遺產以成立新聞系，先為哈佛所拒收，後來哥大勉強接納，乃有現在舉世聞名的新聞學院與普立茲獎。（拉查斯斐的「哥倫比亞學派」，指的是社會學系的應用社會研究局，與新聞學院沒有什麼關係。）美國主要的新聞院系都集中在中西部的農業州，因為南北戰爭期間林肯總統劃撥聯邦土地，成立州立大學，除了追求人文與科學知識，還高懸「服務社區」為主要使命，一些應用學科（尤其是農學、軍技、商學、新聞）在高等

學府獲得正當性。當時一般記者多半桀鷔不馴，不乏才華洋溢之士，卻很少有人讀過大學，新聞職業的整體聲望不高，所以各州的新聞同業團體紛紛乘機慫恿州立大學成立新聞系。這樣憑內外兩股力量合流，為美國大學的新聞系接生。必須指出，密蘇里新聞教育的模式對中國有決定性的影響，第十章另有詳細的歷史分析，這裡就不再重複了。

　　大學有了新聞系是一回事，新聞系在大學裡有沒有地位是另一回事。美國大學的新聞系一般都是從英文系分支出來的，目的在於培養編採寫作實務人才。二戰期間，有些老記者徵調參加軍旅，戰後回到大學校園讀研究所。但新聞系沒有博士班，在研究型的大學裡是很難有地位的。威斯康辛大學的布萊爾（William Bleyer）獨具遠見，在政治系裡增加新聞輔修，授予新聞和相關的政治學、法律和倫理學、公共輿論和宣傳等課程。這些老記者獲得政治學（或其他老學科）博士以後，相繼應聘到各重要大學的新聞系任教，逐漸發展新聞學博士課程。早年以威斯康辛、伊利諾、明尼蘇達和史丹佛四所大學為重鎮，接著後起之秀相繼出現，以至於蔚為學府建制的一部分。

　　而在這個過程中，它們逐漸吸收、發展傳播研究的學術路徑。傳播研究嵌入新聞科系成為建制，施蘭姆的貢獻是最顯著的：他建立了幾座傳播研究的據點，培養下一代學術領袖，拓展政策影響力；他以文學的想像和曉暢的文字，敘說有趣的「傳播」故事，引人入勝；他努力從其他社會科學吸取概念和理論，綜合改造，為「傳播」的軀殼注入內容；他編撰重要的教材，為全國所通用，而其專著更有「點題」的作用，後面有許多人跟著他點過的題目展開研究（參考Rogers，1994）。後來施蘭姆的視野受到不少批評，這是學術發展的常態，對本文來說是題外話了。（全美國各新聞學院幾乎都紛紛改名為新聞與大眾傳播學院，表面上平安無事，學生人數愈來愈多，其實新聞與公關廣告的哲學關係從來沒有處理好，內部的新聞實務和傳播理論更一直處於緊張狀態。[2]）

2　將近一個世紀以前，李普曼（Lippmann, 1922）就已批評公關遮蔽新聞的真相，其後以馬克思主義為依歸的政治經濟學和文化研究更極力攻擊廣告和公關是服務資本主義的

　　回顧施蘭姆時代，傳播學緊密依附其他社會科學，從跨學科引進理論、概念和視野。他和麻省理工學院普爾（Pool and Schramm, 1973）合編《傳播學手冊》，厚達一千多頁，各章作者多為著名的政治、社會和心理學家，其中有五分之一的篇幅是聚焦在國際傳播問題。十多年後，下一代學者合編《傳播科學手冊》（Berger and Chaffee, 1987; Berger et al., 2010），作者都來自傳播本行，其他學科的作者幾乎絕跡。後書的編者自詡傳播已經成為「科學」，既是「科學」當然就自給自足了，從此不假外求，不再需要其他學科的奧援；而且，他們對國際傳播幾乎全然漠視，國際傳播彷彿只是美國國內傳播的延長，國界與文化差異儼然都是無關緊要的。查菲（Steven Chaffee）是施蘭姆在史丹佛的得意門生，他比他的老師更強調「科學」，但科學一旦變成「主義」，他的眼光卻比老師狹窄得多。查菲曾於1980年代初撰文辯稱，傳播科學有自己的博士班建制、學術期刊等等，當然是一個獨立自主的學科。他不僅從外緣的制度面「合理化」傳播學，因為以《傳播科學手冊》的精神看來，他顯然也認為傳播「科學」在內涵理論上有獨立的貢獻。培斯理（Paisley, 1984）曾形容傳播學是一門「橫向」學科，鏈接其他不同的「縱向」（例如社會學、心理學、政治學）學科、層次、變項或領域。如果這種說法成立，那麼查菲似乎想把傳播學從「橫向」扭成「縱向」學科。我覺得這樣做可能走向死胡同。從這個個案即可展示美國國內傳播窄化的過程，但美國的國際傳播何嘗不然？我在本書的第三章和第四章將有詳細的分析。

　　再說一遍：施蘭姆時代力求和別的學科接枝，後來從新聞傳播建制內產生的文獻卻力求「獨立自足」。上個世紀70年代初期，我初入研究院就讀時，新聞科系內部密集出現以下的「理論」：議程設置（agenda setting）、知識鴻溝（knowledge gap）、使用與滿足（uses and gratifications）、沉默

社會「盲腸」。美國新聞與大眾傳播學院除了教新聞，也教廣告和公關，原因有二：一是新聞與廣告是媒介生存的兩轡，在媒介組織的安排上刻意把新聞和廣告發行分開，以保持新聞的獨立，不受廣告的影響，但由於媒介經濟愈來愈萎縮，新聞和廣告逐漸有匯流的危險；二是從媒介研究的版圖來說，廣告和公關都屬於媒介效果的分支，故紛紛包裝改稱為「策略傳播」，所吸引的學生人數甚至超出新聞。

的螺旋（spiral of silence）、認知共同適應（co-orientation）、第三者效應（third person effect）、涵化（cultivation）、框架和鋪墊（framing, priming）、創新擴散（diffusion of innovation），等等。坦白說，這些「理論」的地位可以質疑，它們的生命力不等，有的一開始就有氣無力，有的剛提出時頗有新意，但因為長期孤立使用，過勞而透支，「馬力」呈現疲態。幾十年後，我都退休了，看過各種走馬燈似的流行，抓住幾個老題目不斷再生產，固然資料累積很多，但見解增加幾許？

圖2.8　最受知識界重視的美國記者：李普曼（1889-1974），被《時代》雜誌選為封面人物。

以「議程設置」為例，它最早提出媒體也許無法影響受眾「想」什麼（what to think），但卻有力地影響他們「想些」什麼方向（what to think about）。換言之，媒介可以在人們的心目中產生強大的「認知」效果，媒介透過報導與評論而聚焦並凸顯若干議題，引導人們認知混沌的外在環境，然而媒介未必有力改變他們的態度或行為。這是個有趣的角度，本來可以從這個起點接通其他的理論，豐富其解釋的層次與內涵，但一般學者似乎只抓住「議程設置」為終點，不斷印證它的正確性。「議程設置」迄今經過五十年的研究，發表過六百篇論文，所受到的注意應該算最顯著了。當中當然有個別的佳作，然而整體

圖2.9　李普曼《公共輿論》出版將近一百年，經典著作的影響力還在。

來說，這些研究獲得的洞見是否一定超出李普曼（Lippmann, 1922）將近一個世紀以前出版的《公共輿論》？我總覺得文章雖多，創見殊少，多數文章只換幾個「變項」，視野卻不斷複製，原地打轉，彼此既沒有交集點，也沒有向外拓展或向前推進。整個來說，支離破碎，無力提供一套體例完整的滿

意解釋。必須指出：結合歐洲現象學和美國象徵互動學派所發展出來的「真實的社會建構」（social construction of reality），在理論和方法上都和「議程設置」淵源殊異，而且比它更宏大更精緻，卻有美國學者硬拉它進來，號稱為第二層次的「議程設置」，在我看來簡直荒謬絕倫。

再舉「框架（framing）分析」為例。「框架」是一個有力的概念，具有豐富的理論意識，引入傳播領域以後，「框架分析」竟逐漸淪為簡單而機械的分析工具，甚至很多人還以為分析工具就是理論本身。如西諺所云，如果給小孩一把錘子，他無論碰到什麼東西都要錘一錘，這就猶如中國人說只有「一劍走天涯」的本事了。所以，在各種學術會議上，我們看到「框架分析」滿場飛；不管什麼問題，許多學生都要給它「框架分析」一番，最後「框架分析」剩下了形式的軀殼，失去了理論核心的內容，不知道究竟為何要「框架」分析，又「框架」分析了什麼。「議程設置」和「框架分析」如此，其他的例子（如「第三者效應」）都可以舉一反三。個別學者故步自封已經說不過去，要是整個學術社群各自割據小山頭，關起門埋頭操作，不敢逾越雷池一步，以致造成「碎片化」，傳播研究的學術地位必然無從提升。其實，如「議程設置」這類在新聞傳播學院流行的「內部理論」，也長久不見有人提出，而整個學科生態又滿足於畫地自限，而不作興跨學科互動，其理論貧瘠的尷尬境況可想而知。

這種批評是否太苛，見仁見智。今天在美國有些大學博士課程，狹窄到從上述的小「理論」選擇一個更小的題目，寫一篇不痛不癢的論文，就可以拿到學位了，卻是不爭的事實。更甚者，有的學者花半輩子抓住幾把斧頭，窮其精力在單一的題目上（例如議程設置、第三者效應、新舊媒體的使用與滿足）「砍」上數十篇文章，博取盛名。器小易盈，沾沾自喜，半桶水搖得叮噹響，還用相同的方法教學生。若問這幾十篇重複勞動的文章對瞭解社會與傳播有何貢獻，卻又說不出所以然。也許有人要質疑：如何使用新媒體顯然是重要的問題，做這方面的研究有何不妥？沒有不妥，該詬病的是：不管任何新科技出現——手機、網際網路、部落格或社交媒體——這些人都像學生做算術題，抓住同一個簡單的套路和招式「敲打」不停，千篇一律，呶呶

不休，大有以不變應萬變之概，這樣的辛勤勞動，累積再多數據，對理論創獲卻是徒勞無益的。

這裡要插播一段話。大數據的潛能尚在開發探索中，但已逐漸蔚為新風潮。我們在寄以厚望之餘，必須不斷提醒自己：以大數據輔助材料的處理，可以很有效，但絕不能取代人類大腦的思考。倘若缺乏視野的創新或方法的自覺，即使挖掘再大的數據，最後還是應驗行內一句老話：「垃圾進，垃圾出。」尼胡斯（Nijhuis, 2017）在《紐約客》撰文，介紹華盛頓大學所開的一門課，教學生如何辨識大數據的陷阱。舉其要者如下：（1）只要數據的量大，便很容易得到統計上顯著的相關係數（correlation），但這種係數可能是表面的、虛假的（spurious），沒有意義的。例如發現當霜淇淋銷量愈多，人們被鯊魚侵襲的次數也愈高——別見獵心喜，以為發現獨得的創見，其實兩者毫不相干，而是第三個變項「夏天天氣」使得霜淇淋銷量和鯊魚攻擊人的次數一起增高。（2）大數據貌似客觀，其實程式設計師在編碼的時候，預設上可能不自覺反映了社會普遍的文化、種族或性別偏見；故若以電腦模型分析網上數據，「自然」會發現某些族群的個人犯罪傾向比較高。（3）搬出大數據所做的比較時，必須考慮它是否公平合理。（4）注意數據的來源（例如菸商、藥商、軍火商、政客等利益團體）是否企圖發布大量對己有利、對人不利的消息。（5）一旦大數據得到的結論和自己的想法或偏見密切吻合時，必須特別提高警覺！

回到我上面的論斷，無論讀者是否同意，都必須面對一個尖銳而嚴肅的問題：為何我們缺乏深邃的「範式」引導傳播研究的工作？著名的科學史家孔恩（Kuhn, 1970）指出，科學範式（paradigm）是學界普遍接受而具有廣泛共識的一組嚴密、層次井然的思想以及看問題的方法，也包括可供模仿的操作規範與範例。一般科學家都遵循特定的範式勤懇工作，也就是在具有普遍共識的問題意識、理論和方法的引導下從事探究活動。剛開始，發現少數不符合範式的現象或證據，尚可歸諸「例外」，並不妨礙這個範式對「常態」的解釋；然而一旦「例外」愈積愈多，以致威脅到範式的穩定與完整，原來的範式不能再把這些「例外」輕易解釋掉。這時候範式必須改弦更張了。於

是最有原創性的科學家修訂原來範式的若干核心假設，產生新的範式，使得看問題的角度煥然一新，原來的「例外」不再是例外，而被納入「新常態」的解釋範圍，這就造成了「範式轉移」，而新範式比舊範式的解釋力更強，自然引領科學社群跟著新範式看問題。如此巡迴反覆的「範式轉移」，寫就了一篇科學革命的動人歷史。孔恩所分析的自然科學發展史，未必直接套用到社會科學的發展，因為社會科學沒有這麼明確清晰的範式，學者間對於何為「範式」甚至難以達成共識；即令如此，孔恩的卓識對於我們瞭解社會科學畢竟深具啟發。

孔恩說，科學家必須接受傳統範式的嚴格訓練，從大量的、點滴的辛勤努力工作之中，才能在「可遇而不可求」的情況下逐漸發現傳統範式的破綻，並相應提出原創性的問題和解答，這便是產生新範式的契機。換言之，要做創新者，必先做傳統派。創新是從傳統脫胎而蛻變的，傳統與創新不是二元對立，而是有趣的辯證。因此，創新絕不是守株待兔，無法憑空胡思亂想，喊口號更毫不濟事。前面提過朱熹的兩句話「舊學商量加邃密，新知培養轉深沉」，永遠是為學最好的座右銘。朱熹的舊學應該是孔恩的傳統，新知則是創新，唯有在舊學的基礎上才可能產生新知。一般人只能講究平實，效法敬業精神；但求熟能生巧，焉敢妄效神通？倘若沒有學術傳統的薰陶，一心空想捕捉靈感，即使傳統範式的破綻出現在眼前，也沒有足夠的學術敏銳、能力和資源去駕馭它。欲「破」，須先知「破」什麼，更遑論「立」了。

社會科學學者當然也要在若干主流範式內思考。在傳播研究，我們面臨的問題是什麼？我認為，問題出於這個領域先天的傳統薄弱，理論資源缺乏，視野和範圍都嫌狹小，後天又失調，學界不斷簡單加以「再生產」，熟而不能生巧，這樣要談創新，何異緣木求魚？這個盲目再生產的一窩蜂現象，就是學術發展典型的「內眷化」（involution）過程。這個名詞是美國著名人類學家格爾茲（Geertz, 1963）在印尼比較研究爪哇島和峇里島的農業經濟生態史所提出來的。由於荷蘭統治者強取豪奪，又有巨大的人口壓力，農業發展策略應該更新變革才對，但格爾茲發現，爪哇島自恃天然條件優厚，不思大幅變革，只選擇走一條方便的道路，因此沒有提升耕作技術和品種，

而只求在現有條件下不斷安插耕作人口。我們都知道，農田最容易吸納過剩人口，正如中國民間說的，只要加一雙筷子，短期內大家都有飯吃，雖然人愈來愈多，吃的也愈來愈差。爪哇這樣一味增加農業人口，沒有提高技術水準，每畝地的單位產量非但沒有增加，且因過度墾殖分割，良田變廢墟，造成社會、經濟和生態上的災難。

這種做法不啻是殺雞取卵。格爾茲的involution一般譯為「內捲化」，我選擇譯為「內眷化」。一字之差，因為我偏重強調學界眼光「向內看」的過程，而「內眷化」保存了「眷顧」的意思。以此引申，描述學者抱住一個小題目，在技術上愈求精細，眼光愈「向內看」，問題便分得愈窄愈細，彷如躲在自築的一道圍牆內，得到心理安全感，拒絕與外界來往的壓力，其結果是不但忘記更大的關懷，更阻礙思想的創新。猶如格爾茲形容這個過程是「技術性的分髮絲」（technical hair-splitting），捨本逐末，縱然把髮絲數得分毫不差，也看不到整個頭型的全貌。優生學鼓勵基因相異的人結婚，反對近親繁殖。豪門如果只顧分產，不事增產，再多財產也要敗家。

在我看來，「內眷化」是學術創造力的退化，特別在當今急功近利的大學獎懲體制內，鼓勵放大鏡照肚臍眼，抱住一個小題目做到死，不但隔行如隔山，甚至同行如隔山。社會科學的知識一旦喪失「公共性」，便只成為在學院內部評職稱和加薪的嬉戲。這是可怕的學術危機，尤以傳播的邊緣學科為然。中國大陸經濟發展與學術自信或積澱迥不相侔，自然產生一種莫名的焦慮感，弄出一些匪夷所思的指標，美其名為國家的「軟實力」強力推行，道理在此。好在近年來大量著作譯介到華人世界，儘管選書和譯事均水準參差，年輕學者如欲開拓眼界，機會之多倒是前所未有的。

蘇鑰機（So, 1988）曾分析傳播主要期刊的引文指數，發現它們引用其他社會科學的文獻愈來愈少，引用傳播領域的文獻愈來愈多。從查菲等人的觀點來看，這正是象徵傳播學的日益成熟，我沒有這樣盲目的樂觀，反而擔心這是典型學科「內眷化」的證據。純粹「從傳播看傳播」，理論資源如此貧乏，特別是那些從新聞系內部產生的「理論」，通常和更大的政治、經濟、社會、文化脈絡脫節。家底本來就薄，關起門自娛，情形更為不堪，

焉能不邊緣化？我常常覺得1970年代格伯納（George Gerbner）主編《傳播學刊》（*Journal of Communication*），儘管有些文章良莠不齊，但卻經常激起重要辯論的知識火花；現在該刊篇篇文章在技術上精緻得無懈可擊，卻往往處理細枝末節，對於不同流派和各種大問題都缺乏辯論，更缺乏知識上的興奮點，有時候我戲稱之為「毫無用處的精緻研究」（elaborate study of nothing），也就是「精緻的平庸」。管見以為，主流傳播研究之所以流於平庸，是因為充滿了太多熟悉的「變項」（variable），太缺乏新鮮的「視野」（perspective）。事實上，美式訓練的許多博士只要脫離孤立的「變項」，便渾身不自在，一談到比較大的問題時更不知道如何自處。在我看來，這是主流學術「內眷化」的巨大危機。我自己寧願回去讀點老書，它們對某些問題的分析在技術層面容或不夠成熟，但我們從那種開闊的氣象卻可以感受到生命的躍動。

國際真空與歷史真空

米爾斯（Mills, 1959）的《社會學的想像力》對我的學術興趣與風格影響頗大。他有兩個主要的命題：一是要把個人的關懷聯繫到公共的問題；二是把重大問題放到時空背景來考察，既有歷史的視野，又有全球的視野。毋庸置疑，美國是傳播研究的中心，我們必須虛心參考美國的文獻，否則恐怕連正常的研究都難以進行。然而，按照米爾斯提出的標準，我在這裡且大膽（但願不是草率）論斷，美國主流文獻有兩大真空：一個是歷史的真空，一個是國際視野的真空。

先說歷史的真空，很多人覺得社會科學是研究現在的，歷史是研究過去的，而現在和過去是斷裂的；而且又以為社會科學是「硬」的，歷史研究是「軟」的，不應該混雜在一起。留心的讀者都會發現：近幾十年來，不少主流傳播期刊以「科學」為名，愈來愈排斥結合社會科學與歷史的文章，而青睞那些題目切得很整齊、技術處理得很乾淨的文章。這種「楚河漢界」的心理，彷彿「現在」和「過去」可以一刀兩斷，所以不願探討事件或

問題在時間系列上的「常」與「變」。主流期刊更不願意接受富於爭議性的辯論，以為這種爭鳴沒有「硬證據」，是「不科學」的玄談。殊不知任何經驗學科都必須建立在某種預設和世界觀上面，現在許多主流研究之所以能夠埋頭苦幹，只因為他們「凍結」了這些預設和世界觀；他們只是視而不見，並不等於問題不存在。這種傾向其實是一種極端實證主義、科學主義在作祟，米爾斯稱之為「抽象的經驗主義」（abstracted empiricism）。管見以為，脫離歷史，也就脫離了人文的關懷；脫離了人文的關懷，社會科學也就自殘了半臂。

圖2.10　美國社會學的反叛者：米爾斯（1916-1962）。

再說到國際視野的真空。因為美國是傳播研究的發源地，主流文獻蘊含美國社會的基本價值，把自由多元主義、資本主義及美國社會的「恆久價值」視為當然。它們認為美國制度整體是健全的，細節可以改善，於是研究旨趣放在「體制內」如何改革，也就變成了技術問題的關懷。因此，政治傳播就變成媒介如何影響選舉與投票行為（美式民主），另外還大量探討媒介如何影響購物行為（資本主義）。學者長期以來不考慮體制的正義基礎、媒介的產

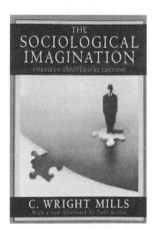

圖2.11　米爾斯《社會學的想像力》形塑我的學術品味。

權與權力關係和「體制改革」，也不太討論意識形態的問題。我們在接受美國主流文獻之餘，也要明白它的侷限性：美國主流文獻一旦離開美國，對於許多國家的體制改革或文化衝突來說，它的許多預設未必成立，解釋力可能不斷減弱。這一方面說明了美國的文獻既不能漠然輕視，也不能無條件接受；另一方面，這更有力彰顯了比較研究和國際研究的重要。總之，我一再強調社會科學講求「條件性」，緊密受到時間和空間的制約，很難像自然科

學有「放之四海而皆準」的定律。

　　這三、四十年來，傳播學者在傳播領域之外還有影響力的寥寥無幾，有活力的傳播研究反而多是從外面帶來的衝擊，且讓我舉幾個例子說明。一是統稱為「媒介社會學」的研究，在上世紀70年代末和80年代初之交，突然密集出現，它們以社會學和人類學的方法探討媒介與政經條件互動的歷史，媒介組織內部的科層運作，新聞製作的流程、過程和因素，以及新聞製作與社會運動的互動（例如Michael Schudson，Herbert J. Gans，Gaye Tuchman，Todd Gitlin，Peter Schlesinger，Daniel Hallin）。這些研究的出現有不少（不是全部）是受到當時西方的「新左運動」影響，值得進一步從知識社會學的觀點加以分疏。即使過了將近四十年，這些分析視野還是生機蓬勃，可惜很久沒有人提出其他重大的新觀點了。我相信社會學和整個社會科學也有「內眷化」的情形，可能是當代學術界的「後現代」現象，但以傳播這類邊緣學科尤然。其二，政治經濟學的挑戰，使媒介無法孤立看待，而必須分析媒介話語的政治經濟基礎（例如James Curran, Herbert I. Schiller）。拉丁美洲的激進政治經濟學也曾有重要的貢獻，但它與第一世界的政治經濟學互動不多。其三，文化研究使媒介話語更緊密聯繫到背後的深層意義以及意識形態的脈絡，包括英國的有威廉斯（Raymond Williams）和霍爾（Stuart Hall）對美國主流範式的批判，芝加哥學派文化研究的重新發現與詮釋（James Carey, Howard Becker）。薩依德（Edward W. Said）提出「東方主義」的命題，啟發了「後殖民主義」的開創，對第三世界的文化研究尤具深意。這些理論在美國各新聞傳播學院發生的影響甚不均勻，有的學校頗重視它們，但以庸俗實證主義掛帥的學校則淡漠視之。華人社會在引進傳播學的過程中，應該以開放的視野取精用宏，而不是出於短視或無知，只侷限在簡單的層次和粗糙的面相。

　　我覺得學界應該回歸米爾斯鼓吹的「社會學的想像力」（Mills, 1959）。嚴謹專業訓練當然是必要的，但過分專業化則是作繭自縛，逕自在幾個山頭立幾尊神，大家供奉著，人云亦云一番。學者必須打破學科的成規與界限，不要被四平八穩的「方法」綁住，以免變成了社會學家所說的「訓練有素的無

能」（trained incapacity），只知抱住固定的井底之見觀看天下。「歷史真空」和「國際真空」，就是學術孤立的表徵和後果。我們如果接受米爾斯的啟發，研究和生命就不應該分割，而是要聯繫個人經驗到社會結構，並在歷史的全球的視野裡構思，追求他所說「知識工藝」（intellectual craftsmanship）的境界。與此相通的，乃是薩依德（Said, 1996）呼籲學者敢站在邊緣看問題，態度嚴謹，卻願意冒險，敢問別人不敢問的問題，敢對權勢者講真話，敢於關心那些受迫害的弱勢團體。我認為，一味畫地自限，在主流框架裡打轉，傳播研究不可能生出新的活力。這絕非鼓勵學者信口開河，妄議自己不懂的東西，而是主張學者以開放的心靈和豐富的想像力，跳出既定的框框看問題。當然，說到最後，任何學術工作還是必須遵守學術紀律與規範的。

本土研究與國際視野

西方傳播學理論不能定於一尊，而且除非經過國際層面的考驗，終究還是停留在「西方」的層面。全球化的進程日益加快，但傳播研究的國際化腳步很慢。我們從西方學習傳播學，不是為了替西方理論找海外根據，而是希望活絡思想，幫助勾勒素材，以研究母社會的重大問題，從而提出一些具有普遍意義的看法，與西方文獻平等對話。

中國向西方學習現代科學，科學無國界，中國人學起來很快。人文有濃厚的民族色彩，中國的人文傳統源遠流長，有輝煌的成果，可以與其他文化溝通，自不待言。社會科學一方面受到科學的影響，一方面受到人文的影響。美國式主流的傳播研究通常是跟著科學走的。科學追求宇宙外在客觀存在的規律，主要的方法是實證主義，企圖把複雜的社會現象化約為少數重要的元素，而建立其間的因果關係；若能用數學公式把因果關係表達出來，則最為精簡，涵蓋的內容也最豐富。從人文的角度來看，世界秩序是混沌複雜的，不可能化約，我們必須用語言的解釋力量，使其意義能夠層次分明地顯現出來。文史哲首先追求的是意義，而不是規律。

長期以來，以哥大為主流範式的傳播研究是向實證主義科學靠近的，其

成就與限制可以有公論。我認為，這個學科應該適時回頭注意韋伯式（Max Weber）的知識論和方法論，以拯救傳播學主流範式的偏差。韋伯企圖平衡規律與意義，以經驗研究為基礎，但未必拘泥於實證主義的路徑。他的知識論和方法論為人文與科學搭一座橋梁，不但對傳播研究的本土化最有啟發，而且這個路徑的學術業績輝煌，證明是行之有效的。質言之，爬梳豐富多元的意義脈絡，固然要層層建立系統性，但追求規律卻不宜流於簡單化或形式化。韋伯依照他的法學訓練，以具體之「因」聯繫到具體之「果」，而不是追求抽象的普遍規律。由韋伯知識論所發展出來的現象學道路，強調「互為主觀性」，容許不同的詮釋社群建構不同的現實，然後求取「同中之異」與「異中之同」的溝通與瞭解（Berger and Kellner, 1981）。世界觀不同，並不代表完全無法互相瞭解。而決定詮釋社群的主要因素可能是性別、階級或種族，對本書的語境來說，最貼切的因素莫過於文化。一般公認韋伯、涂爾幹（Émile Durkheim）和馬克思是社會學的三大鼻祖，代表三種不同的旨趣與方法，但不同的學者也可能加以融合互相滲透。我特別提出韋伯，一是因為美國式主流傳播學（哥大範式）漠視韋伯的啟示；二是因為比起涂爾幹和馬克思，韋伯和現象學為傳播研究本土化更能提供知識論和方法論的基礎。

　　我在本書第四章提倡「在地經驗」與「全球理論」的聯繫，容我在此略為申述一下。任何研究都必須在語意學家所說的「抽象階梯」上下來回遊走，企圖找出勾連具體經驗和抽象理論的最佳點。社會科學既然不是中國固有文化遺產的一部分，而是自外國接枝生長出來的，我們向外國學習構思的理路、概念和分析方法，都是再自然不過的事。但在方法的實踐上，我贊成韋伯式現象學的路徑，一切認知、題旨和問題意識先從華人社會的生活肌理和脈絡入手，尋找出重大問題的內在理路，然後逐漸提升抽象層次，拾級上升到一個高度，自然會與整個文獻（不管是本國的，還是外國的）直面接觸，這時我們站在制高點取精用宏，有意識地選擇最適當的理論。很少理論是可以直接拿來套用的，許多理論必須再造才合適，有些理論表面上看似矛盾，其實在不同條件下可以互相參照或補充。萬一現有的理論都無法解決問題，學者可以試圖自創一個合適的理論，但那顯然不是簡單的事了。倘若放

棄文化自覺，在「先驗」上拿一個現成的外國理論當標準問題和標準答案，然後在華人社會拚命套取經驗印證，我認為是本末倒置的。

這個取徑還有幾個特點必須說明。第一，19世紀德國史學泰斗蘭克（L. von Ranke）說：「從特殊性出發，我們可以拾級攀登到普遍性；但從宏大理論出發，我們再也回不去以直覺瞭解特殊性了。」蘭克的話切中肯綮，社會科學結合特殊性和普遍性，甚至從特殊性去瞭解普遍性。第二，我們反對西方理論的霸道，也反對華人封閉的文化民族主義。說到底，社會科學的旨趣是要解答母社會的核心關懷，虛心學習西方理論，是為了幫助我們活絡思想或勾勒材料，而不是要抱住一個西方理論，在華人社會拚命再生產。倘若喪失了主體性，只顧給西方理論寫一個華人地區的注腳，實在無關痛癢。我們當然要提倡國際視野和跨文化研究，知己知彼，道理還是相通的。第三，我提出的「全球理論」，當然不限定是歐美理論，在地經驗和理論會合時，各文化觀點應該有不斷平等對話、競爭和修正的辯證過程。我們一方面努力學習（learn）西方理論，一方面淘汰（unlearn）純粹是西方本位的理論；尤其，哪天我們拿得出學術業績，足以和西方學界共同「再學習」（relearn），那麼理論的創新便指日可待。經過這樣反覆切磋修訂，理論的概括力、包容性、解釋力必會大大提高。我必須強調：上面說的「正反合三部曲」，必須永不歇止地唱，周而復始，止於至善，這才是打造「全球理論」的真諦。現象學提倡「詮釋社群」之間互為主觀的理解，無論在知識論和方法論上，正好為華人學界爭取「主體性」提供自主的空間，其精微的涵義猶待有識之士闡發。

我們處在世界傳播學術的邊緣，要像貓頭鷹一樣保持清醒：不但努力「知彼」，同時要努力「知己」。在「知彼」方面，如果不懂西方學術而一味反對西方學術，像井底之蛙，夜郎自大，兀自喃喃自語，望文生義，乃至閉門造車，這種既自大又自卑的「民族氣概」和文化心理絕對是有害無益的。在「知己」方面，千萬不能把華人文化圈本質化，更不能定於一尊，而必須容許甚至鼓勵內部多元發展，但合而觀之，的確提出一個與「西方」（必須再進一步分疏「西方」）有同有異的文化視野。西方的學術流派、底蘊與成就有高低深淺之分，各有各的預設和語境，哪些值得吸收必須慎思明辨。而在

與世界一流學術成果保持開放而動態的交流過程中，如何設法分頭努力，逐漸轉化成為我們的理論資源，則是一場莫大而艱巨的挑戰。我衷心期望華人文化圈的學術社群聚合起來，不斷突破藩籬，為開拓世界傳播研究的邊界注入活力與創意。早年芝加哥學派內部雖有分歧，但合起來卻提供和哥倫比亞學派截然不同的視野。再如英國的政治經濟學和文化研究取徑不同，文化研究內部還分各種支流，但合起來就和美國主流研究分庭抗禮。這就好比一首悅耳或雄渾的交響樂，是由高低不同的音符和音調組成的，這也是孔子提倡「和而不同」的智慧。唯有掌握這樣的研究成果和學術底蘊，才能贏取國際對話的基礎和希望。這是我心目中華人傳播學社群應該毆勉以赴的願景，但這不是可以一蹴可幾的，而必須靠整個學術社群幾代人努力不懈才能達成。

參考書目

Becker, Howard S., and M. M. McCall, eds. (1990), *Symbolic Interaction and Cultural Studies*. Chicago: University of Chicago Press.

Berelson, Bernard (1959), "The State of Communication Research," *Public Opinion Quarterly*, 23(1): 1-5.

Berger, Peter, and H. Kellner (1981), *Sociology Reinterpreted*. New York: Anchor.

Berger, Charles R., and Steven H. Chaffee, S. H. eds. (1987), *Handbook of Communication Science*. Beverly Hills, CA.: Sage.

Berger, Charles. R., M. E. Roloff, and D. R. Roskos-Ewoldsen, eds, (2010), *The Handbook of Communication Science*. Los Angeles, CA.: Sage.

Carey, James (1992). *Communication as Culture: Essays on Media and Society*. New York: Routledge.

Carey, James W. (1997), "The Press, Public Opinion, and Public Discourse: On the Edge of the Postmodern," in E. S. Munson and C. A. Warren, eds., *James Carey: A Critical Reader*. Minneapolis, MN: University of Minnesota Press, pp. 228-260.

Croteau, D., W. Hoynes, and S. Milan (2012), *Media/society*. Los Angeles, CA: Sage.

Czitrom, D. J. (1982), *Media and the American Mind*. Chapel Hill, N. C.: University of North Carolina Press.

Geertz, Clifford (1963), *Agricultural Involution: The Process of Ecological Change in Indonesia*. Berkeley, CA.: University of California Press.

Hardt, Hanno (1992), *Critical Communication Studies*. New York: Routledge.

Katz, Elihu, and Paul Lazarsfeld (1955), *Personal Influence*. New York: Free Press.

Kuhn, Thomas S. (1970), *The Structure of Scientific Revolutions*. Chicago: University of Chicago Press.

Lazarsfeld, Paul, Bernard Berelson, B., and H. Gaudet (1948), *The People's Choice*. New York: Columbia University Press.

Lee, Chin-Chuan (2015a),"International Communication Research: Critical Reflections and a New Point of Departure," in Chin-Chuan Lee, ed. *Internationalizing "International Communication."* Ann Arbor, MI: University of Michigan Press.

Lee, Chin-Chuan (2015b), "Local Experiences, Cosmopolitan Theories: On Cultural Relevance in International Communication Studies," in Chin-Chuan Lee, ed., *Internationalizing "International Communication."* Ann Arbor, MI: University of Michigan Press.

Lerner, Daniel (1958), *The Passing of Traditional Society: Modernizing the Middle East*. New York: Free Press.

Lippmann, Walter (1922), *Public Opinion*. New York: Harcourt Brace.

Mills, C. Wright (1959), *The Sociological Imagination*. New York: Oxford University Press.

Nijhuis, Michelle (2017), "How to Call B.S. on Big Data: A Practical Guide," *New Yorker*, June 3.

Osgood, Charles E., G. J. Suci, and Percy H. Tannenbaum (1957), *The Measurement of Meaning*. Urbana, IL: University of Illinois Press.

Paisley, William (1984), "Communication in the Communication Sciences," Progress in *Communication Sciences*, vol. 5. Norwood, NJ: Ablex.

Park, Robert E. (1983), *On Social Control and Collective Behavior*. Edited by R. H. Turner. Chicago: University of Chicago Press.

Pool, Ithiel de Sola., and Wilbur Schramm, eds. (1973), *Handbook of Communication*. Chicago: Rand McNally.

Rogers, Everett M. (1994), *A History of Communication Study*. New York: Free Press.

Rogers, Everett M. (2003), *Diffusion of Innovations*. New York: Free Press.

Said, Edward W. (1996), *Representations of the Intellectual*. New York: Pantheon.

Schramm, Wilbur (1962), "Mass Communication," *Annual Review of Psychology*, 13(1): 251-284.

Schramm, Wilbur (1964), *Mass Media and National Development*. Stanford, CA.: Stanford University Press.

Schramm, Wilbur (1981), "What is a Long Time?" in G. C. Wilhoit and H. de Bock, eds. *Mass communication Review Yearbook*, Beverly Hills, CA.: Sage, vol. 2, pp. 202-206.

Shannon, C. E., and W. Weaver (1949), *The Mathematical Theory of Communication*. Urbana, IL: University of Illinois Press.

So, Clement Y. K. (1988). "Citation Patterns of Core Communication Journals: An Assessment of the Developmental Status of Communication," *Human Communication Research*, 15(2): 236-255.

Tunstall, Jeremy, ed. (1970), *Media Sociology: A Reader*. Urbana, IL: University of Illinois Press.

Williams, Raymond (1976), *Keywords: a Vocabulary of Culture and Society*. New York: Oxford University Press.

第三章

國際傳播的國際化

反思以後的新起點

　　過去十五年來，好幾位學者呼籲要把媒介研究「去西方化」。「去西方化」以後的下一步呢？我認為應該「國際化」才對。照理說，「國際傳播」是媒介傳播研究裡最「國際化」的領域，為什麼還提出「國際化」的命題呢？答案很簡單：國際傳播並不太「國際化」，而是美國傳播在海外的延伸。國際交流的確愈來愈全球化了，為什麼我們不稱之為「跨文化傳播」，甚至更時髦的「全球傳播」，而仍然叫做「國際傳播」？有兩個原因。第一，就當今國際政治秩序的理論和實踐來說，國家仍然占據中心的位置，不可邊廢，何況「國際傳播」和「跨文化傳播」的邊界頗有重疊之處。（當然有例外，也不是完全重疊。）第二，法國學者杜漢（A. Touraine）說得對，國家如同一把雙刃劍：在蘇聯陣營崩潰以後，民主要存活的話，必須在限制國家權力的同時，也保護國家的權力，因為只有國家才有力量制衡霸凌全球的大公司（Touraine, 1997）。

　　如果以三本傳播學手冊為路標，我們立刻發現國際傳播一直處在邊緣的地位。涵蓋面最廣的《傳播學手冊》（Pool and Schramm, 1973），編者是兩位卓著的先驅學者普爾（Ithiel de Sola Pool）和施蘭姆（Wilbur Schramm），篇幅長達一千多頁，共三十一章，其中有六章（約占五分之一）大都由政治學家撰寫，聚焦於冷戰時期美國所關注的問題，包括國際宣傳、第三世界現代化、原始社會的傳播制度，以及共產國家的傳播制度。十四年後，柏格和查菲編輯的《傳播科學手冊》（Berger and Chaffee, 1987）問世，書名掛上了

「傳播科學」的招牌，似乎假定這個學科自給自足而不假外求了，因此眼光完全向內看，既未向社會科學其他領域伸出歡迎之手，全書也僅勉強留下一章討論跨文化的比較研究，而對國際傳播的實質問題了無著墨。《傳播科學手冊》（Berger et al., 2010）推出第二版，全書二十九章，最後一章談論跨文化傳播，算是聊備一格。

一、學術霸權與主體性

　　學界領袖既然認定傳播是「科學」，而科學應該放諸全球而皆準，無分國界或文化的畛域，難怪他們編的傳播學手冊儼然假定文化或國家所造成的系統性差異是無關宏旨的。照這個邏輯推演，在宇宙論或知識論上，世界豈不就變成了美國的放大版而已？[1] 這是荒謬絕倫卻是很普遍的假設，貫穿了美國社會科學曾經甚囂塵上的「現代化理論」，例如勒納（Lerner, 1958）就公開宣稱發展中國家無不渴望跟隨美國模式亦步亦趨，走直線進程達到現代化的境地。到了20世紀80年代，傳播學者企圖以「科學」為名提高學科地位，想不到視野卻愈走愈窄愈偏。只要匆匆翻閱這三本傳播學手冊的目錄，就不難明白學科發展如同格爾茲（Geertz, 1963）所形容的「內眷化」（involution，或譯為「內捲化」）過程，一路關起門來自我陶醉，不太理會宏大的問題，只鼓勵向內部細節發展，而形成「以美國看天下」的局面。儘管政治和經濟「國際化」的鑼鼓敲得震天價響，對國際傳播的「國際化」卻似乎影響甚微；第二代學者在科學主義的武裝下，全球視野不如他們的師輩遠甚。

---

1 「BBC未來」專欄作者若布森（Robson, 2017）引述2010年權威《行為與腦科學》期刊說，大多數心理實驗的測試者來自「西方的，受教育的，工業化的，富裕的，民主的」國家，將近百分之七十是美國人，尤其是大學本科生。其基本假設是人類心理機制和活動大致相同。但作者列舉許多研究證明，東方人和西方人思維方式在有些方面是不同的。例如東亞人（中、日）看重事物的關係與脈絡，而美國人著重個別組件；前者看重和諧與統一，後者著重獨立、個人選擇與自由。東亞內部當然有例外，這裡乃就「大勢」而言。國際傳播也應該注意這種異同，不能假定「世界就是美國的放大版」。

倘若我們服膺米爾斯（Mills, 1959）所說的「社會學想像力」，那麼就應該堅拒把國內傳播和國外傳播分割為兩塊不同的版圖。他說，原則上所有重要的問題都必須放在時空座標上分析，也就是既有世界的廣角鏡頭，又有深厚的歷史透視。但知識體系的分工和學術科層結構的運作向來十分保守，國際傳播一直是美國傳播概念的延長和經驗的印證，甚至淪為美國傳播的學術殖民地。早在六十多年前，拉查斯斐（Lazarsfeld, 1952-1953）便預見國內傳播沒有新機會，「國際研究是一塊沃土，能夠

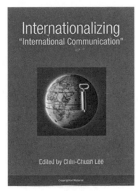

圖3.1　《「國際傳播」的國際化》。

開拓許多新的和振奮的研究題材」。他的心目中當然不是追求具有普遍意義又有比較視野的在地知識，而是以國際傳播為美歐理論的試驗場。

說來諷刺，極端的實證論者往往把文化特殊性粗暴地吸納到「抽象的」普遍性，而這個「普遍性」根植於美國「特殊的」土壤或歐洲的文化架構，但他們對其中的矛盾無動於衷，乃至視而不見。他們甚至把西方經驗普遍化，擴大成為全球的標準，凡與「西方」不同的都是「例外」，而例外又是無足輕重的，於是抹煞「非西方」經驗和跨文化意義便成了順理成章之事。這樣蠻橫霸道，既違反比較研究的邏輯，更不利於國際傳播領域的健康發展。跨文化的差異正是比較研究的骨髓，不同的文化和制度不但影響到理論概念的意義對等，也影響到經驗指標的對等，甚至影響到理論概念與經驗指標之間的關係。假如以西方為唯一準繩，尤其無法探討文化跨界的問題。

許多非西方學者經過長期薰陶，耳濡目染，完全接受「美利堅和平模式」（Pax Americana）格局下的國際傳播定義。他們熱心提倡、擁抱、複製西方模式，不認為這樣做有什麼問題，更想不出有別的選擇，形成一個文化霸權的過程。以「創新擴散」的模式為例，最初種植在愛荷華、俄亥俄和紐約的文化土壤，一旦經過成群的海外學者在全球各地複製，就儼然成為跨文化研究的傑作。現在情形是不是已有改善？最近我應邀點評亞洲博士生的論文，我問在座聽眾是不是看到一幅美國研究在亞洲著色的殖民版？我說：「在設

定學術議題的時候，韓國或新加坡的學者躲到哪裡去了？一味以美國馬首是瞻，還能有自主性、有文化互動和交流的空間嗎？」他們聽了我的評論，頗生詫異：從美國的研究目錄撕下一頁，依樣畫葫蘆，提出相同的技術性問題，援用相同的理論框架，模仿西方權威教的研究方法，到底錯在哪裡？

　　我們不能無限上綱，以至於把文化根源當原罪，碰到美歐的概念或理論就一律排斥。這樣不分青紅皂白，不特學術資源必將枯竭殆盡，更不啻是「學術義和團」的借屍還魂。事實上，如果沒有美歐的文獻做參考，正常的基本研究根本做不下去，所以我不相信現在還有這麼封閉愚蠢的淺人。但的確有不少人過分迷信西方理論，對其背後所蘊藏的假設或限制毫無反思，照單全收，背馳了學術文化自主的精神而不自知。要是學者經過慎思明辨，而有意識地以批判的態度選擇某些西方模式為分析架構，那是必要而正常的事。只怕全盤接受一種特殊的世界觀、問題意識，乃至於核心的理論議題，這樣做出來的「國際傳播」研究，毫無文化自覺，甚至是文化真空，會好到哪裡？說到底，最關鍵的考慮就是學術人與文化人如何發揮他們的主體性？我們究竟站在什麼地位，問什麼問題？引申言之，我們應該珍惜機會，試圖解答孕育於本文化中最重要的原創性問題，然後賦予更普遍的跨文化意義，而不是成天挖空心思，拱手上交在地的材料或證據，為「西方就是全球」的理論火上澆油。學術霸權最鮮活的例證，莫過於承襲西方的意識形態，刻意模仿它們的某種實踐，完全被「自然化」，以為世界「本來就是這樣」，甚至「本來就應該這樣」，而不以為異。葛蘭西（Antonio Gramsci）所說的「霸權」（hegemony）過程向來就不是平等的，不是單方強加的，而是取決於學術師徒所達成的共識和合作意願，這種共識蒙蔽了意識形態，使之習焉不察，以致封閉了另類甚至逆向思考。倘若我們不揭露並批判這些「習慣成自然」的預設，學術霸權必將永續不止。

　　我們必須提倡明智、開明而富有世界（cosmopolitan）精神的學術。學術自主的基礎在於各種文化思潮和各種傳統之間能夠主動、開放而互相尊重的交流。《「國際傳播」的國際化》（Lee, 2015）[2]以多元文化世界主義為新起點，建立複雜、多元而整合的架構。作者都是具有深厚的跨文化經驗的著

名學者，儼然是「熟悉的陌生人」，既熟知兩種文化，又不專屬於哪一個文化。他們來自不同的世代，涵蓋不同的文化背景，包括阿根廷、義大利、荷蘭、美國、英國、瑞典、比利時、以色列、印度和華裔。他們曾負笈西方著名學府，在學術生涯中也與西方大學建立密切聯繫。這種知識財富使他們優遊於不同的文化疆域，辯證地綜合局內人與局外人的視野，進而從深刻的反省中，對這個學術領域的去來產生嶄新的見解。

二、國際傳播的緣起

國際傳播研究發源於美國，從頭開始就和權力與國家（特別是美國外交政策）的利益和目標緊密聯繫在一起。拉斯威爾（Lasswell, 1927）最早定調，他的專著研究第一次世界大戰中的宣傳技術。十五年後，各行當的社會科學家紛紛應召進入美國政府「戰爭資訊局」，研究二戰期間反納粹的宣傳。二戰為美國的世界霸業鋪路，接著冷戰登場，長達半個世紀。在這個意識形態白熱化的世界，薩依德（Said, 1993: 5）形容美國自以為「在全世界各地糾正錯誤，追擊暴政，守衛自由，不惜代價」。宣傳的重要性不言而喻。

在美國新興帝國的背景下，國內傳播和國際傳播發源自不同的學術重鎮，為不同的目的服務，形成了兩條平行而不交叉的道路。回溯1930-1940年間，芝加哥大學都市社會學家以帕克（Robert Park）和布魯默（Herbert Blumer）為代表，受到杜威（John Dewey）實踐主義哲學以及米德（George Herbert Mead）「象徵互動學派」的影響，開啟了美國傳播研究的先河。美國

---

2 本書由筆者主編。傳播學大師賓夕法尼亞大學卡茨教授（E. Katz）開篇，縷述他在國際傳播研究的歷史。其他作者包括香港城市大學李金銓、張隆溪、張讚國、舍瓦思（J. Servaes），香港浸會大學斯巴克（C. Sparks），喬治華盛頓大學衛斯波得（S. Waisbord），愛荷華大學朱迪（J. Polumbaum），紐約大學班森（R. Benson）和芮加波普（A. Rajagopaol），加利福尼亞大學聖塔芭芭拉分校克爾廷（M. Curtin），瑞典隆德大學達爾格林（P. Dahlgren），義大利佩魯賈大學曼西尼（P. Mancini），以及荷蘭阿姆斯特丹大學梵·吉內肯（J. van Ginneken）。為了節省篇幅，文中只提各章作者，不再附題目。

社會歷經工業化、都市化和移民潮的洗禮，觸發大規模的動盪，社會學家以芝加哥為活生生的社會實驗室，其視角所及，包括社區重建過程中媒介扮演什麼整合的角色。但50年代以後，芝加哥大學引領風騷的地位，逐漸轉移到哥倫比亞大學。拉查斯斐和墨頓（Robert K. Merton）領導一群社會心理學家，從結構功能論出發，研究媒介如何改變選民意向和消費者行為。他們一再發現媒介的效力有限，難以改變公眾的態度與行為，只能強化其固有的預存立場。傳播研究從芝加哥轉到哥倫比亞，其個性、旨趣和方向截然異趣，更與國際傳播的發展形成一種張力。

　　二戰以後的國際傳播研究，其政治關懷和學術興趣都與冷戰息息相關，大致圍繞在麻省理工學院的政治社會學家普爾、勒納和白魯恂（Lucian W. Pye）等人身邊，他們都是冷戰的鼓吹手。1960年代，正當哥倫比亞大學學者在國內發現媒介只能發揮有限的影響力，麻省理工學院的政治學者卻在海外宣稱，媒介能夠塑造國際宣傳，抵禦國際共產主義勢力的蔓延，並帶動第三世界的現代化。兩派截然相反的解釋，為知識社會學添增耐人尋味的一章。這種差異是因為宣傳生態國內國外有別所致，還是因為彼此對媒介力量有不同的界定？哥大學派在微觀層面尋找媒介的短期效果，也就是媒介能否改變個人或團體的態度與行為。而麻省理工學派卻以無比的信心揣測媒介宏觀的長期效果，認為經過日積月累的灌輸，媒介足以改變人們的心理結構乃至世界觀，最後在第三世界觸動全面的社會變遷。哥大學派在美國國內做精確而狹義的經驗研究，麻省理工卻在海外做預言式的鼓吹，這兩種南轅北轍的取向如何調和或理解？國際傳播研究以麻省理工學院為基地，奉現代化理論為圭臬，而現代化理論又是美國社會科學家在政府積極鼓勵下孕育的產物。戰後美國在全球擴張政治、軍事、商業的霸業，現代化理論因而隨之流行。

　　勒納的《傳統社會的消逝：中東的現代化》（Lerner, 1958），肇始於哥大，完成於麻省理工，公認是「國際發展傳播」理論的奠基之作。他堅持世界的發展軌跡是直線而單一的，西方國家不過走在前面，高舉一面鏡子，照亮發展中國家的現代化道路，今天的西方，就是第三世界想爭取的明天，因此西方經驗不僅適用於西方，而是放諸全球而皆準。白魯恂也編輯了一本重

要的《傳播與政治發展》（Pye, 1963），普爾帶領學生投入大量精力研究共產國家（中國與蘇聯）的傳播制度。由於國際傳播缺乏優質的經驗研究，施蘭姆只能從勒納的論點出發，再從哥大的研究抽繹若干狹隘的經驗結論，小腳放大，寫出《大眾媒介與國家發展》（Schramm, 1964），由當時親美的聯合國教科文組織所資助，被第三世界精英奉為一部國家發展的「聖經」。

　　20世紀60年代到70年代，施蘭姆以史丹佛大學和夏威夷的東西中心為堡壘，與麻省理工的勒納、普爾和白魯恂結盟，推動「發展傳播」不遺餘力，連成一道東西兩岸學府的風景線。下一輩學者中，以羅傑斯（Rogers, 1962）的《創新擴散》最受矚目。創新擴散匯聚了兩個原來互不相屬的學術傳統，一是紐約哥倫比亞大學的新聞擴散，二是愛荷華州立大學的農業傳播擴散，兩條支流匯合以後，在社會科學各領域激出五花八門的經驗研究。羅傑斯綜合整理文獻，縱橫條貫，提出若干簡單易懂而貌似客觀的理論通則，年方三十出頭即暴得大名。若論國際傳播在海外最活躍的課題，當非創新擴散莫屬，但多半複製美國的主流觀點，很少當地特色或跨文化的「創新」。在冷戰高潮期間，勒納—施蘭姆—羅傑斯一脈相承的理論大為風行，可能是因為他們給第三世界貧窮國家的精英一種錯覺，以為簡單的方案可以解決困難的問題。舍瓦思（Jan Servaes）批評這一套理論以西方本位為中心，概念粗略，經驗證據薄弱，背離歷史經驗，充滿行為主義和實證主義的偏見，又漠視社會語境。這些後見之明固然清楚了然，但在當時頂多只有零星的異議。

三、範式轉移

　　20世紀70年代東西冷戰方興未艾，美國繼續向第三世界推銷現代化的福音，以作為遏制共產主義擴展的策略。在此同時，世界範圍內掀起了另一場燎原的南北衝突，和東西冷戰交錯並存。在東西冷戰中，美國無疑是「自由世界」的領袖；而在南北衝突中，美國卻轉身變成了眾多窮國共同控訴的罪魁禍首，它們群起圍攻美國壟斷世界經濟，控制資訊的分配。第三世界藉著國多勢眾，在聯合國教科文組織搭起反美的舞臺，聯合高唱「世界傳播與

資訊新秩序」的口號。美國總統雷根無心聽取這些抱怨，憤而於1984年退出該組織，連帶中止美國的財務資助（等於削減該組織四分之一的經費），英國（柴契爾首相）和新加坡（李光耀總理）也跟隨美國退出。第三世界被逼和聾子對話，有去無回，處境尷尬，「世界傳播與資訊新秩序」的辯論無疾而終。直到2003年美國重回教科文組織時，蘇聯集團已紛紛解體，剩下美國是獨大的超級強權，第三世界抗議的「喧囂聲」渺不復聞。（因為該組織接納巴勒斯坦為會員國，2017年10月川普又藉故宣布美國將退出會員國資格，成為永久觀察員，2019年起更與以色列正式宣布完全退出。）

上個世紀50-60年代是美式「現代化理論」流行的鼎盛期，70年代從拉丁美洲冒出「依賴理論」，以為尖銳抗衡，構成一正一反的意識光譜。依賴理論主要有兩個版本：一是激進的「不發達的發展」（development of underdevelopment）理論，由政治經濟學家法蘭克（Frank, 1969）所提出。他又一語雙關，俏皮地稱呼這個理論為「underdevelopment of development」，意思是說拉丁美洲國家（乃至第三世界）的發展之所以遲遲停滯，是因為被吸納到國際資本主義的體系內，長期受到帝國主義無止境的強取豪奪，而世界中心又自外部制約邊陲經濟內部的條件，使它無法拔出牢固的依賴牢籠。有趣的是法蘭克受到列寧「帝國主義」說法的啟發，並憑藉實證主義立論，正是他所想打倒的「現代化理論」水中倒影。第二個版本是歷史社會學家（後來當選巴西總統）卡多索（Cardoso and Faletto, 1979）提出的「依賴發展」（dependent development）。他認為有些半邊陲的國家（例如巴西）一方面發展經濟，一方面繼續依賴國際資本主義結構。法蘭克把拉美低度發展都歸咎於外因的剝削與控制，但卡多索主張深入分析內因的動態變化，諸如「半邊陲國家」內部的政治聯盟、意識形態以及各種結構，這樣才能瞭解這些力量如何把外在的因素內在化。他反對把「依賴」形式化成為一種抽象理論，而寧願採取韋伯方法論的路徑，在歷史結構中探討巴西未能發展到底牽涉到哪些具體和變動的形勢。卡多索（Cardoso, 1977）批評美國學者目光短淺，只會透過法蘭克的實證眼光，以形式化的方式片面「消費」依賴理論。

由於國際傳播研究跟著美國主流思想走，出自拉丁美洲的依賴觀點對

這個領域影響不大。但在這個號稱全球化的世紀裡，我覺得有必要重新探討依賴理論的意涵。席勒（Schiller, 1976）是文化帝國主義最有力的批判者，他引述了法蘭克的理論以及華勒斯坦的世界體系論，但只是蜻蜓點水而不深入。照理說，歐美與第三世界的激進學者（尤其是拉丁美洲的政治經濟學家）志同道合，應該有緊密的理論聯盟和知識交流才對，其實不然，以「依賴發展」的視角分析文化和媒介的英文著作就更少了。在批判學派的馬克思主義陣營裡面，第一世界和第三世界學者追求的旨趣、關懷和取向截然不同，顯然有物質基礎的差異：當英國激進學者集中火力攻擊「柴契爾主義」扭曲公共領域（包括BBC公共電視）的時候，拉丁美洲學者更擔心的是他們的國家如何在國際資本主義體系下爭取經濟生存和擺脫依賴結構。兩群人好像互不存在，很少引用對方的觀點。英國學者威廉斯（Williams, 1977）是馬克思文化理論的巨擘，但他關注的是英國文化形成（cultural formation）的歷史和地理脈絡，並沒有明白聯繫英國到整個帝國主義的歷史和國際架構，必須等待薩依德（Said, 1993）填補這個空缺，並為「後殖民理論」鋪路。後殖民理論應該構成許多第三世界分析的起點。英國文化研究另一位領袖霍爾（Stuart Hall），是從牙買加移民的黑人，到了學術生涯晚期才開始處理膚色和族群認同的問題。

　　張讚國針對以往四十年來學術期刊相關文章的題目，統計其關鍵字眼的組合與變化，恰好為國際傳播的範式和範式轉移提供一張粗略的指標。他指出，20世紀70年代期間，學者紛紛顯著使用「現代化」、「帝國主義」和「依賴」這三個字眼。80年代出現兩群片語，「帝國主義」和「依賴」連為一組，「現代化」和「依賴」連成另一組。明眼人應該從這個線索看出端倪：激進派視「帝國主義」和「依賴」為一體的兩面，互為表裡，然多元派則認為「現代化」和「依賴」是對立而不相容的。直到90年代，隨著冷戰結束，新自由主義抬頭，美國鼓吹以它主導的「世界新秩序」，使得「全球化」的字眼像通貨一樣迅速普及流行，而「依賴」理論則退居到無足輕重的地位。「現代化」和「全球化」這兩個字眼緊密地挾在一起，象徵冷戰結束後新自由主義的勢不可擋。我要指出：在社會科學其他領域裡，全球化和反

全球化一直爭辯不休（Held and McGrew, 2007），唯獨傳播領域可能震懾於科技眩目，反對全球化的聲音幾乎銷聲匿跡。[3]事實上，從社會科學發展出來「全球化理論」，從人文學科發展出來「後殖民主義」，本來應該血脈相連的，卻互相不打照面，以致在國際傳播的領域裡全球化理論變成了新自由主義的馬前卒。上面這些關鍵字眼的排列組合，說明了學術潮流猶如時裝，跟著政治氣候和環境而換裝，以不同面貌巡迴演出。

　　冷戰結束以後，美國企圖重建新自由主義的世界秩序，正如薩依德（Said, 1993: xvii）說的，充滿了「濃烈的自得，毫不掩飾的勝利意識，以及宣告莊嚴的使命」。世界被描繪成一片升平的景象，約瑟夫‧奈伊（Nye, 1990, 2004）把文化、政治價值和外交政策巧飾為「軟實力」，彷彿以後不再依賴經濟和軍事的硬實力。（如今「軟實力」已是中國官方和學界的口頭禪，這是跨文化在異地生根的一例，相信也是奈氏始料所未及的。）福山（Fukuyama, 1992）宣稱自由主義已經戰勝其他制度和意識形態，進入了「歷史的終結」。美國必須運用軟實力，贏得公共外交的戰爭，並在「文明衝突」中制勝（Nye, 2008）。杭亭頓（Huntington, 1993）提出冷戰後的文明衝突，與他曾經大力鼓吹破產的現代化理論，口徑似乎有別，立場一貫並無二致——先不說他的「文明衝突」是不是站得住腳，他呼籲贏取文明的衝突，著眼點不在於如何消弭這些衝突，而是憂慮文明衝突會如何衝擊美國的利益。冷戰剛剛結束，美國興沖沖準備收割和平紅利，冷不防在伊拉克和阿富汗打了兩場戰爭，消耗大量國力，使原已呈病態的經濟雪上加霜，與當年一廂情願的「和平紅利」背道而馳。更想不到冷戰才結束二十多年，福山已開始宣說「政治衰退」或「民主退潮」（Fukuyama, 2014），比起當年「歷史的終結」的論調，這是一個鮮明的轉彎。

3　面對美國和歐洲右翼民粹主義的抬頭，傳播學者的關注和回應均嫌不足。美國總統川普濫用推特和電視製造爭端，煽動狹隘的美國民族主義，反對全球合作的進程，攻擊真假政敵，矢口否認對他不利的「真相」。這些問題應該引發細緻的學術研究。

四、尋找新起點

我一直在思索如何聯繫「地方經驗」到「全球理論」。我主張，從反省在地經驗的內在理路開始，逐漸提高抽象層次，在某一個適當點必須和更大的文獻接觸、交涉、辯難，最後聯繫到全球脈絡，使在地經驗獲得普遍意義。我心目中的「全球理論」，不是僵死固化或一成不變的，更不必然是西方的特權，而是必須不斷接受各種文化視野和證據的挑戰，經過反覆修正、綜合、創造，在切磋論辯的過程中提升理論的包容力和解釋力。只要不以西方理論為無上真理的最後裁判，我們當然可以（而且必須）一方面借用、一方面思考西方理論；凡能幫助燭照地方經驗，凡能聯繫地方經驗到寬廣的世界脈絡，凡能開拓視野和參照系的西方理論毋寧是多多益善的。萬一最後發現沒有適當的理論足以充分解釋經驗現象，那麼我們有責任創造那個適當的新理論。國際傳播學者必須具備這種文化自信和知識自主，為世界性理論留下印記。

沿著相同的思路，朱迪（Judy Polumbaum）綜合檢視近年來中國傳媒研究的文獻。她借用紀登斯的「結構化」理論為起點，以瞭解人類行動者和社會結構的互動；又提出布赫迪厄的「製作場域」，以探討外力如何擴大或限制各種可能性，行動者如何強固既有的利益，或促進新興社會力量的形成，以至於產生各種新的創造。對她來說，研究的目的在獲得洞見以瞭解對世界的運作，而不像實證主義在於求取因果關係。

衛斯波得（Silvio Waisbord）猛烈攻擊區域研究的褊狹，認為它既無法回應國際傳播和全球性的共同問題，無助於建立統一的理論，也不是爭取媒介研究「去西方化」的正確途徑。他提倡開明的世界性學術，著眼於各種比較性和全球性的問題和方法，並參與全球化的辯論。為此，他建議三個策略：一是分析一直被忽視的領域，以便重新思考一些論據，擴大分析的水準；第二，多做各種比較研究，提供堅實而細緻的理論；第三，分析文化跨界的交流。每一個策略他都提出值得思索的研究議題。

達爾格林（Peter Dahlgren）提出規範性理論，旨在擴大「民間（公民）

世界主義」，以促進全球民主政治，並希望灌注這種精神於國際傳播的分析。他指出，世界主義（cosmopolitanism）是當代全球社會民間行動的要件，而媒介是重要的前提，否則民主的理想不可能擴散得如此深廣。他呼籲，世界主義必須走出道德範疇，化為具體的政治實踐。凡是世界公民都有責任和其他人來往，全球化民主政治應該有普世性的核心，但因各地情況殊異，民主實踐允許有不同的方式。他說：「民主的公民主體必須包含世界性視野，重視其道德性，以便理解政治行動者如何表達主體性。世界主義必須重視媒介分析，但不以道德項目為滿足，而要變成一種政治實踐。」如何化規範性理論為經驗研究，當然是莫大的挑戰。

班森（Rodney Benson）討論歐洲三個理論家對非西方脈絡的啟示：一是哈伯馬斯的公共領域，二是布赫迪厄的場域論，第三是卡斯特爾的網絡理論。我只能簡要介紹其中三點。第一，如同班森所說的，假如從哈伯馬斯／彼得斯逐漸向布赫迪厄和卡斯特爾、拉圖移動，本體論愈趨流動而靈活，知識論愈趨相對化，但政治比較沒有確定的目標。第二點，每個理論各有利弊：公共領域對分析網絡民主最有用，然尚待批判性的探討，而且碰到專制政治時毫無用武之地；場域理論有助於研究認同形成的過程、資源分配失衡、象徵權力及經濟權力；卡斯特爾關懷權力和民主政治，但理論彈性太大，且缺乏歷史觀；而拉圖的微觀經驗方法又見樹不見林。第三，我們必須回應這些理論，取精用宏，以幫助國際傳播的經驗研究。

文學批評學者張隆溪強調，「翻譯」相同語言文化的內部或不同語言文化之間的意義，就是一種跨界的溝通行為。他呼籲，不管怎麼困難，開明的學者都負有道德責任，貢獻世界性理論，堅信「即使住在遙遠地方、文化歷史不同的人也可以互相瞭解，凝聚在一起形成共同的人文性」。他分析17、18世紀歐洲對中國的再現，耶穌會把中國浪漫化為歐洲人心目中的樂土，孔子則是啟蒙的聖者，而天主教則因為中國人崇拜祖宗而妖魔化中國。他舉這個案例說明，縱然東西瞭解有障礙，但不能因此就把理論本質化，一口咬定東西方是二元對立而無法溝通，這是不合史實的。

數十年來，媒介制度比較研究以《報刊的四種理論》（Siebert, et al., 1958）

為基準，儘管此書帶有冷戰偏見，卻歷久不衰。五十年後，哈林和曼西尼（Hallin and Mancini, 2004）推出更細緻的研究，比較西歐、北美十八個先進民主國家的媒介制度，涉及媒介市場結構、專業主義、媒介與政治的勾連，以及國家角色等四個層面。他們歸納出三個媒介模式：一是以英美為主的北大西洋自由模式；二是包括德國和北歐的「民主統合模式」；第三個是地中海的極化多元模式，包括義大利、法國、西班牙、葡萄牙等。之後，他們邀請若干非西方國家學者（包括中國、巴西、俄羅斯、波蘭和南非）提出個案研究，檢驗他們的分析架構是不是禁得起考驗（Hallin and Mancini, 2012）。在研究設計上，這是「最相似」（most similar design）的西方制度與「最相異」（most dissimilar design）的非西方制度之間的對話，也是一種非常有意義的實踐。曼西尼說，極化多元主義（特別是混合模式）比較適合解釋非西方國家，因為它們平日缺乏民眾參與的政黨，媒介往往是國家干預和精英操縱的工具。

　　克爾廷（Michael Curtin）指出，影視研究以伊尼斯為起點，從頭就是國際化了。我相信這是例外的情況，因為我熟知美國新聞與大眾傳播學系以西方（尤其是美國）觀點馬首是瞻，書單上很少指定伊尼斯或其他全球主義者。克爾廷提出「媒介首都」（media capital）的概念，它們多半集中在鬧哄哄的港口，嘈雜無序，但面向國際，文化多元，往來混雜，吸引了有創造力的移民，而資源又充分，有利於製作和分配影視節目。他指出，政治首都往往受到檢查制度和侍從關係的掣肘，反而很少變成「媒介首都」。這麼說來，政治的中心可能是媒介和文化的邊緣。當然，帝國主義在去殖民後留下一些印記，也是媒介首都形成的要素之一。這些媒介首都（例如香港和孟買）自是無法挑戰好萊塢的優勢，頂多影響臨近的國家而已。

　　芮加波普（Arvind Rajagopal）濃筆詮釋印度的後殖民影視文化，以它作為「溝通現代性」場域的象徵。他的結論是：「公眾的視覺程度愈高，理性未必愈高；資訊流通愈密，暴力未必減少，民主未必提高。」新媒介只是重新啟動舊媒介的若干形式，但不能取而代之；媒介的擴張並未促進社會和諧，反而使社會分裂更顯豁。他說，非西方的視覺方式印證了現有的「社

會空間」，而不是否定它；後殖民的視覺文化延伸了宗教與政治的「分裂公眾」，而沒有增加彼此的透明度。西方商品邏輯製造影視文化的媒介奇觀，在後殖民的南亞擴展市場，未必保證民主理性。

五、重新探討「文化帝國主義」

最後，我想探討「文化帝國主義」這個永恆的主題，因為它在理論、意識形態和方法上引發一連串有趣的辯論。斯巴克（Colin Sparks）不喜歡「文化帝國主義」、「媒介帝國主義」這些名詞，寧願瞭解國際傳播為帝國主義所產生的「文化後果」。他直截了當批評資本主義是帝國主義力量的來源，當代世界制度的特徵就是先進國家直接間接利用媒介把國際傳播「殖民化」。斯巴克的觀點直指一個核心問題：如何保證我們的分析關照全面（holistic），又不陷入全稱命題（totalistic）的泥淖？關照全局，是不把有機整體碎片化，成為無機的組成部分；整體大於部分的總和，但這不意味著毋須細緻分析它的組成部分，因為分析組成部分以後還得還原到整體面貌。換言之，不能只見林不見樹，反之亦然；從美學或道德的角度，宏觀之林結合微觀之樹，才會構成一幅完整的圖像。

當年，席勒（Schiller, 1976）攻擊美國各種文化形式，舉凡旅遊、廣告、公共關係、娛樂、新聞媒介和教育，不一樣的範疇都一一放進「文化帝國主義」的籃子內。他反對分拆「文化帝國主義」為零碎的部分，但他提出的卻是抽象化、本質化的全稱命題。他不關注個別媒介間的微妙差異以及各文化種類的互動，認為這是無關緊要甚至離題的。他不屑在尋找一次解決的烏托邦方案，因此看不上局部的文化抗爭運動或文化游擊戰。法蘭克（Frank, 1969）警告拉丁美洲只有兩條路可走：「低度發展」或「革命」。換言之，如果不革命，就不得翻身，只能永遠處在「低度開發」的可憐境遇。席勒異曲同工，呼籲第三世界國家趕緊撤離國際資本主義制度，這是擺脫文化帝國主義控制的先決條件。席勒的全稱命題顯出極不耐煩的態度，彷彿一刻都不能再等，第三世界不撤退就沒有後路了。但平心而論，集體撤退的可

能性微乎其微，其結果幾乎可以預卜：儘管口頭說說，卻難有後繼的組織性行動。再說，第三世界到底往哪裡撤退？撤退並不等於文化獨立，而文化獨立不等於文化解放。眼前清楚看到的，從帝國主義掙脫出來的許多第三世界國家，統治者多的是民族主義者、沙文主義者、宗派主義者，壟斷國家機器的獨裁權力，為所欲為，踐踏人權，危害文化自主發展。我提起這些往例，為的是放眼當前。在我看來，更重要的問題應該是如何理解、梳理帝國主義的文化後果？「文化後果」涉及面很廣，涵蓋了各種媒介內容、制度與科技的轉移、意識形態的效果，以及最廣義的

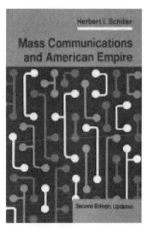

圖3.2　席勒提出「文化（媒介）帝國主義」的命題。

「生活方式」，不能簡單「一言以蔽之」。文化後果具有多重結構，涵蓋各種關係及其互動，充滿了複雜性和矛盾性，必須不斷接受鬥爭和挑戰，這些要素如何有機安排和分析，是必須詳細探討的。當今的文化是開放的、混合的、互動的，沒有一個文化能夠自給自足，不能完全自主，更不能不跟別的文化打交道。

　　斯巴克宣稱，隨著經濟力量轉移接踵而至的，必是軍事力量以及文化力量的轉移。他暗示，資本主義的力量走在前面，必能創造帝國主義的某些文化後果。我且提出三點做初步的商榷。第一，克爾廷說「媒介首都」通常集中在一些粗俗的港口，遠離政治中心，乃至被全國精英所鄙視；果真如此，經濟和政治力量有分有合，因果關係未必像斯巴克說的那麼緊密。第二，經濟是推動文化力量的火車頭嗎？回顧20世紀80年代，日本是僅次於美國的世界第二大經濟體，但它的文化影響力卻和經濟力量迥然不侔。目前中國、印度、俄羅斯經濟迅速成長，能否轉換成文化力量，似乎也不是必然的。我認為經濟是文化力量的必要而非充分條件。第三，無論是否贊成斯巴克的論斷，都必須問：在分析資本主義如何形塑帝國主義的文化後果時，我們應該從何著手？

就第三點而言，馬克思主義的政治經濟學家和文化研究學者內部的辯論是頗具啟發的。馬克思說，上層建築「說到最後」是受到經濟基礎所決定的。如果不相信這種經濟基礎的「決定論」，當然就不可能是馬克思主義者，但如何解釋「決定」卻是政治經濟學家和文化研究學者的分歧所在。大致而言，政治經濟學家取其「強」意，而文化研究取其「弱」意。默多克和戈爾丁（Murdock and Golding, 1977; Golding and Murdock, 1991）從傳統馬克思的政治經濟學出發，多次批評幾位文化研究的大家（包括法蘭克福學派的阿多諾，以及英國文化研究的威廉斯和霍爾）過分強調文化形式的自主性，說他們沒有牢牢聯繫經濟基礎如何「決定」文化上層建築，以致顯得頭重腳輕，重心不穩。政治經濟學家從資本主義的經濟基礎出發，分析媒介的所有權和控制權，逐漸上升推論到媒介組織的運作邏輯以至於媒介內容的意識形態。對他們來說，文化上層建築的方向、軌道和內容都是緊貼經濟基礎的。

然而威廉斯（Williams, 1977）是怎麼理解「決定」的呢？他對馬克思文化理論最大的貢獻，在於把「決定」（determine）解釋為「中介」（mediate），而不是一對一的「反映」（reflect）。如何「中介」呢？威廉斯認為，經濟基礎一方面對上層建築被動「設限制」，一方面對它主動「加壓力」。這個新解，不管是「設限制」或「加壓力」，其關係和過程都極其複雜，迂迴轉折，需要做細緻的經驗與歷史分析，不能想當然耳，或一徑假設文化的上層建築就是「反映」下層的經濟基礎。文化研究學者和政治經濟學家在這方面的理解不但截然異趣，簡直充滿緊張與矛盾。傳統馬克思主義堅持上層建築「說到最後」是被經濟基礎所決定的，英國文化研究另一巨擘霍爾（Hall, 1996）把「說到最後」（in the last instance）改為「說到最前」（in the first instance），僅僅改動一字，意義迥然不同。霍爾認為物質基礎「一開始」就影響文化的上層建築，所以文化研究「一開始」就得關照物質基礎，但以後文化領域的發展有其自主的生命，未必跟著經濟基礎亦步亦趨，有時候甚至偏離經濟基礎的軌道。他回應政治經濟學的對手，諷刺他們做一場幻夢，自以為抓到了理論的確切性。

霍爾自喻他的立場是「沒有最後保證的馬克思主義」（Marxism without

final guarantees）。換言之，物質基礎只是一個
起點，以建立馬克思主義理論的水平線；物質基
礎界定文化發展的方向，規範它的邊界，如此而
已。至於文化形成（cultural formation）的過程，
和各種勢力的角逐，以及最終獲致的結果，都是
相對開放自主的，也得不斷接受各種挑戰，不像
政治經濟學家說的那麼確定。斯巴克從政治經濟
學批評乃帥，說霍爾的文化研究沒有建立在「柴
契爾主義」的物質基礎上面（Sparks, 1996）。若
套用以上的言語表述，斯巴克顯然相信經過資本
主義邏輯的「決定」，會產生「有最後保證的帝國
主義」，因此文化帝國主義為勢所必然的發展。然
而，全球資本主義和帝國主義的關係，它們所產生
的文化後果，中間有許多複雜的因果鏈，如何具
體分析才好？

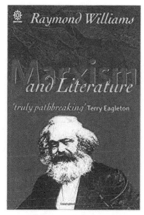

圖3.3　英國文化研究巨擘
威廉斯（1921-1988）。

　　「文化帝國主義」還涉及另外一個問題，即
政治經濟與讀者解碼之間的張力。媒介「全球
化」幾乎就是媒介「美國化」，儘管出現區域性
製作中心，美國是唯一在媒介各領域向全球行
銷的國家，又是媒介集團的大本營。美國大公
司（包括迪士尼、時代華納、維亞康姆）所向無
敵，而名義上的外國公司（索尼、新聞集團）也

圖3.4　英國文化研究巨擘霍
爾（1932-2014）。

是以盯住美國市場為主。它們捆綁各類媒介，匯流成為橫向和縱向整合的巨
無霸，壟斷全球文化生產的資源和分配的管道。它們彼此既競爭又合作，共
同設立跨媒介的所有權，分享財務收入，共同投資製片，交換地方的電臺。
論者批評它們帶動的娛樂掛帥，使新聞逐漸「麥當勞化」，無聊瑣碎，追逐
閒言閒語和醜聞，以迎合消費大眾及時行樂的心理。

　　如前所述，政治經濟學家通常從媒介資本的所有權入手，先推斷內容

生產的資本邏輯，接著推斷這些內容的意識形態效果，最後歸結到「文化帝國主義」的結論。例如，梵‧吉內肯（Jaap van Ginneken）在本書分析全球傳媒集團拍攝的第一部3D電影《阿凡達》，呈現了屢試不爽的好萊塢公式，科技形式儘管不同，內容還是圍繞五大主題：一是未開發的處女地；二是原始部落；三是本土的自然世界觀；四是帝國的干預；五是漂亮的當地女郎。由是，我們不難宣稱《阿凡達》現象是世界資本主義的中心所製造的特殊文化產品，影響全球觀眾的世界觀。這樣的推論不是不對，而是有時未免太過，吉內肯提醒讀者，觀眾並不是無條件接受媒介的資訊。利貝斯和卡茨（Liebes and Katz, 1993）發現，以色列的多元移民族群帶著從世界各地回歸的文化假設與價值，解讀美國進口的電視劇《朱門恩怨》（即《達拉斯》），所得到的文化意義南轅北轍。由此可見資本家控制文化生產，觀眾解讀文化產品，兩者關係密切，卻未必全然契合。總之，倘若我們只從政治經濟學聚焦於媒介所有權，而無視於觀眾如何解讀文化內容，就很容易誇大資本邏輯文化產品的同質性，並高估資本對於文化效果的支配性；相反的，如果注意力全放在觀眾如何解讀文化內容，而無視於當代政治經濟對媒介內容的結構性制約，則會低估資本對文化支配的作用。因此必須抓住兩頭，做更多經驗研究，才能釐清其間的複雜關係。

結語

　　我一開始就批評美國學術狹隘偏頗，扭曲了國際傳播領域的發展。國家仍是當代政治國際秩序的中心，但媒介傳播已經徹底全球化了。國際傳播研究要國際化，新的起點必須具備世界主義的精神，一方面拒絕「美國放大就是世界」的霸道觀點，一方面要反對回到封閉自守的文化民族主義老路，粗暴地拒斥任何美國或是西方的東西。學者有義務培養全球視野，設身處地，耐心傾聽跨文化對方的聲音，相互理解。交響樂的和諧是由一群嘈雜的聲音組成的。我們首先要把國際傳播國際化，其次要為國際傳播提供動力、平臺和契機，帶動整個媒介傳播學的新活力，傳播研究不啻也跟著全面國際化了。

　　從現象學的觀點來說，自然科學的邏輯就是社會科學的邏輯，邏輯結構並無二致，但認知旨趣不同。現象學認為，社會科學必須解釋日常生活的結構以及人類活動的各種意義，這些都必須要靠高度反思和互為主觀的方式才能達成。社會科學一味模仿自然科學，「現代化理論」就是失敗的著例。現代化理論雖已褪色，卻未棄守，例如，因格哈特（Inglehart and Welzel, 2005; Norris and Inglehart, 2009）試圖在全球化的語境中延長現代化理論的生命。極端實證主義者為了建立人類社會整齊劃一的「硬」規律，而無視文化的價值和差異，這種做法正在面臨各方面的挑戰；微觀史學的發展、人類學家追求在地知識，以及歐陸思潮（如現象學與詮釋學）都帶來了知識論的深切反思。現象學強調主客觀交融，互相滲透，而且經由不同的詮釋社群建構多重現實，透過多元對話獲得同情的瞭解，這為國際傳播的文化性提供最有力的知識論基礎。當然，沒有哪一個文化或理論是適合所有情況的，我們必須回應多元文化和多元種族的複雜主題曲。過去三十年，少數美國具有遠見的最高學府，例如史丹佛和常春藤大學，率先引領多元文化的風潮，它們在學生通識課程的必讀書單裡，加進非西方、非白人的作者，便是這個趨勢的先聲。

　　未來，我認為國際傳播應該提倡「以區域為基礎（基地）」的研究（area-based studies），以結合區域的在地經驗與理論知識。這個取向一方面對區域研究不重視理論，另一方面對以理論壓抑在地知識，都有深刻的意義。因為篇幅的限制，這裡不得不從略。最後，我們批評美國的國際傳播研究容或過厲，這是難以避免的。除非狠狠批判、反思這些根深蒂固的假設，不可能有新的起點。但我在反抗西方霸權的同時，也一再反對文化民族主義。我最心儀薩依德（Said, 1993），他批判帝國主義的文化支配，以及分析第三世界對帝國的抗拒，他的宏大敘述總是以啟蒙和解放為依歸，從不煽動文化排外主義。我想到有位哲學家對我解釋說：「哲學是沒有一錘定音的話語，所以對話可以繼續下去。」以世界主義的精神不斷對話，既追求在地的文化經驗，又跨越文化的藩籬，求同存異，互相溝通瞭解，這正是國際傳播研究國際化的不二法門。

參考文獻

Berelson, Bernard (1959), "The State of Communication Research," *Public Opinion Quarterly*, 23, 1: 1-5.

Berger, Charles R., and Steven H. Chaffee, eds. (1987), *Handbook of Communication Science*. Beverly Hills, CA: Sage.

Berger, Charles R., et al., eds. (2010), *The Handbook of Communication Science*. Los Angeles, CA: Sage.

Cardoso, F. H. (1977), "The Consumption of Dependency Theory in the United States," *Latin American Research Review*, 12, 3: 7-24.

Cardoso, F. H., and E. Faletto (1979), *Dependency and Development in Latin America*. Berkeley, CA: University of California Press.

Frank, Andre G. (1969), *Latin America: Underdevelopment or Revolution*. New York: Monthly Review.

Fukuyama, Francis (1992), *The End of History and the Last Man*. New York: Free Press.

Fukuyama, Francis (2014), *Political Order and Political Decay: From the Industrial Revolution to the Globalization of Democracy*. York: Farrar, Straus and Giroux.

Geertz, C. (1963), *Agricultural Involution: The process of Ecological Change in Indonesia*. Berkeley, CA: University of California Press.

Golding, Peter, and Graham. Murdock (1991), "Culture, Communications, and Political Economy," in James Curran and Michael Gurevitch, eds., *Mass Media and Society*. London: Arnold, pp. 15-32.

Hall, Stuart (1996), "The Problem of Ideology: Marxism without Guarantees," in David Morley and K.-H. Chen, eds.. *Stuart Hall: Critical Dialogues in Cultural Studies*. London: Routledge, pp. 25-46.

Hallin, Daniel C., and Paolo Mancini (2004), *Comparing Media Systems: Three*

Models of Media and Politics. New York: Cambridge University Press.

Hallin, D. C. and P. Mancini, eds. (2012), *Comparing Media Systems Beyond the Western World*. New York：Cambridge University Press.

Held, David, and A. G. McGrew (2007), *Globalization/Antiglobalization: Beyond the Great Divide*. London: Polity.

Huntington, Samuel (1993), "The Clash of Civilizations," *Foreign Affairs*, 71, 3: 22-49.

Inglehart, Ronald, and C. Welzel (2005), *Modernization, Cultural Change and Democracy: The Human Development Sequence*. New York: Cambridge University Press.

Lasswell, Harold D. (1927), *Propaganda Technique in the World War*. New York：Knopf.

Lazarsfeld, Paul (1952-1953), "The Prognosis for International Communications Research" *Public Opinion Quarterly*, 16, 4: 481-490.

Lee, Chin-Chuan, ed. (2015), *Internationalizing "International Communication."* Ann Arbor, MI: University of Michigan Press.

Lerner, Daniel (1958), *The Passing of Traditional Society: Modernizing the Middle East*. New York: Free Press.

Liebes, Tamas, and Elihu Katz (1993), *The Export of Meaning: Cross-cultural Readings of Dallas*. London: Polity.

Mills, C. Wright (1959), *The Sociological Imagination*. New York: Oxford University Press.

Murdock, Graham, and Peter Golding (1977), "Capitalism, Communication, and Class Relations," in James Curran, Michael Gurevitch, and Janet Wollacott, eds., *Mass Communication and Society*. London: Arnold, pp. 12-43.

Norris, P., and Ronald Inglehart (2009), *Cosmopolitan Communications: Cultural Diversity in a Globalized World*. New York: Cambridge University Press.

Nye, Joseph S. (1990), *Bound to Lead: The Changing Nature of American Power*.

New York: Basic Books.

Nye, Joseph S. (2004), *Soft Power: The Means to Success in World Politics*. New York: Public Affairs.

Nye, Joseph S. (2008), "Public Diplomacy and Soft Power," *The Annals of the American Academy of Political and Social Science*, 616, 1: 94-109.

Pool, Ithiel de Sola, and Wilbur Schramm, eds. (1973), *Handbook of Communication*. Chicago: Rand McNally.

Pye, Lucian W., ed. (1963), *Communications and Political Development*. Princeton, N. J.: Princeton University Press.

Robson, Robert (2017, January 18), "How East and West Think in Profoundly Different Way," www.bbc.com/future/story/20170118

Rogers, Everett M. (1962/2003), *Diffusion of Innovations*. 5 th ed.. New York: Free Press.

Said, Edward W. (1993), *Culture and Imperialism*. New York: Knopf.

Schiller, Herbert I. (1976), *Communication and Cultural Domination*. White Plains, N.Y.: International Arts and Sciences Press.

Schramm, Wilbur (1964), *Mass Media and National Development*. Stanford, CA: Stanford University Press.

Siebert, Fred S., Theodore Peterson, and Wilbur Schramm (1956), *Four Theories of the Press: The Authoritarian, Libertarian, Social Responsibility and Soviet Communist Concepts of What the Press Should be and Do*. Urbana, IL: University of Illinois Press.

Sparks, Colin (1996), "Stuart Hall, Cultural Studies and Marxism," in David Morley and K.-H. Chen, eds., *Stuart Hall; Critical Dialogues in Cultural Studies*. London: Routledge, pp. 71-101.

Touraine, Alain (1997), *What is Democracy?* Boulder, CO: Westview Press.

Williams, Raymond (1977), *Marxism and Literature*. New York: Oxford University Press.

第四章

在地經驗，全球視野

國際傳播研究的文化性

君子和而不同，小人同而不和。

——《論語》

今天的世界實際上是個混雜、遷徙與跨界的世界。

——薩依德（Edward W. Said）

從特殊性出發，我們可以拾級攀登到普遍性；但從宏大理論出發，我們再也回不去直覺地瞭解特殊性了。

——蘭克（Leopold von Ranke）

前言

一位著名英國學者問我，在美國中西部大學教國際傳播這麼多年有什麼心得。我半開玩笑，回道：「美國學生老把他們的國家擺在『國際』的對立面，而不是『國際』的一部分。因此，『國際』學生是『外國』學生，『國際』傳播自然就是『非美國』傳播了。」北美職業棒球隊的年終賽號稱「世界大賽」（World Series），彷彿美國就是世界，世界就是美國。「國際傳播學會」（International Communication Association）之為「國際」，不外是每四年（現在改為每兩年）選一個「海外」大都會的希爾頓或喜來登酒店開一次年會罷了。該會一向以美國人為主，如今外籍會員已攀達42%（會員增長最迅速的是中國），我認為這是「收編」更多外國人做美式研究，而不是醞釀著

一場認識論與方法論的靜默「革命」。唐寧（Downing, 2009）調查美國大學採用的導論教材及課程內容，結論是「愈走愈褊狹，而不是朝國際化的方向走」。布赫迪厄（Bourdieu, 2001）批評以西方價值當作全球標準是一種「普世性的帝國主義」（the imperialism of the universal）。這個「以西方為全球」的霸道模式，其實源自西方的特殊語境，我模仿布赫迪厄，稱之為「特殊性的褊狹主義」（the parochialism of the particular）。

　　有些學者疾呼「傳媒研究必須國際化」，他們尚未完全同化於美式主流研究，又有「跨文化」或「多文化」的經驗與身分認同。唐寧（Downing, 1996）質疑，傳媒研究大抵來自少數政治穩定、經濟富裕的民主國家——它們得天獨厚，深具新教背景，又有海外殖民的糾葛，豈能概括第三世界的經驗？科倫和朴明珍（Curran and Park, 2000）最早提倡傳媒研究「去西方化」（de-westernize），以糾正「西方傳媒理論僅僅關注自己而眼光褊狹」的弊病。科倫（Curran, 2005）左右開弓，攻擊美國新聞研究只顧向內看，又批評歐洲中心的傳媒和文化理論妄稱有普世性。屠蘇（Thussu, 2009）與汪琪（Wang, 2011）編輯的論文集相繼做了一些「去西方化」的努力，可惜這兩本書的論文水準參差不齊。大致上，發出「去西方化」微音的，多半是非主流學者（也有例外，如科倫），只有位處邊緣，才願意跨界去交叉連結不同的知識領域。

　　冷戰結束後，美國政治的勝利意識高漲，文化情結志得意滿，與「國際傳播國際化」的呼聲形成尖銳的對比。美國宣稱注定要領導「世界新秩序」（Nye, 1990），一意要把象徵新自由主義的「華盛頓共識」延伸到全世界。「全球化」的口號高唱入雲，非但沒有促進國際或跨文化的對話，反而變成美國外交利益的潛臺詞，為其「天命論」（manifest destiny）披上一層浪漫的理論外衣。例如福山（Fukuyama, 1992）聲稱，20世紀裡自由主義先後擊敗了法西斯主義與共產主義，自由主義成為「歷史的終結」。豈料二十二年後他卻轉個大彎，宣稱「政治衰退」與「民主退潮」（Fukuyama, 2014）？冷戰期間，杭亭頓（Huntington, 1993）宣導現已破產的「現代化理論」，冷戰結束後他又提出「文明衝突論」，論點簡單化約，極盡誇大西方與儒家、伊斯

蘭文明衝突之能事，彷彿這些文明既鐵板一塊，又一成不變。杭亭頓關注的
不是如何化解文明衝突，而是擔心文明衝突會對美國利益與西方價值帶來潛
在威脅。「全球化」的進行曲敲得震天價響，但國際傳播卻不太「國際化」。

　　在這篇文字裡，我首先要論證：極端的實證方法論忽視「文化性」，把
文化特殊性（specificity）扭曲為抽象的普遍性（generality），強加西方的世
界觀於全世界，成為普遍的實踐標準。接著，我願意以個人的知識生涯為
例，檢討美國國際傳播範式的問題。然後，我呼籲重新審視韋伯式的現象
學，探討它對國際傳播研究有何啟示，從而認真對待文化意義的問題，而非
僅將文化視為社會或心理因素的前因、後果或殘餘變項。

　　在進入正題以前，我必須說明幾點：第一，我們不全盤接受西方支配
性的觀點，也反對抱殘守缺的本土觀點。薩依德（Said, 1995: 347）說，文
化與文明是混種的，異質的，「彼此緊密關聯，相互依賴，無法簡單刻畫它
們的個性」。在一端，類似福山（Fukuyama, 1992）與杭亭頓（Huntington,
1993）占據話語霸權，以致封閉了另類思想與平等對話。另一端有李光耀的
「亞洲價值」等等盤踞，都自以為是，傲慢自卑，是抗拒自由民主的逆流。
過猶不及，兩種立場都不可取。第二，普遍性與特殊性間有辯證關係，社會
科學是處理這種關係的一門藝術：一味抹煞特殊性，造成霸道的學術殖民；
但一味訴諸特殊性，毫無普遍意義，必然一事無成。文化解釋賦具體性以豐
富的生命，使具體性與普遍性蓬勃互動；而凸顯具體性，正可以使普遍性更
加生動活潑。第三，社會科學在西方兩百年不到，中國於19世紀末引入社
會科學以後，社會動盪與政治干擾頻仍。傳播學在華人社會尚在襁褓階段，
有待摸索它的語言與範式，思考它的認識論與方法論。我們當然應該鼓勵中
西交流，但必須取精用宏，無損於文化根基。

一、美國主導性範式的陷阱

　　20世紀70年代初，我有緣接觸到一系列「發展傳播」顯學的名著，
於是一腳踏入年輕的國際傳播領域。引領這個範式的學者勒納（Daniel

Lerner）、施蘭姆（Wilbur Schramm）和羅傑斯（Everett M. Rogers），都以現代化理論為圭臬，試圖解釋傳媒在國家發展的角色與功能。「現代化理論」是美國社會科學家在政府鼓勵下所構建的，認為經濟成長是促進政治民主化的關鍵，完全符合美國戰後外交政策的思路（Diamond, 1992）。二戰結束後美國推動「馬歇爾計畫」，拉拔歐洲各國從廢墟中重新站起；東西冷戰開始以後，美國在全球的擴張達於巔峰，在第三世界推動「國家發展」項目，以經濟發展為主軸，目的在於防止國際共產主義的蠶食鯨吞。

（一）勒納：《傳統社會的消逝》

施蘭姆與羅傑斯坦承受惠於勒納的理論，施蘭姆（Schramm, 1964）是影響深遠的二手研究，我打算聚焦於勒納與羅傑斯，並從勒納（Lerner, 1958）的先驅著作《傳統社會的消逝》開始。此書在國際傳播領域公認是經典之作，左右了學術方向和問題意識至少二十年，但在社會學的現代化理論群中地位卻不特出。在上一章我已經約略評介該書，在本章我將集中討論勒納如何「索證」以自圓其說。

20世紀50年代美蘇兩國在中東角逐宣傳戰，哥倫比亞大學做問卷調查，證明美國輕易勝出。勒納（Lerner, 1958: 46）根據調查資料再分析，提出一個現代化的模型：

> 工業化愈高，都市化也愈高；都市化程度高，將帶動識字率成長；識字率提高，接觸傳媒程度上升；接觸傳媒程度上升，可望提高公眾在政經生活的參與。

勒納的論旨很簡單：一個社會要告別傳統，步入現代，人們必須擺脫傳統宿命論的桎梏；要擺脫宿命論，就要培養所謂的「移情」（empathy，同理心）能力，也即是「精神的流動性」（psychic mobility）。這是一種現代化人格，令人敢於想像宿命以外的角色與情境。傳媒無遠弗屆，正是移情作用的「魔術擴散者」（magic multiplier），也就是社會變遷的關鍵觸媒。只要人人

具備移情能力，整個國家自然就從傳統踏入現代
化的門檻了。

　　學界對勒納理論的批評，過了這麼多年，
大致已經耳熟能詳，舉其要者包括：第一，傳統
與現代錯誤截然兩分，但除非傳統與現代有機綜
合，否則無法創造發展；第二，他運用簡單的
社會心理學概念（移情能力）解釋宏觀的社會變
遷，以致漠視社會結構僵硬的因素、全球霸權、
帝國主義與後殖民情境；第三，他錯以為西方現
代化的路徑適用於全世界；第四，「後進」第三
世界與「先進」歐美國家在現代化的進程中，面
臨不同的結構條件（Lee, 1980: 17-24）。

圖4.1　勒納《傳統社會的消
逝》是奠基之作。

　　勒納相信，現代化進程是直線的，美國只不過走在中東的前頭，中東將
來必步美國後塵；他斷然宣稱：「一言以蔽之，美國是怎麼樣，中東追求現
代化，就是希望變成美國那樣。」（Lerner, 1958: 79）美國經驗不止適用於
地理上的「西方」，更投射成為全球行之有效的模式。當新興國家有人懷疑
美國經驗是否適合，呼籲建立另類模式，勒納毫不妥協，痛斥這種「種族中
心的窘境」是「現代化的重大障礙」（Lerner, 1958: ix）。然而他的現代化直
線發展論畢竟是背馳史實的：歷史社會學家摩爾（Moore, 1967）揭示，西
方現代化的歷史（英、美、法、德、俄）其實是崎嶇而殊途的；提利（Tilly,
1975）指出，西歐民族國家不是自然而然形成的，而是經過了榨取、鎮壓與
強制的血淋淋過程，今天得到這個好結局是始料所未及的，這種好運未必能
夠再複製。

　　回到方法論上，我最關心的是他如何舉證，以圓其說。他屬意在「多樣
性中尋求統一原則」，此話何解？「透過說明事物的規律，我們記錄現代化
的過程；透過指出差距，我們可以將各國放到適當的階段。」（Lerner, 1958:
77）換言之，他為了建立普遍性，不惜抹煞差異性，把「例外」消解於普
遍規律之中，這是實證主義一般的處理方式。在哲學上，他的舉證方式是一

種「目的論」，充滿了迴圈邏輯，先有結論，再找證據。他模擬一個金字塔式的「現代化」（也就是西化）指標，土耳其與黎巴嫩高居塔尖，埃及與敘利亞夾在中間，而約旦及伊朗則墊在塔底。為了「證明」這個先驗模型的正確，他分頭撰寫了六個國家的個案敘述，文筆雄健，故事生動，受到著名政治學家拉斯威爾（Harold Lasswell）在書的封底頁讚譽為「引人入勝」。作者所寫每一個國家的案例，其實混合了史實、奇聞軼事及二手資料的分析，他用這個方式「建構現代化理論，刻畫所有中東民族必經之道」。

　　在方法論方面，我要提出三點評論。首先，作者顯然先入為主，有了結論，再在各章節穿插各種有趣生動例證。但例子通常充滿片面性，容易以偏概全，縱然巧為既有立場自圓其說，卻無力證偽。一般讀者未必看得出這一層的問題。其次，作者承認，在比較各國經驗時採取「相當的自由度」，他在每個國家個案所選擇的議題不同，這樣做旨在「討論傳播、經濟與政治行為間的顯著關聯」（Lerner, 1958: 103-104）。個別國家的故事單獨看都很精彩，但六個國家合起來一道比較，無論選擇的事實、強調的題目以及證據的解釋都顯得甚為隨意，這樣得出的「顯著關聯」實欠嚴謹。重讀此書，我強烈感覺到他的假設就是結論，結論就是假設，理論殿堂建築在動搖的經驗基礎上面。最後，作者一味追求「多樣性的統一」，以「常態」象徵現代化，不合解釋體系的「異例」則歸為「未現代化」國家。然而，與其輕易抹煞這些「反證」和「異例」，何不引為重新思考理論的契機？勒納從不承認他的理論是有瑕疵的、片面的，甚至錯誤的。如果他肯仔細思考「反證」和「異例」的背後，也許就不敢硬撐「現代化直線發展」的假設與結論了。

（二）羅傑斯：創新擴散

　　有學者以「無形的學府」為喻，研究「創新擴散」學術群體網絡的形成、流程與互動（Crane, 1972），可見「創新擴散」這個範式曾經發揮重要的影響。《創新擴散》一書流傳廣泛，在四十年的學術生涯裡，羅傑斯連續增訂五版。他建立一套「通則庫」（propositional inventory），目的是為經驗證據與理論概念搭橋。第一版（Rogers, 1962）整理了四百零五篇文章，以

美國與歐洲研究為主。第二版歸納了一千五百篇研究，提煉一百零三個命題；隨著20世紀60年代發展中國家的研究顯著增加，作者自信滿滿，此版冠上「跨文化取徑」的副標題（Rogers and Shoemaker, 1971）。第三版從三千零八十五篇案例中篩選出九十一個命題，其中30％的研究來自發展中國家，作者宣稱他的書愈來愈沒有文化偏見（Rogers, 1983）。到了修訂第四版（Rogers, 1995）時，文章繁多，不及細載，只能估算為四千篇。在他辭世以前的第五版，估計累積至五千二百篇文章（Roger, 2003）。

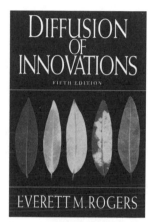

圖 4.2　羅傑斯《創新擴散》。

　　「通則庫」的結構風格獨具，保留在前後五個版本中。我最初接觸此書第二版（Rogers and Shoemaker, 1971），每個命題更附有「評分表」（其他版本取消了），印象深刻。例如在該書第五章中：

> 　　早採納（創新）的人比晚採納（創新）的人更可能是意見領袖（共42篇，76％支持；另13篇不支持）。

> 　　早採納（創新）的人比晚採納（創新）的人，其所從屬的制度可能更具有現代規範（共32篇，70％支持；另14篇不支持）。

　　當時我剛進入研究所的門牆，接觸到這些意簡言賅、貌似科學的推論，立即被吸引到國際傳播的領域（後來羅傑斯一度成為我的業師）。若干年後，我才逐漸接觸到其他學者的批評。有學者（Downs and Mohr, 1976）批評羅傑斯那些命題晦澀難解，因為經驗支持度太不穩定。羅傑斯（Rogers, 1983: 132）回覆道，比起其他社會科學研究，創新擴散的穩定性毫不遜色。這個辯護也許不無道理，但我不禁懷疑，他參考的文獻來自五花八門各領域，在綜合的過程中是否有意無意盡量磨平經驗證據的矛盾，以提高命題的

穩定性。又有學者（McAnany, 1984）指責羅傑斯的命題太瑣碎粗糙，無助於理論建構，這個批評更傷筋動骨。就本文所關注的方法論範圍而言，我倒是想問：如果一個通則出現高達百分之三十或更多的「異例」，是被當作一般的「例外」打發掉，還是應該以此為鑑，藉機批判或反省理論假設的有效性？

　　儘管創新擴散的許多研究源自發展中國家，但整個文獻既缺乏「比較的」視野，也不是真正意義的「跨文化」研究，而是逕自在海外前哨複製美國的理論預設、框架及世界觀。例如，羅傑斯（Rogers and Svenning, 1969）由美國國際開發總署資助，採用相同問卷的譯本，在巴西、奈及利亞、印度與哥倫比亞做調查，探討傳播對農民所造成的影響。他們難道假定國家脈絡間沒有文化意義的差異，就是有也無關宏旨，否則怎麼會在異地散發相同的問卷？羅傑斯在《創新擴散》各版中曾小幅修正他的理論：第一，他批評主流範式忽略「創新擴散」的負面功能，以個人為單位，沒有注意到結構的制約作用（Rogers, 1983）；第二，他提出匯合模式，以取代線性擴散模式（Rogers, 1995）；第三，他增添新議題（如網絡、愛滋病、恐怖主義等）的擴散過程（Rogers, 2003）。這些技術性的修修補補，實在無補於大局，對「現代化理論」的詰難者來說未免隔靴搔癢，完全沒有回答他們提出的根本問題。

　　在方法論上，「比較研究」必須通過三個考驗（Smelser, 1976: 166）：首先，不同的社會能否比較？其次，抽象的概念在不同社會是否對等或同義？最後，用以衡量概念的經驗指標在不同的社會是否對等或同義？任何研究都必須照顧到概念與經驗的效度和信度，但比較研究必須更進一步考慮不同的社會文化脈絡如何影響到理論與經驗的連結。以此標準衡量，「創新擴散」的過程儼然是單一的，是放諸全球而皆準的，不因社會脈絡而改變。論者可能辯說：羅傑斯（Rogers, 2003）的書搜集不同文化的許多案例，怎能說他漠視文化差異？然而，如同勒納對個別國家的描述，羅傑斯的這些案例即使再盎然有趣，也都帶有高度的選擇性；作者只會選擇符合既定立場的故事，不會選擇相左的例證，更不會從「跨文化」的高度省察理論或方法的預設。

　　總而言之，知識一般由中心擴散到邊陲，由發達國家擴散到發展中國家，從西方擴散到東方。學術霸權不能單靠強制脅迫，而是靠制約「跟從者」的一些核心信念及預設，使之心悅誠服接受，或視為當然；一旦「跟從者」把信念或預設內化甚至制度化以後，則強化知識上的依賴，再也無法產生有意識的反省、抵抗或挑戰。「創新擴散」的影響力在國際傳播日漸式微，但在市場行銷、公共衛生與農業推廣等應用領域仍然維持不衰。

　　此外，它在全球中心的影響日漸消退，但在邊陲國家卻仍頗具權威。第三世界如此缺乏自信與警覺，正是彰顯了學術霸權的根深蒂固。倘若「後現代轉向」有何積極意義，那就是「去中心化」與「多極中心」未嘗不可能，哪一天邊陲也可能成為中心。因此，維持學術警醒及文化自覺，就顯得特別迫切而必要了。假如海外研究只一味替美國中產階級的世界觀背書，「跨文化」研究還有什麼價值？

二、韋伯式的現象學研究取徑

　　綜上所述，勒納量身打造中東各國的案例以圓其說，羅傑斯抽繹的結論率皆「一方面……另一方面……」模稜兩可。他們都映照了美國主流的意識形態，理論框架裡「跨文化」的意義是枯竭的。為了糾偏補弊，我以為國際傳播應該回頭多重視韋伯式的現象學取徑，獲取知識論和方法論的靈感。這個路徑先由社會演員（社會行動者、當事人）入手，解釋他們自己所創造的「跨文化」意義，描寫深層的動機及複雜多端的結果，並允許不同「跨文化」的詮釋社群建構多重的社會實體。

（一）「意義之網」：因果與意義

　　實證社會科學以自然科學為張本，旨在將複雜的社會現象化約成少數變項，建立其間的因果關係，組成精簡的結構，企圖以最少的因素解釋最多的現象，若能用數學公式呈現出來尤其高妙（Luckmann, 1978）。解釋性的社會科學受到人文學科的啟發，旨在以「深描」（Geertz, 1973）的方法照

圖4.3 《韋伯方法論文集》。

明威廉斯（Williams, 1977）所說的「感知結構」（structure of feelings）層層疊疊的複雜意義。懷海德（Alfred N. Whitehead）形容實證主義是「追求簡約，然後懷疑之」，意思是：既要尋找那個最精簡的結構，卻又戒慎恐懼，不斷自我否定，生怕找錯了那個結構。凱瑞（Carey, 1992）把這句話俏皮地翻轉為：「尋求複雜，並賦予秩序。」人間事物不止因果關係，還牽涉意義的問題；而文化意義千頭萬緒，複雜萬端，不但不能簡單化約，應該用濃彩重墨細緻刻畫，並剝解其層層的意義，井然有序，呈現豐富的意義結構。韋伯式的現象學試圖平衡科學與人文的兩個傳統，為國際傳播「國際化」在認識論和方法論上提供重要的基礎。

韋伯的方法論不是刻意發展的，而是在與其他學派辯論時被逼出來的。我們討論韋伯的方法論，當然不能跟他的實踐截然割離[1]，但這篇文字只能粗及韋伯方法論對國際傳播重要的啟迪。七十年前，社會學家希爾斯（Shils, 1949）即指出，社會科學已發展出一系列精確的、具體的觀察技術與分析方法，在韋伯那個時候連最樂觀的人都不敢預見。但他說，學界的興趣氾濫無歸，無法形成核心的知識體系，因此呼籲以韋伯所提的「價值關聯」（value-relevance）為選題標準，為社會科學帶來一種秩序。這番話在今天尤有現實意義，因為學術日趨行政化，鋪排成一條生硬的論文生產線，使得學術「碎

---

1 韋伯的《基督新教倫理與資本主義精神》（Weber, 1930）是曠世宏著，但他對中國儒家與印度教的分析則充滿爭議。韋伯（Weber, 1951）認為儒家無法發展出如卡爾文教派的「入世禁欲主義」，因而阻礙資本主義的發展。余英時（1987）根據文本解讀，認為「入世禁欲主義」是中國宗教倫常的一部分，而且在思想上明清兩代的儒商關係逐漸改變，兩者未必對立，也不分高下，甚至後來棄儒從商也不罕見。他認為中國無法發展出資本主義，未必如韋伯歸咎於儒家思想，可能是因為政治與法律體系並未經歷理性化的過程。由此可見，運用韋伯的理念類型恰到好處並非易事。

片化」的潮流更加勢不可擋，許多人抱個瑣碎的
小問題糾纏到底，形成學界各說各話的局面，沒
有從容交流對話的基礎。此時更需要提倡以「價
值關聯」選題，促進學術多元化，從不同角度在
重大問題上互相爭鳴。

　　韋伯式的研究的第一步，從瞭解社會演員
解釋他們自己的「生命世界」開始──用社會
科學的術語來說，就是人類學家格爾茲（Geertz,
1983）說的「在地知識」（local knowledge）、現
象學家柏格（Berger and Kellner, 1981）說的「相
關結構」（relevance structure），以及英國文化研
究巨擘威廉斯（Williams, 1977）說的「過往和
活生生的經驗」（lived and living experience）。
第二步，學者運用有洞察力和概括力的學術概
念，協助社會演員在更大的脈絡下重釋「生活世
界」的意義，這是主觀解釋的客觀化，現象學稱
為「類型化」（typification）。換言之，社會演員
解釋「內在於」生活世界的第一層意義，學者把
它轉化為「外在於」生活世界的第二層意義，當
中的橋梁是概念、邏輯和理論架構（Berger and
Kellner, 1981）。

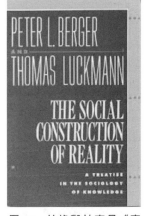

圖4.4　柏格與拉克曼《真
實的社會建構》是現象學重
要著作。

圖4.5　格爾茲《文化的闡
釋》，影響力很大。

　　必須強調的是：韋伯企圖平衡「因果充分
性」（causal adequacy）與「意義充分性」（mea-
ning adequacy），一方面以「同理心」去理解社會行動的前因後果，一方面
闡明社會行動所蘊含豐富而複雜的層層意義。韋伯也講因果關係，但不像
實證主義那麼斬釘截鐵，而是靈活因應具體脈絡而變化；韋伯不追求抽象
的「普遍通則」，而是在歷史架構內追溯具體之因與具體之果（Ringer, 1997;
Weber, 1978b）。雖然現象學和實證主義都以經驗（empirical）證據為基

礎，但現象學反對「實證主義」式（positivistic）的因果化約，而力圖照明證據裡幽暗的多重意義。現象學的雙重解釋與實證主義的單層解釋是迥然異趣的。

在這裡，我要提出三點意義來討論。第一，我們必須謹防「普世性的帝國主義」（Bourdieu, 2001），切莫接受自外強加的模式為預設或結論。舉凡現代化理論、科技決定論，階級決定論或經濟決定論，都可以活絡我們的思想，但切切不能取代邏輯推理或剝奪經驗證據。例如，德國海德堡大學的一群漢學家（Wagner, 2007），硬套哈伯馬斯的宏大理論，宣稱晚清和民初上海報業營造了「公共領域」，把中國帶入「全球共同體」。我以為，他們以後設的概念曲解歷史，沒有還原早期上海報紙的歷史時刻和語境，以至於一廂情願，過度詮釋公共領域（Lee, 2011b）。第二，選題最好以韋伯的「相關結構」為依歸，以文化的內在理路和歷史經驗為主導。我服膺米爾斯（Mills, 1959）揭櫫的「社會學的想像力」，力圖聯繫困惑個人的難題到社會結構的公共議題，並置個別問題於歷史和全球的時空座標中檢視。第三，實證主義者假設，宇宙現象的背後暗藏一套客觀規律，科學家的任務便是「發現」這套已經存在的規律。現象學家認為，人文與社會的「意義之網」複雜、矛盾而又統一，略如《論語》說的「毋意、毋必、毋固、毋我」，所以無法以「自然化」的途徑直接理解；唯有透過「主客交融」或「互為主觀」（intersubjective）的方式「建構」與詮釋，方能顯豁「意義結構」的豐富性，條理分明，譬如「橫看成嶺側成峰」的多元景象。說到這裡，不同的詮釋社群建構「多重現實」（multiple realities），賦相同事以不同的意義，琢磨切磋，求同存異，也是應有之義了（詳見本書第一章）。韋伯不是為國際傳播「國際化」提供最堅實的知識論和方法論嗎？

我絕非提倡一條鴕鳥式保守或褊狹的學術取徑。「在地」（local）不是「褊狹」（parochial）的同義字，「在地」必須與「全球」（global）隨時保持互動。從內在理路發展出來的問題，達到某一點時，自然而然會從具體聯繫到普遍：我們在每個過程的適當時候都必須接觸浩瀚的文獻，或商議之，或詰難之，從而善用世界性的概念，重構更具世界性意義的論述。但以優先

順序來說，寧可從特殊性向普遍性移動，而不
是從普遍性向特殊性移動。唯有經過批判、評
價、修正，並吸收相關文獻，反思具體經驗以
後，才邁步走向普遍性。特殊性與普遍性是一
組辯證關係，愈瞭解自己，也愈會理解別人，
這樣才會出現有意義的文化對話，而這個對話
總是有相關脈絡與語境的。19世紀德國史學泰
斗蘭克說：「從特殊性出發，我們可以拾級攀
登到普遍性；但從宏大理論出發，我們再也回
不去直覺地瞭解特殊性了。」（轉引自 Ringer,
1997:11）國際傳播融會在地觀點與全球視野，
與其用具體經驗去迎合抽象理論，不如善用抽

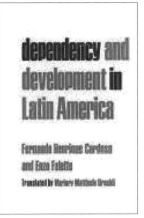

圖4.6　卡多索（1931-）分析
巴西的「依賴發展」。

象理論來燭照具體經驗。經驗是馬，理論是拖車，要是把拖車綁到馬的前
面，必本末倒置，得不償失。試問我們放棄文化傳承，難道只為了提供異國
風味的材料，以驗證那些以科學為名的西方「真理」?

（二）對比兩種「依賴」論述

　　上一章論及法蘭克和卡多索的依賴理論，此節值得放到韋伯的視角之
中再加審視。法蘭克（Frank, 1972）是激進的政治經濟學家，遵循實證主義
的方法，企圖建立一套形式化的理論（formal theory），他在意識形態上固
然與「現代化理論」對立，但在方法上卻是它的水中倒影。提出「依賴發
展」（dependent development）觀點的卡多索（Cardoso and Faletto, 1979）是
歷史社會學家，後來當選巴西總統。卡多索從韋伯式路徑出發，反對視「依
賴發展」為形式化的理論，而只是一種具體分析巴西（以至於第三世界）的
「方法論」。與法蘭克採取從普遍到特殊的框架不同，卡多索走的是由特殊
到普遍的路徑，分析更細緻，並落實到具體的歷史語境。卡多索（Cardoso,
1977）抨擊美國學者知其一不知其二，只透過法蘭克的實證視角簡單理解
「依賴」理論。

　　「依賴發展」認為，若干拉丁美洲國家的經濟是「依賴」與「發展」同時並進的，一方面繼續「依賴」第一世界，另一方面繼續「發展」本國工業。他們以結構與歷史分析法，以關鍵概念闡釋在全球的架構裡和「依賴的具體情況」下，「對立的勢力拉著歷史向前走」。「當解釋提出堅實的概念範疇，能照明（支配的）根本關係時，……歷史就變得清晰可解了。」（Cardoso and Faletto, 1979: xiii）「依賴發展」不止聚焦於外部的剝削關係，更深入刻畫國家機器、國內階級結構，以及國家與國際資本主義體系間的多組複雜互動。這種細緻入微的分析，激發了巴西、韓國與臺灣地區「依賴發展」的個案研究，但應用到傳媒研究倒不多見，僅有少數例外（如Salinas and Palden，1979）。[2] 過去二十年，依賴理論已不時髦了，倒不是解釋力已呈疲態，也不是無關現實，而是冷戰結束「新自由主義」體制及意識形態抬頭，學術獵狗轉而追逐更鮮美的新獵物，那就是後現代主義與全球化論述了。

三、跨文化研究

　　國際傳播迄今仍不太「國際化」或「跨文化」。國際研究不能單向強加西方觀點於世界的邊陲，我提出直率的批評，不是故意對往生的前輩不敬，而是學生時代的教訓使我不斷檢視走過的軌跡。我願意反省向西方所學到的東西，但我也回應文化學者張隆溪（2004，2010）的呼籲，拒絕封閉保守的「文化民族主義」，反對東西二元對立。漢學家應該趕緊跳出文化的封閉圈，出來與廣大的知識社群良性對話。我認為「區域研究」應該轉型為「以區域為基礎的研究」（area-based studies，借用Prewitt〔2002〕的創詞），庶幾將豐富的區域知識整合為有意義的理論框架。

　　社會學家墨頓（Merton, 1972）呼籲局內人與局外人的觀點應該互相學

---

2 卡多索是巴西社會民主黨派的著名領袖，但他在總統任內（1994-2003）將國家資產（特別是鋼鐵廠、電訊和礦產）進行該國歷史上最大規模的私有化，他採取的「新自由主義」經濟政策，引起極大的爭論，其學術同僚甚至指控他「背叛」。

習，彼此滲透。他借用詹姆士（William James）的兩種知識分類：「熟悉知識」（acquaintance with）與「系統知識」（knowledge about）（芝加哥學派帕克〔Park, 1940〕也曾借用這組概念分析新聞與知識的關係）。「熟悉知識」指個人接觸的第一手經驗，例如日常生活的現象和事物，局內人當然有直覺理解的優勢；但局內人習焉不察，熟悉導致忽視，猶如身在廬山中看不到廬山真面目，所以局內人不能僅憑天賦特徵（不論是種族、國家、性別或文化）宣稱有知識的壟斷權，彷彿他們獨有特殊通道瞭解真相，外人不得其門而入。另一種是「系統知識」，指經過長期研究與深入探索，獲得條貫分明、邏輯嚴謹的抽象知識。要獲得這種知識別無快捷方式，端賴嚴格訓練，接受客觀學術規範，有治學能力，知道問些什麼問題，知道如何搜集和評估相關證據。「系統知識」不讓局內人或局外人所獨占，只開放給那些長期墾殖、系統探索的人。

　　局內人與局外人的觀點應當相互滋養，沒有理由彼此排斥，容我引申四點。第一，社會科學把我們訓練為專業上的「多重人格」（multiple persons），穿梭於「熟悉知識」和「系統知識」兩個經驗區，對於某些問題有局內人的直覺洞見，對於其他問題則必須靠冷靜分析和系統理解。這兩種知識交叉重疊，活潑交流，我們既相信直覺，又要否定直覺。學術活動其實就是把「熟悉知識」轉化為「系統知識」。第二，如果聯繫到韋伯式的現象學，學者的角色不啻把社會演員的「熟悉知識」轉變為學術的「系統知識」。第三，國內傳播與國際傳播的辯證關係，也當作如是觀；國內傳播幫助我們思考國際傳播的面相，但國際傳播矯正國內傳播的侷限。第四，墨頓說局內人未必有掌握「系統知識」的特權，但若以韋伯的知識論和方法論為國際傳播「國際化」的基礎，豈不又優遇了特殊社群（例如中華文化圈）的文化權？我以為「文化社群」不以種族或國籍為界限或為依歸，「研究」中國文化和華人社會的美國學者，在各方面都是不折不扣的美國人，但在專業認同上不可能完全自外於中華文化社群。反之亦然。關鍵還在於文化社群有沒有能力把「熟悉知識」轉化為「系統知識」。

（一）牛頓的蘋果：捍衛個案研究與比較研究

　　斯梅策（Smelser, 1976）寫了一本《社會科學比較研究法》專書，以托克維爾的《論美國的民主》個案研究首開其端，接著比較介紹韋伯的現象學方法和涂爾幹的實證主義方法，最後歸宗於涂爾幹。他認為實證主義比托克維爾和韋伯優勝，因為實證主義可以用嚴謹的統計方法，剔除冤假錯誤的因果變項。多變項的統計分析需要大量的數據，很少國際傳播和跨文化研究做得到，何況若要照顧豐富的脈絡與文化意義，則難上加難。話說回來，國際傳播研究一旦抽離文化意義，往往簡單、化約而乏味，結論也常模稜兩可。

　　儘管斯梅策的分析精煉老到，他的學術偏好和標準未必顛撲不破。換個角度，倘若學術旨趣在求知識洞見，不是因果關係，實證主義的方法就未必靈光了，反而必須借取格爾茲（Geertz, 1973）的「深描法」，刻畫、剖解、分疏層層意義，烘托出各種社會形態、結構、過程、動機與互動關係。即使一個多世紀以後，嚴肅的民主論述都還繞不過托克維爾在《論美國的民主》（初版1835/1840年，再版1945年）立下的基準。將近一百年以來，李普曼（Lippmann, 1922）對美國媒介與公共輿論的經典論述，無論是贊成他，反對他，都無法回避他，也是這個道理。我在這裡無法也無意對李普曼做出全面的評價，但《公共輿論》引起杜威（Dewey, 1927）在政治哲學上針鋒相對的反駁，更啟發了傳播研究量化實證開山祖師拉查斯斐及其門生（Lazarsfeld, Berelson, and Gaudet, 1944; Katz and Lazarsfeld, 1955），發展出「兩級傳播」和「意見領袖」等概念。光提這兩個例子，就知道李普曼的影響不可謂不大。然今之學人，有的受過「嚴格社會科學方法」訓練以後，形成「技術至上」的傲慢與偏見，便本末倒置，反而排斥李普曼不夠「學術」而漠視之。其實，幾十年來累積了大量技術精確的公共輿論實證研究，究竟超越李普曼的見解多少，倒是一個值得公開討論的議題。

　　總之，我覺得，社會科學盡可仰慕科學的成就，卻毋須盲目模仿科學的「硬」法則。我們能借鏡於人文學科的不少，包括對核心價值的恆久關注，長期累積的豐富洞見，以及各種詮釋方法。韋伯（Weber, 1978b）執客觀主義（科學因果）與主觀主義（人文意義）的兩端，開闢一個可行而有效的中間立

場，為國際傳播「國際化」提供知識論和方法論
的基礎。他的學術業績（Weber, 1978a）斐然，與
涂爾幹、馬克思並列為現代社會學三座大山。

　　以文化角度研究傳媒的名家凱瑞（Carey,
1992; Munson and Warren, 1997），從未涉足國際
傳播領域，但他的國內分析足為國際研究提供典
範。有人（Waisbord, 2014）批評「深描式」的個
案研究，認為只能取悅褊狹的區域專家，有世界
視野的學者不屑光顧。是耶，非耶？我以為凱瑞
「深描」的美國傳媒歷史、文化及其技術形成，
理論層次高，感興趣的其實是跨學科人文與社會
科學學者，區域專家的窄圈反而無動於衷。卡多

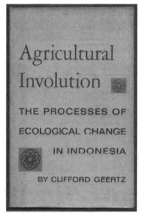

圖4.7　格爾茲提出「內眷
化」的概念解釋印尼的農業
生態變化史。

索的韋伯式分析，不也如此？個案研究（特別是「比較性」個案研究）的特
長不在於提供「經驗的概括性」（empirical generalization），而在於提供「概
念的概括性」（conceptual generalization）。喻諸牛頓的蘋果，目的不在解剖
蘋果的顏色或味道，而是要從蘋果揭露地心引力的奧祕。這個例子容或失之
簡化，但最出色的個案研究總是提出解釋力強的概念，從小見大，聯繫到歷
史和全球的比較性架構，令人看世界眼光一新，景象更豁朗，見樹又見林。

　　前文提到格爾茲（Geertz, 1963）首創「內眷化」（involution，或譯「內
捲化」，意義稍異）的概念。「內眷化」可以延伸理解為「向內看」的趨
勢，內部細節精心雕琢，一味炫耀巧技，以致忽略概念創新、大膽嘗試以及
開放性的變革。有人讚揚傳播期刊文獻引用日臻「自足」，是學科成熟的象
徵。我不以為然，毋寧相信這是典型的學術「內眷化」，心態上自我陶醉，
概念上近親繁殖，對新興領域（如國際傳播）的發展極其不利。只顧在瑣碎
的問題上面精耕細作，碎片化，好比放大鏡照肚臍眼，徒給自己一種虛假的
安全感，可以躲在學術高牆下面高枕無憂，對大問題不聞不問，不主動參
與，更不積極爭鳴。總之，「內眷化」的概念其來有自，是美國著名人類學
家在遙遠的印尼群島做的個案研究，而其影響力不限一隅一地，早已超越學

科和文化的藩籬。可見問題不出在個案研究，而在做個案研究的學者能否提
出具有解釋力的概念。

　　我再舉兩個相關的傳播研究為例，以說明個案研究的價值。朝鮮戰爭
聯軍統帥麥克阿瑟僭越權限，被杜魯門總統解職。麥帥回到美國，在各大都
市巡迴接受官式和民間的歡迎。當時芝加哥大學有一對年輕的社會學博士生
朗氏夫婦（Lang and Lang, 1953）獨具匠心，利用這個事件做了個案研究，
後來成為傳播學的經典之作。在麥帥從機場到進城的沿途，朗氏夫婦布置了
三十一位觀察員，採集四十二個觀察點的紀錄，發現沿途群眾稀稀落落，麥
帥的車隊呼嘯而過，很多人根本不知道發生什麼事。但分析當晚電視報導的
內容，卻見熱情群眾人山人海，不斷瘋狂地向美國的戰爭英雄歡呼。作者稱
之為電視「奇觀」（spectacle），這是因為電視必須捕捉戲劇性的鏡頭才能引
人，技術剪裁和故事編排使得電視報導和真正發生的事實大相徑庭。朗氏
夫婦從「象徵互動學派」（symbolic interactionism）指出，電視不是簡單反
映社會現實的一面「鏡子」，而是提供隔了一層的「第二手真實」（second-
hand reality）。後來，達陽和卡茨（Dayan and Katz, 1992）把這類事件命名
為「媒介事件」（media events）。

　　塔克曼（Tuchman, 1978）更進一步從現象學（phenomenology）的角度
闡釋「真實的社會建構」（social construction of reality）。她說，媒介機構為了
駕馭有限的資源，發揮最大的效能，必須建立「常規化」（routinization）的
機制，為混沌不明的外在環境賦予空間和時間的穩定秩序。以空間來說，塔
克曼比喻新聞採訪有如一張疏漏有洞的網子，而不是一張密封的毯子。這張
「新聞網」（news net）撒出去時必須捕捉大魚，因此記者總是派去採訪最顯
著的新聞來源──即是以中央性合法機構為據點。空間的「常規化」，大致
根據三個標準：一是劃分地理領域的責任區，並決定其重要性；二是以專門
機構或組織（如市府、警察局）的重要性為著眼點；三是以突出的題材為重
點，例如政治新聞總比軟性的人情趣味更重要。[3] 另外，塔克曼說，新聞組織

---

3 例如各國新聞機構決定派駐外特派員，總是以大國為優先。再說，他們若派駐美國，

必須謀劃時間，善加利用，以配合工作的節奏，一方面遵守中央性機構的辦公作息，一方面規定內部的截稿時間。新聞組織不可能捕捉每時每刻發生的大小事件，於是往往把事件「類型化」（typification），按照時間的性質分為不同的新聞類型——軟性新聞，硬性新聞，突發新聞，發展中的新聞，繼續中的新聞——以便靈活調派記者，加以適當處理，例如有些例行性的慶典新聞或訃聞的生平介紹，早就可以預先籌劃準備。總之，新聞機構要應付日常世界所發生的複雜事件，在空間上集中精力注意中央性的有力機構，在時間上將事件「類型化」，才能有效分配與調派資源，以維持正常的新聞作業。何為真實，何為新聞，都不是自然決定的，而是因為社會條件所建構的意義。

　　必須強調，朗氏夫婦不過根據芝加哥發生的單一事件，塔克曼則在美國東部的少數新聞機構做深入參與式觀察，都是典型的「小樣本」個案研究。但他們的洞見絕不僅適用於芝加哥或美東地區，而是為各國各地學者打開一扇縱深的視窗看問題，生動而有趣，解釋力強，使我們在瞭解新聞運作的潛規則時豁然開朗，甚至恍然大悟。所謂「麻雀雖小，五臟俱全」，哈佛商學院特別重視個案分析的訓練，就是這個道理。一般做「大樣本」的人對個案研究有很多的偏見或誤解，應該是不攻自破的；在我看來，只有個案研究做得「好不好」的問題，沒有「要不要」做個案研究的問題。兩種研究各有優劣，可以彼此滲透，但也須因情況與需要制宜，不應該在「先驗上」分高下。有鑑於此，我們應該審視傳媒的個案研究，從這些文化資本中，提煉有解釋力的概念，帶出國際傳播的意涵——例如李普曼（Lippmann, 1922）的「刻板印象」（stereotype），塔克曼（Tuchman, 1978）的「客觀性的策略儀式」（strategic ritual of objectivity）與「新聞網」（news net），哈林（Hallin, 1986）的「有認受性的爭論區」（sphere of legitimate controversy），威廉斯（Williams, 1977）的「收編」（incorporation），皆屬之。

　　主要還是集中在華盛頓和紐約；華盛頓的採訪對象首先是國務院和本國大使館，在紐約首先採訪聯合國；他們看重的新聞以政治、經濟、外交題材為主。國內或市內的新聞運作可以類推。

（二）跨文化研究的普遍意義

　　人文社科研究是否需要有普遍意義？史學家為此爭論不休，但傳播社會學者多數是肯定這點的。國際傳播既是比較性的，也是普遍性的；比較的視野來自文化社群之內，也來自各種文化社群之間。以色列社會容納全球各地回歸的猶太人，他們帶回來不同的價值與經驗，展現了一幅繽紛的文化馬賽克圖。卡茨和他的同僚（Liebes and Katz, 1993）透過深度焦點訪談，發現各地移民社群在以色列落戶生活，但其所來自的文化價值和觀點仍然根深蒂固，因此對美國進口影集《朱門恩怨》的解讀簡直南轅北轍。以往有些激進左派政治經濟學家提出「文化帝國主義」，總是先分析跨國媒介資本的所有權，然後把資本所有權等同媒介內容的控制權，再把媒介內容的控制權等同資本主義發揮意識形態的效果，一連串邏輯推論完全漠視受眾如何解讀內容（Tomlinson, 1991）。卡茨和他的合作者發現，受眾根據他們不同的次文化解讀媒介內容，得到的是複雜矛盾的「多元歧義」（polysemy）。這個視角賦受眾以發言權，挑戰原來簡單化的「文化帝國主義」，重啟了一場重要的辯論。

　　「跨文化」研究可以聚焦於國內的次文化群，也可以擴展到國際間的文化群體。前面提到的「創新擴散」研究，通常把美國的問題搬到外國「再生產」。但韋伯式的跨國界研究是反對這樣做的，它必須深入當地的文化肌理，所要求的語文歷史文化素養很高，難怪學者一般說得多做得少。（多年來，屢有英美出版社邀我撰寫比較東亞媒介制度的專書，自問無力承擔，不敢答應。即使東亞學者在一起開會，講的是英語，他們分析東亞媒介制度的英文論文不多，夠分量的更少。東亞學者缺乏文化自覺，連選題都跟著西方亦步亦趨，知識霸權之頑強，這是鮮活一例。）因此，要做好「跨文化」研究，最可靠的還是結合志同道合的跨國學者，通力合作。近年來成功的範例是：哈林和曼西尼（Hallin and Mancini, 2004）比較西歐與北美十八個國家的媒介制度，從中總結若干論據加以分類；接著以這些論據為基礎，他們（Hallin and Mancini, 2012）邀請六位非西方國家學者，各自提出比較個案，回應西方經驗的論據，以驗證其解釋力和概括力，驗證的結果似乎不如預期，可見探索的過程剛剛開始。從研究設計來說，西方國家代表「最大相似

性」（許多面相類似），非西方國家代表「最大相異性」（愈不同愈好），互相對話交流，為「跨文化」研究開拓一條有意義的途徑。

容我舉兩項拙作為例，進一步說明。其一，我們針對香港回歸，深度訪問來自大中華地區（包括中國大陸、香港、臺灣）、英國、美國、澳洲、加拿大和日本的七十六位記者，並搜集數千篇他們做的文字及電視報導，從事細緻的話語分析，以聯繫新聞報導的真實建構如何為國家利益、文化價值所影響，最終編織成冷戰結束後一幅重大國際意識形態陣營對壘及媒介話語鬥爭的光譜（Lee, Chan, Pan, and So, 2002）。其二，選題要抓社會「主要矛盾」，我們聚焦於當前中國的傳媒在承受政治體制的制約以及準資本主義市場機制的雙重壓力下如何運作（Lee, He and Huang, 2006, 2007）。我們沒有現成的理論憑藉，只能先聽取各級編輯、記者和管理層的「意義系統」，再根據平日理解，配合相關文獻結合。我們借用拉美學者黨國「統合主義」（corporatism）的概念，但在中國的體制下，黨權與市場既合謀又競爭，所以修訂為「黨與市場的統合主義」（party-market corporatism）。全國共分三種統合形態，說明國家、資本與傳媒的交錯關係。第一種以上海為例，是一種侍從主義的關係，傳媒以沉默和效忠換取經濟酬報。第二種以廣州為代表，可稱之為「政治管理的市場化」（marketization of political management），在國家意識形態的界限內允許激烈市場競爭。第三種，以北京最顯著，是「市場化的政治吸納」（political absorption of marketization），因為各種新舊權力山頭多，維持某種微妙的平衡，權力空隙創造有限的言論空間，而市場活躍的媒介更期望被吸納到政治建制內。這種分析一旦成熟，可望用來比較前歐洲共產國家、拉美與東亞右翼政權在「傳媒—國家—資本」的轉型。

薩依德的《東方主義》（Said, 1978）對我最有啟發。他閱讀相同的西方文學經典文本，卻讀出不同的味道——借威廉斯（Williams, 1978）的話來說，在英法美帝國的支配性（dominant）意識形態以外，薩依德讀出「另類」（alternative）和「敵對」（oppositional）的文化意義。薩依德是樂評家兼業餘鋼琴演奏者，順理成章從西方古典音樂汲取靈感，以「對位閱讀」（contrapuntal reading）的方式解讀西方文學經典，並聯繫到歐美帝國主義

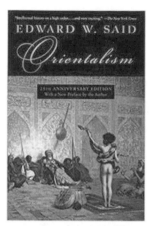

圖4.8　薩依德《東方主義》的影響力跨越人文與社科。

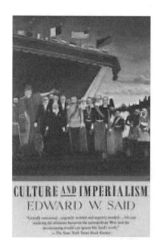

圖4.9　薩依德《文化與帝國主義》是《東方主義》的續作。

的政治、經濟與文化脈絡。例如當英國小說家栩栩如生描寫殖民者在加勒比海的西印度群島開闢大規模的蔗糖莊園，一般人只能單純孤立地看到第一層的表面意義，其實除了小說家所明說的，我們還必須剝一層層的洋蔥，以揭發背後隱藏未盡道出的含意。薩依德把小說文本（殖民地的蔗耕）聯繫到歷史脈絡和殖民過程，從而瞭解這些遠在中美洲殖民地的莊園，使得英國殖民者在倫敦維持某種特殊的生活方式，原來兩者是息息相關的。要建立這種聯繫，就必須靠「對位」閱讀，一併且同時解讀殖民者和被殖民者的文本了。薩依德的分析從殖民強權（Said, 1978）延伸到第三世界（Said, 1993），剖析它們如何抵抗、顛覆或挑戰帝國中心的文化霸權。他強有力地挑戰西方的主流閱讀，截然改變了解釋學的徑道，並豐富了整個比較文化、政治與意識形態的論述。特別值得注意的是：自始至終，他的文化批判除了力求「去西方化」以外，還有更遠大的目標，那就是他從來沒有脫離「啟蒙」和「解放」的宏大敘述。他指出，儘管現代性話語──啟蒙與解放──在西方已呈疲憊乏力，以致學者一窩蜂轉向「後現代」的話語，但深具反諷的，則是掙脫殖民命運的第三世界各國卻重新發現「現代性」，從中汲取啟蒙與解放的巨大潛能，並結合其固有文化傳統的「大膽想像」，為其反殖民的運動定下基調（Said, 1993: 57-58）。質言之，由於第三世界幾乎都有被帝國殖民的歷史經驗，因此受薩依德啟發的「後殖民」觀點，實應構成許多國際傳播研究的起點和基

準。他的「對位閱讀法」不妨廣泛而系統運用，當有助於去蕪存菁，以修正、發展、延伸，甚至淘汰國際傳播和跨文化傳媒研究文獻中的理論概念。

（三）「跨文化」交流的典範

余英時（1988: 331-351, 2007: 279-290）筆下對王國維（1877-1927）和陳寅恪（1890-1969）融匯中西、創造轉化的過程，有非常深刻而親切的描述。王國維的年輕歲月浸淫於德國哲學，包括康德、叔本華以及尼采，而且遍讀西方社會科學各領域，從心理學到社會學，從法學到邏輯，無不涉獵，代表當時中國人瞭解西學的最高峰。這些早年的經驗構成後來寶貴的知識養分。當他回頭研究中國的中古史地，固然得益於新出土的考古文物以及歐、日漢學界的成果，但最重要的是他接續乾嘉考據之學，加以發揚光大，將它帶到一個新高峰，學風所及，影響了以後數代學人。等到王國維的思想到了成熟時期，他的作品幾乎不提康德的名字，彷彿全然不懂康德似的。余英時說，王國維要不是早年接受這種西學的訓練，而且將其精神內化，斷無可能提出這麼具有原創性的問題，做出這麼嚴格精闢的分析。

陳寅恪是百科全書式的史家，與王國維「風義平生師友間」，清華園的王國維紀念碑碑文就是他寫的。余英時追述陳寅恪的史學有三變。第一變，陳寅恪受到歐洲「東方學」的影響，以其通曉十幾種歐洲、邊疆和西域語文的優勢，研究「殊族之文，塞外之史」，於史實考證和音韻訓詁，發人所未發。第二變，中年以後「捐棄故技」，轉而專治隋唐政治史與制度史，由於早年遊學外國時經歷過「學習世界史」的自覺階段，能夠自如運用重要的概念，使史實復活，對中古史提出嶄新的、有系統的整體解釋。第三變，則發揮飛躍而入情入理的歷史想像力，通過明清興亡的故事，以及三百年前「文化遺民」的種種活動與「心曲」，撰寫陳寅恪個人的「心史」。王國維和

圖4.10　余英時追溯陳寅恪（1890-1969）的心史。

陳寅恪，學貫中西，融會貫通，把中國史學最好的傳統加以現代化，攀登學術的頂峰，允為最具啟發性的典範。

結語

　　國際傳播學者若要從文化對話相互理解，就必須虛心聆聽交響樂的主題與變奏，並深刻體會交響樂是由各種刺耳樂器組成的和諧曲。薩依德（Said, 2000: 583）對杭亭頓與季辛吉之流政客學者嗤之以鼻，勸他們多多聆聽梅湘（Oliver Messiaen）與武滿徹（Toru Takemitsu）之類的作品，感受各種音樂交融在一起的妙諦。

　　八百多年前，管道昇寫給趙孟頫一闋雋永的〈我儂詞〉：

　　　　你儂我儂，忒煞情多，情多處，熱如火。把一塊泥，捻一個你，塑一個我。將咱兩個，一齊打破，用水調和。再捻一個你，再塑一個我。我泥中有你，你泥中有我。與你生同一個衾，死同一個槨。

　　這闋詞打消了趙孟頫納妾的念頭，夫妻私情原不足為外人道也，但它的意象與比喻相當生動而豐富，權且借來說明一點：國際傳播的「國際化」，就像泥土重塑，需要「我」的形象，也需要「你」的形象，最終我能進入你的，你能進入我的。用太極的智慧語言表述，陽是陽，陰是陰，但陽中有陰，陰中有陽。這正是中西學術互相滲透、彼此學習、共同滋長的最高境界。有你無我，何益於溝通交流？然而國際傳播的現狀正是「我」被「你」掩蓋，西方一面壓倒東方。為了建立「我」的形象，只能拿出大量精湛的學術業績，從文化制度、媒介再現到日常生活方式各方面，展示出色的個案、比較和跨文化研究，否則一味要求文化對話有如緣木求魚。我們離建造理論華廈的境界還有漫長的道路要走，但至少應該開始添磚加瓦，第一步得建構有理論和文化意義豐富的個案和比較研究。在我看來，國際傳播的本質就是要理解與對話，這是可以從韋伯式的現象學獲益的。

　　我曾應美英出版的《新聞學研究》期刊主編邀請，撰文介紹我和同事的
研究旨趣與成果（Lee, 2011a）。末了，容我野人獻曝，引用拙文，表達我對
中國傳媒研究的一些淺見，以結束這篇文章：

　　我深惡以「西方為全球標準」的霸權，但也痛絕「文化民族主義」的
　　閉門造車；我不相信有「本質化」的亞洲或中國傳媒理論，更與假大空
　　的「中國例外論」毫無瓜葛。研究中國傳媒，固然因為我們受中國文化
　　的薰陶，但這不是唯一的原因；更不是因為我們屬於文化中國，就只能
　　研究中國傳媒。研究中國傳媒，在知識上不許自足或孤立，應當與國際
　　傳播保持互動，更當隨時從人文與社會科學的活水源頭汲取理論與方法
　　的新生資源。我們想建立的，是具有中華文化特色的普遍性理論，選題
　　和解釋根植於中華文化的特殊性，也彰顯中華文化的特殊性；除此，還
　　應該更進一步從深刻的文化反省，汲取更寬廣的洞見，發展出具有普遍
　　意義的廣闊視野，以瞭解世界是如何運作的。哪天能夠建立這種普遍性
　　觀點，具有文化特色，包容內部差異，又超越理論的褊狹，我們便能立
　　於不敗之地，以開放心靈與西方文獻平等對話。這是世界主義的精神，
　　是國際傳播的指路明燈。

參考書目

余英時（1987），《中國近世宗教倫理與商人精神》，臺北：聯經出版事業
　　股份有限公司。

余英時（1998），《陳寅恪晚年詩文釋證》，臺北：三民書局。

余英時（2007），《知識人與中國文化的價值》，臺北：時報文化出版公司。

張隆溪（2004），《走出文化的封閉圈》，北京：生活・讀書・新知三聯書
　　店。

Berger, Peter, and H. Kellner (1981), *Sociology Reinterpreted*. New York: Anchor.

Bourdieu, Pierre (2001), "Uniting to Better Dominate?" *Issues and Items*, 2, 3-4: 1-6.

Cardoso, F. H. (1977), "The Consumption of Dependency Theory in the United States," *Latin American Research Review*, 12, 3: 7-24.

Cardoso, F. H. and E. Faletto (1979), *Dependency and Development in Latin America*. Berkeley, CA: University of California Press.

Carey, James (1992), *Communication as Culture: Essays on Media and Society*. New York: Routledge.

Crane, Diana (1972), *Invisible Colleges*. Chicago: University of Chicago Press.

Curran, James (2005), "Introduction," in Hugo DeBurgh, ed., *Making Journalists*. London: Routledge, pp. xi-xv.

Curran, James, and M.-J. Park, eds. (2000), *De-Westernizing Media Studies*. London: Routledge.

Dayan, Daniel, and Elihu Katz (1992), *Media Events: The Live Broadcasting of History*. Cambridge, MA: Harvard University Press.

Diamond, Larry (1992), "Economic Development and Democracy Reconsidered," *American Behavioral Scientist*, 35, 4-5: 450-499.

Downing, John D. H. (2009), "International Media Studies in the U.S. Academy," in Daya Thussu, ed., *Internationalizing Media Studies*. London: Routledge, pp. 267-276.

Dewey, John (1927), *The Public and its Problems*. New York: Holt.

Downing, John D. H. (1996), *Internationalizing Media Theory*. London: Sage.

Downs, G. W. Jr., and L. B. Mohr (1976), "Conceptual Issues in the Study of Innovation," *Administrative Science Quarterly*, 21, 4: 700-714.

Evans, Peter B (1979), *Dependent Development: The Alliance of Multinational, State, and Local Capital in Brazil*. Princeton, N. J.: Princeton University Press.

Frank, Andre Gunder (1972), *Lumpenbourgeoisie, Lumpendevelopment:*

Dependence, Class, and Politics in Latin America. New York: Monthly Review Press.

Fukuyama, Francis (1992), *The End of History and the Last Man.* New York: Free Press.

Fukuyama, Francis (2014), *Political Order and Political Decay: From the Industrial Revolution to the Globalization of Democracy.* York: Farrar, Straus and Giroux.

Geertz, Clifford (1963), *Agricultural Involution: The Process of Ecological Change in Indonesia.* Berkeley, CA: University of California Press.

Geertz, Clifford (1973), *The Interpretation of Cultures: Selected Essays.* New York: Basic Books.

Geertz, Clifford (1983), *Local Knowledge: Further Essays in Interpretive Anthropology.* New York: Basic Books.

Hallin, Daniel C. (1986), *The "Uncensored War:" The Media and Vietnam.* New York: Oxford University Press.

Hallin, Daniel C., and Paolo Mancini (2004), *Comparing Media Systems: Three Models of Media and Politics.* New York: Cambridge University Press.

Hallin, Daniel C., and Paolo Mancini, eds. (2012), *Comparing Media Systems Beyond the Western World.* New York: Cambridge University Press.

Huntington, Samuel (1993), "The Clash of Civilizations," *Foreign Affairs*, 71, 3: 22-49.

Katz, Elihu, and Paul Lazarsfeld (1955), *Personal Influence.* New York: Free Press.

Lazarsfeld, Paul, Bernard Berelson, and Hazel Gaudet (1944), *The People's Choice: How the Voter Makes Up his Mind in a Presidential Campaign.* New York: Columbia University Press.

Lee, Chin-Chuan (1980), *Media Imperialism Reconsidered: The Homogenizing of Television Culture.* Beverly Hills, CA: Sage.

Lee, Chin-Chuan (2001), "Beyond Orientalist Discourses: Media and Democracy in Asia," *Javnost-The Public*, 8, 2: 7-20.

Lee, Chin-Chuan (2010), "Bound to Rise: Chinese Media Discourses on the New Global Order," in Michael Curtin and Hemant Shah, eds., *Reorienting Global Communication*. Urbana, IL: University of Illinois Press, pp. 260-283.

Lee, Chin-Chuan (2011a), "Voices from Asia and beyond: Centre for Communication Research at City University of Hong Kong," *Journalism Studies*, 12, 6: 826-836.

Lee, Chin-Chuan (2011b), "Overinterpreting the 'Public Sphere,'" *International Journal of Communication*, 5: 1009-1013.

Lee, Chin-Chuan, Joseph Man Chan, Zhongdang Pan, and Clement Y. K. So (2002), *Global Media Spectacle: News War over Hong Kong*. Albany: State University of New York Press.

Lee, Chin-Chuan, Zhou He, and Yu Huang (2006), "'Chinese Party Publicity Inc.' Conglomerated: The Case of the Shenzhen Press Group," *Media, Culture and Society*，28, 4: 581-602.

Lee, Chin-Chuan, Zhou He, and Yu Huang (2007), "Party-Market Corporatism, Clientelism, and Media in Shanghai," *Harvard International Journal of Press / Politics*, 12, 3: 21-42.

Lang, Kurt, and Gladys Engel Lang (1953), "The Unique Perspective of Television and its Effect: A Pilot Study," *American Sociological Review*, 18, 1: 3-12.

Lerner, Daniel (1958), *The Passing of Traditional Society: Modernizing the Middle East*. New York: Free Press.

Liebes, T. and Elihu Katz (1993), *The Export of Meaning: Cross-cultural Readings of Dallas. Cambridge*, U. K.: Polity.

Lippmann, Walter (1922), *Public Opinion*. New York: Harcourt Brace.

Luckmann, Thomas (1978), "Philosophy, Social Sciences and Everyday Life," in Thomas Luckmann, ed., *Phenomenology and Sociology*. London: Penguin, pp. 217-256.

McAnany, Emile G. (1984), "The Diffusion of Innovation: Why Does it Endure?" *Critical Studies in Mass Communication*, 1, 4: 439-442.

Merton, Robert K. (1972), "Insiders and Outsiders: A Chapter in the Sociology of Knowledge," *American Journal of Sociology*, 78, 1: 9-47.

Mills, C. Wright (1959), *The Sociological Imagination*. New York: Oxford University Press.

Moore, Barrington (1967), *Social Origins of Dictatorship and Democracy*. Boston, MA: Beacon.

Munson, E. S., and C. A. Warren, eds. (1997), *James Carey: A Critical Reader.* Minneapolis, MN: University of Minnesota Press.

Nye, Joseph S. (1990), *Bound to Lead: The Changing Nature of American Power*. New York: Basic Books.

Park, Robert E. (1940), "News as a Form of Knowledge: A Chapter in the Sociology of Knowledge," *American Journal of Sociology*, 45, 5: 669-686.

Prewitt, K. (2002), "The Social Science Project: Then, Now and Next," *Items and Issues*, 3, 1-2: 5-9.

Ringer, F. K. (1997), *Max Weber's Methodology: The Unification of the Cultural and Social Sciences*. Cambridge, MA: Harvard University Press.

Rogers, Everett M. (1962, 1983, 1995, 2003), *Diffusion of Innovations*. New York: Free Press.

Rogers, Everett M., and L. Svenning (1969), *Modernization among Peasants: The Impact of Communication*. New York: Holt, Rinehart and Winston.

Rogers, Everett M. and Floyd F. Shoemaker (1971), *Communication of Innovations: A Cross-cultural Approach*. New York: Free Press.

Said, Edward W. (1978), *Orientalism*. New York: Vintage Books.

Said, Edward W. (1993), *Culture and Imperialism*. New York: Knopf.

Said, Edward W. (2000), *Reflections on Exile and Other Essays*. Cambridge, MA:

Harvard University Press.

Salinas, R., and L. Palden (1979), "Culture in the Process of Dependent Development: Theoretical Perspectives," in Kaarle Nordenstreng and Herbert I. Schiller, eds., *National Sovereignty and International Communication*. Norwood, NJ: Ablex, pp. 82-98.

Schramm, Wilbur (1964), *Mass Media and National Development*. Stanford, CA: Stanford University Press.

Shils, Edward A. (1949), "Foreword," in *Max Weber, The Methodology of the Social Sciences*. Edward A. Shils and H. A. Finch, Trans., New York: Free Press.

Smelser, Neil J. (1976), *Comparative Methods in the Social Sciences*. Englewood Cliffs, N J: Prentice-Hall.

So, Clement Y. K. (蘇鑰機) (1988), "Citation Patterns of Core Communication Journals: An Assessment of the Developmental Status of Communication," *Human Communication Research*, 15, 2: 236-255.

Thussu, Daya K., ed. (2009), *Internationalizing Media Studies*. London: Routledge.

Tilly, Charles (1975), "Western State-making and Theories of Political Transformation," in Charles Tilly, ed., *The Formation of National States in Western Europe*. Princeton, N. J.: Princeton University Press, pp. 3-83.

Tocqueville, Alexander de. (1945), *Democracy in America*. New York: Knopf.

Tomlinson, John (1991), *Cultural Imperialism*. Baltimore, MD: Johns Hopkins University Press.

Tuchman, Gaye (1978), *Making News*. New York: Free Press.

Wagner, Rudolf G., ed. (2007), *Joining the Global Public: Word, Image, and City in Early Chinese Newspapers, 1870-1910*. Albany, N Y: State University of New York Press.

Waisbord, Silvio (2014), "De-westernization and cosmopolitan media studies," in Chin-Chuan Lee, ed., *Internationalizing "International Communication."* Ann Arbor, MI: University of Michigan Press.

Wang, Georgette (汪琪), ed. (2011), *De-Westernizing Communication Research: Altering Questions and Changing Frameworks.* London: Routledge.

Weber, Max (1930), *The Protestant Ethic and the Spirit of Capitalism.* London: Harper Collins.

Weber, Max (1951), *The Religion of China: Confucianism and Taoism.* New York: Free Press.

Weber, Max (1978a), *Economy and Society.* Berkeley, CA: University of California Press.

Weber, Max (1978b), "The Logic of Historical Explanation," in W. G. Runciman, ed., *Weber: Selections in Translation.* New York: Cambridge University Press, pp. 111-131.

Williams, Raymond (1977), *Marxism and Literature.* New York: Oxford University Press.

Zhang, Longxi (張隆溪) (2010), "The True Face of Mount Lu: On the Significance of Perspectives and Paradigms," *History and Theory*, 49, 1: 58-70.

第五章

視點與溝通

華人社會傳媒研究與西方主流學術的對話

　　我曾經任教於明尼蘇達大學二十多年，深知什麼是「以美國為中心」的世界觀。一般美國人大概以為「國際」就是「非美國」，或是「美國以外的世界」，很少人會自覺地界定美國是國際的一部分。因此「國際」傳播就是「外國」傳播。所謂傳播學當然就是美國傳播學，不必標叫「美國」，因為那是人人皆知的基本「常識」。講起新聞傳播，只有美國有資格給世界提供標準答案，豈容他人嘵嘵置喙？今天在北美洲，我敢說沒有哪間新聞傳播學院不把「國際傳播」當成點綴品的——聊備一格，聊勝於無，可有可無，這就是美國高唱「全球化」聲中的一幅諷刺畫。「全球化」未始不是擴張美國霸權的飾詞。

　　四年一度的世界盃足球賽經過電視轉播，每每風靡半個地球的球迷，只有美國人無動於衷。美國人唯我獨尊，他們玩的那套美式足球決賽叫做「超級碗」（Super Bowl），全國棒球決賽乾脆直呼為「世界大賽」（World Series），世界是美國，美國就是世界。我參加的「國際傳播學會」，每四年（現改為兩年）在外國挑個希爾頓之類的五星級飯店開一次年會，不就是以美國學者為主、在國外例行熱鬧一番的世界大賽儀式！

　　美國的民主制度穩定，日起日落，天底下冒不出新鮮事，學者們關注的無非是體制內的一些技術問題，也就是如何完善美國的生活方式，難怪選舉（美式民主）和消費（資本主義）的研究鋪天蓋地，有的見微知著，但不少對外人來說恐怕是細枝末節、瑣碎無聊的，鮮有成一家之言的學者。華人學

術圈一時恐怕無暇專注於這些細微的問題，至少得擺出一大部分精力在媒介與第三世界革命、體制改革這些翻天覆地的宏大敘述。他們的問題也許「不完全是」我們的問題，我們的問題幾乎「完全不是」他們的問題。我們侷促在全球學術市場的邊緣，既不願意隨著他們的音樂指揮棒翩翩起舞，又渴望能跟他們平等對話，如何是好？

一、多元的視野，多重的解釋

知識生產不是價值中立的。證據是最後的審判者，但證據必須靠人識別和解釋。知識生產者總是受到興趣、背景、師承、學派、政經條件——別忘了還有更大的時代氣氛——層層的制約，現象學家稱這些因素為「相關結構」（relevance structure）。嚴格訓練使人言之有據，反覆省思讓人明白偏見之所由，縱然如此，沒有人能夠完全擺脫知識的盲點。克服這些盲點的第一步，就是正視這些盲點。

我們得承認美國是世界體系的核心。美國學者看中國，好比站在盧山之外看盧山，沒有傳統華裔學者的心理和文化負擔，的確出現不少觀察敏銳、分析透徹的佳作，旁觀者清，而且他山之石，可以攻玉。但他們這個知識系統有獨特的偏見和盲點：一般美英學術界和新聞界從來想當然耳，按照自己的現實需要和腦中的偏見，描繪出以偏概全、自以為是的圖像。他們建構的當代中國，有太多東西隨著國際冷戰的大氣候和美國國內的小氣候流轉，反覆顛倒而多變，對中國的認知總是徘徊於浪漫情懷與懷疑抹煞之間，搖搖擺擺，覓不到持平點。

尤其是「文革」時期，許多美國學者和記者罹患「天真的革命浪漫幻想症」，看到叢林的尖端，便當作天邊一片雲；抓住一些有限而可疑的材料，居然就拚命建造封閉的理論空中樓閣，根本禁不

圖 5.1　《超越西方霸權：傳媒與文化中國的現代性》。

起起碼事實的驗證，難怪風一吹就塌得片瓦不留。那個歲月正逢美國反戰運動、學生運動、婦女運動、種族運動的高潮，毛澤東高呼「為人民服務」、「造反有理」，那些口號全給美國激進分子聽進去了，他們對國內社會怨懟的情緒一股腦兒投射到中國的「文革」，找到宣洩口，建構一幅浪漫而虛脫的想像。毛澤東的逝世象徵這種想像的破產，學術和媒介論述一時陷入完全否定的另一個極端。1980年代中期以後，美國媒介又把中國改革的勢頭解釋為「資本主義的勝利」，結果在1990年代再度陷入悲觀與否定。美國媒介塑造中國的形象，不僅反映中國的現實，也反映美國的現實，更反映中美關係的起伏。[1] 進入本世紀以後，兩國不斷在調整崛起的大國關係，美國媒介的中國形象如同外交政策雖然漸趨穩定，但也不斷在探索，既有正面報導，也有摩擦。

我們要求在互為主觀（intersubjective）的基礎上，建構多元（plural）而多重（multiple）的詮釋。多元而不單一，庶幾學術不被權力壟斷，不定於一尊。多重解釋才能曲盡其妙，欣賞「遠近高低各不同」的景觀，避免簡單粗糙的理解。是非本無實相，互為主觀把問題適當地相對化，容許大家在寬容的詮釋環境裡尋找定位，並保持不斷的民主對話。華人傳播學術圈應該趕緊建立相輔、相成、相爭的詮釋社群（interpretive communities）。

「對話」要有「對手」，不能喃喃獨語。除非我們入乎西方學術霸權的核心，然後出乎其外，否則勢將沒有資格和他們爭鳴或對話。從知識論來看，局內人靠經驗與觀察求知，局外人以反省與詮釋見長，各有千秋，各具盲點。華裔學者看華人社會，更能解讀微言大義，更能掌握各種網絡關節，但這不是必然的或與生俱來的優勢。我們自己有許多文化包袱和思想弱點要甩掉，卻又偏偏習焉不察。所以，唯有裡裡外外虛心交流，放棄霸權形態，才可能截長補短。

---

1 總結美國媒介對華報導，見Lee（1990）。美國媒介1970年代對華報導，見Song and Lee（2014）；1980年代的報導，見Song and Lee（2016）；1990年代的報導，見Lee（2002），Song and Lee（2015）。

二、所謂的「跨文化」：技術問題與宏大敘述

上個世紀70年代初抵美國，我在新興的傳播學門外張望，無意間接觸到一本《創新擴散》，當即驚為「奇書」。作者羅傑斯教授（Rogers, 1962）年方四十許，已紅遍半邊天。他地毯式搜集一千五百篇相關實證研究，在第三世界做的研究愈來愈多，他整理出框框條條的理論假設，逐一歸納統計每個假設獲得百分之幾「跨文化研究」的證實。我頓時像觸了電，深為其科學客觀、條理分明所折服，何況他文字簡明，的確讓初學者有豁然貫通的錯覺。我不僅心嚮往之，甚至從學於他兩年。後來因別的因緣轉益多師，遂懷疑羅傑斯援引那些貌似客觀的「跨文化」研究，本質上莫非把深植於美國文化土壤的理論挪到國外去「再生產」，把理論背後的假設「世界化」和「自然化」，變的只是一堆代表某些現象的數字。

中國大陸的學者喜歡講「語境」，臺灣學者稱之為「脈絡」，講得好。這個語境畢竟是受制於政治、經濟和文化脈絡的。一個時空背景下的學術偏流，可能躍居另一個時空背景下的主流，孰為主孰為客，要看社會怎麼建構它，真的沒有必然或絕對。此外，在不同的語境下，相同的概念可能產生特殊的意義，建立不同的因果關係。有人潛意識裡覺得，外國學者提供普遍理論，華人學者只能證明那個理論在特殊環境的真偽。果其然，我們搜集材料豈不只為給西方理論當注腳？我們學術成績薄弱，長期缺乏自信與自覺，接受強勢學術圈所界定的現實而不自知。

談到羅傑斯，南京大學石琳同學送來電郵說，她讀罷羅氏的《傳播學史：一種傳記式的方法》（Rogers, 1994；中文譯本：羅傑斯，2002），一時間深為其脈絡清晰、語言淺白生動所吸引，但讀了我對羅傑斯的描述，反而有些不知所措。我說，那本書的確娓娓道說一些動人的故事，可惜淺出而不深入，對於傳播學與時代背景的聯繫，對於社會科學的動態發展都講得太簡略了。書寫得通俗化而不簡單化，清楚明白而寓意豐富，見樹又見林，談何容易？說起這類書，我以為柏格（Berger, 1973）的《與社會學邂逅》（中國大陸譯為《與社會學同遊：人文主義的視角》，北京大學出版社，2014年

版），實在無出其右者。

她又說：「同時精於技術問題與宏大敘述的學者總是有限。其實不管專精於哪一邊，都是深刻的片面。我們需要一個成熟的學術環境，讓精於宏大敘述與技術問題的兩類學者相互啟迪、鞭策、印證。」

我無意把技術問題和宏大敘述黑白二分，宏大敘述必須以技術和證據為基礎、為襯托，技術問題最好有宏大敘述的關懷，它們彼此層層滲透，應該有辯證的聯繫。我一向尊敬那些把技術問題處理得乾淨俐落的學者。任何人學好學精一套工具和方法，不憚其煩，費時費力，絕不簡單。工欲善其事，必先利其器，許多問題只能靠某些技術工具來解決。只是「利其器」以後，怎麼「善其事」？技術問題的背後是什麼？技術不應該只為技術而存在，成為一種學院內的嬉戲。反之，宏大的敘述不是放言空論，如果沒有堅實的證據和嚴謹的理路，說得再天花亂墜，還是口水多過茶，等而下之則是意識形態，不是學術研究。社會科學畢竟是經驗科學，受哲學的影響，但不是哲學。儘管學術研究和意識形態有千絲萬縷的關係，其間卻不能畫上等號。

我服膺米爾斯（Mills, 1959）的為學態度，他認為社會學者必須念茲在茲，結合個人的興趣和重大的社會議題，而且置社會問題於歷史為經、世界為緯的座標上。這個說法對「做怎樣的社會科學工作者」甚有啟示：從個人最深刻的經驗向外推，思考擴及普遍的社會現象，最後竟聯繫到一些根本的關懷，以至於發展成一種學術志業，那麼學術工作就構成一個整體，不是割裂。基本關懷（例如自由、平等）必是每個社會永遠存在而無法徹底解決的問題，需要因時因地從各領域注入新的內容和詮釋。社會科學屬於公共領域的自由獨立論述，一旦疏離於社會實踐，則滋長知識的專橫。社會科學工作者參與公共論壇有兩個角色，一是公民，二是專家；他們應該從專業視角對公是公非有所承擔，維護普世價值，但不能像傳統儒家士大夫享有泛道德的特殊地位。

鑑於當今眾聲喧囂的語境，我得趕緊澄清可能的誤會：我反對「假、大、空」。在華人傳播學術社群裡，許多人「論多證少」，有人甚至只論不證。他們沒有傳統樸學或西方經驗（empirical）的嚴格訓練，但憑拍腦袋以

空話鋪成一篇篇「應該」（should）如何如何的論文，獨獨說不出「是」（is）什麼。然而未知「是」，焉知「應該」？他們只敢大膽假設，不肯小心求證。他們不但缺乏看問題的理論架構，也很少落實到技術的層面——包括建立嚴謹平實的論據，關照證據搜集、假設證明等一連串明辨的過程。技術不及格的人，且莫大言炎炎。環視當今華人社會的語境：中國大陸許多學者欠缺理論素養，也欠缺樸實的技術訓練，太多聰明人盡講些華而不實的套話和空話，看起來「很有學問」，卻不願意踏實深入分析點滴的材料，禁不起邏輯推敲和證據考驗；港臺學者多半經過美國的學術洗禮，參考架構也容易流於美國式的瑣碎化和技術化，如不及時提升到對一些終極關懷的境界，恐怕只能勤於給西方理論當注腳；在美華裔學者為了讓主流思想和權力結構接受，可能自覺或不自覺地放棄批判的本能，但求附麗或同化其間。美國社會和學術市場多元而未必開放，趨同（conformity）的力量極大，這一點早已為托克維爾（A. Tocqueville）道破，所以長期在美國教書的人的確需要一點膽識和灑脫，願意學貓頭鷹站在邊緣位置冷眼旁觀，若即若離，獨來獨往。

　　法蘭克福學派諸子避二戰於美國時，與美國重實證主義的文化土壤格格不入。阿多諾（Theodor Adorno）最早寄居哥倫比亞大學，拉查斯斐（Paul Lazarsfeld）邀請他一起合作，希望用量化的方法驗證法蘭克福學派的社會理論，卒因彼此的想法南轅北轍不得不分手。法蘭克福諸子後來陸續學習一些實證方法，阿多諾在加州大學柏克萊分校發展出一個量表，測量法西斯的「權威人格」。戰後他們當中多數回到德國，在面對論敵時，反而站出來為實證方法（而不是實證主義）辯護。他們用實證的技術闡發宏大的敘述。我贊成實證，但反對實證主義。以前老師總教學生寧可小題大作，不要大題小作，以免空疏無當。但若把大題目分成許多小題目，緊密聯繫，每個小題目都做得扎扎實實，證據確鑿，論理清澄透徹，大題仍然可以大作，技術問題與宏大敘述無妨相輔相成。

三、文化中國的中心與邊緣

　　上個世紀80年代期間，海外知識界提倡「文化中國」，杜維明教授的闡述雖有爭議，而且隨著時代的變化它的解釋力也受到質疑，但至少還可以在這裡作為闡述的參考。「文化中國」的提法當然是相對於「政治中國」和「經濟中國」的。政治、經濟和文化的互動關係，剝到最後一層也許糾纏不清，界限難分。特別標出文化中國，無非希望賦文化領域以較大的自主性，不讓政治經濟勢力獨吞公共領域，以致把文化邊緣化為一個「剩餘範疇」。經濟在商言商，利之所在，無堅不摧；政治利益的短暫考慮夾著太多權謀恩怨，沒有永遠的敵人，沒有永遠的朋友，只有永遠的利害。唯有文化源遠流長，視野比較高亢，可以冷靜看問題。文化瞭解有助於打開政治僵局，但文化的意義在我看來是超越政治，相對獨立於政治而存在。

　　杜維明（Tu, 1991）把文化中國分成三個圈圈的象徵世界：第一圈除了中國大陸，還包括港、臺、新加坡的華人社會；第二圈包括北美和東南亞的少數華人社區；第三圈則無關乎血統，凡在知識上促進對中國的瞭解，不管是學者、專家、記者、商人和實業家，都算是「文化中國」的成員。他說，對於當代「文化中國」的瞭解，這幾十年來貢獻最大的不是來自於核心的第一圈，而是來自最邊緣、最鬆散的第三圈，這就頗有後現代「中心即邊緣，邊緣即中心」的味道了。最內圈的中國大陸——以及臺灣（至少在戒嚴時期）——由於學術和文化政治化，自主空間長期幾乎被擠壓得蕩然無存，在口號治學的歪風下，許多研究當代的學術文化轉變成意識形態和宣傳叫囂。三不管地帶的香港，經濟大，文化小，雖是整個「文化中國」的運轉站，但它的文化淺盤貢獻不大。

　　「文化中國」的第三圈，說穿了，最主要的基地還是在美國。當代中國研究和所有的區域研究——被編織於冷戰所需要的知識系統裡，都具有強烈的實用目的。這是美國學者觀察世界的基本「文法」，但千萬別一竿子打倒學術，貶之為維護美國帝國利益的工具。對我們來說，最難解的弔詭是什麼？一方面，我們理解的當代「文化中國」，多拜賜甚至依賴於美國學術文化界

的成果，否則眾瞎所摸到的中國巨象一定更殘缺；另一方面，美國社會卻普遍以為自己是世界的中心，彷彿別的國家存在只為襯托它的偉大，中國研究附麗其中，注定是一支邊緣的偏流，短期內（甚至長期內）很難進入主流的殿堂。中國研究倚重在文化中國圈最邊緣的美國，而它本身又在美國學術文化圈的邊緣，面臨一種「雙重邊緣」（邊緣中的邊緣）的尷尬。（必須說明，經過幾十年的努力，現在「第一圈」的學術地位有日漸提高的趨勢。）

除了中國研究的困境，美國主流傳播本身也有學科發展的問題。傳播學界把「文化中國」（或「國際」）畫出雷達的範圍，姑且不論；一般傳媒研究的理論關懷地平線未免太窄太低，又自外於社會實踐，幾乎放棄公共辯論的話語權。坦白說，走出本行還有影響力的傳播學者寥寥無幾；假如華人傳播學術圈照搬美國這套主流的東西回去自己的文化脈絡，不加以思索改造，只顧一逕奮勇再生產，那麼注定要淪入「邊緣的邊緣的邊緣」的命運，對於目前驚天動地的社會變革，如果不是無動於衷，也只能默然旁觀。

四、美國傳播研究逐漸向內看

美國崛起於20世紀，取代了英法帝國主義而稱霸世界，美國佬因此以為地球只繞著他們轉。美國打個噴嚏，全世界都得傷風。美國人文化孤立主義的心理情結一脈相承，唯其政經勢力獨尊，一般人覺得天下之大之「美」盡在於斯，沒有瞭解異文化的迫切感。跟一般美國中西部和南部那些充滿奶油味的純樸農民說幾句話，你立刻明白東京、南京、北京對他們都一樣遙遠而模糊。奈何當今社會科學的思潮唯美國馬首是瞻，我們無法忽視它的巨大存在。三十幾年前，我在美國校園碰到幾位德國來的交換教授，向他們探詢法蘭克福學派的動態，不料他們迅速轉開話題。後來才恍然大悟，他們根本不懂法蘭克福學派——二戰以後，德國媒介研究沒有繼承法蘭克福學派的學術資源，反而跟隨美國的實證主義亦步亦趨，早就把「德意志意識形態」一筆畫出界外了。

上個世紀30、40年代期間，芝加哥大學開山的社會學家們開闢了一些

原創的媒介研究，以杜威的實踐主義（pragmatism，或譯實用主義）為世界觀，他們把媒介當作社會有機體的制度，聯繫都市化、工業化和大量移民引發的迫切問題，例如帕克（Park, 1922）研究各移民報紙如何促進民族大融合，處處表現了淋漓的社會改革精神。二戰以後，美國的勢力如日當中，社會學重心東移到紐約哥倫比亞大學，拉查斯斐發展的大型調查研究，受墨頓（Merton, 1968）的中距離理論（middle range）和結構功能論（structural-functionalism）引導，取代芝加哥學派，躍居主流，基本精神從批判改革變為給美國國力持盈保泰。結構功能論的政治傾向保守，但無妨哥大氣象恢宏的第一代大師，以及他們優秀的弟子們，分領美國社會學界風騷達數十年。

　　後來整個美國社會科學過分追求專業化，忽略通觀通識，學術的崇山峻嶺紛紛變成了丘陵起伏，隔行如隔山，甚至連同行也壁壘分明，紛紛為技術化和窄化推波助瀾。最糟糕的，實務傳統的新聞系開始引進傳播課程以後，學殖淺，拾人牙慧，一頭走入「天真的經驗主義」（naive empiricism）削足適履的胡同，凡是跳出它狹窄範圍的都不是問題。窄化到這個田地，社會批判的刀鋒磨蝕殆盡，研究旨趣和社會脈絡脫節，簡直坐井觀天，最多枝枝節節給權力機制（政府和商家）提供合理化的解釋（Hardt, 1992; Carey, 1992）。直到1960年代末，激進的社會抗議風起雲湧，少數學者正面挑戰保守的結構功能論，回頭去芝加哥學派找靈感（但此時芝加哥的旨趣已經遠離媒介），並期望借這座橋吸取歐陸的法蘭克福學派及其他左派的神髓。說到底，美國總以實證主義為基調，即使英國文化研究在1970年代中期以後陸續滲透到美國人文、社會科學各領域，它還是被吸納到自由多元光譜中的一點，始終是一支偏流，只能從弱勢的邊緣抗衡實證主義的支配霸權。

　　實證主義旨在把複雜的宇宙化約為最精簡的元素，並建立這些元素之間的因果關係。這是近代自然科學的主要方法，成果輝煌，有目共睹。但社會科學要是「完全」模仿自然科學，接受實證主義，最大問題是人間事除了客觀規律，還有一層一層的意義必須主觀闡釋。實證主義追求理論的普遍性（generality），甚至把普遍性擴張為放諸四海而皆準的普世性（universality），不惜抹煞歷史的特殊性為「例外」，殊不知社會科學的「例

外」有時比「常態」更富弦外之音。實證主義者也不太理會本體論和知識論，往往把看問題、看世界的「方法論」（methodology）簡化窄化成為研究技術（methods），以為這就是檢驗「真理」的唯一或最後的標準。他們從頭起就凍結第一層次的根本問題，逕向美國自由主義和資本主義的基本假設靠近，並以這些假設為出發點和歸宿點，只顧在建制（establishment）的範圍內回答一些技術的問題。他們躲在「科學」的門牆下，關起宏大學術思潮的活水源頭，當然碰不出什麼辯論的火花。他們在既定的範圍內向內看，埋頭經營，山頭愈分愈支離破碎，連有意義的對話溝通都不可能。美國傳媒研究更是抽象層次低，理論薄，關懷窄，即使在實證主義的架構裡位階也不高。

什麼是美國的「主流」傳播研究？每個人繪的圖像多少不同，我無意言過其實，卻難免顧此失彼。我心儀的美國傳媒學者遍布各學科，基本上他們必須能見其大，又能見其小，宏觀和微觀並舉，經常縱橫幾個山頭或領域；其中有實證的，有非實證的，有反實證的；有自由派的，也有激進派的。我鍾意明尼蘇達大學退休同事蒂奇納（Phillip Tichenor）和他的合作者用尋常的調查方法和內容分析探討媒介產生的「知識鴻溝」（knowledge gap），不斷呼喚著社會公平。卡茨（Elihu Katz）涉及面更廣，舉凡媒介效果、「媒介事件」（media event）和有關文化帝國主義的辯論，均另闢蹊徑。舒德森（Michael Schudson）結合社會學，細緻分疏新聞史，斐然可觀。我佩服當年老師社會學家甘姆森（William A. Gamson）解讀權力和媒介話語。塔克曼（Gaye Tuchman）從現象學以濃筆描述媒介如何建構新聞，季特林（Todd Gitlin）從「霸權」理論分析媒介對社會運動的建構，甘斯（Herbert J. Gans）以人類學方式研究記者、新聞機構和通俗文化，凱瑞（James Carey）從實踐主義堅持傳媒的民主角色，俱屬經典之作，其他的無法一一枚舉。這些學者多半是社會學出身，如果新聞傳播科系閉關自守，只讀「行內」書不旁鶩，則必導致知識蓄水池的枯竭。可惜上面提到的這些學界領袖採取國際視野的少之又少。我涉獵大量英國學者的著作，以便告別「唯美（國）主義」，也借助它們接通歐陸的重要思潮。

英國社會學家紀登斯（Giddens, 1996: 4）說，美國學界過分專業化，只

問耕耘自己的田邑，不管外面廣大天地的氣候變化，目光愈變愈窄，關懷愈變愈技術化，因此社會理論的重心已經從美國渡海轉移到歐洲去。過去三、四十年來，英國學者吸收德國法蘭克福學派、法國結構學派和義大利葛蘭西的文化霸權理論，又融合本土的激進思想，形成統稱為「文化研究」（cultural studies）的傳統，與美式媒介研究一方面分庭抗禮，一方面互相滲透。有趣的是法蘭克福學派大師們俱屬文化精英，集中火力批評通俗文化和文化工業摧殘精緻文化的品味；英國文化研究大師多出身寒微，他們追求文化霸權的解放，並認為通俗文化和大眾媒介是文化霸權的重要製造者。

文化霸權的「壓迫點」大抵包括階級，性別，種族。但像文化研究這麼激進富生命力的取徑，都只看到階級，忽略性別或種族的壓迫。先驅大師威廉斯（Raymond Williams）出身威爾斯的鐵路工人家庭，學術旨趣聚焦於英國階級和「內部殖民」的壓迫，但他向薩依德（Edward Said）坦承「帝國主義」從未進入他的學術意識範圍，簡直令人匪夷所思。另一位大師霍爾（Stuart Hall），牙買加的黑人移民，一輩子環繞英國的階級問題轉，晚年才回頭認真反省種族、膚色的文化意義。可是，到頭來，女權主義者怪罪這兩位大師忽略性別的壓迫。最後，我不得不再指出兩點：其一，英國文化研究仍以歐洲為本位，並不是那麼國際化，不能簡單移植到別的文化土壤；其二，文化研究脫胎於文學批評的傳統，有時未免令人覺得「文學」太少「批評」太多，文化批評也不應該限於意識形態的批評。總之，我們勤收西學，取精用宏，但切忌囫圇吞棗。這是一項艱難、漫長但又不可逃避的功課，只能靠整個學術社群長期努力。

五、華人的傳播學術視野在哪裡？

這個世界需要更多元的文化視野，華人學術圈哪天能夠瞭解美、英、法、德思潮的精髓，又能從社會母體共同提出原創的問題、方法和理論，哪天就可以建立主體性，脫離學術殖民地的境地，而站在平等的立場與強勢的學術傳統對話。「華人傳播視野」不過是一個籠統的簡稱，尚待仔細分疏甚

至解構：

　　一，華人傳播視野建立於「共同民族文化」的基本假設上面。什麼是文化？我個人比較傾向於接受文化研究者的立場：文化是一般俗民過往生活（lived）的經驗以及他們日常活生生（living）奮鬥的過程，而不光是陳列或塵封在歷史博物館的文物，更不僅止於供奉於廟堂之高的一部部典籍。歷史上從來沒有一個籠統的「華人視野」，將來也不會有。華人社會的生活經驗和傳播視野勢必多元、複雜而矛盾。但我不喜歡把東西解構到絕對或虛無的地步，毋寧相信文化有相對的穩定性和共同性。這個共同性又不能抹煞特殊性，這個穩定性是經歷動態變化的過程，不是靜止不變的狀態。用佛家語，就是展現「無常」之「常」，我們捕捉的正是「常」與「無常」的辯證性。

　　二、民族性不能定於一尊，不能壓抑民族內部次級團體的各種觀點，更堅拒以任何政權功利的霸道立場為準繩。中國大陸、臺灣和香港的華人社會面臨殊異的國際政治經濟環境，內部條件的互動差別很大，即連三地傳媒研究的路向也是有同有異，頂多求同存異，休叫霸權的文化遮蓋地平線。學術的原創力未必和地理面積的大小成正比。中國大陸內部的發展失衡，漢民族和少數民族、沿海和內陸的矛盾顯豁，廣州看到的中國和青海看到的中國是兩樣的。北京向「一國」的傾斜，正如香港對「兩制」的維護，這在媒介論述中看得很清楚。

　　三、在某些問題上面，「華人」的傳播視野未必是問題的第一性，階級、性別和種族的觀點也許才是主要的矛盾。上海新貴的時尚向紐約或巴黎看齊，身不能至，而心嚮往之，翻一翻《上海壹週》那些花花綠綠的名錶、LV皮包、化妝品、內衣和紅酒廣告也過足癮，社會心理學家說這是「替代式參與」歐洲小資的消費幻象。他們跟遼寧的失業工人、安徽的農民有多少靈犀默契？但碰到若干議題（例如民族主義），這些階級群體可能自動短暫會合，可見立場的分合因脈絡和條件而定。目前三個華人社會的媒介都依市場邏輯運作，盡量討好有錢和有閒階級，而忘記了弱勢團體在掙扎。

　　如何建立華人的傳播視野？我支持實證精神，但反對實證主義；正如我服膺科學，但反對科學主義。現階段且莫在先驗上決定好壞，不要畫地自

限，寧可抱著開放的心靈，百家爭鳴，不怕嘗試錯誤，而要爭取在摸索中總結經驗，庶幾經過長期實踐逐漸形成共識，琢磨出幾條切實可行的途徑。臺灣社會科學學者嚴肅提倡本土化將近四十年，如今已經建立了主體性的共識，但在知識論和方法論的層面分歧仍大（參考朱雲漢，2002；石之瑜，2002）。換句話說，他們已經明白「不要」走什麼方向，還沒有確定「要」走什麼方向。現有許多學者在嘗試各自的道路，假以時日，有的會從實踐中自然而然匯流在一道，有的則繼續堅持向自己認為對的指標邁進，這樣合力造就一個更豐富更成熟的學術環境。這是一條漫長的過程，快不來，急不得，但只要「主體性」的原則登上議程，就不會不分青紅皂白跟隨西方的流行之風搖擺了。

華人傳播學術圈已初步討論這個問題，可惜交集點不夠集中。在種種論述之中，祝建華（2001）的提議值得注意。他主張先從本土實情出發，再從國際學術界「嚴格選擇直接相關而又能夠操作化的概念、命題或框架」，在這個基礎上發展出整合性的中距離理論。同為實證主義者，祝建華貴在先從本土出發，不像往常一般人拿所謂的「國際」理論來套取「本土」經驗。國際理論為「體」、本土經驗為「用」的迷信不破，主體性的建立無期。接著，我們面臨另外一個問題：操作化必須經過化約（reduction）的過程，不是所有重要的問題都可以（或應該）操作化，就算要操作化，其程度也因知識論和方法論的取向而有粗細；人類學家、精神心理學家或文學批評家在剖析、解釋層次分明的意義時，未必可以（或必要）像經濟學家、社會心理學家那樣嚴格的操作化。前者畢竟以追求意義為第一性，規律頂多是第二性。我充分明白而且同情祝建華的選擇，他也有傲人的學術成績，但追求「意義」的學科正逐漸影響媒介研究的方法，卻不可等閒視之。

在方法論上面，管見以為：華人傳播學術圈除了熟悉實證主義，在現階段不妨多多探討韋伯式的卓識。韋伯（Max Weber）當然不是唯一值得效法的，但韋伯式的方法出入於實證論和現象學之間，從社會演員的意義世界入手，然後由研究者居間引進理論和概念，以便在歷史中照明一層層社會演員的意義結構，幫助他們闡釋生活的世界，這個方法可以兩頭兼顧實證的因

果（抽絲剝繭，執簡馭繁）和現象學的意義（多元、複雜甚至矛盾）。換言之，實證主義假設宇宙、社會只有單一的、可知的外在客觀規律，研究者的任務在於發掘這個客觀規律，文化特殊性只是普遍性的特殊「條件」或「狀況」，是異於常態的例外。現象學先注意不同群體建構不同的意義系統，然後研究者進場接通理論和這些意義系統的聯繫，但研究者只是第二性的助緣，不能取代社會演員的主要角色。

　　容我不嫌詞費，再次強調：現象學以「社會演員」為主，以外在理論為客，求取文化特殊性和理論普遍性的平衡，它可以救濟實證主義的偏枯，更應該跟它爭鳴個長短；而且它所建構的不是單一的現實，而是多元現實（multiple realities），其實有利於我們爭取主體性，有了主體性再尋求如何和西方學術平等對話。讓我打個不盡恰當的比喻來談主體性：中國歷史上以儒家和道家為主體來理解、吸收佛教，終至於儒釋道融合發展成為一家，互相豐富滲透，但從來不是視儒家和道家為客體去附會佛教，馴至替佛教充當補充的注解。換言之，儘管在交流的過程總有會合點，但原則上和順序上都應當以西經注我們，不是以我們注西經。

　　在實際做法上，有人提倡整理古籍，只是實踐至今多半落得「牽強附會」四個字。閱讀古籍的能力一代不如一代，但這還不是最大的挑戰──如果是，我們可以結合多學科逆水行舟，截長補短。在我看來，有兩個癥結更棘手：其一，如果只看文本，強作解人，用現代的名詞附會古代的語脈，以致脫離整個時代背景和生活語境，終歸是非歷史的，片面的。其二，如果把communication看作廣義的「溝通」，定義可能大而無當，目前所見，用中國古籍勉強附會未必獲得同情而深刻的瞭解；但如果把它解作狹義的「媒介」（media），則近代中國報業於19、20世紀之交始自西方引進，中國古籍對於探索媒介和中國現代性的啟示多大？我不敢妄言此路不通，但整理古籍是需要好好辯論的。當然，我們不妨擺脫古籍的束縛，走入華人社會日常生活經驗的肌理，從中尋覓深層的規律和變化，梳理並提煉系統的理論概念，然後與西方學術互相參照發明，得到廣義「溝通」的理解。社會學界（如黃光國、金耀基、翟學偉）對於人情和面子的現代闡釋是頗具深意的。

　　不入虎穴，焉得虎子？我看最實事求是的，莫過於平時深入瞭解「西方」（這個名詞尚待解讀）的主要社會理論、學科理論（例如社會學理論，有別於社會理論）的脈絡，熟悉它們的重大辯論，以儲蓄自己的學術理論資源。當我們面臨思考具體的問題時，則不妨先跳進去參照自己生存的場域，從中提出最有意義的問題，接著反芻平時留心的理論，一方面分析，一方面綜合，從小見大，知微見著。上焉者，如薩依德，提出了另類（alternative）和針鋒相對、分庭抗禮（oppositional）的解釋、理論和視野。中焉者更清楚燭照文化的特殊意義，並聯繫理論的規律。主流理論若通過了嚴格考驗，仍巍巍屹立，起碼證明它的文化霸權不足為畏。說來說去，最根本的在掌握文化脈絡裡的內在理路，然後援引外在理論，刺激我們思考問題，幫助我們解釋證據和意義。老實說，深入認識自己已經很難，透徹理解主要西方理論絕不容易，難上加難，欲踏出長途學術跋涉的這一程，需要有膽識，有訓練，有熱情，切忌浮誇。

　　我最怕聽到一些浮誇的講法。什麼要以「中華中心」取代「西方中心」，這是夜行人吹口哨自我壯膽，當真不得。其一，凡稱得上理論的東西必有普遍性和特殊性，不是誰可以一手包辦壟斷的。其二，社會科學是外來的，不是固有傳統文史哲的遺產，無論言語、敘述、思考方式，我們只能虛心學習，方期有所進境，才能把人家的學術系統「內在化」，變成自己的財富，然後在這個基礎上推陳出新。其三，唯有具備國際視野和比較眼光，才能知己知彼，成其大，成其遠，而不至於故步自封，自欺欺人。現在盲目批評西學的，往往是那些不懂西學的人。其四，我們的學術傳統不穩固，不能傲然獨立，干擾太多，社群太小，學術紀律和業績太薄弱，遠遠不足以創造一個有文化特色的視野，只配在邊陲的學術殖民地裡關起門來自鳴得意。其五，「中華」和「西方」的簡單二分容或有分析上的需要，但最後還是要彼此滲透，互相學習；反對西方學術霸權，不是為了建立另外一個霸權（先別說建立霸權得有實力，我從不相信西方霸權這麼容易打倒），而是追求一個具有文化特色而又有普遍意義的視野，在世界多元文化中爭取平等對話的權利，從爭鳴中促進彼此的瞭解。

六、「文化中國」傳媒研究的隊伍逐漸成形

　　美國學術界對於當代中國媒介的研究，最活躍的一度不在傳播領域內，而在政治學。傳統美國傳播學像鴕鳥，一味自我中心，凡是落在美國邊界以外的制度統稱為「國際傳播」，欠缺世界體系的視野，許多著作看不出理論的關懷。而中國傳媒研究只侷促在國際傳播的一個小角落。同時，美國對中國媒介的關心主要集中在政治和政策的層面，政治學家把中國媒介黨國喉舌作為瞭解政治鬥爭和外交政策的窗口。這個觀點沒錯，只是窄了些。這三十年來，傳播研究受到多元學派的挑戰，新一代的學者人才輩出，對中國媒介的瞭解已經逐漸成熟了。1980年代以前出版的著作姑不置論。回顧1980年代初，英國人霍金斯（Howkins, 1982）自詡寫成第一本根據實地訪問中國媒介主管和記者的書。當時，我寫過一篇書評，援《紐約時報》把書分成「小說」（fiction）和「非小說」（non-fiction）之例，稱之為「非書」（non-book）。作者對中國政治文化的隔閡實在到了驚人的地步。當時，剛從「文革」牛棚放出來的驚弓之鳥，面對狐疑的外國問探，除了開留聲機重複官方濫調，不知還能說些什麼？中國政治鬥爭慘烈無情，只有官方在事後揭發政敵的黑材料最可觀；倘若當時有人讀1979年驚心動魄的《人民日報》，左手批「四人幫」，右手批「凡是派」，保證寫得出比霍金斯更有勁的著作。

　　1980年代末，密蘇里大學新聞學院的韓裔教授張元鎬（Chang, 1989），乘為中國記者培訓之便，由學員搜集官方資料，編撰《中國的大眾媒介》一書，了無分析和批判的精神，更未聯繫中國的政經變化與矛盾，讀來索然無味。這兩本書所寫的如果是美國媒介，絕無問世之日。

　　中國傳媒研究不再賣野人頭了。但美國社會科學各領域對當代中國的建構，無論議題、旨趣或是資源，一向由美國的學術要角一錘定音。華裔學者好不容易開始在發言臺上贏得小小的一席之地，頂多與有榮焉地當個資淺夥伴（junior partner）。儘管無法撼動原有的霸權，華裔學者對自己所最關心的問題不再缺席，不再沉默，更不必唯西方觀點為觀點了。他們一時得不到主流學界應有的重視，但這是沒有辦法也不必太計較的事。他們正在培養一

個有形無形的學術社區，遵守一般的學術紀律，大家用文化中國的角度，既分頭而又共同提出一群有意義的問題。這樣經過數十年的學術薰陶，努力不懈，可望逐漸形成一派獨特而深邃的學風。

　　我這篇文字反覆提到對話和交流，何嘗不是反映弱勢者的焦慮？我們急，人家不急。只有我們建立高標準的學術社群，拿得出漂亮的東西，人家才不能漠視我們的聲音，我們才能在全球化的脈絡找定位。華裔學者來自文化中國的各地區，又在西方學府接受嚴謹學術傳統的洗禮，各欠了兩邊深厚的知識債。他們必須拒絕「義和團」式的坐井觀天，夜郎自大。友朋之間許多卓然有成者，初步帶來可喜的信息，證明中國傳媒研究和學術潮流接得上軌，可以為有意義的對話鋪路。學術的內緣因素為主，「國際」肯定與否還在其次。人家喝采不喝采，既非操之在我，便毋須耿耿於懷。

七、入乎霸權，出乎霸權

　　18、19世紀是英法帝國主義的世紀，20世紀美國取而代之稱霸天下。在冷戰期間，「美國社會科學」（如現代化理論）除了擴張為「社會科學」，又於正統學術之外設置所謂的「區域研究」（area studies），像螺絲釘般被編納於冷戰知識工業的體系內，為塊實利益和政策需要服務，成為域外的野狐禪。區域研究者酷似學術情報員，對一個國家或地區範圍內的東西什麼都懂一點，理論興趣在其次，以至於被專業學科認為不登大雅之堂。冷戰期間各區域行情的冷熱，宛如寒暑表的上下，凡是美國安全和利益之所繫，那個地方便突然行情看漲。1970年代間，中美兩國輾轉為關係正常化探溫，中國學的經費不至於捉襟見肘，及至中國神祕的面紗揭開，中國學的地位急轉直下，從顯學頓入冷門。挨到冷戰結束，拉丁美洲和俄羅斯研究都面臨相同的困境，甚至連「區域研究」的存廢也成了問題，學界爭辯是否該讓它回歸主流學科的建制。冷不防爆發911恐怖襲擊事件，美國忙著進兵直搗窩藏恐怖組織頭子的阿富汗。儘管山姆大叔曾積極介入阿富汗對抗蘇聯的侵略，這時卻猛然發現沒有幾個專家能對這個神祕落後的山國說出個所以然。反恐救了

「區域研究」一命，一時廢不了。

　　嚴格說來，美國本身的社會科學其實也是「區域研究」，只是這個詞意已經給綁架了，特指從美國的眼光看第三世界所得的知識。冷戰結束，美國的政治經濟軍事力量更獨霸全球，但它在人文學和社會科學的霸權卻一直受到歐洲的挑戰，也逐漸為許多第三世界學者所抵制。華人傳播社群欲向霸權爭取發言權，必先擺脫區域研究的窠臼，踏入「以區域為基地的研究」（area-based studies）[2]。老實說，挖掘華人社區的材料，不是為了取悅西方國家的知識工業。我們應該汲取人文學和社會科學的理論創新和研究方法，接通區域的經驗意義，對話溝通。唯有不亢不卑，對具體的經驗現象提出原創的解釋，既照顧理論的普遍性，又充分豁顯文化的特殊性，在各層次展現同中有異和異中有同，最後才能向支配的結構爭鳴。這是從本土出發，超越本土，進而與世界接軌最切實的一條道路。

　　薩依德對「東方主義」的學術業績最具啟發的意義。他的觀點深受早期傅柯（Michel Foucault）和威廉斯的影響：傅柯認為話語（discourses，或譯為論述）本來就是社會建構，背後有權力的關係在主導；威廉斯（Williams, 1977）闡揚葛蘭西（A. Gramsci）的「霸權」（hegemony）理論，強調文化分析必須著眼於主流、另類和敵對意識在日常實踐當中互相「爭霸」（becoming hegemonic）的動態過程，也就是看主流意識如何吸納、削弱或聯合非主流的意識，以及非主流意識如何抗拒、顛覆主流意識。秉此，薩依德（1978）先分析英、法、美帝國主義者在兩三個世紀間對中東建構了各種符合它們利益、想像和偏見的論述，再從根本批判它們為列強服務的「東方主義」的文化霸權。在另一本書中，薩依德（Said, 1993）的視野從西方列強在中東建立的文化霸權，延伸到第三世界抗拒、顛覆西方列強的霸權。他的著作逼著所謂的學術主流回應戰帖，更為後殖民主義的理論開啟先河。

　　由此可見兩點：一，薩依德的成就代表孔恩（Kuhn, 1970）所闡述的範式（paradigm）變化：當正統的學術範式（假設、概念、定律）碰到相悖的

2　這個名詞借自 Prewitt（2002: 8）。

零星證據時，往往歸之於「例外」；但如果例外出現愈來愈多，不能隨意抹煞，這時窮則變，變則通，有原創性的學者修正幾個根本假設，改變大家對世界的看法，嶄新的範式於焉誕生，成為「新正統」，影響所及遍布整個學術社群。二，薩依德是卓越的文學批評大家，畢生從未教過所謂的區域（中東）研究，但他從文學跨越縱橫許多領域，自由自在，不拘一格。他向來反對那些「向內看」的專業學者坐井觀天。

八、問題與結構

一位教哲學的朋友說我屬於脈絡學派（contextualist），我想了一想，欣然接受。我常覺得社會理論很少有絕對的是非，通常是角度變化，觀點自然不同。在一個脈絡之「是」，可能是另外一個脈絡之「非」；在同一個特殊的脈絡裡，甚至可能亦是亦非，端看條件、時間、議題而定。為了減少些可能的誤會，容我喋喋不休，再補充幾句話：我不贊成絕對化，只有基本教義派才會無限上綱，結果就是看問題僵化、教條而失準。我相信是非無實相，所以要把問題「適當」相對化，但不是漫無邊際、「絕對」相對化。要之，我反對絕對化，也反對「絕對」相對化。假如世界上果真沒有什麼深遠價值值得護衛，學術工作豈不成了个折不扣的犬儒虛無？即令「無常」還是有「常」的一面，而那個「常」在我看來就聯繫到民主、自由、平等這些基本價值上面了。這些基本價值應該萬古長青，我們配合時間和空間的脈絡不斷給它們嶄新的解釋。所以我主張要「相對」的相對化，千萬別連根拋棄那些基本價值，別把基本價值虛無化。辯證看問題，我們才不會陷入絕對化或「絕對」相對化的兩極陷阱。

我前前後後一直強調建立華人社會的主體性，又強調對話與溝通，完全沒有排外的意思，更反對閉關自守的保守心態。吸收西學，接受學科紀律和標準的檢驗，這些都是不待贅言的。然而對話權和溝通權不是天賦的，如同民主只能靠弱勢者不懈的爭取，不能靠強勢者的施捨或讓渡。鑑於西方長期占領學術霸權，我們需要發揮文化的特殊性，去消解它們（也是我們）「西

方就是世界」的世界觀。我們爭取普遍性和特殊性的平衡，反對以西方壟斷的普遍性來壓抑甚至取代我們的特殊性。在世界的脈絡裡面，許多人視為必然（普遍性）的「西方」經驗，其實可能只代表歷史或地理的偶然（特殊性）。以「西方」本身而言，摩爾（Moore, 1967）指出英國、法國和德國走過的現代化道路截然不同，提利（Tilly, 1975）也說西歐在18世紀建造民族國家的過程未必能複製於當代的第三世界。沒有普遍性不成為科學，但究竟什麼是社會科學的普遍性絕非一成不變，值得我們常常停下來思考一番。自然科學只有規律的問題，社會科學卻牽涉規律和人文意義兩個問題，所以社會科學界需要而物理學界不需要強調華人的主體性。

　　試圖呈現並貫穿《超越西方霸權：傳媒與「文化中國」的現代性》的主題者，分成三部分：理論視野，歷史經驗，世界脈絡。

　　第一部分除了這篇導言，還有兩篇。第二章（指《超越西方霸權》，下同）綜合比較自由多元和激進馬克思的政治經濟學。這兩個取徑孰是孰非，文章取名為「媒介政治經濟學的悖論」（詳見李金銓，2014：25-44），正是表達上面所說脈絡化的觀點。我寧可把這兩個看似矛盾的取徑看作一種靈活的、變化的辯證關係，而不是非黑即白的兩元對立，所以我試圖把它們脈絡化、相對化。我認為，激進馬克思的政治經濟學集中批判市場資本，用來分析西方民主國家的媒介壟斷非常犀利；但在國家機器強力支配經濟秩序的社會裡，激進派理論似乎隔靴搔癢，因為市場至少部分是制衡政權的力量，自由多元學派的說法反而富有洞見。但是中國大陸和港臺的權力和資本都在急遽重組，我覺得這兩個理論矛盾不安又同時交錯存在，當然這三個華人社會有同中之異，異中之同：中國大陸的市場自由化是否造成權力與金錢奇異的勾結，使媒介陷入雙重異化的境地？臺灣在解嚴以後，政治的壓制力量逐漸從媒介撤退，但市場扭曲的壓力不斷加大，自由派和激進派的解釋都有部分道理。香港的主權回歸如何與市場秩序互動，對媒介自主性產生什麼影響？

　　第二章代表一個粗淺的綱領，給個案研究提供整體的視野。如果一定要問我偏向哪一個政治經濟學的取徑，我的答案是：（一）先看哪一個說法比較符合經驗；（二）再看哪一個說法在特殊脈絡裡面更能促進民主。追究

到最後，自忖帶有西方意義的自由左派或社會民主色彩，一邊反叛專制政權的壓迫，一邊對抗經濟腐蝕勢力的宰制。這也是許許多多權力邊緣的知識人所站的立場。當然，有人會覺得我太右，有人會覺得我太左，怎麼標籤無所謂，因為左左右右也沒有實相，取決於觀察者本身的位置所在。請先考察我的學術工作是否合格，再計較立場不遲。立場不同的人可以爭鳴，可以聯盟，可以對抗，也可以求同存異。

第三章涉及幾個社會理論（自由主義、黨內改革派馬克思主義，和新左派），看它們如何詮釋中國大陸經濟自由化和政治制約的矛盾，以及對媒介解放的意義。我想讓宏大的社會理論和中國大陸的現實做有意義的對話（dialogue）、協調（accommodation），或對峙（confrontation）。社會理論勾勒「理想社會」的遠景，又有解釋社會、批判社會的作用。自由民主的概念源自西方，但現在已經是普世價值，也是人類共同的願望，雖然每個社會和時代可能賦予不同的內涵。我處理的是中國的語境，對這些宏大的社會理論自然有些述評。

為學的甘苦如人飲水，冷暖自知。我平常對社會理論粗有涉獵，但沒有想過如何用來解釋中國傳媒。另一方面，我陸陸續續針對三個華人地區的媒介也做過許多個案研究，旨趣總離不開媒介與權力的交光互影，現在收八篇，構成第二部分，互相引證。這些個案記載歷史的一鱗半爪，都是我親身經歷和體會的，在我卑微的生命中是不可磨滅的印記。這些個案研究和我平時對社會理論的興趣匯合時，水到渠成，便寫出了第一部分的三篇文章，其間實有內在的軌跡與聯繫。到目前，我還只在綜合分析、解讀重構「西方」社會理論的階段，不敢虛妄造次自稱建立什麼理論體系；我完全明白自己踏出的步伐很小，思想不成熟，但對於交流與對話倒一直心所繫縈，對於建立「主體性」也無時或忘。

第三部分有三篇文章，頭兩篇是對喬姆斯基（Noam Chomsky）和薩依德的述評，第三篇論述中國大陸媒介的民族性和世界性，企圖聯繫中國傳媒研究與世界脈絡，也是我的讀書報告。另外一篇是和學術同道對談，希望再度從側面點明我的學術旨趣，補充一些未盡之言，亦寄寓回顧與展望的心

跡，因此我無暇計較自己透露多少淺薄或愚妄了。

　　歸根結柢，我們的視野應該既是華人的，也是世界的。《超越西方霸權》企圖從政治經濟學和社會理論兩條路入手，嘗試從「文化中國」看世界，從世界看「文化中國」，聯繫普遍理論與具體情境，隨時爭取對話和溝通的可能。這種對話「既迴響著悠久的歷史傳統的回聲，又同時受到當代人和當代語境的取捨與詮釋」（樂黛雲，2002：24），而且也要用現代性語言在世界文化語境表述獨特的文化風格與價值。我在《超越西方霸權》中除了分析中國大陸的媒介變化，也檢查臺灣的媒介與民主轉型的顛簸歷程，以及香港的媒介與主權回歸的互動，這三個華人社會所編織的光譜，所提供的比較視野，相信是彌足珍貴的。我希望民主、自由、平等、解放的命題貫穿全部的篇章。我贊成後現代主義戳穿一些虛妄浮誇的、教條的全稱（totalistic）命題，但倘若因此而無限上綱，甚至把民主、自由、平等、解放這些宏大敘述都一併解構，則將不知置學術關懷於何地？

參考書目

李金銓（2014），〈媒介政治經濟學的悖論──中港臺傳媒與民主變革的交光互影〉，收錄於李金銓，《超越西方霸權：傳媒與文化中國的現代性》，香港：牛津大學出版社。

石之瑜（2002），〈從東方主義批判到社會主義本土化〉，《二十一世紀》，第74期，頁74-84。

樂黛雲（2002），《跨文化之橋》，北京：北京大學出版社。

朱雲漢（2002），〈社會科學本土化的深層問題〉，《二十一世紀》，第74期，頁64-73。

Berger, Peter (1963), *Invitation to Sociology: A Humanistic Perspective*. Garden City, NY: Doubleday.

Carey, James (1992), *Communication as Culture: Essays on Media and Society*. New York: Routledge.

Chang, Won Ho (1989), *Mass Media in China: The History and The Future*. Ames, Iowa: Iowa State University Press.

Geertz, Clifford (1963), *The Agricultural Involution: The Process of Ecological Change in Indonesia*. Berkeley, CA: University of California Press.

Giddens, Anthony (1996), *In Defence of Sociology: Essays, Interpretations, and Rejoinders*. Cambridge, UK: Polity.

Hardt, Hanno (1992), *Critical Communication Studies*. New York: Routledge.

Howkins, John (1982), *Mass Communication in China*. New York: Longman.

Lee, Chin-Chuan (1990), "Mass Media: Of China, About China," in Chin-Chuan Lee (ed.), *Voices of China: The Interplay of Politics and Journalism*. New York: Guilford Press. pp. 3-29.

Lee, Chin-Chuan (2002), "Established Pluralism: U.S. Elite Media Discourse about China Policy," *Journalism Studies*, 3, 3: 383-397.

Merton, Robert K. (1968), *Social Theory and Social Structure*. New York: Free Press.

Mills, C. Wright (1959), *The Sociological Imagination*. New York: Oxford University Press.

Moore, Barrington (1967), *Social Origins of Dictatorship and Democracy: Lord and Peasant in the Making of the Modern World*. Boston: Beacon.

Park, Robert Ezra (1922), *The Immigrant Press and Its Social Control*. New York: Harper.

Prewitt, Kenneth (2002), "The Social Science Project: Then, Now and Next," *Items and Issues*, 3, 1-2: 1, 5-9.

Rogers, Everett M. (1994), *A History of Communication Study*. New York: Free Press.

Song, Yunya, and Chin-Chuan Lee (2014), "Embedded Journalism: Constructing Romanticized Images of China by U.S. Journalists in the 1970s," *Chinese Journal of Communication*, 7, 2: 174-190.

Song, Yunya, and Chin-Chuan Lee (2016), "Perceiving Different Chinas: Paradigm Change in the 'Personalized Journalism' of Elite U.S. Journalists, 1976-1989," *International Journal of Communication*, 10: 4460-4479.

Song, Yunya, and Chin-Chuan Lee (2015), "The Strategic Ritual of Irony: Post-Tiananmen China as seen through "Personalized Journalism' of Elite U.S. Correspondents," *Media, Culture and Society*, 37: 1176-1192.

Tilly, Charles A. (1975), *The Formation of National States in Western Europe*. Princeton, NJ: Princeton University Press.

Tu, Wei-Ming (1991), "Cultural China: The Periphery as Center," *Daedalus*, 120, 2: 1-32.

Williams, Raymond (1977), *Marxism and Literature*. New York: Oxford University Press.

附錄二

入乎其內，出乎其外

走進「流動的家園」

　　傳播研究最早發源於美國，歷史很短。美式的傳播研究如今仍有「全球化」的趨勢，但中國引進傳播學則是上世紀80年代以後的事了。美國傳播研究早年大致有兩個學術範式，一在芝加哥大學，一在哥倫比亞大學。深圳大學丁未教授的專著《流動的家園：「攸縣的哥村」社區傳播與身分共同體研究》，探討來自湖南攸縣、在深圳開計程車司機群體的傳播行為。[1] 她未必著意承續芝大的海外香火，但她的研究與芝大的旨趣竟頗多暗合，在目前中國偏枯而化約的傳播研究圈中，這樣的「異類」是富有深意的。

　　丁未熟稔西方的理論，又注意中國的語境，保持高度的文化自覺。她反映中國社會的變化，理論淵源卻回溯到芝大範式，甚至更早。古典社會學的基本關懷，即如德國社會學家滕尼斯（F. Tonnies）在18世紀末所揭櫫的，就是探討工業化促使Gemeinschaft（有機鄉土社會，英譯為community）轉化為Gesellschaft（機械都市社會，英譯為society）的過程。後來費孝通在《鄉土中國》（觀察社，1948年版）曾援引這組概念，並譯為「禮俗社會」和「法理社會」，藉以對照中西社會結構的差異。質言之，維繫禮俗社會的基礎是依賴血緣、地緣、傳統、友誼這一類親密關係，而法理社會不以沾親帶故為主軸，人際關係必須靠法律和契約來約束。後來人類學家格爾茲（Clifford Geertz）也認為，新興國家的挑戰是如何把「原始關係」（primordial ties）化為「公民關係」（civil ties）。這是「理想型」（ideal type）

1　本文是為丁未《流動的家園：「攸縣的哥村」社區傳播與身分共同體研究》（北京：社會科學文獻出版社，2014）撰寫的序言，刊布於《讀書》2014年第3期。

的概念建構，一脈相承，深刻影響了古典社會學的問題意識。傳播學濫觴時期便曾想像媒介具有萬能魔力，可以長驅直搗Gesellschaft，逐一擊破「烏合之眾」社會裡（mass society）的疏離分子，但這個理論早已被修正得面目全非了。

新科技聯繫三層意義

　　社會學這個古典關懷歷久彌新，丁著與它有兩個重要的聯繫。第一，她的個案來自湖南攸縣在深圳開計程車的邊緣群體，這是中國改革開放以後滋生的特殊風貌。這些司機群體到了擾攘的都市艱苦謀生，為了減少風險，理應逐漸適應新環境，以職業倫理和法律契約為行為準則，實則不然。芸芸眾生，離鄉背井，身處異地，面對陌生的外在環境，心裡有高度的不確定感，更需要和熟人抱團取暖。因此，他們依靠鄉土社會的血緣和地緣關係，凝聚向心力，維繫感情，建立信任，對內互助團結，與圈外人老死不相往來，發生糾紛時更是同仇敵愾。他們不啻在冰冷機械的都市邊緣，複製和建構難割難捨的鄉土關係網絡；縱使生活方式改變，舊有的「關係邏輯」還繼續支配著人際運作。這樣說來，Gemeinschaft與Gesellschaft不是靜態對立，而是在Gesellschaft的生活場域裡鑲入Gemeinschaft的社會關係，兩者交叉同時並存。第二，異鄉邊緣人能在都市角落移植鄉土關係，歸因於現代傳播新科技ICT（包括手機、網際網路、IP電話、車載通信設備）的賦權起了關鍵作用。作者說：

> ICT已經完全融入城市流動人口細微的日常生活，包括內群體之間的交往互動、鄉村社區與城市社區跨地區的連結；同時也融入他們的職業場景、與城市外部世界的接觸與碰撞等等。

　　在此，我們有必要強調：從理論的角度來說，傳播新科技不特是資訊溝通的平臺與觸媒，更是塑造、維護和強固身分認同的動因（agent）；而「傳

播」是具有物質基礎的主要社會現象（phenomenon），不是無足輕重的附麗或寄生現象（epiphenomenon）。

從另外一個角度來看，我曾詳述communication包含的三層意義（見本書第二章）：一是「溝通」，在拉丁文中與community同源，即建立感情與意義的「共同性」；二是「交通」，工業化以後出現快速便捷的現代交通工具，既擴大了人們溝通的距離，也稀釋了溝通的內容；三是「傳播」，及至無遠弗屆的大眾媒介成為生活的重心，更打破了時空的藩籬，比「交通」更擴大溝通的能力，但更進一步稀釋了溝通的內容。丁未描寫棲身於深圳的攸縣群落（該書第四章），栩栩如生，其軌跡竟與上面這三層意義若合符節。在改革開放前，攸縣那些種田的鄉下人資訊封閉，只能靠「捎口信」和外界接觸；後來，隨著經濟改革的大潮席捲，有些年輕人開始出外闖天下，幹起運生豬、拉煤到沿海城市的營生，回程兼做別的生意，賺到錢陸續添購電視、傳呼機和手機帶回鄉下，於是散播了鄉下人對外界產生好奇的「細菌」；等到那些司機眼界大開，便像接力賽一個拉一個，連不會開車的親友也忙著去學開車，他們就這樣先後紛紛落腳到深圳，而且統統以開計程車維持生計。他們形成一個具有內聚力的自足群落，還使用ICT塑造丁未所說的「空中共同體」，這才醞釀出該書那些曲折有趣的故事。看來這些「交通」司機，用最先進的「傳播」科技，最想「溝通」的，轉了一大圈，還是回去招呼有血緣和地緣關係的同鄉人。靠ICT，他們提供交通資訊，宣洩平日心裡鬱悶，萬一開車出了事「一呼百應」守望相助，有的更進一步組織社交和經濟活動。話說回來，若只顧向自己人取暖，卻阻礙了融入當地社會的步伐，日子愈久愈會憋出「無根」的疏離感。

《流動的家園》是傳播社會學的佳作。用我自己的話語來敘述，丁未把「在地經驗」提升到「全球理論」，從容出入於宏觀、中觀和微觀之間，一方面以小見大，一方面從「文化的特殊性」聯繫「理論的普遍性」，進而提供與西方文獻平等對話的基礎。世界上，大概唯有自認為純粹的實證論者才敢妄信，社會科學猶如自然科學，其理論放之四海而皆準。大致來說，倘若自然科學超越國界，人文應當具有比較濃厚的民族文化色彩，而社會科學則

必須平衡文化的特殊性與理論的普遍性，把這個辯證關係拿捏得恰到好處，不要向任何一頭過度傾斜。丁未以韋伯和現象學這一路的方法看問題，不同於一般形式主義者，她沒有把問題本質化或簡單化，沒有把因果關係說得太絕對、太死或太抽象，而是以濃墨重彩刻畫部分與整體的有機聯繫，聚焦於日常生活深層結構「常」與「變」的動態過程。

　　丁未以第一人稱行文，讀起來非常流暢而親切。一定有人會批評她犯了「主觀」的大忌。但現象學的第一要義，根本就是反對把「主觀」和「客觀」攔腰截然兩分，而是提倡「互為主觀」（intersubjective），也就是由不同的詮釋社群對於一些事相賦予不同的意義，然後彼此求同存異，以獲得溝通式的理解。解釋不同，絕不意味著完全無法溝通或理解。丁未會聽故事，會說故事，進得去，出得來。丁未收集零零星星的小故事，重新編織一套完整的大故事，過程中不斷游弋於幾種可能的架構，最後選取最合理、最恰當、最服人的解釋。若換以學術語言來表述，她必先設身處地深入研究對象（現象學稱之為「社會演員」）的生命世界，瞭解裡面所蘊藏的各種直接經驗，這是剝開第一層意義；然後她又跳出那個圈子，把這些人的原始經驗提煉為學術概念、意義、洞見和理論，這是剝開第二層意義。

　　現象學的「雙層解釋」和實證論的「單層解釋」是迥然異趣的。剝筍見心，呈現了簡單的深層結構，但其層層意義互相聯繫，既豐富、複雜又矛盾。好的學者如同飛舞於花叢之間採蜜之蜂，穿針引線，又借助理論視野的燭照，當學者把研究對象的直覺經驗化為系統知識時，應該比研究對象更能站在高處掌握全局，乃至見其所未見。學者切忌天馬行空，或信口開河，以至於寫出的東西被研究對象斥為「離譜」。學術研究是學者與研究對象的互動過程，也是學術社群與證據不斷對話的結果。捧讀該書，無法不感受到丁未的生命躍動，而透過她的耳目和筆端，我們跟著揣摩那群「流浪者」如何構築他們生命的意義。丁未建構的故事不可能是唯一的版本，但我相信是比較可信可讀的版本。

　　我提倡「在地經驗」與「全球理論」的聯繫，容我在此略為申述一下。任何研究都必須在語意學家所說的「抽象階梯」上下來回遊走，企圖找出勾

連具體經驗和抽象理論的最佳點。社會科學不是中國固有文化遺產的一部分，而是自外國接枝生長出來的，我們向外國學習構思的理路、概念和分析方法，都是再自然不過的事。但倘若放棄文化自覺，「先驗地」拿一個現成的外國理論當標準答案，然後在華人社會拚命套取經驗印證——請問何必如此大費周章，而又自動繳械？我完全贊成丁未所採取的韋伯式現象學的路徑，一切認知、題旨和問題意識先從華人社會的生活肌理和脈絡入手，尋找出重大問題的內在理路，然後逐漸提升抽象層次，拾級上升到一個高度，自然會與整個文獻（不管是本國的，還是外國的）直面接觸，這時我們站在制高點取精用宏，有意識地選擇最適當的理論。很少理論可以直接拿來套用，許多理論必須再造，有些理論表面上看似矛盾，其實在不同條件下可以互相參照補充。萬一現有的理論都無法解決問題，學者可以試圖自創一個合適的理論，但那顯然不是簡單的事了。

「黑白世界」以小見大

《流動的家園》是典型的個案研究。個案研究以小見大，中國成語說「麻雀雖小，五臟俱全」，又說「嘗一臠而知全鼎」，西方誇張的文學筆法也說「一粒沙看世界」。這些形象鮮明的描述說明：解剖一個個案，是為了瞭解深層結構，抓「典型」，從中抽繹出特有的洞見和層層疊疊的意義，這是人類學和文學批評擅長的方法，也是哈佛大學商學院特別重視個案分析的緣故。

我曾一再指出，個案研究之所長，不在於「人口的概括性」（population generalization），而在於「概念的概括性」（conceptual generalization）。即使有人研究中國其他都市或其他群落，與丁未的經驗證據不盡相同，甚至獲得相反的結論，也都無關宏旨，因為這不是重點——重點在於丁未所使用的分析概念和架構（例如地緣、血緣和傳播科技的互動）提供了一雙觀察銳利的眼睛。格爾茲研究爪哇島和峇里島的農業生態時提出「內眷化」（involution）的概念，卡多索（F. H. Cardoso）從巴西的政經發展史中提出「依賴發展」

（dependent development）的概念，李普曼首發其端指出新聞媒介和記者通常憑「刻板印象」（stereotype）瞭解外在世界，這些概念的影響力遠跨學科和領域。例子很多，舉一反三，毋庸詞費。

　　除了「以小見大」，丁未自稱接受新的社區研究啟發，要「以大見小」。她強調「外部世界如何投射於局部」，「通過微觀社會如何被宏觀系統結構所形塑，試圖探索微觀社會的宏觀基礎」。這在丁著第四章的〈黑白世界——權力與資源的關係網〉中充分表現出來，也是該書最精彩的部分。自從中國被編織到國際經濟分工的新秩序，成為世界工廠以後，大量中國大陸農村人口奔向沿海，這些流動人口在都市邊緣謀生，必須靠廉價上網才能有效和老家、外界聯絡，然而多頭牽扯的官僚體系因循苟且，在資源配置上一味偏袒地方的權勢者，照顧不到社會底層的需要，因此出現了少數合法的「白網吧」和多數違法的「黑網吧」。只要有利可圖，有社會需求，自然有人肯冒風險，因此「黑網吧」禁歸禁，春風吹又生。這裡面涉及公權力的運作、腐蝕、回避和顛覆，也涉及公權力與人情關係的相生相剋，丁未的分析絲絲入扣，最後落實到關係網上面。全球化的觸角無形無聲，影響到遙遠的深圳某個邊緣角落，雖然這些人茫然不知；國家政策和公權機關遇上「前現代」的人情因素，便產生了丁未所說的「黑白世界」：

> 在那些黑、白網吧的背後，其實有著一張錯綜複雜的權力之網，而且這張網從國家到地方政府再到社區，一直延伸到像石廈村這樣的民間最底層。

　　這樣生動的描述何止「從大見小」，也是「從小見大」，簡直是交光互影了。全球化、國家、權力、資本、階級、職業、個人、家庭、鄉情、傳統、現代，如何解讀這盤複雜矛盾而曲折多致的拼圖？丁未絕對無懶可偷，無簡單而現成的理論可套，只能另闢蹊徑，從政治經濟學、經濟人類學、社會學和傳播學的交叉介面，以嫻熟的繡花針法，編織出一幅細緻而深刻的圖景，既提供微觀的宏觀基礎，也引領著接下來幾章的微觀分析，首尾呼應，

構成全書最有原創貢獻的篇章。對我來說，這是聯繫「在地經驗」到「全球理論」的成功例證。

在中國社會，想要研究邊緣群落，如果不被接納為「圈內人」，必將不得其門而入。要成為「圈內人」，必須攀關係；要攀關係，必須先「搞熟」。據我所知，丁未投資了兩三年培養交情以後，研究對象才慢慢肯開口，處久了芥蒂漸失，有的引以為友，有的更是珍惜有機會和丁未老師探討人生。一旦不生分以後，丁未可以上門做客、拜年，互約吃飯傾談，司機停在路旁向她吐訴辛酸。最神奇的是人家願意和她分享「不足為外人道也」的私密——包括網上留言，對講機號碼，手機短信，手機通信記錄，給公司的建議書，甚至涉及婚姻齟齬的通信。若非獲得他們充分信任，焉能錄得這些入微而毫無戒心的談話，焉能完成多次的問卷調查？我懷疑丁未是掃除資料的「清道夫」，過後片甲不留。更重要的是她從「圈內」跳到「圈外」，賦之以學術意義，把才華和功力都發揮得淋漓盡致。

在做田野工作的過程中，學者應該如何自持？學者和研究對象如何保持互信而不逾矩？學者是否可以隱藏身分？學者如何妥善使用田野紀錄，才不辜負對方的信任？美國人特別講究「專業界線」（professional boundary），公私之間刻意保持適當的距離，美國社會學學界近年來對這些倫理道德的問題高度重視，但爭論不休。由於中國是人情社會，以關係為重，交情就是信任，社會底層普遍缺乏隱私的概念，更難得有著名教授肯前來關懷他們的弱勢處境，所以群己之界和美國很不一樣。這種文化差異，也許無關對錯，但人情如何影響倫理關係的界定，如何影響研究的信度和效度，作者倘若以親身經歷提出深刻反思，另寫一篇長文加以闡發，對跨文化研究當有重要的貢獻。

丁未研究的「的哥」們學歷普遍不高，但民間話語活潑鮮跳，擲地有聲，充滿了生命智慧。我最感興趣的例子是：攸縣司機家庭多擺有觀音和關公的雕像，每天上一炷香求保平安，但僅僅幾步之遙的楊侯宮終日香火不斷，他們卻從來不去，甚至不知道，因為「那是他們的觀音」。丁未接著說：「可見，在他們的眼中，連觀音這尊佛像都有地域之別。」我讀到這一

段，不禁莞爾失笑。中國人的直覺智慧了得，意簡言賅，意在言中，甚至意
在不言中，三兩句話就搔到癢處，但往往只道出結論，卻不太交代中間推論
的過程。西方社會科學必須結合概念、邏輯和證據，環環相扣，縝密推論，
絕對不能隨便跳躍，不能大而化之，這種習慣對中國人可能是比較陌生的。
兩種不同的思考和語言方式各有利弊，如何接通並融合它們，就像學者如何
把一般人的「自然言語」化為系統的「學術語言」，都是中國學人的共同挑
戰。

第二篇

民國報刊

新聞與歷史的聯繫

第六章

近代中國的文人論政

現代中國報刊歷史很短，一百多年前始由西方傳教士引進，新聞教育則直到上個世紀20、30年代才從美國移植到中國。百餘年以降，中國報刊的主要角色是救亡圖存，其三部曲是啟蒙、革命與追求國家現代化。這些角色結合了中國士大夫傳統及現代知識人精神，形成一種鮮明的「文人論政」風格。梁啟超經過日本明治維新的中介，引進西學，宣導新民，影響了數代中國知識人的視野和志趣。清末保皇黨和革命黨在言論戰場的對峙，以及後來國共媒介爭奪戰，爭取民眾，建立法統，貫穿了中國近代史的場景。本文是《文人論政：知識分子與報刊》的導讀，該書旨在結合民國史家與新聞學者，促進兩個學科的交流與對話。[1]

我必須先簡略說明《文人論政：知識分子與報刊》的緣起。香港城市大學傳播研究中心提供學術平臺，於2007年四月召開兩天的研討會，邀請中國大陸、臺灣、香港與美國部分專研民國史和新聞的著名學者共聚一堂，廣泛切磋，熱烈討論。論文經過多方嚴格評論，仔細修訂，以捕捉民國報刊「文人論政」的特色，並考察其成就與限制。我的學術專業不是新聞史，本來不應該班門弄斧。只因負責組織這場會議，編輯這本書，先睹各篇論文為

1　李金銓主編（2008），《文人論政：知識分子與報刊》，桂林：廣西師範大學出版社。繁體字版《文人論政：民國知識分子與報刊》，臺北：政大出版社。本文為該書導讀，承張詠教授惠賜修訂意見，特此致謝。

圖 6.1　《文人論政》。

快，似有義務交代全書的旨趣和背景。茲以個人粗淺的理解，配合會議觸及的討論，忐忑寫下這篇讀後感，分三部分：文人論政，自由與民主，範式轉移。權且放在卷前就教方家。

中國近代報刊的研究，以民國時期為主，現今還在篳路藍縷、開啟山林的階段。據統計，北京國家圖書館收藏民國時期報紙凡三千種，刊物凡一萬種，浩瀚大觀，但目前只有《新青年》、《努力週報》和《獨立評論》等少數刊物印行，由此激勵學術研究洵非偶然。《文人論政：知識分子與報刊》策劃伊始，即邀約學者們就範圍內擇題撰文，不料多數作者不約而同環繞胡適的言論事業展開討論，有些題材即使不以胡適為中心，也無法不旁涉他的角色。這裡到底透露些什麼訊息？臺灣的胡適研究始終沒有斷絕，大陸長期禁忌打破以後近年來更躍登顯學，固因獲得原始材料較為便捷，在深層意識上卻是重新確認胡適的地位。

論辦報和論政風格，影響之大，梁啟超（1873-1929）可謂晚清到民國以來的第一人，無有出其右者。梁啟超身兼數職（官員、學者、流亡者、報人），他象徵了知識人以報紙為突破口轉換身分，試圖重新進入政治輿論的中心。早年民國報人多半留學日本，以日本的大報為藍本，接受明治維新所轉介的歐美思潮洗禮。除了梁啟超，還有《大公報》的胡政之、張季鸞和吳鼎昌，乃至邵飄萍、林白水等等，都以日本為轉口站來理解自由的要義。

胡適（1891-1962）是中國自由主義者的典範，承先啟後，比上一輩的梁啟超更有知識群體的自覺，他對同輩有號召和鼓勵的作用，對下一輩更有啟蒙、示範和提攜之功。他那一代的轉型中國知識人，以歐美自由主義為綱，以刊物為形式，針砭國事。胡適對報業的直接影響當然不如梁啟超，胡適似乎也未曾以報人自居。余英時教授對胡適平生學術志業以及在新文化運

圖6.2　胡適（1891-1962），攝於1914年。（中央研究院胡適紀念館提供）

圖6.3　青年胡適成為民國自由知識界論政的中心。（中央研究院胡適紀念館提供）

圖6.4　《新青年》開啟胡適的言論事業。

動的地位有鞭辟入裡的分析，但對其言論事業著墨不多，[2]因為論政只是胡適整體成就的一部分，甚至未必是他最大的成就。縱使如此，胡適不愧為民國時期自由知識人論政的中心，像磁鐵一般吸引志同道合者。他在教學、治學和短暫從政之餘，拿起筆寫時評，建立言論事業（應該只能說是「副業」）的榜樣，闡述民主、自由與人權，時而尖銳批評現實政治，以致屢遭各方圍剿。《努力週報》（1922-23，共75期）談政治而碰壁，《新月月刊》（1928-1932，共4卷7期）為人權問題與國民黨弄得關係非常緊張，接著《獨立評論》（1932-1937，共244期）因揭露華北自治而被地方勢力查禁。[3]

　　1949年以後，胡適左右不討好。1950-1952年間，中國大陸發動全國政治運動批判胡適，1954-1955年更大規模清算胡適思想。[4]而國民黨遷臺以

2　余英時（1987），〈中國近代思想史上的胡適〉，收入《中國思想傳統的現代詮釋》，臺北：聯經出版事業股份有限公司；亦收入余英時（2004），《重尋胡適歷程：胡適生平與思想再認識》，桂林：廣西師範大學出版社。

3　楊金榮（2003），《角色與命運：胡適晚年的自由主義困境》，北京：生活・讀書・新知三聯書店，頁101。

4　1954年全國大規模批判胡適的討論會21次，僅三聯書店結集出版者計八輯，100多萬

後，蔣經國曾因為《自由中國》的言論及雷震組黨而犯怒，於1956年發出六十一頁的《向毒素思想總攻擊！》冊子，矛頭直指自由主義者、胡適和其他人。[5]國共政權都以胡適為批判對象，因此研究「胡適派學人群」（章清語）[6]的言論，探討其時代背景、貢獻與限制，實在深具「文人論政」的範式意義。在《文人論政》裡，潘光哲教授分析《努力週報》（第四章），章清、張太原、陳謙平諸教授分析《獨立評論》（第五、六、七章），林淇瀁教授分析《自由中國》（第十四章），幾乎涵蓋了胡適論政的整個心路歷程。由探討胡適的歷程，我們更深刻瞭解中國近代報刊史、自由主義思潮在中國、知識人與權力中心等一連串問題。

正當大陸上民國史學界如火如荼「重新發現」胡適在各個領域的成就，專題著作已逾數百篇，唯獨新聞史界無動於衷，讓人愕訝不已。權威教科書《中國新聞事業通史》，凡三巨卷，第二卷第八章涉及五四時期的新聞事業，僅簡略提及陳獨秀與胡適在《新青年》分道揚鑣，此外全書未再提及胡適，更無一字及於《獨立評論》。複查第三卷卷尾的名詞索引，長達一百六十五頁（1056-1221頁），竟無一語提及《努力週報》或《獨立評論》。[7]大凡歷史重要人事俱可褒貶，但漠視或回避則未免留下一些缺憾。在這個意義上，《文人論政》是歷史學界為新聞史界提供部分補缺，但所彌補的不過是一個非常小的缺口，因為無論從問題意識到資料分析，從點面研究到縱橫比較，新聞史研究都還有漫長的道路要走。

字。1959年，胡適出席夏威夷東西方哲學討論會時說，1954-1955兩年大陸發表300多萬字文章，清算「胡適幽靈」，每一篇幾乎都罵到他的老師杜威。見楊金榮，《角色與命運》，頁318、323。

5　見雷震（1978），《雷震回憶錄》，香港：七十年代雜誌社。

6　章清（2004），《「胡適派學人群」與現代中國自由主義》，上海：上海古籍出版社。

7　方漢奇主編，《中國新聞事業通史》，北京：中國人民大學出版社，共三卷，第二卷1996年，第三卷1999年。

一、文人論政

　　民國知識人以報刊論政報國。這是儒家士大夫轉型到現代知識人的階段，這個階段正是余英時教授所說的「中國知識分子邊緣化」的一部分。1905年廢除科舉制度。五四運動以後，社會劇變，中西文化激烈衝突，一方面要揚棄固有文化的包袱，一方面學習西方的思想與制度。知識人手無寸鐵，急於救國，在何去何從之間如何拿捏分寸？余英時指出：「中國知識分子接觸西方文化的時間極為短促，而且是以急迫的功利心理去『向西方尋找真理』的，所以根本沒有進入西方文化的中心。這一百年來，中國知識分子一方面自動撤退到中國文化的邊緣，另一方面又始終徘徊在西方文化的邊緣，好像大海上迷失了的一葉孤舟，兩邊都靠不上岸。」[8]他說，民國初期中國社會仍然尊重知識人，而知識人也保存濃厚的士大夫意識。從19世紀末到「五四」時期是士大夫逐漸過渡到知識人的階段。到了1920年代末，士大夫文化基本已消失了，知識人迅速邊緣化，而到了1940年代，士大夫的觀念已徹底死亡。[9]

　　前面說過，在民國時期文人論政的場景中，「胡適派學人群」的言論事業，從《努力週報》、《新月》到《獨立評論》，象徵1920-30年代間自由知識人的國事參與，其角色特別突出。儘管當時社會上還是以從前對士大夫的心理期待於新一代領袖，知識人其實已經邊緣化了。余氏的分析提供兩個重要的訊息。

　　其一，1932年孟森在《獨立評論》寫了一篇論文，希望中國能產生一批新的「士大夫」，足以構成社會的重心。其二，比起梁漱溟和其他人，胡適從士大夫轉型到現代知識角色固然是比較完整的，但心態上還是沒有完全轉過來。余英時說：

---

8 余英時（1992），〈中國知識分子的邊緣化〉，收入《中國文化與現代變遷》，臺北：三民書局，頁33-50，引自頁49。
9 同上。

　　胡適在美國受過比較完整的現代教育，他在提倡白話文時也明白反對
過「我們士大夫」和「他們老百姓」的二分法。但是他後來在討論中國
的重建問題時，稍不經意便流露出士大夫的潛意識，所以他把日本的強
盛歸功於伊藤博文、大久保利通、西鄉隆盛等幾十個人的努力。言外之
意當然是寄望於中國少數知識領袖做同樣的努力。[10]

　　胡適在《獨立評論》曾主張由「知識階級、職業階級的優秀人才」組
成「干政團體」監督政府。從這兩個例子，我們可以推知知識人嚮往士大夫
時代的落日餘暉。因此，我們首先必須瞭解民國文人論政的基本限制：一方
面，知識人的地位已今非昔比，而且還在繼續滑落，但好在有現代大學做後
盾，他們不需要做報人，也可以透過媒介發言；另一方面，他們囫圇吞棗從
西方引進各種主義（包括自由主義和馬克思主義），都不免流於皮毛膚淺，
最後難於生根。

　　轉型的知識人不忘「作之師」，既是學者，又是能文的時評家，類似
今天的「公共知識人」。文人論政有哪些特徵？其一，現代中國知識人抱著
「以天下為己任」的精神，企圖以文章報國，符合「立德、立功、立言」的
三不朽。若以胡適為座標，前輩的康梁，同輩的論敵陳獨秀、李大釗，同輩
眾多的論友，以及後輩的儲安平（即《觀察》主編），像接棒一樣不絕如縷
繼承了這個言論傳統。以時間的跨度來說，以民初軍閥割據登場，接著應付
列強侵略，經歷國民黨專政，宣布對日抗戰，以至於國共內戰，真是內憂外
患，鮮有寧日。自由知識人開始接受西潮思想，走出書齋，面對國家落後和
民族存亡，思以言論報國，甚至言論救國。他們在整個政治舞臺充其量是配
角，雖發揮道德力量，實際的政治作用則不能高估。

　　文人論政以同仁刊物為主，因為本錢小，何況論政只是學者文人的副
業，他們無法全力辦報。[11]早年康梁秉承士大夫的精神，吸收日本明治維新

---

10 同上，頁37。
11《努力週報》和《獨立評論》都是社員每人捐出固定收入5%。《大公報》也只有5萬

轉引的西方思潮，自不待言；到了胡適那一代人
直接向英美取經，從士大夫轉型到現代知識人，
精神召喚卻仍然深受士大夫傳統所鼓舞。《大公
報》的張季鸞初始學習日本後來轉向英美，既是
書生論政，也開始向職業報人轉型（詳後）。但
無論西化程度多深，這些人的身上洗刷不掉儒家
士大夫的薰陶，連反儒家反傳統者（如魯迅）的
道德承擔也有濃厚的儒家痕跡。香火薪傳，一直
伸展到臺灣一隅的《自由中國》。幾代關鍵人物
錯綜複雜的關係網絡、思想脈絡的傳承，以及其
間之異同，尚待學界進一步釐清。

圖6.5　胡適為學論政的基本精神。

　　其二，他們感染儒家「君子群而不黨」的思想，無黨無派，個人主義的
色彩濃厚，以國士自許，以清高自鳴，組織鬆散，效法英國的費邊社，論政
而不參政。迨至九一八事件（1931年）爆發，國勢危殆，迫在眉睫，國民黨
當局延攬《獨立評論》成員（如翁文灝、蔣廷黻、吳景超、周詒春、何廉）
入閣，從政後即須退出論政團體。中國文人向來崇拜文字，傅斯年曾致信胡
適說：「與其入政府，不如組黨，與其組黨，不如辦報。」這幾句話表達知
識人對政治崖岸自高的態度，也不啻高估了媒介和輿論的社會力。儲安平
在《觀察》創刊詞強調，它是一個「發表政論」而非「政治鬥爭」的刊物，
「大體上代表一股自由思想人，並替善良的廣大人民說話外，我們背後更無
任何組織」。[12]正因為他們沒有組織力量做後盾，知識人常感左右不是人。
以《大公報》地位之崇隆，胡政之猶慨乎言之：「我們始終是一個有理說不
清的秀才」。[13]

　　許紀霖稱這批純粹論政的文人為「觀念自由主義者」，一盤散沙，坐而

元資本，不接受津貼或資助，準備賠光本錢即關報，不料營業情況甚佳。
12　引自謝泳（2005），《儲安平與《觀察》》，北京：中國社會出版社，頁113。
13　引自張育仁（2002），《自由的歷險：中國自由主義新聞思想史》，昆明：雲南人民出
　　版社，頁485。

言，不能起而行。另外一批「行動自由主義者」，包括張君勱、羅隆基、王造時等（他們都是拉斯基的門徒），加盟1934年成立的國家社會黨。1941年知識人更結集成立「中國民主同盟」。[14]他們救國有心，行動無力，只能在國共鬥爭的夾縫中討空間，最後奄奄一息，慘遭失敗。1949年以後國府遷臺，雷震創辦《自由中國》，奉胡適為精神領袖和保護傘；該刊備受特務打擊，雷震深感言論本身乏力，乃著手籌組反對黨，終致引起當局撲殺而一敗塗地。雷震從言論走向行動，在組黨的過程中胡適雖然給予道義奧援，並未參與實際行動。[15]《自由中國》不得善終，倒成為日後臺灣黨外運動的精神寶塔，也是黨外雜誌援引的文化泉源（詳見《文人論政》第十四章及第十五章）。[16]

其三，知識人和國民黨當局的關係曖昧，殊堪玩味。1930年代民族主義高漲，國民黨右傾化，日趨專制，文化復古，搞黨化教育，以期扭轉五四運動以來「不破不立」的革命風氣。而知識界開始左傾，以馬克思主義的觀點分析中國問題，掀起五四運動以後的社會主義高潮。張太原教授（第六章）從銷路、地理分布、外稿數量以及社會評說等指標，說明《獨立評論》的自由派知識人從邊緣走到權力中心。該刊成員多為留美北派歸國學人，原與南

14　許紀霖（1999），《自選集》，桂林：廣西師範大學出版社，頁98-109。

15　雷震（2003），《雷震回憶錄之新黨運動黑皮書》，林淇瀁校注，臺北：遠流；張忠棟（1987），《胡適五論》，臺北：允晨文化；張忠棟（1990），《胡適，雷震，殷海光》，臺北：自立報系出版社。

16　1950年代另一文人論政的典型是《民主評論》徐復觀，他在政治上追求自由民主，但在文化上反對《自由中國》胡適、殷海光所代表的西化立場，見徐復觀，《學術與政治之間》，臺中：中央書局，1956年（甲集）1957年（乙集）。《自由中國》最重要的主筆殷海光，乃中國自由主義者的典範，見章清（2006），《思想之旅：殷海光的生平與志業》，河南：河南人民出版社。《自由中國》被禁以後，整個1960年代臺灣噤若寒蟬，1970年代初期國府內外交困，年輕學人合辦《大學》雜誌論政，提倡革新保臺，受到《自由中國》的啟發。《大學》雜誌失敗以後，黨外運動和黨外雜誌乃應運而生。參閱李金銓（2004），〈星星之火，可以燎原——臺灣報業與民主變革的崎嶇故事〉，收入《超越西方霸權：傳媒與文化中國的現代性》，香港：牛津大學出版社，頁135-164。

京政府若即若離，但九一八事件後，有四分之三成員進入中央一級政府，甚至以個人身分入閣，位居要津，算是進入了權力的「準中心」，影響遠過於以吳宓為首的中央大學《學衡》派南方學者。然而知識人在政府發生什麼作用，施展過什麼抱負，雙方的蜜月如何轉變，何以與政府分道揚鑣，這些問題都待細考。[17]《獨立評論》下筆平和，卻遭地方勢力（宋哲元）的查禁，又遭共產黨的攻擊。大致而言，該刊影響所及，僅限於都會城市的知識和輿論階級，與廣大底層群眾幾無關聯；侃侃而談，而不能影響不識字的農民和勞工。[18]《新青年》和《觀察》亦復如是。《觀察》每一卷有報告書，寫編者的甘苦和發行量，承認有的讀者是中學生，但儲安平明言《觀察》是辦給高級知識人看的，中學生不在其內。

　　桑兵教授（第十章）分析抗戰時期國民黨資助學人辦學術刊物，對外以抗日救國為目標，對內宣揚主義，推行黨務，對抗左翼的攻勢，但所有的努力終歸失敗，何故？這裡不得不探討國民黨的本質以及統治作風。首先，王奇生把國民黨定位為一個「弱勢獨裁政黨」，有獨裁之心，無獨裁之力，縱置黨於國之上，卻從未建立堅強的政權合法性；[19]國民黨企圖以三民主義治國，但這個弱勢意識形態無法匹敵自由主義或馬克思主義；國民黨企圖動員文人和筆桿子建立合法性，但知識人並未普遍認同這個政權。後來國民黨日趨腐化，與知識人和中間力量更加疏離。其次，國民黨的組織師法蘇共，但

---

17 對於入閣，尚待釐清的問題：（1）人脈關係；（2）入閣的學者有多少是接受當局的籠絡，有多少是基於文人「學而優則仕」和「幹政治」的傳統心理？（3）入閣後必須擁護政策，不能大唱自由民主，學者有沒有這個自覺，如何適調其心理，如何改變其言論？

18 輿論的影響可以見諸（1）傳遞信息；（2）改變政策；（3）針砭時政；（3）傳播理念；（4）建立社會共識等各方面，這些都需要更多材料始能探討。傳播效果的研究在微觀上通常看短期的認知、態度和行為如何受到媒介改變，宏觀上則注意媒介如何建構社會現實和其意義，以及媒介作為平臺如何與其他社會力量（如權勢者、社會團體、民眾）互動。

19 王奇生（2003），《黨員、黨權與黨爭：1924-1949年中國國民黨的組織形態》，上海：上海書店出版社，頁2。

黨國體制脆弱散渙，徒襲蘇共的組織形式，缺乏其組織與意理的內聚功能。
蔣介石利用派系搞平衡，即如資助學人刊物的部門已甚駁雜，包括侍從室、
黨部、國防設計委員會、教育部等，不斷上演互相牽制、傾軋、拆臺的劇
碼，最後連蔣介石也失去控制。桑兵教授在文中縷述顧頡剛於1938年獲組
織部長朱家驊資助，辦通俗大眾刊物，竟屢遭教育部長CC派陳立夫抵制，
弄得不歡而散。[20]國民黨內鬥之慘烈，與自由學人關係之緊張，可見一斑。
第三，如同王奇生的細緻分析，儘管國民黨自稱全民政黨，強調國民革命，
其實組織鬆散，重中央，輕地方，重上層，輕下層。[21]國民黨的宣傳和意識
形態並未獲得知識人衷心支持，更與下層嚴重脫節。知識人接受國民黨資助
辦刊，不免與自身的理想發生衝突，他們在動員民眾的過程中，也逐漸左傾
赤化。例如顧頡剛的宣傳必須順應左派青年的熱情，卻導致陳立夫批評刊物
社內太多共產黨人。等到國民黨退守臺灣，統治彈丸之地，言論控制比當年
在大陸有過之無不及。

二、自由與民主的辯證

　　一般公認圍繞胡適論政的學者文人、《大公報》的筆陣，乃至《觀察》
的主編儲安平，都是一脈相承的中國自由主義知識人。什麼才是「自由主義
者」？自由主義成其為「自由主義」，必須符合某些基本要素。光有自由的
文化傾向或態度，未必是自由主義者。自由主義在西方有眾多流派，在中國
的歷史場景又作何解？晚清「自由、平等、博愛」（法國大革命的口號）是
一起從日本介紹到中國的。梁啟超最早所談的是「自由之義」，不是「自由
主義」。五四運動談「德先生」，當時中國普遍貧窮，對於自由與平等的矛
盾尚無深刻的體認，問題必須到後來才逐漸突現。還有，「自由主義在中

20　參閱余英時（2007），《未盡的才情：從《顧頡剛日記》看顧頡剛的內心世界》，臺
　　北：聯經出版事業股份有限公司，頁52-65。
21　王奇生，《黨員、黨權與黨爭》。

國」如何轉化成為「中國的自由主義」？

歸納起來，大約有四種方法考察「自由主義者」。一，高力克教授（第二章）從哲學高度，以「自由主義」為「後設」概念，檢查陳獨秀和胡適對自由理解的異同。「中國自由主義者」是轉型知識人建構的文化認同，他們通過現代制度（包括學院和傳播媒介）形成獨立身分。「後設」概念難免高度化約，可能漏掉一些人物和報刊；但高文只具體地討論陳、胡兩人，不是泛論自由主義。二，章清教授（第五章）從歷史文本的脈絡考察「自由主義」在中

圖6.6　余英時重尋胡適的思想歷程。

國如何命名。他發現「自由主義」之名始自1920年代，而且竟是來自敵方，例如汪精衛和共產黨歸類胡適和《新月》為「自由主義者」，含有貶義。張佛泉則肯定自由主義，並溯及既往，將《新青年》納入其內。三，由當事人自我認定，例如《觀察》的儲安平等人公開以「自由主義者」自居。但此法也有缺陷，一來名實未必相副，二來有人未自稱自由主義者（如吳宓），卻與自由主義者無甚分別。四，置諸保守主義、自由主義、激進（馬克思）主義的光譜相對比較而得出結論。話說回來，自由主義陣營中因理論自覺程度不同，以致產生民主與獨裁、問題與主義、科學與哲學的爭論。

中國知識人以儒家格「自由主義」之義，多半帶有文化母體的精英傾向，即連西化學者也以啟迪民眾自許。知識人普遍具有國族的傾向，深信國家興亡，匹夫有責，他們把自由民主當成救國圖存、強兵富國的工具，並不是為最高的基本終極價值。北伐成功以後，國民黨實行一黨專政，並依孫中山的「軍政、訓政、憲政」三步驟，準備實行訓政。1929年胡適連續在《新月》撰文，質疑「我們什麼時候才可以有憲法」，批評孫中山的「知難行易說」，攻擊國民黨「鐘擺又回到極右」，和國民黨（包括立法院長胡漢民、上海特別市黨部和教育部）的矛盾激化，幾乎立於劍拔弩張的境地。胡適在回答國民黨的惡言相向時說：「上帝我們尚且可以批評，何況國民黨與孫

中山！」[22]後經宋子文和陳布雷斡旋，胡適和蔣介石的關係才逐漸改善。《新月》時期，國民黨搜捕羅隆基，要求光華大學解除其教職，幸虧胡適出面調解，給羅一個下臺階。（羅隆基旋即北上加入國社黨，並主持天津《益世報》筆政。）除了胡適和羅隆基，當時一般知識人並未特別強烈反對國民黨的訓政。在國族化和工具化的前提下，民主自由似乎是可以擺著商量的。知識人不滿國民黨的訓政獨裁，那是局勢發展以後的事了。

更有力反映了這種精英和國族的傾向的，莫過於陳謙平教授（第七章）和章清教授（第五章）分別分析抗戰期間《獨立評論》辯論民主與獨裁的道路。國難當前，美英派學術領袖（如丁文江、錢端升、蔣廷黻）懷疑若「自由民主」不能救國，不如以「大獨裁」取代「小獨裁」，以「大專制」取代「小專制」，以統一國家取代軍閥專制，等待抗戰勝利以後才實行憲政。眾聲喧囂，唯有胡適獨排眾議，維護民主價值，力斥其非，但他勢單力薄。《大公報》也有類似辯論，羅隆基的民主論對峙蔣廷黻的獨裁論。平心而論，雙方都沒有放棄民主憲政，唯有胡適視之為目的，對手把它當成救國的工具，遂出以兩分法，用「獨裁」替代「民主憲政」為策略。[23]這個辯論背後的政治生態則是蔣介石改善與知識人的關係。此外，張君勱的國社黨提出「修正的民主政治」，希望調解個人自由與國家主權。鄭大華教授（第八章）分析，羅隆基先前在《新月》鼓吹人權，為國民黨所惡，辭去光華大學教職，北上參加張君勱的國社黨，並取代錢端升（錢在《獨立評論》的辯論中支持「獨裁說」）主持《益世報》筆政。該報原來是中立保守的天主教報紙，於九一八事件以後變得激進。羅隆基提倡憲政，批評國民黨專制，捍衛公民選舉權和言論自由，報紙聲名大噪。

以言「低調民主」和「高調民主」，高力克教授（第二章）分析民初陳獨秀與胡適的自由民主觀念。合而論之，應該說陳獨秀揭櫫「高調民主」，

22　楊天石（2007），《蔣介石與南京國民政府》，北京：中國人民大學出版社，頁225-250，引自頁239。

23　參閱張忠棟，《胡適五論》。《獨立評論》的「獨裁說」與梁啟超的「開明專制」有何異同，值得進一步探討。

胡適提倡「低調民主」。若再根據柏林（Isaiah Berlin）的分法，[24]胡適應該是典型的「消極自由者」，陳獨秀在五四前期則是「積極自由者」。胡適承認人的有限性，沒有把政治道德化，認為「好政府」是為人民謀福利的「工具」，提倡代議民主、共和國家和憲政政府。胡適接受了實踐主義的技術取向，迥異於中國傳統政治哲學的道德傾向。[25]相反的，陳獨秀接受盧梭的「道德公益自由觀」，又以黃宗羲的「公天下」批評君王的「私天下」，故而排斥政黨政治，以追求大眾參與和直接民主為目標，最後即是集體主義的烏托邦。儒家道德理想主義容易接受這種「高調民主」。這兩套民主理論具體而微刻畫了近代中國自由派和激進派的鬥爭，甚至對於瞭解發動「文革」的政治思想根源深有啟發。[26]事實上，1917年胡適參加《新青年》時，與陳獨秀並肩作戰，同為五四運動及新文化運動領袖，都接受西方自由主義，提出「德先生」和「賽先生」的口號。他們分裂起於1920年《新青年》改組，成為中共在上海的刊物。1929年陳獨秀被清除出黨，晚年回到自由主義的陣營，與胡殊途同歸。

　　在此，必須提到楊琥教授（第三章）對《新青年》的〈通信欄〉所作的

---

24 柏林（1986），《自由四論》，陳曉林譯，臺北：聯經出版事業股份有限公司，頁40-70（原著為Isaiah Berlin (1969), *Four Essays on Liberty*. Oxford: Oxford University Press）。拉明・賈漢貝格魯（2002），《柏林談話錄》，楊禎欽譯，南京：譯林出版社，頁37-40（原著為Ramin Jahanbegloo (1991), *Conversations with Isaiah Berlin*. Paris: Editions de Felin）。

25 美國的pragmatism譯為「實踐主義」比約定俗成的「實用主義」貼近原意。「實用主義」指美國人在新大陸發展出來的務實傾向，反對歐洲舊大陸的玄談，最重要是看「怎麼做有結果」，不拘泥於意識形態的對錯之爭。此處不能誤解為中文裡把「實用」視為投機、不顧原則的貶義。

26 史華慈（Benjamin Schwartz）說，毛澤東以道德領袖代替黨組織的機器，塑造「應然」的、大公無私的群眾，而不是「實然的」群眾。其思想與孟子（「君子」可以努力實踐「善端」）和盧梭（道德傳統）暗合，但更重要的根源來自中國本土遊俠傳統的異端，如《三國》、《水滸》、《西遊記》等。見蕭延中（2007），〈文革的政治思想根源——史華慈論盧梭、孟子與毛澤東〉，《思想》，5期，臺北：聯經出版事業股份有限公司，頁1-26。

分析。通信欄是從傳教士報紙學來的，但在《新青年》始變成常設。楊文不從文本解釋，而從傳播史的角度入手，考察知識群體（編者、讀者）與思想的互動，對話促進輿論的深化，並形成啟蒙運動的橋梁。放在更大的架構來看，陳獨秀成為北大教授，身分改變，提高了《新青年》的地位和影響力。

自由派第一要義是「自由」，激進派第一要義是「平等」，自由和平等有內在的辯證緊張。推到極端，完全的自由可以導致弱肉強食，也就是用自由的條件達到不自由的結果；極端的平等又可能妨礙自由的表現。自由與平等沒有適當調節，兩者可能皆落空。當然，很少人是這麼極端的，胡適固然以自由為第一要義，但也接受平等的價值，號稱「新的自由主義」或「自由的社會主義」。《觀察》既說平等，也說自由，俱是符合二戰結束後的世界思潮。到了臺灣的《自由中國》也講自由平等。說到平等，還有兩種基本的看法：自由派強調「機會」平等，激進派強調「結果」的平等。機會平等是「立足點」平等，期以法律保障人們權益不受歧視或侵犯，進一步充分發揮個人聰明才智。孫中山取法歐美，強調立足點平等。激進派認為機會平等不夠，強調社會資源的分配必須達到「結果」平等而後已。孫中山批評這種「齊頭式的平等」壓抑聰明才智，反而是「假平等」，故說馬克思是病象學家，而非病理學家。以今日的眼光來看，追求「結果」平等的理想雖好，其極致卻是中國「文化大革命」期間人人有「貧窮的平等」。如何兼顧「自由」和「民主」，我寫過下面一段話：

> 我們必須面對三大挑戰：其一，自由派強調自由，激進派強調平等。沒有自由的平等是威權主義的，壓制性的；但是沒有平等的自由是排他的，而最終是非民主的。為了兼顧兩者，沃勒斯坦（I. Wallerstein）把自由（liberty）和平等（equality）合併成為「平等自由」（equaliberty）一個字。其二，如何兼顧理想跟實踐？如果默默接受自由派的實用取向，危險可能就附和現狀，導致想像力的枯竭；但空有理想，無法實現，充其量是一場筆墨的空頭戰，我稱之為「抽掉政治的文化批判」（cultural critique without politics）。其三，世界中心發展出來的論述，如

何配合區域的、民族和跟地方的論述？有哪些西方論述是可以借鑑（不是照搬）來分析一層一層的具體問題？[27]

　　近代中國的啟蒙是不斷破壞傳統文化和不斷向西方「借光」的過程。自由民主思想在西方有其語境，輸入中國橘逾淮為枳，國人對西學的瞭解多半流於片面，思想界形成一個混亂的局面。當時官方推行保守的黨化三民主義。流行於中國知識人間的卻是西方思潮，首先是自由的民主主義，特別是胡適自美國引進的實踐主義，宣揚科學方法，提倡民主、自由、科學，主張溫和漸進改革，用胡適的話，就是「多談些問題，少談些主義」。張詠教授聯同筆者（第十三章）沿此脈絡分析，密蘇里新聞教育蘊藏美國實踐主義的精神，為五四以來的時賢所接受，認為切合中國所追求的「德先生」和「賽先生」，因此一拍即合。密蘇里為中國提供一個可行的新聞教育範式，傳布之速勢如破竹，為跨文化交流罕有的特例。二是馬克思主義，特別是蘇維埃革命的版本，後來更成為中共革命奪權的理論利器。這一部分大家知之甚詳，不贅。

　　第三種西方思潮是社會民主主義，尤以費邊社靈魂人物拉斯基（Harold Laski）最重要，他風靡了中國知識群，張君勱、羅隆基、儲安平、王造時等人且列其門牆，拉氏觀點後來更塑造了《觀察》（1946-48）的風格與基調。拉斯基的政治魅力一時駸駸然超乎胡適自美國帶回的杜威哲學。高瑞泉教授（第十一章）分析《觀察》自由主義視域的平等觀念。該刊標榜「民主、自由、進步、理性」，採取中左立場，追求英美和蘇俄之間的「第三條道路」，爭取政治民主（自由）和經濟民主（平等）。「不患寡而患不均」的古老中國思想其來有自，知識人希望在英美民主政治制度的基礎上，糅合社會主義的經濟平等。他們既背離國民黨，又不願擁抱共產黨，但望政治自由與經濟平等「畢其功於一役」。《觀察》的壽命只有兩年多，開始時理念色彩較重，刊登很多專論，後來時局變化太迅速，轉而登載不少觀察通訊，觸

---

27 李金銓，〈論社會理論對中國新聞業的解放潛力〉，《超越西方霸權》，頁58-59。

及現實問題。高教授認為，《觀察》已經意識到實現「平等」的複雜性，討論也比《新青年》細緻而深入。但《觀察》很快發現在國共內戰之間豈容第三者插足。

再說孫中山的三民主義，其民權主義師法林肯的「民有、民治、民享」，民生主義主張發達國家資本、節制私人資本、平均地權、漲價歸公，更見費邊社溫和社會主義的影子。[28]（但在外交方面，孫中山處處遭受西方各國掣肘，挫折之餘逐漸轉而憧憬列寧的蘇維埃革命，導致聯俄容共。國民黨組織上學習蘇共，思想上排斥共產主義。）問題是中國工商不振，市場落後，普遍貧窮，既沒有走美式資本主義的土壤，也沒有走「第三條道路」的環境。各種理論彷若空中樓閣。中國知識人習慣「拿來主義」的邏輯，無視於資本主義和社會主義體制的內在矛盾，卻從中篩選一些要素，然後放在一個更高的理論抽象層次上糅合。如何在這兩個體制中去蕪存菁，勢必要經歷複雜的辯證鬥爭，而不是用「超驗」的形式可以輕易解決的。結果他們經常在抽象觀念中打轉，不處理現實問題。[29]及至共產主義席捲中國大陸以後，杜威和拉斯基都如落花流水，成為歷史插曲。

回頭討論「高調民主」和「低調民主」。西方民主以希臘城邦政治為濫觴，到了美國以後，民主的原型濃縮於新英格蘭小城鎮的全民面議（town-hall meeting），假定社區內人人有教養，有良好的政治素質，消息靈通，熱心公益，積極參與公共事務，由此通過理性溝通，求同存異，達成共識。大家明知這種「高調民主」的想像心嚮往之而不能至，卻一直埋藏在美國政治生活的神化當中，沒有完全消亡或褪色。杜威及實踐主義貫穿「高調民主」的精神，反對代議制，相信社群的智慧和理性，馴至有民粹的傾向。杜威和李普曼針鋒相對。李普曼代表「低調民主」：他於1922年出版《公共輿論》

---

28 或謂民生主義乃受到美國的進步主義所影響，張忠棟（2002），〈中山先生的民生主義與美國的進步主義〉，時報文教基金會叢書，《近代中國的變遷與發展》，臺北：時報文化，頁310-332。孫中山的思想淵源似可進一步探討。

29 例如西方在宗教改革以後，強調在上帝面前的世俗平等；但中國強調的是形上學的聖凡平等，以性善超越世界的平等，不處理現實問題。

一書，力陳美國是第一個大陸型的民主試驗，經歷都市化、工業化和移民化的社會變遷，很難把新英格蘭小城鎮的民主模式放大到全國。他說，新聞掛一漏萬，有很大的選擇性，記者靠刻板印象採訪報導，讀者難以明白公共事務複雜的來龍去脈，因而倡議應由博通的專家精英為公眾闡明其意。[30]後來，拉查斯斐出版《人們的選擇》，是傳播學最早的經驗研究，他在書中提出「兩級傳播」的說法，即媒介資訊經過「意見領袖」過濾吸收詮釋，再傳布到一般的受眾。[31]李普曼受到杜威的抨擊，杜威認為民主的真諦在於建立社群的普遍參與和理性溝通，而李普曼所提倡的知識精英（用現在的話語來說）是有「階級性」的，未必符合公共利益。[32]

　　「高調民主」可望不可即，只好退而求其次。「低調民主」要求最低標準，強調建立程序共識（procedural consensus），務求各方遵照既定而公平的遊戲規則，並透過開放溝通的語境，以使不同的意見和利益獲得合理的調節。民主的真諦是既服從多數，又尊重少數。尊重少數，因為經過理性溝通以後，少數可能變成多數。根據西方各國實踐的結果，尊重多數比較容易做到，保護少數卻很難實現。美國憲法深具理想、睿智和遠見，但草擬憲法的開國元勛是貴族，憲法服務白人、中產和貴族階級；端賴長期不懈的公民抗爭和人權運動，才爭取到國會通過法案，保障黑人、女人、少數民族的基本公民權益。美國社會自我矯正的功能多大？如何評價美國的民主實踐？答案部分取決於評價者的基本態度：這半杯水是半杯滿的，還是半杯空的？假定站在求全的角度，美國的民主實踐問題叢生；倘若站在比較的視野，美國的民主實踐當為舉世稱羨。從山頂往下看，什麼都是矮的；從山腳往上看，什

30　Walter Lippmann (1922), *Public Opinion*. New York: Harcourt Brace.

31　Paul Lazarsfeld, Bernard Berelson, and Hazel Gaudet (1944), *The People's Choice*. New York: Columbia University Press.

32　John Dewey (1927), *The Public and its Problems*. New York: Henry Holt. 關於杜威與李普曼的辯論，參見James W. Carey (1989), *Communication as Culture*. Boston: Unwin Hyman, pp. 69-88; Eve Stryker Munson and Catherine A. Warren, eds. (1997), James Carey: *A Critical Reader*. Minneapolis: University of Minnesota Press, pp. 228-260。

麼都是高的；評價者的心境、期望和標準都影響到景觀。[33]（必須補充一句：
美國對內講民主，對外講擴張，兩者並行而不悖。）知識是社會建構，建構
的主體性何在？

　　這兩種民主想像交鋒，永遠以不同面貌在不同時代延續，自有其時空
的普遍性。論者批評西方代議制的不足，理論上人民用選票轟官員和議員下
臺，但在任者資源多，阻礙新血上臺。有「後現代」的西方學者指出，一般
人對代議制的形式民主（也就是牽涉國家、民族、政府的「大政治」）感到
厭煩不耐，轉而關心日常生活切身的「小政治」，例如族群、階級、性別、
同性戀等議題。[34]這個轉變在歐美的場景尚可理解，但搬到第三世界則因噎
廢食。例如代議選舉，在歐美是公民的基本權利，不行使權利是個人的選
擇，權利也不因此被剝奪或喪失。反之，若無這項權利的人奢言權利不重
要，毋乃如晉惠帝問飢民「何不食肉糜」一樣超現實，只有令人啼笑皆非。

三、範式轉移

　　文人論政主要靠的是刊物形式，從《新青年》、《獨立評論》、《觀
察》到《自由中國》無不皆然。至於民國時期主流報紙，大概有三種範式
（paradigm，或譯為典範）：民營商業報紙，專業報紙，和黨報系統。各範式
底下可以細分，各範式之間應該有互動，但我們的分析暫不及此，將來需要
努力的工作很多。必須說明：我不是說中國報業一路走直線發展，從「商業
報」轉型到「專業報」到「黨報」。不是這樣的。這三個範式重疊，又長期

---

33 馬克思主義者多從激進人文主義理想的高處看，由於西方發達國家的政權並未直接
　　而明顯壓迫人民，論者遂集中批評資本的高度壟斷，其實是在邊緣位置從事文化戰
　　鬥，我稱之為「經濟的政治經濟學」；而自由多元主義者多從現實的低處看，反抗威
　　權國家機器赤裸裸的壓迫，爭取正常的自由民主與人權，我稱之為「政治的政治經濟
　　學」。見李金銓，〈政治經濟學的悖論——中港臺傳媒與民主變革的交光互影〉，《超
　　越西方霸權》，頁25-44。

34 Peter Dahlgren (2000), "Media, Citizenship, and Civic Culture," in James Curran and
　　Michael Gurevitch, eds., *Mass Media and Society*. London: Arnold.

並存，《申報》和《新聞報》追求專業主義的某些元素，而《大公報》也照顧商業因素和政治要求，不是非黑即白。我這裡用「範式」，完全是取韋伯「理想型」（ideal type）之意，抽繹出其中最顯著的特徵和差異，作為方便排比的分析工具。有些報人確實在這三種報紙間出入流動，但概括這些報紙為商人辦報（最賺錢）、文人辦報（最受尊敬）和政黨辦報（最有權勢），相信雖不中亦不遠。最重要的一點是1949年以後大陸的「商業報」和「專業報」經過改組，《文匯報》和《光明日報》還維持「民間」（應該說是「非黨內」）的門面於一時，以後逐漸變化性質。及至1957年七月一日毛澤東發表〈文匯報資產階級的方向應當批判〉，成為「反右運動」的開幕禮，報刊從此統歸「延安黨報」模式，連當年中共在國統區辦報的方式受到批判，政治勢力彼消此長，這才是我想講的「範式轉移」的意思。這個「範式轉移」不啻象徵了中國文人論政的式微。文人論政和自由主義是否會成為中國未來的精神支柱和文化資源，我目前不敢妄作任何揣測。

商業報：《申報》

　　首先是民營商業報紙，以上海《申報》和《新聞報》為代表，其歷史地位和社會影響，華文世界迄今尚乏力作，[35]但在外國卻是顯學。[36]民國時期充斥著黨派或軍閥資助的政治報紙，黨同伐異，令人生厭。還有許多商業「小報」，有聞必錄，風花雪月，喜歡出格，不負責任，林語堂在《中國報業

35　參考王儒年（2007），《欲望的想像：1920-1930年代《申報》廣告的文化史研究》，上海：上海人民出版社；宋軍（1996），《申報的興衰》，上海：社會科學院出版社；唐弢主編，陳子善、王錫榮編選（1987），《《申報・自由談》雜文選（1932-1935）》，上海：上海文藝出版社。

36　其中以德國的海德堡大學漢學系（University of Heidelberg, Institute of Chinese studies）最有名，瓦格納（Rudolf Wagner）教授帶領幾個學生研究《申報》。其中密特勒由博士論文改寫的 Barbara Mittler (2004), *Newspaper for China: Power, Identity and Change in Shanghai's News Media (1872-1912).* Cambridge: Harvard University Press，頗受重視。外國學者喜歡研究《申報》，一因資料齊全；二因上海大報，符合西方的想像和興趣；三因該報一直有外資，概念上容易發展。

圖6.7　《申報》報導日本投降（1945）。抗戰時期該報在上海孤島曾與日偽合作。

與民意史》譏諷之為「蚊報」。（中國報紙素質差，密蘇里新聞學院強調新聞道德，投中國之所需，這是該模式能夠快速「征服」中國的一個主因。）林語堂批評大報對重大問題啞口無言，沉寂得怕人，「連蚊子的嗡嗡聲也受歡迎，讓人鬆口氣。」他諷刺上海最老的《申報》「編得很濫」，銷路最好的《新聞報》「根本沒編」。[37]

　　陳建華教授（第九章）對《申報》周瘦鵑的「自由談」做個案研究。陳文從文化研究的角度，對「鴛鴦蝴蝶派」的「報屁股」賦予正面的解釋，認為遊戲文章短小精悍，對時局嬉怒笑罵，對大人物冷嘲熱諷；這些文章在感知層面啟蒙大眾，做合法的邊緣戰鬥，以至於開拓言論的空間。一般以「鴛鴦蝴蝶派」有貶義，評價不高，然陳文以為遊戲文章發揮顛覆正統論述的功能，不無後現代的浪漫色彩，洵一家之言。事過境遷這麼多年，我們仍然不知道這類文字的作者和讀者是誰，其間有無互動，而且有無旁證讓我們瞭解陳氏的解釋是否即是讀者的感受，只有從這樣聯繫文本分析到社會脈絡，才可以發現不同的詮釋社群。

　　陳建華引發許多有趣的問題：《申報》的「報屁股」和民初以來或當時上海灘小報的各種「報屁股」有何異同？為何在正經大報《申報》引進這個類似小報風格，不亦奇乎？基本動力是商業考慮，還是報人的正義感？「自由談」因為是「報屁股」，可以隨便說說，但一般讀者是否把它當真？「報屁股」和報館主流的言論聯繫何在？這種小文章很有殺傷力，是為中國社會帶來語言暴力，還是添一股幽默？還有，除非「鴛鴦蝴蝶派」凝聚成為一個

37　Lin Yutang (1936), *A History of the Press and Public Opinion in China*. Chicago: University of Chicago Press, p. 141. 這些年，西方（如美國、德國）的中國史界對上海風花雪月的雜誌、小報（即林語堂所說的「蚊報」）和婦女雜誌特別感興趣。他們受到文化研究取向的影響，青睞偏流、邊緣和獵奇的東西。

社群，有共鳴，發揮影響力，形成互動，否則豈非成為文人發牢騷洩憤的工具而已？這些問題不好回答，但對於瞭解民國報刊卻是關鍵的，陳教授開了很好的頭。

專業報：《大公報》[38]

第二個範式以《大公報》為主，是書生論政的高峰，並正逐漸向專業報人轉型。《大公報》銷路三萬五千，僅及《申報》或《新聞報》的三分之一，但林語堂讚揚它是「最進步、編得最好的報紙」，「肯定是訴諸教育過高（overeducated）的民眾」。[39]《大公報》獲得1941年密蘇里新聞學院外國報紙獎，盛讚其國際和全國報導全面，評論「無畏而深刻」，政策「自由而進步」。該報言論聲譽卓著，無與倫比，張季鸞從1929年到1941年所寫的社論至今仍然被奉為圭臬。[40]

《大公報》有四個特徵，殊堪與西方媒介專業主義互證異同。第一，該報不求權，不求財，不求名，自許為文人論政、言論報國的工具。財務故意保持輕簡，以免為權和財左右。創辦之始就決定，報紙若無法以五萬元立足，寧可關門，也不接受政治或商業捐獻。張季鸞推崇英美自由報業，胡政之希望把《大公報》辦成《泰晤士報》，但他們卻維持傳統儒家知識人輕財重義的作風，痛恨金錢對西方報紙的腐蝕。張季鸞認為報紙言論獨立來自知識人的良心，他不相信商業利益保護言論自

圖6.8　《大公報》報導日本投降（1945）。

38　本節取材自李金銓，《超越西方霸權》，頁66-69。

39　Lin Yutang, *A History of the Press and Public Opinion in China*, p. 141.

40　張季鸞，《季鸞文存》，臺北：文星，1962年重印（原1944年），共兩冊。

主。其實，《大公報》的經營相當成功，卻仍以「文人論政的企業」自我定位。他們都是職業報人，不像學者業餘才做時評。

　　第二，《大公報》提倡的新聞觀，在精神上（如果不是在實踐上）神似西方專業主義。但西方專業主義在歷史上是市場經濟勃興的產物，在追求利潤的過程中形成多元報導的風格，讓各種利益在意見市場互相競爭制衡。[41]而《大公報》的專業標準則立基於儒家知識人的道德責任，對市場的作用多持疑慮。1931年，張季鸞揭櫫「不黨、不賣、不私、不盲」的原則，允為中國新聞界樹立最高的標竿。傳統儒家知識人重義輕利，自命清高，既不瞭解也輕視市場力量。但到上世紀20年代後期，多數報人和學界認識到市場的意義，重視報紙管理和廣告經營，他們不反對報紙商業化，但反對報紙庸俗化和媚俗的傾向。用谷德納的話敘述，他們是「文化機構」（cultural apparatus）的成員，以追求社會公益為目標，不是所謂「意識工業」（consciousness industry）的代理人，孜孜爭逐個人和市場利益，以致受到權力和錢財的腐化。[42]儒家知識人是為社會之師，居高臨下，以提供專家學者的權威意見為榮；但西方媒介工作者自認是專業人士，不是知識人，與受眾地位平等，他們在理念上和形式上盡量不摻雜意見於新聞報導，以吸引最大多數受眾的青睞。

　　第三，《大公報》比同時代的報紙更注重新聞報導。它痛陳中國政治和企業只顧都市，棄全國人口九成的農民於不顧。當時各報無力在各地設立記者站，但《大公報》常派記者巡迴全國各地，為民間疾苦把脈。兩版要聞有一半是本報記者寫的，不像其他報紙只仰賴通訊社供應。徐鑄成、范長江、蕭乾成為名滿大江南北的記者，不是偶然。

　　第四，《大公報》如同其他自由派知識人，展現了強烈的國家主義傾向。抗日戰爭以前，該報時常抨擊國民黨和蔣介石獨裁；在抗戰敵人的炮火

41　Michael Schudson (1978), *Discovering the News: A History of American Newspapers*. New York: Basic.

42　Alvin W. Gouldner (1976), *The Dialectic of Ideology and Technology*. New York: Oxford University Press, p. 173.

聲中，張季鸞以國家存亡為念，轉任蔣的「諍友」。國家利益高於一切，該報呼籲全國（包括共產黨）團結在蔣介石的身邊，為國奮鬥。它自願接受軍事檢查，以防洩露國家機密，犧牲專業自主在所不惜；它批評的只是檢查者態度惡劣，方法落伍。中國的自由派普遍相信覆巢之下無完卵，只有國家獨立，個人才有自由，個人和國家從來不是尖銳對立。許多新聞檢查官受過美式新聞自由洗禮，他們在檢查新聞時心裡看不出什麼矛盾。

1941年王芸生接張季鸞主持《大公報》筆政。他鼓吹言論自由，民主憲政，給國民黨的《中央日報》罵為新華社的應聲蟲；但他主張共產黨應該督促國民黨，以國民黨為中心，走向民主建國的大路，不應該「另起爐灶」，因此又被共產黨的《新華日報》罵為國民黨的幫凶。徐鑄成離開《大公報》，1938年辦民間獨立報紙《文匯報》，也是先走第三條道路再向左轉。報人眼看國民黨大勢已去，終於在毛澤東的「新民主主義」號召下，紛紛向左轉，不幸在1957年被打為「右派」。

在民國報刊中，研究成果最豐碩的首推《大公報》。[43] 以往大陸官方以黑白兩分的史觀，認為國民黨是「黑暗專制」的，共產黨是「光明進步」的，自由派人士是軟弱的小資產階級、國民黨的幫凶。基此，以前認為《大公報》對國民黨「小罵大幫忙」，如今方漢奇為《大公報》翻案，認為《大公報》罵國民黨比罵共產黨更多、更經常；為中共爭取了更多中間的支持，「更多的是幫了共產黨，而不是幫了國民黨。」[44]

---

43 例如吳廷俊（1994），《新記《大公報》史稿》，武漢：武漢出版社；賈曉慧（2002），《《大公報》新論》，天津：天津人民出版社；張育仁，《自由的歷險》；方漢奇等著（2004），《《大公報》百年史》，北京：中國人民大學出版社；任桐（2004），《徘徊於民本與民主之間：《大公報》政治改良言論述評，1927-1937》，北京：生活・讀書・新知三聯書店。美國的中國史學界早期做得多的題目是梁啟超和晚清報業，偶爾有《大公報》的研究。近年來，自由主義報刊大概是因為「太正」，不夠「奇趣」，少人研究。

44 方漢奇，〈前言——再論大公報的歷史地位〉，方漢奇等著，《《大公報》百年史》，頁1-23，引言出自頁19。

黨報：《中央日報》、《解放日報》與《新華日報》

第三個範式是黨報系統。國民黨控制《中央日報》、中央通訊社和其他周邊報紙，本書沒有展開探討。黨報系統大肆宣傳黨化的三民主義，打擊異見，但黨內派系林立，各據山頭，新聞控制漏洞多，力量相互抵消。黨報必須和民營報競爭，可能的話盡量淡化黨性，講求經營。新聞審查制度不但引起民營報紙反感，連黨報（包括《中央日報》）都屢屢撰文批評。[45]陸鏗回憶，1946年到1948年擔任南京《中央日報》副總編輯期間，除了中宣部控制報紙社論，記者對下達的其他「宣傳指示」可置之不理。《中央日報》很少轉載中央社稿件。陸鏗後來在報上揭發孔祥熙、宋子文的貪污案，簡直在蔣介石頭上動土，終於被迫離開《中央日報》，人身自由則有驚無險。政權易手後他成為「國民黨特務」和「極右派」，在大陸坐足了二十一年的牢獄。[46]第三勢力的自由派人士多中間偏左，陸鏗乃中間偏右，然而命運如出一轍。

另一方面，共產黨在延安發展出《解放日報》的革命黨報範式。晚清固然已有政黨報紙（維新派對抗革命派）的雛形，但截然不同於中共在延安建立的「黨喉舌」範式。黃旦教授（第十二章）回到文本還歷史面目。他說，博古根據自己的城市經驗，又承襲蘇共列寧的傳統，把《解放日報》辦成一個「不完全黨報」，大量轉載國內外資產階級通訊社的消息，注重國際新聞。但延安整風運動以後，在思想上組織上都統一在以毛澤東為首的中央權威之下，領導一元化，《解放日報》遂變成「完全黨報」。從此，《解放日報》強調「黨性第一」，否定新聞有超階級的屬性，實現毛所要求的「輿論一律」，建立保密制度和分層閱讀的原則，徹底撲滅了毛所反對的報紙「獨立性」和「同人辦報」。延安範式的新聞傳統是在農村革命的背景下形成的，其高度組織化的程度乃前所未有，比起蘇共亦有過之。[47]

---

45 參閱蔡銘澤（1998），《中國國民黨黨報歷史研究》，北京：團結出版社。

46 陸鏗（1997），《陸鏗回憶與懺悔錄》，臺北：時報文化。

47 關於延安整風重建黨報，參閱高華（2000），《紅太陽是怎樣升起的》，香港：香港中文大學出版社，頁365-376。

　　中共在紅色根據地的《解放日報》，與在重慶白區的《新華日報》遙相呼應，並互相輝映。無論國民黨多霸道，共產黨的《新華日報》居然公開發行。《新華日報》接受周恩來的指揮，對抗國民黨當局（特別是《中央日報》）的言論，採取「憤怒控訴，徹底否定，置之死地」的態度，處處以爭自由、爭民主為號召，在知識界和青年中發揮可觀的作用。[48]三十年前，曾有左派論者批評，《新華日報》雖然是國統區「茫茫黑夜的一盞明燈，它打破國民黨反動宣傳的一統天下」，但因面對國民黨的限制和打擊，很難自由發表黨的政策和主張。他讚揚只有《解放日報》在「人民的天下」，「可以自由地發表黨和人民的意見，可以自由地揭露和鞭笞國民黨統治區種種黑暗而不受任何檢查」。[49]後來這位論者經過思想解放，以今日之我否定昨日之我，對兩條路線的評斷大相徑庭。

　　總之，《解放日報》代表紅區策略，是農村派；《新華日報》代表白區策略，是都市派。前者反對自由主義，後者高舉自由主義的旗幟。1949年以後，農村派占上風，都市派逐漸遭受整肅；報紙的功能從社會動員轉化為一元化領導。擴大而言，為何白區幹部（地下黨）在中共建國以後普遍不受重用？有人提出兩個原因：一，他們在國統區工作，沒有經過延安整風時期的殘酷黨內鬥爭，又多半是「民主個人主義者」，恃才傲物，喜歡獨立思考，標新立異，給領導人提意見，不甘於當馴服的螺絲釘；二是他們在國統區工作，性質隱祕，社會關係特別複雜，在黨內的殘酷鬥爭中容易受到懷疑。[50]我認為這是合理的觀察。

---

48 《新華日報》言論，見笑蜀編（1999），《歷史的先聲：半個世紀前的莊嚴承諾》，廣東：汕頭大學出版社；李慎之（2003），〈革命壓倒民主——《歷史的先聲》序〉，《風雨倉黃五十年：李慎之文選》，香港：明報出版社，頁79-105。

49 甘惜分（1988），《新聞論爭三十年》，北京：新華書店，頁282-292，引自頁285和頁288。甘氏的思想後來發生重大變化，甚至否定自己原來這樣「左」的立場，見甘惜分（2006），《一個新聞學者的自白》，香港：未名出版社。

50 羅海星（2011），《我的父親羅孚：一個報人、「間諜」和作家的故事》，香港：天地，頁354。

結語

　　文人論政是民國報刊的特徵，一方面延續儒家自由主義的傳統，以天下為己任，以言論報國；一方面代表轉型現代自由知識人積極參與社會。他們莫不希望建立現代的「道統」，促進和監督權力中心的「政統」，以追求國家的現代化為目標。為了富國強兵，他們鼓吹自由民主不遺餘力。憑空來看，「文人論政」容易聯想到孟子「富貴不能淫，威武不能屈，貧賤不能移」的最高境界，但這個正氣凜然的境界未免太浪漫，陳義過高。個別文人也許不畏橫逆，勇於建言，但整體來說文人知識界自命清高，單打獨鬥，同人論政而不參政，沒有組織力量或具體辦法實現抽象的理想。他們被捲入險惡的政治浪潮，無力自拔，最後眼見國事日蹙，「道統」不敵「政統」，只能徒呼奈何，甚至遭到沒頂的命運，空留餘恨。

　　當然，自由主義成敗的主要關鍵，還不繫於知識人參政的意願，而是客觀環境。自由主義思想在民國時期自西方引進，但未真正在中國生根即已夭折。不管是自由的民主主義，還是社會民主主義，都抵擋不住共產主義掀起的浪潮。胡適秉持「科學方法決定論」，堅持「大膽假設，小心求證」，有幾分證據講幾分話，勢必不肯也不敢對「中國社會是什麼社會」這種大問題提出全面性的論斷，因此無法滿足一個劇變社會對於「改變世界」的急迫要求。[51]而中國社會基礎薄弱，國共內戰方興未艾，使得「第三條道路」毫無空間施展。1949年以後，民國報刊的各種範式都統一在中共黨報範式之下，自由主義的話語匿跡。清算胡適思想不用說了，其他知識人在一連串政治運動中遭受改造，羅隆基和儲安平的下場更悲慘。直到1992年以後，重燃改革開放的火把，各種思想和話語重新復活。至於文人論政是否完全過時，值得密切關心。

　　從傳播社會學的視野，有許許多多的問題值得探討，這裡只能舉些例

---

51 余英時，《中國思想傳統的現代詮釋》，頁567-569；余英時，《重尋胡適歷程：胡適生平與思想再認識》，頁212-215。

子說明：新聞界如何開始職業化，它與政權、市場、學界的互動如何改變？文人論政的「階級性」和影響力何在，內部如何分化、鬥爭與聯盟？民國時期對文人論政有什麼有利和不利的發展條件？文人論政的風格與傳統士大夫的「諍諫」或西方專業化的評論有何異同？在社會專業分工和多元化的過程中，知識人的貴族地位下降，文人論政的角色是否式微，或以另外的方式存在，還會不會重新應運而抬頭？論政的文人是否瞭解民生疾苦？文人論政是否曾經開拓新的文種？知識人與專業新聞人如何互動？傳統儒家士大夫的「義利之辨」和現代企業經營有無扞格，對於論政的影響有何得失？除了歷史興趣，民國報刊對於當今媒介有何啟示？

　　最後，容我提出一個相當難解答的問題：中國自由主義為何一敗塗地至此？我曾經初步歸納五個原因，列在這裡提供讀者參考：[52]

　　一，如同社會史家摩爾著名的論斷：「沒有資產階級，就沒有民主」。[53]中國從未經過資本主義的萌芽發展，社會上的中產分子不成其為「階級」，民主政治缺乏堅實的經濟基礎。

　　二，老實說，這幾百個嚮往英美制度的自由派文人教授不能構成政治勢力，他們在廣大中國的人海中，不過是一座若隱若顯的孤島。他們手無寸鐵，缺乏組織，單打獨鬥，唯一的聯繫就是「反國民黨」。即連知識人組成的「民主共同聯盟」，亦如烏合之眾，後來靠近共產黨謀發展，以對付國民黨，結果注定失敗。

　　三，他們憑藉良心和理念講話，針砭時弊，徒有抽象的想法，沒有具體的主張或運動的策略。儘管風骨嶙峋，然社會地位高高在上，他們所關注的民主憲政和言論自由，對那些為溫飽掙扎的廣大人民，未免陳義過高。許多知識人來自農村，但到了都市生活，逐漸與他們所捍衛的「人民」或「百姓」脫節。

　　四，文人諫諍，狀似道義凜然，但面對政權的迫害，沒有法律和制度保

52　錄自李金銓，《超越西方霸權》，頁72。
53　Barrington Moore (1967), *Social Origins of Dictatorships and Democracy*. Boston: Beacon.

障，簡直有理說不清。

　　五，中國讀書人不管怎麼反儒家，總是流著儒家的血液，既有讀書報國的情懷，又孤芳自賞，一旦獲得當權者的垂青，當即感激涕零，很難不亢不卑。王芸生接到毛澤東的親筆信後，幾夜睡不著覺，結果決定「投降」共產黨（他自己的話），用他自己的話是獲得「新生」，即為明證。這些文人在1950年代初接受思想改造，交心洗腦，作踐人格，扭曲歷史，等到「文革」以後才得到平反，奈何時不我予，垂垂老矣。

第七章

報人情懷與國家想像

歷史學家帕辛（Herbert Passin）論斷，第三世界國家（包括經濟落後的文明古國）霍然驚醒於外在世界的存在，在帝國主義的欺凌與威脅下，產生了民族自覺，因此近代新聞業的興起可說幾乎完全是西方的影響。[1]一百多年以來，中國報刊的主調是「救亡圖存」，其三部曲是啟蒙、革命和追求國家現代化。這是中國文人論政的報國情懷。帕辛說：

> 在現代文化和民族發展初期，過去的還像現在那麼鮮活，新的（東西）卻在向還沒有彰顯的奧祕揮手，這時「文藝復興式的人物」就出現了。（頁111）

帕辛想到康有為、梁啟超、胡適和魯迅等承先啟後的例子。帕辛所依託的「現代化理論」一直遭受批評，但就中國近現代報業的軌跡而言，先受西方傳教士影響，又向日本和歐美取經，帕辛詩意般的比喻倒是符合史實的。

余英時教授說，自從1905年廢除科舉以後，中國的知識階層逐漸邊緣化，傳統士大夫轉型為現代型的知識人，但他們「以天下為己任」的情懷始

---

1 Herbert Passin (1964), "Writer and Journalist in the Transitional Society." In *Communications and Political Development*, edited by Lucian W. Pye. Princeton, N. J.: Princeton University Press, pp. 82-191.

終沒有稍減，於是透過報刊、大學和學會干預政治。[2]中國文化傳統看重知識階層的角色與情懷，這一點連西化派領袖（如胡適、丁文江、傅斯年）也不例外。《報人報國》的「報人」是泛稱，而不僅限於特定的職業角色。在追求現代化的過程中，文士、學者、報人往往角色交叉混雜，文士、學者在報刊論政或兼職，報人在大學教書，都非常普遍，不像現代西方專業化報刊的角色那樣涇渭分明。梁啟超固然以言論啟迪民智，以胡適為首的知識群體（從《努力週報》到《新月》到《獨立評論》）、他的同輩論敵（陳獨秀、李大釗），乃至下一輩儲安平的《觀察》[3]，還有圍繞著這些刊物的幾百名投稿人，幾乎都是著名學者兼政論翹楚。直到《申報》中期、《大公報》以及《世界日報》，雖然開始了報人職業化的勢頭，加強新聞採訪面，但言論始終是擺在第一位階，報人首先追求的還是言論上一言九鼎，主筆地位始終高於記者。

　　文人論政，報國情懷。安德森（Benedict Anderson）界定民族國家為「想像共同體」。這篇導讀用「國家想像」為題，倒不是要學某些時髦的「後現代主義者」特意強調國家的虛構面，從而企圖以邊緣的地域、族群或身分去瓦解「中國性」。[4]《報人報國》旨在考察報人到底「想像」有哪些方案、思想、辦法可以拯救一個貧窮落後、愚昧無知、內憂外患的文明古國。

---

2 余英時（1992），〈中國知識分子的邊緣化〉，《中國文化與現代變遷》，臺北：三民書局，頁33-50。

3 高瑞泉（2008），〈《觀察》——自由主義視域中的平等觀念〉，載李金銓主編，《文人論政：知識分子與報刊》，桂林：廣西師範大學出版社，頁231-249。

4 首開其端的是 Benedict Anderson (1991), *Imagined Communities: Reflections on the Origin and Spread of Nationalism.* New York: Verso。依照這個思路，若干海外華裔學者——包括周蕾（Rey Chow），在香港出生，在美國任教；洪美恩（Ien Ang），在印尼出生，在澳洲任教；陳奕麟（Allen Chun），在夏威夷出生，在臺灣任教——以「後現代主義」的身分建構，對「中國性」提出強烈質疑，見 Rey Chow (2000), ed., *Modern Chinese Literary and Cultural Studies in the Age of Theory: Reimagining a Field.* Durham, N.C.: Duke University Press. 張隆溪（2011），〈擲地有聲——評葛兆光新著《宅茲中國》〉，《開放時代》（廣州），第229期，頁137-150，對這些海外華裔學者有嚴厲而精湛的評論。

葛兆光有力地指出，中國自從秦漢以來，即使有分有合，版圖或大或小，但歷史是綿延不絕的；儘管邊緣隨著國力的消長而向內或向外移動，比較模糊，但中心一直是「秦漢故地」，清晰穩定，而且從宋代起就有接近「民族國家」的意味。因此，他反對硬套近代歐洲才形成的「民族國家」概念以解讀（解構）中國。[5]事實上，近現代中國史一直隨著「救亡圖存」的主調旋轉，報人對亡國、亡天下有切膚之痛，也普遍認同以天下為己任的理念。他們在政治上、經濟上或文化上皆以中國為安身立命的「實在」共同體，絕不會把它當成一個抽象而縹緲的建構。[6]根據李歐梵的研究，中國文人和一般知識人對於「現代化」的想像一直是相當實在的，不是虛無的遐想。[7]這些救國方案從自由主義（包括杜威〔John Dewey〕／胡適的實踐主義〔pragmatism〕）、無政府主義、到社會主義（包括從英國引進溫和的費邊社會主義〔Fabian socialism〕，乃至激進的共產主義），不一而足。但中國思想界病急亂投醫，主義駁雜，問題混亂，各種勢力的滋長與鬥爭，更反射報人的熱情與無奈。

在1949年以前，中國近代報刊大致有三個範式：一個是以《申報》、《新聞報》為代表的商業報，第二個是國共兩方面的黨報，第三是以《大公報》為代表的專業報。商業市場勃興是報紙專業化的原動力，這在美國報業

5 葛兆光以扎實的史料，討論身分建構與追求歷史真實的矛盾，對前述「西方理論中國化」提出有力的批判。見葛兆光（2011），《宅茲中國：重建有關「中國」的歷史論述》，臺北：聯經出版事業股份有限公司，頁3-32。在《宅茲中國》以後，葛兆光又出版《何為中國》（香港：牛津大學出版社，2014）和《歷史中國的內與外》（香港：香港中文大學出版社，2017），繼續展開更有系統的論證。
6 聞悉以《報人報國》為書名，承友人見告，成舍我生前在臺北為世界新聞專科學校學生畢業紀念冊題詞，即以「報人報國」四個字勉勵他們。這兩件事並不純屬巧合，而是「報人報國」真實反映了上幾代中國報人念茲在茲的抱負與情懷。
7 Leo Ou-fan Lee (1990), "In Search of Modernity: Some Reflections on a New Mode of Consciousness in Twentieth Century Chinese History and Literature." In *Ideas across Cultures: Essays on Chinese Thought in Honor of Benjamin I. Schwartz*, edited by Paul Cohen and Merle Goldman, pp. 109-135. Cambridge, MA: Harvard University Press.

發展史看得很清楚。[8]《申報》、《新聞報》和《大公報》商業運作都相當成功，但《大公報》更受知識人尊敬。《大公報》自稱是文人論政、言論報國的工具，不惜高薪養士，希望辦成《泰晤士報》般的影響力；但它懷疑商業和金錢的腐蝕力量，因此極力維持儒家自由知識人「輕財重義」的作風，認為言論獨立必須來自知識人的良心，高懸「不黨、不賣、不私、不盲」的原則，是中國新聞界最高的專業和道德標竿。[9]除此三類報刊，還有許許多多風花雪月、有聞必錄的獵奇「小報」，為文人所唾棄，但近年來有學者為它們洗冤，肯定它們的價值。[10]當然，任何分類都不能絕對化而導致非白即黑，當時許多大報也以小報作風吸引讀者。

　　《報人報國》是《文人論政》的續篇。[11]《文人論政》自從出版以來，引起臺海兩岸和香港跨領域學者不少深刻的迴響，使編者和作者深受鼓舞。[12]香港城市大學媒體與傳播系，聯同傳播研究中心，再度邀請中國大陸、香港、臺灣，以及日本、美國部分歷史、文學和傳播學者共濟一堂，繼續研

8　Michael Schudson (1978), *Discovering the News*. New York: Basic.

9　李金銓，〈序言——文人論政：知識分子與報刊〉，載李金銓主編，《文人論政》，頁16-19。

10　見王敏（2008），《上海報人社會生活（1872-1949）》，上海：上海辭書出版社，頁320-323，附錄九列出上海特別市政府教育局編印的《小報審查》（1928年12月）名單。細數該表，發現上海共有111家小報，《大公報》和《世界日報》也赫然其上。

11　李金銓主編（2008），《文人論政：知識分子與報刊》，桂林：廣西師範大學出版社；李金銓主編（2008），《文人論政：民國知識分子與報刊》，臺北：政大出版社。本文所引該書頁碼悉依簡體字版。

12　各界書評甚多，例如李公明，〈文人論政——中國現代史的另一種讀法〉，《時代週報》（廣州），2008年12月28日；李天綱，〈重建「公共性」與「文人論政」的近代軌跡〉，《東方早報》（上海），2009年3月22日；唐小兵（2009），〈文人論政的權力困境〉，《南風窗》（廣州），第5期；黃順星（2009），〈模糊的文人，相異的實踐〉，《新聞學研究》（臺北），第100期，頁297-306；柳珊（2010），〈〈文人論政〉在當前中國新聞史研究中的意義〉，《中國傳媒報告》（杭州），第2期；溫楨文（2010），〈寧鳴而死，不默而生——評介李金銓主編《文人論政：民國知識分子與報刊》〉，《思與言》（臺北），第48卷，第2期，頁211-238。另見英文書評，*Chinese Journal of Communication*, Vol. 2, No. 3 (2009), p. 384。

討，促進華人學術圈跨學科的不斷對話，庶
幾「舊學商量加邃密，新知培養轉深沉」（朱熹
語）。《報人報國》是這次會議的成果。本文
「報人情懷」與「國家想像」的聯繫，以便說明
全書涵蓋的主題和討論的範圍。[13]

　　在近現代中國（尤其是民國時期）的報刊
環境中，「報人報國」的「國家想像」如何落實
或落空？在文人論政的歷史脈絡下，自由主義
如何獲得理解的？本文準備從七個問題勾勒各
篇章的旨趣，建立其內在聯繫。這七個問題是：

圖7.1　《報人報國》。

（1）自由主義及其商榷，兼及美國「進步運動」
的影響；（2）報人的實踐與困境；（3）民族與民主的矛盾；（4）延安黨報
範式的建立；（5）報刊與政權遞嬗的關係；（6）歷史研究、社會學與社會
科學的關係；和（7）報刊的公共領域在哪裡？最後我希望把《報人報國》
與《文人論政》姊妹篇連成一氣，建立有機的聯繫。

一、「自由主義」及其商榷：「進步運動」的餘波蕩漾

　　近現代中國報人最關注的問題，歷來是民族獨立和國家現代化，而以
個人的權利與義務為次。民族與民主的辯證關係暫留後再論。現在涉及的，
是中國報刊對於自外引進的「自由」與「民主」兩個概念，語意混淆，歧義
叢生。[14]桑兵教授警告，「自由」（liberty或freedom）一詞於19世紀上半葉
從日文迻譯過來時，未曾深究背後的來源，以致到了中國變成濫用詞，連革
命、專制都可以用「自由」來包裝。同盟會的分支「自由黨」提出民生主

13　承石琳博士抽暇協助整理本文初稿，蒙張詠教授和唐小兵博士惠賜修訂意見，特此致
　　謝。
14　李金銓，〈序言〉，頁8-16。

義，便有社會主義的色彩。民初政局混亂，黨派林立，報紙互相攻擊對方，完全沒有道德規範，表面看似自由，其實任意妄為。當時言論自由沒有保障；自由的背後應該是責任，即使言論自由獲得制度的保障，也未必保證人們會有負責任的自由言論。王汎森提到，五四新文化運動時期，思想模糊、附會、飄忽不定，當時左右夾雜，不是非黑即白，也不互相排斥。毛澤東早年閱讀的書刊左右並存；蔣介石在五四時期也閱讀《新青年》、《新潮》，而且想遊學歐美；傅斯年曾在《新潮》介紹過俄國的社會革命；羅家倫念北大時，和李大釗過從甚密，主張俄國革命是最新的思想潮流，即將成為世界潮流。[15]即以毛澤東而論，青年時期是無政府主義者，五四時期敬仰胡適（毛對斯諾說的），成為政治領袖以後又有幾次變化，自嘲上過「綠林大學」，晚年更自稱是「秦始皇加史達林」。[16]

高力克教授以個案分析號稱自由主義者的「哥大四傑」。胡適從政權的批評者，轉為體制內的諍言者，終於和國民政府溫和合作；九一八事變以後，蔣廷黻於1936年入閣，「論」而優則仕；羅隆基熱衷實際政治，後來接受了拉斯基（Harold Laski）的費邊社理論，加入國社黨和民主同盟，最後更走向了反對派；而徐志摩選擇遠離政治，獨自走上文學的道路。留美歸國學人也許相信自由主義的抽象理念，但總懷疑它是否適合當時的中國。鐘鼎山林，人各有志，哥大畢業生各走各的陽關道，這是自然不過的事。高教授所刻畫的正是留美知識人心路歷程及其政治道路的幾個典型。知識人在個人自由與國家重建的矛盾中煎熬，左右搖擺，忽左忽右。倒不是他們騎牆，也不是沒有主見，而是任何思想的發展必然需要一個過程；各種主義一窩蜂湧入中國，思想界對這些新生事物一知半解，根本來不及消化，更遑論達成共識。

章清教授追溯「中國自由主義」的命名，最早原是被政敵所戴的一頂

15　王汎森（2009），〈五四運動與生活世界的變化〉，《二十一世紀》（香港），第113期，頁44-54。

16　李慎之（2003），《風雨蒼黃五十年》，香港：明報出版社，頁32。

帽子，頗有貶義，後來才逐漸為知識人所接受。[17]所謂「自由知識分子」，
立場籠統而分歧：有人根本不承認自己是自由主義者，對自由主義也不以為
然；有人開始不肯認同這個身分，隨著時勢變化才開始慢慢接受；有些「自
由主義者」甚至有條件接受獨裁專制。胡適的《努力週報》和梁啟超的研究
系有齟齬，但研究系和梁啟超自以為是「自由主義者」。即連「胡適派」的
成員，有的是無政府主義者，不完全是自由主義者。丁文江同胡適一起辦
《努力週報》（1922-1923）和《獨立評論》（1932-1937），但他原屬於研究系
的，和胡適立場未必完全一致。羅隆基、聞一多和梁實秋這些清華校友，自
美回國後，一起參加以胡適為首的《新月》（1928-1932），但他們在美國留
學期間發起的「大江會」（1923）卻信奉國家主義。後來梁實秋轉入自由主
義的陣營，羅隆基卻加入國家社會黨，轉民主同盟。抗戰後期，西南聯大許
多英美派學者紛紛左傾，聞一多尤屬激進，他們算不算是「自由主義者」？
衡量誰是「自由主義者」，如果從自我認定的角度，可能與「後設」概念的
解釋大相徑庭。至於陳寅恪浩歎「最不自由是文人」，又當別解。總之，標
籤貼得這麼亂，令人不禁想起法國大革命的一句名言：「自由，自由，天下
多少罪惡假汝之名義以行！」

　　中國的「自由主義者」多半是書齋型精英，咄咄書生，空有理想，只能
紙上談兵，既沒有組織力，也沒有行動力，在整個中國茫茫人海中不啻是孤
島；不論從出身、教育背景和關注的問題來說，他們和社會底層幾乎完全是
脫節的。但他們背腹受敵，布爾什維克者罵他們保守，保守派罵他們激進。
1930年代以後，有些文人進入政府體制，雖有報國情懷，卻未必有政治手
腕，有的在政海傾軋中浮沉，喪失理想；更大多數文人論政而不參政，與權
力中心若即若離，在政治勢力的夾縫間單打獨鬥，最終怎能不頭破血流而以

17　章清，〈《獨立評論》與中國自由主義的「命名」〉，載李金銓主編，《文人論政》，
　　頁95-125。參考胡其柱，〈晚清「自由」語詞的生成考略——1820-1900年代〉，
　　http://www.cawhi.com/show.aspx?id=4916&cid=8（《中國文化研究》，2008年7月17
　　日）。

圖7.2　1924年，胡適（左三）與徐志摩（左二）、蔣夢麟（右一）出遊。（中央研究院胡適紀念館提供）

圖7.3　胡適（1891-1962），攝於1960年，69歲，時任中央研究院院長。

失敗收場？[18]

　　在整個知識群體中胡適的「自由主義者」身分縱然最硬朗，他的思想也不是一蹴而成，而是經過不斷發展修正。我們知道，胡適曾於蘇維埃革命以後九年（1926），訪俄三天，盛讚其「空前的偉大政治新試驗」。胡適反對以階級鬥爭為手段，但他自承是「新自由主義者」或「自由的社會主義者」。胡適向來主張有幾分證據講幾分話，不講沒有證據的話，不講言過其實的話。遊俄短短三天，可說什麼也沒有看到，頂多得個浮光掠影、吉光片羽的印象，發表隨感或雜文則可，怎能對這麼重大的問題做出匆促的結論？如此輕率，顯然不符合胡適嚴謹的個性，可見這次短暫旅行觀察不過給他一個機會，印證平時累積的想法而已。前一年（1925）徐志摩訪俄，美夢破滅，獲得與胡適完全相反的結論。[19]胡和徐兩位書生，爭論得頗斯文；胡適後來與蔣廷黻等人在《獨立評論》為民主與新式獨裁展開辯論，都應該看成

18《獨立評論》成員翁文灝、蔣夢麟、蔣廷黻、陶希聖、陳之邁等入閣或任黨職，胡適後來出任駐美大使。「密蘇里幫」（董顯光、馬星野、沈劍虹等）或有中國教會大學背景的人士（如曾虛白、魏景蒙）出任新聞、外交官員。此外，若干學人（如顧頡剛）曾與當局關係密切，見桑兵，〈抗戰時期國民黨策劃的學人辦報〉，載李金銓主編，《文人論政》，頁210-230。

19 他們在蘇俄見到誰也會影響觀感。徐志摩見到托爾斯泰的女兒，認為蘇俄是摧殘文化的；胡適見到東方大學校長，認為蘇俄是一個有效率的政府。

自由主義牆內之爭。

　　胡適對蘇維埃革命的態度並不是孤立事件，孫中山提倡聯俄政策，傅斯年、羅家倫等人褒揚俄國制度，都反映了當時一般知識精英的心態。這種心態自然是受到西方「進步」知識界一派崇俄的景象所感染。胡適對蘇俄的看法得自何處？看來他是受到「進步運動」（Progressive Movement）左翼那一派思潮的影響，以芝加哥大學的哈普爾（Samuel Harper，1882-1943）和舒曼（Frederick L. Schuman，1904-1981）為其領袖，政治系教授梅理安（Charles E. Merriam，1893-1957）也是此中同道。長期以來，進步運動一直抨擊美國掠奪性的資本主義剝削勞工，弱肉強食，貧富懸殊日益嚴重，缺乏社會公義。1929年美國爆發前所未有的經濟大恐慌，更使得資本主義的弊端畢露無遺，霎時間襯托出蘇俄特別美好的形象，是一個獨立、平等而有效率的國家。其實，進步知識界普遍嚮往蘇俄，矛頭正是指向美國母體社會。進步運動的領袖們先鼓吹美國應該向蘇俄學習，促進經濟平等，這本來是十分合理的主張；只是他們為了批判美國資本主義，竟愈來愈一廂情願，以致視而不見蘇俄制度的血腥和殘暴，最後更振振有詞，甘為史達林的農業集體化、血腥整肅，乃至侵略波蘭和波羅的海三小國曲辯。[20]

　　梅理安說，蘇俄摧殘「反革命行為」，是為了保障空前的政治試驗，胡適認為「此論甚公允」。不特胡適等人憧憬蘇聯，連美國實踐主義大師杜威也未能免。1919年胡適和蔣夢麟邀請他們在哥大的老師杜威（John Dewey,

---

20　哈普爾和舒曼是著名的蘇俄專家。梅理安創辦芝大政治系，把量化方法和心理學帶進政治研究的譜系。他們百般為蘇俄革命辯護，簡直「天下沒有不是的蘇俄」：蘇俄實行農業集體化，付出重大的人命代價，他們認為是值得的；史達林發動大規模血腥整肅運動，他們認為鎮壓反革命是維護革命果實的必要手段。1939年舒曼連同400多人發表公開信，盛讚蘇俄教育體制進步，科學和經濟成就偉大，政治和種族政策開明。連蘇俄侵略波蘭和波羅的海三小國，他們也振振有詞，為之辯護。見Ido Oren (2002), *Our Enemies and Us: America's Rivalries and the Making of Political Science*. Ithaca, N.Y.: Cornell University Press, pp. 111-116。又，梅理安與李普曼的思想交涉，見Sue Curry Jansen (2010), "Forgotten Histories: Another Road Not Taken-The Charles Merriam-Walter Lippmann Correspondence," *Communication Theory*, Vol. 20, No. 2, pp. 127-146。

圖7.4 胡適的業師實踐主義大師杜威
（1859-1952），曾訪華兩年。

1859-1952）來訪，杜威一上岸就碰上「五四運動」爆發，接著在華逗留了兩年多。他與英國哲人羅素（1872-1970）訪華，1920到1921重疊一年，兩位大師共同掀起了中國文化界的高潮。[21]杜威訪華過後七年（1928），方啟程赴俄考察，時間上比羅素和胡適晚了數年。

杜威以實踐主義的理想看蘇俄，欣賞蘇俄創造「集體心態」（collectivistic mentality），對十月革命以後蘇俄國家機器與教育體制的密切勾連尤其擊節讚賞，他還為列寧、托洛茨基和史達林的殘酷手段說了些好話。[22]不管出於誤信、無知或善良願望，不少西方知識人一時間跟著蘇俄的宣傳鸚鵡學舌，表現出「朝聖」般的熱情，為此列寧給他們取了一個頗為促狹的名字：「有用的白痴」（useful idiot）。如今回顧這個狂熱現象——不止是「有用的白痴」，而是「好用的白痴」——簡直匪夷所思，簡直敗了進步運動的名節。[23]眾所周知，胡適終其一生，是個光明磊落的自由主義者，思想行動從來不太狂熱，實在當不起「白痴」的罵名，但

---

21 杜威於1919年4月30日由日本抵達上海，三天後即爆發「五四運動」，直到1921年7月11日才返美。在華兩年二個月，發表大量教育、政治、哲學和倫理方面的演講，多由胡適翻譯，講稿紀錄匯編成書，影響很大。杜威曾與孫中山見面，還與羅素在同年遊走中國各地，各自宣揚思想，兩人的演講紀錄常交錯在同一張報紙版面上。杜威終身不忘這段中國經驗。元青（2001），《杜威與中國》，北京：人民出版社。

22 John Dewey (1929), *Impressions of Soviet Russia and the Revolutionary World*. New York: New Republic. 全書已上網http://ariwatch.com/VS/JD/ImpressionsOfSovietRussia.htm。中文方面，參考李申申、王鳳英（2007），《大起大落的命運：杜威在俄羅斯》，北京：新華出版社。

23 諷刺的是歷史有時候會重演似的。把西方知識群體「政治朝聖」（尤其是中國的「文化大革命」）的情結刻畫得入木三分，見Paul Hollander (1983), *Political Pilgrims: Travels of Western Intellectuals to the Soviet Union, China, and Cuba, 1928-1978*. New York: Harper; Harry Harding (1982), "From China, With Distain: New Trends in the Study of China," *Asian Survey*, Vol. 22, No. 10, pp. 934-958。

他的自由主義道路不是沒有轉折的。上個世紀
30年代，他所以一度稱道蘇聯，主要是因為他
認為蘇聯要採用杜威「從做中學」和英國道爾
頓制的歐美最新教育學說，甚至因而論斷「社
會主義是民主運動的邏輯順序」（Socialism is a
logical sequence of democratic movement）。[24]然
而蘇聯說要採用那些教育學說，畢竟是紙上文
章。沒有多久，蘇俄開始批判並否定杜威及其
教育思想，杜威當然比誰都明白，教育必須相
對獨立於體制的箝制才可能有自由。

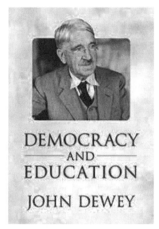

圖7.5　《民主與教育》總結了
杜威的志業。

　　進步運動的影響深遠，它和杜威的實踐主
義都是從自由主義所派生的，其間有千絲萬縷
的關係，而胡適又是杜威在華最重要的門生。[25]但這個問題牽涉太廣，這裡
只能約略涉及進步運動對美國新聞界和對胡適的影響。

　　進步運動對內刷新了美國政治、經濟和文化的面貌。對外促進美國開啟
海外擴張的雄圖霸業，以至於崛起成為取代英法帝國主義的20世紀世界強
權。在國內，進步運動維護了中產專業階層的興起，新型記者以改革者的身
分，不斷在雜誌上揭發政客貪腐，攻擊財閥壟斷，形成美國新聞史上最具特
色的「扒糞（揭醜）運動」（muckraking）。[26] 媒介社會學家甘斯（Herbert J.

---

24 余英時（2012），〈從《日記》看胡適的一生〉，《現代危機與思想人物》，北京：生
　活・讀書・新知三聯書店，頁218-223，引自頁223。
25 Pragmatism包涵實踐主義、實驗主義、務實主義、實用主義或實效主義諸義的總和，
　但無一譯名能單獨曲盡其致。
26 進步運動在經濟上攻擊美國的財閥當政、財富集中，並維護中產專業階級的興起，
　包括記者的行業在內；在政治上，它提倡誠實正直的「好政府」，反對裙帶關係，贊
　成科學，反對傳統守舊；在文化上，它提出新的生活方式，包括家庭生活、藝術與
　建築的品味、都市計畫等等。當時報紙和政治關係很密切，雜誌則正在新興成為全
　國性媒介，尚無緣和政黨利益沾邊，批評地方性醜聞較無顧忌；而且雜誌對時效的
　要求較低，人文色彩較濃，更願意提供篇幅刊登揭醜報導，成為「扒糞運動」的先

Gans）指出，美國媒介專業意理（media professionalism）背後蘊藏了一組「恆久價值」（enduring values），包括種族中心主義、利他性民主、負責任資本主義、個人主義、不走極端、嚮往小城生活方式等等，凡此皆是進步運動的產物。[27]新聞專業追求平衡客觀，不偏不倚，事實與意見剝離，但操作起來絕非縹緲無根，更不是漫無邊際；除非深植於若干基本假設之上，否則必無著落。這些基本假設是一套習以為常、習焉不察、視為當然的「恆久價值」。倘若社會缺乏基本共識，恆久價值不斷受到挑戰，相信新聞專業意理是無從落實的。

進步運動領袖寫文章，多刊登在李普曼（Walter Lippmann）於1913年所創立的《新共和》（*New Republic*）。胡適留美期間最醉心於《新共和》，回國以後更積極仿效它的風格辦同人雜誌，對國事發表各種主張。他在《努力週報》宣傳「好政府主義」，不就是進步運動的中國版？話說杜威思想主導「胡適派」的自由主義，特別在實踐哲學、科學方法和實驗教育方面，但他對中國報刊的發展沒有明顯的影響。杜威不以報刊實踐聞名，他的旅俄印象在《新共和》發表；杜威反對精英政治，但他提倡的「大眾民主」在封閉而分裂的中國根本是空中樓閣，毫無實現的機會。胡適回國以後辦刊物，還得結合美英派的知識精英，其精神、路線與風格顯然受到杜威論爭對手李普曼的啟發。[28]我們在另一篇文章問道：密蘇里新聞教育的模式移植到中國各大學，為什麼勢如破竹，完全沒有遭遇抗拒？蓋密蘇里新聞教育（新聞道德）蘊藏進步運動的基本價值，符合中國知識界領袖（例如蔡元培、胡適、

鋒。James W. Carey (1997), "The Press, Public Opinion, and Public Discourse." In *James Carey: A Critical Reader*, edited by Eve Stryker Munson and Catherine A. Warren, pp. 242-243. Minneapolis: University of Minnesota Press.

27 Herbert J. Gans (1979), *Deciding What's News*. New York: Pantheon, pp. 42-52.

28 據統計，《獨立評論》社員和主要撰稿人共32人，幾乎清一色（97%）是從美歐回國的學人，留學美國的更高達87%。見陳謙平，〈抗戰前知識分子在自由理念上的分歧——以《獨立評論》主要撰稿人為中心的分析〉，載李金銓主編，《文人論政》，頁144-148。杜威曾於1928年訪俄，但似無證據顯示李普曼當時訪問過蘇俄。

李大釗）對「德先生」和「賽先生」的追求，範式轉移自然水到渠成。[29]

　　除了美國進步運動的知識領袖，英國哲學家羅素（Bertrand Russell）親睹蘇俄革命，前後立場發生變化，也刻畫了自由主義者左右搖擺的窘境。1917年蘇維埃革命成功，三年後（1920）羅素即實地往訪考察，時間上比胡適早六年，比杜威早八年。羅素原先在紐約的《解放者》（Liberator）雜誌撰文贊成這個革命，但身歷其境以後卻改變初衷。他說，蘇聯的共產主義理想太好了，好到簡直可以不擇手段，以致殘暴統治，剝奪自由，在所不惜，宣傳如宗教狂熱，人民生活卻貧困不堪，經濟陷入嚴重危機。[30]羅素於1920年秋結束蘇俄之行，直接到中國訪問，盤桓了一整年，與杜威分別發表一系列哲學演講。羅素初抵華時，警告中國應該採取溫和的基爾特社會主義（guild socialism），謹防帝國主義的干預。不料數月後他在告別演說時轉了個大彎，建議中國應該實行俄式國家社會主義，才能振興實業，發展教育，等到實業和教育達到英美的程度，再回頭剷除資本的流毒，此外別無他途。[31]如前所述，自由主義大師曾經左右搖擺，羅素對胡適說蘇聯的dictatorship最適用於俄國和中國，因為在這樣的農業國家之中，若採用民治，必鬧得稀糟，愛自由的人只好犧牲一點，胡適謂「此言也有道理，未可全認為不忠恕」。[32]

---

29 張詠、李金銓，〈密蘇里新聞教育模式在現代中國的移植——兼論帝國使命：美國實踐主義與中國現代化〉，載李金銓主編，《文人論政》，頁281-309。收入本書。

30 Bertrand Russell (1920), *The Practice and Theory of Bolshevism*. London: Geroge Allen & Unwin.

31 袁剛、孫家祥、任丙強編（2004），《中國到自由之路：羅素在華講演集》，北京：北京大學出版社，頁303-304。Bertrand Russell (1993/1922), *The Problem of China*. Nottingham: Spokeman, reprinted.

32 余英時，〈從《日記》看胡適的一生〉，頁220-221。所引乃1926年10月17日胡適日記。

二、報人的實踐與困境

　　民國報業和報人走進史學研究的視界，規模初具，不僅在華人地區，即在海外的英文著作也累積了可觀的成果。[33]《報人報國》除了提供宏觀分析，也包含意義深遠的個案研究。質言之，這些個案分屬四個主題：（一）以胡適、成舍我和陳冷做報人的經驗為例，見微知著，以折射他們爭取新聞自由的實踐與困境。（二）王芸生、蕭乾、陸鏗和劉賓雁等人，遇到時代劇變，政權動盪，個人無所逃於天地之間，每個關頭都必須做出痛苦的抉擇，以致人生轉折多變，更具體而微地刻畫新聞人的代價。（三）留美的自由派報人抗戰期間出任官員，其負責檢查外國記者在華報導的心路歷程和理據。（四）另一個異常的延安革命黨報模式。先此簡介胡適、成舍我和陳冷的個案，其他且留後再敘。

胡適與《努力週報》

　　五四運動以後，中共誕生，國民黨改組，軍閥跟官僚政客爭權奪利，報紙黨同伐異；南北對立，日趨緊張；戰亂頻仍，政治無望，自由主義極難生存。胡適於1917年回國，宣布二十年不談政治，但在中國你不碰政治，政治會來惹你。他只好破戒，於1922年5月創辦《努力週報》，僅一年六個月而壽終。胡適宣布要做一個負責任的輿論家，只問是非，不論黨派，「干預政治和主持正誼的責任必定落在知識階級的肩膊上」。

　　《文人論政》許多篇章以胡適為主，特別是《獨立評論》（1932-1937）那一段。[34]在《報人報國》，潘光哲教授再續前作，[35]對於胡適創辦《努力週

---

33 魏定熙（Timothy B.Weston）（2009），方潔譯，〈民國時期中文報紙的英文學術研究——對一個新興領域的初步觀察〉，《國際新聞界》（北京），第四期，頁22-30。

34 章清，〈《獨立評論》與中國自由主義的「命名」〉，頁95-125；張太原，〈強有力的中心輿論——《獨立評論》的社會影響〉，頁126-143；陳謙平，〈抗戰前知識分子在自由理念上的分歧——以《獨立評論》主要撰稿人為中心的分析〉，頁144-163。

35 潘光哲，〈胡適與《努力週報》的創辦〉，載李金銓主編，《文人論政》，頁68-94。

圖7.6、圖7.7　胡適1922年5月7日作〈努力歌〉，乃《努力週報》發刊詞。此為他人代抄，標題及文末日期則為胡適筆跡。（中央研究院胡適紀念館提供）

報》做了生動的分析，折射自由主義在中國如何遭受左右夾攻。胡適在美國求學就有開風氣之志，深受《新共和》的影響。胡適論政，不願捲入實際政治的漩渦，他要做中間人、公正人、評判員、監督者。他認為，主義不能包醫百病，不能根本解決問題，因而提倡一點一滴的溫和漸進改良。他提倡「好政府」，消極上防止營私舞弊、貪官污吏，積極上替社會全體謀求充分的福利，容納個人的自由。這是個立憲的政府、公開的政府、有計畫的政府。胡適的「好政府」脫胎於進步運動。他呼籲「多談些問題，少談些主義」，顯然也源自實踐主義。胡適提出「公」的理想——講公道話，做公正人，這種「低調民主」碰到「高調革命」，自然就窘態畢露了。右派有邵力子的《民國日報》攻擊他，左派有張國燾的中共機關報《先驅》攻擊他，張申府、周恩來也在旅歐中國少年共產黨的機關刊物《少年》批評胡適妥協。[36] 當時還有別人（如成舍我、陳冷）鼓吹說「公道話」，所見與胡適略同。政治激情，導致言論白熱爭鋒，反映當時政治界和思想界的現實，本來是應有之義，然當社會共識薄弱時，不知道說「公道話」的基礎和標準何在？這是值得深思的問題。

36 張申府曾介紹周恩來和朱德入黨。後退出中共，創建民盟。1948年在《觀察》發表〈呼籲和平〉一文，被共產黨人和民盟領導人批判。經歷反右和「文革」，於1986年逝世。

陳冷與《申報》

上海舊公共租界望平街，僅一百米的窄街，卻聚集了《申報》、《新聞報》、《時報》、《時事新報》四報，是民國時期的報業重鎮，全國輿論的中心，報人的避難所。《申報》起於1872年，終於1949年，為時七十八年。晚清《申報》初創時，社會上普遍鄙視報紙，認為是江浙落拓文人科舉落第的歸宿，生活清苦，名譽低下，「幾與沿門求乞無異矣」。[37]民國以後，報人的社會地位逐漸提高，大報的老闆和主筆儼然躋身社會名流，有的甚至晉升為黨國要人，然而在小報販賣風花雪月維生的文人仍然聲名狼藉。[38]

《申報》有過十個主筆。陳建華教授所分析的陳冷（景韓）是第七任主筆，從1912年到1930年，歷十八年，這時報業開始向職業化轉型，記者群體意識日益成熟。陳冷是前清秀才，同情革命黨，自日本歸國以後，1906年開始在《時報週報》寫短評。胡適早年從徽州到上海求學，也是他的忠實讀者。1912年，史量才以高薪延攬陳冷出任《申報》主筆，《時報》每月付一百五十元，《申報》倍之。陳冷的貢獻在新聞史上幾乎湮沒不聞，陳建華教授對他多所襃揚，不愧為其後代知音。[39]

陳冷於1918年在《申報》「自由談」副刊開闢了一個「自由談之自由談」專欄，筆名叫做「不冷」，每天寫一篇「報屁股」短評。1920年由周瘦鵑接棒。陳建華教授認為，這些報屁股文章用嬉笑怒罵回避政治箝制，又在許多社會議題上開拓了言論自由的空間。[40]陳冷在《申報》寫了六千多篇時

---

37 張功臣（2010），《民國報人：新聞史上的隱秘一頁》，濟南：山東畫報出版社，頁304。我最近特地走訪望平街（今稱平望街），這條小街非常不起眼，完全看不出當年的遺跡或樣貌，我向當地住戶問路，知者不多，而且很容易錯過路口。回想當年的望平街，棋盤交錯，夾在十里洋場的商業區和風化區之間，有許多落拓文人生活放蕩不羈，不啻是一幅生動的浮世繪。

38 王敏，《上海報人社會生活（1872-1949）》，頁32-39。

39 此外，見 Joan Judge (1996), Print and Politics: 'Shibao' and the Culture of Reform in late Qing China. Stanford, CA: Stanford University Press.

40 陳建華，〈共和憲政與家國想像——周瘦鵑與《申報·自由談》，1921-1926〉，載李金銓主編，《文人論政》，頁186-209。

評，陳教授認為切中時弊，筆鋒犀利，產生廣泛而深遠的影響，並具有四大特徵：一，以社會的立場發聲；二，宣揚憲政理念，討伐袁世凱；三，經驗思辯，不事高妙的理論，不故作深刻，「報紙之用力，不在一時，而在繼續」；四，修辭雄辯。

面對軍閥和政府壓迫報紙，報紙黨同伐異，陳冷穩妥把舵，《申報》注重揭發社會陰暗面。他強調新聞的獨立，但不是理論的詮釋，而是長期在報館每天低調跟議題打交道。他提出新聞必須「確、速、博」，略近於先前梁啟超的看法。外勤要多跑，要客觀，不加己意，反對流水帳和起居注式報導。陳冷提出報紙是「公器」。公器者，何也？戈公振說「上足以監督政府，下足以指導人民」，趙君豪說應秉「國家至上、民族至上」之精神。準此，公器所服務的是政府與人民、國家與民族，既不徇黨派之私，但也不是西方意義的「報導真相」。

陳冷鼓吹立憲，支持地方自治，批評專制政治。他是留日學生，應該是受到日本報紙以及從西方轉介的自由思想所影響，表現於日常報業的實踐，當然和舊派士大夫不同。他畢竟是個實踐者，不是理論家，對「公器」的闡釋失之於簡，尚不成體系，然不知與《大公報》的「四不」原則或西方報業標榜的專業主義有何異同？陳冷為人低調，與蔣介石私交甚篤，卻婉拒蔣的邀請入閣或任其重要幕僚，與董顯光等人「大勢所趨」而從政不同。抗戰勝利以後，國民政府的人馬進駐《申報》，曾邀請陳冷再任總主筆遭婉拒，所送薪資亦被退還。他風骨嶙峋，體現了報人的風範。

成舍我與《世界報系》

一戰即將結束之際，中國知識階層紛紛拋棄弱肉強食的社會進化論，轉而嚮往互助主義和無政府主義。成舍我的思想淵源來自無政府主義的「新世紀派」（以留法的張靜江、李石曾、吳稚暉為領袖，有別於留日派的無政府主義者）。[41] 當時國人一方面反傳統，一方面囫圇吞棗地接受各種駁雜的

---

41 成露茜、唐志宏、李明哲（2011），〈無政府主義的影響與實踐──成舍我的「非資

西方思潮，對它們只有模模糊糊的片面理解。唐海江教授指出，成舍我畢竟處在「格義」的階段，以儒家之意理去瞭解無政府主義，以至於認為世界主義就是大同主義。成舍我創辦報系和新聞學校，均以「世界」為名，可見他對世界主義如何推崇。國難迫在眉睫，他主張先要有民族主義，才能進到世界大同。他的世界主義因而暗合民族主義，立場與孫中山如出一轍。無政府主義那時是社會主義改良的一支，批判歐美資本主義和烏托邦社會主義，成舍我主張以人道和互助實現理想，不贊成共產黨的階級鬥爭。抗戰時期他和《大公報》都不反對統制新聞，但鼓吹政府借鑑歐戰時期英國經驗與新聞界合作。[42]

　　成舍我報人生涯三十年，坐牢不下二十次，報紙封門十幾次。他創辦北平《世界晚報》，創刊號即公布四條宗旨：言論公正，不畏強暴，不收津貼，消息靈確。他一輩子捋權勢的虎鬚，在《世界日報》攻擊軍閥段祺瑞、張宗昌、閻錫山，差點被張宗昌砍頭；在南京《民生報》揭發彭學沛貪污，得罪行政院長汪精衛，最後被汪勒令永遠停刊。成舍我不支持共產黨的暴力革命和階級鬥爭，1948年底《世界日報》被查封，改為《光明日報》繼續出版。[43]他是五四時代的人，但任憑如何反對儒家傳統，也澆不熄知識人「以天下為己任」的熱情，這種不畏強暴、言論報國的精神，何嘗不是體現孟子式的擔當？[44]

　　本主義大眾化報刊」〉，《新聞學研究》（臺北），第106期，頁219-248。社會學家成露茜乃成舍我的哲嗣。有關成舍我的生平事蹟，可瀏覽世新大學成舍我紀念館網站：http://csw.shu.edu.tw/website/1-2.html。

42 燕京大學新聞系主任梁士純為統制新聞辯護，並主張為國家訓練宣傳人員，見梁士純（1935），〈我對於中國報業的幾個意見〉，《新聞學概論》，北平：燕京大學新聞系，頁46。又，1936年燕大舉辦學術研討會，新聞界領袖張季鸞、陳博生、王芸生、馬星野紛紛呼籲，以筆代槍，共赴國難，唯有羅隆基擔心政府藉此壓制新聞自由，見曹立新（2010），〈抗戰時期新聞管制與報人言說〉，《二十一世紀》，第120期，頁34-42。

43 張功臣，《民國報人》，頁45-101。

44 臺灣當局實施報禁政策，成舍我無法申請到辦報執照。《世界日報》和《民生報》的報名為聯合報系逐一借用，但與成氏毫無關係。辦報受阻，成氏遂恢復世界新聞專科

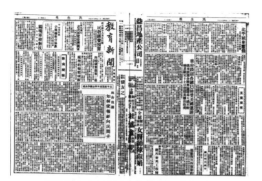

圖7.8　《民生報》強調報紙必須走向民間（1933）。
（舍我紀念館提供）

圖7.9　1928年《世界日報》，頭版全
是廣告。當時各大報皆如此。（舍我紀
念館提供）

圖7.10　成舍我特別啟事：《民生報》1934年因揭
發行政院政務處長彭學沛涉嫌貪污，得罪行政院長
汪精衛，被勒令停刊三日，成舍我亦遭起訴。（舍
我紀念館提供）

圖7.11　1937年日軍攻陷上海，11月
24日《立報》告別讀者。（舍我紀念
館提供）

　　1830年代，紐約《太陽報》把售價從六毫降為一毫，並且著意渲染犯罪新聞和人情趣味的故事，因此招攬了大量新興普羅讀者，開啟了貴族報紙平民化的趨勢，報紙的財源由原來倚重發行變成倚重廣告，史稱這是影響深遠的「便士報革命」（penny press revolution）。英國的報業鉅子北岩爵士（Lord Northcliffe）向美國取經，而成舍我又矢志向北岩看齊，不但希望

　　學校（今名世新大學），並延聘立場南轅北轍的政治異見者（如傅正、王曉波、李筱峰）任教，給他們提供政治保護傘，成為戒嚴時期的美談。

開創中國報業的托拉斯，還想進一步將資本主義大眾化。成舍我先後創辦北平《世界晚報》（1924）和《世界日報》（1925）、南京《民生報》（1927）、上海《立報》（1935），建立了托拉斯的雛形。《立報》是他畢生辦報生涯中最輝煌的時期，儘管上海報業已由《申報》、《新聞報》和《時報》三足鼎立，但成舍我走通俗路線，「小報大辦」（篇幅小，容量大），用人不拘一格，左右相容，又拒絕向上海灘的幫會黑社會妥協，發行量一度攀達二十多萬份，居全國之冠。可惜《立報》僅維持兩年兩個月，淞滬戰爭爆發便告停刊。[45] 1945年抗戰結束，他接收上海《立報》，恢復被日本人沒收的北平《世界日報》和《世界晚報》，還希望復刊南京《民生報》。1948年與陳立夫商議成立中國新聞公司，在各地成立分社，變成名副其實的托拉斯，然壯志未酬，只是紙上作業罷了。

　　成舍我主張以報紙教育大眾，必須力求通俗。他批評中國的報紙太貴，文字太深，內容與多數國民無關痛癢。他提倡資本家出錢，專家辦報，老百姓講話。主張由國家立法，設立董事會，規定資本家延聘編委會成員三分之一，餘皆由學術機構、法定民眾團體和讀者代表擔任，董事會決定主編任免和言論方針，資方無權干涉。他希望辦平民報紙，人人看得起，以對抗資本家的操縱。[46]要資本家出錢辦報，又要「立法」不許資本家干預，這個絕無僅有的理想如果成功，很難想像會是何等光景。

　　成舍我認為報紙必須為多數人民說話，因而反對報紙中立。他在記錄考察英倫見聞時，歎道：「（英國報紙）初不似吾國報紙，一方面環境壓迫，不能為自由之表白；一方面報紙自身，亦樂以模稜遊移之說，博『中立』

---

45 張功臣，《民國報人》，頁79-87。成舍我固然在國民黨那邊有許多朋友，《立報》主幹的背景頗為複雜，如張友鸞（總編輯）、薩空了（編輯國內外電訊）、張恨水（副刊）、謝六逸（復旦新聞系首任系主任，為《立報》編學術性的「言林」）、惲逸群（編消閒性的「小茶館」）、包天笑（客串副刊編輯）等。惲逸群乃中共地下黨員，後來出任中共華東局代宣傳部長，以批評《大公報》對國民黨「小罵大幫忙」而聞名。薩空了後來協助胡愈之辦中國民主同盟機關報《光明日報》，任副祕書長，該報是沒收成舍我的《世界日報》改組的。

46 成露茜、唐志宏、李明哲，〈無政府主義的影響與實踐〉。

『不黨』之美名。」[47]他批評「不黨」，然則他要站在國民立場，正視事實，以自由思想做判斷，而無任何黨派私怨，此又何異於《大公報》的「不黨」原則？1920年代，《努力週報》以少數知識精英為對象，《大公報》的讀者是政界和知識界精英，《申報》和《新聞報》爭取政商兩界，陳獨秀和李大釗正在組織群眾革命，唯獨成舍我致力於辦平民報紙。以他所吸收的文化資源來說，無政府主義如何與儒家自由主義有辯證的互動，又與頻仍的國難有何交涉？他的理念在中國報人中獨樹一幟，但報紙內容是否與眾不同？他代表的是什麼詮釋社群，以誰為競爭對手？他的平民報紙與平民教育運動（如晏陽初）有沒有互相影響？他是否以知識精英的身分，揣想平民要說什麼話？這些問題尚待追蹤釐清。

三、民族與民主的矛盾

張詠教授提出一個問題：留美報人理應捍衛新聞自由，為何回國後（特別在抗戰時期的陪都重慶）紛紛加入國民政府，居然當起被記者痛恨的國際新聞審查員？有趣的是，他們多半是江浙同鄉，有教會學校背景，得風氣之先，出國後到密蘇里大學念新聞，回國組成了「密蘇里幫」，這是一張由同鄉、同學兼同事組成的人脈網絡。他們年輕時都熱心國事，曾矢志獻身新聞事業。九一八事件爆發，密蘇里新聞學院的中國學生義憤填膺，在校報發表中國同學聯盟反抗日本侵華宣言，並在中國留學生季報熱烈討論國事。美國的新聞自由是自明之理，毋庸多說，然而密蘇里新聞教育不斷灌輸報人的社會道德與責任，強調新聞必須「平衡」，對中國留學生產生深遠的影響。[48]由於國難的需要與命運的安排，他們變成了新聞審查官時，即以外報報導失衡作為檢查的理據。

---

47 成舍我，〈在倫敦所見——英國報業之新活動（續）〉，南京《民生報》，1930年11月21日，頁3。

48 張詠、李金銓，〈密蘇里新聞教育模式在現代中國的移植〉。

　　張詠教授聚焦於中國政府新聞檢查員如何為其立場辯護。首先，他們指責外國報紙和駐華記者為了母國利益，對中國常常不懷好意，又充滿偏見與無知，報導扭曲失實。[49]在巴黎和談失敗後，外國報紙煽動在華武裝干預。1924年聯俄容共，西方國家對國民政府有了疑慮，紛紛阻撓國民革命，其中以英國最為囂張。抗戰初期，英法不斷討好日本，犧牲中國利益，昭然若揭。其二，董顯光訴諸「世界主義」的道德原則，以世界和諧為最高利益，懇求外國報業同情、幫忙這個追求進步理想的年輕共和國，勿以狹隘的民族主義醜化它的落後。第三個理由，民族獨立是實施民權主義的前提，在民族絕續存亡的當頭，檢查制度不僅有其必要，而且是行使獨立主權的「絕對權力」。第四，如王世杰所言，新聞檢查是戰時的臨時性必要措施，連美國在戰時也如此。《大公報》雖然崇尚西方新聞自由，卻也批評西方記者對華的扭曲；《大公報》和《世界日報》不質疑特殊時期的新聞檢查，只批評檢查方法和素質。倒是胡適一貫委婉撰文反對檢查外報的措施。

　　「主權」壓倒「人權」，「民族」戰勝「民主」。余英時歎說：「一百五十年來，中國人對於西方一直抱著兩個相反的情緒——一方面憎恨它的侵略，另一方面羨慕它的價值。……在二十世紀，民族獨立和民主同是中國人追求的基本價值。但兩者相較，民族獨立的要求卻比民主的嚮往也不知道要強烈多少倍。」[50]第三世界各國以民族主義對抗帝國主義，從此國家至上，成為集體認同的來源。五四以前的先覺者（嚴復、梁啟超、孫中山）強調「民權」，都為了實現國家權利、民族獨立，而不以保障個人自由為前提。[51]孫

49　英國原來獨占在華外文報紙的優勢，上個世紀20年代到40年代期間，美國以「門戶開放」為口號挑戰英國的利益，最後獲得勝利。見張詠、李金銓（2011），〈半殖民主義與新聞勢力範圍——20世紀早期在華的英美報業之爭〉，《傳播與社會學刊》（香港中文大學出版社），第17期，頁165-190。Yong Zhang Volz and Chin-Chuan Lee (2011), "Semi-colonialism and Journalistic Sphere of Influences: British-American Press Competition in Early Twentieth-Century China," *Journalism Studies*, Vol. 12, No. 5, pp. 559-574.

50　余英時（2008），《會友集》，香港：明報出版社，頁291-292。

51　耿雲志等（2003），《西方民主在近代中國》，北京：中國青年出版社，頁359。

中山先提出民族主義，以排滿為目的，後來才發展民權主義和民生主義。抗戰前，《獨立評論》一批有名的「自由主義者」（如蔣廷黻、丁文江、錢端升）均主張以「新式的獨裁」取代民主，幾乎只靠胡適獨排眾議，極力維護民主價值，可見一般中國學人對民主的信心何其脆弱。[52]

再進一步剖析，西方國家對內講求民主自由，對外拓張帝國霸權，一表一裡，攜手並進；對它們來說，內外有別，採取雙重標準，大概是天經地義的。薩依德（Edward W. Said）揭發若干西方自由主義者的偽善，痛擊他們一方面反對別人殖民，一方面卻維護自己的殖民。例如法國的托克維爾（Alexis de Tocqueville，1805-1859）撰《論美國的民主》一書，極力抨擊美國南方白人蓄養黑奴的野蠻行徑，轉個身卻支持法國殖民者在阿爾及利亞的嚴厲行動，對伊斯蘭教更充滿了偏見。他的英國朋友彌爾（John Stuart Mill, 1806-1873）寫《論自由》，是闡發自由主義的經典宏著，但彌爾在印度任英國殖民政府公職時，卻反對印度人自治。最惡劣的莫過於法國知識界領袖勒南（Ernest Renan, 1823-1892），他說：「老天製造了一個勞動民族，就是中華民族，手腳極靈巧，幾乎毫無榮譽感；只要治之以正義，徵其稅，聊以津貼征服者，以換取（征服者的）恩寵，他們就心滿意足了。」[53]原來這個「劣等」民族是等著優越的外國人來征服（拯救）的。薩依德列舉許多19世紀極負盛名的歐洲知識精英都是種族主義者，但凡講到「劣等民族」，無不極其輕蔑不齒而粗暴的。與此異曲同工的，近代土耳其的知識人一味嚮往歐

---

52 陳謙平，〈抗戰前知識分子在自由理念上的分歧——以《獨立評論》主要撰稿人為中心的分析〉，載李金銓主編，《文人論政》，頁144-163。張忠棟（1987），《胡適五論》，臺北：允晨文化，頁157-208。丁文江1933年在國外見到希特勒和蘇俄的獨裁，明知它們的壞處，還主張中國要搞「新式獨裁」。胡適後來為其辯解，謂丁文江乃出於恨鐵不成鋼的愛國苦心（見上引張忠棟書，頁200）。

53 Edward W. Said (2000), *Reflections on Exile and other Essays*. Cambridge, MA: Harvard University Press, pp. 418-423（勒南的話轉引自頁419）。薩依德的其他著作也觸及歐洲中心的種族主義，見Edward W. Said (1993), *Culture and Imperialism*. New York: Knopf, 1993, pp. 169-190; Edward W. Said (1996), *Representations of the Intellectual*. New York: Vintage, pp. 92-93。

洲，尤其崇拜法國。得過1947年諾貝爾文學獎的法國作家紀德（André Gide, 1869-1951），於1914年遊歷伊斯坦堡以後，更加深了他的文化偏見，他寫道：「如今我知道我們西方（我想說法國）文明不但最美；我相信——我知道——它是唯一的（文明）。」寫出這段掌故的，是獲得2006年諾貝爾文學獎的土耳其作家帕慕克（Orhan Pamuk）。[54]美國雖然沒有殖民經驗，卻以新型帝國的政經軍事文化力量征服海外，薩依德等人有透徹的分析。

　　第三世界獨裁政府往往煽動狹隘的民族主義情緒，以壓抑民主的呼聲，甚至醜化民主為西方帝國主義的糖衣炮彈。余英時說：「民族主義是被侵略、被欺凌或被征服的民族的正當防衛武器，但超過了正當自衛的界限，它會立即轉化為邪惡的勢力。特別是在專制或是集權的國家，它更是統治階級——專政的黨或基本教義的政權——維持和擴張其絕對權力的有效工具。」[55]如何調節或平衡民族與民主的矛盾？薩依德倡議，以《世界人權宣言》和《日內瓦公約》為藍本，制定「新普世價值」（new universality），禁止政府以「國家安全」的名義侵犯個人或團體的權利。[56]這樣把民族主義和民主價值的矛盾加以辯證統一，允為高瞻遠矚的洞見。

四、建立延安報業範式

　　如前所述，相對於商業報和專業報，還有黨報系統。在國民黨方面，以《中央日報》為主；在共產黨方面，則有重慶的《新華日報》和延安的《解放日報》。《解放日報》是紅區的農村派，反對自由主義，確立黨報為喉舌的原則；《新華日報》在白區，代表都市派，高舉自由主義的旗幟，以作為

54　Orhan Pamuk (2007), *Other Colours: Writings on Life, Art, Books, and Cities*. New York: Faber and Faber, pp. 204-213（紀德的話引自頁207）。亦見Orhan Pamuk (2004), *Istanbul: Memories and the City*. New York: Vintage, pp. 234-244。

55　余英時，《會友集》，頁302。

56　Said, *Reflections on Exile*, p. 428.

圖7.12　中共當年在延安窯洞辦報（延安新聞博物館重建）。（李金銓攝）

圖7.13　當年中央印刷廠在延安使用過的印刷機。（李金銓攝）

對抗國民黨的策略。[57]毛澤東領導《解放日報》，對周恩來領導的《新華日報》曾有嚴厲的批評。1949年以後，《解放日報》成為中共辦報的模式。

　　黨報「延安範式」的確立，源於1942年《解放日報》的改版，「不完全黨報」變成「完全黨報」，成為一元化領導的工具。[58]「改版」是「改造」的突破口，通過版面的調整，在辦報思想上，確立黨報是「黨組織的喉舌」，不是報社同人的機關；在實際操作上，強調黨性、階級性和政治性，並把「全黨辦報」的原則具體制度化，使報紙的報導與黨組織聯成一起，不許表現「獨立性」。黃旦教授接續前文，在《報人報國》進一步考察該報改版時編輯部的「新型記者」。從身分意識來說，他們是黨的喉舌和耳目；從新聞操作來說，以政治為原則，「用事實說話」，也就是用事實說黨要說的話；在辦報隊伍的建構上，反對「記者辦報」，奉行「全黨辦報」，消除辦報者的專業意識，走向工農結合並改造自己。通過這一切，終使辦報者完成了主體的「重塑」。

---

57 笑蜀編（1999），《歷史的先聲：半個世紀前的莊嚴承諾》，汕頭：汕頭大學出版社，乃《新華日報》當年社論的匯編；對該報的追憶，見李慎之，《風雨蒼黃五十年》，頁79-105；（編者名從缺）（1979），《新華日報的回憶》，成都：四川人民出版社。

58 黃旦，〈從「不完全黨報」到「完全黨報」──延安《解放日報》改版再審視〉，載李金銓主編，《文人論政》，頁250-280。

圖7.14 《解放日報》1942年改版，社論確立黨報原則，影響持續至今。（黃旦攝）

《解放日報》的改版重建了黨喉舌的原則，是整風運動的一部分。這裡我想簡單回顧整風的歷史脈絡。[59] 1937年，中共有兩個權力中心，一個是延安的中央政治局，由毛澤東、張聞天、劉少奇、康生和陳雲領導；另一個是武漢的長江局，有王明、周恩來、博古、凱豐主其事。1937年8月，毛希望利用抗戰全力發展中共的武裝，主要打游擊戰，避免與日軍正面交鋒。史達林怕惹怒蔣介石而造成統一戰線破裂，導致日本在華制俄；周恩來附和史達林和共產國際，帶頭反對毛的決策。1938年春夏之際，毛一方面爭取共產國際支持，一方面把劉少奇調回延安，向長江局鬥爭。

1938年博古任中央黨報委員會主任，但他留在重慶工作，《解放日報》實際上由張聞天管，1940年11月博古回延安以後才真正負責。1941年6月，納粹突擊蘇聯，蘇聯自顧不暇，宣布解散共產國際，王明失去後臺老闆。1941到1942年，毛澤東發動了「整風運動」，以毛澤東為首的「正確路線」（包括劉少奇、任弼時、康生、彭真、高崗、林彪和鄧小平），批判以王明為首的「教條宗派」（博古、王稼祥、張聞天），以及周恩來為首的「經驗派」（包括朱德、彭德懷和陳毅）。從此，毛澤東思想與馬列並列，成為全黨的指導思想，寫入隨後召開的七大憲章。1942年2月，陸定一進入《解放日報》，凌駕於博古之上，確立毛澤東「黨性第一」的原則，新聞的快慢要以黨的利益為準則，要運用報紙指導運動，訂立新聞保密和分層閱讀的制度。

「整風運動」還夾了一個「搶救運動」。抗戰時期，特別是1937和1938年間，很多青年從國統區投奔延安，都是周恩來在武漢的長江局所介紹的。1942年初全國黨員約九十萬，新幹部黨員九成都是這些知識青年。另外，

59　以下三段，參考王若水（2002），《新發現的毛澤東》，香港：明報出版社，頁34-119；高華（2000），《紅太陽是怎樣升起的》，香港：香港中文大學出版社，頁365-375。

土改時期提為幹部的，大多來自農村，先加入軍
隊再當幹部，對知識人有排斥心理。毛澤東曾公
開斥責「許多所謂知識分子」比工農分子無知。
1942-43年，康生圈定一些名單，逼供在各單位
抓「特務」。《解放日報》和新華社起初沒有抓
到什麼特務，受到康生的嚴批。後來搞「逼供
信」，在兩個單位中，被逼承認是「特務」者占
一百幾十人的七成。[60]

　　楊奎松教授提供一段饒有深意的插曲：延安
的辦報幹部習慣農村作業的方式，他們長期在戰
爭的環境中，接受階級鬥爭的訓練，培養出高度
的政治警覺性，連氣象都視為機密。勝利進城以

圖7.15　《解放日報》社論
紀念創刊一千期（1944年2
月16日）。（黃旦攝）

後，游擊氣息，散漫作風，不細緻，不嚴密，依然如故，完全無法適應都市
辦報的複雜性。《人民日報》連連出錯，毛澤東極為惱火，說：「你們學學
《大公報》嘛，你們有點像《大公報》我就滿意了。」還特地從上海調《解放
日報》社長范長江北上，出任《人民日報》社長。毛雖然反對專家辦報，但
他顯然是有《大公報》情結的，范長江被看上是因為他在《大公報》的資歷。

五、報刊與政權遞嬗的關係

　　《大公報》最受知識人和政治領袖（包括蔣介石和毛澤東）所推重。
1949年政權易手以後，考慮到報紙的影響力大，首先從報紙管理下手。出
版社直到1956年尚且容許私營，沒有事先報批審查。根據楊奎松教授的統
計，1947年上海總共有報紙九十六種，1949年中共只批了十四種，其中屬
於公共性報紙的只有十種。《大公報》有風向標的作用，天津《大公報》改
名為《進步日報》以後，引起國外各種不安的揣測。為了顧及國外的觀感，

60　王若水，《新發現的毛澤東》，頁37。

幾經周轉，決定讓上海《大公報》維持原名，但是改變了性質。《大公報》的改造既是一葉知秋，也是特殊處理。《大公報》直到「文革」時期才壽終正寢。

　　楊奎松教授運用繡花細針的手法，組織豐富的第一手材料，刻畫《大公報》主筆王芸生在政權變化前後的心理變化，栩栩如生，令人讀了彷彿身歷其境。王芸生目睹國民黨大勢已去，擔心共產黨不要他這種人。不料他在策反以後，聲稱是來「投降」，經過思想改造，很快就跟上時代，對自己和對《大公報》都是上綱上線，罵得一文不值，既自譴，又自賤。他罵《大公報》維持著一種改良主義者的面貌，「基本屬性是反動的，實際上給反動的統治階級起了掩護作用」。他罵自己是形式主義和客卿思想、個人主義和本位主義、資產階級辦報的思想以及官僚主義的領導作風，總結起來思想根源是「個人主義、自由主義的好名思想」。不止他，很多「民主」報人（如徐鑄成、蕭乾、儲安平）也都經歷這種扭曲，難道這不是一般知識人共同的歸宿？「民主」報人紛紛「認錯」，是不是就意味著向新主「投降」？王芸生雖然受辱有加，但由於毛的特殊關照，只有他在這批「民主」報人中倖免劃歸「右派」。挨到「文革」結束以後，倖存者（其中儲安平失蹤，至今下落不明）個個急於跳出來表態，後悔當年發違心之論，又當何解？

　　《大公報》在接受中共改造以前，是不是遊走於國共之間的「第三條道路」？自從惲逸群（中共華東局代宣傳部長）在1948年說《大公報》對國民黨「小罵大幫忙」，長期以來儼然已成定論。近年來開始有翻案文章，最有影響力的當屬方漢奇先生。他說：

　　——「《大公報》對國民黨當局，不光是『小罵』，也有『大罵』，甚至
　　　　『怒罵』和『痛罵』。」（頁16）
　　——「同樣是罵，兩罵相比，《大公報》罵國民黨的時候更多一點，也
　　　　更經常一點。」（頁17）
　　——「她更多的是幫了共產黨，而不是幫了國民黨。」（頁19）
　　——「她確實為中國共產黨爭取到了更多的中間勢力的支持。從這個意

義上說，《大公報》對中國革命的勝利，有其特殊的貢獻。」（頁21）[61]

　　這是不同流俗的論斷。管見以為，方氏從典型中國傳統的直覺智慧出發，並舉例為證，容或充滿富有啟發的洞見。他固然舉了不少例子，但例子不免牽涉選擇和偏向，以致立場不同的人仍可能「信者自信，不信者自不信」。是故，與其把他的說法視為「最後」的結論，不如把它當作「最初」的工作假設（working hypothesis），再用各種經驗證據一一加以證實或證偽。這是一個關鍵性的論斷，涉及的證據必廣——例如該報與國共的結構性和人脈關係之常與變，記者群與作者群的分析，讀者成分的剖析，報導與評論的內容，個案事件與長期的變化，以及它在各時期對政局與讀者的具體影響，最後並以《大公報》與當時其他報紙橫向比較——若能多方全面取證，除了直接證據，還要從看似不相干的材料中旁敲側擊，這樣得出的結論當更具說服力，也更有豐富的理論意義。鑑於《大公報》的獨特地位，如何評價它關係到中國新聞史的書寫，實在值得學界努力做出長期而細緻的研究，而不以一篇概括性的文字為定論。

　　這裡，我們且從人脈、立場和影響三方面做初步的探討。一是人脈，在抗戰以前《大公報》社論批評當局頗為嚴厲，抗戰以後國難當前，張季鸞躍身變成「國之諍友」，與蔣介石和陳布雷私交甚篤。張去世以後，胡政之和蔣走得並不近，王芸生與蔣若即若離，更時常受到《中央日報》和《新華日報》兩邊嚴厲抨擊。王的言論到底代表自由主義，還是出於他自詡的功利思想？[62]他在1949年以後思想言論轉向如此迅速，除了時勢所逼，不得不然，

61 方漢奇（2007），〈再論《大公報》的歷史地位〉，載方漢奇主編，《大公報百年史》，北京：中國人民大學出版社，頁1-23。

62「自由主義者」可以自我認定，可以是「後設」的概念。若放在意識形態的光譜來看，王芸生和《大公報》的確代表某種「自由主義」憲政話語，有別於國民黨的「三民主義」話語及中共的「新民主主義」話語，祝天智（2010），〈抗戰時期的三種憲政話語〉，《二十一世紀》，第120期，頁43-51。

是否代表了自由主義者的必然歸宿？

　　二，以立場而言，王芸生在國共內戰時期提出「政治民主化，軍隊國家化」，這是美國政府的立場，成舍我的報系亦持此論，更是當時主流輿論對國共當局的拳拳殷望，似乎不是標新立異。但這個論調算不算「第三條道路」？

　　三，從影響來說，如前所述，惲逸群批評《大公報》對國民黨是「小罵大幫忙」，是幫閒和幫凶，但方漢奇翻案說，它替共產黨爭取了很多中間讀者。我們知道，由於《大公報》標榜「不黨」，只要發現員工是國民黨黨員立即開除。然而國民黨在明處，共產黨地下黨員在暗處，最後當楊剛和李純青策反王芸生時，發現報社內有很多共產黨埋伏的地下黨員。抗戰勝利後不出幾年，情勢逆轉，對國民黨不利，《大公報》在輿論上是否起到摧枯拉朽的作用？

　　世變之亟，原有價值體系整個崩潰，新秩序尚未完全穩定，這時最容易看到個人怎麼抉擇生命意義與事業前途。我以「記者與時代相遇」為題，選擇三位著名報人的生命史為個案，以小見大，初步探討三個關鍵問題，以建立座標式的瞭解。第一，時代與報社的關係：政權交替（國共之間）或政權內部系統發生重大變化（中共內部）之際，如何影響右（南京《中央日報》）中（《大公報》）左（《人民日報》）報社的運作？第二，報社與記者的關係：蕭乾比《大公報》略左，是中間偏左；陸鏗比《中央日報》略左，是中間偏右；劉賓雁則是《人民日報》內部所謂的「右派記者」──當記者與報社發生矛盾時，他們如何調整與自處？第三，記者與時代的關係：記者在時代的變局中何去何從，付出什麼代價？我接著運用社會學的想像，分析三位記者的出身背景、意識形態和書寫方式。這是拋磚引玉之作，尚祈方家賜正。

六、歷史研究、社會學與社會科學

　　由於與會人士的訓練、興趣和才情不同，對於歷史研究方法有很多討論。這裡我想說一下自己粗淺的想法。梁啟超說：「中國舊學，考據、掌

故、詞章為三大宗。」他把考據擺在第一位，足見史料的重要。歷史材料經常隱而不彰，真假雜糅，故需要細加辨識和甄別。中國近現代報刊的歷史很短，不過一百多年，印刷術已經很發達了，在考據方面的難度相對較小，但個人通信和日記多為手寫，也是個挑戰。新聞史料不會開口說話，因此需要研究者做出細緻的分析，理出材料的內在邏輯，揭示隱匿其間的意義。如果只記流水帳，停留於某年某月發生了某事，卻把「分析」懸置起來，而指望材料自我表白，一般不可能是精彩之作。流水帳貌似客觀，其實它包括什麼材料，不包括什麼材料，或明或隱都是帶有選擇性的。

　　毋庸置疑，史料是最根本的，所有的歷史研究和建構都必須在史料之上，否則便是空中樓閣。但史料不是簡單或自明的，必須經過多方推敲，反覆求證，並經過細緻的勾連、理解和詮釋，才能獲得生命力。流水帳只顧堆積材料，缺乏問題意識，絕非合格的「敘述歷史」（narrative history）。做「敘述歷史」，要有講故事的本領，但光會講故事不夠，「還得應用若干分析、說明、闡釋的方法，就我們所知事件系列對人類命運有何影響，從而（以此脈絡）更瞭解這些事情是怎麼發生的。」[63]歷史事件有來龍去脈、節奏脈動、前因後果，其「變」與「常」也歸納得出形態，這些問題分析得愈透徹，推論愈可靠。正如桑兵說的，治史「重在恰如其分地解讀史料，適得其所地呈現史事，從各種層面角度顯現前人本意和史事本相以及相互聯繫，並且表明依據什麼說是如此這般，所用論據是否經過前後左右、上下內外的反覆驗證。呈現事實及揭示內在聯繫本身就包含認識，如何述說同時也就是展現學人的見識。」[64]

　　如何呈現史事？中國史學傳統源遠流長，自有其極深刻的實踐，卻少在知識論和方法論層面提出討論。在西方，歷史學和社會學交融，一方面發展出「社會歷史學」，強調用問題意識分析歷史；另一方面發展出「歷史社

63　David Thomson (1990), *Europe since Napoleon*. London: Penguin, p. 16.

64　桑兵（2014），〈治學的門徑與取法──晚清民國研究的史料與史學〉，《中山大學學報（社會科學版）》，54卷1期，總245期，頁85-96，引自頁88。

會學」，強調社會研究必須關照歷史的具體性。韋伯和馬克思的經典著作都
出自這兩個傳統的互相滲透，新聞史的重要作品當必如是，不無值得借鏡之
處。我的學術訓練來自於社會科學，偶爾涉足新聞史的問題時，自然會問：
材料的內在邏輯何在，文本與文本之間是否有矛盾，各構成要素之間的關係
是什麼，文本如何解讀，又如何聯繫到社會脈絡，究竟彰顯了什麼意義？要
有效回答這些問題，就得用具有概括能力的語言，總結那些複雜而具體的歷
史事實，用比較抽象的概念抽絲剝繭，甚至畫龍點睛。歷史材料也許乍看散
漫不經，雜亂無章，彷彿毫無頭緒的線團，但如果找到了涵蓋力強的概念，
不啻牽出一個線頭，不但「理順」而且「理活」了整個材料。

　　茲不揣鄙陋，試舉拙作一例以說明之。眾所周知，民國時期的新聞教
育是從美國橫向引進密蘇里大學模式的，堪稱跨文化交流的異數，以往雖有
不少回憶、記敘和報導，但從未能說明文化移植背後的所以然。張詠和我在
〈密蘇里新聞教育模式在現代中國的移植——兼論帝國使命、美國實踐主義
與中國現代化〉（本書第十章），嘗試借助社會學的問題意識和概念（例如
範式轉移、能動性與結構的交涉），疏證複雜多端的史料，以提供深一層的
因果解釋。首先，從文化結構來說，美國在進步運動以後開始積極對海外擴
張，而美國的新聞價值孕育於「進步運動」，充滿社會改革的精神，正符合
中國時賢追求現代化的想像，所以他們一開始便擁抱美式新聞教育。其次，
密蘇里新聞教育強調規範性的道德倫理原則，時賢咸認切中中國報業的時
弊，而密蘇里又以「動手做」為其特色，效果立竿見影，且不涉及艱深的學
理，皆有利於跨文化的範式轉移，以致中國大學紛紛出現的新聞系不論在課
程、教材或活動上都以密蘇里為藍本。第三，該學院院長威廉斯（即是社會
學說的「能動者」）不啻是學術傳教士，他在範式轉移過程中的關鍵角色無
人能出其右，使得密蘇里模式在中國的影響力獨占鰲頭，遠非在美國國內聲
名更著的哥倫比亞大學所能比肩。

　　據我粗淺的觀察，中國文史傳統偏向直覺直觀的統合性思維，往往得
意而忘言，觀點雖然切中要害，卻不太交代推理的過程，分析可能比較粗
疏，材料的說服力可能不足，下焉者甚至直接把見解當作結論。甚多華文新

聞史著作均有此病。中國學者似乎喜歡從整體演繹到部分，結果可能見林不見樹；西方（至少英美主流）學者卻偏重從部分歸納到整體，這種取徑可能見樹不見林。這兩個「可能」都是相當概略的說法，例外必多，本章後面將提到德國學者瓦格納，他便是從宏大理論演繹，犧牲史料的複雜性，而不是受到理論的啟發從史料一步步歸納的。歸納和演繹兩條道路各有利弊得失，處理得好的話殊途同歸，甚至相輔相成。我覺得，西方社會科學的確有助於勾勒細微的材料，但我們不必放棄中國的宏觀思考，這樣互相滲透，彼此吸收，當可收宏觀微觀並舉之效。[65]

　　何炳棣憶述，1930年代在清華大學念歷史系時，系主任蔣廷黻認為治史必須兼通基本的社會科學，要先學西洋史，採取西方的方法、觀點和長處，再綜合分析中國歷史的大課題。[66]何在哥倫比亞大學先攻英國史，畢業後轉為研究中國史，故養成比較的視野。後來他以當時社會學流行的「機緣結構」（opportunity structure）概念為引導，研究明清社會史。他遍查美國國會圖書館、哥倫比亞以及哈佛大學圖書館的地方誌，以及官書奏議，統計分析兩朝進士一萬五千人、晚清舉人與特科貢生兩萬四千人的家庭背景，終於得出中國社會階層上下流動暢通的結論。[67]這種方法在當時算是十分新穎的，但其用處必有時而窮，他晚年自承，就史料和在漢學界他是「一等一」，但對社會科學理論的建樹卻得「挨揍」。[68]

　　何炳棣的主要貢獻不在社會學理論，而在超越傳統直覺印象的格局，發展出西方社會學式的問題意識，根據嚴謹的邏輯推論，以統計方法駕馭並勾勒大量歷史經驗證據，因而證實明清兩朝科舉制度促進了社會階層的流動。[69]其實，上面提到方漢奇先生為《大公報》翻案所做的論斷，很值得他

65　李金銓（2009），〈新聞史研究──「問題」與「理論」〉，《國際新聞界》（北京），第4期，總174期，頁5-8。

66　何炳棣（2004），《讀史閱世六十年》，香港：商務印書館，頁68。

67　何炳棣，《讀史閱世六十年》，頁320。

68　何炳棣，《讀史閱世六十年》，頁308。

69　我想起讀大一時，中國政治思想史授課老師根據薩孟武之說，強調歷史上成功的人

的門生用經驗方法加以求證。倘若何炳棣以敘述統計（descriptive statistics）呈現一個現象，許倬雲自云，其所著《中國古代社會史論》結合社會學、文獻學和考古資料，以統計方式進一步做橫剖面和系統分析，「根據不同時代歷史人物的家世和社會背景，測量各時代社會變動的方向與幅度，再從這些現象討論政治、經濟、意識形態諸變數如何配合而有其相應的社會變動。」[70]借用各種層出不窮的推論統計（inferential statistics）為治史工具，做得好固然可以另闢蹊徑，推陳出新，但使用起來陷阱也不少。除非對史料性質、分析模型、理論假設，乃至統計方法的極限，方方面面皆了然於心，否則很容易違背「效度」（validity）和「信度」（reliability）的嚴格要求。功力不夠的學者若為了過分追求整齊簡約的規律，削足適履，以致犧牲歷史曲折探微的面相和絲絲入扣的意義，反而得不償失，更是不可不防的代價。

　　在此，我必須趕緊強調：儘管治史本無定法，但不是沒有方法；社會科學的概念和理論的確可以幫助史學家建立問題意識，活絡思想，勾勒史料。當然，過猶不及，我們切不宜因此喧賓奪主，而把歷史研究社會科學化。歷史有它的相對自主性，具體的證據始終是第一性，分析必須跟著材料走。問題意識和史料互相為用，問題意識只是觀察與分析具體史事的助緣。要是本末倒置，把歷史當成社會科學抽象理論的資料倉，隨著理論的需要入倉淘貨，這樣的東西焉能不信口開河？史料年代久遠，不免有殘缺或矛盾，需反覆使用考據、訓詁、校勘、比較脈絡、參照出土文物等各種方法交叉互證釋疑，折衷一是，再彼此切磋辯難，透過主客交融的過程，學界對還原的歷史拼圖形成「暫時性」的共識。然而有些激進的「後現代主義」信徒，幾乎接近徹底的懷疑派，竟認為史料和傳說一樣不可靠，可以像小說情節隨興自由賦意。一旦推到這麼虛無的地步，文史的知識基礎豈不蕩然無存？

物，要不是世家子弟，就是亡命之徒。我至今仍然印象深刻。薩氏的命題至少具有表面上的合理性（face validity），如果設為基本假設，當可發展出多彩多姿的歷史性經驗研究，或與何炳棣的命題異曲同工，所蘊含的理論意義十分重大。

70 許倬雲（2011），《許倬雲八十回顧》，香港：香港中文大學出版社，頁385-394，引自頁385。

　　桑兵教授指出，史學和社會科學最重要的分別在於「見異」和「求同」，「見異」的過程可以把握「求同」的所以然，而不能以「求同」的架構來重組史事。其實，前面提到「社會歷史學」與「歷史社會學」，其相對差別也在同與異之間，前者重異，後者重同。從知識論和方法論的角度來說，治史寧可以「見異」為先，以「求同」為次；與其一開始即搬出普遍理論，以粗暴的方式概括（以至於抹煞）具體材料，不如以特殊性為始，逐漸在抽象階梯上升級，最後歸納出「具體問題」的「普遍意義」。人類社會同中有異，異中有同，「小異」往往比「大同」更有趣，更精彩，因為「大同」也許只需要概括描述，「小異」卻得費神解釋相異的複雜原因了，最後當然求取把同與異的關係和比重拿捏準確（參見本書第一章詳論）。其實不僅治史如此，我在第四章提出國際傳播的文化性，也是從這個論點出發。

　　余英時先生指出，嚴耕望之治制度史，由於受到社會科學的暗示，故能看到長期性結構變化，但他並沒有在社會科學上求之過深過細，否則「不僅本末倒置，而且必然流入牽強附會」。[71]余英時說，考據將點與點之間互相聯繫，因此又從點形成了很多線，進一步因為線的交叉形成一個網絡。但歷史學家對人性、人情、事理懂得愈多，挖得愈深，這就是歷史的想像力。有了這種想像力，才可以深入異代人物的內心活動，與之發生共鳴，從現在重構過去。歷史想像必須跟考證材料結合在一起，實證跟詮釋結合在一起，靈活使用社會科學概念，但沒有給它牽著鼻子走。[72]尤有進者，王國維和陳寅恪早年受到西學的影響，融會貫通以後，把中國史學最好的傳統加以創造轉化，允為最能啟發後人的典範。余英時對此有非常親切的描述，也不愧為夫子自道。[73]以陳寅恪研究唐代政治史為例，他用「關中本位政策」和「關隴集團」的變化為主軸，一層一層釋證唐代三百年興衰的各種關鍵問題，包括

71　嚴耕望（1981），《治史經驗談》，臺北：臺灣商務印書館，頁1-11；余英時（2010），《情懷中國》，香港：天地圖書公司，引自頁179。

72　余英時（1998），《陳寅恪晚年詩文釋證》，臺北：三民書局，頁370-371。

73　有關王國維部分，見余英時（2007），《知識人與中國文化的價值》，臺北：時報文化，頁279-290。又，余英時，《陳寅恪晚年詩文釋證》，頁331-351。

胡漢之間的種族與文化關係、統治階級與氏族的升降、內朝士大夫黨派的傾軋，乃至外族盛衰的連環性及內政與外患的關係，使得他極為精闢的考據獲得最深刻而嶄新的通解。[74]

七、報刊與「公共領域」

援引「公共領域」的概念

　　社會研究始終在宏大理論（grand theories）和「中距理論」（middle-range theories）之間擺盪。因宏大理論太抽象，空疏而縹緲，學者轉而尋求「中距理論」，以便聯繫理論概念和經驗材料；但過一陣子，學界逐漸不滿「中距理論」零散，沒有提供一幅全面而整體的解釋，因此又回頭嚮往宏大理論。自從法蘭克福學派第二代領袖哈伯馬斯提出「公共領域」（public sphere）的宏大理論，並譯介到英語和中文世界以後，一般學者趨之若鶩，紛紛援引為統攝性的敘述或分析概念。[75] 1990年代以後，研究中國史的西方學者最熱衷討論明清有沒有出現「公共領域」，著名的《中國季刊》（*China Quarterly*）和《現代中國》（*Modern China*）還為此出過幾個專輯。

　　海德堡大學瓦格納（Rudolf Wagner）領導一群同事，研究晚清上海報業，即是個中著例。我覺得他們太削足適履，理論先行，強把歷史材料塞進哈伯馬斯「公共領域」宏大理論的緊箍咒。[76]他們聚焦於《申報》及其名下的《點石齋畫報》，加上各種上海閒言閒語的小報，企圖論證早期上海報

---

74 陳寅恪（1997），《唐代政治史述論稿》，上海：上海古籍出版社。

75 Jürgen Habermas (1989), *The Structural Transformation of the Public Sphere: An Inquiry into a Category of Bourgeois Society*, translated by Thomas Burger with the assistance of Frederick Lawrence. Cambridge, MA: MIT Press.

76 Rudolf Wagner, ed. (2007) *Joining the Global Public: Word, Image, and City in Early Chinese Newspapers, 1870-1910*. Albany, NY: SUNY Press. 以下評論取自李金銓（2008），〈過度闡釋公共領域〉，《二十一世紀》，第110期，頁122-124。

業帶領中國「加入全球公共體」。哈伯馬斯指的
公共領域，是介於國家與社會之間的真空地帶，
陌生人匯聚在一起，尋求理性、批判性的對話溝
通，以達成公共政策的共識，既免於政治權力的
壓迫，又免於市場異化和金錢污染，這是個近似
烏托邦的理想境界。海德堡學者認為，上海華
洋雜處，「公共領域」超越國界，異質性強，高
階與低階的報刊雜糅成種種論述。在哈伯馬斯看
來，西歐資產階級公共領域的發展是與國家逐漸
剝離或對峙的；而海德堡學者認為中國的軌跡與
西歐分道揚鑣，晚清上海報刊官民、雅俗、華洋
一鍋粥，合力在創造一個「公共領域」。

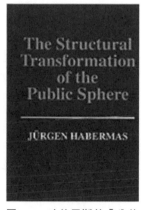

圖7.16　哈伯馬斯的「公共
領域」理論曾風靡一時。

　　哈伯馬斯的書譯介到英文世界近三十年，學界已對他的理論耳熟能詳，
也已經做了一些必要的修正：（一）公共領域不是單一的，應當是複數的，
重疊的，也是不平等的；（二）公共領域除了政治領域，應當包含民間、文
化生活各領域；（三）除了肯定媒介傳播在公共領域的角色，應當再度重視
面對面的人際溝通。[77]但無論如何延伸，沒有人像瓦格納把「公共領域」界
定得這樣浮游鬆散的。報刊當然有論述，有話語，難道就是「公共領域」
嗎？照此說法，還有哪個報刊是撇在「公共領域」之外的？這樣，要解答
上海有無公共領域，自然落得「說有容易說無難」的境地了。例如圍繞著
滬上名流與名媛「每日西洋鏡」打轉的娛樂小報，素為知識人所不齒，葉凱
蒂（Catherine Vance Yeh）竟賦以崇高的文化意義，說它們間接折射大都會
生活的病症，「為建構中國的公共領域及其多樣性踏出重要的第一步」（頁
227），但又說不清楚娛樂小報如何建構中國的公共領域及其多樣性。[78]這類

77　Elizabeth Butler Breese (2011), "Mapping the Variety of Public Spheres," *Communication
　　Theory*, Vol. 21, No. 2, pp. 130-149. 此文對哈伯馬斯和鄂蘭（H. Arendt）的比較尤值注
　　意。
78　早期芝加哥學派社會學家發現，經濟大蕭條時期，新移民對電影趨之若鶩，以逃避殘

證據闕如的民粹式抽象概括，全書比比皆是。不說別的，林語堂對1930年代的上海報業曾有嚴厲尖刻的批評。[79]不管贊成或反對林語堂的評價，海德堡學者至少都應當回應之，不能只顧說自己要說的話。我最近邂逅一些初步而有趣的研究，窺及民國時期上海報人與幫會的複雜關係，益發覺得處處和公共領域的論調背道而馳。[80]

在我看來，瓦格納儼然以「後現代」的手法，建構公共領域的「現代性」，「有意無意間扛著顛覆正統、邊緣戰鬥的旗幟，以致抹平中心與邊緣、雅與俗、高眉與低眉、深刻與膚淺的種種界限；於是，作者給邊緣者以權力，將默默無聞的東西浪漫化，為流行事物披上理想的假象。」[81]與其硬將中國報業史塞入「公共領域」的宏大敘事，肯定或否定全稱命題，我覺得寧可扎根史實，聯繫媒介文本到晚清乃至民國的政治、經濟與文化脈絡，總結社會學家墨頓（Robert K. Merton）所倡議的「中距」（middle-range）論斷。[82]舉例言之，上海在西方殖民主義、全球資本主義和中國追求現代化三股力量激盪下，躍身為世界都會，但它畢竟是一座半殖民地的「孤島」，被中國社會、人口與文化的汪洋大海所包圍，試問這個混生的角色對其報刊生態有何涵義，報刊內容和品味如何，有什麼讀者看哪些報刊，報刊促使他們產生了什麼互動和影響？這些問題一環扣一環，抽象層次適度降低了，我們勢須透過經驗研究加以還原或推論，不能「大膽假設，粗心論證」，隨意給

酷現實，短暫陶醉於富貴豪門的生活幻象，是謂「替代式的參與」。見Herbert Blumer (1993), *Movies and Conduct*. New York: Macmillan。由此聯想到：上海是一個由五湖四海、龍蛇雜處的移民組成的大都會，那裡的娛樂小報是否也特意取悅於邊緣群體？如果是，這種逃避式的媒介消費和「公共領域」關係何在？這是值得研究的題目。

79　林語堂著，劉小磊譯（2008），《中國新聞輿論史》，上海：上海人民出版社，頁134-154。

80　例如路鵬程，〈民國時期的上海報人與幫會〉。謝謝在華東師大任教的作者惠賜其未刊稿。

81　李金銓，〈過度闡釋公共領域〉，頁123。

82　Robert K. Merton (1968), "On Sociological Theories of the Middle Range." In *Social Theory and Social Structure*, Robert K. Merton, pp. 39-73. New York: Free Press.

個潑墨式的答案。

　　然而，另一個極端的學術取向也不足為訓，例如前述部分海外華裔學者，他們企圖從「後現代」或「後殖民」主義解構「中國性」，認為「中國」作為一個「想像的共同體」，與他們的身分認同扞格。[83]學者倘搬出「後現代主義」唱唱反調，顛覆中原霸權的壓抑性和排他性，我認為是有積極意義的。即使個別學者，不管由於實存經驗，或出自意識形態，不願意認同「中國性」，也悉聽尊便。但分析「中國性」，不特是主觀的身分認同，也是客觀的歷史存在，那就不以個人的好惡為轉移了。若一味援引西方理論，以邊緣身分的建構抹煞中心的存在，則未必符合史實。葛兆光警告，這些華裔學者小看了「中國」尤其是「漢族中國」的歷史延續性和文化同一性，他們「未必完全是根據歷史資料的判斷，有可能只是來自某種西方時尚理論的後設觀察，成為流行的後殖民理論的中國版。」[84]「後殖民主義」和「後現代主義」或有血緣之親，卻未可混為一談。薩依德的著作啟發了「後殖民主義」的開創，但他批評「後現代主義」有太多歐洲中心主義的偏見：「（後現代的）理論和審美標準多半強調地方性和偶然性，飾之以無足輕重的歷史、刻意模仿的文學，再加上消費主義。」[85]學者企圖瓦解現代性、解放、啟蒙的話語，一旦過了頭，則無異於西諺說的把嬰兒和洗澡水一齊給潑掉了。儘管這兩個研究的旨趣南轅北轍，一個建構（瓦格納），一個解構（上述華裔學者），它們都奉當今西方流行的理論為本，而以中國的歷史材料為末。

　　往日是否真的有過一個美好的公共領域呢？美國學者舒德森以研究新聞的社會史聞名，他頗懷疑歷史上有過那麼浪漫的「流金歲月」（good old days），他反對哈伯馬斯過於強調商業的負面作用，以為報紙的商業化未必腐蝕公共空間。但他認為「公共領域」這個概念並非一無是處。它至少有兩個主要的作用，一是提供規範性的指標，引導我們反思理想的社會應該怎麼

83　Rey Chow, ed. (2000) *Modern Chinese Literary and Cultural Studies in the Age of Theory.*

84　葛兆光，《宅茲中國》，頁5。

85　Edward W. Said (1979), *Orientalism.* New York: Vintage, p. 349.

樣，二是刺激我們想像一群深刻的問題，以分析過去和現在的政治生活。[86]

　　英國傳播學者科倫（James Curran）就是以公共領域為規範性的綱領，建構「社會民主」的媒介藍圖，以抗衡美國式「自由民主」的模型。他的藍圖由一個同心圓組成，核心圈是公共服務電視，輻射並貫注到第二圈的四個領域，分別是（1）專業傳播者領域，（2）市民社會內各政黨、社會運動、壓力團體從事的傳播活動，（3）私營領域，以及（4）「社會市場」（social market）領域，即由國家支持但市場經營的少數媒介。[87]儘管各行專業學者以種種理由批評哈伯馬斯，但這些批評都是無關宏旨的，因為科倫只取哈氏的理想原型，而不涉其分析是否站得住腳。更早前，英國文化研究巨擘威廉斯（Raymond Williams）認為世界各國的媒介體系可以分為權威制、家長制和商營制，但他又高懸「公共制」（public），備為真正體現民主精神的理想一格，在俗世中找不到，懸為共同奮鬥的鵠的。[88]

　　《報人報國》多位作者的取徑迥異於科倫。許紀霖教授分析近代中國報刊對於「個人主義」的傳播，章清教授追溯中國興論的形成，唐小兵博士考察清末民初的報刊，都是以「公共領域」為史學探討的起點，而不是歸宿點。他們從公共領域的概念出發，激發一些有意義的問題，但答案卻是開放的，並未預設中國社會有無出現過公共領域，主要是回到歷史的經驗研究中索解，有則有之，無則無之。他們關心的是：中國傳統「清議」和現代「公共領域」有何關係？當時社會缺乏共識，黨同伐異，中產階級薄弱，市民社會尚未形成，報刊如何促進或形成公共領域？當然，茲題體大，牽涉甚廣，

86　Michael Schudson (1995), *The Power of News*. Cambridge, MA: Harvard University Press, pp. 189-203.

87　James Curran (2005), "Media and Democracy." In *Mass Media and Society*, edited by James Curran and Michael Gurevitch, 4th edition, pp. 138-145. London: Arnold. 他心目中的公共服務電視（即其構想藍圖的核心）是「有代表性的多元主義」（representative pluralism），略同於德國和北歐民主統合主義的模式（democratic corporatist model）。但他對此一筆帶過，語焉不詳。這個模式的分析，見Daniel Hallin and Paolo Mancini (2004), *Comparing Media Systems*. New York: Cambridge University Press, pp.143-197。

88　Raymond Williams (1976), *Communications*. London: Penguin, 3rd edition.

理未易明，史料恐難全面而充分，論斷無法清楚俐落。公共領域可能似有實無，可能似無實有，而且除了有與無，還有多大與多小的問題。我們唯有逐步釐清許多環環相扣的問題，方可望取得比較接近事實的學術共識。

「公共」與「公開」之間

「公共領域」是public sphere的中譯，然則public這個字究作何解？在英文和法文裡面，此字略同於中文「公共」的意思，其反面就是「私下」。然此字在德文另有「公開」的意思，下面再回來討論。在美國社會的語境裡，這個「公共」的語義引出兩派典型的論述。李普曼鼓吹的是上下「垂直傳播」（vertical communication），杜威則提倡左右的、水平式的、平等的「橫向溝通」（horizontal communication），這兩個論述的典型俱在美國民主制度的語境內交鋒。[89]假如擺到思想的光譜上來看，保守右派姑且不論，李普曼代表中右派，杜威應該是中左派，而早期的芝加哥社會學家則介於中右和中左之間。直接民主和間接民主這兩種想像濫觴於古雅典和古羅馬，美國開國元勛在立憲時更曾展開激辯，李普曼和杜威在這個語境內交鋒，而日後許多學術辯論雖貌似新鮮，其實脫離不了這兩個原型。

早期芝加哥學派認為public是理性溝通的人群，mass則是非理性的「烏合之眾」，其成員來自各行業和各階層，是互不知名的群體，彼此少有互動，群龍無首。[90]然則mass media與public opinion的分合與交涉何在？據史學家布爾斯廷（Daniel Boorstin）探源，14世紀時opinion原指不確定、易錯、無法明證的信念，其殘意仍留在opinionated一字，指「充滿私人偏見」；18世紀末以後，現代自由主義在西歐生根，代議民主政治抬頭，「公共輿論」（public opinion）的名譽好轉，「它不代表任何人的意見，卻大體

---

89 「溝通」與「傳播」兩義的辯證性，見李金銓（1987），《新聞的政治，政治的新聞》，臺北：圓神，頁3-11。

90 Herbert Blumer (1946), "The Mass, the Public, and Public Opinion." In *New Outline of the Principles of Sociology*, edited by Alfred McClung Lee. New York: Barnes and Noble, pp. 185-193.

代表每個人的意見，其弱點難定，長處卻籠罩在團體智慧的氛圍中」。[91]凝聚眾人的「偏見」（opinion），儼然搖身變成了充滿理性智慧的「公共輿論」（public opinion）。其實，中國古人在更早的君主時代即有此說，可見人同此心，而非巧合：「個別的『民』可能被愚弄，但『民』作為一個集體則具有極高的政治智慧。因此（宋）程頤與陸九淵都明說『夫民，合而聽之則聖，散而聽之則愚』。現代一個動人的口號：『人民的眼睛是雪亮的』，早就由理學家在一千年前道破了。」[92]俗話說「三個臭皮匠勝過一個諸葛亮」，那麼匯聚了成千上萬個臭皮匠的「公眾」偏見，當然更加理直氣壯是「公共」智慧了。有趣的是：正如「偏見」蛻化為「公共輿論」，mass（烏合之眾）的污名也因mass media的量變帶來質變而「漂白」。英文世界直到1950年代才出現mass media 一詞，即是中介於（按media源自mediate）李普曼說的「外在真實」與「腦中圖像」的媒體。[93]「烏合之眾」（mass）轉意為媒介的「大量」（massive）資訊與受眾，然其貶義尚未盡除，大眾傳媒與公共意見的關係於是呈現了諸說紛紜的狀態。

　　上個世紀從一戰到二戰期間，芝加哥大學以都市社會學在美國獨領風騷。它秉承了20年代興起的實踐主義，主張以科技和知識為本，鼓勵民眾直接參與公共事務，凝聚社區共識，促進社會溝通，以達成溫和漸進的民主改革。質言之，芝加哥社會學所關心的問題是：美國社會歷經大規模的動盪（都市化、工業化、移民潮），如何重建有共識的和諧社會秩序，其中一環牽涉到媒介扮演什麼角色。例如為了抗衡赤裸裸的種族歧視，芝加哥學派提倡「大熔爐」（melting pot）理論，帕克（Robert E. Park）研究移民報紙如何整合各種背景的少數民族於美國社會。[94]芝加哥學派也許美化了個人的能

91　Daniel J. Boorstin (1975), *Democracy and its Discontent*. New York: Vintage, pp. 12-21. 引自頁17。

92　引自余英時（2011），《朱熹的歷史世界》，北京：生活・讀書・新知三聯書店，頁884。

93　Walter Lippmann, *Public Opinion*.

94　Robert E. Park (1922), *The Immigrant Press and its Social Control*. New York: Harper.「大

動性，強調社群智慧，它對大眾媒介的角色憂喜參半，深恐它妨礙甚至取代社群溝通。及至二戰結束，美國國勢如日正當中，措意持盈保泰，社會學和傳播學的範式由溫和改革的「實踐主義」轉向保守的「結構功能論」。相反的，歐洲各種激進學派風起雲湧，從法蘭克福學派到馬克思主義內部各派（如政治經濟學、文化研究），無不炮火猛烈，轟擊資本主義邏輯扭曲公共領域，媒介所有權高度集中壟斷，造成政治控制和商業污染的雙重異化，以致蒙蔽公共輿論的清明。[95]

如果public在英文和法文裡是「公共」的意思，在德文則等於中文的「公開」，其反面就是「隱祕」。德國傳播學者諾伊—紐曼（Elisabeth Noelle-Neumann）從社會心理學的角度提出「沉默的螺旋」（spiral of silence）理論，就是最有代表性的例子。她說，每個人都有個心理機制，為了不願意受眾人孤立，不斷在審時度勢，盤算並評估哪些屬於主流意見；為了怕被孤立，不敢拂逆多數意見的「公開」壓力，因而人們傾向支持主流意見，如果許多人都一窩蜂跟從這個「潮流」，多數意見自然會像螺旋般逐級向上，愈捲愈大，逐漸占領支配的地位。相反的，站在少數意見那邊的人假如隱而不宣，甚至放棄己見，轉而公開贊成多數的意見，那麼少數意見必然像螺旋般拾級向下，逐漸萎縮而沉寂乃至消失。[96]因此public opinion變成一種趨同的巨大壓力（pressure toward conformity），「去」異以求同，而非求同「存」異。中國人所謂「人言可畏」，眾口鑠金，便是施展輿論「公開」壓力的一例。

熔爐」理論提出時有其進步意義，但因少數民族和移民無法融入美國主流文化，這個理論在1960抗議年代遭受嚴厲的批評，其後逐漸被「多元文化觀」（multiculturalism）所取代。「多元文化論」要各種文化和平共處，寬容接納，互相滲透學習。若干歐洲國家（如瑞典、荷蘭、德國）數十年來收容大量不同種族、膚色和宗教的移民，引起極端右翼團體反彈，經濟蕭條時更成為眾矢之的，甚至替罪羔羊。川普當選美國總統，挑動右派民粹情緒，反對外來移民，特別是來自伊斯蘭教的國家。

95 Hanno Hardt (1992), *Critical Communication Studies*. New York: Routledge; Nicholas Garnham (1990), *Capitalism and Communication*. London: Sage; Vincent Mosco (1996), *The Political Economy of Communication*. London: Sage.

96 Elisabeth Noelle-Neumann (1993), *Spiral of Silence*. Chicago: University of Chicago Press.

反其道者，諤諤之士敢於對抗諾諾之眾的壓力，「創造性少數」（creative minority）不憚與眾不同，終於獲得出類拔萃的成就。

　　另一位德國人哈伯馬斯，他的public sphere建構了免於政治壓制、免於商業異化的場域，一方面批評惡質資本主義，一方面抨擊專制列寧主義，追求近乎烏托邦的境界，使人們能夠充分從事批判性的溝通，互相爭鳴，使理性更澄明。哈伯馬斯毋寧更接近英文「公共」的意思，而不是德文的「公開」。相對於諾伊—紐曼的右派到中右立場，哈伯馬斯當然是左派，但比哈氏更左的人只肯承認他是中左派。西方「左派」馬克思主義內部歧異甚大，已超出本文討論的範圍，可以按下不表。諾伊—紐曼年輕時曾經支持過納粹，被人揭發後在西方學界引發軒然大波，她的理論也備遭質疑。意識形態的標籤，必然涉及基本價值的取向，需要在特定的時空語境內獲得相應的理解。哈伯馬斯於2005年訪問中國時，若干「新左派」人士引為同道，但他明確捍衛人權與個人價值的普遍性，對後者曲解他的學說與立場甚不以為然，就是眼前的一個趣例。[97]

「公共領域」的中國語境

　　在中文，此「公」又該當何解？《禮運‧大同篇》提到「天下為公」，史書上和市井間充滿了「大公無私」乃至「破私立公」、「公而忘私」等等詞語，顯係指「公共」的第一義。推至極處，光明正大的「公」彷彿時時、處處不忘與骯髒邪惡的「私」作戰，道德的陳義這樣高，彷彿「滿街皆聖人」，近者如圖騰化的雷鋒精神，率皆不近人情與不合基本人性。而報刊是社會「公器」這種說法，既有形成「公共」輿論、反映民間聲音的第一義，又是監督政府、給政府施加「公開」的民意壓力，屬於第二義，可謂兩義兼備，至於報刊離開理想境界多遠則是另外一回事。

　　中國近代報刊是否促進公共領域？以我的淺學，不敢妄斷。要回答這個問題，首先牽涉到「公共領域」如何定義，然後判斷這個概念是否適合中國

97　徐友漁，〈哈貝馬斯在中國〉，http://blog.sina.com.cn/xuyouyu（2005年12月2日）。

社會的歷史情況。要是適用，是否可以進一步假設中國歷史上既非全有、亦非全無公共領域？那麼，我們得從歷史研究找出線索，以斟酌公共領域的質與量了。這裡我想舉出四個問題做初步綜合探討。

第一，傳統儒士「清議」是不是近代西歐社會的「公共領域」？傳統的清議包括奏摺、書信和廷議，以儒家意理臧否人物，批評政事。但是儒家的意理，在朝廷崩潰以後，根本無法應付李鴻章說的「三千年未有之變局」，更不能適應現代社會所必備的知識。梁啟超是新舊交替的人物，受到由日本明治維新所轉介的西方思想所影響，引進西學到中國，他自言不惜「以今日之我戰昨日之我」，常常自相矛盾，可見當時知識界思潮之混亂。清議在士大夫系統內有道德淨化的功能，被批評的同僚莫不引以為恥，「一玷清議，終身不齒」，君子變成小人，功業名節盡廢，即連林則徐、曾國藩等名臣亦莫不深畏之。[98] 儘管如此，清議在本質上是朝廷時代下對上的諫諍，也是士大大階層的道德約束，而公共領域是民主社會的平等對話，無論基本精神或權力關係都截然異趣，從清議轉化成為公共領域需要哪些條件？

第二，公共領域假設以家庭的私領域為堡壘，培養非功利的自由心靈和有理性的個體，當個人走出家庭，進入國家與社會的緩衝地帶，一群陌生人必須理性溝通。近代中國家庭制度不斷解體，五四時期攻擊舊家庭制度不遺餘力，巴金的小說《家》、《春》、《秋》正是最鮮明的寫照。私領域的家庭疏離如此，公領域也沒有類似近代歐洲沙龍和咖啡館論理的空間（以中國的茶館、戲院、公園附會之，是耶，非耶？），公共領域著落在何處？原來中國的「民間社會」類似於這個「緩衝地帶」，由鄉紳擔任朝廷和民間社會的紐帶，但始終沒有建立現代意義的「市民社會」（上海頂多是「小市民社會」）。後來社會環境變化，鄉紳地位式微，新式學會社團逐漸興起，中產階級逐漸形成，白話文應運普及，社會意識跟著提高，但影響所及仍以都會為限。中國太大，識字率太低，1920年羅素訪華時一眼看出中國的當務之急在於提倡教育，振興實業。據明史學家黃仁宇憶述，他抗戰時投筆從戎，在

---

98 楊國強（2006），〈晚清的清流與名士〉，《史林》，第4期。

國軍當基層軍官，曾經轉戰中國大陸許多農村，最令他觸目驚心的，莫過於
生活條件原始落後，彷彿時鐘停擺在數百年前的明朝不動，老百姓根本不知
道現代化為何物。[99]可見現代媒介並未到達過著中古世紀式的近代中國農村
生活。

　　在近代中國，報刊流傳是點的，不是面的，頂多限於都會知識群。清末
民初的報紙讀者大致是中上層，下層社會大眾必須靠傳統文化的形式（如演
說、戲曲）啟蒙。[100]梁啟超在《清議報》和《新民叢報》寫的言論，針砭時
政，介紹新知，筆鋒帶有感情，深刻啟蒙了數代轉型的知識人（包括毛澤東
和胡適），但一般老百姓是看不懂的；章炳麟當年在《民報》發表的文字，連
今天一般讀書人可能都嫌太艱深。白話報開辦了一些，以《京話日報》（1904
年創立）最有名，是辦給粗通文字的人看的，發行量達萬份；不識字的人也
從茶館、宣報處、街頭演講間接獲知該報的新聞評論。民國以後，即使《申
報》的銷路大於《大公報》，也未能滲透到社會底層。[101]由於時局動盪，成舍
我的平民報紙率皆短命，對民眾的滲透力和影響力恐不宜高估。一般來說，
文人論政以知識群體和政界為對象，往往淪於各說各話，沒有形成一個波瀾
壯闊、相互聯繫的局面。等到報刊徹底「黨化」以後，整體情況更為不堪。

　　報人和報刊到底發揮多少影響力？眾人走過的路必然留下痕跡，有的徑
道也許被歷史硝煙湮沒了，但如何挖掘殘留的蛛絲馬跡，從點連成線，甚至
從線連成面，則是一場艱難而必要的歷史重構。既然公共領域是理性溝通的
「動態」場域，除了文本（text）分析，我們必須看到大寫的「人」的活動，

99　黃仁宇著，張逸安譯（2001），《黃河青山：黃仁宇回憶錄》，臺北：聯經出版事業
　　股份有限公司，頁10，256-258。他在其他著作也常提到這個觀察，然後引申說明國
　　民黨建立中國社會的上層結構，共產黨則建立下層結構。
100　李孝悌（1998），《清末的下層社會啟蒙運動，1901-1911》，臺北：中央研究院近代
　　史研究所。
101　《新聞春秋》2004年第3期出專輯討論《京話日報》。1900年到1911年之間，總共出
　　版了131種白話報，但相關研究匱乏。19世紀末，《申報》發行一萬份，普立茲的
　　《紐約世界報》達60萬份，赫斯特的《紐約新聞報》達45萬份，中國報業之落後光
　　從這個數字就可見一斑。

瞭解傳播者（報刊及其主筆）和受眾如何透過文本（內容）而產生什麼互動，引起什麼思想變化、行動、效果、影響。因此，分析者必須旁敲側擊，把文本回歸到歷史語境（context），並且聯繫到當時的政治、經濟和文化脈絡。質言之，沒有聯繫脈絡的文本分析，未免給了分析者太多自由，卻要求太少紀律。脫離了歷史語境，文本分析容易切割得支離破碎，或信口開河，或斷章取義，或過度解讀，很難還原整體的圖景，更抓不住歷史的趨向。要之，我們需要內證（文本的理路）與外證（語境和脈絡的聯繫）交叉配合，才能推敲公共領域是如何運作的：各受眾群體（詮釋社群）究竟如何解讀報刊文本？它們是各說各話，還是圍繞公共議題展開生動的溝通、對話和辯駁？在這個互動的場域中，報刊到底是調節者、仲裁者，或是議題設定者？在眾聲喧囂中，讀者有沒有進一步化對話為公共行動？

　　第三，理性溝通的基礎在哪裡？近代中國報紙黨同伐異，成為政黨控制的工具，思想混亂，報刊沒有專業化。清末民初的《申報》只有訪員，沒有記者，只是落拓文人的歸宿，內容以奏摺、官方文書、各省瑣錄、詩詞和廣告（商家市價、輪船航期，戲館劇碼）為主，沒有太多新聞。以1922年為例，《申報》新聞占不到報紙篇幅的三分之一，而國際新聞只占新聞的4%，根本微不足道；北平《晨報》和天津《益世報》也好不了多少。[102]直到1932年林語堂還在抱怨《申報》因循守舊，只會以一些無聊的消遣性文章充篇幅。[103]這樣的報刊，開拓怎樣的「公共領域」？然而事情總有兩面，上個世紀20、30年代，我們看到張季鸞在《大公報》、胡適在《獨立評論》、陳冷在《申報》以及成舍我在《世界日報》等等的努力，是不是象徵近代中國已開始發展出公共領域的雛形？陳冷主持《申報》的筆政，先後和周瘦鵑在《申報》「自由談」用冷嘲熱諷的筆調諷刺時局，應該如何評價？陳建華教授認為，「鴛鴦蝴蝶派」代表「被壓抑的現代性」，其嬉笑怒罵，從事邊緣戰鬥，足以顛覆宰制的權威、傳統與成規，爭取自由；但也有人感歎，到了

102　林語堂著，劉小磊譯，《中國新聞輿論史》，頁146-147。

103　林語堂著，劉小磊譯，《中國新聞輿論史》，頁146-147。

民國時期還要靠「鴛鴦蝴蝶派」的風月文字爭取自由，不亦悲乎。[104]前有袁世凱壓制新聞自由，接著軍閥混戰，後有國民黨在統一全國以後，也開始承襲蘇聯或法西斯理論，黨義和輿論合而為一。要是報刊必須躲在租界才能講話，理性溝通的基礎到底在哪裡？

　　第四，現代知識人在邊緣化以後，重新進入政治中心，進入官場的放棄批判政權的角色，未進官場的跟政治若即若離，論政而不參政，沒有組織力量，政治上幾無著力點。大學教授辦同人報刊，都是教書以外的副業，自己捐錢捐時間，而刊物本身沒有獨立的經濟基礎。讀者圈極小，知識群體與社會底層脫節，他們表達「公共」意見，只能憑「良知」，此外還靠什麼？丁文江在燕京大學演講，鼓吹「少數人的責任」，即是靠知識、教育和經驗孕育出來的理性和政治成熟，他們負有道德承擔，勇於為國是建言。[105]這種高尚情操是「文人論政」的寶貴遺產，但畢竟是「作之師」的精英主義，不是市民政治。中國的文化傳統向來崇拜文字，連西化派（如胡適、丁文江和傅斯年等人）和平民派（如成舍我）都不免高估了知識精英「坐而言」的作用。「坐而言」未必「起而行」。胡適心想成為「監督政黨的政治家」，立場是「超然的，獨立的」，「只認社會國家，不分黨派。只有政見，沒有黨見」。儲安平的《觀察》聲稱代表一般知識人為善良的廣大人民說話。這些善良的願望如何實現，「超然」、「公正」以什麼為立足點？《大公報》提倡

---

104 陳建華，〈共和憲政與家國想像——周瘦鵑與《申報・自由談》，1921-1926〉，載李金銓主編，《文人論政》，頁186-209。陳氏認為「鴛鴦蝴蝶派」是「被壓抑的現代性」，見陳建華（2009），《從革命到共和：清末到民國時期文學、電影與文化的轉型》，桂林：廣西師範大學出版社，頁iv。然《申報》「自由談」只能登十分之二來稿，餘皆載《自由雜誌》。本書桑兵教授引述該雜誌主編王晦的話說：「共和時代，言論、思想、出版三大自由，仍需借助風月文字，不亦悲乎！」此二說未必矛盾，因為在感歎中國缺乏新聞自由的同時，也無妨給「鴛鴦蝴蝶派」以部分正面的評價。至於「鴛鴦蝴蝶派」的遺產如何全面評價，恐尚待進一步多方斟酌。

105 丁文江在演講中說：「我們中國政治的混亂，不是因為國民程度幼稚，不是因為政客官僚腐敗，不是因為武人軍閥專橫；是因為『少數人』沒有責任心，而且沒有負責任的能力。」引自傅國湧，〈丁文江：「假如我是蔣介石」〉，http://blog.caijing.com.cn/expertarticle-151422-19982.shtml（2011年6月8日上網）。

「不黨」，超越狹隘的黨派利益，但是無黨無派、超越黨派是不是就代表公共意見，也頗值得商榷。《大公報》揭櫫「不黨、不賣、不私、不盲」，是中國報人專業意理最成熟的表現，但未嘗不是反照當時報刊充斥著「黨、賣、私、盲」，《大公報》希望匡正時弊？可惜《大公報》長出的萌芽，因為時局變化太快，又缺乏深厚的社會基礎，新聞專業意理始終沒有機會茁壯。

結語

　　風聲雨聲，國事天下事，中國知識群體事事關心。但他們的國家想像往往與現實政治有許多衝突。西方社會當然有指點江山的精英報刊，但主流畢竟還是以市場為導向的專業報刊，其動機未必是精英自覺的報國情懷，而中國近現代報刊的主流卻是「文人論政」的報國情懷。文人論政是中國報業的基本特色之一，是非優劣，都不同於西方的專業報刊。近代中國知識群體在邊緣化的過程中，以進入報刊的方式重構社會與文化的重心。《文人論政》和《報人報國》這兩本書的旨趣在於從學術對話中廓清歷史脈絡，多方面考察「文人論政」過去的成就和內在限制。文人論政的前景可否預卜？這個題目需要專文探討，但大致來說，鑑於知識群體的性質急劇變化，再加上政治情況和經濟基礎的發展，我認為文人論政可能是媒介史進程上的一個驛站，不可能長駐不前，也無法讓時間倒流。不論文人論政的前途如何，即使原有的形式不在，中國知識人報國的情懷必然長存，也許必須以別的媒介形式表達出來而已。

　　正如李公明教授在評論《文人論政》時說：

　　　　本書以「文人論政」為切入主線，而展開的是中國近現代政治史、思想史等領域的研究，文人論政也就是中國現代史的另種讀法，本書的多領域學術工作為挖掘和接續「文人論政」的傳統提供寶貴的學術資源。[106]

---

106 李公明，〈文人論政──中國現代史的另一種讀法〉。

　　這兩本書的篇章既有深入文化肌理的個案研究，也有全面性的歷史觀照。新聞史的研究不能抱殘守缺，必須從人文和社會科學吸取理論和方法的資源，同時從新聞史迴向給人文與社會科學，保持一個開放互動的態度。「報人情懷」與「國家想像」還沒有到下定論的時候。即使下了暫時的結論，也是權宜性質的，一旦有了嶄新的材料和觀點，跟著不同時代感的呼喚，歷史的意義自然也有所不同。

　　哲學是什麼？一位學哲學的朋友告訴我，哲學就是「沒有一拳可以擊倒對方的論述（no knockout statement），因此對話才可以不斷繼續下去」。旨哉斯言。歷史真相是曲折、複雜、具體而矛盾的，更不可能「一語定乾坤」，唯有多視角多維度探索，切磋琢磨，才能慢慢還原歷史場景，逼近歷史「真相」，配合時代的呼喚以獲致更真切而有意義的瞭解。我們願意在這個平臺上對話下去，有志者盍興乎來！

附錄三
民國報刊研究問題舉隅[1]

I. 民國報刊與自由主義

1.中國在追求「現代化」和「救亡圖存」的過程中，中國報刊對「自由」的理解，和西方的自由主義有何異同？自由報刊有什麼貢獻？「自由」與中國「救亡圖存」的主題在報刊上如何體現，其間有何辯證關係；是不是「救國」壓倒一切，甚至犧牲自由理念？中國哪些報刊屬於自由報刊，其光譜與陣營是什麼？它們對抗什麼思想？它們的基本限制何在？

2.文人論政的出現，是當時局勢使然，還是社會轉型過程中分工不細時的必然現象？文人論政的文化風格與儒家精神有何聯繫，與傳統士大夫的「諫諍」或西方專業化的評論有何異同？他們對國族和自由的認識為何，如何體現在言論當中？傳統文人、現代知識人與專業新聞人如何互動？文人論政與新聞專業化有無衝突？

3.文人論政的「階級性」何在？論政文人來自什麼背景或階級？他們與政權、市場、學界的互動如何改變？他們內部如何分化、鬥爭與聯盟？文人論政的前途何在？

4.「自由主義在中國」如何變成「中國的自由主義」？不同流派在報刊

---
1 由筆者草擬，提供參與「報人報國」會議的學者參考，以期討論的焦點集中。茲附錄此，以饗讀者。

運用上有何區別？他們的自由主義理念是如何在報刊實踐中體現的？以哪些報刊為主要論壇，其代表人物、思想、網絡、影響力為何，有哪些重大的交鋒？自由主義如何被理解，相對於什麼思潮，有哪些曲折與誤解？自由主義如何被用來作為政爭的工具？自由主義與哪些「主義」聯合或鬥爭？

　　5.類似西方那些獨立自由的報刊在中國為何「可望不可即」，似乎沒有實現的機會？與中國現實環境、歷史文化因素、社會發展、近代都會的政治經濟條件有何相關？

II. 西方的影響與中國的適應

　　6.傳教士所辦的華文報刊與在華的外文報刊有何不同理念？外國報業和通訊社在華的競爭勢態如何，與各國在華勢力、對華政策有何聯繫，與租界的地緣、政治關係、人際網絡又有何聯繫？傳教士所辦的報刊和在華的外文報紙其內容與風格為何，如何影響到華文報刊？其風格「華化」的過程為何，是否糅合原有中國言論傳統的元素，是否必須援引儒家經典加以合理化？

　　7.西方各國在華瓜分勢力範圍與利益，和其新聞擴張及自由主義有無悖論？駐華外國記者的知識背景、地理分布、政治傾向、報導和言論的內容如何？他們在什麼情況下來華，用什麼價值體系看中國，其報導和觀點有何轉變的過程？他們在母國報刊的地位如何，對母國的輿論和中國的輿論（及新聞風格或新聞教育）產生什麼影響？他們如何捲入國共衝突的漩渦？為何西方記者對中國比對其他國家容易發展愛恨情結？

　　8.受過新式新聞教育的知識人是如何進入報刊的？他們在理念上、身分認同上、操作上，和舊式文人有何不同？若干記者或報人（如王芸生、范長江、徐鑄成、蕭乾）在《大公報》工作，接受自由的啟蒙，後來如何改變政治立場或傾向？他們從自由派向左轉，其激進化的過程是什麼，和延安報人、國民黨黨報報人又有何異同，彼此如何聯合或鬥爭？

　　9.當時新聞教育教些什麼理念？用哪些教科書，教科書「中國化」的過

程如何，在大學裡受到多少重視或輕視？對於報業素質提高有何貢獻，對於舊式新聞操作帶來什麼衝擊？教師的來源是什麼，受過什麼訓練？新聞學府與報業有何關係？各校如何向密蘇里取經？各校的畢業生到哪裡工作（網絡分析）？徐寶璜、戈公振等人對於中國新聞教育的貢獻與遺產是什麼？

III. 報刊商業化與專業化對自由主義的影響

10. 二十世紀上半葉中國政治經濟的發展如何影響報刊的生存與發展？中國報刊的發展與資本主義的發展有何關係？當時中國有沒有形成穩定而龐大的中產階級？政治勢力和經濟基礎如何影響報刊的發行、廣告，吸引什麼背景和階級的讀者，塑造什麼內容？

11. 以民國時期的上海文人和上海報刊為例，早期資本主義與上海報刊（如《申報》、《新聞報》）如何發展，為何上海是中國報刊的中心，為什麼英租界對中國報刊的影響遠大於他國租界？它們之間的競爭關係如何，作者和讀者的背景有何異同？當時上海報刊的經濟基礎何在，內容為何，成就和限制是什麼？《申報》與底下的子報（如《點石齋畫報》）的關係如何？

12. 中國商業報刊如何興起，發行網如何建立，廣告內容為何？社內言論與經營的安排如何？企業化的程度如何，有何阻力？以報刊而言，上海、北京和香港各自的政治、經濟和文化的優勢劣勢何在，競爭態勢如何，與外國的聯繫如何？商業報刊是否取代文人辦報，或兩者並存？一般文人對新式廣告的看法如何，是否抗拒？如何比較《申報》、《新聞報》、《世界日報》和《大公報》的經營方式和言論風格？「海派」和「京派」的特徵、競爭和關係網絡何在？

13. 中國著名報刊的地理分布、覆蓋範圍、作者背景、讀者對象為何？編者、作者和讀者的互動如何？報刊在建構議題、鼓動輿論、動員群眾、啟蒙教育、左右決策各方面的影響力如何？證據何在？報刊是否形成一個「公共領域」：到底是人們透過報刊對現實問題作理性溝通，化言論為政策行動，還是知識人議論紛紛，侃侃而談，發發牢騷，不能影響輿論？知識分子

自命為老百姓發言，但他們透過什麼管道瞭解民情？

14.以上海為例，當時嚴肅的大報紙與娛樂小報有無互動？其各自內容為何？一般讀者如何「解讀」報刊內容？作者、讀者是誰？發行網為何？小報是否提供社會下層邊緣人逃避現實的管道，或表達他們的心聲？大報的「報屁股」和小報的作風、言論和讀者群有何異同，有無交叉？

15.知識階層和平民接觸的媒介管道有何不同？例如上海的勞工和新移民若以閱讀娛樂小報為主，而知識階層以閱讀大報為主，而內陸下層民眾接觸的又多以傳統媒介（話劇、說書、地方戲）為主，那麼其間有無交流互動？媒介促進各階層的溝通，還是製造資訊的鴻溝？由此，可以問：主要報刊的滲透力和影響力有多大？

16.政論雜誌可分幾類？其生存的背景、內容、讀者、影響，與報紙有何異同？誰辦這些雜誌？與政黨的聯繫如何？經濟支持和稿源何在？同仁雜誌的生命力如何，如何延續初衷的熱情？內容如何定調？同人雜誌如何與企業經營的報紙互動？為何政論雜誌的重要性後來日趨式微？

17.報人如何建立身分認同？他們心目中以什麼本國或外國報紙為理想藍圖？在社會專業分工和多元化的過程中，傳統士大夫向現代知識人轉型，貴族地位下降，報紙如何跟著走向職業化、專業化？傳統儒家士大夫的「義利之辨」和現代企業經營有無扞格，對於論政的影響有何得失？文人論政的角色是否式微，或以另外的方式存在，還會不會重新應運而抬頭？

IV. 國民政府的新聞政策，國共報刊的對峙與自由主義的實踐

18.上個世紀30年代國民黨的報刊體制、管理及其自由理念為何？自由報刊如何與國民黨黨報、共產黨喉舌對話與鬥爭？《中央日報》的言論和新聞報導自由程度不同，其間如何調整？黨報之間合作和競爭的情形如何？《中央日報》總社和各地分社的關係如何？《中央日報》和中央社的分工、競爭、互動如何？國民黨黨報如何與「非黨報」合作或競爭，黨報如何與中共報紙（如《新華日報》）鬥爭？

19.國民政府與知識人、報人建立的關係網絡如何？黨內派系糾葛如何影響這種關係？北派學者（例如胡適派）與南派學者（例如《學衡》派）與當局關係的分合，以及不同陣營和刊物之間彼此的競爭關係如何？知識人的集結（如胡適派、費邊社派、中共同情者）情形如何？北大、清華、西南聯大的角色是什麼？當局如何重視、漠視或敵視批評的言論，如何對待自由主義的言論，如何籠絡或打擊知識人？當局如何與左派人士及中共打輿論宣傳戰，為何最後挫敗？

20.上個世紀40年代國民政府新聞政策如何？監督系統為何？正式和非正式控制手段為何？黨報的經營、任命、管制情形為何？受過美式新聞自由教育洗禮的人員（例如董顯光）擔任政府宣傳或新聞檢查官員，他們的心路歷程為何？他們的認知和合理化基礎何在，角色是什麼？報人從政（或捲入政治漩渦）的條件、環境、動機、誘因、過程、結果是什麼？

21.另一種聲音：延安《解放日報》與重慶《新華日報》的自由理念，報刊組織背景、經濟來源、作者、讀者、內容為何？如何接受共產黨的領導，其自主性有多大？它們所爭取的「自由」是什麼，和其他報刊有何異同？它們的作者、讀者、內容有何異同？它們如何分工，如何配合政策和革命情勢，動員群眾，對知識人產生什麼影響？毛澤東（紅區）、周恩來（白區）的辦報環境、路線和指揮風格有何異同？它們如何對抗國民黨的報刊（舉出個案說明之）？用什麼方法或手段躲避或抗爭當局的新聞檢查？它們內部如何變化，對1949年中國報刊的發展有何影響（連續與斷裂）？

22.中共及其周邊同情者如何利用規模小、資本小、機動性強的報刊，從邊緣向國民黨中央發動戰鬥？其中報刊與中共組織，或報刊彼此之間有無聯繫或指揮關係？它們的要求、對象、出版印刷發行和經營方式是什麼，如何突破當局的檢查與封鎖？言論的效果如何，對於國民黨的報刊有無交鋒？這種文字游擊戰的優點和限制何在？

23.從比較的視野來說，軍閥、北洋政府、國民政府對報刊的管制機制、與知識人和報人的關係如何，言論尺度和界限何在？國民黨和共產黨（蔣、毛）的新聞理念、實踐、控制有何異同？蔣毛前後兩位領袖和知識分

子、報人的關係如何？兩黨報刊各自受到哪些因素影響？它們如何在組織上和言論上短兵相接，所爭論的是什麼？一般其他民間報刊的傾向如何？

24.第三勢力（如國家社會黨、中國民主同盟）如何利用報刊宣揚主張，在國共鬥爭中扮演什麼角色，效果如何？其思想淵源、人際網絡、內部分化或結盟的情況如何？

V. 報刊報人的典範

25.歷代輿論界領袖（如梁啟超、邵飄萍、林白水、陳獨秀、胡適、魯迅、張季鸞、胡政之、吳鼎昌、成舍我、張東蓀、羅隆基、徐鑄成、王芸生、儲安平）的出身背景、師承、思想、互動、影響力為何？自由主義的脈絡在各時期有何變化？對於自由與平等、個人與國家、權利與義務的觀點又有何異同？他們和權力中心的關係如何？他們心目中的理想報刊是什麼，是否以歐美、日本為參考，在中國實現的可能性如何？

26.自由主義視角的《大公報》一枝獨秀的背景，精神、視野、社會和經濟基礎是什麼？它與知識人、官方、讀者如何互動？其成就和基本限制何在？《大公報》是兼容並蓄嗎？《大公報》與同在天津出版的《益世報》有何異同或競爭關係？《大公報》與國民黨當局的關係在各時期有何異同，一直是「小罵大幫忙」嗎？對國共兩黨的評論是什麼，例如在抗戰時期《大公報》對於《中央日報》和《新華日報》的對峙採取什麼立場？《大公報》和《申報》、《新聞報》有何異同？又，《大公報》登過七百五十多篇〈星期評論〉，是自由言論的重鎮；執筆者的「階級」和教育背景、學術淵源、思想體系為何？這些人在1949年以後多少留在大陸，多少離開大陸，遭遇或下場如何，他們的思想做了什麼「清算」？

27.以胡適思想為例，1949年以後發動的各種政治運動，如何「清算」自由主義思想？後來，在反右運動期間，許多原來同情中共的報人（如徐鑄成、儲安平、羅隆基）或黨內報人（如鄧拓）亦遭整肅，其背景和過程為何？

第八章

半殖民主義與新聞勢力範圍

20世紀早期在華的英美報業之爭

張詠　李金銓

導言

　　西方強權常常將其社會組織形式，例如銀行、俱樂部、報紙，一併移植到海外殖民地。20世紀初葉的中國，不啻是帝國主義的角力場，英、法、德、日、俄、美各國紛紛爭逐勢力範圍。這些殖民者意圖影響中國人的觀念意識，積極出版中文書刊；此外，又在中國各主要城市出版本國語言的報紙，多達一百餘種（Chao, 1931）。本文探討的是20世紀初葉至1930年代初英美在華出版英文報紙的競爭。此時，美國經歷了「進步運動」，加速在遠東的擴張，開始挑戰英國在華的殖民霸權。本文希望探討殖民者在華興辦外文報紙的動機何在，為誰服務，以及這些報紙在帝國主義殖民過程中發揮了何種作用。

　　薩依德（Said, 1978）曾論及西方強權在海外殖民地的「文化與帝國」，他認為西方的文學、社會科學以及大眾文化一起造就了歪曲的東方形象：東方要不是西方文化的附屬物，就是西方文化的敵人，非此即彼。西方文化憑藉這樣的敘述，使殖民掠奪合理化。西方國家的「東方主義者」對異文化的歪曲敘述，顯露了「話語暴力」。後殖民主義研究受薩氏的啟發，著眼於殖民者和被殖民者之間的相互作用（Pratt, 1992; Takvakoli-Targhi, 2001）。殖民主義和反殖民主義呈現多元的話語建構，包含各方面的影響。他們認為，西方殖民者和殖民地人民的關係雖不平等，博弈卻始終存在。殖民話語爭論

的主要平臺是報紙，報紙對殖民者的態度、殖民方式的形成和轉化，起到了
關鍵的推動作用。例如寇代（Codell, 2003: 15-25）說，在維多利亞時代的印
度和其他英屬殖民地，報紙書寫著某種「共同歷史」，英帝國和殖民地國家
「共同對自身和對方構建文本」。報紙既體現帝國主義統治的「威權場所」，
又是顯露殖民地抵抗的「分裂場所」，屬性看似相反卻並存。

　　殖民國家和被殖民民族的話語博弈，固然是殖民主義的重要面相，其實
列強之間也彼此為意識形態角力。傳統上東西方二元解讀，僅著眼於殖民者
和被殖民者的雙邊聯繫，但殖民主義是環環相扣的國際框架，無論整體與部
分之間，或是部分與部分之間，皆彼此相關。列強之間在擴張殖民時所常見
的衝突與競爭，更絕不可忽視。當今世界諸國互相依賴的聯繫愈來愈深，但
權力利益之爭卻一刻未停。唯有理解早期殖民國家的競爭，才能夠深刻體會
殖民主義的歷史影響，及其與今日全球化格局的關係。

　　本文旨在指出，20世紀早期英美在華辦報不僅僅是為了凝聚兩國在華僑
民，鞏固各自的殖民勢力。更重要的是，英美在華競逐殖民勢力，在觀念和
做法上多有爭論，而報紙推波助瀾，不啻推動了英美殖民勢力的重新分配，
也促進了殖民格局的重新劃定。

　　英美在華興辦英文報紙的基礎相差甚殊。英人在華所辦的英文報紙早
於美國人，尤其是《字林西報》（*North China Daily News,* 1850-1951）開辦
最早，影響也最大。整個19世紀，美國在華沒有出版影響力太大的商業出
版物，例如《美國月報》（*Shanghai News-Letter for California and the Atlantic
States,* 1871年為英人購下，易名《上海通信》）影響很小，有的發行未久即
夭折（Chao, 1931）。1901年，摩根大通公司代表威利斯・格瑞（W. Gray）
創辦《上海泰晤士報》（*Shanghai Times*），這是美國在華所辦的第一份日
報，但在1911年即轉售英人（Powell, 1936）。然而在1920-1930年間，美
國在華報業穩定而迅速發展，及至1930年代中期，在上海辦有六家報紙和
新聞雜誌，堪與英國的八家匹敵（Ma, 1935）。這些英商和美商的私營報
紙，都不遺餘力支持母國的外交政策。當時美國駐華記者柏德遜（Patterson,
1922: 3）就說，外國在華報紙的新聞報導「幾乎不得不受到報紙編輯人員及

其擁有者的國家利益所驅使」。英美在華的英文報紙一致回應英美政府的中國政策，動員讀者支持英美政府殖民擴張目標，它們幾乎是英美在華殖民者的發言人、組織者、意識形態的理念陳述者，甚至是美英和中國政府之間的「非正式外交官」。殖民者借助報紙重塑殖民主義話語，以推進西方霸權在華的競爭。

　　本文所分析的第一手史料，數量既豐，類別亦繁，其中最核心是英美編輯的回憶錄、遊記、私人通信及筆記，大多獲自密蘇里歷史手稿收藏館（Western Historical Manuscript Collection）、史丹佛大學胡佛檔案館（Hoover Institution Archives）以及其他美國重要大學的圖書館。其他相關文章主要來自三處：在華出版的英文報紙，例如《密勒氏評論報》（*China Weekly Review*）；英美兩國的主要報紙，例如《紐約時報》及《泰晤士報》；以及官方的歷史文件和出版物。本文首先說明外國在華報業競爭對於「半殖民地」中國的意義，然後解釋1910年代至1930年代美英在華報業競爭的三大歷史前提。第三部分，則是比較美英報紙編輯的立場，以及兩國報紙與中國有關的殖民話語。最後討論外國報業、殖民主義及其現代意義，作為全文結論。

一、半殖民主義、在華出版的外報及其讀者

　　研究19世紀晚期至20世紀初中國的各類著述，經常提到「半殖民主義」（semi-colonialism）的概念，但鮮見系統完整的定義。本文在前人基礎上（Osterhammel, 1986; Walker, 1999; Shih, 2001; Goodman, 2004），總結出中國半殖民主義的三方面特色，彼此獨立而又相互關聯，悉與在華外報的角色和侷限性攸關。第一個特色，「半殖民主義」是介於帝國主義與殖民主義的中間狀態。所謂帝國主義（imperialism），通常指箝制某國的中心大都市，而勢力輻射至全國；而殖民主義（colonialism）則指對於一個獨立民族國家施行直接的經濟影響與社會控制，並輸入正式定居的僑民。薩依德認為，兩者差異在於宗主國對附屬國剝削與控制的程度與範圍不同，通常先有帝國主義，而後可能進一步發展為殖民主義（Said, 1993）。西方列強儘管對中國

的社會控制較深，經濟影響較大，而且簽訂了不平等條約，劃定若干通商口岸，但卻從未大規模正式移民或占領中國領土。蓋勒荷和羅賓遜（Gallagher and Robinson, 1953），以及其後的麥考密克（McCormick, 1967）和韋爾利（Wehrle, 1966），稱此種殖民狀態為「非正式殖民王國」，具有三個特徵：一，宗主國對附屬國施加影響，是通過間接的政治經濟控制，而非通過直接的殖民統治。二，宗主國不直接軍事占領附屬國，而是通過各種影響手段使附屬國歸服。三，雖然宗主國不排除通過官方管道強行箝制附屬國，但通常通過非官方管道施加影響。在華出版的外報，被殖民者視作「軟實力」，用以鞏固「非正式殖民王國」。這些外報承載著重要的政治意義：列強的官方殖民話語借助它們得到發展、形成、正名，乃至推廣；其海外移民也借助它們維繫文化臍帶，強化民族意識，鼓吹在華利益。

　　半殖民主義的第二個特色，是被殖民國家仍有相當大的自治權。在華殖民列強雖享有治外法權，但也必須承認中國為獨立主權國，時常與中國中央政府諮商。各國所辦外報，亦須服從中方的新聞檢查。英國的《字林西報》、《京津泰晤士報》（*Peking and Tientsin Times*），以及美國的《大美晚報》（*Shanghai Evening Post and Mercury*）、《華北明星報》（*North China Star*），皆曾因批評中國政府而被勒停郵政發行（Woodhead, 1935）[1]。

　　另外，殖民列強為保護其在華經濟利益與影響，還需要尋求中國民眾的支持（Walker, 1999; Goodman, 2004）。它們所辦的外文報紙常迎合中國上層社會讀者，以擴大外交影響。

　　半殖民主義的第三方面特色，學者向來關注最少，卻與本研究關係最密切：列強競爭各有不同的利益議題，採取不同的話語策略；殖民理論與策略的形成，反映了列強間持久博弈的動態過程。列強統治印度全境，但在

---

1 "The future of foreign newspapers in China," *China Weekly Review*, 23 April 1927, p.196; "Newspaper offends China," *New York Times*, 27 January 1929, p.2; "China likely to try to deport critics," *New York Times*, 20 February 1929, p.6; "Nanking restricts two foreign papers," *New York Times*, 10 March 1929, p.6; "Nanking threatens British paper ban," *New York Times*, 21 April 1929, p.5.

中國頂多以部分領土劃分勢力範圍。當時，在最
大的城市上海，外國僑民多達八萬人，「國籍既
殊，種族且異」，外國僑民有助於上海的發展，
使其成為中國的經濟中心以及在華外文報業的中
心（Powell, 1945）。殖民者的勢力此消彼長，必
然導致相互的衝突或結盟。例如，1920年代晚期
至1930年代早期，在華的美國報紙編輯曾提倡廢
除治外法權，日本與歐洲諸國所辦報紙一致指斥
美國的道德優越感加深了中國人的仇外情緒。

圖8.1　美商友邦保險公司董
事長史帶在上海發行《大美
晚報》，1933年增出中文版。
（張詠提供）

　　在華出版的外報在中國「半殖民地」扮演著
重要的角色。1930年代早期，上海工部局所聘委
員會主席費唐（Richard Feetham）法官在一份英文報告中有以下論述：

> 　　上海租界為不同種族國家所分治，而彼此間幾乎全無公共討論。唯有
> 報紙可流通於各處，如上海之英文報，法文報，即是如此。對於種族混
> 居的（上海）社會來說，報紙的影響比在一般社會更重要。故上海各主
> 要外文報紙肩負關鍵責任，既須傳播消息，亦須刺評時事。(Fcctham,
> 1931: 230)

　　費唐還具體建議，在華出版的外報應該「維持華洋之間的正常友好關
係」，「澄清有害這種關係的不實或歪曲言論、煽動宣傳」。除此，還應該
「少做煽動宣傳，多經由獨立調查，做出評論與報導」（p. 231）。

　　在華英文報紙的讀者大約有三類。主要讀者是在華的外國僑民；除英美
僑民以外，歐陸各國僑民也讀英文報。他們的身分背景各異，許多在中國居
住過的美國商人、教師、傳教士，曾撰寫回憶錄，提及各類英文報是他們常
備案頭的讀物（Dingle, 1911; Crow, 1938; Allman, 1943; Service, 1991）。《字
林西報》為英國人所喜讀，但許多美國人也經常閱覽，因為美國是英國的殖
民對手，美國僑民自然需要瞭解英國政策的變動（Powell, n.d.: 17）。不論在

圖8.2　美國人密勒於1917年在上海創辦的英文週報《密勒氏評論報》，後由鮑惠爾接任主編和發行人，改名為《中國每週評論》。（張詠提供）

圖8.3　密勒1900年到中國報導義和團運動，後留在中國，創辦了《大陸報》和《密勒氏評論報》，並成為《紐約時報》的第一位駐華記者。（張詠提供）

華的英文報紙，或是在美國辦的外國移民報紙，都企圖建立母國與移民之間的文化紐帶（Park, 1922）。

　　第二類讀者是中國的精英階層。1930年代初，上海《大美晚報》平均每期售出五千份，購買者半數為中國人（Gould, 1960：121）。曾任《密勒氏評論報》總編的鮑惠爾（John Powell）還發現，數百中國大學生把《密勒氏評論報》當作學習英文的範本（Powell, 1945：12）。中國政府官員為瞭解列強對華態度，也密切關注外國報紙。袁世凱當政，還褒獎《京報》（*Peking Gazette*）英人主編伍海德（H. Woodhead），稱其「穩固華洋親善」、「向世界解說中國之難局」（Woodhead, 1935）。

　　第三類讀者是海外訂戶。在華出版的外報大多擁有海外訂戶，《大美晚報》每期海外銷量為二千份，而《華北明星》在中國和海外每期銷量均為四千份（Ma, 1935）。上海的英文月刊《遠東時報》（*Far Eastern Review*）的海外發行站，遍布紐約、倫敦、巴黎、柏林、東京等世界都市，每月銷量達六千份（Chao, 1931, p. 78）。《字林西報》記者瑞夫・肖（Ralph Shaw）在回憶

圖8.4　美國《紐約時報》報導中國國民黨政府壓制外國記者，驅逐異己。（張詠提供）

圖8.5　《遠東時報》主編黎安解釋對華報導的基本原則，堅稱《時報》「堅定支持中國」。（張詠提供）

圖8.6　倫敦《泰晤士報》批評美國在華報紙是「反英情緒的煽動者」。（張詠提供）

錄述及《字林西報》的影響：「恰值國際關係一觸即發的敏感時期，《字林西報》影響極廣，不限於中國，而遠播於倫敦、華盛頓、巴黎、東京以及其他各國政治中心。」（Shaw, 1973: 50）在華的英文報紙除發行海外以外，其主編大多兼任母國報紙的駐華記者，《泰晤士報》、《紐約時報》等駐華記者也常以在華外報為首要消息來源（Chao, 1931: 3）。在當時的《紐約時報》上，不難讀到這樣的標題：「日本讓步了嗎？《字林西報》相信日本將會讓步」[2]，或者「某上海英文報紙認為，爭端起因是神職人員及其態度」。《泰晤士報》駐北京記者莫理循（G. E. Morrison）與英國國內編輯的私人通信，也時常引用英美兩國在華所辦的報紙作為消息來源（Morrison, 1976; Morrison, 1978）。

---

2 "Japan's claims abated?" *New York Times*, 5 March 1915, p.1.

圖8.7　鮑惠爾（John B. Powell）1917年到上海，就任《密勒氏評論報》的主編，一直到1941年，由他兒子小鮑惠爾（John W. Powell）接任。圖片中的銀杯是他1942年從上海的日本監獄出獄後，由在華的美國記者（包括埃德加‧斯諾和美聯社的上海記者莫瑞斯）和密蘇里新聞學院的在華校友（包括董顯光和汪英賓）所贈，以表彰他在華25年的新聞貢獻。（密蘇里新聞學院紀念館館藏）

在華的外國編輯記者，既被本國政府視為「中國通」，在中國又備受禮遇。其中不少人在中國政府任職，1935年《京津泰晤士報》主編伍海德以高薪受國民政府之聘，出任政府政治顧問（Woodhead, 1935: 79）。1912年，任《泰晤士報》駐華記者達十五年之久的莫理循，也出任袁世凱政府的政治顧問。創辦《大陸報》和《密勒氏評論報》的美國人密勒氏（Thomas Millard），更曾兩度出任國民政府的全職顧問，第一次是1922年至1925年之間，而第二次則是從1929年一直持續至1935年。1941年，《密勒氏評論報》主編鮑惠爾身陷日據上海，被日方囚禁一年。次年鮑氏被遣送回美國時，蔣介石特贈他一萬美元，連同國民政府的其他補助（Hamilton, 1986）。外國記者在新聞採訪方面也頗受優待，能直接採訪政府高層，而中國記者則只能望門興歎了（Woodhead, 1932; Powell, 1945; Pennell, 1974; Morrison, 1976）。有些外國編輯記者甚至涉入中國的政黨矛盾、內戰衝突（MacKinnon and Friesen, 1987; Rand, 1990; Rand, 1995）。總之，中國官員與殖民列強政府缺乏正式而暢通的外交管道，在華的外國編輯記者於是發揮了類似外交官的作用。《密勒氏評論報》評論道，在華外國編輯記者「對政府政策的影響遠超過各國外交官影響的總和」[3]。因此，在華出版的外報占據了殖民政治組織機構的中心位置。

---

3 "Newspaper correspondents as diplomats," *China Weekly Review*, 29 December 1928, p.189.

二、英國在華新聞壟斷以及美國報紙的崛起

外國人在華辦報，始於1810年代。早期傳教士先在馬六甲、香港、澳門等外圍開辦華文出版物，此後幾十年，逐漸進入中國內陸。對傳教士而言，教派的分別比國籍的差異更重要（Lowenthal, 1940; Volz and Lee, 2009b）。美英兩國的新教傳教士曾有密切的合作。美國傳教士林樂知（Young Allen）與英國傳教士李提摩太（Timothy Richard）合辦的《萬國公報》（*Globe Magazine*），是1880年代至1890年代之間中國最具影響力的傳教士刊物（Zhang, 2007）。

其他背景的外國僑民也用母國語言在華辦報。此類私營商業報紙，並無共同的宗教信仰基礎，通常是以國別劃分。不同國家的報紙相互競爭，英國的殖民勢力最大，所辦的英文報也最重要。1850年，英國拍賣商奚安門（Henry Shearman）在上海創辦週刊《北華捷報》（*North China Herald*），是上海的第一家英文報紙。十四年後，該報更名為《字林西報》，改成日報出版。《字林西報》主要提供貿易資訊及有關中國語言與風俗的實用知識，被譽為「在華外國人的聖經」（Powell, n.d.: 17）。但是該報立場與英國外交政策太接近，常為他國移民所不喜（Powell, n.d.: 17; Shaw, 1973: 50-79）。[4]英國在華報業發展迅速，1850年至1900年間，英國人所辦的私營日報增添了十三家（Chen, 1937）。至19世紀末20世紀初，英國在華新聞壟斷即已形成格局。

相較之下，19世紀美國人在華幾乎沒有私營辦報，也很少駐華記者。遲至1911年，只有《紐約先驅報》（*New York Herald*）派一名記者駐華，卻是澳籍英人端納（W. H. Donald）。端納「視其國家重於所服務之報紙」，被人稱作「愛國的英國人」（Morrison, 1911）。美國在華報業的侷限，由此可見。然而從1910年代晚期到1920年代，美國在華報業卻經歷了迅速的

---

4 "The future of foreign newspapers in China," *China Weekly Review*, 23 April 1927, p.196; "Private confidential: Not for the press," *China Weekly Review*, 9 February 1929, pp. 440-441.

發展。1911年，美國資深記者密勒氏在中國報業中心的上海創辦了《大陸報》。1917年，密勒氏又在上海創辦了《密勒氏評論報》（*Millard's Weekly Review*，後改名為 *China Weekly Review*，但中文名稱始終是《密勒氏評論報》）。1918年，美國律師福克斯（Charles Fox）在天津創辦《華北明星報》，直接挑戰英國《京津泰晤士報》在華北的新聞壟斷。迨至1935年，美國人在華英文日報與新聞週刊多至十家，比英國人的十一家不遑多讓。其中《大美晚報》發行量日達七千份，在所有英文報中僅次於《字林西報》（Chen, 1937）。另據《大美晚報》主筆高爾德（Randall Gould）的記述，美國駐華記者人數也在1930年代持續增多（Gould, 1937）。在此期間，合眾通訊社擴大了駐華記者站，聘用格雷（Fanya Graham）、察查克（Max Chaichek）等記者來華工作。《紐約時報》、《基督教箴言報》、《芝加哥論壇報》及《紐約先驅論壇報》等美國主要報紙，同一時期也在京滬兩地建立記者站（Chao, 1931: 87）。密蘇里新聞學院也派駐教授與校友，幫助中國成立了一系列新聞系科（Volz and Lee, 2009b）。甚至中國本地的報紙也莫不以美國報業為師，美國報業月刊《編輯與出版人》（Editor & Publisher）曾經提到，中國報紙「無論風格、版式、內容，作法多襲自美國」（White, 1935: X-XII）。

要理解美國在華報業的發展，必須考慮當時的三個社會及政治背景：一是英國在華所形成的新聞壟斷格局；二是美國在華僑民增多，有共同的國家認同；第三，美國經歷了「進步運動」，開始採取擴張主義的外交政策，美國政府為在東亞地區與英國勢力競爭，確定了政治基調，並制定了具體方案。因為英國的新聞壟斷激化了美國僑民的國家意識，他們希望自辦報紙，抗衡英國殖民的新聞壟斷。例如，密勒氏在華辦報，就是覺察到英國「在國際要聞的搜集、傳播、發行諸方面，幾已完全壟斷」，於是希望為美國人開闢言論空間。密勒氏將《字林西報》比作「新聞界的所羅門王，天真地認為可以左右美國人的想法」（Millard, 1928: 180）。他先後創辦《大陸報》與《密勒氏評論報》，都是為了動搖《字林西報》的壟斷地位（Millard, 1916: 197）。

　　密勒氏是美英爭奪新聞主導地位的著例，其他的事例還有不少。僑居上海的美國名律師阿樂滿（Norwood Allman）注意到，上海當地中文報所登載的美國新聞，多譯自各歐洲新聞通訊社，尤以英國路透社為主，於是抱怨「歐洲人的美國新聞，多喜描述美國社會生活中道德敗壞的部分」，「多數通訊社都堅持其本國偏見，以辱罵輕視美國人為樂」（Allman, 1943: 250）。1911年，美國人克羅（Carl Crow）抵達上海時，同樣注意到了路透社的壟斷地位。他多年後在回憶錄中談及往事，「故鄉的消息，乃至總統大選的結果，都得依照倫敦的時間見報，令美國海外僑民惱怒而不解」（Crow, 1944: 5）。為改變此種情況，克羅與密蘇里大學的同學鮑惠爾合作，募得美方資助，在上海創辦了一家通訊社，專門為上海的中文報提供新聞譯文。

　　在美國報人心目中，英國報業是美國報業在中國的主要對手。克羅在協助密勒氏創辦《大陸報》時坦承，「吾輩辦美國式報紙，冀望其獲得成功，不僅關乎職業榮譽，更關乎國家榮譽」（Crow, 1944: 5）。《大陸報》1918年轉售英國人，引起美僑的擔憂，認為該報不能再「代表美國的觀念、理想以及政策」[5]。《大陸報》轉售後，《華北明星報》總編索克思（G. Sokolsky, 1919）即敦促上海的美僑，盡速重辦一份「真正的美國日報」。索克思寫道，「美國人須獨立擁有此報，獨立編輯此報，此報之於美國，須如同《字林西報》之於英國，極力保護美國利益」。美僑紛紛回應，不久即成立了專門的美國出版公司（American Publishing Company）。美國出版公司1926年籌劃在華創辦日報的時候，連遠在馬尼拉的美國僑報《每日公告》（*Daily Bulletin*）也以欣喜的口吻宣告讀者，「所籌備的日報，無論財產歸屬、經營管理、報導政策，完全是美國式的」，可以「照美國在東方事務中的利益表達主張」[6]。

5　"American papers everywhere except in Shanghai," *China Weekly Review*, 8 May 1925, p.243; "Status of the American newspaper situation at Shanghai," *China Weekly Review*, 1 May 1926, pp.215-216；"American paper for Shanghai," *China Weekly Review*, 17 July 1926, p.155.

6　"American paper for Shanghai," *China Weekly Review*, 17 July 1926, p.155.

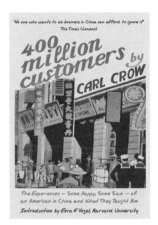

圖8.8　克羅（Carl Crow）1911年到中國，後和他密蘇里新聞學院的同學鮑惠爾合作，募得美方資助，在上海創辦通訊社。圖8.9　克羅在中國的記者許可通行證（密蘇里新聞學院紀念館館藏）。圖8.10　他1937年出版的英文著作《四萬萬中國消費者》，被認為極大地推動了當時美商對華的投資。（張詠提供）

　　第二點時代背景，當時中國各通商口岸的美國僑民愈來愈多，勢力愈來愈強，滋長了愛國熱情。據《中國年鑑》記載，1911年美國在華僑民僅三千四百七十人（China Year Book, 1913: 594），到了1924年增至八千八百一十七人（China Year Book, 1927: 30）。美國商人逐漸立穩足跟，他們不但是穩定的讀者群，而且是報紙廣告需求的來源。《密勒氏評論報》的運營，主要依賴石油、金融、報業、船運等美國公司的廣告（Schuman, 1956: 35）。又據《中國年鑑》記載，1911年美國在華公司僅一百一十一家，到了1921年增至四百一十二家，1927年又增至五百五十一家（China Year Book, 1913: 30; China Year Book, 1923: 4）。而英國在華勢力的擴張速度，無論僑民人口或公司數目，都趕不上美國。英國在1911年時已有在華僑民一萬零二百五十六人，公司六百零六家。至1924年，其僑民僅增至一萬四千七百零一人，公司僅增至七百二十六家（China Year Book, 1913: 594; China Year Book, 1927: 30）。1930年，上海已有美國僑民三千一百四十九人，英國僑民八千四百四十九人（Feetham, 1931：21）。

　　各國僑民愈來愈多，而利益不同，於是逐漸形成涇渭分明的各國租界。

英國人伍海德評論道，「以今日英美在華僑民數目而言，若共用學校、教堂、俱樂部等設施，則已不夠用」（Woodhead, 1935, p. 207）。美國主張廢除治外法權，更加深了美國僑民與以英國人為主的歐洲僑民的矛盾。1930年代早期，《洛杉磯時報》記者卡爾（Harry Carr）造訪上海，即感覺到雙方的關係緊張：「在上海，所有人相互仇恨」，「他們（歐洲人）把全副感情、精神、智力只放在一點上，那就是仇恨美國人」（Carr, 1934: 186）。

　　面對歐洲人的憎惡和排擠，美僑發出強烈的群體意識，並且付諸行動。他們印發了在華美國人的名冊以及在華美國公司的清單（Shanghai Evening Post and Mercury, 1946），還建立了美國人聯合會，「保證在情感上與英國人割斷聯繫」（Service, 1991: 194）。在上海，美國僑民還成立了自己的俱樂部、學校與教堂，企圖在租界發揮更大的影響力（Crow, 1944）。1924年，美國政府又派駐華外交使團，在各地設立領事館及外交驛使，多至二十餘處，以保證美國的經濟利益，支持美國公司擴大規模（Fairbank, 1974: 69）。

　　在華的美國有識之士認為，美國在華報業對於培養僑民的國家意識至關重要。美國保險業富商史帶（Cornelius Starr），買下了英人所辦《文匯晚報》（*Shanghai Mercury*），將之兼併到《大美晚報》（*Shanghai Evening Post*）。併購之時，史帶向《文匯晚報》主編伍海德承諾，會為他特設專欄，名為「一個英國人的視角」。然而，新任主編高爾德非常不滿，因為他難以忍受一個英國人在「我們美國人的報紙」發表言論。多年以後，高爾德回憶道，「我本著美國人的良心，改正他英國式的單詞拼寫，雖然《大美晚報》在上海英國僑民中銷量陡增，我對此還是感到不快」（Gould, 1960: 129）。《密勒氏評論》也發表聲明，對「在上海創辦一美國日報的需要」做如下解釋：

　　　　上海為多國僑民所聚集之處，吾輩身處上海，尤其需要一份報紙，在地方及國際問題上表明美國觀點。對美國僑民與美國利益而言，此一報紙的重要意義，等同於學校、俱樂部、教堂，以及各商業組織……美國觀點的引導、表達、闡釋，全賴於此一公器。無此公器，則在亞洲最大

也最為重要之城市，美國僑民將對本地事務有口難言，美國僑民的影響亦必微弱之極，為人忽略。[7]

最後，若想要理解美國在華的報業擴張，不能不結合國際政治的大背景，也就是美國20世紀之初擴張主義政策。歷史學家拉爾夫・雷科（Ralph Raico）把1898至1919年間定為美國外交政策的「轉捩點」，過去的不干預政策被新的帝國主義政治理論所替代（Raico, 1995）。擴張主義的政策理論，發端於西奧多・羅斯福（Theodore Roosevelt）總統，後為威爾遜（Woodrow Wilson）總統所完善。本質上它是美國「進步運動」的產物，對外擴張是要將美國式民主推廣至世界的道德使命。以東亞地區而言，在1890年代晚期以前，美國尚無系統的政治與外交方案，其後才開始與其他西方國家展開擴張的競爭（Fairbank, 1974）。1898年美西戰爭爆發後，美國占領菲律賓，迅即成為東亞的新帝國主義勢力，對英國的殖民霸主地位構成挑戰。來到中國的美國進步主義信徒，發展出一套獨特的擴張主義方案，其政策主張、殖民作風、話語系統都迥然異於英國。沃爾特・李普曼（Walter Lippmann）認為「以在華商業利益而言，英國多而美國少」（Lippmann, 1935）。美國在華報紙的編輯認為，美國的首要在華利益是體現在「文化與道德」領域（Powell, n.d; Millard, 1916: 339-363; Ekins and Wright, 1938）。這是由美國人「天定命運」（manifest destiny）的政治理念演化而來的使命感，希望以美國式理想主義促進中國的民主。不少美國在華報紙編輯及駐華記者，幾乎把中國的進步視為個人的責任。他們描寫中國為美國「最優先的慈善事業」（Fairbank, 1974）。《紐約先驅論壇報》駐華記者索克思撰文說，「美國人在華的最重要事業，並非貨物買賣」（Sokolsky, 1937: 3）。他特別稱讚美國傳教士的在華功績，他所描述的傳教士有著高尚的利他主義情懷，全然符合進步主義的理想：美國傳教士帶來「追求新知的光焰」，他又介紹「種種社會關係的新定義」，幫助中國塑造「追求進步的領導階層，此一階

---

7 "The proposed American paper for Shanghai," *China Weekly Review*, 26 June 1926, pp.83-84.

層對未來有矚望，不吸食鴉片，且躬行一夫一妻制」，凡此種種，「為社會改革埋下種子」（pp. 3-5）。

　　進步主義的政治理念固然含有利他性的道德動機，其實美國在華的經濟利益也相當可觀。有學者認為，美國以幫助中國的藉口，掩蓋其爭奪海外經濟利益的動機（Williams, 1982; McCormick, 1967）。美國政府主張「門戶開放」，用意在於保證美國與其他列強平等進入中國市場，使得美中貿易規模突飛猛進。至1920年代晚期，美國已取代英國，成為僅次於日本的中國第二大貿易夥伴，美中貿易額占到中國外貿總額的15.7%，而英中貿易額則僅占7.8%（Clark, 1932: 105-106）。

　　無論如何，進步主義的高尚言論，對於美國殖民者粉飾在華的帝國主義，確有成效。美國在中國所遇到的抵抗，遠遠小於歐洲各國，更遑論日本了。日本與歐洲殖民者對華經濟剝削可說是明目張膽，從而激發了中國人富國強民、共禦外侮的迫切願望；而美國殖民者的言論，與中國人民的願望不謀而合。美國人起初利用英國侵略所獲得的治外法權，敲開中國大門；然後為推翻英國的殖民霸主地位，又聯合中國精英階層，收攬民心。上海的美國僑民曾經為中國留美回國學生組建美國大學俱樂部（American University Club），以使「中美兩國具同等智力之民眾相互友好」（Sokolsky, 1925: ii-iii）。美國傳教士更在中國大力推行高等教育，各地的美國教會大學共計十餘所，尤以燕京大學聲望為最高。美國人在文化領域的努力，令英國僑民甚感不安。《字林西報》針對杜威博士（John Dewey）的中國之行撰寫評論，敦促英國人仿效美國的作為：

　　　　英國為何不能也時常選拔賢能，派往中國及日本？唯有將英國人的思想帶來中國，當中國強大之日（中國亦必將強大），英國才不必擔心中國將採取何種立場。我們對待這一問題，必須發揮《字林西報》專欄的影響，促使英國國內人士儘早「清醒」。[8]

---

8 "Prof. John Dewey's visit to China," *North China Daily News*, 15 May 1919, n.p.

在美國「反帝國主義」的話語建構中，美國在華報業發揮著關鍵的作用。例如，密勒氏希望他的《大陸報》「增進中美友誼，加深相互瞭解」（Crow, 1944: 7）。他不僅積極尋求中方投資，更允許中方投資人在編輯委員會任職，以「傳達中方觀點」，「駁斥損害中國利益與聲望的不實言論」（Rozanski, 1974: 94）。西奧多・羅斯福總統也曾鼓勵密勒氏，希望他利用報紙，一方面推動美國在華擴張，另一方面影響美國民眾，為支持中國的美國外交政策贏得人心。

美國在華報紙的編輯形成了共識，以為報業應成為中美民間外交的重要管道，有益於美國對華政策的協調。《密勒氏評論報》主編鮑惠爾認為，該報支持中國獨立事業，始終如一，這樣的支持有助於中國自主，而不致附庸於日本及歐洲列強（Chao, 1931: 76）。《評論報》「支持門戶開放政策、中國關稅獨立、廢除獨立法權」，此種立場「與美國對華政策一致」（Chao, 1931: 76）。《大美晚報》主編切克瑞（T. O. Thackerey）宣稱，該報編輯方針是「凡是中美關係諸事務，俱保持寬容友善的態度，秉持堅定的立場，務去中美友好的錯誤阻擋以及人為障礙」（Chao, 1931: 66）。又，《遠東時報》（*Far Eastern Review*）主編黎安（George Rea）曾被疑為在編輯工作中親日，遭到美國同儕非議，他因此撰寫一篇長文，辯稱《時報》「堅定支持中國」，贊同「門戶開放政策」，代表「可信賴的新聞以及卓越的美國精神」（Rea, 1928: 147）。

總而言之，當時美英在東亞展開殖民競爭，美國外交政策亦愈來愈具有擴張性。在此時代背景下，美國在華報業的崛起，實質上是直接回應美國對英國的新聞壟斷。如上所述，美國在華報業的崛起涉及多方面的關係，深刻揭示了中國的半殖民地的特性。無論美國人，或美國政府政策，或中美交往，任何一個因素都不是美國在華報業崛起的唯一推動力。美國成為新的殖民強國，在遠東地區挑戰英國霸權，這是一個重要的背景。

三、英美報業之爭：編輯立場以及殖民話語

　　美國在華報業的影響力愈來愈大，英國急於鞏固它的壟斷地位，對它在中國新聞的編輯立場多所辯護。上文提到，對美國報紙而言，國家利益高於客觀獨立等新聞原則。英國報紙也如此。1911年，某德國銀行家找到伍海德，希望由他主辦《京報》。伍海德享有「英國頭號頑固派」的稱號，明確表示他希望「所辦報紙必須是英國報紙」（Woodhead, 1935: 373）。又如，北京有兩家英人編輯的報紙——《京報》與《北京日報》（*Peking Daily News*），1915年第一次世界大戰爆發，莫理循曾致信《泰晤士報》編輯斯迪德（H. Wickman Steed），肯定這兩家報紙的英國立場：它們「在反德的立場上，與所有英國人同仇敵愾，其民族忠誠毋庸置疑」（Morrison, 1915: 373）。

　　隨著美國在華報業逐步擴張，英國報人感受到了挑戰。莫理循致信《泰晤士報》英國總部編輯，抱怨該報中國報導太少，「如今要瞭解中國政府消息的讀者，要改讀《紐約先驅報》了」（Morrison, 1909a: 501-503）。他最擔憂的，莫過於美國報紙曲解英國在華的利益：無論是美國人所辦報紙，或與美國編輯有聯繫的中文報紙，「每提及《泰晤士報》，必是斷章取義」（Morrison, 1909b: 520-521）。《泰晤士報》提到美國在華報紙，多次指斥其為「反英情緒的煽動者」，宣稱這些報紙利用中國民族情緒，全為達到「不可告人的目的」。[9]

　　英國報紙編輯不僅鼓動本國僑民，還尋求中國人的支持，以敗壞美國在華報紙的名聲。1911年密勒氏創辦《大陸報》，英國《字林西報》向《大陸報》中方投資人施壓，要求他們撤資（Powell, n.d.: 59）。1913年，密勒氏想要創辦一份中文日報，遊說中國官員，希望籌得辦報資金。莫理循對此事極為忌憚。他起草了一份備忘錄，呈給大總統袁世凱的英文祕書蔡廷幹，聲稱「該報必將支持美國政府的政策」，並且以美國排華法案為例，向中國官

---

9 "Anti-British propaganda," *Times*, 12 June 1925, p.17.

員指出，若美國有某項政策反對中國移民，則勢必引起兩國爭議。「在此情況下，密勒氏先生會忘記自己的美國國籍，支持中國政府，還是會考慮自己的報紙是美國人所編輯，又受美國政府保護，從而選擇支持美國政府呢？」（Morrison, 1913: 145-147）。1917年《密勒氏評論報》創辦未久，密勒氏的社論體現了美國中立的外交立場，被人目為縱容德國。《字林西報》編輯葛林（O. M. Green）乘機批評《密勒氏評論報》，導致英國廣告客戶集體抵制密勒氏所辦的報紙，其中包括《密勒氏評論報》與《大陸報》，迫使密勒氏於1918年將《大陸報》轉售於英國商人。[10]

英美報紙對華報導的立場，伍海德感歎道，有「無可救藥的差異」（Woodhead, 1935）。美國費城《公眾紀錄報》（*Public Ledger*）駐華記者指出，在新聞報導的語氣上，美國編輯「對中國人的夢想抱有自然流露的理解與同情」，但英國報紙的社論則「相當尖刻，一貫貶損」。[11]《密勒氏評論報》也曾經批評《字林西報》，「新聞作風蠻橫」，「對於中國的組織制度、政治運動與民族夢想，抱著批評與強硬的態度，甚至時常加以玷辱」。[12]相較之下，《大美晚報》主編高爾德則認為，外國在華報紙對於中國事務的報導必須富於建設意義，應該有利於中國發展（Gould, 1935）。在本質上，這種觀點反映了當時的進步主義熱忱，美國編輯希望報紙擔負社會責任，為中國的社會改革服務。

英國本國官員也不滿在華英報的作風。有英國官員認為，一味批評中國，只會阻礙英國在華的殖民擴張。1926年，英國上校馬龍（L'Estrange Malone）在報告中批評英國報紙「不放過任何污辱攻擊中國人的機會」，「自始至終都採取最反動保守的立場，使讀者對於英國政策的印象差到極點」。馬龍指出，「較諸美國對華外交政策，美國在華報紙更能精確反映美

---

10 "The departure of editor Green of the N.C.D.N," *China Weekly Review*, 5 July 1930, pp.168-169.

11 "The British vs. the American newspaper editors," *Berkeley Daily Gazette*, 23 March 1926, p.4.

12 "The future of foreign newspapers in China," *China Weekly Review*, 23 April 1927, p.196.

國民主對中國的真正熱情,從此意義上說,美國報紙對於美駐華公使馬慕瑞甚有幫助。反觀英國報紙尖刻抨擊的報導方式,對於英國公使麻克類爵士的外交工作實在大有妨害」(Millard, 1928)。[13]

雖然本國政府官員時有不滿,但英國報紙編輯的辯護是他們的立場對中英兩國利益最為有益。當外界評論《泰晤士報》的文章「對華態度不友好」,該報編輯歧柔(Ignatius Chirol)即回應道,「我相信良藥苦口」(Chirol, 1909: 525)。又如《京津泰晤士報》的新聞報導方式有「破壞性的報導方法」之稱,該報主編彭內爾(Wilfred Pennell)辯解:

> 外國在華報紙,尤其是英國人所辦報紙,已成為西方文明對中國最強有力的影響。這些報紙所擔負的歷史使命,乃是幫助中國實現現代化,帶領中國加入世界經濟政治體系……這些報紙的批評言論,固然令讀者常感不快,但卻有重要的意義。這種意義在此時期尤為顯著,因為中國本地報紙尚處在學步階段,對於西方帶給中國之巨大變局的完全意義,仍可說懵懂無知……歸根結柢,外國在華報紙的使命應是詮釋西方世界,供中國瞭解,並且通過西方式的社會批評,加深中國的社會變革。(Chao, 1931: 56-57)

彭內爾不單是為《京津泰晤士報》辯護,更涉及現代性、西方新聞的批判傳統等抽象觀念。若從此角度理解,這段文字則又反映出西方霸權與外報在中國的現代化進程所扮演的角色。事實上,英國編輯對於美國報紙對華報導甚為鄙視。伍海德批評美國人的《華北明星報》:「在我看來,該報對於國民黨過分友好的態度頗不明智」(Woodhead, 1935: 194)。

然而,美國報紙編輯所堅持的反殖民反帝國主義的話語立場,很受中國人歡迎。《大美晚報》主編切克瑞曾述及其辦報宗旨,最可概括此種立場:

---

13 "The British and the American press in China," *China Weekly Review*, 20 November 1926, p.317.

（《大美晚報》之於中國）譬如賓客之於主家。本報認同這種地位，
並且嚴格依其行事，從不有所偏倚，或挑剔批評，夾纏不清。本報絕不
干涉中國事務，只求尋出相關趨勢，以本於事實、不含偏見的方式，告
知國外讀者。本報義務，乃是在新聞報導的自然許可權以內，詮釋中國
事務，以饗西方讀者，從而推進東西方民眾之間，乃至西方世界與東方
世界之間的理解。（Chao, 1931: 66）

這種對中國事務的新聞報導立場，可稱作「建設性報導」，與英國報紙
的「破壞性報導」相對。無論在美國本土，還是在中國，美國報紙通常都持
此立場。《紐約時報》向美國讀者宣告，密勒氏創辦《大陸報》，為「致力
於中國進步事業的重要報紙」。[14] 1926年，有人撰文提議在上海創辦一份美
國日報，依循「美國新聞的最優良傳統」，「既寬容又有建設性」。[15] 1934
年，高爾德從切克瑞手中接任《大美晚報》主編，也說報紙「雖不免在適
當時機有所批評，但編輯政策必將以富於建設性的方式支持中國」（Gould,
1960, p. 166）。《中國評論週報》（China Critic）是一份由當時中國激進派知
識人所辦的評論雜誌，高爾德甚至邀請該雜誌主編桂中樞，在《大美晚報》
設一定期專欄，以「表達中國觀點」（Gould, 1960: 167）。

「建設」與「破壞」之爭，實可揭示外國在華報紙的殖民話語地位：這
些報紙已成為殖民話語爭論中心的博弈平臺，涉及殖民主義以及殖民的道德
問題，種種觀點盡皆在此交鋒。1920年代晚期至1930年代早期之間，國民
黨執政，英美在新聞的競爭達於白熱化。絕大多數美國報紙編輯支持中國風
起雲湧的民族主義，批評歐日帝國主義行徑及其對華事務的干涉。美國報紙
編輯人還在上海大力主張廢除「不平等條約」和各種特權。美國在華和在本
國的報紙編輯人都呼籲美國和其他殖民國家政府「門戶開放」，以使各國平

---

14 "Starts a paper in Shanghai," *New York Times*, 30 August 1911, p.6.

15 "The proposed American paper for Shanghai," *China Weekly Review*, 26 June 1926, pp.83-
   84.

等瓜分中國市場。

英國報紙針鋒相對，認為應該維護各種條約所規定的殖民特權，而且堅稱中國的亂局如果要有出路，即需要西方列強強制干涉。英國報紙叱責美國報紙編輯人的反帝國主義言論，實為「煽動反英情緒」（Woodhead, 1935: 204）。上海幾家主要英國報紙都刊登匿名來信，要求《密勒氏評論報》停刊，並遣送其主編鮑惠爾返美（Millard, 1927: 233）。又如，中美通信社（Chung Mei News Agency）報導某次中英軍事衝突，招致英報的批評，稱其散布「無恥謊言」，「傳播毀謗及虛假報導」，以「加深中國人仇外情緒」[16]。伍海德為《京津泰晤士報》撰寫一篇社論，措辭更為激烈，矛頭直指美國在華僑民，稱他們在華定居，乃是「建立在英法兩國八年前所獲得的權利基礎之上」，無異於「半寄生」：

> 所有美僑，無論是傳教士、商人或各種專業人士，所以能夠來華居住，合法謀生，完全依賴所謂「不平等條約」。但美國與英法兩國不同的是，美國獲得條約特權，不曾費過武力，而是「半寄生」……美國特使們藉著別國兵戈炮艦的餘威，免於親身參戰的風險，而獲得與別國相同的特權。在廣東、上海、天津、漢口等口岸，各國僑民皆可居住通商，包括美國人。這些特權即來自於英國所簽訂的條約。（Woodhead, 1935）

這一段話指責美國人既反對帝國主義，又積極擴張在華經濟利益。究其根源，反映了大英帝國沒落的趨勢，面對愈來愈強的美國殖民勢力，連殖民霸主的地位都可能被取代，不免感到不平和忿恨。

---

16 "Chung Mei on Nanking," (29 March 1927); "The Chung Mei's lies," (25 March 1927), *Peking and Tientsin Times*. Found in Randall Gould papers, Hoover Institution Archives.

結語

　　薩依德《東方主義》出版多年後，又在《文化與帝國主義》中，深刻探討殖民地對帝國主義文化的歷史抵抗（Said, 1993）。受到薩依德的啟發，後殖民主義學者普拉特（Mary Pratt）提出殖民研究的跨文化視角。在她看來，殖民者與被殖民者間形成了一個「接觸區」（contact zone），也即是「民族國家接觸的空間」。「因為地理或歷史因素原本阻隔的民族，在殖民地的空間內相互接觸，建立不同類型的關係，其中包括一方對另一方的強迫、彼此極端的不平等，以及不可調和的衝突」（Pratt, 1992: 6）。用這種視角觀望歷史，則能對於殖民主義有更豐富的理解：各個主體的殖民話語與殖民做法並不是孤立的，而是彼此相關、有機組合的整體，它們相互關係也同為這整體的一部分。然而現有的後殖民研究大多僅是把殖民主義視作殖民者／被殖民者的二分體系，卻忽視了殖民體系中列強間的關聯與競爭。

　　不同於大多數後殖民研究，本文試圖揭示殖民者之間動態的話語爭論。列強所建構的殖民話語，並非像人們通常所假設的那樣內容一致、立場相同。由於政治目標、經濟利益不同，列強之間不僅爭奪殖民霸權的地位，也用不同話語為殖民方式做合理化的解釋。列強的殖民競爭也表現了意識形態與殖民話語的競爭。20世紀初期的中國，殖民話語不是由宗主國與附屬國相互作用而形成的，而是帝國主義內部競爭的產物。

　　在殖民化的過程中，報紙發揮著關鍵的作用。一方面，無論在母國或殖民地辦的報紙，都可視作「殖民帝國的軟體」（Nalbach, 2003），為殖民擴張正名。另一方面，報紙又為列強競爭提供話語平臺，推動殖民霸權的再分配與重新整合。根據本文分析，美英在華報業之爭，並非只是兩國間殖民競爭的外延，而實為整體殖民競爭的一個重要部分。美國在華報業的最初崛起，即直接體現了美國殖民者對英國殖民壟斷的挑戰。其後，美國在華報紙又大力支持「門戶開放政策」，本質上即是支持一種與英國相對的意識形態。「門戶開放政策」的根源是美國的進步主義運動。進步主義翻轉19世紀初期的「門羅主義」（Monroe Doctrine），鼓勵對外擴張，在世界確立美式民主。

進步主義運動為美國崛起並且建立新的世界霸權，奠定路徑：美國不像德國、日本那樣的傳統殖民掠奪，而是以進步主義為由，開啟一種新的帝國主義擴張形式。

　　當時中國處於半殖民地的統治，這為美國挑戰舊有的歐洲殖民霸權、實現進步主義信念，恰恰提供了最好的試驗場所與時機。也正是因為半殖民地，中國仍能維持一定程度的自主統治，外報作為帝國主義控制的「軟實力」，才有特別重要的意義。外國報紙編輯人成為非正式的外交官，而外國報紙成為極為關鍵的殖民組織形式。這些報紙既影響殖民地人民與外國僑民的觀點，又塑造其母國讀者的意見，甚至代表各自國家利益，展開了帝國主義內部的話語爭論。

　　殖民國家在華辦報，呈現明顯的國家主義傾向。同時期，美國的新聞專業主義開始萌芽，並逐步發展成熟。這無疑與美國人在華所辦報紙的國家主義傾向，形成了鮮明對照。美國在華報紙對中國事務的新聞報導，依照進步主義的原則，構建反對殖民主義、支持中國獨立的新話語體系。而英國報紙則與美國報紙完全不同，始終堅持英國政府對華干預的立場。英美兩國報紙竭力批評對方，捍衛本國立場，最終導致兩國對華態度的重新定位，及其在華殖民勢力的重新整合。當然，外國在華報業的競爭不只是英美之爭，當時各大國際通訊社，除了路透社和美聯社，還有法新社和德國的哈瓦斯社等，各持勢力範圍，為本國政策以及海外政治和商業利益服務。除了外文報紙，其他列強在華所辦的華文報紙更是糾葛紛爭，各施其法，以贏得中國讀者。

　　本章著重分析20世紀初期的中國，然而當時英美在華報業之爭，其影響不僅限於20世紀初期的中國。一方面，英美兩國報紙的話語爭論，最終導致了歐洲中心主義殖民話語的讓位，以及進步主義擴張的意識形態與話語體系的崛起。這一殖民話語的修正過程，無疑為美國實現世界霸權，最終在全球政治軍事干預，奠定了基礎。事實上，美國在全球的霸權干預，已成為近幾十年裡人們最重要的集體記憶。另一方面，根據麥康瑞（MacKinnon, 1997）的觀點，今日的中國媒體格局，與20世紀初期半殖民地中國的報業格局，仍有相似之處。時至今日，同樣有若干國家在華爭奪經濟與政治的影

響力，而中國社會有許多議題懸而未決。面對著文化啟蒙、後殖民主義以及媒體帝國主義等嚴峻挑戰，中國能否做出恰如其分的回應？在全球化時代，這是中國最重要的議題之一。為此，我們有必要更深入探討20世紀初期中國的半殖民地歷史。

參考文獻

Allman, N. (1943), *Shanghai Lawyer*. New York: Whittlesey House.

Carr, H. (1934), *Riding the Tiger: An American Newspaperman in the Orient*. Boston: Houghton Mifflin Company.

Chao, M. H. (1931), *The Foreign Press in China*. Shanghai: China Institute of Pacific Relations.

Chen, T. H. (1937), *The English Language Daily Press in China*. Peking: The Synodal Collectanea Commission.

China Year Book, 1913. (1913), London: George Routledge and Sons.

China Year Book, 1923. (1923), Tientsin: Tientsin Press.

China Year Book, 1926-7. (1927), Tientsin: Tientsin Press.

China Year Book, 1929-30. (1930), Tientsin: Tientsin Press.

Chirol, I. (1909), Letter to George Morrison, Sept. 17, 1909. Reprinted in G. Morrison (1976), *The Correspondence of G. E. Morrison, 1895-1912*. London: Cambridge University Press.

Clark, G. (1932), *Economic Rivalries in China*. London: Oxford University Press.

Codell, J. (Ed.) (2003), *Imperial Co-histories: National Identities and the British and Colonial Press*. Madison: Fairleigh Dickinson University Press.

Crow, C. (1938), *Circulation receipt from the* China Weekly Review. In Carl Crow Papers, Western Historical Manuscript Collection, Columbia, Missouri.

Crow, C. (1944), *China Takes her Place*. New York: Harper and Brothers.

Dingle, E. (1911), *Across China on Foot: Life in the Interior and the Reform*

Movement. New York: Henry Holt.

Ekins, H., and T. Wright (1938), *China Fights for her Life*. New York: Whittlesey.

Fairbank, John K. (1974), *Chinese-American Interactions: A Historical Summary*. New Jersey: Rutgers University Press.

Feetham, Richard (1931), *Report of the Hon. Richard Feetham, C.M.C. to the Shanghai Municipal Council*, Volume I. Shanghai: North-China Daily News.

Gallagher, J., and R. Robinson (1953), "The Imperialism of Free Trade," *Economic History Review*, 51(1): 1-15.

Goodman, B. (2004), Networks of news: Power, language and transnational dimensions of the Chinese press, 1850-1949. *China Review*, 4(1): 1-10.

Gould, R. (1935, October 13), Foreign journalism in China. *Peiping Chronicle*, n.p.

Gould, R. (1937), Recruits drifting in add to China staffs. *Editor and Publisher*, 70 (14), n.p. In Gould Papers, Hoover Institution Archives.

Gould, R. (1960), *Three p.m. Shanghai time: A memoir in three parts*. Unpublished manuscript in Sinologisch Instituut, Universiteit Leiden, Netherlands.

Hamilton, J. (1986), "Missouri News Monopoly and American Altruism in China: Thomas F. F. Millard, J. B. Powell, and Edgar Snow," *Pacific Historical Review*, 55 (1): 27-48.

Lippmann, Walter(1935), "Britain and America: The Prospects of Political Cooperation in the Light of their Paramount Interests," *Foreign Affairs*, 13(3): 363-372.

Lowenthal, R. (1940), *The Religious Periodical Press in China*. Peking: Synodal Commission.

Ma, L.(1935), A survey of the foreign press in Shanghai by the 2nd Department of the General Staff Headquarters. Reprinted in China's No. 2 Archive Institute, ed., An Archival Collection on the *History of the Republic of China*. Jiangsu: Guji. vol. 5, pp.131-149..

MacKinnon, Stephen (1997), "Toward a History of the Chinese Press in the Republican Period," *Modern China*, 23: 3-32.

MacKinnon, Stephen., and O. Friesen (1987), *China Reporting: An Oral History of American Journalism in 1930s and 1940s.* Berkeley: University of California Press.

McCormick, T. (1967), *China Market: America's Quest for Informal Empire, 1893-1901.* Chicago: Quadrangle.

Millard, Thomas (1916), *Our Eastern Question: America's Contact with the Orient and the Trend of Relations with China and Japan.* New York: The Century Co.

Millard, Thomas (1927), "Undermining American Policy in China," *China Weekly Review*, 5: 229-233.

Millard, Thomas (1928), *China: Where it is Today and Why.* New York: Harcourt and Brace.

Morrison, G. (1909a), Letter to Moberly Bell, July 14, 1909. Reprinted in Morrison (1976), *The Correspondence of G. E. Morrison, 1895-1912.* London: Cambridge University Press. pp. 501-503.

Morrison, G. (1909b), Letter to V. Chirol, August 31, 1909. Reprinted in Morrison (1976), *The Correspondence of G. E. Morrison, 1895-1912.* London: Cambridge University Press. pp. 520-521.

Morrison, G. (1911), Letter to D. D. Braham, Dec. 29, 1911. Reprinted in Morrison (1976), *The Correspondence of G. E. Morrison, 1895-1912.* London: Cambridge University Press. pp. 682-686.

Morrison, G. (1913), Memorandum regarding a proposition for the creation of a Chinese daily newspaper, May 19, 1913. Reprinted in Morrison (1978), *The Correspondence of G. E. Morrison, 1912-1920.* London: Cambridge University Press. pp. 145-151.

Morrison, G. (1915), Letter to H. W. Steed, Feb. 17, 1915. Reprinted in Morrison

(1978), *The Correspondence of G. E. Morrison, 1912-1920*. London: Cambridge University Press. pp. 373-376.

Nalbach, A. (2003), "The Software of Empire: Telegraphic News Coverage and Imperial Publicity, 1865-1914," in J. Codell, ed., *Imperial Co-histories*. Madison: Fairleigh Dickinson University Press. pp. 68-94.

Osterhammel, J. (1986), "Semi-Colonialism and Informal Empire in Twentieth-Century China: Towards a Framework of Analysis," in W. Mommsen and J. Osterhammel, eds., *Imperialism and After*. London: Allen and Unwin. pp. 290-314.

Park, Robert (1922), *The Immigrant Press and its Social Control*. New York: Harper.

Patterson, D. (1922), *The Foreign News Services of China*. Unpublished manuscript, Sara Williams Papers, Western Historical Manuscript Collection, Columbia, MO.

Pennell, W.(1974), *A Lifetime with the Chinese*. Hong Kong: South China Morning Post.

Powell, J. (1936), "The Journalistic Field," in American University Club of Shanghai, ed., *American University Men in China*. Shanghai: The Comacrib Press. pp. 122-148.

Powell, J. (1945), *My Twenty-five Years in China*. New York: Macmillan.

Powell, J. (n.d.), *Chinese Weekly Review, China Press*. Unpublished manuscript, Powell papers, Western Historical Manuscript Collection, Columbia, MO.

Pratt, M. (1992), *Imperial Eyes: Travel Writing and Transculturation*. London: Routledge.

Raico, R. (1995), *American Foreign Policy: The Turning point, 1898-1919*. Fairfax, VI: The Future of Freedom Foundation.

Rand, Peter (1990), "A Quixotic Adventure: The American Press in China, 1900-1950," in Chin-Chuan Lee, ed., *Voices of China: The Interplay of Politics and*

Journalism. New York: Guilford Press. pp. 202-215.

Rand, Peter (1995), *China Hands: The Adventures and Ordeals of the American Journalists who Joined Forces with the Great Chinese Revolution.* New York: Simon and Schuster.

Rea, G. B. (1928, April), "Twenty-five years: The Americanism of the *Far Eastern Review,*" *Far Eastern Review,* 24 (5): 145-151.

Rozanski, M. (1974), *The Role of American Journalists in Chinese-American Relations, 1900-1925.* Unpublished doctoral dissertation, University of Pennsylvania.

Said, Edward (1978), *Orientalism.* New York: Vintage.

Said, Edward (1993), *Culture and Imperialism.* New York: Vintage.

Schuman, J. (1956), *Assignment China.* New York: Whittier Books.

Service, J., ed. (1991), *Golden Inches: The China Memoir of Grace Service.* Berkeley: University of California Press.

Shanghai Evening Post and Mercury (1946), *Americans and American Firms in China.* Shanghai: Shanghai Evening Post and Mercury.

Shaw, R.(1973), *Sin City.* London: Everest.

Shih, S. M.(2001), *The Lure of the Modern: Writing Modernism in Semicolonial China, 1917-1937.* Berkeley: University of California Press.

Sokolsky, G.(1919), Foreign Press. In Sokolsky Papers, box 127, folder 6, Hoover Institution Archives.

Sokolsky, G.(1925), *American University Club of China, Lectures, 1921-22.* Shanghai: Commercial Press.

Sokolsky, G. (1937), *Americans in China: An Occidental View.* New York: National Council of Protestant Episcopal Church.

Takvakoli-Targhi, M. (2001), *Refashioning Iran: Orientalism, Occidentalism and Historiography.* New York: Palgrave Macmillan.

Volz, Yong Zhang, and Chin-Chuan Lee (2009a), "American Pragmatism and

Chinese Modernization: Importing the Missouri Model of Journalism Education to Modern China," *Media, Culture and Society*, 31(5): 711-730.

Volz, Yong Zhang, and Chin-Chuan Lee (2009b), "From Gospel to News: Evangelism and Secularization of the Protestant Missionary Press in China, 1870s-1900s." *Journalism: Theory, Practice and Criticism*, 10 (2): 171-195.

Walker, K.(1999), *Chinese Modernity and the Peasant Path: Semicolonialism in Northern Yangzi Delta*. Stanford: Stanford University Press.

Wehrle, E.(1966), *Britain, China, and the Antimissionary Riots, 1891-1900*. Minneapolis: University of Minnesota Press.

White, J. (1935, April 13), Chinese press goes American. *Editor and Publisher*, X-XII.

Williams, W. (1982), *The Tragedy of American Diplomacy*. New York: Norton.

Woodhead, H. (1932), *A Visit to Manchukuo*. Shanghai. Mercury Press.

Woodhead, H. (1935), *Adventures in Far East Journalism: A Record of Thirty-three Years' Experience*. Tokyo: Hokuseido.

Zhang, X. (2007), *The Origins of the Modern Chinese Press: The Influence of the Protestant Missionary Press in late Qing China*. London: Routledge.

第九章

現代中國的公共輿論

各說各話乎，公共對話乎？

前言

中國近代報刊大致有三個範式：第一個範式是國共兩方面的黨報，這裡不必多說。第二個是以《申報》、《新聞報》為代表的商業報。第三種範式是以《大公報》為代表的專業報。《申報》《新聞報》和《大公報》商業運作都相當成功，但《大公報》更受知識人尊敬。林語堂毒罵《申報》「編得很濫」，《新聞報》則是「根本沒有編」，卻讚揚《大公報》是「最進步、編得最好的報紙」，「肯定是訴諸教育過高的民眾」。[1]此外還有許許多多風花雪月、有聞必錄的獵奇「小報」，為文人所唾棄，但近年來有學者為它們「洗冤」。當然，任何分類都不能絕對化而導致非白即黑，當時許多大報也以小報作風招徠讀者。

唐小兵博士的《現代中國的公共輿論》，企圖比較《大公報》的「星期論文」（1934-1937）和《申報》黎烈文主編時期的「自由談」（1933-1934）。[2]他分析的重點是：「為什麼這兩個知識群體選擇了這兩家報紙作為輿論陣地，這兩個知識群體是怎樣歷史形成的，其內部交往結構又是怎樣的，體現了怎樣的一種文化權力的場域？」（頁9）本書有清楚的問題意識，涉及

---

1 林語堂著，劉小磊譯（2008），《中國新聞輿論史》，上海：上海人民出版社，頁134。

2 唐小兵（2012），《現代中國的公共輿論：以《大公報》「星期論文」和《申報》「自由談」為例》，北京：社會科學文獻出版社。本章原為唐著而撰寫，承密蘇里大學張詠教授提供深刻的修訂意見，特此致謝。

圖9.1 唐小兵，《現代中國
的公共輿論》。

的層面甚廣，包括這兩個詮釋社群的話語，自我
意識和內在緊張，論述的意理、主題、價值取向
和風格。唐著證據充足，分析細緻，推論步步為
營，最後聯繫並歸結到公共輿論的宏大敘述。我
在拜讀以後頗受啟發，願意狗尾續貂，發表一些
粗淺的讀後感，以求教於作者和各路方家。

1905年科舉制度取消以後，知識群體日趨
邊緣化，傳統士大夫紛紛轉型為現代知識人，紛
紛透過媒介、學校和學會，重新進入政治中心。
唐小兵所關切的毋寧是近代中國知識界「救亡圖
存」和追求現代性方興未艾的一部分。場景是
1931年日本引爆九一八事變，侵華日亟，中國何去何從？知識人想像哪些方
案、思想、辦法可以拯救一個貧窮落後、愚昧無知、內憂外患的文明古國？
但中國思想界病急亂投醫，主義駁雜，問題混亂，各種勢力滋長與鬥爭，更
反射報人的熱情與無奈。唐博士選擇兩個關鍵的論壇園地，做具體而微的話
語個案研究，企圖從小見大，以刻畫出「現代中國的公共輿論」的樣貌和問
題，透露了「後五四時代」啟蒙知識界和文化界內部分道揚鑣，他們在上世
紀30年代以後在兩條政治和思想路線分歧，其間更隱隱約約預示國共政權
的消長與更替。

這兩個報紙牽涉幾個重要的時代背景和社會生態。第一，晚清到民國，
通商口岸（尤其是上海）是中國報業和出版業匯聚的中心，因為這些口岸代
表資本主義初興的基地，是中國現代化的前沿，不僅工商和交通發達，而且
華洋雜處，容易接受外來的新思潮。報紙寄生於租界管治的權力縫隙，享受
較大的言論自由；1933年國民政府中宣部在租界成立新聞檢查所，在這以前
上海租界的言論是免於政治審查制度的。《申報》在上海，《大公報》在天
津（1936年創立滬版），南北輝映，都是拜賜於租界對言論自由的保護。

第二，五四運動爆發十年以後，文化重心南移，文人紛紛由北平南下，
「上海這十里洋場既是革命作家的發祥地，又是舊派文人的大本營，家國前

途未卜，上海文壇卻初放異彩」。[3]全中國只有上海這個「國中之國」，有能力包容、支持這麼龐雜的文藝活動；上海有幾百家報刊，出版業更占全國九成，而北平只有三家出版社和二十多家報刊。一些左派異議文人在當局的迫害下，躲到租界尋求庇護，即使人身安全未必完全有保障，至少可以鑽空子在租界宣揚政治理念；有趣的是他們基於民族主義，對租界既認同又排斥，可謂愛憎交加（唐小兵，頁121）。

第三，國民黨是「弱勢獨裁政權」，有獨裁之心，無獨裁之力，新聞控制表面嚴厲，實質上存在很多漏洞。最生動的例子莫過於魯迅本身，他為《申報》的「自由談」寫文章，屢遭中宣部的書報檢查員刪除若干句子和段落，但他在編成文集出版時，不但把那些文字補全，還特意在還原的文字下面畫黑點標示出來。一般來說，國民黨勢力顯然滲透不到報社的底層，只能在外部選定異己的報社老闆和主筆，或威脅，或利誘，或暗殺，但這些手段往往產生與預期相反的效果。

第四，1920年代中國的教育界和法律界開始有職業覺醒，不惜挺身捍衛他們的權益，而1930年代新聞記者的群體日益成熟，也努力爭取新聞自由，言論獨立，力圖擺脫政黨的控制。江浙人士得風氣之先，在知識界和新聞界尤其如此；晚清時，報業是這些科舉落第、仕途失意、落魄文人的歸宿，但民國以後新式學堂畢業生和留學生漸漸成為主流，記者的社會地位提高，大報主筆和老闆儼然成為社會名流，甚至躍居黨國要人的行列。[4]

第五，對唐博士來說，更重要的背景，如前所述，就是日本在東北製造九一八事變，又接踵在上海製造一二八事變，全國抗日情緒高昂，更激發報人以「文章報國」的迫切心理，《大公報》開設「星期論文」，《申報》的「自由談」改變風格與論調。

---

3 王德威（2005），《如此繁華》，香港：天地圖書有限公司，頁112。

4 王敏（2008），《上海報人社會生活（1872-1949）》，上海：上海辭書出版社，頁32-39。有報人在回憶錄感歎這個職業辛苦，也有人說大報記者出入富賈名流。無論如何，社會上對記者職業的確日漸認同，北平燕京大學和上海聖約翰大學新聞系吸收不少家境好的學生，《申報》新聞函授學校學生也有不少來自醫生和公司職員等正經職業。

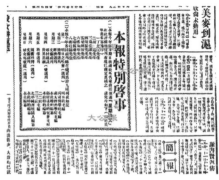

圖9.2 《大公報》為開闢「星期論文」發表
特別啟事。

圖9.3 胡適1934年1月1日在《大公報》的第一
篇「星期論文」，提出報紙文字應該完全用白話。

一、文本與脈絡：兩個詮釋社群

　　商業市場勃興是報紙專業化的原動力，這在美國報業發展史看得很清楚。[5] 在上海和全國，《申報》是最老牌的報紙，《新聞報》則是銷路最大的報紙。《申報》創刊於1872年，史量才於1912年接辦。清末民初《申報》只有訪員，沒有記者，是江浙落拓文人的歸宿，內容以奏摺、官方文書、各省瑣錄、詩詞和廣告（商家市價、輪船航期，戲館劇碼）為主，沒有太多新聞。以1922年為例，《申報》新聞占不到報紙篇幅的三分之一，而國際新聞只占新聞的4%，根本微不足道；北平《晨報》和天津《益世報》也好不了多少。[6] 話說回來，如果《新聞報》純屬商業經營，《申報》卻在上個世紀30年代編印全國地圖，發行年鑑、《點石齋畫報》和《申報月刊》，成立新聞函授學校和業餘補習學校，形成文化事業經營。[7] 直到那個時候，中國知識人對《申報》的評價還頗苛刻，林語堂抱怨它因循守舊，以一些無聊的消遣性文章充篇幅。在北洋政府段祺瑞執政時期，徐鑄成批評《申報》「國家

5　Michael Schudson (1978), *Discovering the News*. New York: Basic Books.

6　林語堂，《中國新聞輿論史》，頁146-147。

7　王敏，《上海報人社會生活（1872-1949）》，頁69-70。

大事很少觸及，專談小問題，而且文筆曲折，兜圈子，耍筆頭，不傷脾胃，不關痛癢，友人比之為《太上感應篇》」。[8]與此截然異趣的，則是德國海德堡大學漢學系瓦格納教授及其同事們。他們民粹式地美化《申報》、《點石齋畫報》和滬上小報，宣稱這些報刊把中國帶進「全球公共體」（global public）。我懷疑他們借用中國史料，過度迎合哈伯馬斯的「公共領域」宏大架構。[9]

圖9.4　《申報》老闆史量才（1880-1934）。

1931年九一八事變以後，舉國沸騰，面對日本侵華的民族危機。《大公報》為了鞏固中央的領導中心，轉而成為國民政府當局的諍友。對比之下，《申報》的史量才卻由溫和轉趨激進，他邀請黃炎培、陶行知等人撰寫評論，大聲疾呼團結抗日，嚴厲譴責國民黨「安內攘外」的剿共政策，導致於1932年7、8月間，長達三十七天，《申報》被國民黨禁止郵遞到上海租界以外的全國各地。[10]後來雖然言和，但史量才拒絕黨部派員到報社內指導。當他赴南京見蔣介石時，還對蔣說：「『你手握幾十萬大軍，我有申、新兩報幾十萬讀者，你我合作還有什麼問題！』蔣立刻變了臉色。」[11]1933年起，他請由法國回來的黎烈文接編「自由談」，銳意革新，一登場就宣稱要「牢牢站定進步和現代的立足點」，宣揚民主科學，反

8　林語堂，《中國新聞輿論史》，頁135。徐鑄成（1981），《報海舊聞》，上海：上海人民出版社，頁11。

9　Rudolf Wagner, ed. (2007), *Joining the Global Public: Word, Image, and City in Early Chinese Newspapers, 1870-1910*. Albany: SUNY Press. 書評見李金銓（2008.12），〈過度闡釋公共領域〉，《二十一世紀》，110期，頁122-124。

10　黃瑚、葛怡廷（2013），〈從九一八事變後《申報》所刊內容看史量才政治立場的轉向進步〉，載傅德華、龐榮棣、楊繼光主編，《史量才與《申報》的發展》，上海：復旦大學出版社，頁150-159。史量才與宋慶齡、楊杏佛等人過從甚密，在同一陣線上反對蔣介石對共產黨人的迫害。

11　黃炎培陪同史量才去見蔣介石，這是根據黃炎培的回憶，轉引自熊月之，〈《申報》與近代上海文化〉，載於傅德華、龐榮棣、楊繼光主編，《史量才與《申報》的發展》，頁6。按，史量才購進《新聞報》一半股權，故稱兩報有數十萬讀者。

圖 9.5　1933 年 1 月 30 日魯迅以筆名在《申報》「自由談」撰寫的雜文。

對專制黑暗，「絕不敢以茶餘飯後『消遣之資』的『報屁股』自限」。黎烈文首先停掉張資平的三角戀愛小說，接著帶進魯迅、茅盾、郁達夫、巴金、老舍、葉聖陶等作家，「自由談」儼然成為左翼的喉舌。但黎烈文飽受國民黨的壓力，在 1933 年 5 月 3 日撰〈編輯室啟事〉，諷刺時局為「天下有道，庶人不議」，故「呈請海內文豪，從茲多談風月，妄談大事，少發牢騷」。他的編輯生涯只做了一年五個月，1932 年冬起，1934 年 5 月 9 日止。史量才於 1934 年遇刺身亡，魯迅接著於 1936 年病逝。

　　魯迅為「自由談」寫過一百三十三篇雜文，用過三十九個筆名。1933 年前半年批判國民黨剿共不抗日，下半年集中於社會與文藝批判，1934 年則是批判幫閒文人、文壇及文化現象，這些文章全部編入《偽自由書》、《准風月談》，其餘編為《花邊文學》。他自言「論時事不留面子，貶錮弊常取類型」。[12]《魯迅新聞觀及其報業緣》羅列這段時期的新聞繫年（該書頁 448-549）十分完整，為研究者提供許多方便。[13] 我根據該書，統計出從 1933 到 1935 年之間，魯迅的筆炮所及，至少轟炸四十八人次（包括黎烈文編務時期三十四人次，張梓生時期十三人次），「重災」對象包括林語堂（七次）、胡適（四次）、楊邨人（四次）、梁實秋（三次）、張若谷（三次）和施蟄存（三次）。他「不留面子」，對同黨的廖沫沙和田漢也照轟不誤。其實，魯迅在為「自由談」投稿以前，已經在許多報刊炮轟過許多人（如章士釗、陳西瀅、梁實秋、徐志摩），這個統計不過是冰山露出的一角而已。「自由談」固然以魯迅為中心，但不僅止於魯迅，魯迅和其他同文的話語和關係網

12　王春森、許蘭芳編著（2012），《魯迅新聞觀及其報界緣》，鎮江：江蘇大學出版社，頁 93。
13　同上書。

絡都必須做更細緻的整理，才能看到比較整體
的圖景。

　　《大公報》自稱是文人論政、言論報國的公
器，不惜高薪養士，希望辦成《泰晤士報》般
的影響力。《大公報》正因為經營方式和管理制
度成功，各觀保障了它的言論獨立。但該報卻
始終懷疑商業和金錢的腐蝕力量，矢言「不求
權，不求財，不求名」，極力維持儒家自由知識
人輕財重義的作風。它認為言論獨立必須來自
知識人的良心，而不是市場機制的調節，故高
懸「不黨、不賣、不私、不盲」的原則，並獲
得1941年密蘇里新聞學院頒發的外國報紙獎，

圖9.6　魯迅（1881-1936），攝
於1930年。

允為中國新聞界最高的專業和道德標竿。[14]「星期論文」（1934-1949）學自歐
美的傳統，出自張季鸞的主意，商請胡適登高一呼，並由胡適出面組稿，象
徵學界與報界的合作，蔚為自由派知識陣營的言論重鎮。十五年間總共發表
七百五十篇，作者多達兩百多位，一直維持到國共政權易手為止。

　　一直以來，左派控訴《大公報》對國民黨當局「小罵大幫忙」，儼然成
為顛撲不破的定論了。其實，在抗戰以前《大公報》批評國民黨和蔣介石頗
為嚴厲，但九一八事變以後，張季鸞為了鞏固領導中心，轉而支持國民政
府，蔣且以國士待之。張季鸞於1941年去世後，胡政之與蔣介石來往並不
密切，繼任主筆王芸生與國府若即若離，其言論更受到國共雙方的責難。近
年來學界開始出現翻案文章，尤其以方漢奇的見解最受重視，他認為《大
公報》實際上幫的不是國民黨，而是替共產黨爭取中間力量的支持。[15] 必須

14　李金銓（2008），〈序言——文人論政：知識分子與報刊〉，載李金銓主編，《文人論
　　政：知識分子與報刊》，桂林：廣西師範大學出版社，頁16-19。（繁體字版，臺北：
　　政大出版社，頁22-25）。

15　方漢奇（2007），〈再論《大公報》的歷史地位〉，載方漢奇等著，《大公報的百年
　　史》，北京：中國人民大學出版社，頁1-23。

指出，《大公報》以「不黨」為號召，一旦發現記者有國民黨的背景即予辭退，但國民黨的身分是公開的，而共產黨的地下活動卻是祕密的，黨員的身分更是隱蔽的。最後1949年楊剛和李純青策反時，謎底揭曉，發現《大公報》有許多地下黨員長期埋伏其間。[16]《申報》的社會教育事業本來就任用李公樸、艾思奇（化名李崇基）等一批左翼人物，撰寫抗日反蔣的文章。[17]若謂《申報》與左聯和地下黨沒有千絲萬縷的聯繫，或謂地下黨對該報的編輯政策和言論方向毫無影響，當屬匪夷所思。可能囿於史料和檔案尚未解密，或因為禁忌還在，作者在這個問題上面著墨不多。

作者引述王汎森的話：「思想之於社會就像血液透過微血管運行周身，因此，這必定與地方社群、政治、官方意識形態、宗教、士人生活等複雜的層面相關涉，故應該關注思想概念在實際甚或世界總的動態構成，並追尋時代思潮、心靈的複雜情狀。」（頁12-13）這是作者認定的研究取向和分析策略。一言以蔽之，我想作者是企圖聯繫文本（text）到語境（context），即是把文本放到政治、經濟和文化脈絡來理解。由於「讀後感」不能取代文本閱讀，又限於篇幅，我無意也無法詳介唐著豐富的主題和細微的分析。我僅歸納幾個重點於下頁表，掛一漏萬，自所難免：

先說文本的解讀。作者說要辨析關鍵字的意義，其實他用的還是樸素閱讀的老辦法，使文本的意義在閱讀中跳出來，並找到內在聯繫。這是不可或缺或不可取代的步驟，但如能用一種「話語分析」的方法進一步解讀，主題應該更鮮明有序，更有系統，層次更分明。「話語分析」的方法仍在各學科領域發展之中，差異甚大，有的還不太穩定。我推薦的是社會學家甘姆

16　李金銓（2013），〈記者與時代相遇〉，載李金銓編著，《報人報國：中國新聞史的另一種讀法》，香港：香港中文大學出版社，頁409-416；天津《大公報》的地下黨員多為周恩來在南方局的舊部，見楊奎松，〈新中國新聞報刊統制機制的形成過程──以建國前後王芸生的「投降」與《大公報》的改造為例〉，載上書，頁356-368（尤其是頁360-361）；《文匯報》一報有地下黨員近20名，見徐鑄成（1998），《回憶錄》，北京：生活・讀書・新知三聯書店，頁190。據此推論，《大公報》各地設有多館，地下黨員的數目或不止於此。

17　見傅德華、龐榮棣、楊繼光主編，《史量才與〈申報〉的發展》，頁109。

表2　「星期論文」與「自由談」作者背景比較

	《大公報》「星期論文」	《申報》「自由談」
籍貫	江浙人士占一半。（1934-37統計共40人，江浙籍20人）	江浙人士占一半以上。（1932-35年統計共43人，江浙籍22人）
撰文作者	北方著名大學教授（以北大、清華、燕京、南開為主），留美學人高達一半，次為留英者。言論為其教書以外的副業。	許多自學或讀師範學校，留日者占三分之一，但多未獲學位。文藝青年出身，多是賣文維生的左翼職業革命家。蝸居上海亭子間。
與當局關係	九一八事變（1931）以後，擁護中央，與政府合作，為其「諍友」。參加政府者（含入閣、國民參政會、當技術專家、政治顧問）占40人當中的65%。	一半以上為左聯成員。面對當局書報檢查，左翼又內部傾軋。
論政主軸	以精英專業學理出發，從事知識啟蒙。從自由主義立場溫和批評，督促政府漸進改革，實施民主憲政。「制度內改革」（change within the system）。	憑閱讀新聞所得，以階級立場訴諸民粹和道德主義，並據以分析具體的社會現象。否定國民政府的合法性。「改革制度」（change of the system）。
論政風格	多數具名負責。同人論政，和而不同。自許以「公心」正面表述，與《大公報》的「四不主義」精神相契合。	多數用筆名，少具真名。言論立場一致對付當局，但內部傾軋不已，可謂「同而不和」。以「推背圖」（反話正說、「正面文章反看法」）為論述方式，如投槍匕首，冷嘲熱諷。
話語性質（Williams, 1977）	主流／支配（dominant）論述，兼及另類（alternative）論述	敵對（oppositional）論述
代表人物	胡適、丁文江、蔣廷黻、傅斯年、翁文灝、張奚若、吳景超、潘光旦、蕭公權、梁實秋	魯迅、茅盾、周揚、郭沫若、胡風、瞿秋白、郁達夫、巴金、老舍、葉聖陶、田漢、夏衍、曹聚仁、馮雪峰、胡愈之

森（William A. Gamson）所提出的「建構性話語分析」，步驟是先把報紙言論的文本解構打散，再往返反覆重構，歸納集合成為幾個「意識形態叢束」（ideological packages），從而在解構和重構的過程中獲得一種全面而嶄新的理解。每個「意識形態叢束」由隱喻、舉例、警句、描寫、視覺映像、後果、道德原則等元素烘托而成。一個總結性話語包括幾個次級話語，一個次級話語又可能包括幾個第三級的話語，形成既提綱挈領、層次分明而又意義豐富的枝葉網狀結構。[18]這個分析方法當然不是萬靈丹，但若配以成熟而靈活的學術判斷，卻有助於深刻解讀文本。我獲益於此，頗願推薦作者一試。

　　其次，作者把兩個詮釋社群成員的「生命世界」（life world）聯繫到話語的解讀。概括來說，平津派學者以江浙籍占其半，美英歸國學人居多，在著名大學任教，他們從自由主義的學理出發，自許憑藉「公心」，多以具名的方式為國是建言，說的是正面話，其論述目的是追求「制度內改革」（change within the system），督促政府溫和漸進，實行民主憲政。胡適在《新月》時期對國民黨批評嚴厲，後來與蔣介石的關係改善，又加上共赴國難，轉而與蔣溫和合作，也是溫和的批評者。[19]其他學者也先後入閣或當政府顧問。

18　William A. Gamson (1988), "A Constructionist Approach to Mass Media and Public Opinion," *Symbolic Interactionism*, 11:161-174; William A. Gamson, David Croteau, William Hoynes, and Theodore Sasson (1992), "Media Images and the Social Construction of Reality," *American Journal of Sociology*, 95:1-37.

19　高力克，〈在自由與國家之間──新月社、獨立社留美學人的歧路〉，載李金銓編著，《報人報國：中國新聞史的另一種讀法》，頁130-134。又，胡適曾對蔣寄以厚望，他致函羅隆基（1935年7月26日）說：「蔣先生是一個天才，氣度也很廣闊，但微嫌近於細碎，不能『小事糊塗！』」又致函蔣廷黻（1937年4月25日）說：「蔣介石先生確是一個天才，只可惜他的政治見解嫌狹窄一點，手下人才又不太夠用，真使人著急。」見耿雲志、宋廣波編（2012），《胡適書信選》，上海：上海三聯書店，頁240，278。此後，1956年胡適在臺北的《自由中國》發表文章，勸蔣介石學美國總統艾森豪，以無智「御眾智」，以無能「乘眾勢」，絕對節制自己，不輕易做一件好事，不輕易做一件壞事，才能做一個守法守憲的總統。此文犯蔣氏之大忌，見張忠棟（1990），《胡適與雷震》，臺北：自立晚報社，頁156-157。

上海左翼文人中江浙籍也占了一半，他們的教育相對不完整，生活窮愁潦倒。他們憑著對新聞閱讀的敏感性，再通過瞿秋白等地下黨人所提供的政治情勢和動態，在十里洋場匿名賣文維生。他們多半和左翼文聯有組織和思想的關係，故以半懂、非全懂的階級立場看問題，訴諸民粹和道德主義，「正面文章反看法」，反話正說，即以號稱「推背圖」的方法分析具體的社會現象，為的是挑戰或顛覆主流的話語。這批文人否定國民政府的合法性，矛頭指向當局，希望從根本「改革制度」（change of the system）。被魯迅稱為「正人君子」、「博士」（胡適、劉半農）、「漢了」絕非好事，因為那純是挖苦。他罵梁實秋為「喪家的資本家的『乏走狗』」，更是毫無保留的人身攻擊了。他對國民黨的否定幾乎是全盤的、徹底的，連政府為策安全轉移北平文物到南方，在魯迅看來也成了置北平民眾（包括青年學生）安危於不顧的證據。

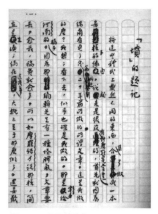

圖9.7　魯迅贈柳亞子打油詩，其中「橫眉冷對千夫指，俯首甘為孺子牛」兩句最膾炙人口。

圖9.8　魯迅手稿。

　　用英國文化研究的術語來說，平津學者提出的是「主流（支配）論述」（dominant discourse），與當局的基本立場若合符節，或「另類論述」（alternative discourse），肯定當局的主旨或假設，再提出另一種途徑以達成之；而上海文人提出的則是「敵對論述」（oppositional discourse），與支配性的論述針鋒相對。[20] 最後，從這張人際網絡圖裡，何不按圖索驥，尋找在各自的社群中誰是意見領袖，誰是追隨者，誰是當中的橋梁，誰是偶爾投稿的邊緣人物？

20　Raymond Williams (1977), *Marxism and Literature*. New York: Oxford University Press.

它們的組織形式、互動方法是什麼？他們的言論和組織、行動之間的關係何
在？

二、方法論研究設計的幾個問題

在方法論上，唐博士採用典型韋伯式的「理想型」（ideal type）比較分
析法，從兩個報紙的論壇中投射出去，看到中國近代「反傳統啟蒙」（anti-
traditionalist enlightenment）的知識人所形成的兩個截然不同的詮釋社群。
「理想型」的分析以小見大，圖以有限的案例，提煉有普遍意義的洞見，在
做法上一方面假設內部有很大的同質性，一方面放大外在的異質性，以便比
較觀察。在這個比較、推理、歸納的過程中，力求邏輯嚴謹，證據充分，而
且必須恰如其分，否則解釋過度，猶如解釋不及。我以為在比較「外在的」
異同以後（即統計學上的 between variances），必須回頭檢查「內部的」差
異（within variances），內外兼顧，始窺全豹。試舉以下這些問題來說明：

1. 這兩個詮釋社群是自覺建構的，還是後設概念？

以「星期論文」和「自由談」象徵中國自由派和激進派的闡釋社群，是
不是報館有意識建立這種言論風格與言論陣地，因而責成編輯精心挑選特定
的作者？作者是自覺的站隊，還是自然而然形成的？「星期論文」作者的群
體自覺是否較顯豁？「自由談」除了靠史量才和黎烈文在檯面主導，還有沒
有左翼文聯的組織力量在地下運作？

尤其重要的是：唐博士是否以「後設」的概念分析文本，以呈現鮮明的
主題？文人是自由人，並不專屬哪家報館。許多報人在回憶錄提到為各不同
的報刊投稿，有為了稿費，有為了複雜的社交網絡（鄉誼、人情、校友等等
因素），這一點連魯迅也不能免。[21] 報人為文，未必優先考慮政治立場，何

---

21 例如 1933 年 12 月 27 日魯迅致函臺靜農，說他不能在「自由談」發表文章了，但《申
　報月刊》尚能發表，「蓋當局對於出版者之交情，非對於我之寬典，但執筆之際，避

況言論壁壘未必如後人想像的那麼涇渭分明。陶希聖回憶，「星期論文」辦得成功，是因為張季鸞從中聯絡平津教授，禮貌隆重，稿酬優渥；而同在天津的《益世報》，因為沒有張季鸞這種魯仲連式風格的人，學術副刊就辦不好（唐小兵，頁102）。胡適和丁文江固然是《大公報》「星期論文」的重量級作者，卻也是《申報》極力邀捧的文化聞人。1922年，《申報》五十周年的大開本紀念冊中，最重頭的就是胡適等人的文章。1931年，《大公報》出滿一萬號，胡適的賀辭盛讚《大公報》比老牌的《申報》和《新聞報》辦得好。1932年《申報》六十周年，又特別推出丁文江主編的巨冊《申報地圖》，銷售很好。在1927年移居上海以前，魯迅曾給廣州《國民日報》和《國民新聞》投稿，文章並為《中央日報》轉載。報紙與作者的關係如此交錯，如何形成兩個截然不同的論述社群？

2. 個案時間抽樣的問題

　　在時間上，黎烈文於1934年結束「自由談」的編務，張梓生接任後，不久「自由談」就壽終正寢了。「自由談」結束以後，「星期論文」才正式登場，一前一後，嚴格來說是沒有比較分析的「同時性」的。《申報》在上海，《大公報》原在天津，要到1936年4月1日《大公報》在津滬兩地同時發行，兩報才同時以上海為家。[22] 唐博士著眼於詮釋社群的話語，本來不必完全拘泥或計較時地的參差，但為了求全，似不妨以間接的辦法補救這個缺陷。什麼辦法？胡適出版同人雜誌《獨立評論》（1932-1937）在先，再同時為「星期論文」（1934-1949）組稿，使自由派的言論流通更廣，由於兩者發

　　實就虛，顧彼忌此，實在氣悶，早欲不作，而與編者是舊相識，情商理喻，遂至今尚必寫出少許。」王春森、許蘭芳編著，《魯迅新聞觀及其報界緣》，頁498-499。

22 《大公報》開滬版時，《申報》和《新聞報》帶頭抵制，後來還請得杜月笙出面擺平。其後上海的報業公會每兩週舉行「星期五聚餐」，中堅分子包括《申報》總經理馬蔭良和胡仲持，《大公報》滬館副經理李子寬、徐鑄成，《新聞報》嚴獨鶴，加上《立報》的成舍我、薩空了。他們不但定期吃喝聯歡，也交換廣告發行信息，討論如何對付新聞檢查。（見徐鑄成，《回憶錄》，頁69）。1937年，上海淪陷，《大公報》、《申報》、《時事新報》和《立報》自動宣布停刊，但《申報》照常出版。

刊時間部分重疊，作者群也接近，唐著如能比較「星期論文」和部分《獨立評論》論述主題的異同，當可進一步建立「星期論文」對自由派言論的代表性，也增強「自由談」與「星期論文」的可比性。

3. 兩報「內部」的橫向和縱向閱讀

「星期論文」足以代表《大公報》嗎？《大公報》足以代表自由主義嗎？「自由談」足以代表《申報》嗎？《申報》足以代表激進主義嗎？以時間縱向閱讀「星期論文」和「自由談」各文，好處是目標單純，思路清晰。但這裡涉及三個解釋上的問題：其一，如此「孤立式」閱讀，可能導致過度解釋，割斷文本與整張報紙風格和立場的有機關係（下面再談）；其二，只有研究者會這樣閱報，讀者總是流覽大概以後，再細看若干內容；其三，如果不橫向閱讀報紙的其他內容，恐怕不易為「星期論文」和「自由談」的文本清晰定位。

以橫向比較來說，《大公報》最拿手的是社評、各種學術和時事週刊（如「星期論文」），以及國內外特派記者的通訊特寫。「星期論文」的創設原來有意讓主筆每週休息一天，故如能從側面比較「星期論文」和前後兩任主筆（張季鸞和王芸生）所寫的社評異同，當能更清楚看到整個意識形態光譜的異同與變化。另一方面，黎烈文（和繼任的張梓生）時期的「自由談」對抗建制，勇猛辛辣，前後不過兩年多，在《申報》老店內部究竟算是化外的「言論租界」，還是整個報紙風格與論調的延伸——換言之，是例外，抑或常態？在功能上，「自由談」與黃炎培、陶行知等人的反蔣言論是否有配合與分工？除非橫覽《申報》其他新聞和廣告版面，甚難瞭解「自由談」的文本是在報內什麼語境下形成的。

除此，《申報》前後兩段的「自由談」還得進一步縱向比較。「自由談」創於1911年，比史量才接手《申報》還早一年。「自由談」原由王純根主持，後來改由吳覺迷、姚鵷雛、陳蝶仙、周瘦鵑等接棒，統稱為「鴛鴦蝴蝶派」。上個世紀20年代，軍閥混戰，政權的控制較弱，他們用冷嘲熱諷的筆調諷刺時局。這種風格和內容流行這麼多年，自有其市場和慣性。1932年，

就在鴛鴦蝴蝶派當紅鼎盛期，難道史量才突然心血來潮，說變就變，一剎那舊貌換新顏，全都以魯迅匕首式的革命雜文風格取代？這個急轉有無過程，與老主筆陳景韓（陳冷）離職有無關係？鴛鴦蝴蝶派從此在《申報》銷聲匿跡？前後兩段的「自由談」難道只有斷裂，沒有延續與承傳？果屬如是，史量才戲劇性轉變思維（包括聘請黎烈文為編輯）有何過程，他面對國家存亡如何選擇言論方向，他與國民黨鬥爭如何相激相盪，而黎烈文又如何能夠快速組織一支左翼的寫作隊伍，左翼文聯是否在背後發揮或隱或顯的作用，這些問題想當有層層的權力交涉，至關重要，焉能輕輕一筆帶過？

　　一般人貶斥鴛鴦蝴蝶派是「報屁股」文章，以風花雪月、奇聞異事、獵奇趣味，提供市民茶餘飯後消遣的談資，不能登大雅之堂。1950年代以後官方許可的中國現代文學史，獨尊魯迅、茅盾式向國民黨白色恐怖「投槍」的雜文為「新文學」的正宗，連帶批判「鴛鴦蝴蝶派」為「五四逆流」，而胡適派雖本是「五四正流」，卻因為政治立場而成為「反動派」。魯迅這批人是看不起鴛鴦蝴蝶派的。1931年，魯迅在〈上海文壇之一瞥〉痛罵上海文人輕薄無聊，專以寫作「才子加流氓」的小說為能事，矛頭對準鴛鴦蝴蝶派的小說。[23]次年，魯迅譏評鴛鴦蝴蝶派為「肉麻文學」，以「夜來香」為例，「真集肉麻之大成，盡鴛鴦之能事，聽之而不骨頭四兩輕者鮮矣」，代表「洋場上顧影自憐的摩登少年的骨髓裡的精神」。[24]

　　然而是否除了「肉麻」與無聊，鴛鴦蝴蝶派就一無是處？若干受到「後現代主義」啟發的學者顯然不服氣。李歐梵辯駁道，鴛鴦蝴蝶派在1920年代以文字遊戲作合法鬥爭，以諷刺的文學風格表達民意，其發揮批評政治的功能甚至比1930年代魯迅的意氣之爭還大。[25]循此思路，陳建華稱道鴛鴦蝴蝶派在感知層面發揮「大眾啟蒙」的功能，雖然與五四的思想啟蒙模式不同，卻代表「被壓抑的現代性」，開拓的言論空間更是近代史上的「黃金時

23　王德威，《如此繁華》，頁125。

24　王春森、許蘭芳編著，《魯迅新聞觀及其報界緣》，頁512。（見1934年5月8日條）。

25　李歐梵（1993），〈「批評空間」的開創──從《申報‧自由談》談起〉，《二十一世紀》，19期，頁39-51。

代」。他說，鴛鴦蝴蝶派反映了都市中產階級的日常欲望與物質文化，涉及
生活各方面——包括新婚姻戀愛觀、家庭問題、社會弊病、民眾苦難、新思
想與舊道德的矛盾——而且以嬉笑怒罵的方式邊緣戰鬥，以至於挑戰並顛覆
宰制的權威、傳統與成規。[26]這個爭論看來還會繼續下去。

4. 兩報「外部」在報業生態中的橫向比較

　　在上海，報紙以商業運作為主，《申報》能推出「自由談」這種專欄，
其他大報（如《新聞報》）又如何？幾家大報和林立的小報有無互動？大報
與小報讀者是否互通？小報是否提供文字粗通的都市邊緣人逃避社會壓力，
長期而言小報是否促進報刊的「非政治化」？難道是大報乏善可陳，市民只
好看小報？我們知道：小報作者間中為大報供稿，魯迅常從小報找評論的素
材，左聯的徐懋庸跑到小報去回罵魯迅，大報也有小報作風。總之，這方面
的關係比想像中複雜，但嚴謹的研究尚付闕如。

　　我想必須檢視整個報業生態，才能斷定《大公報》和《申報》是否獨
樹一幟，甚至鶴立雞群。茲舉二例說明之。第一，除了《大公報》和《申
報》，其他報紙也開辦類似的論壇，這兩報的獨特之處在哪裡？《大公報》
標榜「四不」，力求不偏不倚；《申報》的「自由談」由鴛鴦蝴蝶派轉成左
翼言論堡壘。成舍我的《立報》用人不拘一格，各種專欄左右言論相容並
蓄，他的作者和《大公報》或《申報》有無交叉重疊，是否另成一格的言
論派別？第二，1933年儲安平接編《中央日報》的「中央公園」副刊，辦
得像「自由談」那樣色彩鮮明，言辭犀利，只要不反對現行政治體制就行。
該報副刊一方面批評林語堂的《論語》，說他提倡幽默是開文壇惡毒謾罵的
風氣，另一方面又批評魯迅和他身邊那幫普羅文學作家，「不務正業」，為
人極不寬容，只會諷刺冷嘲，挑起筆戰，但又不給解決問題的答案。尤有進

26　陳建華，〈共和憲政與家國想像——周瘦鵑與《申報·自由談》，1921-1926〉，李
　　金銓主編，《文人論政》，頁186-209。陳氏認為「鴛鴦蝴蝶派」是「被壓抑的現代
　　性」，見陳建華（2009），《從革命到共和：清末到民國時期文學、電影與文化的轉
　　型》，桂林：廣西師範大學出版社，頁iv。

者，「中央公園」除了支持當局以外，無論作者群、文章性質、言說方式，還是關注的問題，均與「自由談」驚人相似。1934年改版，儲安平逐漸脫離「自由談」的風格，轉而模仿《大公報》的「星期論文」，終因人脈不足而告失敗。[27]儲安平那時是一個初出茅廬而有理想的編輯，自由主義者，深受「自由談」和「星期論文」兩個典型的影響，不言可喻。儲安平刊發文章支持蔣介石的「新生活運動」，如同近代中國其他知識人，他的自由主義夾雜了民族主義和權威意識。他從英國回來編《觀察》，變成激進的反對派，那是後來的事了。

5. 兩個詮釋社群的內部差異

以整體而言，「星期論文」的平津學者和「自由談」的上海文人有顯著的差別，但他們的內部差異也不可忽視。我們除了注意主旋律，還要聆聽多樣的變奏曲，因為其間的緊張狀態有時可能危及主旋律的完整性。自由派陣營鬧過一些彆扭，但因為和而不同，仍然維持很好的交情。例如九一八事變以後，因為胡適擔心中國沒有貿然開戰的條件，力主和談，委曲求全，以換取時間長期備戰，傅斯年為此憤而威脅要退出《獨立評論》；後來胡適又力排眾議，獨戰群雄，反對蔣廷黻、丁文江和錢端升等人主張以「新式獨裁」取代民主；及至抗戰時期，學術中心遷移到後方，西南聯大的自由派教授紛紛向左轉，「星期論文」作者群的意識光譜包括左中右，更不是單一或統一的論調。[28]

「自由談」的成員黨同伐異，糾紛未已，情況更加複雜嚴重。唐著把林語堂、徐訏、豐子愷、夏丏尊、吳稚暉等人都算到「自由談」的作者陣營裡（頁162-166），這個標籤未免貼得輕率。他們未必屬於或靠近左翼陣營。林

27 韓戍（2013），〈初做編輯——儲安平在《中央日報》（1933-1936）〉，《傳記文學》（臺北），102卷4期，頁46-74。韓戍（2015），《儲安平傳》，香港：牛津大學出版社，第四章。

28 章清（2004），《「胡適派學者群」與現代中國自由主義》，上海：上海古籍出版社，頁418，467。

圖9.9　魯迅與蕭伯納、蔡元培（1933）。

圖9.10　魯迅與宋慶齡。

圖9.11　魯迅與林語堂「相得者兩次，疏離者兩次」。

語堂是推重《大公報》而輕視《申報》的。以魯迅和林語堂而論，「相得者兩次，疏離者兩次，其即其離，皆出自然」（林語堂語）。[29] 這應該是他們兩人再度「疏離」的時候，魯迅換各種不同的筆名在「自由談」撰文，大肆攻擊林語堂，指斥他宣導的「幽默文學」和「閒適文學」為「油腔滑調」、「油滑輕薄猥褻」、「實不過是『黑頭』和『醜腳』『串戲』時表現的滑稽而已」、「只是一種名存實亡的『零食』，因此不管它如何變換手法，也總是不能避免沒落的命運」，「也只能當它『頑笑』看」。魯迅對此不滿又不屑：「民族存亡關口還宣導什麼『性靈』文學！」[30] 此時兩人尚有社交來往，但魯迅用化名把該罵的話都罵盡了。魯迅之於林語堂，誠如西諺所言：「有這種朋友，那裡需要敵人？」舉此一例，可概其餘。

魯迅覺得國民黨的白色恐怖和書報檢查不足畏，反而是左翼內部射出

---

29 陳漱渝（2012），〈「相得」與「相離」──林語堂與魯迅交往史實〉，載陳漱渝、姜異新主編，《民國那些事：魯迅同時代人》，桂林：灕江出版社，頁1-15。林語堂的話引自頁2。

30 王春森、許蘭芳編著，《魯迅新聞觀及其報界緣》，見頁454，491，510，514，518，524，532，535新聞繫年各條目。

來的冷箭更難防。魯迅在上海被推為左翼文聯的精神領袖，但他與黨書記周揚的陣營有許多矛盾。周揚代表黨提出「國防文學」（為了抗日）的口號，魯迅這邊提出「民族革命戰爭的大眾文學」（即是不能因為抗日而犧牲工農利益），除了口號和路線，加上宗派情結，雙方動了肝火意氣，明爭暗鬥，可謂水火不容。周揚企圖以黨組織的名義指揮魯迅，被魯迅斥為「奴隸總管」。[31]魯迅致函友人說：「最可怕的確是口是心非的所謂『戰友』，因為防不勝防。……為了後方，我就得橫站，不能正對敵人，而且瞻前顧後，格外費力。」他說田漢是「同一營壘中人，化了裝從背後給我一刀……我的對於他的憎惡和鄙視，是在明顯的敵人之上的」。[32]還有，年輕的廖沫沙（化名林默）毫不知情，竟然寫文章罵魯迅雜感是「買辦」的「花邊文學」，魯迅在文章結集時故意取名《花邊文學》以為反諷。[33]魯迅即在病重，還忍不住和左翼陣營內靠近周揚的徐懋庸打了一場熱滾滾的筆戰，罵徐懋庸「以文壇皇帝自居」上門抄家。[34]

　　魯迅筆下的「四條漢子」，除了周揚和田漢，還有夏衍和陽翰笙，他們都是魯迅所嫌惡的死敵，「文革」期間遭受了無限上綱的迫害。而魯迅（未名社）與郭沫若（創造社）歷史上的恩恩怨怨更是離奇。他們化友為敵，惡

---

31 景凱旋（2004），〈魯迅——一個反權力的離群者〉，《書屋》，第10期。

32 房向東，〈「同一陣營」——「旗手」與「戰友」的紛爭：魯迅與「四條漢子」〉，載陳漱渝、姜異新主編，《民國那些事：魯迅同時代人》，頁339-366。魯迅對田漢的批評，引自頁344。

33 陳漱渝，〈廖沫沙誤傷魯迅〉，載陳漱渝、姜異新主編，《民國那些事：魯迅同時代人》，頁384-387；王春森、許蘭芳編著，《魯迅新聞觀及其報界緣》，頁520，見1934年6月28日條。

34 魯迅抱重病作文，闡明自己堅決擁護並加入抗日統一戰線的立場，徐懋庸等人在小報罵魯迅「筆尖兒橫掃五千人，但可惜還不能自圓其說」。魯迅致友人信，說徐懋庸「忽以文壇皇帝自居，明知我病到不能讀、寫，卻罵上門來，大有抄家之意」，見王春森、許蘭芳編著，《魯迅新聞觀及其報界緣》，頁557，1936年8月25日條。又見陳漱渝，〈「敵乎友乎？余惟自問」——徐懋庸臨終前後瑣記〉，載陳漱渝、姜異新主編，《民國那些事：魯迅同時代人》，頁367-372；房向東，〈「傳話人」與「替罪羊」——徐懋庸夾在魯迅與「四條漢子」之間〉，同書，頁373-383。

言相向，郭沫若為了維護黨的口號，要魯迅收回不必要的「民族革命戰爭的大眾文學」。[35]但1966年「文革」時期毛澤東審批江青所提出的《部隊文藝工作座談紀要》，肯定1930年代魯迅提出的「民族革命戰爭的大眾文學」，批判另一派的「國防文學」為走王明右傾投降主義的錯誤路線，迫使郭沫若立刻表態，由仇魯迅轉為親魯迅，毛親手批示把郭文送《光明日報》發表，並由《人民日報》轉載。[36]這些左翼的鬩牆之爭，不是一段無足輕重的歷史雲煙，而對於1949年以後的政治鬥爭（例如「胡風案」和「文革」）、輿論導向和文字鬥爭的風格，都具有血淋淋的指標意義，值得重新梳理審視。[37]

　　魯迅和胡適在《新青年》時代志同道合，後來在政治取向上鬧翻了，彼此很少來往，不管魯迅怎麼罵，胡適都不還口。胡適早年受到梁啟超的啟蒙，但在他留學歸國以後治學方法和政治見解都與梁大相徑庭。魯迅文風接近梁啟超「筆鋒帶有感情」，也曾推崇梁啟超和林語堂的文章，但魯迅後來對梁的政治主張和文學成就似頗不屑，曾言：「諾貝爾賞金，梁啟超自然不配，我也不配，要拿這錢，還欠努力。」[38]而梁啟超和胡適宣揚清代考據的成就時，魯迅幾近栽贓，詛咒他們在外敵入侵的關頭做這種事，「便不妨向任何新朝俯首。對新朝的說法，就叫『反過來征服中國民族的心』」。[39]魯迅

---

35 郭沫若先罵魯迅是「資本主義以前的一個封建餘孽。資本主義對於社會主義是反革命，封建餘孽對於社會主義是二重性的反革命，魯迅是二重的反革命人物」，甚至罵魯迅是「一位不得志的Fascist（法西斯諦）」！魯迅回罵郭沫若是「才子加珂羅茨基（流氓痞棍）」。見許紀霖，〈為什麼魯迅罵郭沫若「才子加流氓」？〉http://www.aisixiang.com/data/101524.html（2016年9月25日更新）

36 葉德裕，〈郭沫若對魯迅態度劇變之謎〉，載陳漱渝、姜異新主編，《民國那些事：魯迅同時代人》，頁301-313；廖久明，〈也談郭沫若對魯迅態度劇變之謎〉，同書，頁314-322。

37 錢理群（2013），〈胡風、舒蕪與周揚們（上）（下）〉，《書城》，2月號，頁5-17；3月號，頁12-22，此文甚有啟發意義。

38 魯迅曾為美國記者斯諾列舉中國五大雜文作家，依次為周作人、林語堂、魯迅、陳獨秀、梁啟超。但1927年春他致臺靜農函，要求轉告劉半農，辭謝瑞典探測學家提名魯迅參加諾貝爾文學獎，也揶揄了梁啟超。可見文人的關係不斷在變化。

39 王春森、許蘭芳編著，《魯迅新聞觀及其報界緣》，頁523，見1934年7月23日條。

常提到邵飄萍和《京報》對他的影響。邵飄萍經常為《申報》寫北平通訊，徐鑄成為《京報》寫上海通訊。魯迅寫「自由談」的雜文時，攻擊力和戰鬥力特強，大有萬夫莫敵的氣概，這時他已進入個人生命的最後驛站，揆其文風、意理、人際和政治網絡，是否一以貫之，和以前各階段有何同、有何異？這兩個論述社群承先啟後的關係是什麼，尤其值得注意。

三、唐著所引申出來的幾個值得討論的問題

平津胡適派的自由主義學者，與以魯迅為中心的上海左翼文人，意識形態南轅北轍，卻一致高估了言論報國、以文字改造社會的力量。他們都是「反傳統主義的啟蒙者」，處於價值激烈衝突和社會轉型的前沿，全面抨擊舊傳統，鼓吹新西潮，但他們從小在內心深處受到中國文化的浸淫薰陶，揮之不去，故在文化認同、價值取向和思想模式各方面大抵具有中西的「兩歧性」。[40]在這一端，平津派學者迷信文字和思想的力量，顯然是延續中國士大夫「立言」不朽的傳統；西化派領袖胡適，承襲傳統價值，整理國故，而且有濃厚的群體意識，而不是西方近代的個人主義。而另一端，魯迅則懷疑文字的力量和立言的價值，他勸青年學子毋讀中國書，自己卻多讀線裝書。假定魯迅不看重自己「投槍匕首」的文字，根本犯不著陰鬱尖誚，對敵對友、對舊文化、對國民性動那麼大的怒，我想這是典型魯迅式的弔詭。

問題是中國沒有建立一個現代意義的「市民社會」，儘管新式學會社團逐漸興起，中產階級逐漸形成，白話文應運普及，社會意識跟著提高，但影響所及仍以都會為限。[41]即使《申報》和《大公報》的流傳再廣，也是點

---

40 張灝（1989），《幽暗意識與民主傳統》，臺北：聯經出版事業股份有限公司，頁173-174。

41 民國報刊只在大都市流通，殆無疑問，但幾個全國性大都市報刊的普及率應該是頗高的。以1946年為例，全國報紙發行量僅200萬份，近半集中在上海南京（60萬份）、北平天津（30萬份）。在上海南京一帶，《新聞報》號稱銷20萬份，《申報》10萬份，南京《中央日報》7萬份，上海《大公報》5萬份。見賴光臨（1981），《七十年

的，限於都會的知識群，不是面的。中國幅員廣大，識字率低，城鄉差距大，報紙無法滲透到全國社會底層，下層社會的啟蒙還必須靠傳統文化的形式（如演說、戲曲）。[42]儘管如此，以零星的材料推斷，上海報刊覆蓋率或許可觀，[43]但反觀各報館侷促在狹窄不到一百米長的望平街，落魄文人蝸居亭子間，這幅浮世繪不啻刻畫了十里洋場的邊緣角落。近代中國報刊在形塑哈伯馬斯式的「公共領域」有何角色與貢獻，現在總結起來實在過早，在更多扎實的經驗研究出現以前，我毋寧保持一種謹慎懷疑的態度。[44]

　　平津自由派教授有知識的優越感，把啟蒙視為理所當然的分內事。胡適除了在二戰期間應召出使美國，曾多次婉謝汪精衛和蔣介石的入閣邀請，口口聲聲表示願意留在政府之外，做國家的「諍臣」，做政府的「諍友」，頗有「作之師」（educate the chief）的味道。他早年提倡「好政府主義」，這個「低調民主」碰到「高調革命」便窘態畢露，被戴上一頂「小資產階級」的帽子。[45]《獨立評論》的成員如翁文灝、蔣廷黻、何廉等人，在一個「前現代」的國民政府工作，始終是權力圈的外人，做裝飾品，算是「尊」而不「重」。即連胡適出任駐美大使時，也受盡外交部長宋子文的污穢氣，宋子

中國報業史》，臺北：中央日報社，頁193-194。

42　李孝悌（1998），《清末的下層社會啟蒙運動，1901-1911》，臺北：中央研究院近代史研究所。

43　若按1946年的數字計（見注41），上海和周圍市民階層透過閱報所、家庭鄰里交換、茶館會館訂報，報紙傳閱率應該比發行量大數倍。市民甚至以《申報》統稱報紙。每份《申報》要轉賣三次，早晨先以原價賣給中等收入階層，報販回收以後中午轉賣中低收入者，晚上再賣給低收入階層。顧執中幼時家貧，舉債度日，所看的《申報》就是晚上買的。陶隱菊的回憶錄也提到這一點。以《申報》10萬份銷路計，假定每份賣三次，每次10人傳閱，則閱報率高達300萬人。若再加上《新聞報》、《大公報》和其他大小報，報紙在上海市民生活中扮演角色實在不可忽視。但報紙對中國「現代性」有何影響，基礎研究迄今闕如。承路鵬程博士見告，特此致謝。

44　李金銓，〈報國情懷與家國想像〉，載李金銓編著《報人報國》，頁24-34。

45　潘光哲，〈〈我們的政治主張及其紛爭〉——1920年代中國「論述社群」交涉互競的個案研究〉，載李金銓編著，《報人報國》，頁169-170。

文連對美交涉的文件都不給胡適看。[46]坦白說，中國的中產階級不成氣候，這些教授高高在上，生活在大都市，交往圈和世界觀也多半在知識階層內，和底層民眾是脫節的。

左翼文人訴諸大眾，對於自己能不能代表大眾，充滿了身分的焦慮感。他們的話語從「結合工農」取得武裝的道德感，既企圖為工農代言，又想啟蒙他們；一方面顛覆既有秩序，一方面建構一個單元的話語。底層民眾是否領受得了文人的代言和啟蒙，懂不懂文人的話語，都不應該想當然耳。左翼文人後來紛紛投奔延安，發現氣氛和上海迥然不同。魯迅是左翼陣營中的「離群者」，他是悲觀痛苦的虛無主義者，他反對所有的權力；在左翼陣營中，唯有他未對民粹派的「到民間去」讚過一詞，卻一味猛烈批判群眾的國民性。他罵國民性為阿Q式的愚昧、頑劣和欺騙，說農民造反是要推翻皇帝自己做，想的就是女人、錢、權力。他罵起國民性，不比罵起當權者或罵起其他文人輕。只要民眾落後，他就要啟蒙他們，就要對他們思想革命，所以「他的接近民眾，始終是出於個人的反對權力，而不是追隨民眾，更不是充當民眾的代表」。[47]魯迅瞭解的馬克思主義相當零碎，他使用階級分析是因為符合他同情弱者的需要。

在林毓生看來，胡適和魯迅都承襲了傳統中國政治文化「意圖倫理」（韋伯所說的ethics of intention）的謬誤，即是企圖把「政治道德化」（修齊治平，內聖外王），認為政治問題可以用文化、思想、道德的方案來解決，政治活動不許摻雜絲毫道德曖昧。這種邏輯如果推到極端，則為了實現崇高的意圖，當可不擇手段，以不道德的方法完成道德的意圖。[48]林毓生批判

---

46 黃波（2004），〈將心托明月，明月照溝渠〉，《書屋》，第11期。

47 景凱旋（2004），〈魯迅——一個反權力的離群者〉，《書屋》，第10期。我相信，要是魯迅再生，目睹現在有些昏人盲目美化「文革」時期的工農德性，必將橫眉怒目，起而斥之。

48 林毓生（1989），《政治秩序與多元社會》，臺北：聯經出版事業股份有限公司，頁234，238。按，蘇維埃革命成功，羅素訪問蘇聯以後即作此說，因此修正以前同情蘇俄的態度。

「意圖倫理」，同時提倡韋伯的「責任倫理」（ethics of responsibility），願意承認世界不完美，知道良善的意圖可以導致相反的效果，因此有時候願意以妥協的方式處理問題。這正是西方自由主義的精神，不會徒為保全玉碎（意圖），而打破瓦全（責任）。在這一點上，我以為胡適和魯迅是有分別的，因為胡適不止相信思想與文字，還頗具政治感和判斷力。

　　唐小兵的關懷最終歸結到「公共輿論」的問題。他沒有像瓦格納般削足適履，以中國史料去迎合哈伯馬斯的理論；至少他的答案是開放的，未如瓦格納在「先驗上」假定「公共領域」的存在。哈伯馬斯建構的「公共領域」，一方面免於資本主義的異化，一方面免於列寧專制主義的異化，追求近乎烏托邦的境界，使人們能夠充分通過批判性的溝通，互相爭鳴，使理性更澄明。[49]相對於此，英國文化研究巨擘威廉斯闡發「意識爭霸」的過程說：「鮮活的霸權恆是一個過程。……它必須不斷被更新、再生產、保衛與修正。同時，它也不斷受到它本身以外的壓力所抗拒、限制、改變和挑戰。」[50]霸權不是一個謙和揖讓的靜態成品，「爭霸」是充滿競爭乃至鬥爭的動態過程，論爭團體相爭互鳴，有進有退，有分有合，有合縱有連橫，有助力也有阻力，是主動不斷積極介入的過程。參酌威廉斯的洞見，我在評論瓦格納的書時表達以下的看法：

　　　既然「公共領域」是理性溝通的「動態」場域，除了文本（text）分析，我們必須看到「人」的活動，瞭解傳播者（報刊及其主筆）和受眾如何透過文本（內容）而產生什麼互動（思想變化、行動、效果、影響）。……我們需要內證（文本的理路）與外證（語境和脈絡的聯繫）交叉配合，才能推敲「公共領域」是如何運作的：各受眾群體（闡釋社群）究竟如何解讀報刊文本？它們是各說各話，還是圍繞公共議題展開

---

49 Jürgen Habermas (1989), *The Structural Transformation of the Public Sphere: An Inquiry into a Category of Bourgeois Society*, translated by Thomas Burger with the assistance of Frederick Lawrence, Cambridge, MA: MIT Press.

50 Raymond Williams (1977), *Marxism and Literature*. p.112.

生動的溝通、對話和辯駁？在這個互動的場域中，報刊到底是調節者、
仲裁者，或是議題設定者？在眾聲喧嘩中，讀者有沒有進一步化對話為
公共行動？[51]

回顧唐著關注的問題，我們知道「自由談」作者一致反對國民黨，但
政治幫派嚴重分歧；「星期論文」是自由派學界同人的組合，背景和理念接
近，較易建立溝通和共識，但歷史上也是有演變的。問題是這兩個詮釋社群
「之間」，有沒有溝通、詰難、交鋒、共識的基礎？證據顯示，上海左翼文
人動不動冷嘲熱諷平津的教授們，例如魯迅經常肆意揶揄「胡博士」（胡適）
和梁實秋等人，曹聚仁挖苦「胡聖人」，極盡深文周納之能事，但「胡博士」
和他的朋友們對來自上海的挑釁一概不回應，處之泰然。1936年9月，魯迅
步入生命最後階段，仍致函曹靖華，說到北平的報紙還肯記載他病重，「上
海的大報，是不肯載我的姓名的，總得是胡適林語堂之類」，言卜忿然。[52]
那年年底，胡適致函蘇雪林，勸她要公私分明，攻擊私人行為是「舊文字的
惡腔調」；又說論人須持平，並讚揚魯迅早年的文學作品以及小說史研究是
上乘的。胡適說：

> 魯迅狺狺攻擊我們，其實何損於我們一絲一毫？他已死了，我們盡可
> 以撇開一切小節不談，專討論他的思想究竟有些什麼，究竟經過幾度變
> 遷，究竟他信仰的是什麼，否定的是些什麼，有些什麼是有價值的，有
> 些什麼是無價值的。如此批判，一定可以產生效果。[53]

我抄錄這段話，實有感於這種寬容開放的態度是建立「公共領域」的必
要前提，在舉國一片黨同伐異聲中猶如空谷足音。胡適自稱是無可救藥的樂

---

51 李金銓，〈報國情懷與家國想像〉，頁32。
52 王春森、許蘭芳編著，《魯迅新聞觀及其報界緣》，頁557-558，見1936年9月7日條。
53 耿雲志、宋廣波編，《胡適書信選》，頁274-275。（1936年12月14日）

圖9.12　晚年胡適（1959），
時任中央研究院院長，一派
安詳。

觀主義者。他對魯迅們表現出來的氣度可能源於
他的過度自信，因為他「覺得這一班人成不了什
麼氣候。他們用盡方法要挑怒我，我只是『老僧
不見不聞』，總不理他們」。魯迅他們「成氣候」
與否，姑不置論，我要指出的是：探戈舞要有伴
才跳得起來，一個巴掌打不響，胡適他們不回
應，上海左翼文人只能唱獨角戲了。有去無回，
中間斷線，這兩條並行線不交叉，這就形成了
「各自表述」、各說各話、信者自信的局面，我
們看不到「公共輿論」複雜往復的互動、爭鳴、
折衝與溝通。再說上海淪陷以後，《申報》並未
遷到後方，在孤島與日偽合作，繼續出版，以致
有道德污點，抗日戰後自然被國民黨方面接收，1949年被中共封掉。國共內
戰時期，《大公報》走中間路線，直到最後眼看國民黨大勢已去，主筆王芸
生宣布向共產黨「投降」（他自己的話）。[54]公共輿論縱使萌芽，也來不及長
苗。

　　報紙當然有話語，但各報的話語與話語之間如果只像孤立的浪花，起
起落落，沒有掀起互動的壯闊波瀾，那就未必形成有現代意義的「公共輿
論」；而光把各種話語雜然並陳，聽任它們獨自喧囂不已，縱然增加參與
者和旁觀者的熱鬧，卻也無法促進「公共領域」的理性溝通。當然，報刊
言論不能脫離社會脈絡單獨看，即使京滬兩派各說各話，沒有在戰場上直
接交鋒，並不意味它們在輿論環境中毫無作用。整體而言，媒介在社會學
家所說「界定局勢」（definition of situation）和「現實的社會建構」（social
construction of reality）的過程中有形和無形都扮演不可或缺的角色。因此，
我們得追問這些言論對各自的（甚至對方的）讀者群發揮多少影響力，留下

---

54 楊奎松，〈新中國新聞報刊統制機制的形成過程——以建國前後王芸生的「投降」與
　《大公報》的改造為例〉，載李金銓編著《報人報國》。

什麼文風，帶進什麼新觀念，解決什麼問題？它們如何促進溝通上下，聯繫左右？我們有無證據說明報紙摧枯拉朽，加速國民黨政權的潰敗？於此，唐著所選擇的兩個個案提供了什麼短期和長期的象徵意義？眾人走過的路必然留下痕跡，有的徑道也許被歷史硝煙湮沒了，如何挖掘殘留的蛛絲馬跡，連點成線，聯線成面，則是一場艱辛而必要的歷史重構。若不先廓清這些多層互動的場域，以及考察這些對話的機會與限制，空口抽象討論「公共領域」只怕是浮游無根的。

最後，我們勢必要討論自由主義和激進主義命運在中國的消長。余英時在分析中國近代史上的胡適時提出一個重要的問題：為什麼以胡適為代表的自由主義和實踐主義思想擋不住共產主義？原因當然很多，但也涉及胡適思想的內在限制。余英時指出，胡適是提倡「多談些問題，少談些主義」的人，在方法論上援引杜威的路徑，「大膽的假設，小心的求證」，堅持有幾分證據講幾分話，他自然不願觸及「中國是什麼社會」這樣全面性的論斷，但也因此無法滿足一個劇變社會對於「改變世界」的急迫要求。[55] 以跨文化的角度來看，杜威的美國弟子也面臨這個困境，左翼進步主義分子轉而追隨馬克思主義，後來又對蘇聯感到失望。我想到著名的美國社會學家米爾斯（C. Wright Mills，1916-1962），原來立基於實踐主義，充滿溫和社會改革的銳氣，與當時主流結構功能論的保守傾向格格不入；後來他開始接觸馬克思主義，立場愈變愈激進，態度愈來愈憤怒，終於在四十六歲英年早逝以前寫過政治性冊子支持古巴革命。

魯迅在中共建國以前十三年即已瞑目，沒有親眼看到當局給他的無上崇榮。這正是他生前所害怕的事。他的幽靈飄蕩不逝，當年的敵友在政治上都走過不同的崎嶇路，「胡風案」株連甚廣，郭沫若在「文革」期間捧魯迅以避禍，但其著例而已。魯迅一介獨立的知識人，個人主義色彩極濃，他反對一切權力。魯迅知道知識人對社會的感受永遠是痛苦不滿的，他對作家與

---

55 余英時（1987），《中國思想傳統的現代詮釋》，臺北：聯經出版事業股份有限公司，頁568-569。

政治人物的關係是深有戒心的：文學在革命的第一階段發出怒吼，預示反抗的到來；第二階段，行動取代寫作；第三階段，文學不是歌頌革命，就是吊挽舊社會與舊文化的滅亡。[56]魯迅被推為左翼文聯的精神領袖，卻從未入過共產黨，其頑強尤甚於其他同路人。1950年，有讀者向《人民日報》提問：「如果魯迅活著，黨會如何看待他？」國務院文化工作委員會主任郭沫若（他與魯迅曾有恩怨）親自答覆說：「魯迅和大家一樣，要接受思想改造，根據改造的實際情況分配適當工作。」[57]魯迅的兒子周海嬰憶述，1957年毛澤東到上海小住，湖南老鄉羅稷南問毛，要是今天魯迅還活著，可能會怎樣？毛深思片刻後回答說：「以我的估計，要麼是關在牢裡還要寫，要麼是識大體不作聲。」[58]眾所周知，錢理群是研究魯迅和毛澤東的權威學者，他認為周海嬰提供的這段故事十分可信，錢還舉了許多事例為證，說明毛澤東在各歷史階段如何解釋魯迅思想。[59]有趣的是：在毛澤東和羅稷南的問答（1957）發生以前，胡適已有先見之明，分別致函友人趙元任、雷震、周策縱，說魯迅是「自由主義者」，「是我們的人」，如果不死也會被砍頭。胡適特別提醒友人看1935年9月魯迅寫給胡風的四封信，信中對「工頭」和「元帥」表示不滿。當年被魯迅百般揶揄的「胡適博士」推斷，魯迅是不會屈從暴力的。[60]

國共政權交替以後，胡適在中國大陸聲名狼藉，猶如喪家之犬，1950

---

56 林毓生，《政治秩序與多元社會》，頁260-261。

57 牛漢（2008），〈我與胡風及胡風集團〉，《當代》雜誌，第1期，頁83。

58 周海嬰（2001），《魯迅與我七十年》，南海出版公司。見牛漢（2008），〈我與胡風及胡風集團〉，《當代》雜誌，第1期，頁83。

59 錢理群，〈魯迅眼中的真實毛澤東〉，www.read01.com（2017年5月3日查閱）。

60 1955年10月23日胡適致函趙元任說：「魯迅若還活著，也是應該被清算的！」1956年4月1日致函雷震說：「魯迅若不死，也會砍頭的！」1950年代中期，胡適曾告訴研究五四運動的學者周策縱說：「魯迅是個自由主義者，絕不會為外力所屈服，魯迅是我們的人。」轉引自沈衛威，〈生死兩茫茫——胡適小兒子思杜自殺前後〉，《東方歷史評論》的微信公號（2019年1月14日重推，但當日隨即遭網路警察刪除）。胡適對於陳獨秀的政治轉向（從五四／西方出發，轉而嚮往蘇聯／托派，回歸五四／西方）也曾發表同情的評論。

年至1952年發動全國政治運動批判胡適，
1954年至1955年更大規模清算胡適思想。[61]
滯留大陸的胡適派學者紛紛出面劃清界線，
而且不惜上線上綱，詆毀胡適，他們自己且
淪為「反右運動」的祭品。胡適流亡美國多
年再回臺灣，他曾被蔣經國的軍方政工勢力
猛力圍剿。[62]至於胡適在臺灣《自由中國》
運動的角色，論者已多，我就不再畫蛇添足
了。[63]魯迅的光輝革命形象也許沒有褪色，
但大陸學界開始重新發現、評價胡適的現代
意義，胡適已經蔚然成為顯學，許多當年
「清算」胡適的門生故舊紛紛出面公開為違

圖9.13　臺大圖書館2014年舉辦黎
烈文手跡資料展，由學生王文興、
白先勇和鄭恆雄發表專題演講。

心之論致歉。當年的左翼知青李慎之，一輩子崇拜魯迅的深刻勇敢，輕視胡
適的膚淺怯懦，但他到了晚年痛定思痛，卻不斷宣揚要回歸五四，以前跟著
魯迅把傳統個人道德「破」除殆盡，現在更應該向胡適學習如何「立」民主
制度了。[64]揚胡而不抑魯，李慎之的態度也許是一葉知秋。

　　當年在國民黨壓力下去職的「自由談」編輯黎烈文，命運如何？抗戰結
束後（1945）黎烈文即已隨陳儀赴臺，出任《新生報》副社長，後來滯留在

61　楊金榮（2003），《角色與命運：胡適晚年的自由主義困境》，北京：生活・讀書・新
　　知三聯書店，頁318，323。

62　國防部總政治部發布了極機密「特種指示」，長達61頁，名為《向毒素思想總進
　　攻！》，詛咒胡適和《自由中國》最厲。軍方控制的報刊隨歌起舞，大肆攻擊心目中
　　的敵人。該機密文件收錄於雷震（1978），《雷震回憶錄》，香港：七十年代雜誌社，
　　頁109-145。

63　例如林淇瀁，〈由「侍從」在側到「異議」於外——試論《自由中國》與國民黨機器
　　的分與合〉，載李金銓編著，《文人論政》，頁310-350（政大版，頁351-393）；張忠
　　棟（1987），《胡適五論》，臺北：允晨文化，頁259-293；雷震，《雷震回憶錄》。

64　李慎之（2001），〈回歸「五四」，學習民主——給舒蕪談魯迅、胡適和啟蒙的信〉，
　　《書屋》，第5期。

臺大當法文教授，日子想必不會過得太愜意。1958年版《魯迅全集》的注釋斥責黎烈文「後墮落為反動文人，1949年全國大陸解放時逃往臺灣」，直到1987和2005年版的《魯迅全集》才除去這個罪名，2009年《魯迅大辭典》用了一千字介紹黎烈文與魯迅和左翼作家的親密關係。[65]歷史與政治的糾纏曲折詭譎，是是非非，實在一言難盡，唐博士倘能聯繫個案分析到事情後來的變化，當必更有「鑑古知今」的深意在焉。

結語

　　報紙是「公器」，代表輿論。要是不服膺這個古典民主理論的基本假設，則目前的討論便無立足點。「星期論文」的作者強調「公心」，《大公報》以「不黨、不賣、不私、不盲」的原則自許。然而何謂「公心」？「公心」是否就是「四不」？《大公報》強調發表意見不帶成見，不以言論做交易，不公器私用，願向全國開放，不盲從、盲信、盲動、盲爭，我認為是儒家自由主義與西方新聞專業主義的結合，是近現代中國新聞專業精神的標竿。[66]《申報》象徵中國近代資本主義發展前沿的雛形文化產業，迎合新興都市中產階級文化的市場需要。這兩報代表本文文首所提到「專業報」和「商業報」的主要典型。

　　唐小兵選擇《大公報》的「星期論文」和《申報》的「自由談」為個案，以小見大，生動刻畫了五四以後在「救亡圖存」、內憂外患、追求國家現代化的過程中知識群體如何分化，而這個知識群體分化是和整個中國政治社會的變化互為表裡的。以這兩報的言論堡壘為鏡子，投射到中國報業發展與公共輿論的狀態，到知識群體與意識陣營的分合，到報界、知識界和政治錯綜複雜的關係，以至於管窺中國何去何從的軌跡。個案研究做得出色，應

---

65 孔見、景迅（2012），〈《魯迅全集》注釋中的黎烈文〉，載陳漱渝、姜異新主編，《民國那些事：魯迅同時代人》，頁144。

66 李金銓（2004），《超越西方霸權：傳媒與文化中國的現代性》，香港：牛津大學出版社，頁66-70。

該施展這種獨特的「祕密武器」，剝筍見心，嘗一臠而知全鑊，猶如牛頓從蘋果引申到地心引力的定律。當然，在從小向大、由裡往外推的過程中，牽涉到許許多多邏輯的跳躍，那就必須小心翼翼，步步為營，從種種直接和間接證據旁敲側擊，還原歷史，真實呈現「人」與「事」在歷史場景下交織演出的一場戲。

唐博士實事求是，廓清了一些新聞史的複雜輪廓。歷史面貌是必須聯繫文本和層層語境經過闡釋獲得瞭解的。環顧長期以來中國大陸正統新聞史界的書寫，一方面片面堆積流水帳似的史料，一方面根據既定的偏見空發議論，好就好到底，壞就壞到底，愛之欲其生，恨之欲其死，而這個歷史評價又隨著政治氣候而變化。因此，魯迅的臉譜是一貫「正」的，而胡適的臉譜是一貫「歪」的。中國歷史學界人才輩出，各自精彩，努力掙脫政治的魔咒。以我從旁片面的觀察，知道新聞史研究遠遠落後於整個歷史學科之後。在中國，新聞史寫作最需要提倡樸實的學風，嚴格的訓練，講究用問題意識、邏輯推理和經驗證據，從點到線到面到結構，鋪陳並呈現有意義的歷史圖像。學子切勿一下子就跳到「史論」，史實貧瘠，贅論滿篇，事情沒有搞清楚就「微言大義」起來了，實在不是很好的學風。唐小兵本科念新聞，後轉攻歷史，再從事新聞史研究，現在回饋給新聞史界，也算是飲水思源的「古風」。

在唐博士這本書，我們看到的是「歷史的」胡適，是「歷史的」魯迅，不是以後人的偏見給他們畫成神或鬼，而是兩個活生生、有個性、有關懷、有情有仇、有重大影響和有主客觀限制的人。從胡適，到「胡適群」，到自由派；從魯迅，到「魯迅群」，到左翼激進派；它們象徵了中國近代史上兩個詮釋社群，提供中國兩條道路的部分藍圖。1949年以後，許多知識人歷經反右和「文革」的種種運動，然而他們所播下的思想種子，是否已經完全湮滅在政治瓦礫和歷史塵土？不，以今視昔，我們還感受得到那一代知識群體的熱血在奔騰，他們所說的，所做的，所爭吵的，舉凡民主憲政、民族解放、階級平等、個人自由，無不餘波蕩漾，在國族血脈和知識人心中隱隱發作。他們的言論牽動歷次的政治運動，他們提出來的問題至今仍然活力蓬

勃，此所以李慎之要提倡接續胡適對自由民主的啟蒙，也是唐小兵要回去研究胡適和魯迅的緣故。先驅者的思想魂魄還不停地與當代人對話、詰難、鬥爭。我們不斷還原歷史，廓清事相，分析他們思想的根源、潛能與限制，並賦予我們所處的時代意義，其動力在此，其目的也在此。

第十章

密蘇里新聞教育模式在現代中國的移植

兼論帝國使命、美國實踐主義與中國現代化

張詠　李金銓

　　中國的新聞教育是從美國橫向移植過來的。長期以來，國人說到美國新聞教育似乎只知道密蘇里，密蘇里大學新聞學院在中國甚至比在美國有名。這是文化交流史上罕見的現象，但全面而嚴謹的學術分析卻付之闕如。在這篇文章裡，我們打算檢視民國時期新聞教育（尤其是密蘇里模式）如何從美國移植到中國，並瞭解當時的社會情境為何。[1] 自19世紀中期以降，中國一直深陷於西方列強（英、德、法、美、蘇、日）多重帝國主義的文化影響，渴望從半殖民地的狀況下解脫出來。當時知識界認為追求西方式民主正是中國「富國強兵」的手段，美國新聞教育即是在這樣的社會背景下輸入中國的。這段歷史象徵了中國報業由辛亥革命前的政治報紙逐步向商業報紙轉型。瞭解中國新聞教育如何引進，提供了一扇有趣而重要的窗口，讓我們窺探近代中國的一幅深刻變化的側影，所觸及的問題包括知識人在這場變化中的角色，以及中美文化互動的一鱗半爪。

　　新聞教育是美國的發明，從頭開始即明確揭櫫以培養職業技能為取向。[2] 必須指出，新聞教育以其內容形而下，缺乏特殊理論知識的骨幹，歷來見棄於悠久的歐美精英大學。美國報業大王普立茲逝世後，原欲捐款給哈

---

1 感謝香港城市大學傳播研究中心在撰寫本文的支持。原文以英文成稿，承石琳譯為中文初稿，協助甚多，復蒙丁淦林教授和黃旦教授惠賜寶貴意見，謹此致謝。

2 1868年印刷技術即納入為華盛頓學院的課程，密蘇里大學1875年開始培訓社論寫作。

佛大學成立新聞系所，不料為哈佛所拒，後來哥倫比亞大學勉強接受這筆捐
款，於1912年（比密蘇里僅晚了四年）成立了現在舉世聞名的新聞學院及
普立茲新聞獎。其實美國新聞教育的重鎮不在東岸的精英私校，而是集中在
平民化的中西部農業州公立大學，其故安在？根據史學家布爾斯廷的分析，
古老的歐洲（牛津、劍橋、巴黎、柏林）大學一向藐視實用職業領域，美國
精英私校也以繼承歐洲貴族大學的知識傳統自命，故只承認神學、法學和醫
學為「專業」（profession）。但美國公立大學在淵源、性質和風格上卻大相
徑庭：南北戰爭時期，林肯總統依照1862年《摩洛法案》（*Morrill Act*），以
人口比例頒授聯邦土地給各州政府，成立「授地」（land grant）州立大學，
開宗明義即肩負服務社區的使命，並為納稅的平民提供高等教育的機會。在
此，職業訓練得以和抽象理論知識並駕齊驅；除了教古典科目，由農學首開
其端，其他實用科目（如機械、軍技）陸續登場，不但獲得合法的地位，甚
至發揚光大，碩果斐然，終於蔚為美國大學極其可貴的特色。[3]從這條思路
出發，我們願意斷言，美國大學發展新聞教育（甚至商學院）的過程，是
和應用領域獲得合法化的過程平行的：自1908年密蘇里新聞學院成立，到
1930年代新聞教育已在主要的中西部州立大學穩固扎下根。從前的記者多
是半途輟學就出來闖天下，桀驁不遜，浪漫有餘，但社會地位相當低落。因
此，從各州的報業協會和發行人紀錄看到他們不斷強力遊說，要求大學設置
新聞課程，以提升新聞記者的職業聲望。[4]

　　20世紀前半葉，英國、奧地利和其他國家仍恪守學徒式訓練的老傳
統，[5]但許多國家（如西班牙、加拿大）已陸續接納了美國式的新聞教育。當

---

3 Boorstin, Daniel J. (1978), *The Republic of Technology: Reflections of Our Future Community*. New York: Harper and Row. 我們注意到，二戰以後英國新興「紅磚」大學和理工學院都陸續開辦新聞傳播課程，在德國、荷蘭甚至北歐亦復如此，這些都是美國回頭影響歐洲大學課程的例證。

4 Carey, James (2000), "Personal Notes on U.S. Journalism Education," *Journalism: Theory, Practice, and Criticism* 1(1): 13-17. 至今還有人質疑新聞是不是「專業」。我們認為新聞雖然沒有特殊的理論知識，但它服膺「公共服務」的原則，是個「準專業」（semi-profession）。這個問題不是本文關注的重點，不贅。

5 Frohlich, Romy and Christina Holtz-Bacha, eds.(2003), *Journalism Education in Europe and*

然，這種接納是有選擇的，有條件的，不是全盤的。[6]如今還有許多美國記者質疑大學的新聞教育，多數精英學府也不肯將新聞納入課程體系。這裡我們要提出一個有趣的問題：美式新聞教育（密蘇里模式）遠渡太平洋，在中國擴展，為什麼勢如破竹，幾乎完全沒有遭遇阻力就獲得全面勝利？更令人吃驚的是：第一個擁抱美式新聞教育的中國大學，不是別的，正是首屈一指的北京大學，恰與美國精英大學的態度形成鮮明的對比。北大引進新聞課程的時候（1918），離美國開創第一所密蘇里新聞學院僅隔十年。接著，兩所基督教背景的上海聖約翰和北平燕京大學，分別於1921年和1924年建立新聞系，沿襲的都是密蘇里模式。1937年全國有三十二所公私立大學，其中二十六所成立了新聞院系，最有影響力的不是美國人直接建立的，就是留美的中國學者開創的。[7]新聞教育在大學校園裡非常受歡迎。[8]

我們試圖回答下面幾個問題：自1910年到1930年代期間，中國為何接納美國的新聞教育模式（而个是其他國家的模式）？美國哪些人、機構以及思想（特別是杜威的實踐主義）對中國新聞教育的發展扮演怎樣的角色？[9]

North America: An International Comparison. NJ: Hampton Press.

6 例如，西班牙第一批新聞學院成立於1920年代，仿效哥倫比亞大學新聞學院模式（見同上，pp. 21-48）。1940年代加拿大第一批新聞學院也是沿襲哥倫比亞課程（見 Johansen, Peter, David Weaver, and Christopher Dornan [2001], "Journalism Education in the United States and Canada: Not Merely Clones." *Journalism Studies*, 2 [4]: 469-83），但許多加拿大報人強調老式的「邊做邊學」，新聞教育仍邊緣戰鬥。

7 Liu, Kwang-Ching (1960), "Early Christian Colleges in China," *Journal of Asian Studies*, 20 (1): 71-78. 另見方漢奇（1996），《中國新聞事業史》，北京：人民大學出版社，頁355。

8 1930年代，新聞課程是燕京大學最受歡迎的，見 Stuart, John Leighton (1954), *Fifty Years in China: The Memoirs of John Leighton Stuart, Missionary and Ambassador*. New York: Random House. p. 70. 據報導，1943年超過2000名學生競爭70個招生名額，見 Liang, Hubert S. (1946), "Record of Journalism Education in China and its Future Need," *Journalism Quarterly*, 23 (1): 69-72. p. 69。

9 胡適譯Pragmatism為實用主義，取其美國背景的原意，告別歐洲的絕對主義，注重解決實際問題的結果，不尚蹈空的玄論。但中文「實用」每有「投機」、「無原則」的貶義。或譯「務實主義」、「實效主義」和「實踐主義」。對比於毛澤東的意識形態掛

他們如何「合理化」美國在中國推行新聞教育的使命？另一方面，中國知識人和報人為什麼熱烈追求美式新聞教育，為什麼奉「密蘇里模式」為圭臬？他們如何吸納和適應密蘇里的課程體系？新聞教育逐漸普及，成為制度化的一環，又和中國追求現代化有何關聯？

美式新聞教育輸入中國已經一百年，這些問題卻始終未獲得學界的密切關注。近年來雖然出現了一些研究，但主要是追蹤個別新聞院系的歷史，或探討新聞教育個別核心人物的歷史角色，很少宏觀而細緻解釋美國的新聞教育（以及它的核心價值：專業主義）如何在國際背景下引進中國。中國這個「半殖民地」如何影響新聞教育獲得合法性？我們的視野從三個社會條件展開：一是中國半殖民地狀態，西方列強在中國激烈競爭；二是美國擴張主義，及其在中國日漸增長的政治經濟利益；三是民族主義，民族主義不但沒有導致中國知識界排斥美式新聞教育，反而促使他們引進新聞教育以謀國家現代化。

一、「半殖民」主義：列強勢力的新聞競爭

中國的新聞業誕生於一個「半殖民地」的情境中，其開端受到19世紀末在華通商口岸的外國報紙所啟發，此後不斷沿著西方的脈絡繼續開展。如同其他發展中國家，中國受西方現代化的影響，但中國的「半殖民地」卻是非常特別的；中國沒有像印度的全面殖民經驗，而展現出歷史學家所謂的「半殖民地」，其特徵有三：局部的，多重的，和非正式的殖民統治。[10]首先，這種統治是局部的，僅僅是沿海部分地區受殖民統治，內陸則多控制在中央政府和地方軍閥的手裡。殖民區域的地理分布是斷裂的，控制是相互區隔的，致使中國新聞出版的發展失衡：絕大多數報紙集中在通商口岸，尤其

帥，鄧小平「白貓黑貓論」與「實用主義」的俗意曲徑通幽，但與杜威哲學在本質上有天壤之別。

10 Shih, Shu-mei (2001), *The Lure of the Modern: Writing Modernism in Semicolonial China, 1917-1937*. Berkeley: University of California Press.

是在上海和北平；這些口岸給國際貿易和市場經濟提供了一個厚實的經濟基礎，而殖民勢力相互競爭也給媒介帶來相對寬鬆自由的環境，不像中國政府的審查制度那麼嚴厲。[11]

第二，西方殖民者忙於瓜分中國不同的「勢力範圍」，既並存又競爭。上海被分成中國控制下的老城區、法租界，以及由英德美俄合組的公共租界。中國新聞業也受到多元文化的影響，19世紀以英國傳教士辦報的影響為主，到了20世紀初卻隨著新聞教育逐漸轉型，向美式風格看齊。

第三，西方殖民列強在中國建立了蓋勒荷（Gallagher）和羅賓遜（Robinson）所謂的「非正式的帝國」，[12]它們的勢力並非建基於軍事占領，而是建基於貿易和文化的影響。外國勢力儘管享有治外法權，卻須承認中國的主權，須依賴當地精英和買辦的網絡才能施展影響，須留意中國民意和各列強的利益。列強之間亦未建立正式或系統的基礎架構以集結殖民勢力。西方新聞業進入中國，主要通過西人和受西方影響的中國知識人，靠的是私人和非官方管道。

最早進入中國的西方報業不外兩種類型：一是傳教士報紙，中文發行，傳播福音；二是外文報紙，服務在華通商口岸的外僑，並維繫其文化臍帶。[13]中國知識人由閱讀這兩類報紙獲取西方知識，並認識到報紙啟蒙的力量。眼看市場和貿易的潛在力量日益強大，西商於19世紀晚期開始發行中文日報。到20世紀初，商業報紙在通商口岸已充分建立，最成功的《申報》和《新聞報》，都是英國勢力在上海創辦的。西方各大通訊社（路透社、美聯社、哈瓦斯、沃爾夫、國際）紛紛在華設立分社。法官費唐（Richard Feetham）給上海公共租界工部局的報告說：「在中國的外國媒介有特殊的職

---

11 Wagner, Rudolf (1995), "The Role of the Foreign Community in the Chinese Public Sphere," *China Quarterly*, 142 (June): 423-443. p. 441.

12 Gallagher, John, and Ronald Robinson(1953), "The Imperialism of Free Trade," *Economic History Review*, 51 (1): 1-15.

13 Britton, Roswell S. (1933), *The Chinese Periodical Press, 1800-1912*. Shanghai: Kelly & Walsh. p. 131.

責，既是新聞的提供者，也是許多趣事的評論員。」他說：「它們所告知和引導的公眾包括大批中國人和外國人。」[14]

　　英國報人柯爾孔（Archibald Ross Colquhoun）擔心日本報紙在華日趨強勢，故呼籲英國和美國的報紙給中國「一個真實的視角」，以瞭解「我們的文明、宗教和哲學究竟是怎樣的」。[15]英國報人彭內爾（Wilfred Pennell）所見略同：「這些在中國的外國媒介，特別是英國媒介，已是西方最重要的力量之一，懷有歷史使命，引導中國現代化的進程，將之帶往經濟和政治的世界體系中⋯⋯它更廣闊的使命在於將西方解釋給中國，運用西方的批評標準刺激中國走向更深層的變革。」[16]相反，著名日本記者田多玄一郎看到路透社和美聯社在華的影響，敦促日本外務省建立專門的通訊社，以便「在中國宣傳東京的觀點」。[17]其實1920年代日本政府已在中國資助八家英文報紙和一大批中日文報紙，激烈宣傳反美，同時為侵略中國辯護。[18]為了保護自己的利益，美國主導的世界新聞代表大會在1922年的集會中，起草了一份類似「門戶開放政策」的計畫書，號召列強平起平坐，在中國建立起「有益於所有外國通訊社自由開放的環境。」它指出：「要改進外國對中國的新聞服務，主要還得靠外力來推動」。[19]

　　英國和美國的新聞競爭最是短兵相接。英帝國歷史悠久，實力龐大，從19世紀中葉起即在中國擁有新聞壟斷。根據《中國年鑑（1919-1920）》，四十四家外文報紙中，二十五家設在上海，主要掌握在英國人手中。路透

---

14 轉述自 Chao, Thomas Ming-Heng (1931), *The Foreign Press in China.* Shanghai: China Institute of Pacific Relations. p. i。

15 Colquhoun, Archibald (1906), "The Chinese Press of Today," *North American Review*, 182: 97-104. p. 104.

16 Chao, Thomas Ming-Heng (1931), *The Foreign Press in China.* p. 57.

17 同上，頁32。

18 China Weekly Review (1927), "Japan's Subsidized Press in China," 42 (10): 242.

19 Glass, Frank (1922), "News Situation in China and Korea," in Walter Williams, ed. (1922), *The Press Congress of the World Bulletin.* Columbia, MO: E. W. Stephens. p.7.（From Walter Williams, Papers, folder 26, WHMC- Columbia）

社、《字林西報》（*North China Daily News*）、《北京天津時報》（*Peking and Tientsin Times*），無論對西方還是中國讀者來說，影響力都不可小覷。此外，英國人辦的《申報》和《新聞報》，在中文報紙中發行量最大。相比之下，美國除了個別早年的傳教士報紙，直到20世紀伊始對中國的新聞業幾乎沒有影響。之後，美國經歷了數次經濟危機，因而激發拓展中國市場的興趣。適逢美國的「進步運動」（Progressive Movement）如火如荼，對內尋求重建公共信任，維護美國的理想主義，對外則支持美國帝國主義在世界舞臺上崛起。[20]美國在世界舞臺後來居上，挑戰英國在華的壟斷，借助的正是「反殖民主義、反帝國主義、國家獨立以及民族平等」這些普世原則。為此，美國拓張在華勢力，沒有像歐洲人那樣激起中國人強烈的憤恨情緒。與「門戶開放」政策一脈相承，美國不要求在中國擁有軍事利益，而是要求與其他外國勢力一樣享受商機。美國記者羅傑斯認為「第一個世界性的人壟斷將發生於通訊世界」，他指責英國政府干涉和控制中美之間的通訊。[21]美國1890年占領菲律賓，踏出拓展遠東勢力的第一步，更使英國「對美國未來在中國扮演的角色感到焦慮」。他聲言，美國政府支持「美國和中國的直接通訊，由美國人、中國人或美中聯合持有和操作」。[22]

新聞是英美競賽中的顯項。美國記者經常拿英國報紙相比，例如索克思說，「現在上海最需要的是一張真正的美國日報」，所有權和編輯權都在美國人手中，「積極維護美國利益，如同《字林西報》維護英國利益那樣。」[23]鮑惠爾（John B. Powell）和克羅（Carl Crow）建議在中國建立一個美國通訊社，以便翻譯並向中國新聞界發布美國新聞。在他們的努力下，一家美資通訊社於1918年應運而生。美國駐華公使克雷恩（Charles Crane）附和道：

---

20 May, Ernest (1968), *American Imperialism: a Speculative Essay*. New York: Atheneum.

21 Rogers, Walter Stowell (1925), "International News Communications," *The University of Missouri Bulletin*, 26 (27), Journalism Series, no. 36: 39-45.

22 同上。

23 Sokolsky, George (1919) "Foreign Press," manuscript collected in Hoover Institution Archives, George Sokolsky, Papers, 125.

「我們在（新聞業）即將扮演一個重要的角色，這個角色完全是美國的，不容其他國家染指。」[24]密勒氏（Thomas Millard）是經驗老到的美國記者，密蘇里人，他在上海開辦了兩份英文週刊，即1911年的《大陸報》（*China Press*）和1917年的《密勒氏評論報》（*Millard's Review*），希圖為美國的聲音開闢空間，奪取英國新聞業在華的壟斷地位。[25]老羅斯福（Theodore Roosevelt）總統不但全力支持密勒氏在華的新聞擴張，並引導美國民眾從漠不關心轉為親華政策。[26]美國人的企圖昭然若揭，當然不受英國人歡迎。《密勒氏評論報》出版之後不久，《字林西報》編輯格林（O. M. Green）就全面抨擊密勒氏的親德言論，英國的廣告主聯合抵制《密勒氏評論報》；當時美國尚未介入一戰，密勒氏的言論實則呼應美國政策。密勒氏的《大陸報》也常常被格林攻擊，英國廣告主時時威脅撤銷廣告。密勒氏被迫於1918年辭職，報紙轉售英國鴉片商，直到1930年才由中方接管。[27]

儘管如此，美國報紙和通訊社還是突破了英國的圍堵，在1920和1930年代挺進中國。合眾國際社在中國六大城市設立分部，為的不是商業利益，而是要「扭轉路透社新聞壟斷的局面」。[28]1920年代中期，美國報業公司從英國勢力購走了《大美晚報》（*Shanghai Evening Post and Mercury*），迅速成為上海第二大外文報紙。1930年代初，美國的《編輯人和發行人》（*Editor and Publisher*）頗為自豪，宣稱最重要的中國報紙都已經美國化了。它們採用美國印刷機，報紙編輯轉化到美式風格，標題簡潔，信息量豐富，一改英式舊式貼標籤的標題（標題中沒有動詞，不承載確切的事實）。[29]美國訓練

24 引自 Rozanski, Mordechai (1974), *The Role of American Journalists in Chinese-American Relations, 1900-1925*. Ph.D. diss. University of Pennsylvania. p.313。

25 Rand, Peter (1990), "A Quixotic Adventure: The American Press in China, 1900-1950," in Chin-Chuan Lee, ed., *Voices of China: The Interplay of Politics and Journalism*. New York: Guilford Press. pp. 202-215 (引自 pp. 204-5).

26 Rozanski, Mordechai (1974), *The Role of American Journalists in Chinese-American Relations, 1900-1925*.

27 *China Weekly Review*, 5 July 1930, p.168.

28 Chao, Thomas Ming-Heng (1931), *The Foreign Press in China*. p. 64.

29 White, J. D. (1935), "Chinese Press Goes American," *Editor and Publisher*, April, p.20.

的中國精英、美國資助的中國新聞科系畢業學生聯合鼓吹美式新聞，推波助瀾。董顯光先後就讀密蘇里新聞學院和哥倫比亞大學新聞學院，他帶回來美式倒金字塔的模式，並引入他在天津開辦的《庸報》，他還把傳統的中文豎排版面改成橫排。董顯光開了先例以後，中國報界迅即模仿他的做法。[30]路透社駐北京記者孫瑞金（譯音）注意到，中國報界採納美式新聞的潮流，最好的報社都開始聘用新聞系的畢業生和留美歸來的學生。[31]美國新聞教育在中國更是所向無敵。

二、在理想主義與現實主義之間：新聞教育向中國的輸入

　　現代型的中國大學發端於1880年代，大抵由西方新教傳教士（主要是美國人）開辦。它們為了傳播福音，擴大基督教的影響，在神學以外，還加了自然科學和醫學之類的「西方知識」。之後，在20世紀早期，基督教大學進一步世俗化，教育重心轉向滿足中國的職業需求，[32]孕育出新聞教育在中國制度化的土壤。美國聖公會在上海創辦了聖約翰大學，校長卜舫濟（F. L. Hawks Pott）強調，中國的高等教育「必須成為培養職業生涯、私人企業、工業及政府服務等領域人才的管道」，而報業是「散播民主觀念和為新思潮發酵最有用的機構」。[33] 1921年，他聘請《密勒氏評論報》主編帕特森（Donald Patterson）創辦聖約翰大學新聞系。在北平，美國長老會傳教士司徒雷登出任燕京大學首任校長（後來成為美國駐華大使），他視新聞學為「寵物」，1919年向大學理事會提議成立新聞系。理事會批准後，他向在華經商致富的斯垂特（Willard Straight）家族募得一筆基金，延聘哥倫比亞畢

30 Nash, Vernon (1931), "Chinese Journalism in 1931," *Journalism Quarterly 8*: 446-452.（引自 p. 450）

31 Sun, J. C. (1935), "New Trends in the Chinese Press," *Pacific Affairs*, 8, 1: 56-65.

32 Liu, Kwang-Ching (1960), "Early Christian Colleges in China."

33 Pott, F. L. Hawks (1913), *The Emergency in China*. New York: The Methodist Book Concern. p. 164.

業生布里頓（Roswell S. Britton）和密蘇里畢業生聶士芬（Vernon Nash），
於1924年創辦新聞系，晚了聖約翰三年。司徒雷登回憶：「我熱衷強調職業
課程，特別能表達基督教精神又滿足社會需要的領域。」[34]他說，「在中國人
的生活中，報紙愈來愈有影響力，對這個搖籃期的職業而言，灌輸高水準的
編輯與倫理知識是特別值得的。」[35]

　　美國對華新聞教育的影響在1920年代末1930年代初進一步深化。1933
年，中國基督教育協會高等教育委員會通過決議，擴張在華基督教機構主
辦及贊助的新聞教育，「為中國當前的新聞業提供實際服務，並對提升這
一新興職業的素質作出貢獻」。[36]這時，多位美國新聞學院的院長或者美國
新聞院系協會新聞教育委員會成員，包括威斯康辛大學布雷爾（Willard G.
Bleyer）、密蘇里大學馬丁（Frank Martin）和威廉斯（Walter Williams）、俄
勒岡大學艾倫（E. W. Allen），和華盛頓大學麥肯錫（Vernon McKensie）等
人，都曾到中國的大學授課或演講。[37]美國主要報紙和通訊社的發行人、
總編輯也貢獻心力，美聯社斯通（Melville E. Stone）、合眾國際社貝克爾
（Karl Bickel）、《芝加哥日報》斯尊（Walter A. Strong）、《聖路易斯郵報》
小普立茲（Joseph Pulitzer, Jr.）、《星期六郵報》馬關（J. P. Marquand），
《基督教科學箴言報》艾伯特（Willis Abbot）、《大陸中部銀行家報》克拉克
（Donald Clark）、《紐約世界電訊報》布朗（Heywood Brown）、《太陽報》
布萊克（Van-Lear Black）等等，都曾訪華，對中國記者發表演講。[38]

34　Stuart, John Leighton (1954), *Fifty Years in China: The Memoirs of John Leighton Stuart,
　　Missionary and Ambassador*. New York: Random House. p. 69.

35　同上，頁70。

36　Nash, Vernon (1934b), "Concerning the Best Location in China for a School of Journalism,"
　　a manuscript sent to Walter Williams, in Sara Williams, Papers, folder 1079, WHMC-
　　Columbia.

37　Nash, Vernon (1934a), "Yenching University, Peiping," *North China Star*, March 27, pp.
　　6-9.

38　Nash, Vernon (1934b), P. 6-8. Yenta Journalism News (1931), "Many Distinguished Visitors
　　to Peiping Are Department Guests," *Yenta Journalism News*, December, p. 3.

　　美國熱衷扶助中國的新聞教育，這是深植於理想主義和現實主義兩種傳統。20世紀初的「進步運動」具體表現了實踐主義的精神，以樂觀態度實事求是，積極改良社會，重新肯定美國理想（包括民主、自由與進步）為普世價值。社會學家甘斯（Herbert Gans）認為，美國新聞專業背後蘊藏了一套恆久價值（enduring values），以溫和漸進的改革，促進「利他性民主」與「負責任資本主義」的實現，便是源自這個「進步運動」。[39]他引述霍夫士達特（Richard Hofastadter）說：

　　　美國進步主義最根本的成就在於揭醜運動，而新聞是有創造力的作家的主要職業來源。不誇張地說，進步的心靈就是新聞的心靈，它最獨特的貢獻就是（培養）有社會責任感的記者兼改革者。[40]

　　再者，進步運動認為，工業化、城巿化和移民為美國帶來迅速而重大的社會變遷，導致社會動盪，道德沉淪，故而強調透過社群溝通，培育有教養有道德的公民，以充分體現多元自由民主的理想，而新聞正是促進社會溝通和防腐的利器，也是培育民主公民群體的社會機構。[41]新聞教育不僅在美國國內獲得了合法性，亦進一步向海外擴張，將理想主義的模式移植到中國。瓦爾特·威廉斯寫道：

　　　中國正從絕對君權轉向共和政體，從古文明步向現代民主社會的國家，為本國新聞業提供了一個空前的機會，作公共服務與無私的指引。亟需愛國的本國報界行事穩健，將無序的、不定的、保守的國家轉變成繁榮的、和平的、民主的共和國。[42]

39　Gans, Herbert J. (1979), *Deciding What's News*. New York: Pantheon. pp. 42-52.

40　轉引自 Gans, Herbert J. (1979) *Deciding What's News*. p. 204。

41　Hardt, Hanno (1992), *Critical Communication Studies: Communication, History and Theory in America*. New York: Routledge. pp.31-76.

42　Williams, Walter (1928), "A New Journalism in a New Far East," The University of Missouri

　　司徒雷登應和此說，希望燕大的新聞教育「通過畢業生的目標與成就，賦此專業以尊嚴，提高入行者的質素」。[43]帕特森（Don Patterson）說，聖約翰大學的新聞課程旨在培養有理想的中國報人，「傳布公共智慧，向大眾心靈提供實際指引，以為他們的社群和國家做出無價的服務」。[44]

　　理想主義孕育了美國人自以為有「救世」的「天命」，以利他的精神，自命為發展中國家的教育顧問。武道（Maurice Votaw）在離開美國前往上海聖約翰大學任教之前對記者說，「因為中國人對新聞理論一無所知，介紹美國新聞業原則給中國是真正的服務」。他續道，「只能靠美國踏出第一步，幫助中國改善新聞業」。[45]聶士芬1920年代晚期擔任燕大新聞系主任，向美國出版人募款，「一方面向中國記者和學生展示，美國記者對新聞教育的價值充滿信心，另一方面也是美國『第四等級』對新的、快速成長的中國表達善意」。[46]

　　美國式的理想主義與現實主義混合，又不免為其所形塑；美國利益固然明確，但美國對資源與義務卻精打細算。密蘇里的師生認為威廉斯的事業是「密蘇里有世界意義的最大機會之一」。[47]美國的出版人和編輯人一致認為，中國的新聞教育有益於擴張美國的經濟利益和政治影響。[48]例如《堪

　　Bulletin 29 (45), *Journalism Series*, no. 52. pp. 12-13.

43　轉載自 Williams, Sara (1936a), *Untitled manuscript sent to Editor and Publisher*, May 19. In Sara Williams, Papers, folder 1072, WHMC-Columbia。

44　Lamberton, Mary (1955), *St. John's University, Shanghai*. New York: United Board for Christian Colleges in China.

45　Columbia Missourian (1922), "Maurice Votaw To Teach Journalism in Orient," August 9, p. 2.

46　Nash, Vernon (1932), "Historical Statement Concerning the Department of Journalism of Yenching University, Peiping, China," a manuscript draft, in WHMC, C 2533, Sara Williams, folder (1079).

47　Missouri Alumnus (1928), "Missourians to Support Yenching School," May, 16 (9): p. 1.

48　除了美國的全局利益，資助中國新聞教育也對美國報紙有益。《哥倫比亞密蘇里人報》相信它將「幫助美國編輯及時獲取（來自中國）的新聞」（1929年3月29日，第4版）。約翰·弗古森（John Ferguson）是上海受歡迎的中文日報《新聞報》老闆，

薩斯市郵報》評論威廉斯在燕京大學創辦新聞系時說：

> 這件事洋溢著情操……但情操不是唯一的動力。完全看得到它的實用
> 性，其中有商業、政治和社會目標。當然，這些利益都會由在華的外國
> 勢力分享，美國更想分一杯羹。[49]

《芝加哥每日報》發行人斯尊率先捐贈燕大新聞系，他致書威廉斯，認
為這等於是美國利益的投資：

> 以我之見，如果中國建立好的報紙，便可擺脫困境。（中國）識字率
> 提高，社會狀況變化迅速，美國亟應參與其間。……我常覺得中國人容
> 易接受最好的美國新聞事業在中國發展。我看，再沒有比這更棒的機會
> 拓展有效的教育，代價少，回報可能很大。沒有人說得出中國的未來發
> 展對美國多重要。[50]

除了斯尊，許多人都知道贊助中國新聞教育具有商業和政治價值。縱
然歷經1929年經濟大蕭條，財政困難，美國的出版人和新聞機構還向燕京
伸出援手，包括E. W.史克里普斯報團的老闆史克里普斯（R. P. Scripps），
《紐約時報》奧克斯（Adolph Ochs），《紐約太陽報》迪瓦特（William
Dewart），合眾國際社，美國報業編輯人協會，密蘇里報刊協會等。至1930
年已籌得首款七萬美元，資助燕京大學新聞系。[51]

也將新聞教育視作一條有效地訓練記者、進而幫助報紙適應市場競爭的途徑。

49 Kansas City Journal-Post (1928), "Missouri to China," from Burrelle's Press Clipping
   Bureau, March 22, 1928. In Sara Williams, Papers, folder 1072, WHMC-Columbia.

50 Moy, E. K. (1929), "A School of Journalism for China in Peiping," *China Weekly Review*, 48
   (12): 519-524. p. 524.

51 *Columbia Missourian,*，1929年3月23日，第7版。Nash, Vernon (1932), "Historical State-
   ment Concerning the Department of Journalism of Yenching University, Peiping, China,"
   unpublished manuscript, in WHMC, Sara Williams (C 2533), folder 1079.

圖10.1　威廉斯（1864-1935）於1908年在密蘇里大學成立世界第一所新聞學院。1908年到1940年間，在該院就讀的中國學生達30餘人。

圖10.2　黃憲昭（Hin Wong，右上一），第一位到美國學新聞的中國人，1912年畢業於密蘇里。《學生登記冊》形容他「沉默寡言，沒有人瞭解他；黃色記者」。種族偏見溢於言表。（張詠提供）

　　密蘇里新聞學院院長威廉斯公認是轉介「美國模式」到中國的文化使者。[52]他1935年辭世時，中國著名報紙都發表社論或訃告向他致敬。[53]如同許多早期的新聞教育者一樣，威廉斯充滿熱情，支持社會正義與政治進步，篤信基督教精神。[54]早在1909年，即密蘇里建立美國第一個新聞學院後一年，威廉斯已迫不及待，要介紹他的學院給中國，這是他向全世界推廣新聞

52　Powell, John B. (1946), "Missouri Authors and Journalists in the Orient," *Missouri Historical Review*, XLI (1): 45-55. Lau, Wei-San (1949), *The University of Missouri and Journalism of China*. B. J. thesis, University of Missouri at Columbia. 馬光仁，〈中美新聞界友好交往的先驅──簡介美國著名新聞學家威廉博士五次訪華〉，第四屆世界華文傳媒與華夏文明傳播國際學術研討會，香港，2005年9月。

53　Ellard, Roscoe, ed. (1936), "In Memoriam Walter Williams: 1864-1935," The University of Missouri Bulletin 37 (5), *Journalism Series*, no. 75: 75-77. 密蘇里新聞學院第一個中國畢業生黃憲昭，後來是中國新聞教育發展重要的推動者，給他的第一個兒子命名Walter Williams Wong。　見Missouri Alumnus (1928), "Dean and Mrs. Williams Visit Alumni in Far East," October 1928, 17 (1): 37。

54　Farrar, Ronald (1998), *A Creed for My Profession: Walter Williams, Journalist to the World*. Columbia, MO: University of Missouri Press.

教育的使命之一環。他寫信給美國駐香港、廣州和上海領事館，詢問中國高校是否教授新聞課程。[55]1914年他在卡恩基金（支持美國教師海外訪問）的贊助下首次環球考察新聞教育，這是他第一次訪華，受到熱情的接待。[56]他給中國專業團體和新聞人發表數次演講，敦促中國報界仿效密蘇里新聞學院，以便有系統造就報界人才。[57] 隨後，在1919年、1921年、1927年和1928年，他又遠越重洋四度訪華。他畢生風塵僕僕五次訪華，孜孜不倦，為密蘇里模式開闢在華的橋頭堡。[58]威廉斯訪華後寫了一本書，他說中國欲建立「強大的、開明的自由報業」，「創建一個新的中國」，新聞教育是關鍵：

> 可見中國記者愈來愈有責任感和專業精神，認識到受過教育的記者有何價值以及他們身負何種義務。這些因素有助於建立強大而開明的自由媒介。加上新聞學院的畢業生——例如北平燕京大學新聞學院、上海聖約翰大學新聞學院，以及其他地方的科系——發揮影響力，中國新聞業就更有理由樂觀……中國正建設嶄新的新聞業，這是建設新中國的強大要素。這個偉大國家的前程，主要掌握在中國受過教育的、勇敢的、情操高尚的年輕記者手裡。[59]

在威廉斯傳教士般的熱情鼓舞下，又透過他在華廣泛的社會關係，1910年到1930年間，有四十多位密蘇里畢業生蜂擁來中國，成為名記者，其中

---

55 American Consular Service (1909), "Letter to Walter Williams, July 30, 1909, Misc. No. 4385," in Sara Williams, Papers, folder 28, Western Historical Manuscript Collection-Columbia, MO (WHMC-Columbia).

56 Williams, Walter (1914), Kahn Foundation for the Foreign Travel of American Teachers. Reports, Vol. III, No.1. New York, 1914. In University of Missouri Records, C:1/12/2 Box 5 series 3/fold #7.

57 《申報》，1914年4月1日，第2版。

58 馬光仁，〈中美新聞界友好交往的先驅——簡介美國著名新聞學家威廉博士五次訪華〉。

59 Williams, Walter (1928), "A New Journalism in a New Far East."

最著名的是斯諾，他的《紅星照耀中國》甚至改變了西方人對蹲在延安窯洞的毛澤東及中共的印象。[60]1928年，密蘇里新聞學院幫燕京大學重組新聞課程，試圖建立「中國首都第一流的新聞學院」。[61]密蘇里與中國的關係自此制度化：威廉斯帶頭創立了一個顧問和推廣委員會，從美國報界募款，保障燕大新聞系頭五年的基本預算；由此建立師資交流，馬丁（Frank Martin）成為第一位訪問燕京的密蘇里教授；又設立燕京—密蘇里獎學金，盧祺新是第一位負笈密蘇里的燕京學生，而密蘇里畢業生葛若甫（Samuel D. Groff）則獲該獎學金在燕京攻讀研究生學位。[62]燕京的教師多有密蘇里的背景，無論課程、課本和實驗報紙，都和密蘇里亦步亦趨。[63]燕大新聞系學密蘇里提供四組課程：新聞和編輯、商業管理、新聞專業技能，以及新聞理念。課程、教科書，連作業都仿效密蘇里。學生報《燕京新聞》，訓練寫作、編輯和廣告技巧，以密蘇里的《哥倫比亞密蘇里人報》為藍本。燕京並借鑑密蘇里的「新聞週」，舉辦年度「新聞學討論會」，邀請學者、發行人和編輯來演講。[64]此外，紐約大學新聞系主任利氏（James Melvin Lee）捐贈五百本新聞類書籍給燕京，其他美國教授及出版社也慷慨解囊。[65]燕京新聞圖書館訂

---

60 包括John Powell、Irene Fisher、Horace Felton、Don Patterson、Hayden Nichols、Norman Ulbright、Louise Wilson、Morris James Harris、Margaret Woods、Victor Keen、Henry Misselwitz、John Rippey Morris、Edgar Snow、James White、Francis W. Gapp、Karl Espilund 和Hugh Crumpler。見 Powell, John B. (1946), "Missouri Authors and Journalists in the Orient," *Missouri Historical Review*, XLI (1): 45-55. p. 52。

61 Missourian Alumnus，1928年5月，第1版。

62 Missourian Alumnus，1930年6月14日，第4版；《燕大報務之聲》，1930年6月，第5版。

63 借鑑密蘇里的教案，1930年燕京的課程包括：新聞學概論、新聞寫作、新聞採集、寫作和編輯、專題寫作、報紙通信、報紙資料、社論專欄、新聞歷史和原則、新聞研究、出版的商業原理和動機、廣告原理（燕大新聞系，1931年，頁3）。

64 Wang, Charles C. S. (1931），"China Holds its First Journalism Week," *China Weekly Review*, 56 (7): 230, 238.

65 Moy, E. K. (1929），"A School of Journalism for China in Peiping."《燕大新聞》，1930年6月，第5版。

閱十多份美國新聞學刊，包括《公共輿論季刊》（*Public Opinion Quarterly*）、《新聞學季刊》（*Journalism Quarterly*）和《宣傳分析》（*Propaganda Analysis*），還有美國大報如《紐約時報》、《基督教科學箴言報》和《紐約每日新聞》。[66]

中國人以為「密蘇里模式」就是「美國模式」。密蘇里的影響不僅止於燕京，還通過畢業生傳布到中國各大學。聖約翰大學新聞系兩個創立者帕特森和武道是密蘇里畢業生，他們全用英文上課，無論課程和課本均沿襲密蘇里。學生辦的《約大週刊》（*St. John's Dial*）是中國最早的校園報紙之一，學的也是密蘇里實習報紙。1930年代初，二十名以上中國學生赴密蘇里求學，回國後多

圖10.3　馬星野（1909-1991），1984年回密蘇里新聞學院接受「新聞事業傑出服務獎章」，特在前輩董顯光（1957年同獲此獎）肖像前留影。（Journalism Week, 1994, Courtesy of Missouri School of Journalism）

數投身新聞教育，而且活躍於新聞界，影響遍布全國各地。黃憲昭創辦廣州中山大學新聞系，汪英賓創辦上海暨南大學和光華大學新聞系，馬星野創辦南京中央政治學校新聞系，錢伯涵於1932年幫助籌辦《申報》新聞函授學校。復旦大學於1929年創立新聞系，系主任謝六逸雖然畢業於日本早稻田大學政治經濟科，但他卻特地撰文，對照復旦和密蘇里兩校課程相似，以增加號召力，[67]後來他還聘請了兩位「正統的」密蘇里畢業生（汪英賓、趙敏恆）任教。成舍我訪問密蘇里大學之後三年，於1933年成立了世界新聞專科學校。[68]他還規劃了一個非常理想化的七年制新聞訓練課程，強調新聞教

66 劉豁軒（1940），《燕大的報學教育》。北平：燕京大學新聞系，頁32-33。

67 謝六逸（1995），〈新聞教育的重要及其設施〉，原載《教育雜誌》1930年12月號，重印於《謝六逸文集》，北京：商務印書館，頁271-285。

68 Yenta Journalism News (1931), "Many Distinguished Visitors to Peiping Are Department Guests," *Yenta Journalism News*, December, p. 3. MacKinnon, Stephen (1997), "Toward a

育和平民運動的關係。[69]

　　中國官方對密蘇里也充滿了尊敬與崇拜。1931年，中國駐美公使伍朝樞訪問密蘇里，代表政府捐贈兩隻曲阜石獅，答謝密蘇里幫助燕京建新聞系，「送一批受過大學教育的年輕記者，闡釋中國所發生的事與人」。[70]官方說詞的背後，其實反映著中國政府對美國民意的力量愈來愈敏感，有意通過美國記者的同情和支持來影響美國民意。為了培養記者（更確切說是宣傳官員），中國政府在1930年下令全國公立大學「儘早建立新聞學院」。[71]1935年，蔣介石任命剛從密蘇里回來的馬星野，在南京中央政治學校創立新聞系，使用密蘇里母校課程培養大量國民黨黨報記者和政府宣傳員。

三、中國對美國新聞教育的採納和適應

　　談到中國新聞教育的歷史自然脫離不了美國，然而提升中國報業專業水準的熱誠，卻非源自美國。中國知識人從來就是希望建立有道德、有政治擔當的新聞媒介，以促進國家現代化，這種追求賦予美式新聞教育在中國的合法性。現代化先驅人物，從王韜（1828-1897）、嚴復（1854-1921）、梁啟超（1873-1929）以降，到晚清的文人記者們，無不撰文鼓吹中國新聞媒介必須確立規範。他們強調道德責任和專業訓練，關注報紙啟蒙的功能，注重政治新聞和社會評論，輕視娛樂和廣告，文字易懂又富文采。19世紀前二十年，中國出版了一些西方新聞實務技巧的教科書譯本。1912年，報紙發行人和編輯人剛剛成立全國報界俱進會，年會上提議設立一個新聞學院：「吾國

History of the Chinese Press in the Republican Period," *Modern China*, 23 (1): 3-32.

69　成舍我（1935），〈我所理想的新聞教育〉，《報學季刊》，1卷3期，頁105-115。

70　Missouri School of Journalism (1931), "Presentation of Stone Lions from China and Visit of Dr. C.C. Wu, Minister of the Republic of China, to the School of Journalism of the University of Missouri," The University of Missouri Bulletin, *Journalism Series*, no. 64. p.18.

71　Nash, Vernon (1931), "Chinese Journalism in 1931," p. 451.

報紙之不發達其無故耶？其最大原因則在無有專門人才……一訪事、一編輯、一廣告之布置、一發行之方法，在先進國家均有良法寓其間，以博社會之歡迎，以故有報業學堂之設云云。」[72] 但當時因缺乏適當的模式與資源，此案胎死腹中。中國知識界和新聞界都在思變，但不知道如何著手推行新聞教育，一直等待一個可操作的模式出現。

　　1916年，年僅二十四歲的徐寶璜返國，擔任北京大學校長蔡元培的助理。徐寶璜在密西根大學受過新聞和經濟學訓練。回國兩年後（1918年）──正值國內展開新文化運動之時，也是密蘇里新聞學院成立十周年──蔡校長支持徐寶璜成立「新聞學研究會」，當作課外組織，提供正式的新聞訓練。徐寶璜給五十五名學生一週開兩次課，用的是兩本美國教科書：哈林頓（Harry F. Harrington）和弗蘭肯貝格（Theodore T. Frankenberg）的《新聞的基本要素》（1912），及葛文（John Given）的《報紙製作》（1907），從訪問技巧講到新聞道德。[73] 一年後（1919），徐寶璜根據講義，發表第一本中文新聞教科書《新聞學》，序言中坦承內容和章節「取材於西籍者不少」。[74]

圖10.4　徐寶璜（1894-1930），於1918年成立北大「新聞學研究會」。

圖10.5　徐寶璜《新聞學》（1919），北大校長蔡元培題字，是中國人第一本新聞學著作。

72　戈公振（1928），《中國報學史》，上海：商務印書館，頁259。

73　戈公振，《中國報學史》，頁260。

74　徐寶璜（1919），《新聞學》，上海：商務印書館。北大新聞學研究會開的課，聽完一年者共23人，包括陳公博；聽完半年者32人，包括毛澤東。

　　當美國精英大學紛紛排斥新聞教育，中國頂尖的北京大學（後來重心移轉到教會辦的燕京大學）卻率先擁抱它，這個弔詭的道理何在？我們必須特別注意，北大於1918年成立「新聞學研究會」，又於1922年成立「北大新聞記者同志會」，這是中國新聞教育的發端，而時間上都是在「五四運動」的高潮前後。這豈止是時間上的巧合？這象徵了新聞教育是整個波瀾壯闊的「新文化運動」之一環，它能受到知識界和報界領袖（例如蔡元培、邵飄萍、胡適、李大釗等人）的積極回應與大力支持，絕非偶然。引進新聞教育不能僅僅視為徐寶璜個人興到意隨的神來之筆，要是沒有適當的文化氛圍和土壤，單憑徐寶璜孤掌難鳴，絕不可能發展為中國新聞史上重要的里程碑。

　　蔡元培積極支持美式新聞學成為大學的學科。他給徐寶璜的《新聞學》（1919年）作序時稱：「新聞事業，在歐美各國，均已非常發展，而尤以北美合眾國為盛。自北美新聞家Joseph Pulitzer君創設新聞學校於哥倫比亞大學，而各大學之特設新聞科者，亦所在多有，新聞學之取資，以美為最便矣。」蔡元培鼓勵「新聞學研究會」對新聞「更為宏深之研究，使茲會發展而成為大學專科，則其裨益於我國新聞界，寧有涯歟」。[75]蔡元培主張通過實踐檢驗新聞理論，並將理論用於提高實踐能力。[76]他相信，新聞教育的目的在提升中國報紙的道德規範，最終服務於中國的民主。[77]綜上所述，美國的新聞教育與「進步運動」伴生，富有社會改革的精神；而中國知識界領袖普遍相信，中國追求現代化，健全的新聞教育是促進中國現代化的要素。北大引進新聞教育，在內與醞釀「五四運動」和新文化運動的大背景不可分割，在外則契合美國「進步運動」社會改革的精神。

　　我們知道，北大師生所領導的五四運動，最初怒吼反對日本侵占、帝國主義瓜分中國，繼而轉向反對中國官員腐敗賣國，迅即衍生為一場激進的新文化運動，其主調是要打倒「孔家店」，全面接受西方科學和民主的洗禮。

---

75 蔡元培（1919），〈序〉，徐寶璜，《新聞學》，上海：商務印書館。
76《北京大學日刊》，1919年2月20日。
77《北京大學日刊》，1918年10月15日，第1版。

知識界相信：健全的新聞是反帝、反腐敗、反封建的利器，本身也是促進「德先生」（民主）與「賽先生」（科學）的體現。美國實踐主義，特別是杜威（John Dewey）的版本，多虧胡適博士全力宣揚，廣在中國知識界中間流行。胡適在哥倫比亞大學師承杜威，回國後立刻躍居知識界領袖和新文化運動旗手。[78]中國知識人以為實踐主義包涵科學和民主的質素，這兩個處方可以解決中國的落後，爭取國家獨立自主。實踐主義者認為，公共知識是民主的先決條件，而公共知識通過公民和專家的互動而產生，[79]因而為移植美國新聞教育到中國提供一塊沃土。中國知識人渴望用報紙啟蒙、動員民眾，提高國家意識，不再依賴與群眾脫節的舊文人。知識界對此有廣泛的共識，例如復旦新聞系創始人謝六逸也認為，報紙主要的功能是傳播公共知識，提升公共道德；新聞教育不但需要職業技能的課程，還應包括歷史、藝術、政治和經濟方面的知識，爭取道德和經濟的現代化。[80]

　　新聞必須建立新的道德權威，拓展社會影響，中國的大學必須提供正式訓練，以提高新聞的水準。新聞學是社會研究的一種形式，新聞教育必須包含道德層面。1922年，「北大新聞記者同志會」成立，胡適和李大釗都在大會發表了演講。李大釗強調，新聞事業是社會事業，以前的新聞界「眼光不能映注到全社會的生活」，他勉勵北大同學將來「改造」新聞界，「把新聞界在社會上的地位提高，給新聞界開一個新紀元」。[81]胡適則強調報紙應當討論「社會上活的問題，真的問題，……發為有力的主張，這個對於社會才算有貢獻」，希望北大新聞記者「趕快離開替人家充篇幅的事情，拋去死的問題，對於活的真的問題來討論」。[82]他指的「死材料」是報紙介紹馬克思主義、克魯泡特金。胡適提倡「多談些問題，少談些主義」，是典型實踐主

---

78 余英時（2004），《重尋胡適歷程》，桂林：廣西師範大學出版社。

79 Heikkila, Heikki and Kunelius Risto (1996), "Public Journalism and Its Problems," *Javnost-the Public*, 3 (3): 81-95.

80 謝六逸，〈新聞教育的重要及其設施〉，頁277。

81 〈北大新聞記者同志會〉，《晨報》，1922年2月14日，第三版。

82 〈北大新聞記者同志會〉，《晨報》，1922年2月14日，第三版。

義的思路，與務實取向的密蘇里新聞教育不謀而合。他留學時期即夢想辦一份類似美國進步運動的自由派《新共和》雜誌，常在日記中摘抄該刊文章，並向該刊投稿表達己見。他回國後辦《獨立評論》，果然是參照《新共和》的精英論政風格談問題。[83]

　　回顧民國初期記者慢慢變成社會職業。很長時間內，中國報刊不外兩種，一種是令人生厭、黨同伐異的政治報紙，一種是「有聞必錄」、風花雪月、不負責任的商業「小報」，林語堂譏之為「蚊報」。[84]目前對這些小報的研究遠遠不足，但我們還是可以透過一些零星線索找出端倪的所在。林語堂說：「報紙對重大問題啞口無言，沉寂得怕人，連蚊子的嗡嗡聲也受歡迎，讓人鬆口氣。」他諷刺上海最老的《申報》「編得很濫」，銷路最好的《新聞報》「根本沒編」。[85]當時《申報》的素質粗糙，記者稱為「訪員」，登文章不發稿費，甚至還得給報館錢，除非寫得很好的詩詞才不收費。連《申報》和《新聞報》都如此不堪，遑論其餘？無怪乎徐寶璜強調要「導新聞業於正軌」。[86]戈公振進一步質問，個人的生命況且要由醫生負責，醫國的記者怎能不接受大學教育？[87]董顯光先後接受密蘇里和哥倫比亞的新聞教育，他在回憶錄中記載，留美時就「立志盡我一生的努力，將現代美國新聞實踐介紹到中國」。[88]對於建立大學的新聞教育，知識界和新聞界是有普遍共識的。《大公報》對新聞教育尤其熱衷支持。它所高懸「不黨、不賣、不私、不盲」的四大旨趣，代表儒家自由主義，已接近現代西方新聞專業主義的精

83　胡適（1979），〈致高一涵（稿），1924年9月8日〉，近代史所中華民國史組編，《胡適來往書信選》上冊，北京：中華書局，頁258。

84　Lin, Yutang (1936), *A History of the Press and Public Opinion in China*. Chicago: University of Chicago Press. p.141.

85　Lin, Yutang (1936), *A History of the Press and Public Opinion in China*. Chicago: University of Chicago Press. p.141.

86　徐寶璜，《新聞學》。

87　戈公振，《中國報學史》。

88　Tong, Hollington K. (1950), *Dateline China: The Beginning of China's Press Relations with the World*. New York: Rockport Press. p. 3.

圖10.6　司徒雷登（1876-1962），1919年出任燕京大學校長，成立新聞系培養大量人才。1946年出任美國駐華大使。1949年8月18日毛澤東發表〈別了，司徒雷登〉，為此他的骨灰始終無法如願回葬燕大（現為北大）校園未名湖畔，最後葬身出生地杭州。

圖10.7　1922年燕京大學校門一瞥。1930年代燕大已成為中國最高學術水準的教會大學。

神，雖則它們的原動力迥為不同。[89]

　　北京大學容或是新聞教育的先鋒，但1920年代以後重心隨即轉移到燕京大學。燕大新聞系成為密蘇里模式的翻版，已如前述，其他繼起的新聞科系也以密蘇里為榜樣。在此，我們必須提出一個嚴肅的問題：密蘇里模式憑什麼能夠獨占鰲頭，成為燕大和中國其他大學爭相模仿的對象？當時中國報界的需求是什麼，密蘇里可以提供什麼以滿足它們的需求？為了解答這個問題，我們不妨借用科學史家孔恩（Thomas Kuhn）有關「範式轉移」（paradigm shift，或譯典範轉移）的概念，先提供第一層的解釋。孔恩說，所謂「範式」必須包括兩方面，一方面需要一組抽象的思想，一方面還得有一套成功的例證（exemplar）可供參考模仿，並且能夠解決實際問題（problem-solving）。[90]首先，從「理念上」來說，密蘇里強調的是規範性的

89　西方報業在追求市場利潤的過程中形成多元獨立報導的風格，但張季鸞維持傳統儒家輕財重義的作風，認為報紙言論獨立來自知識人的良心。見李金銓（2004），《超越西方霸權：傳媒與文化中國的現代》，香港：牛津大學出版社，頁67-68。

90　Kuhn, Thomas (1962), *The Structure of Scientific Revolutions*. Chicago: University of Chicago Press.

新聞自由、新聞責任和新聞道德，直接說明什麼是對的，什麼是錯的，應該怎麼樣，不應該怎麼樣，而不作興艱深抽象的哲學或學理探討。[91] 鑑於當時中國報業道德低，水準差，缺乏社會責任，知識界和報界普遍不滿，他們認為密蘇里這套理念對症下藥，切中中國的時弊。其次，從「操作上」來說，密蘇里不唱高調，格外注重動手做，實際又易學，移植起來不難。合而觀之，前者符合孔恩範式的理念部分，而後者又提供範式的實例，從課程、實習到課外活動似乎都可以直接移植，兩股力量相加，除了一些技術上的問題（例如英文授課），密蘇里模式似乎未曾遭遇抵制就占領中國。中國報界領袖對此鼓勵有加，例如《大公報》主筆張季鸞致函密蘇里新聞學院，感謝它資助燕京新聞系。他說：「為了建設現代化和進步的國家，加強中美友誼，報紙注定扮演偉大而獨特的角色。將報紙發展成強大的力量，不但有利於中國，更有利於兩國的共同利益，沒有什麼使命比此更高尚了。」[92] 張季鸞不僅寄望新聞教育幫助新聞業建立規範，提升其職業聲望，甚至把它提到國家現代化和中美關係的高度。此外，中國報人在財政上紛紛援助燕京新聞系，還安排學生實習就業。[93]《大公報》有二十多人出自燕大新聞系，包括蔣蔭恩、朱啟平、蕭乾、唐振常、劉克林、譚文瑞等。他們常在回憶錄中深情提到從密蘇里移植過來的燕京經驗。

　　接著，我們必須提出另外一個問題：從知識社會學的角度，中國的新聞教育為何必然要師法密蘇里，而不是其他選擇？美國中西部其他州立大學（如威斯康辛、明尼蘇達、伊利諾）辦新聞教育也卓有成績，但出現遲於密蘇里十幾年，對華新聞教育影響不大，固不論矣。然而哥倫比亞大學不同：哥大新聞學院問世僅在密大短短四年之後，兩校一時又頗有瑜亮情節；哥大

91　Merrill, John (2005), "Fifty Years of Beating the Same Drum," *Media Ethics*, 16 (2): 9-22.

92　Chang, Chi-luan (1936), "China's Chairman to Foundation's Head: Mr. Chang Chi-luan Expresses Appreciation in Letter to Dean Frank L. Martin," in Sara Williams, Papers, WHMCColumbia. 原信為英文。

93　Liang, Hubert S. (1946), "Record of Journalism Education in China and its Future Need," *Journalism Quarterly*, 23 (1): 69-72. p.70.

是坐落於紐約大都會的常春藤名校，學術聲望遠在密蘇里之上，當時中國知識界和教育界數十位閃爍的精英（如胡適、蔣夢麟、蔣廷黻、顧維鈞、馮友蘭、陶行知、郭秉文、馬寅初）無不以深造哥大為榮。再說起範式轉移，無論在理念上或操作上，密蘇里新聞學院所能提供的範式，難道有什麼獨得之祕，是哥大所不能提供的？如果哥大完全可以提供，為何在種種有利的條件下，哥大對華新聞教育的影響反而隱而不彰，遠落在密蘇里之後？哥大對中國新聞教育的影響，一是有些中國學生（如董顯光、趙敏恆、高克毅）先在密蘇里獲得學士學位以後，前往哥倫比亞攻讀碩士學位；二是抗戰時期，哥大在重慶為中宣部國際宣傳處和中央政治學校創辦新聞專修班，如此而已。

　　密蘇里對華新聞教育的影響卻是全面性的，個中第二層原因不得不從人際網絡來探索了。質言之，密蘇里新聞學院創院院長威廉斯是典型早期的「帝國締造者」（empire builder），也是極為出色的傳教士型學術活動家，既成就一番學術霸業，又兼任超級明星推銷員。這些氣質搭配無間，或許是美國學術拓荒時期的特殊產物；那時篳路藍縷，開啟山林，既無成規可循，也未給層層體制捆綁，的確出現過一批特具個人魅力（charismatic）的領袖。例如威斯康辛新聞系的布萊爾（Willard G. Bleyer），以及在其他大學創辦新聞系的同僚，都屬於這類人物。[94]唯若論對中國新聞教育投入心血之多，貢獻之大，則除了威廉斯當不作第二人想。哥大根本沒有人像他這樣全力拓展在中國的影響力。威廉斯的觸角靈敏，在中美兩國建立極其廣泛的人脈。他抱著傳教士的使命感，先後五次訪華，以當年搭船橫渡太平洋所耗費的時間與精力而言，這需要何等的決心。他在中國大力宣揚密蘇里模式，積極為燕京大學組課、募款，並吸收中國學生負笈密大，更培養許多美國學生在華成為著名記者。

　　是故，密蘇里模式在中國的成功，涉及社會學家所說的結構（範式轉移）與「原動人」（威廉斯）之間密切的互動關係。密蘇里和威廉斯對華的

---

94 Rogers, Everett M. (1994), *A History of Communication Study: A Biographical Appraoch.* New York: Free Press.

獨特影響，至少可以再從三個佐證中彰顯出來。

其一，帕克（Robert Park）領導的芝加哥大學社會系，在一戰和二戰期間獨領美國社會學界的風騷；他曾到燕京大學擔任客座教授，1920-1930年代對燕大社會系的視野影響很大，費孝通等人奉他為師，晚年出的書還聲言是「溫習」帕克老師的舊說。[95]縱使如此，帕克對中國社會學的全盤影響，卻無法和威廉斯對中國新聞教育的全盤影響相提並論。

其二，威廉斯1921年訪華之行的演講，由胡適做翻譯。胡適當時已名滿中國，比威廉斯在美國的聲望可能有過之無不及，而且胡適也為業師杜威訪華時當翻譯，證明胡適格外重視新聞教育。我們斷言：中國處於變革的關口，而威廉斯適時帶來新聞教育的「福音」，主觀客觀情勢兩相密切配合，使得密蘇里模式在中國無往不利。縱說時代創造英雄，但絕不是「任何」英雄能夠抓住時代的脈動，開創新局面。威廉斯不愧是一個創造時代、推銷美式新聞教育的英雄。

其三，一群中國學生（如董顯光、張繼英、汪英賓、趙敏恆、高克毅）先後在密蘇里和哥大新聞系求學，感情上毋寧更偏向密蘇里，形成了一個緊密聯繫的中國「密蘇里幫」（Missouri mafia）。其中原因耐人尋味，至今卻尚未見到成熟的分析，我們在此姑且提出初步的假設，以供將來進一步求證。我們揣測：密大充滿中西部農業州的大學城風味，人口少，情意濃；新聞學院不但是校內最耀眼的招牌，對中國學生更照顧有加，處處令個性成長中的中國青年難以忘懷，他們日後尤其緬懷「動手做」參加社區《密蘇里人報》實習的日子。及至投身五光十色的紐約大都會時，他們已經在密蘇里度過四年的光陰，個性大致定型，他們猶如鄉下人進城，見識了紐約快速的生活節奏和澆薄的人情。哥大新聞學院固然舉世聞名，但較諸校內佼佼各系，地位卻也未必特出。例如趙敏恆就曾抱怨哥大新聞學院的訓練有如「紙上談兵」，不像密蘇里有學生報紙可供實習。何況這些中國學生在哥大讀碩士不

---

95 費孝通（2002），《師承‧補課‧治學》，北京：生活‧讀書‧新知三聯書店，頁210-215。

過費時一年，無論在時間上或在環境上，似
乎都不易與它建立密切的認同。總之，環繞
威廉斯和密蘇里的種種因緣聚合如此獨特，
均非哥大或其他學校所能複製，難怪中國新
聞教育要獨尊密大模式了。

圖10.8　趙敏恆回密蘇里新聞
學院演講，闡述中國亟需發展
報業。（張詠提供）

　　可是「密蘇里模式」能不能全盤引進？
燕大一位中國教師說，新聞教育的目標和理
論放之四海而皆準，但課程卻必須根據中國
的「特殊情況」和中國新聞界的「特殊需
要」而設計，才能切合需要。[96]這時期發生了
三個可注意的變化。首先，聶士芬1931年返
美，黃憲昭和梁士純繼任燕京新聞系主任。
黃憲昭是密蘇里校友，梁士純畢業於德堡大
學（DePauw University）新聞系，曾在《底特律新聞》工作。他們大幅增加
中國教師的分量，一方面續聘密蘇里的中國校友（例如汪英賓、張繼英、湯
德臣和盧祺新），一方面邀請中國報人任教。[97]黃憲昭寫信給威廉斯說：「我
深信用本國記者來管這個系……（這些報人）隨時給學生便利，讓他們觀察
和參與工作。」[98]美國教科書仍是主要的參考，但中國教師開始用母語寫教科
書。中國和美國老師的教學重新分工。1936年燕京訪問教授薩拉‧威廉斯
（Sara Williams）觀察到，新聞技巧課程由本國報人教，美國老師主要教概論
課程，例如比較新聞學、新聞史、出版原理、廣告原理等。[99]美國新聞理論
仍被視為普世有效的原理，但這時已開始強調本土實踐。

96　劉豁軒（1940），《燕大的報學教育》，頁27。

97　《燕大新聞》，1931年12月，第1版。

98　Wong, Hin (1932), "Letter to Walter Williams on October 12, 1932," in Sara Williams, Papers, folder 1084, WHMC-Columbia.

99　Williams, Sara (1936b), "Concerning Yenching University's Department of Journalism in 1936," in Sara Williams, Papers, folder 1072, WHMC-Columbia.

　　第二個變化：1930年代初，民族主義和反日情緒洶湧，中國知識人贊成以報紙發揮宣傳的功能。國難當前，燕京大幅削減密蘇里的報業經營管理課程，取消商業取向的課程（包括廣告銷售、廣告設計、推銷發行、報社會計），因為它們不合市場經濟停滯後的中國報紙之所需。[100]取而代之的是實用宣傳技巧和政府公共關係課程，以培養宣傳人才，幫助政府提升中國的外交形象，贏取國際支持，抵抗日本侵略。梁士純這樣解釋課程變革：

　　　新聞和宣傳關係密切。在國家危難的當口，國際宣傳的重要性自不待言，不能不強調這方面的研究和人才培養……兩年前，我們新添了「應用宣傳」和「公共關係」課程……希望引進這門課，進而系統分析之，最後學習研究的發現與結果能對國家有用。修過這門課的人可望產生更大的興趣，更深入探討，訓練有素，不僅服務新聞界，更可以做更廣闊更實用的宣傳工作。[101]

　　國難當前，民族情緒激昂，這一段話頗能代表報人當時普遍的心聲。他們開始強調媒介必須服從國家利益，新聞教育者必須為國奮鬥；報紙應該動員民眾抵禦日寇，即使政府控制新聞，以避免報刊登載不利國家的消息，這種代價亦在所不惜。這些宣傳課程「是燕京校園中最受歡迎的嘗試」。[102]跟隨政府的宣傳路線，社論課程日趨重要：除了以新聞為主的學生實習報《燕京新聞》（*Yenching Gazette*），1933年又增加英文評論月刊《新中國》（*New China*），「使學生們在學習社論和特寫之餘自我表達」。[103]燕大1936年的

100　劉豁軒，《燕大的報學教育》，頁27-28。

101　*North China Star*，1936年6月26日，第4版；原文英文。

102　Liang, Hubert S. (1946), "Record of Journalism Education in China and its Future Need," p. 71.

103　Wong, Hin (1933), 'Letter to Walter Williams on June 22, 1933,' in Sara Williams, Papers, folder 1084, WHMC-Columbia.

「報學討論週」主題是「新聞事業與國難」。[104]馬星野在中央政治學校引進更多政治課程，包括國民黨政策、民意和宣傳、報紙法規、國際新聞和時事。[105]

第三個變化：燕大新聞系除了繼續尋求美國的援助，也向國內報社籌措基金。黃憲昭於1933年成立中國報學教育促進會，旨在吸引中國報界的經費。當密蘇里的資助在1934年用盡，梁士純組織一個本國的協助委員會，以確保該系未來的預算。委員會由《大公報》張季鸞、《晨報》陳博生和中央通訊社蕭同茲共同領銜，網羅了望重一時的報人。北平三大報立即許諾每年各捐兩千元，上海幾家報紙也解囊相助。[106]黃憲昭和梁士純也積極尋求中國政府、官員，甚至軍閥的資助。國民黨祕書長葉楚傖是協助委員會的名譽主席，[107]天津的軍閥孫傳芳捐款，[108]但最大筆錢則來自東北軍閥張學良少帥。日本1931年占據滿洲，少帥冀望糾集民意抗日，於是在1934年捐贈了一萬五千元，並保證再續捐總額五萬元給燕人新聞系。[109]

結語

梁啟超那一代報人有《泰晤士報》情結，後來隨著美國國力在遠東乃至全球擴張，並且爭奪英國在華的新聞壟斷，中國報人眼光逐漸向美國轉移。

---

104 《燕京新聞》，1936年4月24日，第1版。

105 Ma, Shin-ye (1939), "China," *Journalism Quarterly*, 16 (4): 393-394.（引自p. 394）

106 Nash, Vernon (1934b), "Concerning the Best Location in China for a School of Journalism." Ma, Yin-Liang (1937），*A Brief History of the Chinese Press*. Shanghai: Shun Pao Daily News.

107 《燕京新聞》，1936年4月24日。官方的中央通訊社決定每年資助燕大新聞系一千元。Nash, Vernon (1934b), "Concerning the Best Location in China for a School of Journalism."

108 Williams, Sara (1936b), "Concerning Yenching University's Department of Journalism in 1936."

109 Nash, Vernon (1934b), "Concerning the Best Location in China for a School of Journalism."

中國新聞教育簡直就是美國的翻版。當然，美國大學最早發展新聞教育，也發展得最完善。美國新聞教育的哲學根源是實踐主義。實踐主義捍衛新聞是公共參與的利器，因此鼓勵公立大學接納更多的職業課程，例如新聞學。新聞教育提升了專業主義：這是19世紀20世紀之交「進步運動」的成果，以社會責任抗擊當時甚囂塵上的「黃色新聞」。至今還有人爭論新聞教育的性質，到底是學術的，人文的，還是實務的，[110]但新聞教育提升報紙品格，則殆無疑義。愈來愈多的國家學習美國，在大學裡面教新聞學。然而美國新聞教育有其特殊的歷史源頭，傳布海外未必完全順理成章。20世紀早期，美國新聞教育所以能在中國所向披靡，獲得不尋常的崇隆聲望，這是必須置諸更大的場景來理解的：中國知識人一味追求改革，追求國家富強康樂，以拯救中國於半殖民地和帝國主義控制的屈辱；他們希望建立有社會責任感的報業，這是國家現代化目標的必要條件。「新文化運動」倡導仿效西制，成為民主和現代價值的載體。如果新聞業是文化轉型和國家建設的觸媒，新聞教育就是培養有社會承擔的報人最有效方式。

　　列強逐鹿中國，權力平衡岌岌可危，也為美國新聞教育提供了若干空間。美式新聞教育畢竟高舉民主價值，要求門戶開放，中國人對此種新型意識形態甘之如飴，不像對英帝國主義那樣反感，更別提對日本侵略刻骨仇恨了。美西戰爭之後，美國奪取菲律賓，成為遠東權力新貴。它以民主價值和自治敲開中國的大門，深獲國人嘉許。美國國力不斷向外擴張，「進步運動」人士既然以為美國有救世的天命，自然積極支持其在海外複製美國制度和價值。及至1930年代，美國的文化影響已經遍及中國。美國價值由美國資助的教堂、學校和大學在中國滲透推廣；好萊塢電影和流行音樂長驅直入，締造了一幅誘人的美國圖景；美國大學向中國學生開門，他們後來成為美國文化的使者和文化買辦。美國人和中國人合力在中國推廣新聞教育。美

---

110 Reese, Stephen (1999), "Progressive Potential of Journalism Education: Recasting the Academic vs. Professional Debate," *Harvard International Journal of Press/Politics* 4 (4): 70-94. Reese, Stephen and Cohen, Jeremy (2000), "Educating for Journalism: The Professionalism of Scholarship," *Journalism Studies*, 1 (2): 213-217.

國新聞教育家帶來「公共利益」和民主的專業精神，中國教育者們固然心嚮往之，奈何時值國家存亡之秋，覆巢之下無完卵，最後他們情願接受政府的新聞審查，為政府培養宣傳員以應國家之需。密蘇里畢業的趙敏恆代表了這樣的觀點：

> 國民政府力爭獨立和主權，需要現代和有效的報人。世界需要瞭解這個國家發生什麼。為了給未來中國報人適當的訓練，使其足以擔當重任，必須建立現代新聞學府……無疑，中國今天需要良好訓練而高效的新聞人和現代報紙，幫助政府和人民完成巨大的重建工作。[111]

趙敏恆認為報紙的自由和獨立應該服從於國家目標。國家圖存，抗日至上，新聞教育在1930年代徹底奉獻給這個目標。董顯光受過美國新聞教育，二戰期間卻出任國民政府的中宣部副部長，即是首席新聞檢察官和宣傳員。又，《大公報》公認是最好、最獨立的報紙，1941年獲頒密蘇里新聞學院外國報紙榮譽獎，盛讚其國際和全國報導全面，評論「無畏而深刻」，政策「自由而進步」。但在抗戰期間，張季鸞曾撰文維護政府的新聞檢查，雖則對檢查員的態度惡劣頗有埋怨。

隨後國共內戰，新聞教育深陷其中，許多專業訓練的記者「站隊」以示效忠。美國的實踐主義提倡溫和漸進改革，這是自由主義一條重要的支流，為何在古老的中國受到左右夾攻，最終更擋不住激進的共產主義狂潮，其原因甚為複雜，[112]此處暫不置論。隨著共產黨建立政權，1950年代美式新聞教育遭到嚴厲批判，「文化大革命」期間全面禁止，直到1980年代初才在「改革開放」（其實即是「現代化」）的名義下部分恢復。1950年代以後，美國密蘇里模式繼續在臺港的新聞教育發揚光大。諷刺的是，「文化大革命」結束後，中國官方新華社選派記者出國培訓，別無他選，就是密蘇里新聞學

111　Chao, Thomas Ming-Heng (1931), *The Foreign Press in China*. pp. 16-17.
112　余英時，《重尋胡適歷程》，頁212-215。

院。負責創辦海外版《人民日報》的人士也有留學密蘇里的經驗。更諷刺的是，美國新聞教育正逐漸回到中國大學校園——開始還通過臺港的新聞教育者做中介，現在則日益與美國學府直接交流。中國新聞教育也許開始添加別的影響，但其骨幹（尤其是「術」的方面）還是以密蘇里模式為主。迂迴數十年，走回原點，歷史未免太會開玩笑了。

　　在結束本文之前，我們得交代一下「密蘇里模式」創立將近百年有沒有發生過什麼重大的變化？第一，「密蘇里模式」強調「動手做」的職業取向，這個傳統不因時代的變化而有根本轉移。只是為了順應潮流，滿足全國新聞院系資格審定的規定，密蘇里也按職業技能做內部分組，接著增加了「通識」（liberal arts）課程，1950年代又引進一些社會科學課程。這些變化是全國性的，不止密蘇里為然，問題是其他學校都沒有抗拒「潮流」，只有密蘇里深具戒心，生怕通識和社會科學課程沖淡了「動手做」的新聞技術傳統。其次，二戰以後，美國各新聞院系幾乎都已改名為「傳播學院」或「新聞與大眾傳播學院（系）」，課程中有大量以社會科學理論和方法為基礎的「傳播」研究，涵蓋面自然遠比原來的「報學」和「新聞學」廣得多了，博士班課程更是獨尊傳播理論，根本不涉及「如何做」的技術問題。[113] 然而密蘇里、哥倫比亞和加州大學（柏克萊）卻堅守舊名，是現今少數碩果僅存的「新聞學院」。其實，1972年左右，密蘇里新聞學院遴選新院長和改制課程時，也曾討論過是否改名，但受到那些老派教師和有影響的畢業生堅決反對。[114] 他們緬懷密蘇里的歷史榮耀，希望延續威廉斯的教育傳統，堅持唯有「新聞」才是核心，而不願納入新聞以外（如公關、廣告）的課程或非應用型的「傳播理論」。

　　我們不妨舉繆里爾的一段話，說明密蘇里力挽「狂瀾」，對於傳播學

---

113 二戰結束後，許多老報人解甲復員，他們拿退伍軍人補助回大學攻讀學位，學成到新聞學院任教，陸續引進宣傳、民意等社會科學課程，然後逐漸發展出和新聞有關的傳播課程。

114 Weinberg, Steve (2007), *A Centennial History of the Missouri Journalism School, 1908-2008*. Unpublished manuscript.

的「入侵」是憂心忡忡的。他說：「在同一個機構內新聞與傳播匯流，最後會被搞理論的博士們所支配，盡教一些不懂媒介如何實際操作的研究和理論課程。其結果自然就是新聞教育的老觀念消失，融進所謂『傳播』的匯流課程裡去了。」[115]他強調萬變不離其宗：「道德問題」，那才是「基礎問題」。他指的是規範性的道德，也就是「我應該（should）做什麼」，而非「我能（can）做什麼」。繆里爾是在密蘇里任教數十年的元老，他的立場非常有代表性；他調侃自己有博士學位，但反對教傳播理論卻是旗幟鮮明。學科發展畢竟不以主觀意願為轉移，密蘇里新聞學院的實務取向和理論方向拉鋸不已，外界對其博士課程的理論訓練又時有質疑，密蘇里能夠以不變應萬變嗎？繆里爾說「道德」問題是「基礎」問題，這個「道德」問題正是當年密蘇里模式進入中國時一個強有力的號召。當今在中國，除卻復旦大學和中國人民大學仍堅稱「新聞學院」，其他大學莫不改名為更時髦的「新聞與傳播學院」，至少在名稱上是和密蘇里分道揚鑣了。名字「現代化」了，但中國的新聞教育到底還信奉哪些「道德問題」為「基礎問題」？

115　Merrill, John (2005), "Fifty Years of Beating the Same Drum."

第十一章
記者與時代相遇

以蕭乾、陸鏗、劉賓雁為個案

萬家墨面沒蒿萊　敢有歌吟動地哀
心事浩茫連廣宇　於無聲處聽驚雷

——魯迅

記者記錄政治，也介入政治。記錄時代是記者的天職，但新聞與政治關係太密切，記者可能身不由己介入政治。媒介和權力結構像跳一支探戈舞，領舞的總是權力結構，跟舞的總是媒介，領者和跟者配合才跳得起舞。換句話說，權力結構是首要的現實界定者（primary dcfincr of reality），是第一性，而媒介是次要的現實界定者（secondary definer of reality），是第二性。有人形容記者一生記事「是歷史長河中必不可少的浮沉泡沫，是歷史的一部分，也反映了時代，是那個時代不可缺少的見證」。[1]形容記者記事是「浮沉的泡沫」，因為新聞是歷史的第一稿，雖然斷簡殘篇，支離破碎，卻是不可或缺或磨滅的初稿。反過來說，逝者皆如斯乎，在擾攘眾生當中，究竟有幾人能夠留下一片雪泥鴻爪？我選擇蕭乾、陸鏗、劉賓雁三個個案，是因為他們在近現代中國不斷捕捉新聞，製造新聞，甚至不斷捲入國共最高層權力鬥

---

1 這是老記者卜少夫評論陸鏗時說的話，見陸鏗（1997），《陸鏗回憶與懺悔錄》，臺北：時報文化，頁623。

爭的風暴，他們不但寫在時代的邊上，有時候更是寫在時代的中心點上。[2]

　　個人和時代是交光互影的。社會學家米爾斯（C. W. Mills）說，要瞭解世界上發生了什麼，甚至要瞭解個人發生了什麼，都必須把個人看成「社會裡面傳記與歷史交匯的小點。」[3]這句話有「社會」、「傳記」和「歷史」三個關鍵詞，傳記是個人生命在時代脈絡下的呈現，歷史則是許多個人在社會生活的共同紀錄（或記憶），傳記有時代的烙印和意義，歷史抽離個體也是抽象空洞的，而傳記和歷史必須在「社會」交匯。在分析上，米氏認為必須著眼三方面：第一，社會結構整體與部分有什麼關係，具有哪些特徵，何為常，何為變？第二，這個社會在歷史長河之中有什麼特殊的地位或意義？第三，各種人在這個時間和空間進行哪些活動，彼此有何交鋒、壓制和解放？[4]我在這裡提出記者與時代的命題，其實就是要回答社會學的一個基本問題：「原動體」（agency）和結構（structure）之間是如何交涉（negotiate）的？就組織內部關係來看，記者是原動體，報館是結構；就組織外部關係來看，報館是原動體，權力中心是結構。簡單說，國共政權如何制約報館的運作，而報紙能發揮多大的能動性？報館如何制約記者的運作，而記者又能有多少作為？反過來說，記者對於報館的角色和時代的脈絡起什麼作用？我想透過三位著名記者的生命史（life histories），探討近代史上國共政局變化、報紙與記者的互動關係。

　　中國近現代報業有三個主要的範式：一是商業報，最有錢，其中以《申報》和《新聞報》為代表（包括很多小報，林語堂蔑稱之為「蚊子報」[5]，茲不置論）；二是專業報，最受尊敬，以《大公報》為代表，是中國文人論政

2　承張詠、黃旦、章清、張宏生等教授惠賜修訂意見，宋韻雅協助搜尋材料，謹此致謝。

3　C. Wright Mills (1959), *Sociological Imagination*. New York: Oxford University Press, p 7.

4　Mills, *Sociological Imagination*, pp. 6-7.

5　Lin Yutang (1936), *A History of the Press and Public Opinion in China*. Chicago: University of Chicago Press, pp. 131-141. 他說《申報》「編得很濫」，《新聞報》「根本沒編」，但對《大公報》讚譽有加。1931年《大公報》出滿一萬號，胡適致賀辭，也盛讚該報已超過歷史更長的《申報》和《新聞報》，見謝泳（2002），〈胡適與《大公報》〉，載王國華主編，《我與大公報》，香港：大公報社，頁327。

的典範，善於商業經營，卻不以牟利為目的；三是政黨報，最有權勢，包括國共兩黨的喉舌。民國時期這三類報紙同時存在，有些報人出入其間，未必壁壘分明，更不是非黑即白。1949年政權遞嬗以後，共產中國的商業報和專業報從式微到消失，剩下黨報一枝獨秀。[6] 我選擇了《大公報》的蕭乾、南京《中央日報》的陸鏗以及《人民日報》的劉賓雁，聚焦於專業報和國共黨報等三方面的比較，商業報的分析只能俟諸異日了。

　　為什麼選擇這三個人，而不是其他人？因為他們有指標意義，從上世紀30年代橫跨到世紀末，在新舊交替的不同十字路口上，各領風騷，象徵了當時新聞界的標竿，形成一幅綿延立體的連續圖。在專業角色上，他們是異數，是例外，不同凡響，界定了大時代下記者的「可能性」，故在方法論上本文屬於「非常態」的比較個案研究（comparative deviant case study）。瞭解「非常態」的主旨還在於彰顯「常態」，因此我們希望探討：個人在特定的制度下能夠發揮什麼專業能動性？這個能動性的邊界伸展到哪裡為止？記者和報館在歷史上又扮演什麼角色？

　　這三個個案如何代表他們的報館乃至報業範式？第一，合而觀之，他們都是「後五四」的同代人，蕭乾比陸鏗大九歲，陸鏗比劉賓雁大六歲，蕭乾比劉賓雁大十五歲。他們經歷了共同的時代背景，揚棄舊禮教的束縛，接受新文化的洗禮，處在國族存亡、社會動盪的關頭，嚮往西方（美英或蘇聯）的進步，進而見證了國共政權轉移翻天覆地的變化。中國記者一向自許為知識人，秉承以「天下為己任」的精神，不甘做單純的專業新聞記者，中國報紙與政治又有千絲萬縷的關係，所以他們一生所做的，有的屬於記者分內事，有的超出記者的職責，而游弋於政治黨派邊上，這是和西方專業記者迥然異趣的。以蕭乾、陸鏗、劉賓雁為代表，他們相信文字有改造社會的力量，企圖以新聞這個新興行業實現個人的英雄情懷，又繼承為民請命的傳

6　李金銓（2008），〈近代中國的文人論政〉，載李金銓編著，《文人論政：民國知識分子與報刊》，臺北：政大出版社，頁18-27。簡體版（2008），《文人論政：知識分子與報刊》，桂林：廣西師範大學出版社，頁15-20。

統，企圖以所學貢獻國家社會的現代化。他們不啻再現了這幾十年的時代精神，每每必須在時代變化的時刻抉擇一條安身立命之道，不管選擇哪一條道路，都必須付出沉重的承擔。他們的心曲是個人與時代的糾葛，是大我與小我的互動，也都具有悲劇的色彩。

第二，個人的信念和報館大體上必須結合，否則難以成事。蕭乾、陸鏗、劉賓雁不僅代表他們個人，更彰顯了所從屬詮釋社群（interpretive community）的話語。但他們和報館的關係也不是密不透風的，彼此有分有合的時候。在整個意識形態的光譜上，《中央日報》是右派，《人民日報》當然是左派，《大公報》則是中間派。以這三個記者而論，陸鏗信仰民本主義，在《中央日報》裡面比社評立場向中間靠攏一些，算是「中右」，因為揭發孔祥熙、宋子文貪污案而觸怒蔣介石，後來還和報館分道揚鑣；蕭乾受到西方自由主義的薰陶，在《大公報》裡面比社評立場左一些，算是「中左」；而劉賓雁崇拜馬克思主義，他的報紙《人民日報》自然是左派，但他在報社裡面卻是有名的「右派」記者，最後以「資產階級自由化」的罪名被開除黨籍。政治標籤必須放到相對的語境中理解才有真實的意義。

第三，他們的新聞生涯軌道有平行的時刻，也有交叉的時刻。在民國時期，蕭乾已名聞遠近，陸鏗有幾年的輝煌，劉賓雁尚未入行。進入共產中國，他們「殊途同歸」，在1957年的歷史點相會，無一倖免成了「右派」，再歷經「文革」的磨難，前後被奪筆22年。1979年平反以後，他們再度走向「偶爾相遇」的不同道路：蕭乾脫離新聞界，選擇在言論安全距離之內明哲保身，他堅持不說假話，但真話說得不多；陸鏗在海外開闢新聞場域，卻捲入中共高層的政治鬥爭，是引燃胡耀邦下臺的導火線；劉賓雁從牛棚重回新聞戰線，是1980年代中國最有影響力的報導文學家，但時間很短便被迫流亡美國，至死無悔追求那遙不可及的人道社會主義理想。他們站在新聞第一線，對於家國變化和時代脈動感受最深刻。他們在權力邊緣記錄時事，有時算是「半圈內人」，偶爾捲入是非圈內。在社會動盪的洪流中，他們如何實現新聞的夙志？用米爾斯的話，個人的傳記如何和時代的歷史對話？

我希望在本文通過比較的視野考察異同，一方面以大見小，一方面

以小見大，探索時代、報館和記者的交光互影。這是韋伯式「理想型」（ideal type）的分析方法，刻意擴大觀點、視野或物事的差異，以方便觀察和比較。細考少數標本個案，旨在編織一幅馬賽克式的描圖（narrative mosaic），展現個人、行動、及大小生活世界層層作用與互相滲透，這種分析以提煉洞見為主，由於案例太少，因果關係宜粗不宜細。[7]我將聚焦於記者的生命史，以其本人的回憶錄為基礎，參酌其他材料以斷其真偽，重建記者在歷史舞臺活動的場景。在各種資料之中，除了私人函件和隱祕的日記以外，回憶錄應當最能呈現傳主（即前面所說的「原動體」）的內在心跡和外在活動。好的回憶錄觀照全局，又有內心深處的真實感受與省思，有血有肉，親切具體，理性和感性兼而有之。但回憶錄可能有意無意為自己、為別人隱諱，讀者只看到作者願意片面呈現的部分。回憶錄不可以不信，也不可以盡信。若根據當年的原始素材（如日記）撰寫的，可信度自然較高，[8]然多數回憶錄都是憑事後追憶，必然有「選擇性的記憶」，若再摻雜其他動機，則其可靠性更可疑。

在方法論上，我採取兩個策略以處理回憶錄可能產生的「效度」（validity）和「信度」（reliability）問題。第一個策略是深入閱讀傳主的回憶錄和作品，從人與事的探索取得同情的瞭解；接著我要拿傳主的紀錄和同事、同行甚至「重要關係人」（也即是社會學家所說的significant others）留下來的紀錄互相參證。當然，證據的累積未必保證結論的正確，但材料經過多方參證，往往可以揭示意外的線索，發現片面記載的破綻，因而減少分析和判斷上的錯誤。近年來出版相關回憶錄愈來愈多，對我的分析頗具借

---

7 關於生命史研究方法的討論，參見Howard S. Becker (2009), "The Life History and the Scientific Mosaic." in B. Harrison (ed.), *Life Story Approach.* , London: Sage, pp.3-13.; Peter Abell (2004), "Narrative Explanation: An Alternative to Variable-Centered Explanation?" *Annual Review of Sociology*, 30: 287-310; Roberto Franzosi (1998), "Narrative Analysis — Or Why (and How) Sociologists Should be Interested in Narrative," *Annual Review of Sociology*, 24: 517-554.

8 例如李銳（1993），《廬山會議實錄》，香港：天地圖書公司。

鏡之益，但傳主畢竟距古不遠，禁忌尚未完全解除，因此我願意保留未來
補充和修訂的空間。第二個方法論的策略，則是盡量由一點開展到一線，
進而把事件放在全面的架構內索解，聯繫傳主的文本（text）和時代的脈絡
（context），以瞭解傳主在撰寫報導時的政治和經濟條件、時間和空間的網絡
與座標。這樣由點到線到面，再由面到線到點，出入宏觀和微觀之間，庶幾
不至於顧此失彼或本末倒置。若把有些事情孤立起來，無法準確建立事情的
普遍性和特殊性；必須不斷探索記者與時代的對話，才接得通米爾斯的研究
旨趣。我做新聞史研究的經驗尚淺，不管限於史料，或者囿於學力，許多問
題只能初步勾勒其輪廓，倘若事與願違，效果未必符合意向，分析不到家，
我是有自知之明的。

　　我首先要並列蕭乾、陸鏗、劉賓雁新聞生涯的簡史（表3），以建立他
們的相對座標。由於一般讀者未必熟悉傳主的生平，我考慮再三，決定逐一
敘述他們的故事。但我不想做流水帳，而試圖在敘述的過程中把個人生命還
原到歷史場景：先從全體看局部，他們在特定的時間點上分別做些什麼事，
他們在歷史條件下沿著什麼方向軸運轉？再從局部看全體，他們的生命脈動
（尤其是意識形態）與時代軌轍有什麼聯繫，他們反映（被動）或創造（主
動）出什麼時代意義？這樣反覆把鏡頭拉遠拉近，從多維視角觀看景色的高
低大小。其次，當再合三人而論之，以主題為主，比較三種新聞信念與風
格，包括個人出身、職業認同、意識形態以及書寫方式（表4）。最後再回
來呼應全文的命題，總結報人、報社和時代的關係（表5），但望對中國近
現代新聞史提供一些觀察的角度。

一、蕭乾：「未帶地圖的旅人」

　　上個世紀30和40年代，《大公報》是全國公認最好的報紙，曾獲得
1941年密蘇里新聞學院外國報紙獎，比銷路最大的《新聞報》和《申報》更
令人尊敬。胡政之（霖）、吳鼎昌和張季鸞留學日本，受到《朝日新聞》的
影響，後來推崇英美報業，希望把報紙辦成《泰晤士報》。他們於1926年

表3　新聞生涯簡史

	蕭乾（1910-1999）	陸鏗（1919-2008）	劉賓雁（1925-2005）
1930年代	1935入天津《大公報》編文藝，1936滬版《大公報》，1938港版《大公報》，1939赴英。	1939教中學時在雲南見到蕭乾，受其啟發。進中央政治學校新聞專修班，受訓一年。	不詳。
1940年代	1939-46《大公報》駐英辦事處，1945年採訪歐戰，1946回滬版《大公報》寫國際評論，1948港版《大公報》及《中國文摘》。在《大公報》前後共12年。	1940中國國際廣播電臺，1945採訪歐戰。1946-48南京《中央日報》採訪主任、副總編輯。1947揭發孔宋貪污案，喧騰海內外。	1944入黨，1945教中學。
1949	以「民主人士」身分自港回北京，任英文宣傳刊物《人民中國》副主編。	回昆明接眷，被捕投獄。	在東北做共青團工作。
1950-56	1953調作協。思想改造，批判自由主義及改良主義。	1954獲釋，1956在滇省政協大鳴大放再度獲罪。	1951《中國青年報》記者，1956（31歲）已評為13級幹部。
1957-78從反右運動到「文革」期間	右派，下放農場監督勞動（1958-61）。摘帽（1964）。「文革」期間抄家，赴五七幹校。	親美反蘇極右分子，繼續坐牢改造，直到1975年為對臺統戰始獲大赦。1978赴港，後赴美。	以醜化黨被毛澤東批為右派，下放農村勞動。摘帽後，「文革」期間重新打入右派，下五七幹校。
1979	平反。	在港。	平反，進入《人民日報》任記者。
1980年代	1986任中央文史研究館副館長，1989館長。1988全國政協常委。	活躍於海外新聞界（港、美、臺）。1985訪問胡耀邦，構成胡下臺三大罪狀之一。勸蔣經國勿連任，上臺灣黑名單（1982-1990）。	在胡耀邦當政期間，寫作大量有影響力的報導文學，並接見上訪民眾，有「劉青天」之譽。1987被鄧小平指名開除黨籍。之後赴美。
1990年代以後	中央文史研究館館長。寫作翻譯，至死不輟。	介入政治：許家屯出走美國、海外中國民運，臺灣政局。1990-2007上大陸黑名單。	因1989天安門事件，滯留美國。流亡放逐期間，由體制內轉為體制外，仍探索社會主義道路，至死不渝。

接辦《大公報》，1931年出滿一萬號時提出「不黨、不賣、不私、不盲」的
四大原則，維持「儒家自由主義」輕財重義的傳統，號稱「不求權，不求
財，不求名」，一方面樹立中國文人論政的標竿，一方面接近西方新聞專業
主義的精神。[9] 它先在天津法租界立基，後來擴展到上海租界，接著在香港
開館，這些租界和殖民地給《大公報》帶來較大的言論空間。抗戰時期曾在
漢口、桂林和重慶出版（以渝版為中心）。日本侵華，時局不穩，報館也跟
著顛沛流離。[10] 抗戰以前《大公報》對國民黨和蔣介石多所批評，抗戰時期
張季鸞擁護蔣介石為領導中心，蔣也以「國士」待之為上賓。儘管外界認為
《大公報》親國府，但該報崇尚新聞自由和輿論獨立，胡政之未如張季鸞與
蔣介石過從之密；抗戰末期，張季鸞逝世，王芸生接筆政，當局對王的論調
甚覺苦惱。[11]

　　《大公報》面對的是國民黨政權。國民黨和共產黨都是以蘇聯為師的革
命政黨，但國民黨是一個「弱勢的獨裁政權」，有獨裁之心，無獨裁之力，
只有列寧式政黨的形式，沒有列寧式的嚴密組織和意識形態發揮內聚的功
能。[12] 國民黨信奉三民主義，表面上具有濃厚的英美自由色彩，民權主義取
法林肯的「民有、民治、民享」，民生主義有美國進步主義和英國費邊社的
影子，然而三民主義終究是一個拼湊出來的弱勢意識形態，「黨化」以後更

9　李金銓（2004），《超越西方霸權：傳媒與文化中國的現代性》，香港：牛津大學出版
　　社，頁66-70。西方的新聞專業主義來自資本主義市場的勃興，以正反並陳的方式爭
　　取多數的讀者，但《大公報》的理念是建立在知識人的社會良心。
10　王芸生、曹谷冰（1991），〈新記公司大公報的經營〉，載周雨編，《大公報人憶
　　舊》，北京：中國文史出版社，頁1-10；曹谷冰、金城夫，〈抗戰時期的大公報〉，同
　　上書，頁11-20。
11　陳布雷對陶希聖說：「王芸生不是評論政治，他要指揮政府，甚至於指揮最高統帥。」
　　見陶希聖，〈記陳布雷先生〉，載《陳布雷回憶錄》，北京：東方出版社，（2009重
　　印），頁378-389。陶在讚揚張季鸞之餘，指責王芸生有高度自卑感，「若是一言不
　　合，絕不公然表示異議，等到他回報館之後，再搖動筆頭，諷刺攻擊，以為報復」
　　（同上書，頁386）。
12　王奇生（2003），《黨員、黨權與黨爭：1924-1949年中國國民黨的組織形態》，上
　　海：上海書店出版社。

無法匹敵強勁的自由主義或馬克思主義。國民黨從來沒有「真正」全面有效控制過中國，外部面臨強有力的權力挑戰者，政權的合法性未獲知識人普遍認同，偶爾還得受美國的掣肘必須妝點自由民主的門面。[13]蔣介石不懂新聞和宣傳，只在乎自己的演講、文告和形象，重形式，看表面，雖然相信法西斯的一些鐵腕措施，其實從來沒有一套整體的思想和運作。[14]國民黨內部派系傾軋，互相拆臺，往往把派系利益擺在國共衝突之上，以致抵消輿論控制的力量。很多新聞文宣幹部都有留學美英（如董顯光、李惟果、馬星野）或就讀中國教會大學（如曾虛白）的背景，在黨國利益和新聞自由之間總是有所權衡。[15]只要不威脅到統治權，國民黨對新聞管制是睜一隻眼閉一隻眼的，順境時鬆，逆境時嚴，時鬆時緊。《新華日報》在國統區對國民黨「憤怒控訴，徹底否定，置之死地」，毛澤東振振有詞向蔣介石爭取自由民主，不但和延安《解放日報》的「輿論一律」大相逕庭，更是中共建政以後所不敢想像的光景。

　　《大公報》的成功首先歸諸三巨頭：吳鼎昌的資金，胡政之的經營，張季鸞的文筆。徐鑄成認為：在前輩報人中，胡政之是僅見的全才，會編輯會經營；邵飄萍、黃遠生會寫不會經營，史量才、張竹平、汪漢溪擅於經營卻不以著述見長，而後起之秀（如成舍我）手面魄力也不如胡政之。[16]胡政之精心羅致人才，但從不錄用已經成名的記者，深怕這種人做一陣子就走了，寧可刻意培養新秀，給他們充分機會在鍛鍊中成長。[17]胡政之知人善任，眾所周知，但徐鑄成認為張季鸞的涵養、訓練和耐心比胡政之更勝一籌。[18]有此伯樂提拔千里馬，《大公報》培養的人才最多，《中國新聞年鑑》所列

13　以胡適為主的自由派知識人如何批評國民黨，見李金銓主編，《文人論政》。

14　Lu Keng (1994), "Press Control in 'New China' and 'Old China.'" in Chin-Chuan Lee, ed. *China's Media, Media's China*. . Boulder, CO: Westview Press, pp. 147-161.

15　參考張詠（2013），〈以「真相」的名義──留學知識分子對西方報導的批判及對新聞檢查的宣導〉，載李金銓編，《報人報國》，香港：中大出版社。

16　徐鑄成（1981），《報海舊聞》，上海：上海人民出版社，頁96。

17　周雨（1990），〈大公報的經營之道〉，《新聞記者》，第11期，頁42-44。

18　徐鑄成（1998），《徐鑄成回憶錄》，北京：生活‧讀書‧新知三聯書店，頁45。

的「中國新聞界名人簡介」，出身《大公報》的就多達60人。[19]其中以撰寫
社評聞名的有王芸生和徐鑄成。徐鑄成寫回憶錄時年已八十，還不時夢見置
身《大公報》，「寫了自以為得意的社評，受到張季鸞、胡政之兩先生的表
揚。」[20]社內有才華的記者很多（例如蕭乾、曹谷冰、范長江、楊剛、徐盈、
孟秋江、彭子岡、朱啟平、唐振常、蔣蔭恩、譚文瑞、劉克林等），卻很難
選出有代表性的人物。有些人在《大公報》時間不長（楊剛十年，蕭乾十二
年），甚至很短（范長江三年），卻都在《大公報》成名，也因《大公報》
成名。

　　由於張季鸞和胡政之的光芒太亮，一般人以他們為《大公報》的化身，
以致掩蓋了屬下年輕記者的角色。這張報紙人才濟濟，選蕭乾為代表是否恰
當也許見仁見智，我先交代以下幾個背景：

　　一，王芸生和徐鑄成是社評巨擘張季鸞的傳人。蕭乾以採訪人生聞名，
受胡政之的提攜較多，他的回憶錄很少提到張季鸞。他們幾位都強調《大公
報》不養懶人或冗員，但報社的巨頭慧眼識人，意識形態比較開放，具有
專業精神，給人有充分發揮才情的機會。胡政之放長線釣大魚，在幾個重要
關頭送錢照顧徐鑄成、蕭乾等人（連蕭乾赴英的旅費都由報社墊付），使他
們沒有後顧之憂。徐鑄成後來另起爐灶開辦《文匯報》，還得到胡政之的投
資。蕭乾在《大公報》津滬港各版選登的文章曾經惹怒租借或殖民地當局，
胡政之幫他扛起責任。他在劍橋攻讀學位，胡跑去勸他莫在書齋做無聲無息
的學者，趕緊抓住機會馳騁歐洲戰場；要是沒有胡政之的提拔，蕭乾不會寫
下那麼多精彩的通訊。

---

19 方漢奇（2004），〈再論大公報的歷史地位〉，載方漢奇主編，《大公報百年史》，北
　京：中國人民大學出版社，頁9-10。在中國近代報業中，《大公報》堪稱顯學，例如
　吳廷俊（1994），《新記《大公報》史稿》，武漢：武漢出版社；賈曉慧（2002），
　《《大公報》新論》，天津：天津人民出版社；張育仁（2002），《自由的歷險：中國
　自由主義新聞思想史》，昆明：雲南人民出版社；任桐（2004），《徘徊於民本與民主
　之間：《大公報》政治改良言論述評，1927-1937》，北京：生活‧讀書‧新知三聯書
　店。
20 《徐鑄成回憶錄》，頁14。

　　二，《大公報》的社論影響力深遠固然無與倫比，在新聞報導上面也領先同業。該報痛陳中國政治和企業只顧都市，棄占全國人口九成的農民於不顧。[21]《大公報》自然無法採訪廣大而蒙昧的中國，但要聞版有一半是記者寫的，不像其他報紙幾乎全靠通訊社供稿。該報雖不同情蘇聯和中共的激進主義，卻肯派記者實地採訪蘇聯和共區，曹谷冰的《蘇俄視察記》、范長江的《中國的西北角》和《塞上行》就是著例。

　　三，《大公報》為保持立場獨立，一旦發現記者有國民黨的背景立刻辭退，但國民黨黨員是公開的，而共產黨黨員的身分是隱祕的，後來社內果然發現不少地下黨員，最後甚至密謀「起義」投共。[22]方漢奇說，《大公報》是「中間勢力的輿論代表」，不是對國民黨「小罵大幫忙」，而是替共產黨爭取中間勢力的支持。[23]蕭乾在社內是中間偏左的自由主義報人，未實際涉足國共鬥爭的漩渦，不像范長江或楊剛那麼熱衷革命。范長江的西北通訊明顯親共，楊剛策反香港《大公報》，兩人在共產中國初期搖身成為宣傳高幹，不是純粹的報人。[24]選來選去，其他人似乎不比蕭乾更有分量代表《大公報》。

21　張季鸞（1962），〈中國文明在那裡？〉，1920年11月2日社論，收《季鸞文存》上冊，臺北：文星，頁5-8。

22　《大公報》例不錄用國民黨的中央政治學校畢業生。燕京大學有20多位畢業生進入《大公報》，多成為報館主幹。國共政權遞嬗時，發現《大公報》10多位共產黨地下黨員埋伏，《文匯報》地下黨員則將近有20位。

23　方漢奇，〈再論大公報的歷史地位〉，頁16-21。

24　范長江報導紅軍長征，國民黨西北地方政治腐敗，軍閥傾軋，民不聊生。西安事變以後，他到延安和毛澤東、周恩來長談，報導陝北根據地，鼓吹中共抗日民族統一戰線方針，幾乎與斯諾齊名；胡政之要他放棄擁護共產黨的主張，他拒絕，並脫離《大公報》。1949年後歷任新華社總編輯、《解放日報》社長、新聞總署副署長、《人民日報》社長及其他黨政要職。1970年自殺。楊剛就讀燕京大學時即參加北方左聯活動。1939年蕭乾赴英，推薦她接任《大公報》文藝主編，她於1944年赴美任該報特派員，1948年回國推動香港《大公報》「起義」。1949年任周恩來總理辦公室主祕，1953年任中宣部國際宣傳處處長，1955年任《人民日報》副總編輯，負責國際宣傳。1957年劃為右派，自殺。見喬雲霞主編（2003），《中國名記者傳略與名篇賞析》，北京：新華出版社，頁90-93（楊剛），頁109-112（范長江）。

　　四，《大公報》最拿手的是社評、各種學術和時事週刊（例如以胡適為首的「星期論文」），以及國內外特派記者的通訊特寫。[25]蕭乾是風雲一時的駐英特派記者，肆意揮灑，報館絕不干涉。他不是一個典型純粹報導事實的記者，而是作家型的記者。他自稱要當記者採訪人生，體驗夠了生活，再從事文學創作。他的作品藝術性多於新聞性，通常不搶時間，而是以文學筆法從側面寫生，刻畫時代的脈動。雖然他最終的成就在新聞文學，如今很多讀者以為他是作家，不知道他是記者。從《蕭乾全集》所收錄的信函，得知他往來的作家朋友多於記者，尤其是巴金、冰心、林徽音、沈從文（但「文革」時期彼此有些恩怨）、斯諾。[26]他雖然在《大公報》建立耀目的成就，卻不算是報社的核心骨幹：他剛出校門就編津、滬、漢、港各版副刊，銳意革除那些老氣橫秋的東西，編副刊畢竟不必和政要打太多交道；他久居國外，遠離報館的權力核心，國內人脈不免生疏。《大公報》老人寫的回憶文字提到蕭乾的不多，有之也語焉不詳；而晚輩編寫的，多以蕭乾提供的資料為藍本，鮮有新意。

　　蕭乾自稱是「天生的自由主義者」，意識形態屬於中間偏左，自言是匹野馬，怕給「主義」的韁繩拴住。1929年，他在燕京大學的同學楊剛要他讀蘇聯馬列文學理論權威普列漢諾夫、盧那察爾斯基的理論書，他嫌句子太長，太抽象，太繞嘴，看不下去。蕭乾決心做一個「未帶地圖的旅人」：

　　　理論，理論，充其量只不過是張地圖。它代替不了旅行。可我要的是
　　體驗這個光怪陸離的大千世界。隨你這個書獃子念地圖去吧！我嘛，我
　　要採訪人生。[27]

25　唐振常，〈上海大公報憶舊〉，載周雨編，《大公報人憶舊》，頁198-199。

26　《蕭乾全集》，武漢：湖北人民出版社，2005。

27　蕭乾（1994），《未帶地圖的旅人：蕭乾回憶錄》，臺北：時報文化，頁4，74。由於他的日記和書籍俱毀於「文革」，回憶錄只能靠從前的報導重建軌跡，其中對1949年以前的記敘自然比對中共建政以後的描寫詳實可靠得多。全書428頁，「旅英七載」占三分之一篇幅，對「反右」和「文革」多所隱諱。

楊剛給蕭乾寫了上百封信，不是宣揚革命的道理，就是駁斥蕭乾的「謬論」。他日後選擇的旅途證明「未帶地圖」不是沒有傾向的。他不滿國民黨的統治，編《大公報》文藝版時採用大量延安作品。[28]蕭乾在赴英以前推薦楊剛自代，胡政之起初不無顧忌，楊剛接任後，果然宣布要讓副刊「披上戰袍，環上甲冑」，由「紳士」變成「戰士」，立場更明顯左轉。

圖11.1　蕭乾的摯友楊剛（1905-1957）。

蕭乾駐英七年，抗戰時期幾乎都不在國內，他受到英美自由主義的薰陶，發表了許多寓意深遠又富文采的海外通訊。1946年到1948年，國共和談甚囂塵上，言論尺度比較寬鬆，連南京《中央日報》採訪都頗勇猛（詳下）。蕭乾剛從英國回來，尚未靠攏中共。他在《大公報》寫了上百篇評論，體現自由主義思想的占三分之一強，主調是反對戰爭，譴責國共雙方。[29]最重要的一篇是在王芸生授意下所寫的〈自由主義的信念〉，聲稱自由主義是一種「對人生的基本態度：公平、理性、尊重大眾，容納

圖11.2　蕭乾回憶錄以「未帶地圖的旅人」為名。

捨己」；而所謂中間路線，「絕不是兩邊倒，而是左右的長處兼收並蓄，左右的弊病都想除掉」。這篇社評揭櫫政治自由與經濟平等並重，提倡理性與公平，以多數人幸福為前提，贊成民主多黨制，革命與改造並駕齊驅。[30]這種思想頗具英國費邊社溫和社會主義的特色，吸引了當時許多中國知識界領

28　1938年8月到1939年8月，一年內，蕭乾在香港《大公報》文藝版用了44篇延安作品。楊剛接任文藝版主編，又用了74篇延安作品。見方漢奇主編，《大公報百年史》，頁252-253，355。

29　傅光明（2001），〈前言──我所認識的蕭乾〉，載傅光明編，《解讀蕭乾》，北京：大眾文藝出版社，頁11。

30　1948年1月8日上海《大公報》社評，收入《蕭乾全集》，卷3，頁465-470。

袖（例如張君勱、羅隆基、張東蓀、王造時、儲安平）。

　　1947年文藝節，蕭乾寫了一篇社評〈中國文藝往哪裡走？〉，說英國作家蕭伯納九十歲生日那天還為原子彈的問題向報館投函，不像中國戲劇權威五十歲已稱公（郭沫若）稱老（茅盾），大擺壽筵（田漢）。[31]郭沫若撰文反擊，痛罵集御用之大成的堡壘《大公報》以及他認為代表《大公報》的蕭乾：他說，這位「貴族」兼帝國主義者買辦（蕭乾），有如黑色鴉片，「盡量發散其幽渺、微妙的毒素」。郭沫若說：「就和《大公報》一樣，《大公報》的蕭乾也起了這種麻醉讀者的作用。」[32]郭在同一篇文章詆毀沈從文為「桃紅色」，朱光潛為「藍色」，蕭乾為「黑色」，給他們戴政治帽子。對此，王芝琛（王芸生之子）指出，郭沫若和《大公報》前後兩任總編輯張季鸞、王芸生的矛盾由來已久，蕭乾只是導火線而已。[33]不管這段恩怨的曲折如何，一般人是把蕭乾和《大公報》綁在一起的，這也是我選蕭乾代表《大公報》的緣故之一。蕭乾及其夫人（文潔若）認為，蕭乾在新政權下坐冷板凳，乃至於倒楣，根源在於得罪郭沫若。[34]

　　蕭乾左傾，在國外接觸過許多「進步團體」，但對共產黨有戒心；他瞭解蘇聯1930年代中期肅反擴大化、戰後匈牙利紅衣大主教案的株連，對革命產生疑懼。1949年他在楊剛、李純青的策反下，參加香港《大公報》「起義」，從香港隨同重量級的「民主人士」回北京「落戶」。北歸前夕，他自稱預感共產黨和知識人的蜜月不會太長，通知海外友人斷絕往來，連聖誕節

31　這段恩怨的公案，見傅光明（2000），〈郭沫若與蕭乾的恩怨〉，《縱橫》，第2期，頁49-53。傳說蕭乾罵郭沫若（稱公）、茅盾（稱老）和田漢（大擺筵席）。但文潔若說，蕭乾罵的是田漢，不是郭沫若，見文潔若（2004），〈蕭乾與《大公報》〉，《書屋》，第6期，頁72。

32　郭沫若，〈斥反動文學〉，《大眾文藝叢刊》第一輯，《文藝的新方向》，1948年3月。

33　王芝琛（2001），《百年滄桑：王芸生與《大公報》》，北京：中國工人出版社，頁134-135。

34　巴金認為他的朋友中最有才氣的是沈從文、曹禺和蕭乾。邵燕祥說，郭沫若的「檄文」使文學史上看不到蕭乾的名字，蕭乾也因而受到人身迫害（見邵燕祥，〈認識一個真實的蕭乾〉，載王國華主編，《我與大公報》，頁257-259）。以郭沫若的地位和為人，邵燕祥所言之事或甚有可能，但他並未提供證據。

賀卡也不要寄。可是至少有兩位《大公報》的老同事憶述，蕭乾並非被動隨波逐流，而是積極主動靠攏新政權。[35]

　　結果，蕭乾的記者生涯隨同新政權的建立而結束——他晚年寫的回憶錄自言，尚未如願動手創作文學，就已經「變成一個只服從分配的螺絲釘」。[36]他一開始就撰寫了一些受毛澤東讚揚的英文宣傳，例如〈土地回老家〉，熱情洋溢地稱頌土地改革。[37]1950年思想改造期間，他積極表現，交了一篇將近五萬字〈我的自傳〉，痛批自由主義和《大公報》，自謂「『直覺地』左傾，但仍然沒有任何理論根底。」[38]這篇自傳在《蕭乾全集》遍尋無著，如此關鍵的文字不可能失佚，未收入《全集》亦難相信是出於疏忽。翌年，蕭乾在思想座談會上，繼續批判改良主義、自由主義、中間路線、費邊主義為「機會主義」，根源是「小資產階級的自私自利性」，並歸咎於自己教會學校、《大公報》和留英的背景，口徑與自傳如出一轍。[39]

　　政治風暴襲擊得此頂期來得快，政權易手短短一兩年內，蕭乾——以及其他新聞界名流——紛紛自打嘴巴，找到真理。王芸生原來被《中央日報》罵是「新華社的應聲蟲」，被《新華日報》罵為「國民黨的幫凶」；不料在1949年6月17日發表〈《大公報》的新生宣言〉，清算該報穿著「民

---

35 蕭乾，《未帶地圖的旅人》，頁167。蕭乾的說法與其他人有出入。據載，王芸生「北上」以前，曾在上海《大公報》召集一個小型的「碰頭會」，「參加者除王芸生外，另外還有三人，都是共產黨員，即楊剛、李純青，另一位現在已搞不清是誰，但肯定不是蕭乾。然而蕭乾不請自到，這也有意思。」（見王芝琛，《一代報人王芸生》電子版 http://vip.book.sina.com.cn/book/index_38197.html，2004年10月26日，無法標示頁碼。）又，唐振常反對蕭乾形容《大公報》為「起義」，因為該報乃民間報紙，沒有一份官股，不同於國民黨的黨政軍人員，無所謂「起義」；又謂，蕭乾被郭沫若橫加攻擊，「便有唯心誇張（指『起義』）之語，既違事實，復反科學」。（見唐振常，〈香港《大公報》憶舊〉，載王國華主編，《我與大公報》，頁21）。

36 《蕭乾全集》，卷1，〈自序〉，頁3。

37 見《蕭乾全集》，卷3，頁159-238。

38 引自傅光明，〈前言——我所認識的蕭乾〉，頁1-21。

39 蕭乾，〈批判改良主義思想座談會上的發言〉，原載香港《大公報》，1951年12月25日，收入《蕭乾全集》，卷3，頁499-505。

圖11.3　王芸生晚年悔恨曾
違心詆毀《大公報》。

間」、「獨立」的外衣與蔣政權發生血肉因緣。[40]
還有《觀察》，以前標榜「獨立的，客觀的，超
黨派的」，鼓吹自由、民主、進步、理性；在
1949年11月1日復刊號上，儲安平說以前的理
想是抽象籠統的，以後要學習馬克思主義，接受
共產黨領導。徐鑄成也在1952年上海新聞界改
造時，批判以前標榜獨立是自己「潛隱的自由主
義情緒」。[41]這些「民主人士」的心路歷程如出
一轍，從反對國民黨政權開始，到擁抱共產黨政
權、接受思想改造、歷經「反右」到「文革」劫
難。王芸生、徐鑄成和蕭乾都出身《大公報》，揆諸他們晚年個個對《大公
報》充滿深情與懷思，應知當年的檢討俱是違心之論。[42]

　　1954年胡風案以後，蕭乾接受政治檢查，結論是「早年追求革命，解放
戰爭期間中立，解放後靠攏」。[43]及至大鳴大放，心理防線突然鬆懈，蕭乾
在《人民日報》呼籲當局對文化人放心，「不以橫暴態度對待別人的看法、
想法和說法是每個公民對憲法應盡的一份神聖義務」。[44]蕭乾自稱這是一篇

40 從1945年到1949年，《大公報》和中共發生四次言論上的衝突，《新華日報》批評
　　《大公報》為國民黨片面辯護、反蘇、為法西斯效勞；南京《中央日報》則發起「三
　　查」運動，即「查」王芸生如何鼓吹分裂國家及如何效忠共產國際。王芸生深感左右
　　為難，痛苦不堪。見曹建坤（2010），《中國共產黨與自由主義力量，1945-1949》，
　　上海：上海人民出版社，頁146-149。王芸生寫的〈《大公報》新生宣言〉，與楊剛起
　　草的〈進步日報職工同人宣言〉相似，只是「調子低了一點」，而且該文經過周恩來
　　多次審閱才登出（見王芝琛，《一代報人王芸生》，電子版）。
41 陳建雲（2008），《大變局中的民間報人與報刊》，福州：福建教育出版社；張育仁，
　　《自由的歷險：中國自由主義新聞思想史》，頁595-596。
42 王芸生臨終前悔恨曾在壓力下「圍剿」《大公報》及戴張季鸞的帽子，見王芝琛，〈淺
　　談張季鸞先生〉，載王國華編，《我與大公報》，頁297-298。
43 蕭乾，《未帶地圖的旅人》，頁318。
44 蕭乾，〈放心、容忍、人事工作〉，《人民日報》，1957年6月1日，收入《蕭乾全
　　集》，卷3，頁550-557。

讓他後悔莫及的文章，他因而以右派入罪。當然，假使沒有寫這篇文章，他也未必逃得過劫難。蕭乾自問，要是沒有當成右派，「文革」期間「豈能逃過『梁效』先生的刀斧」？[45] 陸鏗說，「文革」時期躲在監獄裡，沒有捲入外面翻天覆地的慘烈鬥爭，反而成了最安全的避難所。劉賓雁也慶幸被打成右派在先，不必在「文革」時期留下可恥的文字。這三人俱有同感，相信不是事後說風涼話。話說回來，當一波波政治運動點燃熊熊火焰，鋪天蓋地，報人的「原罪」意識不斷發酵，在那當下相信他們是很把種種檢討、懺悔與控訴當真的。

蕭乾歎道：「不幸，這位帶地圖的旅人（楊剛）也並沒能逃過1957年的厄運。」[46] 他所指的，是「革命烈女」楊剛在反右運動期間自殺身亡，年僅四十二。1949年楊剛穿著戎裝，隨軍進入上海，轟轟烈烈接收她的老東家——《大公報》，誓言要把它辦成「布爾什維克的黨報」，她旋即北返擔任其他要職，由原埋伏於《大公報》的地下黨李純青繼任黨委書記。豈料八年後楊剛就結束了短暫而浩烈的一生。蕭乾一再表達和楊剛友誼深厚，「文革」以後更在胡喬木的鼓勵下編印了《楊剛文集》。其中有一篇附錄，是楊剛的獨女鄭光迪寫的。她憶述，楊剛為了奉獻革命，把女兒從小送到延安交給黨，母女一生只相處過兩年，其黨性之堅強有如是者。[47] 蕭乾自認在新政權落難，並歸咎於當年得罪過郭沫若；但蕭乾被劃為《大公報》的「右派記者」，始

---

45 《蕭乾全集》，〈自序〉，卷1，頁3。按，「梁效」是「文革」時期極左當權派御用的寫作班子，主要成員由北大和清華兩校著名的教授組成，「梁效」即是「兩校」的諧音。

46 蕭乾，《未帶地圖的旅人》，頁5；《蕭乾全集》，卷4，頁278-281。

47 蕭乾編（1984），《楊剛文集》，北京：人民文學出版社，集內未收任何楊剛描寫蕭乾的文章，但附錄收有楊剛獨女（鄭光迪）回憶母親的文字。王芝琛在《一代報人王芸生》（電子版）描寫楊剛「是一名地道的女布爾什維克。『浩烈之徒』楊剛，一心撲在革命事業上，『有男人而不能做男人的妻子，有孩子而不能做孩子的母親』。」中共建政以後，楊剛在周恩來辦公室當副部級祕書，主管外事宣傳。但她遺失筆記本，有人交到周恩來的手中，周發現筆記本不僅有工作機密，還有楊剛與費正清聯繫方法和親密交往紀錄，中美交惡時期那是嚴格禁止的。她因此失信於周恩來，被調往《人民日報》擔任負責國際宣傳副總編輯。1957年10月，「反右」運動時自殺身亡，年僅42歲。見申淵，〈名記者楊剛自殺經過〉，《開放雜誌》，2015年3月號。

作俑者正是黨性堅強、「鐵面無私」的摯友楊剛，而蕭乾在生前對這段原委似乎茫然一無所知。[48]蕭乾過世後，他的遺孀文潔若感慨道：

> 比起楊剛、范長江、劉克林來，蕭乾能在改革開放後活上二十年，寫了二十載，是天大的幸運。1957 年 10 月 7 日，楊剛在北京家中自殺。1970 年 12 月 23 日，范長江在河南確山幹校尋了短見。孟秋江於 1966 年「文革」方起的「紅八月」突然墜樓自盡。而這三位都被公認為《大公報》的「左派記者」。[49]

連楊剛也無法逃此一劫，「左派記者」的下場比「右派記者」更慘，這是共產中國的定律。蕭乾平反時已近七十歲，他自稱回歸自由主義，抓緊時間寫文章，《蕭乾全集》（共七卷，4672 頁）的文字有一半是劫後餘生寫的，但涉及新聞的部分以憶往為主。這一部分因為急於表白心跡，重複多，新材料少。總之，蕭乾批評起國民黨毫無顧忌，批評共產黨時話到嘴邊又溜回去。傅光明說他「不說假話，但說的真話不夠多」，這是中肯的評價。[50]蕭乾一再說自己是「膽小鬼」。他晚年在許多文章流露對自由的嚮往，卻在「八九動亂」以後出任統戰部門「中央文史研究館」館長，這個單位由統戰部提供名單，館員只吸收「非黨員」。上引文潔若的文章以一句喟然長歎收尾：「唉，中國的知識分子！」[51]她當然不是劍指蕭乾，實則非常生動地刻畫蕭乾的一生。

---

48 王芝琛，《百年滄桑：王芸生與《大公報》》，頁134-135。當時楊剛是《人民日報》副總編輯、社內「反右領導小組」第三把手，蕭乾是《人民日報》文藝部顧問、《文藝報》副總編輯。蕭乾當年接受楊剛的勸告，放棄劍橋大學教職回國服務，但她在《人民日報》的出手批判，使蕭乾被劃為「右派」，楊剛對此心理接受不了——而且在自殺前兩天楊剛才出席（丁、陳反黨集團）批判大會。楊剛年輕時也有過脫黨的歷史。見斐毅然，〈紅色才女楊剛〉，《南方都市報》，2014年1月15日。

49 文潔若（2004），〈蕭乾與《大公報》〉，《書屋》，第6期。

50 傅光明，〈前言——我所認識的蕭乾〉，頁19。

51 文潔若，〈蕭乾與《大公報》〉。

二、陸鏗：南京《中央日報》新聞自由曇花一現

抗戰勝利，中國報業的發展仍然十分落後，分布失衡，多數集中在幾個大都市的「孤島」，缺乏和全國城鄉有機聯繫的臍帶。1946年，全國報社主要錯落在上海（96家）、南京（87）、天津（48）、北平（59）和廣州（42），少數在武漢、東北、渝蓉、西安等地。全國報紙發行總量合計不過區區200萬份，京滬、平津兩區幾占其半（45%）。[52] 這個數字如今看來小得不可思議，對照中共建政以後動輒數百萬份鋪天蓋地的黨報，猶如天壤之別；不管銷量、覆蓋面、層級和影響力各方面，《中央日報》縱在巔峰狀態也無法望《人民日報》的項背。1946年，直屬國民黨中央的黨報22家，銷路40多萬份，占全國的五分之一，即把外圍報紙算在內，所發揮輿論的力量還是有限。《中央日報》在黨內屬於CC（陳果夫、陳立夫）派的宣傳系統，[53] 在各地設有13個分社，其中南京《中央日報》於1945年自重慶遷回復刊，發行7萬份，在首都首屈一指，據說蔣介石每天必讀。[54]

抗戰勝利，政府復員首都南京，由於滬上《申報》和《新聞報》待遇優渥，吸引《中央日報》的老記者前去高就。馬星野只好起用年輕學生為採訪的主力。馬星野從密蘇里大學新聞學院畢業回國，於1935年創辦中央政治學校新聞系。1945年他當南京《中央日報》社長時36歲，報社主管（如

---

52 賴光臨（1981），《七十年中國報業》，臺北：中央日報社，頁193-194。南京上海區發行量為60萬份，其中《新聞報》（20萬）、《申報》（10萬）、南京《中央日報》（7萬）和上海《大公報》（5萬）。平津區發行量為30萬份，其中天津《民國日報》（7萬）、天津《大公報》（5萬）、北平《華北日報》（3萬）、北平《世界日報》（3萬）。

53 但黨內派系林立，各據山頭，新聞控制漏洞多，力量相互抵消。例如《中央日報》就和三民主義青年團系的《和平日報》對立，王良卿（1998），《三民主義青年團與中國國民黨關係研究（1938-1949年）》，臺北：近代中國出版社，頁365-370。

54 有謂蔣介石只看《大公報》，不看黨報。此說未免誇張。龔選舞說，蔣每天早餐以前閱報，有意見用紅筆勾下，交祕書轉中宣部，知會報社。在馬星野接任以前，《中央日報》連連更換社長。見龔選舞（1991），《龔選舞回憶錄》，臺北：時報文化，頁22-23。（龔是陸鏗的部下兼連襟。）

圖11.4　1948年南京《中央日報》新聞研究班結業。前排左一為馬星野，左三為陳果夫，中為陳立夫，右一為陶希聖，右三為陳布雷，後排左一為陸鏗。（陸鏗家屬提供）

總編輯李荊蓀、總經理凌遇選）全在三十上下，陸鏗27歲即被任命為採訪主任，隨後升任副總編輯，底下記者都是二十出頭剛踏出校門的青年。[55] 從1946年到1948年，雖然瀰漫於南京的政治和軍事空氣凝重，但《中央日報》年輕記者生龍活虎，橫衝直闖，有時候近乎肆無忌憚。[56] 這些「娃娃兵」（龔選舞語）邊做邊學，初生之犢不畏虎，一腳踩進權力中心的採訪圈。徐佳士是當年的新進記者，他形容《中央日報》採訪組為「不發文憑的學府」，年輕記者經過半年多的嚴格訓練，就變成了「當時全國新聞重心南京的最強悍的記者團」，連上海和平津大報駐京記者每天都得去「走動走動」。[57] 1946年，龔選舞23歲就上廬山採訪國共調停，兩三年內親眼看到了廬山的繁華與沒落、國民黨的興盛與沉浮。[58] 這種盛況和氣勢堪稱「空前」與「絕後」，更是1949年以後《人民日報》和臺北《中央日報》不敢想像的。國民黨退到臺灣一隅，猶如喪家之犬，新聞控制比在大陸時嚴厲得多，《中央日報》更背負了黨報的緊箍咒。等到1987年臺灣解除戒嚴，1988年開放報禁，《中央日報》已經氣衰，不出幾年便壽終正寢了。[59]

　　南京《中央日報》走企業化經營的路線，已開始賺錢，毋須仰仗國民黨中央撥款補助。為了和民營報紙競爭，它盡可能淡化黨性；新聞檢查制度不

55　這是根據龔選舞的記述，見陸鏗（1997），《陸鏗回憶與懺悔錄》，臺北：時報文化，頁634-635。

56　《陸鏗回憶與懺悔錄》。例如軍政部長徐世昌代表國府，與馬歇爾、周恩來談判，卻不肯接見記者，《中央日報》宣布「徐世昌失蹤了」（頁101-107）。《中央日報》登出國民大會代表譴責東北剿共失利，標題為「請殺陳誠，以謝國人」（頁98）。刊登宋貪污案，更與蔣介石正面衝突（頁159-180）。

57　《陸鏗回憶與懺悔錄》，頁95。

58　《龔選舞回憶錄》，頁5-28。

59　關於臺灣報業爭取新聞自由的歷史，見李金銓，《超越西方霸權》，頁135-164。

圖11.5　抗戰勝利，南京《中央日報》號稱「不頒發文憑的學府」，搶新聞之勇猛不讓民營報紙。（馬大安提供）

圖11.6　南京《中央日報》社長馬星野與員工合影，時在1946-1948之間。（馬大安提供）

但引起民營報紙反感，連黨報也屢屢撰文批評。[60]尤有進者，如同陸鏗生動的概括，《中央日報》內部有兩條路線鬥爭：一條是言論路線，「先中央，後日報」，由中宣部副部長兼該報總主筆陶希聖掌控，他是蔣介石身邊的文膽，以宣傳黨中央政策為主旋律，充分反映最高當局的意志；另一條儼然是「先日報，後中央」的新聞路線，社長馬星野為人謹慎，但對新聞有理想，不太干預年輕少壯的學生，因此記者可以不理「宣傳指令」，報紙很少轉載中央社的稿件。[61]

　　陸鏗不是無的放矢，茲舉三例以為佐證：其一，總主筆陶希聖自承，《中央日報》不許獨家發表中央重大消息，不得洩露中央的機密，「只有一條路可走，就是正確地解說和傳達中央最高旨意。唯其要正確，主筆就難做了。」不就是「先中央，後日報」的言論路線造成「主筆難做」嗎？其二，當時外長王世杰不滿報章的批評，特遣派張祕書見蔣介石身邊的重臣陳布雷，請為其緩頰，陳因而致函《新聞天地》主事者卜少夫，略謂「年輕人總是喜歡搶消息——強訪及至於強登——即如我為《中央日報》常董，照我知道馬社長亦不能（為）登出條條（新聞）都負責，因青年記者群實在各有個

60　蔡銘澤（1998），《中國國民黨黨報歷史研究》，北京：團結出版社。
61　《陸鏗回憶與懺悔錄》，頁97。

性，故此等側面報導，容有措詞過火內容渲染之處，在大部（按：指外交部）應當包容，後張君唯唯稱謝而去。」[62]其三，在剿共失利的氣氛下，年輕記者徐佳士的報導如實引述一些觸犯黨國要人（陳誠）的話，也只有驚無險，沒有受到處罰。[63]這不是年輕記者「先日報，後中央」鮮明的寫照嗎？

在這種氣氛下，陸鏗終於做出驚天動地、「欠砍頭」的事：1947年7月29日，他在《中央日報》第四版揭發皇親國舅貪腐，標題是「孚中暨揚子等公司破壞進出口條例，財經兩部奉命查明」。新聞指出，全國只有外匯儲備5億美元，孔祥熙和宋子文的兩公司竟於1946年3月到11月間結匯3億多，大量進口奢侈品。[64]消息經合眾社、新華社和國內外報章轉載，迅速上升為政治事件，不但影響國共鬥爭的態勢，更關係國府爭取美援的成敗。蔣介石震怒，下令徹查新聞來源。該報導的根據是什麼？國府為了營造和平氣氛，任命青年黨陳啟天為經濟部長，《中央日報》年輕記者漆敬堯在陸鏗指揮下，向經濟部商業司長取得洩露的機密文件。陶希聖奉命調查，他恐嚇陸鏗「一個人只有一個腦袋」，陸鏗竟答道「這個腦袋是可以不要的」，堅拒透露消息來源。陸鏗又以調虎離山之計，速派年輕記者漆敬堯上廬山採訪國共和談，自己扛下責任。陸鏗奉蔣召見，他在蔣面前慷慨陳詞，批評陳誠剿共失利，批評陳立夫把黨內派系鬥爭擺在國共鬥爭之先（因此蔣知道陸鏗不是CC派用來打倒孔宋的工具），批評孔宋貪污喪失民心，批評財政部長俞鴻鈞敷衍了事，最後說：「只有這樣做，才能表明：國民黨不同流合污，蔣總裁是大公無私。」[65]蔣決定不予追究，此事不了了之。陶希聖為了找下臺階，玩

---

62 《陳布雷回憶錄》（重印本）收錄紀念文字，陶希聖的話，引自頁385。陳布雷致卜函，見頁399，云：張祕書離去後，陳審閱批評王世杰的文章，「覺得沒有什麼，要是我易地以處，當不重視如此。」

63 徐佳士回憶，因為陳誠在東北剿共失利，國大代表高呼「殺陳誠以謝國人」，南京《中央日報》據實報導，之後高層來電話追究，陸鏗向社長馬星野攔下責任；後來馬社長知道該新聞是徐所寫的，在私下場合還說：「佳士，你是我的學生，你做得好。」見《提燈照路的人：政大新聞系75年典範人物》，臺北：政大新聞系，2010，頁47-48。但馬星野到臺灣以後轉趨保守，時局如此，不得不然也。

64 《陸鏗回憶與懺悔錄》，頁159-160。

65 《陸鏗回憶與懺悔錄》，頁176-177。

起「小數點遊戲」，藉口《中央日報》搬錯了
小數點，把貪污數額從三億元減為三百萬元。

　　陸鏗說大人而藐之，有國士之風，已載
入新聞史冊。南京《中央日報》合訂本已在
臺北的一次大火中焚毀。幸有可靠的相關記
敘可資佐證，此事輪廓應當錯不了，至少我
還沒有看到反面的證據。[66]但人的記憶極不可
靠，歷經數十年歲月的洗刷或增刪，究竟有
多少細節是「選擇性的記憶」，即連陸鏗本人
恐怕也不敢保證。陸鏗寫的「孤本」，尤其是
若干神話式情節，當事人均已作古，求證無
門，再經過傳主反覆口述，自然形成首尾一
致、邏輯連貫、天衣無縫的故事了。

圖11.7　1947年7月29日南京《中央日報》揭發孔宋孚中貪污案，引起國內外政治的軒然大波。

　　這件事如果單獨看，可能會誇大陸鏗的作為，所以必須聯繫到普遍輿
論氣氛、國共調停、國際干預的背景，才能準確解讀它的意義。有謂，一
般對「孔（祥熙）之為人，莫不痛恨」。[67]1942年，昆明西南聯大鬧學潮，
掀起「打倒孔祥熙發國難財」的高潮，蔣介石在日記中一再批評孔家「驕
矜自滿」、「驕矜自大」、「驕矜無忌」，考慮要孔辭職，卻又不肯向學潮低
頭。[68]1945年，孔祥熙涉及美金公債舞弊案，蔣介石親自查處，對孔痛憤已

66　臺灣解嚴以後，當年揭發孔宋案的記者漆敬堯寫了一篇文章：〈小數點的玄機化解一
　　場政治風暴——獨家採訪宋孔家族利用特權結匯謀取暴利新聞的一段往事〉，《傳記
　　文學》，第54卷，第1期（1989），頁63-68。又，參考馬之驌（1986），《新聞界三
　　老兵：曾虛白、成舍我、馬星野》，臺北：經世書局。

67　唐縱（1991），《在蔣介石身邊八年：侍從室高級幕僚唐縱日記》，北京：群眾出版
　　社，頁253。唐是軍統骨幹。

68　楊天石（2010），《找尋真實的蔣介石：蔣介石日記解讀（二）》，香港：三聯，頁
　　354-373。蔣的日記轉引自楊著，頁366。這次學潮是《大公報》引起的：政府從香港
　　搶救「要員」回重慶，飛機上走出來幾條洋狗，乃外籍機師所有，但《大公報》誤報
　　為為孔家的寵物，王芸生在社論大加撻伐，以致眾怒沸騰，引爆學潮。

極，最後卻唯恐動搖自己的統治基礎，拿不出決心徹底反貪腐或追究責任，
但求「速了」，落得雷聲大雨點小。[69]黨內若干耿直之士皆曾面諫，蔣氏沒
有理由不知道孔宋的貪腐，只因焦頭爛額，不肯擴大事態而已。1947年2月
15日，即《中央日報》的報導出現以前五個多月，傅斯年終在《世紀評論》
第七期發表〈這樣的宋子文非走開不可〉；一週後，又在第八期登出〈宋子
文的失敗〉，列舉事實譴責孔宋權貴勢力「斷送中國的經濟命脈」。[70]文章經
過《大公報》等轉載，馬寅初、重慶《世界日報》、《觀察》週刊也紛紛譴
責權貴資本。陸鏗受到傅斯年的文章鼓舞，「年輕人義憤，豁出去再說」。[71]

　　陸鏗不是最早、也不是唯一揭發孔宋案的人，但他堅守新聞專業的原
則。國人一片皆曰孔宋可殺，卻苦無實據，陸鏗臨門踹上一腳，在黨報公布
其貪腐確鑿的證據，使其無法抵賴，因而顯得特別突出而有力。事發以後，
陸鏗拚死保護消息來源，又犯顏直諫，乃至軟化蔣介石的態度，這是國府
「日落西山」以前的一段奇觀。儘管《中央日報》社論痛詆民主人士、第三
勢力和《大公報》，它的新聞報導卻勇猛精進，和民營報紙力爭長短。以陸
鏗的個性及時代氣氛來看，最後燒起這把火，當是必然的發展。

　　蔣介石的「不殺之德」，不止是個人胸襟大小的問題，也涉及民心向
背，還有國共和談期間微妙的美國因素。抗戰勝利來得太突然，當局沒有心
理準備，全國千瘡百孔，國府接收失序。不旋踵間，國共衝突正式搬上檯
面。當局估計可以短期內以軍事解決中共，再處理經濟問題，不料戰事延長

---

69 陳賡雅和傅斯年聯合向國民參政會提案，揭發孔祥熙（時任行政院副院長、財政部
　　長、中央銀行總裁）的美金公債舞弊案。蔣介石在日記裡一再痛罵孔「一意狡賴，可
　　恥之至」（1945年7月15日），「更覺此人之貪劣不可救藥」（7月22日），「庸人（疑
　　為「庸之」之誤）不可與之再共國事矣。撤孔之舉，猶嫌太晚矣」（7月25日），「惟
　　庸之不法失德，令人不能想像也」（8月16日）。然而蔣不敢徹查下去，只讓孔辭去央
　　行總裁一職了事。轉引自楊天石，《找尋真實的蔣介石：蔣介石日記解讀（二）》，頁
　　374-393。
70 傅國湧，〈1947年──傅斯年和中國言論界〉，http://blog.sina.com.cn/myd829（2009.
　　9.5上網）。
71 《陸鏗回憶與懺悔錄》，頁163。

擴大，只能硬幹到底，及至承認經濟戡亂比軍事戡亂更重要，為時已晚。[72]
1945年底，馬歇爾將軍卿杜魯門總統之命抵華斡旋。他風塵僕僕，1946年
八上八下廬山，調停國共和談，馬蔣兩人常起爭執。談到最後，美國高懸的
兩大目標（國民黨政治民主化，共產黨軍隊國家化）全盤落空，還在國共兩
邊不討好。[73]該年7月間，特務暗殺李公樸、聞一多兩位「民主教授」，杜魯
門總統致函蔣，措辭極嚴峻，馬歇爾在廬山更當面向蔣討說法。談判邊打邊
談，斷斷續續，1947年初馬歇爾宣告和談失敗。返美後，他旋即出任國務
卿，對國民黨施壓日甚一日。國民政府必須營造民主假象和和平氣氛，以爭
取美援。1947年7、8兩月，杜魯門特派魏德邁來華考察，魏離去時發表談
話，嚴詞指責國民政府的軍事措施及腐敗無能。[74]陸鏗逃過一劫，實有賴於
國際勢力的保護：他揭發孔宋弊案之日（7月29日），正當魏德邁特使訪華
之時，蔣若斷然懲處陸鏗，不啻坐實外界對他獨裁專制的指控；蔣氏索性藉
機引此案為證，向魏德邁和美國大使司徒雷登表明中國正向民主邁進。魏德
邁、司徒雷登與蔣介石的這段談話已載入《美國對華關係白皮書》附錄。[75]

　　國民黨的腐敗在抗戰的中後期已經浮現，蔣介石豈有不知之理？但他
左支右絀，為了怕牽一髮而動全身，只能投鼠忌器，避重就輕，當然無法解
決根本問題。前述蔣草草處理孔祥熙貪污案，最後不了了之，即為明證。侍
從室高級情報參謀唐縱，出身黃埔軍校嫡系，是蔣的近臣，他的日記流落大
陸，未及帶出，經過中共官方審編後公開出版，其中刻畫了目睹黨內腐敗、
派系傾軋、因循苟且、經濟凋敝、民怨沸騰的情況，觸目皆是大廈將傾的敗
象。[76]後來情勢急轉直下，更難收拾。

72　郭廷以（1979），《中國近代史綱》，香港：香港中文大學出版社，頁779。
73　《中央日報》為蔣出廬山版，陸鏗當分社主任。《陸鏗回憶與懺悔錄》，頁117-130；
　　《龔選舞回憶錄》，頁22-26。
74　詳見顧維鈞（2013），《顧維鈞回憶錄》（全13冊），北京：中華書局，第6分冊，馬
　　歇爾調停失敗，頁37-69；魏德邁訪華，頁159-192。
75　《陸鏗回憶與懺悔錄》，頁179。
76　唐縱，《在蔣介石身邊八年：侍從室高級幕僚唐縱日記》。唐的日記（1927-1946）悉
　　數流落大陸，沒有及時帶出，後經中共公安部檔案館編注後印行此書。例如1944年

蔣放過陸鏗，除了情勢所逼，不知道有沒有引咎自責之意，但孔宋牽累
使他內心沉痛，確有1948年11月4日日記為證：

> 最近軍事與經濟形勢皆瀕險惡之境，**於是一般知識人士，尤以左派教授及報章評論，對政府詆毀污衊無所不至，即黨報社論對余與經國，亦肆意攻訐，毫無顧忌，此全為孔令侃父子（引者按：指孔祥熙）之所累，蓋人心動搖怨恨，從來沒有今日之甚者。**然此為共匪造謠中傷之一貫陰謀，以期毀滅余人之威信，不意今竟深入我黨政軍幹部之中，所謂浸潤之譖，其所由來漸矣，非一朝一夕之故也，惟此一毒素，實較任何武器尤屬，數日前對於美援，尚有一線之希望，而今已矣。故以現況與環境論，似已失敗，願（引者按：疑似「顧」字之誤）以理以力論，則尚有可為也，祗須信心不撼忍耐鎮定，自立自助，自強不息，以求其有濟而後已。[77]（強調處乃引者所加）

這不是一幅內外交迫、四面楚歌的寫照嗎？蔣盡可怪罪左派教授、左派報章乃至國民黨黨報的「造謠中傷」，盡可歸咎「共匪的陰謀」與「毒素」，卻無法抹煞孔宋豪門的劣跡，無法扭轉國軍連連失利、國民經濟崩潰、美援中止的局面。越年，國民黨政權全面垮臺，南京《中央日報》成為歷史名詞。

大陸易幟之際，陸鏗從海外冒險回昆明接眷，一下飛機即被認為負有

12月20日日記說，蔣「一方面勵精圖治，要求改進現狀，但同時顧慮太多，處處維持現狀。一進一退，無補於時艱，徒然苦了自己，苦了國家民族！」（頁479）。1945年4月8日指出，國民黨已經淪為「發牢騷的集團」（頁501）。7月26日引述陳布雷的談話：「今天許多問題都牽涉到基本問題，動動小處無濟於事，動到大處，則顧忌太多，危險愈大，所以牽涉到根本問題便打消了。」（頁526）。同年11月12日又說：「主席對於時局甚為焦慮，但對於根本對策，刷新政治，尚無改革決心，而欲避重就近（原文），從容著手處做去，此不能解決問題」（頁556）。其他條目都不勝痛心疾首。

77 轉引自王豐（2009），〈從南京政府垮臺，緬懷「見大人則藐之」的陸鏗〉，載張偉國編，《大記者：陸鏗紀念文集》，香港：新世紀出版社，頁235-236。

政治任務而下獄。出獄後參加雲南省政協，卻
又在大鳴大放期間提出三點建議：（一）考慮與
美國化敵為友；（二）向資本主義國家學習，各
大學改學英文以代俄文；（三）允許民間辦報，
唱唱對臺戲也不妨。[78]他成了「親美反蘇極右分
子」，總共做了二十二年階下囚，直到1975年因
對臺統戰的需要而獲特赦。1978年離開大陸到香
港時，都快60歲了，後來轉赴紐約，站到海外
的新聞第一線，長達三十年。他的新聞生命比蕭
乾和劉賓雁長壽多了。他在海外掛單，是個沒有
廟的和尚，但只要哪裡有新聞就有陸鏗。陸鏗於
1985年訪問胡耀邦，構成胡下臺三大罪狀之一
（詳後）。

圖11.8　陸鏗（1919-2008）。
八十歲時寫下回憶和懺悔錄，
回顧六十多年的記者生涯。

三、劉賓雁：「第二種忠誠」

　　對照蕭乾的中左、陸鏗的中右，劉賓雁自然代表左派了。諷刺的是劉
賓雁在共產黨黨內被毛澤東以「右派」入罪，又被鄧小平以「資產階級自
由化」開除黨籍。在中共的語彙裡，「自由化」總是冠上「資產階級」的帽
子，「先驗上」和社會主義或共產黨領導水火不容。劉賓雁曾經是最有影響
力的調查記者，但他的新聞生涯坎坷崎嶇，是共產中國政治氣候的晴雨表。
他的資歷分三部分：（一）一輩子做了兩段時間的記者，1951年到1957年
在《中國青年報》，1979年到1987年在《人民日報》，總共13年，其中只有
九年（1956-1957，1979-1987）能夠真正發揮；（二）隔著這兩段記者生涯
是「反右」和「文革」，劉賓雁和蕭乾、陸鏗同為右派賤民，被奪筆22年；
（三）1987年被開除黨籍，接著在美國流亡長達18年，直到逝世為止，比13

年的記者生涯還多出五年。

《中央日報》的地位遠不如《人民日報》，接受控制的程度也是小巫見大巫。《人民日報》從來就是最高領袖親自管，很多重要罵人、整風或搞政治運動的文章都是毛澤東親自執筆的。1957年鳴放時期，毛先褒揚徐鑄成的《文匯報》辦得好，接著咒罵《人民日報》社長鄧拓「死人辦報」，「霸住茅坑不拉屎」，增加「板凳折舊費」。[79] 後來毛突然出其不備來個大轉彎，連寫好幾篇措辭嚴厲的批判文章，特別是7月1日發表的〈文匯報的資產階級方向應當批判〉，成為「反右」運動的開幕禮。[80] 1959年，毛暫居第二線，劉少奇走到臺前，劉責備《人民日報》為「大躍進」造虛弄假，又說這樣「說謊的報紙比沒有報紙還要糟糕」。面對毛澤東的整肅在前，劉少奇的數落在後，《人民日報》簡直進退維谷。[81]

「文革」的號角一吹響，鄧拓自殺，他的助手胡績偉被貶去掃廁所，從此極左派當家，把《人民日報》辦成「假、大、空」。直到1979年，胡績偉等人才回到《人民日報》，全力配合胡耀邦，清除極左派和「凡是派」的殘餘勢力，積極鼓吹鄧小平復出。劉賓雁就是在這個大好時機加入《人民日報》的，但整個《人民日報》始終沒有出現第二個劉賓雁。他的遭遇時好時壞，寫作時繼時挫，反映政治氣候的收收放放。即使形勢大好之時，劉賓雁的調查報告（例如著名的〈人妖之間〉）就只能刊載於《人民文學》，而不在《人民日報》。話說回來，中共等級和保密制度何等嚴密，要不是劉賓雁手握黨中央機關報這把尚方寶劍，外出採訪看得到機密檔案，見得到地方高官，他是斷斷無法寫出這些揭發性的文章的。

劉賓雁1951年進入《中國青年報》，年僅26歲，在社內居然已屬年

79 王若水（1988），〈記憶一九五七年毛澤東的接見〉，《智慧的痛苦》，臺北：人間出版社，頁369-380；王若水（2002），《新發現的毛澤東》，香港：明報出版社，頁524-537；龐暘（2010），《鄧拓和他的家人》，北京：中國物資出版社，頁102-127。
80 這段過程的詳細紀錄已出爐，見鄭重（2010），《毛澤東與文匯報》，香港：中文大學出版社。另見《徐鑄成回憶錄》，頁263-264。
81 胡績偉（1988），《新聞工作論說集》，北京：工人出版社，頁98-102。

長。這些年輕記者在大學參加反國民黨的地下學運，不相信共產黨會犯錯，
要錯必是國民黨的錯。在鎮反時期，公職人員內部開展「忠誠老實」運動，
坦白交代歷史問題。從批判《武訓傳》到胡風案肅反擴大化，劉心中哪怕有
點疑問也很快壓下去，畢竟革命是從否定自己開始，知識人有「小資產階級
思想」和「個人主義」的原罪，必須不斷改造才能贖罪。報紙充斥英雄、道
德和各種訓誡，在「革命」的名義下什麼都可以合理化，若敢懷疑制度或政
策，豈不宣示自己中毒太深，甚至無可救藥？[82]

劉賓雁受蘇聯作家奧維奇金（Valentine Ovechkin）啟發，主張報導文學
應該干預生活，揭露陰暗面。[83]毛澤東在1942年延安文藝座談會的講話，提
出解放區作家要歌頌光明，不是暴露黑暗。毛宣布「爭鳴」政策，猶如枯木
逢春，使劉賓雁覺得糾正黨內官僚主義、宗派主義和教條主義的大好時刻到
了。1956年，他首先發表〈在橋梁的工地上〉向官僚主義宣戰，這是「命運
的預演」。接著，他發表〈本報內部消息〉，刻畫城市黨報總編輯看上不看
下，作風蠻橫，報紙辦得索然無味，年輕記者想改變方針而挨整。兩篇都登
在《人民文學》，而不是在黨報。1957年5月，他發表一千字的〈上海在沉
思中〉，批評黨的政策反覆，很多人不肯說話，所以上海在解放後出的書比
解放前少。他墜入了「陽謀」的陷阱，毛澤東說：「看來有人不是要把事情
搞好，而是想把事情搞亂。」毛親自批判劉在鼓動匈牙利式的暴亂。[84]

劉賓雁在《中國青年報》七年，1957年被劃為反黨右派、階級敵人，
「那種念頭腦子裡一秒鐘都沒有閃過」。[85]《中國青年報》連續一個月天天
從頭版開始刊登批劉的報導和文章，造成「輿論一律」、密不透風的氣
氛。劉成天接受批判，單位裡沒有人敢和他講話，比刑事犯還臭，輿論
上和社交上孤立無援，儼如社會學家形容軍營、監獄等教化機構的「total

---

82 劉賓雁（1989），《劉賓雁自傳》，臺北：時報文化，頁21-25，38-46，111-112。
83 劉賓雁（1956），〈和奧維奇金在一起的日子〉，《文藝報》，第4期，載劉賓雁
　　（1998），《劉賓雁言論集1》，香港：香江出版公司，頁219-230。
84《劉賓雁自傳》，第4到6章，毛的話引自頁99。
85 李怡（1982），〈劉賓雁和他的時代〉，《九十年代》，第12期，頁68。

圖11.9　胡績偉（1916-2012），1993年在美國明尼蘇達大學學術研討會上發言。（李金銓提供）

institution」。[86]「動機」才是要害：劉賓雁自認響應政策，是黨要他講的，講的也都是實話，而且是為黨好才講的；但黨硬是說他「居心不良」，故意放毒，反黨，有政治野心。在長期動員的聲討下，眾口鑠金，劉也不免懷疑自己的「小資產階級思想」沒有清除乾淨。最終，劉不服輸，但必須認命。根據社會心理學「認知不和諧」（cognitive dissonance）理論，如果人的態度與態度、態度與行為不和諧，除非改變其中一個態度或行為，否則無法獲致心理的平衡。毛澤東親點劉賓雁為右派，既然毛不可能錯，劉只好認命了。[87]革命理想踫到政治現實，思想鬥爭必然牽涉意識形態「自我說服」的過程。

劉打成右派時32歲，是《中國青年報》十三級幹部，社內唯一的「高知」。他說，一旦貶為賤民，好處是和社會底層的農民打成一片，但誰都可以侮辱他，想做點好事，黨偏不讓他做。[88]磨難使蕭乾學會噤聲，卻使劉賓雁躍躍欲試。「文革」結束，劉賓雁54歲，他像程咬金一聞到泥土的味道就復活了，1979年進《人民日報》當記者，未來八年內彷彿要奪回失去的生命，寫出一篇又一篇爆炸式的報導文學，造成極大的震撼，奈何政治風雲莫測，把他再度捲入風暴圈。倘若1957年給毛澤東點名打成右派是命運的安排，1987年給鄧小平點名開除黨籍便是使命感驅使下的選擇。

1978年到1980年是《人民日報》的黃金時期，社長胡績偉和副總編輯王若水在胡耀邦的支持下，一邊從理論上清算四人幫的極左毒素，撥亂反

86　Erving Goffman (1961), *Asylums: Essays on the Social Situation of Mental Patients and Other Inmates.* New York: Anchor.

87　《劉賓雁自傳》，頁108。關於認知不和諧論，Leon Festiger (1957), *A Theory of Cognitive Dissonance.* Stanford: Stanford University Press.

88　李怡，〈劉賓雁和他的時代〉頁71。

正，一邊打擊毛派「凡是派」的殘餘，推行思想解放運動，兼為鄧小平復出造勢鋪路。該報發行量達到五百多萬份的歷史最高峰。劉賓雁1979年一年內跑了五個省市，做了不下15場演講。這個寬鬆局面維持到1981年鄧小平提出「反自由化」和「堅持四項基本原則」為止，從此中國政局便在「經濟反左」和「政治反右」之間交鋒攞盪，鄧小平操縱兩條路線的平衡，起了槓桿的作用。鄧小平支持胡耀邦解放思想，新聞文化思想界便活絡；鄧小平提出「反自由化」，則改革派非遭殃不可。整個1980年代中國經歷了四次「反自由化」運動：[89]

圖11.10　胡績偉在香港自資出版《自選集》，共五冊，第一冊牽涉他與胡喬木的爭論。

- 第一次（1981-1982）：收緊意識形態，重新高舉毛澤東的旗幟，批判《苦戀》及作家白樺。
- 第二次（1982-1984）：鄧力群入主中宣部，搞了短命（28天）的「清除精神污染運動」。《人民日報》社長胡績偉和副總編輯王若水解職。
- 第三次（1985-1987）：「反自由化」短暫間歇，劉賓雁當選全國作家協會副主席。1985年胡耀邦發表保守的新聞講話，接受陸鏗訪問，埋下日後胡下臺的導火線（詳下）。經濟改革導致嚴重腐敗，爆發1986年學潮，要求民主，翌年胡耀邦因推動「反資產階級自由化不力」而去職。鄧小平指名開除方勵之、王若望、劉賓雁黨籍。劇作家吳祖光被胡喬木勸退黨，王若水被開除黨籍，中國社會科學院馬列所所長蘇紹智解除黨內外職務。
- 第四次（1987-1991）：鄧力群挫敗，知識界發動民主運動，政治鬥爭如火如荼，終於導致「六四慘案」。

89　李洪林（1999），《中國思想運動史（1949-1989年）》，香港：天地圖書有限公司。

　　劉賓雁個人的命運是和《人民日報》、胡耀邦，乃至改革派的命運唇齒相依的。從他的遭遇可以管窺中共高層改革派（胡耀邦）與保守派（胡喬木、鄧力群）的複雜鬥爭，以及記者如何在夾縫中生存。[90]鄧小平斥責胡耀邦包庇自由化，而《人民日報》被視為自由化的主要基地；主管意識形態的胡喬木又斥責《人民日報》社長胡績偉包庇副總編輯王若水和記者劉賓雁。胡績偉提出「黨性來自人民性，又高於人民性」的命題，胡喬木批評他否定黨是無產階級的先鋒隊。王若水提出「社會主義異化」的命題，胡喬木批評他對階級鬥爭、剩餘價值、無產階級專政的理論都沒有像對異化理論那樣熱心宣傳。[91]原來有胡耀邦的寬容與保護，《人民日報》這夥人才能有幾年的機會施展抱負；一旦胡耀邦背腹受敵，自身難保，他們的下場可想而知。在《人民日報》，老社長鄧拓的命運原是前車之鑑，胡績偉、王若水、劉賓雁步其後塵，都成了權力鬥爭的祭品。劉畢生以「第二種忠誠」耿耿事黨，追求「人道的社會主義」鬱鬱而終，這是革命吃掉自己兒子最沉痛的例證。

　　劉賓雁復出後第一篇重要報導是〈人妖之間〉（1979）。「文革」剛過，言論尚未收緊。他描寫哈爾濱附近賓縣政要王守信，一個不識字的女人，竟能憑交換權力、關係、財富形成貪污集團。[92]縣委書記向省委書記告狀，省委書記向中央告狀，指控該文嚴重失實，「造成思想混亂，破壞安定團結」。中央的調查指出，文章雖有缺點，卻不應上綱為「嚴重失實」或是攻擊黨。1980年他描寫「文革」前、「文革」中、「文革」後的「元老」一貫

---

90 《劉賓雁自傳》；王若水（1997），《胡耀邦下臺的背景：人道主義在中國的命運》，香港：明鏡出版社；王若水（2002），《為人道主義辯護》，北京：生活‧讀書‧新知三聯書店；蘇紹智（1996），《風雨十年：文革後大陸的理論界》，臺北：時報文化；阮銘（1992），《鄧小平帝國》，臺北：時報文化；李洪林，《中國思想運動史（1949-1989年）》。

91 胡績偉（2006），《胡績偉自選集（三）：報人生涯五十年》，香港：卓越文化出版社，頁350-364；胡績偉（2006），《胡績偉自選集（一）：我與胡喬木的十年論辯》，香港：卓越文化出版社。王若水，《胡耀邦下臺的背景》。

92 這是劉賓雁的代表作，連同其他作品譯為英文，Liu Binyan (1983), *People or Monsters*? Edited by Perry Link. Bloomington: Indiana University Press.

擔任黨領導，迫害無辜，又受到山東和遼寧省委書記的攻擊。胡耀邦找胡績偉勸劉賓雁去作家協會當專業作家，不要留在《人民日報》當記者。[93]

在政敵環伺之下，胡耀邦保不住胡績偉和王若水，兩人於1983年被迫從《人民日報》解職。次年，《人民日報》壓了五個月才登出劉賓雁的〈三十八年是與非〉，文中敘述西安郭家38年借錢給新四軍未得還，房地局更占用他家土地，恩將仇報，把郭家逼入絕境。此文引起多位省委書記聯合政治局內一些保守老人，攻擊胡耀邦。[94]胡耀邦重提劉賓雁應去當專業作家，劉覆信說：「還不想放棄報告文學這種最直接、最有效地為黨服務的武器。」李先念出面保護劉，總算暫時平息這場風波。

劉賓雁打擊官僚主義，抗議社會不公，為小百姓伸冤，呼籲平反冤假錯案。他每天接到20幾封信，每天有16、17個人到《人民日報》社找他，還在家裡不斷接見上訪民眾。他跑過十幾個省，寫不起眼的人物，卻直觸體制的核心，以致脊及官僚集團的既得利益。他在《人民日報》寫正面報導，重要的調查報告只能出現於文學雜誌，但影響力卻還是很大。[95]他後來乾脆用日記形式在《文匯月刊》連載採訪筆記，表達不少內心的想法，但他又怕敵人罵他把中國寫得一片黑暗，所以每月設法寫一兩篇「光明的」，即使這樣，該刊還是奉命砍斷劉的日記。[96]

1985年劉賓雁在《開拓》創刊號發表〈第二種忠誠〉，掀起軒然大波。文中描述哈爾濱工人業餘大學教師陳世忠「文革」時期「諫黨」，向毛上書三十萬言，批評毛搞個人崇拜，並否定雷鋒一切聽毛的話是愚忠，文中又敘述上海海運學院的倪育賢在「文革」時和極左派鬥爭，被捕幾乎致死。劉

---

93 《劉賓雁自傳》，頁176-184，193-198。

94 《劉賓雁自傳》，頁234-235。

95 〈人妖之間〉（1979）登在《人民文學》，發行140萬份，又經報紙轉載和地方電臺轉播。〈第二種忠誠〉（1985）登在《開拓》，禁售，後來禁止轉載，但全國十幾家報刊已轉載完畢，陝西報紙轉載該文的那兩期印行100萬份。見《劉賓雁自傳》，頁322-323，328。

96 劉賓雁（1986），《我的日記》，長沙：湖南人民出版社。

圖11.11　劉賓雁（1925-2005），
流亡期間出版自傳。

賓雁認為，共產黨需要一批正直勇敢的人，敢向黨和領袖面諫他們的錯誤。這個「第二種忠誠」，事實上就像封建諫官。萬里表態說，「第二種忠誠」好，共產黨需要「第二種忠誠」。劉賓雁這次獲罪不是一篇文章的問題，而是已經得罪過七個省委書記，沒有得罪的也兔死狐悲，早就對他不滿，於是藉機聯合出手整他。[97]中紀委進駐《人民日報》調查四個月，除了得到「思想片面」的結論，查不出什麼問題。但1986年學潮爆發，最後鄧小平開腔了：「都說劉賓雁敢講話。他敢講什麼話？我看他是到處胡說八道，他每到一處，就支持那裡的造反派，破壞安定團結。劉賓雁和王若望是搞資產階級自由化的代表人物。」[98]胡耀邦保護過劉賓雁，李先念和萬里都保護過他，但現在鄧小平一錘定音：開除黨籍。劉賓雁接到二千多封讀者的慰問信。

　　劉賓雁1987年被開除黨籍，翌年赴美講學。1989年六四天安門事件爆發，他公開譴責解放軍血腥鎮壓學生，所以有生之年回不了中國，被迫在美國滯留到2005年逝世，前後流亡長達17年，比在中國做13年記者還要久。流亡期間，他人在美國，心在中國，始終不願承認社會主義的失敗就是資本主義的勝利，還努力搜集拉丁美洲左派的反美言論。他至死不渝是悲劇的忠誠左派。其實早在1982年第一次到愛荷華大學參加作家寫作班，剛和美國打了照面，他就迫不及待訪問了美國寫陰暗面的作家，閱讀了批評美國社會的名著，並寄出一長串疑問要各地朋友回答。[99]當時他接受記者訪問，譴責美國報紙「維護一個百病纏身的社會」，並強調中國「不應該過分強調民

97 李怡（1988），〈再訪劉賓雁——從黨員到非黨員〉，《九十年代》，第5期，頁16-30。引自頁20-21。

98 《劉賓雁自傳》，頁243-259，引言自頁266-267。

99 聶華苓（1987），〈劉賓雁，我的朋友〉，《九十年代》，第5期，頁17-21。

主」。[100] 後來思想隨著形勢變化，但萬變不離其宗，始終無悔地信奉馬克思的人道主義，尤其是最富哲學色彩的《1844年經濟學哲學手稿》。他不斷探索：「難道這個理想是全無價值的嗎？難道為追求這個理想獻身的人都上當受騙？」[101] 他晚年流亡美國期間，雖然堅定批毛，反對一黨專政，卻仍然篤信社會主義是一部好經，只怪當權的和尚沒有念好這部經。問題是舉天下滔滔誰念好了這部經？他年輕崇拜的蘇聯夢已然破碎，自不待言，東歐的社會主義試驗（不管是捷克的，匈牙利的，還是南斯拉夫的）又如今安在哉？「第二種忠誠者」真誠地探索又探索，最後帶著無解的題目走完了八十人生。他生前有家歸不得，死後骨灰才移葬北京，他的遺囑交代在墓碑上寫著：「長眠於此的這個中國人，曾做了他應該做的事，說了他應該說的話。」竟不為當局所許，墓碑只刻上名字和生死年分。

四、出身背景與意識形態

　　當社會還沒有過分專業化、技術化以前，官僚體系尚未異化成為韋伯所說的「鐵籠」（iron cage），人才常有破格任用的機會，例如梁漱溟、錢穆等鴻儒，自學成才可以當北大教授，胡適27歲回國不久即躍居新文化運動的領袖。新聞職業的門檻比大學教授低得多，但因工作性質多樣，需要各種才能配合，只要有本事，哪怕出身差、學歷低，照樣可以冒出頭。上世紀前幾十年，無論中外，記者的社會地位普遍不高，但新聞界吸引許多桀驁不馴的年輕人，他們討厭朝九晚五的機械生活，充滿了浪漫的英雄情懷，滿心想挖掘驚天動地的消息。新聞工作是有志的困苦青年參與社會、改善生活的捷徑。蕭乾、陸鏗和劉賓雁家境貧困，除了蕭乾受過正規大學教育，陸鏗和劉

100　李怡，〈劉賓雁和他的時代〉頁67，74。

101　黃河清、一平、北明編（2006），《劉賓雁紀念文集》，紐約：明鏡，頁443-445。劉賓雁1986年9月2日接受《深圳青年報》訪問說：「千千萬萬的人，包括我個人在內，都是在自由和幸福的感召下參加共產黨，參加革命的，很多人就犧牲在這個口號上。」上書，頁498。

表4　個人背景、新聞職業角色與政治傾向之比較

	蕭乾（1910-1999）	陸鏗（1919-2008）	劉賓雁（1925-2005）
家庭背景	北京，貧窮漢化蒙族家庭的遺腹子。	雲南，世家大族，少年家道中落。	哈爾濱，父親為中東鐵路譯員，家貧。
教育程度	教會中學、燕京大學畢業。	中學肄業，偽造文憑，進重慶中央政治學校新聞專修班一年。	高一肄業，偽造文憑到中學教書。
工作報紙	1935-1948，《大公報》（津、滬、港、倫敦）。1949年離開新聞界。	1946-1948，南京《中央日報》。1979年以後在香港、紐約、臺北等地掛單。	1951-1957《中國青年報》，1980-1987《人民日報》。
報社社長、同事	胡政之、張季鸞、王芸生、徐鑄成、楊剛	馬星野、李荊蓀、陶希聖、漆敬堯、徐佳士	胡績偉、王若水
報社政治傾向	中／中左	右	左
個人政治傾向	中左	中右	左（但在黨內被以右派入罪，並開除黨籍）
意識形態	西方自由主義。後來受策反，同情中共革命，但有疑慮。	民本主義者，相信為民請命。自由主義者、個人英雄主義。對中共沒有幻想。	對儒家反感。信仰馬克思人道主義，追求革命。自小崇拜蘇聯，有社會主義情結。以「第二種忠誠」支持黨內改革。
職業身分	記者型作家，自稱是「未帶地圖的旅人」，為人生而文學。	記者，善交友，終身以追求新聞為第一樂趣。自詡不怕坐牢才是好記者。	以報導文學「干預生活」的記者，為社會而文學。認為是群眾推著他走，故不畏艱險。
背後的精神力量	文學	政治	道德
採訪題材	記遊，社會橫切面，小道理。自稱同情貧苦大眾，但不太直接碰政治題材。	以上層政治及人物為主。	揭發官僚主義和特權現象、關心低層民生疾苦。

面對核心政治人物		蔣介石、胡耀邦、鄧小平、蔣經國、李登輝	毛澤東、鄧小平、胡耀邦、胡喬木、鄧力群
三人關係	盛讚陸鏗訪問胡耀邦的手法，但不敢為陸鏗的刊物撰稿。讚揚劉賓雁膽大。	受蕭乾的啟發入新聞界。後期與劉賓雁在美國有交往。	劉在美國流亡期間，與陸鏗時相往還。
書寫方式	新聞文學，以文藝手法描寫側影，不必完全根據事實。	以訪談為主。	主題先行，夾敘夾議，帶有強烈的道德譴責，但不能虛構。
代表作品	《人生採訪》（1947）	揭發孔宋案的報導（1947），〈胡耀邦訪問記〉（1985）	〈本報內部消息〉（1956）、〈在橋梁的工地上〉（1956）、〈人妖之間〉（1979）、〈第二種忠誠〉（1985）等報導文學作品
其他重要關係人	楊剛、巴金、冰心、沈從文、斯諾、郭沫若、文潔若	于右任、趙敏恆、許家屯	鄧拓、蘇聯作家奧維奇金、數位省委書記

賓雁都是中學肄業而偽造大學文憑的。他們二十多歲入行，沒幾年工夫便成為名記者：蕭乾26歲進《大公報》當副刊主編，陸鏗27歲當南京《中央日報》採訪主任兼副總編輯，劉賓雁26歲進《中國青年報》當工商部主任。他們早慧，爬得快，惜因國事蜩螗，新聞生命屢迫夭折。貧苦出身的例子還有王芸生、徐鑄成、范長江。然楊剛出自顯赫的家庭，自屬例外。

　　中國新聞史研究迄今仍問題意識薄弱，我們還無法全面瞭解中國記者的出身、意識、階級和社會流動這些基本問題。新聞是提供社會階層「向上流動」（upward mobility）的職業：記者出身的階級背景為何？這個背景對從事新聞事業有何影響？專業化是否斷絕下層「向上流動」的機會？階級背景又和個人的政治選擇有何關係？蕭乾自稱同情弱者，劉賓雁自稱同情「弱黨」（共產黨），目前由於直接材料不足，恐怕無法建立細緻的分析。中左

派（蕭乾、徐鑄成）因為反對國民黨轉而同情甚至追隨共產黨，他們接受毛
澤東的「新民主主義」與自由主義血脈相連，他們在靠攏時未必是馬列主義
的信徒。陸鏗不能接受太左的東西，家族中有長輩死於共產黨之手，他為何
如此不「進步」，對毛的宣傳無動於衷，倒是個有趣的問題。

（一）蕭乾

蕭乾是漢化蒙族貧戶的遺腹子，吃過苦。他從小在北京讀美國長老教
會崇實中小學，後來畢業於燕京大學新聞系，接受典型的美國教育。燕京新
聞系從課程到理念都是密蘇里新聞學院的翻版，他嫌這些教授和課程引經據
典，端在定義下功夫。[102] 在校時與左翼美國作家兼記者斯諾（Edgar Snow）
過從最密，同情進步思想，還和地下黨人在斯諾家開會，組織示威遊行。斯
諾重實踐，鼓勵討論，教蕭乾多讀文學名著，看問題要看本質。蕭乾和楊剛

圖 11.12　蕭乾 1935 年在燕京大
學的學士論文《書評研究》，系
主任為梁士純。（鄧紹根提供）

翻譯揭露性的文章為英文，發表在斯諾編的
《活的中國》。斯諾透過宋慶齡的介紹，深入
延安訪問毛澤東，寫成《紅星照耀中國》，把
窯洞中的毛描寫為爭取民主抗日的農民革命
家，改變了西方世界對中共的印象。[103]

蕭乾進天津《大公報》時，報社規模小
（全部編輯記者約 20 人），分工粗，編輯和業
務互通，內外勤互調，社會接觸面比較廣。
蕭乾把文藝版預先編好，便請纓外出。他先
去魯西採訪水災，目睹大水圍城，人們成千
成萬凍死餓死，官老爺在客棧猜拳又清唱，
他寫出一幅流民圖。後來去蘇北觀看水災，

102　參閱張詠、李金銓，〈密蘇里新聞教育模式在中國的移植──兼論帝國使命：美國
實用主義與中國現代化〉，載李金銓主編，《文人論政》，繁體版，頁 321-350（簡體
版，頁 281-309）。

103　Edgar Snow (1938), *Red Star over China.* New York: Random House.

由於政府忙著剿共，無暇通盤籌劃，任由地方各自築隄，企圖把水患引向其他省縣。在滇緬路，他看到高齡的老翁和瘦弱的兒童一邊行乞一邊築路的慘狀。在國內，他的職務是編文藝副刊，旅行通訊只是爭取來的業餘工作。後來旅居英倫七年（1939-1946），多與「進步人士」往來。他寫下了大量出色的國外通訊：報導納粹轟炸下的英國，以戰地記者身分隨美軍搶渡萊茵河，見證紐倫堡審判戰犯，採訪波茨坦會議和戰後英國大選。他歌頌倫敦市民在大轟炸時面對死亡毫不畏懼的精神狀態，英國民族的英勇和堅毅，並處處對照中國的落後。[104]

蕭乾崇拜魯迅。魯迅逝世時，王芸生寫短評對他有微詞，蕭乾差點憤而退出《大公報》，經過胡政之安撫才作罷。蕭乾一生（包括駐英期間）傾向和中左人物來往，但自承對共產主義不無戒心。蕭乾宣稱要「褒善貶惡，為受蹂躪者呼喊，向黑暗進攻」。這只能針對國民黨說的。1949年，他正當39歲年華，英國劍橋大學新開漢學系，擬聘蕭乾去講中國文學，但他選擇回新中國。回顧後半生磨難，蕭乾不斷以「家」為隱喻來解釋（合理化）當初這個選擇，他說自己是孤兒，從小沒有家，這下回北京等於是回家，因為「怕（在英國）當一個無國籍的流浪漢」，不想當無家可歸的「白華」（像「白俄」一樣）。換言之，他辯解當年回北京不是出於對革命的認識。[105]那時候他對革命也許有「傾向」，未必有「認識」。自從做了新社會的「螺絲釘」，儘管表現積極，竟差點家破人亡，他對革命也許不得不有些認識了。

（二）陸鏗

陸鏗是中間偏右的典型。他出身於雲南保山沒落家族，1939年邂逅在滇緬公路採訪的《大公報》記者蕭乾，激發他當記者的熱情。他沒有投奔延安，選擇了重慶。他偽造大學肄業文憑，進入國民黨中央政治學校新聞專修

104　他在《大公報》採訪代表作，蕭乾（1990），《人生採訪》，臺北：聯經出版事業股份有限公司，原1947年。

105　蕭乾，《未帶地圖的旅人》，頁23；《蕭乾全集》，卷5，頁474。

班受訓一年。他常提到馬星野和趙敏恆兩位老師，都是密蘇里新聞學院畢業
的，帶回來新聞自由和新聞道德的理念。影響陸鏗最大的是老報人于右任，
于說：「民之所好好之，民之所惡惡之，若人以此為執政之天職，吾則以此
為新聞記者之不二法門。」[106]這是典型的民本主義，知識人以「為民請命」
為己任。陸鏗還自稱是「個人英雄主義」，他引述張季鸞的話：「記者不坐
牢，不是好記者。」這當然是「特殊國情」的自我解嘲，在民主國家何須以
坐牢表現錚錚風骨？

　　抗戰勝利後的南京《中央日報》是一片年輕人馳騁的天地，社長馬星
野和總編輯李荊蓀思想開放，陸鏗帶領的新銳經驗淺，卻充滿了戰鬥力。[107]
《中央日報》地位日隆，使年輕的陸鏗參加資深記者（如趙敏恆老師）組團
訪問白宮，還率領記者團往觀山西剿共前線。孔宋貪污案爆發以後，陸鏗離
開《中央日報》，投效成舍我在南京辦的《民生報》。南京《中央日報》的
社論針對共產黨和第三勢力開罵，但該報的新聞批評起高官（孔祥熙、宋子
文、陳誠、徐世昌、王世杰）往往不假辭色。黨報和民營報的人才也彼此流
動。儲安平（在重慶）和殷海光（在南京）做過《中央日報》主筆，後來都
成為反國民黨的健將。陸鏗在重慶中央政校受業的名家有趙敏恆、王芸生和
俞頌華等人。趙原是路透社駐華分社主任，抗戰勝利後回上海任《新聞報》
總編輯。[108]

---

106 《陸鏗回憶與懺悔錄》，頁240。
107 李荊蓀1950年代初在臺灣撰文嚴批當局企圖通過《出版法》箝制新聞自由，得罪當
　　局，又為黨內高層政治鬥爭所牽連，繫冤獄達15年。罪狀尚提及南京《中央日報》
　　報導孔宋案，當時李荊蓀是總編輯，陸鏗是副總編輯。李荊蓀不許家人探監，出獄
　　後對記者沉痛表示，佛曰三世因緣，坐牢乃還上世的業報。1979年陸鏗以「陳棘蓀」
　　（紀念李荊蓀）為筆名，在《明報月刊》發表長文〈三十年大夢將醒乎？〉，這是他
　　離開大陸以後的第一篇探溫之作，贏得各界注意，從此重歸海外新聞隊伍。
108 趙敏恆畢業於密蘇里和哥倫比亞新聞學院，在上個世紀30、40年代搶先報導西安
　　事變和開羅會議，名揚國際新聞界。1955年「肅反」期間，因為路透社的背景，以
　　「國際間諜」、「特嫌分子」的罪名被捕。判刑8年。後被押江西新余礦山勞動，1961
　　年病死。

陸鏗是自由主義的行動者，雖然寫不出蕭乾那樣有理論高度的〈自由主義者的信念〉，但他比蕭乾的表現更首尾一致。蕭乾一再自稱「膽小鬼」，每每閃躲敏感的問題；陸鏗是膽大包天的「草莽英雄」（唐德剛語），不知道危險在哪裡，在面對考驗時兩人的落差極大。蕭乾說，難友劉賓雁哨子還沒有吹就想起跑，所以一再遇到麻煩；他自幸「不說假話，真話不全說」，得以遠離麻煩。1986年蕭乾向巴金推介陸鏗的〈胡耀邦訪問記〉，讚陸是「海峽兩岸最活躍的記者」。但陸鏗與胡菊人在香港辦的《百姓》雜誌向蕭乾邀稿，蕭乾卻不敢應命，說他只敢給「裡邊」的（即香港左派）刊物供稿，對陸鏗辦的「外邊」刊物則只能欠奉，實在未免活得夠委屈了。[109]

圖11.13　陸鏗與蕭乾在北京中央文物館合影。（陸鏗家屬提供）

圖11.14　陸鏗在北京探望蕭乾。（陸鏗家屬提供）

如果蕭乾寫的是「小側影」，陸鏗寫的就是「大政治」（big politics）。陸鏗熱衷上層政治路線、關係和權力鬥爭的祕聞，對下層草根社會的現實生活關注不多；這是老式的中國新聞傳統，也符合陸鏗「中右」的認知旨趣，彷如國民黨號稱全民政黨，其實只重中央，輕地方，只重高層，輕低層。[110]陸鏗喜歡交朋友，他勸年輕記者第一個要領就是「多交朋友」。[111]龔選舞說，陸鏗的朋友遍及左中右，三教九流都有，不止權貴政要，還有他們的副官和司機；但是結交副官和司機，目的還在採訪權貴政要。陸鏗的嗅覺特

---

109 蕭乾提及劉賓雁，見蕭乾，《未帶地圖的旅人》，頁401，414；蕭乾致巴金信，見《蕭乾全集》，卷7，頁63；蕭乾致陸鏗信，《蕭乾全集》，卷7，頁518-521。

110 王奇生，《黨員、黨權與黨爭》。

111 陸鏗（2004），《大記者三章》，臺北：財訊。

圖11.15　1985年5月10日陸鏗在北京中南海訪問中共中央總書記胡耀邦。胡耀邦歡迎陸鏗。（陸鏗家屬提供）

圖11.16　此次訪問成為胡耀邦下臺的導火線，陸鏗被中共中央紅頭文件點名批判。（陸鏗家屬提供）

別敏銳，橫衝直撞，靠交朋友在當權者之間追新聞，搶新聞，挖新聞，製造新聞。[112]

陸鏗曾兩次被中共中央紅頭文件批判，第一次在1987年3月16日（八號文件），因為〈胡耀邦訪問記〉而起，第二次則在1989年天安門事件以後，因為他協助許家屯赴美。陸鏗訪問胡耀邦只是前景，背景則是激烈的黨內鬥爭。據胡績偉透露，1985年2月8日那天，胡耀邦在中央書記處作〈關於黨的新聞工作〉長篇講話，講話稿列印出來，徵求修改意見。王若水、胡績偉和秦川認為胡耀邦有原則性的妥協，聯合提出修改建議。胡耀邦出訪在即，交代秦川（《人民日報》社長）修改該文後發表，卻又叫胡喬木把關。於是胡喬木藉機自己改，趁胡耀邦在國外期間指示《紅旗》發表，並由新華社全文照發和全國報紙（包括《人民日報》）轉載，重申新聞是黨的喉舌，只許「二八開」，講二分陰暗面，八分光明面。[113]

1985年5月10日，陸鏗在中南海訪問胡耀邦，即由這篇文章起話頭。陸向胡抱怨「（該文）保守的言論與（胡）開明的形象是背道而馳的。海外的反應普遍不好。」又說，黨內保守分子（指胡喬木、鄧力群）「故意整你。第一次出國，就有白樺事件；第二次出國又搞了清除精神污染；第三

112《陸鏗回憶與懺悔錄》，頁636。
113《胡績偉自選集（三）：報人生涯五十年》，頁422-423。

次，你前腳進澳大利亞，後腳就發表這個東西！」。[114]陸鏗發表〈胡耀邦訪問記〉，詳細記錄他和胡耀邦的一問一答，兩人指名道姓評論元老（包括鄧小平、陳雲、王震），陸鏗還替若干「異端」（如王若水）說好話。鄧小平對胡耀邦的「出格」很生氣。1987年政敵逼總書記胡耀邦下臺，罪狀之一便是這個訪問，「破壞集體領導原則，不和政治局其他同志商量，就接受包藏禍心的陸鏗的訪問，洩露了國家機密。並聽任陸鏗肆意攻擊我黨政治局委員（按：胡喬木）、書記處書記（鄧力群）」。[115]

趙紫陽晚年為了替自己辯誣，曾祕密錄音，縷述改革的歷程，整理後在海外出書，其中對這一段歷史有權威的透露：原來鄧小平聽信胡喬木和鄧力群的讒言，已長期不滿胡耀邦在知識人自由化的問題上姑息軟弱，但陸鏗的訪問促使鄧小平下決心換下胡耀邦。趙紫陽透露，鄧小平批評「陸鏗藉恭維耀邦的手法，攻擊我們的內外政策，耀邦這個人嘻嘻哈哈，用詞很不嚴肅，完全是一種迎合」。鄧小平甚至說出「看錯了胡耀邦這個人」這種帶有結論性的重話。[116]趙紫陽和胡耀邦兩人有合作有競爭，鄧小平扶植之，鄧小平罷黜之。但鄧力群在黨內從來就處心積慮反對胡趙，他在香港出版的回憶錄中收錄了一篇冗長的講稿，是他在黨內高層生活會（處理胡耀邦下臺）花三個半小時、兩次批胡的發言。鄧力群記載鄧小平對陸鏗訪問的反感，大致與趙紫陽說的吻合。[117]總之，陸鏗、許家屯、趙紫陽和鄧力群各自從不同的角度

---

114 陸鏗（1985），《胡耀邦訪問記》，紐約：華語快報社，頁48-51。訪問記也收入陸鏗，《大記者三章》。胡耀邦大概以為記者就是共產黨的文宣幹部，沒有應付陸鏗這種記者的經驗，等到出了事已後悔莫及，見唐德剛，〈大漢不獸是寶〉，載張偉國編，《大記者：陸鏗紀念文集》，頁9-19。

115 《陸鏗回憶與懺悔錄》，頁436-455，引自頁437。參看許家屯（1993），《許家屯香港回憶錄》，臺北：聯經出版事業股份有限公司，上冊，頁311-312。

116 趙紫陽（2009），《改革的歷程》，香港：新世紀出版社，頁188-189。趙也藉此書駁斥胡耀邦的舊部的指控。他們說趙紫陽落井下石，以期取代胡為總書記，例如阮銘（1991），《歷史轉折點上的胡耀邦》，紐約：八方文化，頁69；吳江（1995），《十年的路：和胡耀邦相處的日子》，香港：鏡報文化。

117 鄧力群，《十二個春秋（1975-1987）》，香港：博智，未注年份，但〈後記〉成於2005年，頁446。他批評胡耀邦的談話稿很長，頁417-445。此書疑是盜版，校對極

圖11.17　1993年陸鏗與前《人民日報》社長胡績偉、前新華社香港分社社長（中共中央委員、港澳工委）許家屯合影。（李金銓提供）

圖11.18　1993年6月20日陸鏗與李銳（曾任毛澤東私人祕書）、胡績偉、許家屯（右起）在美國明尼蘇達大學參加學術研討會。（李金銓提供）

和立場記敘，多方求證，情節相當一致，當屬可信。

　　陸鏗坦承自己任性，有時友情重於是非，有時得意忘形，明知新聞是新聞，政治是政治，新聞不應該捲入政治漩渦，卻常常逾越分際，屢屢自戒，而不能改。1989年天安門事件以後，原香港新華社分社社長（中共中央委員、港澳工委）許家屯逃亡美國，陸鏗陷入政治是非，再次被中共的紅頭文件點名批判。劉賓雁在流亡美國期間，與陸鏗時相往還，一同支持海外民運，但對其內部傾軋黯然神傷。劉賓雁在民運會議受到委屈，陸鏗為他聲援，並氣得當眾哭泣。1990年代，陸鏗常住臺北，在政爭遊戲中，他從記者變成賣力的「鼓吹者」（advocate），反對李登輝，支持李的政敵。[118]論者批評他情緒化，對臺海兩岸的理解逃不出民族感情的層次。[119]

　　總之，陸鏗上世紀40年代揭發孔宋貪污案，觸怒蔣介石，以致引發美國特使和大使與蔣介石為此事的談話，已載入《美國對華關係白皮書》附錄；80年代觸怒鄧小平，導致胡耀邦下臺，又捲入許家屯的流亡風波，因此兩度被中共中央的紅頭文件點名批判，不愧是闖入國共兩黨最高層政治風波的第一記者。

差，錯字連篇。
118 陸鏗（1997），《李登輝的最後抉擇》，臺北：財訊；陸鏗、馬西屏（2001），《別鬧了，登輝先生》，臺北：天下。
119 江春男，〈一代報人的古典〉，臺北《蘋果日報》，2008年6月23日。

（三）劉賓雁

劉賓雁生長於哈爾濱，接觸進步文藝書籍比較多，自言深受帝俄和蘇聯文化的影響，嚮往民主自由的思想。自幼家貧，只有初中畢業，後來以偽造大學文憑，才能夠在天津的中學教地理。父親是中東鐵路譯員，帶回俄國的自由主義，告訴他蘇聯是沒有貧富之分的社會。他自學成才，先從托爾斯泰、高爾基、屠格涅夫和左翼人道主義普羅文學吸收養料，以後才接觸馬克思主義和毛澤東的著作。他自稱，對儒家孝悌忠信那一套教訓感到窒息，從未讀完一本孔子的書。[120]他14歲接近共產黨的外圍組織，19歲入黨，26歲進剛成立的《中國青年報》當工商部主任，32歲年成為右派，頗似那個時代少年布爾什維克（如王蒙）的經歷。

如果陸鏗著重大人物，劉賓雁則是從小人物身上反映大問題，是「揭發典型」式的寫作。劉賓雁充滿了「先鋒隊」的精神，其實是以精英的身分、認知與氣概為人民講話，暴露社會矛盾，揭發公僕變成老爺的「異化」現象，衷心希望引導這個黨真正走上人道的社會主義道路。他以蘇聯作家奧維奇金為模範，奧是史達林逝世後蘇聯文學新潮流的帶頭人，反對粉飾太平，主張大膽干預生活，揭露體制和政策的弊病。[121]劉賓雁絕不是體制的反對者，《紐約時報》稱之為「體制內的異見者」（insider's critic）。由於「愛之深，責之切」，他以報導干預現實生活，但在這個過程中他無法不搆到歷史的瘡疤，勢將暴露「黨性」和「人民性」的矛盾，因而觸動了體制的威信（legitimacy）。他的一支筆不過企圖使「黨性」靠近「人民性」，用他自己的話這就是實現「第二種忠誠」，但當局根本矢口否認兩者有任何距離或矛盾。王若水已經為「社會主義異化」這個議題犧牲了，胡績偉也因為「黨性和人民性」的爭議黯然下臺，這一下輪到劉賓雁了。他們刻畫了上個世紀80年代政治思想改革最活躍時期黨內改革派的努力和困境。

儘管劉賓雁自稱與儒家傳統無緣，史學家余英時先生認為劉賓雁的正

120《劉賓雁自傳》，頁7，13-14。
121《劉賓雁自傳》，頁68-69；李怡，〈劉賓雁和他的時代〉，頁75。

義感正來自中國文化，這是范仲淹「寧鳴而死，不默而生」的優良傳統，一次一次迫害，一次比一次光榮。[122] 為什麼這樣說呢？余英時分析，實現普世價值在西方是一般公民的共同責任，在中國卻落為知識人獨有的責任。他說，五四運動的領袖們自幼接受以儒家為主流的傳統中國文化薰陶，對於若干價值的取向並不因後來他們「西化」甚至喊著要「打倒孔家店」而有絲毫減弱。從梁啟超到陳獨秀、胡適、魯迅，儘管反叛傳統的若干面相，唱不同的變奏，但主題曲還是在一脈相承的傳統裡面。他們宣揚個性解放和個人自由，其前提卻還是建立在新的群體秩序之上。[123] 蕭乾從小學到大學上的是美國教會學校，陸鏗走過一條非常出軌的彎曲路，劉賓雁自幼根本不喜歡儒家的訓誨。他們三人斷非正統意識下的儒家信徒，甚至還表明反對儒家的教條，然而他們做新聞人的精神素質，難道不是和范仲淹「以天下為己任」的儒家傳統一脈相承嗎？

　　劉賓雁感歎說，走這麼遠了，再也不能回頭：「我想過了，決定要講話。不講話，我回到黨裡面幹什麼？做共產黨員有什麼意義？我的生命有什麼意義？」[124] 剛踏出「文革」的牛棚不久，劉賓雁激昂地宣稱：「我不會後悔，絕不後悔。把我拉上斷頭臺，我也心滿意足。我做了我應該做的事情。我活下來了，我有過幾次死的機會，我也曾想到自殺，但想到那些死去的人，我應承擔他們的擔子。」[125] 美國的中國問題觀察家謝偉（Orville Schell）敏銳地指出，「劉青天」其實就是宋代包公的現代版；劉賓雁是馬克思主義的信徒，相信文以載道，具有強烈的道德使命感，不啻是無產階級的現代「儒士」。[126] 劉再復也推崇劉剛正耿介，「一貫的唐吉訶德式的呆傻，一貫的

122　余英時在劉賓雁追悼會上的講話，黃河清、一平、北明編，《劉賓雁紀念文集》，頁83-85。除了劉賓雁，余氏還讚揚其他「右派」和流亡海外的大陸知識人（如劉再復）都表現了范仲淹「寧鳴而死，不默而生」的精神，見余英時（2010），《情懷中國》，香港：天地圖書公司，頁69。

123　余英時（2007），《知識人與中國文化的價值》，臺北：時報文化，頁138-141，222。

124　轉引自 Leo Ou-fan Lee, "Introduction," in Liu Binyan, *People or Monsters*? p. xvi.

125　李怡，〈劉賓雁和他的時代〉，頁64。

126　Orville Schell (1988), *Discos and Democracy: China in the Throes of Reform*. New York:

包公式的為民請命。」唐吉訶德的精神就是儒家的「知其不可而為之」嗎？

是誰給劉賓雁這種道德力量？「我的力量不是在我自己身上，而是在我背後的老百姓。我總感到是被人推著走，背後是人山人海。」他的報導莫不受到廣泛的注意和歡迎，例如〈在罪人背後〉（1980）發表後，即收到八千封讀者來信。[127]他不啻是「老百姓」的代言人。

圖11.19　陸鏗與劉賓雁（前左三）、戈揚（左一），在美國參加中國民聯二次代表大會。（陸鏗家屬提供）

而這些「背後的老百姓」是否就是共產黨口口聲聲說的「人民群眾」？這種巨大的力量使劉賓雁忘記危險和陷阱，勇往直前，這種力量到底來自儒家傳統，來自馬克思主義，還是兼而有之？同樣，中國文化（尤其是儒家）和自由主義的關係是什麼，自由主義在專政體制內如何受到扭曲，如何影響蕭乾和陸鏗？馬列主義和中國文化的儒家是兩個政教合一的傳統，舊時代的「忠君」和新時代的「忠黨」有沒有內在聯繫，如何影響劉賓雁和他同時代的知識人（如胡績偉、王若水、蘇紹智、李銳）？這些複雜的問題尚待細析。

五、書寫方式

蕭乾為人生而文學。他想採訪人生，閱歷豐富才從事文學創作，但終其生還是以報導文學出名，報導文學寫得比小說好。他用文學手法把新聞寫得引人，很久以後還趣味雋永，值得回讀。他認為新聞是所有文字中最能直接為人民服務的，比寫小說更站在第一線上。他以素描、白描為主，是側面的文字寫生，善用文藝的隱喻，使具有時代特色的人物典型和環境互相襯托交

Pantheon, p. 151.

127　劉再復的話引自黃河清、一平、北明編，《劉賓雁紀念文集》，頁132；劉賓雁的話引自同書，頁481。讀者來信，見《劉賓雁自傳》，頁200。

織在一起，因此有立體感和層次感。他不發抽象的議論，以描寫代替敘述，把主觀傾向藏在形象和畫面之中。他認為報導文學不必搶時間，不必完全按照事實，但不能為了加強效果而虛構。[128] 例如〈倫敦三日記〉，是他事後根據近十天的日記壓縮剪裁而成的。

蕭乾的書寫方式接近美國的「新新聞」（new journalism），把小說的技巧融入新聞寫作，刻畫新聞主角的個性、感情與思想。蕭乾的書寫遠早於「新新聞」盛行之時，但它們所面臨的問題是共通的。「新新聞」是上個世紀60年代美國社會動盪的產物，主流價值的反叛者主張，與其躲在中立客觀的新聞意理背後粉飾太平，不如積極扮演「參與式鼓吹者」（participant advocate）的角色，運用「新新聞」的表現手法加強效果，為社會弱勢團體說話。中國文人辦報在精神上接近鼓吹者，不以純粹做個旁觀的記錄者為滿足，而希望「為民喉舌，為民耳目」，旗幟鮮明地站在老百姓的立場發言。例如一些老報人反抗軍閥胡作非為，風骨嶙峋，他們不止報導現實，而且批評現實。70年代，美國社會秩序逐漸回復穩定的常態，鼓吹者的意理逐漸式微，「新新聞」的餘韻流入新聞文學雜誌的「非小說」（non-fiction），主流報紙還是以客觀報導為原則。[129]「新新聞」選定立場，藝術加工，在學理上頗具爭議，可讀與可信未必沒有矛盾，如何擺平倒是值得繼續探討。

蕭乾擅長用隱喻營造意象，陸鏗直來直往，劉賓雁主題先行，三種風格截然異趣。陸鏗最符合西方新聞書寫的方式，新聞歸新聞，評論歸評論，這種寫作可能轟動一時，但可保存傳世的少。蕭乾認為純事實乾巴巴，時過境遷就沒有人愛看，這種東西應該由通訊社報導；他的報導文學白描側寫，

---

128 蕭乾，〈我與報告文學〉，見《蕭乾全集》，卷5，頁484-487；宋致新（1988），〈蕭乾特寫報告研究〉，載鮑霽編，《蕭乾研究資料》，北京：十月文藝出版社，頁461-486。

129 Morris Janowitz (1975), "Professional Models in Journalism: The Gatekeeper and the Advocate," *Journalism Quarterly*, 52, 4: 618-662; Anthony Smith (1980), "Is Objectivity Obsolete?" *Columbia Journalism Review*, 19, 1: 61-65; David L. Eason (1984), "The New Journalism and the Image of World: Two Models of Organizing Experience," *Critical Studies in Mass Communication*, 1,1: 51-65.

如《人生採訪》，幾十年以後還像舊照片一樣好看。陸鏗最拿手的是訪談，特別是他和胡耀邦的訪談，一問一答和盤托出。蕭乾讚揚這是一篇經典的「逆勢訪問記」：「問的都是對方想躲開的問題，然而並不莽撞。問者彬彬有禮，強求技巧。一些尖銳問題正是隨著禮貌之後，冷箭般射出來，把被訪者逼得無路可走。」[130]司馬文武也說，陸鏗熱誠坦率，容易贏得信任，而且人情練達，會從對方的角度看問題，即使尖銳的題目也會給他引出答覆來；陸鏗有時故意讓人「跑野馬」，再故意把他拉回來，對方就不由自主地說了一些後悔的話。[131]不料這篇訪問促使了胡耀邦下臺。

劉賓雁有強烈的道德使命感，以新聞干預生活，為社會而文學，不為文學而文學。他認為，作家無權回避在中國是千萬人不得溫飽、人權常遭侵犯的現實，報導文學必須以報導為主，文學為次，關心現實社會，聯繫百姓生活。李歐梵形容劉賓雁像偵探，發現層出不窮的貪污、腐敗、走後門、濫權，然後急著告訴讀者真相，不計技巧工拙；讀者一旦進入他的「故事陣」，就會愈來愈躁動不安。[132]如果蕭乾代表精雕細琢的工筆畫，用點滴素材烘托氣氛，則劉賓雁彷彿是馬蒂斯式的粗線條，以素材闡述主題，文字樸質而不細緻。

劉賓雁主題先行，夾敘夾議，以新聞調查為主題意識服務，文章帶有強烈的道德訴求，這其實和毛澤東的文學公式同源。王德威分析，毛式的文學公式「要求作家放下身段，進入普羅大眾的世界，與『人民』打成一片；只有如此，他們方能身歷其境，述說『人民的』故事。」他又說：毛的延安文藝講話「表面充滿民族和民主主義的思維，實際卻帶出了文學的獨裁潛能」。[133]我們看到了「民主」和「獨裁」的兩面性在此分途：官方干預生活，要寫的是光明面，以維護「黨性」，貫徹上對下的控制，而劉賓雁以報

130《陸鏗回憶與懺悔錄》，頁456。蕭乾致陸鏗的短信僅有兩頁，但陸鏗特專列為書中一章。

131《陸鏗回憶與懺悔錄》，頁7。

132 Leo Ou-fan Lee, "Introduction," p. xi.

133 王德威（2008），《一九四九：傷痕書寫與國家文學》，香港：三聯，頁18-19。

導文學為「人民性」的戰鬥武器。劉賓雁對黨抱著「第二種忠誠」，忠心耿耿，從來沒有推翻共產黨的念頭，只因目睹一個發動「文革」以後的共產黨太腐敗，偏離人道主義，以致黨性踐踏人民性，故而想積極從新聞戰線企圖整頓黨風而已。這是1980年代黨內改革派的基本信念，也是胡績偉被胡喬木鬥倒的基本原因。[134]

劉賓雁說，他說真話，是許多中國人想說而沒有機會說的話，但幾乎每篇文章都被指控為「失實」，一告就告到中央，而且他隨時會收到法院的傳票。劉自稱報導的事實偶有小出入，整體沒有問題，但打小報告的人誇張造謠，無限上綱。[135]他有些文章是「用思想把幾個題材拴到一起」的，不是憑空捏造，不是強加在素材之上，而是來自地方特徵和全國有關情況的觀察。[136]政治干擾迫使他在報導中用少數假名，後來更不得不虛構人名和地名，但這樣的文章最容易遭受攻擊。他認為，即使名、地、數字不真實，若能夠寫出時代、人物、地方生活的矛盾和衝突，這才是更重要的第二種「真實」。[137]他被開除黨籍的一條罪名是「顛倒黑白，造謠中傷」。

欲加之罪何患無辭，但書寫形式也會決定內容的可信度。以道德話語寫新聞容易落人口實，西方已有其例。媒介專業主義強調事實與意見分開，新聞呈現正反兩面的事實，力求客觀公正，這是1830年代以後美國市場不斷抬頭逐漸形成的規範，後來在「進步運動」中獲得加強。媒介為了追求市場利潤，必須放棄黨同伐異，避免事實混雜意見，逐漸形成多元報導的風格，讓各種利益在市場上競爭制衡，以爭取龐大的新興中產階級讀者。[138]激進派學者塔克曼（Gaye Tuchman）批判這是「客觀的策略性儀式」（strategic ritual of objectivity），意謂媒介運用客觀性的技巧，建立社會共識的假象，其實新聞網圍繞著合法的中心機構，新聞節奏跟官僚機構的運轉同聲共氣，

---

134 《胡績偉自選集（一）：我與胡喬木的十年論辯》。

135 劉賓雁，《劉賓雁言論集1》，頁iii-iv。

136 劉賓雁，《我的日記》，頁9。

137 劉賓雁，《劉賓雁言論集1》，頁312-313。

138 Michael Schudson (1978), *Discovering the News*. New York: Basic.

主流媒介支持既有秩序，甚至抹煞異見，阻撓變革。[139]當然，在「體制變革」（change of the system）的抽象層次上，這種批評頗具洞見，然而民主國家的主流媒介是社會秩序穩定的力量，沒有理由要顛覆政體。如果我們把調門降低到「體制內變革」（change within the system）的層次，看法就截然不同了：媒介專業主義源自美國的「進步運動」，蘊含了利他的民主（altruistic democracy）、負責任的資本主義（responsible capitalism）、個人主義、不走極端等恆久價值（enduring values），促進社會的溫和漸進改革，充滿了自由主義的精神。[140]

　　論者又從知識論的層次批評「事實報導」，說它所體現的是「天真的經驗主義」（naive empiricism），以致把複雜而矛盾的真實簡單化。現象學家認為，真實是在「互為主觀」（intersubjective）的基礎上建構的，以此代替「主觀」和「客觀」的兩分法。的確，「互為主觀」在知識論的抽象層次很有解釋力，但在方法論上操作起來（如何在主觀與主觀之間建立瞭解，記者記事引起爭端的責任誰屬）可不簡單，夾敘夾議，混淆證據和判斷，容易「技術犯規」，只要事實稍有出錯，用詞稍有不慎，都會授人以柄，引起爭端。「事實報導」在知識論上失之過簡，但在實踐上可以付諸證驗或接受公評，反而成為媒介可信度的試金石。[141]舉廣州的《南方週末》為例，以往調查報導往往借重文學手法渲染新聞效果，以致引來無數政治和法律糾紛，現在不得不盡量採取事實報導的方式以保護自己了。劉賓雁留給《南方週末》的遺產，是一種執義的精神，而不是書寫方式。事實報導成為媒介的一種防禦措施，既不激情，也不必美化，但它的存在既不是偶然的，也不是在社會真空中形成的。

139　Gaye Tuchman (1978), *Making News.* New York: Free Press.

140　關於美國社會的恆久價值，見Herbert J. Gans (1979), *Deciding What's News.* New York: Pantheon, pp. 41-52.

141　關於「客觀性」的辯證性，見李金銓，《超越西方霸權》，頁28-31。

結語

　　蕭乾、陸鏗和劉賓雁從正面和側面反映了中國的苦難，他們身處的時代是「文人論政」過渡到半專業化或黨化的時代。在19、20世紀之交，早兩三代的士大夫以報紙作為啟迪民智和救亡圖存的工具，評論國是，針砭時局，動員群眾。報導信息反居次要。其中之佼佼者，如王韜，如康有為、梁啟超，無不以天下為己任，博學多聞，多才多藝。現在再也找不到那種縱貫橫通、崇山峻嶺式的士人。上個世紀20、30年代，中國報業觀念受到西方影響，逐漸形成一個專業，新聞的分量愈來愈重，並開始發展出一套相當成熟的理念，尤其是《大公報》提出「不黨，不私，不盲，不賣」的原則，與西方報業追求新聞客觀、言論獨立的意識互通。從蕭乾的記敘可以看到《大公報》如何努力開拓新聞版圖。當時工商蕭條，社會結構單元，交通不便，《大公報》銷路有限，但其歷史地位無有出其右者，道理在此。說來諷刺，上個世紀言論尺度最寬鬆的時地，一是軍閥割據時期，二是租界和殖民地等三不管地帶，這正是《大公報》的優勢。隨著時局阢隉，《大公報》的自由獨立精神非特沒有發揚光大，報紙反而先後給國共兩黨異化為喉舌了。

　　論國共兩黨政權的本質和作風，儲安平的這段話最有先見之明：「老實說，我們現在爭取自由，在國民黨統治下，這個『自由』還是一個『多』『少』的問題，假如共產黨執政了，這個『自由』就變成一個『有』『無』的問題了。」[142] 既然看得如此通透，為何又向共產黨靠攏？因為國民黨貪腐無能已經充分暴露在世人面前，而共產黨這股新興勢力正在爭取民心，為未來描繪了一幅理想的憧憬。毛澤東號召知識人的，正是他們所熟悉的「新民主主義」（周恩來巧釋之為「革命三民主義」），[143] 儘管在以前或在以後從來沒有實現過，言辭還是漂亮動人。延安經過斯諾、范長江等人的美化，成為

142　儲安平（1947），〈中國的政局〉，《觀察》，第2卷，第2期。

143　祝天智（2010），〈抗戰時期的三種憲政話語〉，《二十一世紀》，總第120期，頁43-51。

激進青年的「革命聖地」；外界對延安
整風審幹運動的殘酷無情、腥風血雨所
知極少，知道一點也以為是國民黨反動
派在造謠。[144] 換言之，當時左派的理解
很簡單，「民主就是反獨裁」，不懂得
「反獨裁」只是踏出初步，建設民主另
有艱巨而漫長的工程要完成。[145] 蕭乾號
稱「自由主義者」，自謂對共產黨有戒
心，卻在緊要關頭「起義」。徐鑄成反

圖11.20　《觀察》主編儲安平（1909-1966？）。

對國民黨，立場比儲安平更加絕決。儲安平曾兩度致函向徐鑄成邀稿，徐自
稱當時「有點左傾幼稚病」，不但置之不理，更以為儲搞「第三條道路」，
實際上幫國民黨的忙，最後會走上反共反人民的道路。[146]

　　1949年蕭乾、王芸生、徐鑄成、儲安平一夥自由報人，滿懷期待地北
歸，豈料一進北京城立刻感覺氣氛不對，他們在晚年的回憶文字裡紛紛承認
當年太不瞭解共產黨了。是1957年的鳴放政策「引蛇出洞」，卸除了舊知識
人的心防。這個大轉折誘引儲安平以《光明日報》總編輯的身分放言批評
「黨天下」。那年三月，毛澤東對徐鑄成說：「你們《文匯報》實在辦得好，
琴棋書畫，花鳥蟲魚，真是應有盡有。編排十分出色。我每天下午起身，必
首先看《文匯報》，然後看《人民日報》，有空再翻翻別的報紙。」這樣捧
《文匯報》的徐鑄成，其實是聲東擊西，指桑罵槐，目的在羞辱《人民日報》
的鄧拓。三個月後，毛的御筆一揮，下殺手鐧，一篇〈文匯報資產階級的方

144 高華，《紅太陽是怎樣升起的》。李慎之是抗戰勝利後到《解放日報》的「末代」延
　　安人。他引述一位對共產黨毫無認識的老先生在讀完斯諾的《西行漫記》（或譯《紅
　　星照耀中國》）後的話說：「照這書裡寫的看，共產黨人不但是天兵天將，而且個個
　　是大聖大賢。」見《風雨蒼黃五十年》，香港：明報出版社，2003，頁92。
145 李慎之，《風雨蒼黃五十年》，頁89。
146 謝泳（2005），《儲安平與〈觀察〉》，北京：中國社會出版社，頁143-145；章詒和
　　（2004），《最後的貴族》，香港：牛津大學出版社，頁29-102。

向應該批判〉把徐鑄成打成不得翻身的右派。[147]一場「陽謀」，左左右右，徐、儲、蕭和另外55萬人同病相憐，儲安平至今下落不明。

　　國民黨治理下尚有「多少」的自由，說明這個「弱勢獨裁政權」有心無力，只能勉強做出局部的、不完全的而有特定對象的控制；只要不直接威脅到它的統治基礎，報人尚有若干「消極自由」的空間。[148]徐鑄成以「硬骨頭」著稱，這是對他和國民黨靈活鬥爭的描寫：

> 　　1945年《大公報》在上海復刊。雖然沒有公開的新聞檢查，但國民黨依然採用特務威脅、黨部干涉、造謠、圍攻等手段控制輿論，《大公報》在徐鑄成的主持下，除了公開披露國民黨製造事端的真相外，還刊發了許多社論，這些由徐鑄成親自執筆的評論採用靈活的手法如小題大做、大題小做、指桑罵槐等，同反對勢力作鬥爭。[149]

　　這一段記事大致符合實情，有許多文字可資佐證。國民黨除了威脅，還施以利誘，都歸徒勞無功。[150]歷史是沒有「假如」的：「假如」國民黨是共產黨，徐鑄成的「靈活」抗爭有用嗎？1980年他以平反之身，重返香港舊遊之地，接受雜誌訪問時這樣比較國共統治：

147 《徐鑄成回憶錄》，頁263。眾所周知，毛仇視知識人。但毛之所以在「反右」期間「獨鍾」《文匯報》，就是想藉其民間報紙的餘脈，瞭解知識人的思想動向，見鄭重，《毛澤東與文匯報》，頁xii。

148 關於「消極自由」和「積極自由」，參閱柏林著，陳曉林譯（1986），《自由四論》，臺北：聯經出版事業股份有限公司，頁40-70。原著為Isaiah Berlin (1969), *Four Essays on Liberty* . Oxford: Oxford University Press.

149 李敏，〈「職業報人」徐鑄成〉，載喬雲霞主編，《中國名記者傳略》，頁103。1946年徐鑄成重回《文匯報》。

150 黨政要員（陳立夫、吳國楨、潘公展）設「鴻門宴」，圖以巨額投資籠絡《文匯報》，陳布雷又出面邀請徐鑄成加入國民黨並任《申報》總主筆。見《徐鑄成回憶錄》，頁137-143。

　　國民黨對知識分子的迫害是餓肚皮，坐牢甚至殺害，……但它在精神上沒有法子凌辱你。……解放以後辦報紙，明明想為人民做點宣傳工作，結果一頂帽子一戴，朋友見了面也趕快走開……（連兒子都）不同程度的對我另眼相看。……這種精神上的凌辱，開始一想起來就是一身冷汗。……一下子打成反動派，說是反黨反社會主義，過去我還是跟著你走的，你忽然說我反對共產黨，就怎麼也想不通。後來也就算了，特別是文化革命起來後，連劉少奇也說是反黨，也就無所謂了。[151]

　　以報社的意識光譜來說，國民黨的《中央日報》在右，只有抗戰勝利還都南京短短那幾年才有生氣，「先日報，後中央」，使陸鏗這些年輕人崢嶸頭角。這拜賜於國內輿論向背、國共和談、美國壓力等因素，已如前述。《大公報》從中間到中間偏左，以專業理念辦報，人才濟濟，是知識界的堡壘，允稱中國文人論政的高峰。蕭乾和《大公報》賓主盡歡，他也開創了中國報紙「文學新聞」（literary journalism）的先河。《文匯報》和《大公報》有血緣之親，而左於《大公報》，最後逐漸「變紅」，靠攏共產黨。[152] 商業報似乎介於《中央日報》和《大公報》、《文匯報》之間，但不能一概而論。

　　比《文匯報》更左的當然是《新華日報》，最左的還有《解放日報》。《新華日報》在國統區，接受周恩來的領導，高舉自由主義的旗幟，處處向國民黨爭自由爭民主；《解放日報》是延安解放區的報紙，在毛澤東的領導

---

151 本刊記者（1980），〈徐鑄成談民辦報紙及其他〉，《九十年代》，總第131期，頁44-51。引自頁50。

152 徐鑄成1945年回上海復刊《大公報》，任總編輯，想把它辦成一份「民主報紙」，老闆胡政之不放心，怕他太左了以致報紙被國民黨封掉。1946年，王芸生由渝館返回滬館《大公報》，徐鑄成乃辭職回去《文匯報》。（見本刊記者，〈徐鑄成談民辦報紙及其他〉，1980年，頁45。）對於王芸生各打國共五十板，徐鑄成頗不以為然。後來當局封掉上海《文匯報》，徐鑄成怪王芸生在《大公報》社評落井下石，反而是徐所「看不起」的「中間派」儲安平為之聲援他。徐鑄成之後轉到香港，在李濟琛和中共的支持下辦《文匯報》，向地下黨靠攏。

下，敵視自由主義，樹立了新中國黨報「輿論一律」的範例與傳統。[153]1949年以後，商業報和專業報蕩然無存，剩下黨報一統天下，沒有民間輿論的「雜音」嗡嗡叫。共產黨的控制機制和紀律比國民黨嚴密不知多少倍，又有強勢的意識形態凝聚思想，新聞記者是不折不扣的宣傳幹部，但黨內派系和路線鬥爭反覆無常，記者無所適從。[154]

　　司馬遷「通古今之變，成一家之言」，這是中國史家的最高境界。記者處在上層社會的底層，他們在權力邊緣記錄時代的遞嬗與動亂，撰寫歷史的初稿，有時候因緣際會，有時候因勢利導，有時候身不由己，可能在重要的關頭或時刻捲入權力中心，留下那個時代的腳印。在結束本文以前，不妨重訪文首所揭示的題旨，探討記者、報社和時代的交錯關係。時代風雲，雷霆萬鈞，變化多端，個人何其渺小。然而縱使再渺小，再身不由己，個人在歷史關頭上仍須做出某些抉擇，並為之付出代價。我列出表5，再現記者、報社和時代的關係，茲僅擇要再綜述四點。

　　首先，每當權力結構在鐵的紀律下，只有一個主義，一個領袖，一個口徑，那麼言論界只能緊跟著權力當局，當工具，當喉舌，做啦啦隊；一旦派系鬥爭白熱化，勢均力敵，甚至群龍無首，以致雜說紛陳，浮現不同的口徑，當局的統制力量減弱，這時言論可能紛亂，但喘息的空間反而擴大。[155]

---

153 黃旦，〈從「不完全黨報」到「完全黨報」——延安《解放日報》改版再審視〉，載李金銓主編，《文人論政》，頁285-319。（簡體版，頁250-280）。

154 中共黨報講究等級制度，《人民日報》名義上直屬黨中央，應該與中宣部平級，然因掌控意識形態的「文化沙皇」（例如胡喬木）通常是政治局委員，他們又受到保守派元老（如陳雲、李先念、王震）的支持，於是《人民日報》到頭來又得聽命於中宣部。

155 從媒介社會學的觀點來說，當權力中心受到內外的強力挑戰，所謂黨外有黨、黨內有派，勢均力敵，這時報導的尺度較寬廣；等到權力一統，內外挑戰的勢力微弱，報導自由反而受到較大的限制。美國學者哈林說，事件若在「共識區」（sphere of consensus）或「異議區」（sphere of deviance）內，報導通常跟著權力中心的解釋以及社會上的主流意識走，萬一事件進入「合法爭議區」（sphere of legitimate controversy），例如美國兩黨或政府內部立場分歧，報導必須平衡兩面觀點，記事的空間反而擴大，見Daniel C. Hallin (1986), *The "Uncensoted War:" The Media and*

表5　記者、報社與時代的交錯關係

	蕭乾	陸鏗	劉賓雁
記者與報社	《大公報》是文人論政的典型，正向專業化轉型。獨特寬容的環境使蕭乾大放異彩，改革副刊，撰寫國內外通訊和社評，創造新聞文學的體例。	抗戰勝利後短暫幾年活躍於南京《中央日報》，以採訪上層政治要聞見長。年輕氣盛，愛打抱不平，以揭發孔宋貪污觸怒當局。	中共中央級黨報記者，有特殊採訪之便，揭發黨內黑暗面。調查報導多登在文學雜誌，《人民日報》即在順境時也不敢刊登。
報社與時代	《大公報》是1949年以前中國最受尊敬的報紙，代表社會中間力量，以西方式的「新聞自由，言論獨立」自許。1949年以後接受改造以至於結束。	抗戰復員後那幾年，南京《中央日報》雖對社論控制嚴格，但年輕記者採訪的尺度相對寬鬆，衝勁大，顯示國民黨的控制力減弱，並受制國共和談和美國壓力。但曇花一現，局勢巨變。	「文革」結束，《人民日報》是1980年代改革派思想解放陣地，但不斷受到保守陣營意識形態的攻擊，劉賓雁也受到波及。他與報社高層曾活躍數年，後來有志難伸。
記者與時代	動搖的自由主義者，既不滿國民黨統治，卻自稱對共產黨有疑慮。1949年放棄赴英國劍橋大學任教，選擇回北京，靠攏中共，並離開新聞界。受反右及「文革」迫害後嚇壞了膽，從此謹言慎行，無復1949年以前的丰采。其遭遇頗能代表同時代一般自由知識人的命運。	以新聞為本位，一生大起大落，先後介入國共兩黨最高層權力鬥爭。繫獄22年，既是兩邊的階下囚，也是座上客。此乃個人選擇，個性使然，縱遭政治迫害而不改其志。離開大陸以後還活躍於海外新聞界，甚至影響中國和臺灣的政治鬥爭。	1980年代最有影響力的報導文學作家。有馬克思式強烈道德使命感，對黨始終抱著「第二種忠誠」，矢志以文字揭發陰暗，以改革黨內弊端。歷經右派和「文革」磨難，明知艱險，仍勇往直前。其生涯與胡耀邦的政治態勢、《人民日報》的起伏結合。被開除黨籍後流亡美國，仍無悔地追求社會主義的「哲學」理想。

蕭乾面對的是外國租界、軍閥割據、國共鬥爭，陸鏗面對的是美國介入國共鬥爭，劉賓雁面對的是中共改革派與僵化左派鬥爭。這是時代提供記者活動的特殊場景。近代中國亂局頻仍，這個場景說變就變，極不穩定，別無制度的保障，一旦情勢變化，權力洗牌，記者的災難可能就在前頭。國共政權易手以後，無論在大陸或臺灣（直到1987年解除戒嚴、1988年開放報禁為止），權力一統，新聞控制變本加厲；香港在國際冷戰、國共衝突、殖民統治的夾縫中，反而綻放新聞自由的奇葩。[156]

第二，記者必須在適當的時機進入適當的報社，與時代配合無間，他們的才華始能充分發揮。蕭乾在報業轉型期進入寬容的《大公報》，陸鏗馳騁於特殊政治環境的南京《中央日報》，劉賓雁在順應整個改革開放勢頭的《人民日報》發揮作用。但面對相同的環境，只有少數人能抓住機遇，做出轟轟烈烈的事：蕭乾在《大公報》的眾多能手中出類拔萃，而南京《中央日報》並沒有第二個像陸鏗那樣虎虎生風的記者，《人民日報》也找不到比劉賓雁更憂苦的「青天」，這些都不是偶然的。蕭乾所依託的精神資源以及他所成就的是文學，在陸鏗便是政治，在劉賓雁則是裝了滿肚子的道德理想。在波濤變動的大時代面前，個人何其無奈甚至無力。但個別人物可能開啟風氣，扭轉潮流，成敗得失之間實未易言，其歷史意義不應該一筆抹煞。

第三，這三家報社在個別時代的角色迥異，既給記者帶來發揮的機會，

Vietnam. New York: Oxford University Press, pp.117-118。何為「合法」，民主國家有較為明確的機制界定，而最終以不推翻體制為邊界，但獨裁國家則往往表現最高權者的個人或集團意志。哈林的觀點對於近代中國雖然未必完全適用，還是頗有啟發。

156 關於香港的新聞自由的討論，參考Joseph Man Chan and Chin-Chuan Lee (1981), *Mass Media and Political Transition: The Hong Kong Press in China's Orbit.* New York: Guilford Press；Chin-Chuan Lee (2000), "The Paradox of Political Economy: Media Structure, Press Freedom, and Regime Change in Hong Kong," in Chin-Chuan Lee, ed. *Power, Money, Media: Communication Patterns and Bureaucratic Control in Cultural China.* Evanston, IL: Northwestern University Press,pp. 288-336。此文中文版收入拙著，《超越西方霸權》，頁205-238。香港主權回歸以後，新聞自由的空間逐漸縮小，引起國際關注。

也限制他們發揮的場域，既容許個人的能動性，也界定了這種能動性的極限。蕭乾的《大公報》背景，使他先後成為中共統戰、鬥爭、統戰三部曲的對象。陸鏗倘若和《中央日報》或國民黨當局無恩無怨，是否避開中共的牢獄，不得而知；但料想他不會在「對臺統戰」的需要下被釋放到海外「放炮」，更不可能訪問胡耀邦再掀政海風浪。劉賓雁的命運和報社的命運捆在一起，然而在最開放的時刻，連培養他的報社也未必敢用他的敏感文章。《人民日報》頂不住中共最高層權力和意識形態鬥爭的壓力，劉賓雁成為犧牲品。

第四，在重要的時代轉折點上，記者必須選擇不同安身立命的道路。1949年，蕭乾放棄英國的教職回北京，從此不再是記者。同年，陸鏗從海外冒險回昆明接眷，自投羅網，30年後離開大陸，又在海外新聞界到處串聯。1987年劉賓雁被開除黨籍，流亡海外，還在追求社會主義的理想。時也，命也，即使歷史重演，相信陸鏗和劉賓雁還會走同樣的道路。蕭乾表白說對昔日的選擇無怨無悔，果真如此，回憶錄何必如訴如泣，有話何必隱忍不發？

記者的命運鑲嵌了時代的烙印，既有歷史的偶然性，也有歷史的必然性。以劉賓雁為例，其偶然性是因為他在「文革」結束後蹤到一個大開大闔、思想解放的時代，人勢兩相契合。《人民日報》從1979年到1981年為改革勢頭推波助瀾，他引進蘇聯「揭露報導文學」的匕首，使新聞報導貼近人民，站在黨內開放的一邊向保守的一邊宣戰。其必然性又分兩面：一是時局變幻莫測，思想解放的窗口開得快也合得早，如一盞忽明忽暗的燈火，如在收收放放的殘酷鬥爭中走鋼索，如被搖擺不定的鐘擺夾住。及至黨內最高權威重新建立，報紙只能隨著黨內鬥爭浮沉，劉賓雁在夾縫中旗幟鮮明地奮鬥，遲早要栽跟頭，最後成為悲劇英雄。二是劉賓雁個性執著，使命感強，自認被群眾推著走，飛蛾撲火，明知前面有虎，還是義無反顧向前奔。他在特殊的時空開創了新聞的報導文學，但很快就被政治現實湮滅。本來一個響噹噹的名字，被專制封閉的政體消音幾年，竟已然銷聲匿跡了。[157]

---

157 劉賓雁被開除黨籍以後，對香港記者李怡說：「有些話方勵之可以這麼講，我不

　　再說陸鏗闖進孔宋案，那是蔣介石政權內外交困的時候，必須利用此事平息民怨，爭取美國的同情。後來，陸鏗又「無意間」介入中共最高層的政治鬥爭，加速胡耀邦倒臺，以致有「我雖不殺伯仁，伯仁因我而死」之歎。這是陸鏗這個人和那個時代的「天然」結合，缺一不可；縱使不身陷大陸，憑他的個性和時代的扭曲，在海外也必然要吃盡苦頭，對此陸鏗是有自知之明的。蕭乾前半生開創了「文學新聞」的新文體，後半生心靈受到扭曲，憋住滿肚子的話不敢講，有謂「家國不幸詩家幸」，是耶，非耶？

　　時代創造英雄，英雄在特定的條件下是否也創造了時代？如今塵埃落定，三人都已走過狂暴的歷史隧道，成為古人，中國近代新聞史留得下他們的痕跡嗎？

能，即使我這麼想我也不能這麼講。他再不濟，他可以搞他的天文物理研究，這個沒人干涉他。可是要是不讓我發表作品，我就完了。」見李怡，〈再訪劉賓雁〉，頁27。方勵之、王若望、劉賓雁一起被開除黨籍。1989年天安門事件，方躲到北京的美國大使館避難，後經外交斡旋赴美。如今遍問中國大陸的海外學生，已經很少人知道劉賓雁的名字了。

論《大公報》和張季鸞的文人論政

　　《大公報》是近代中國報業史上「文人論政」的最高峰。《大公報》的成功歸諸吳鼎昌的資金、胡政之的經營和張季鸞的文筆，他們還培養了大批的新聞人才。張季鸞的政論望重士林與朝野，他去世時，蔣介石的唁電奉他為「一代論宗，精誠愛國」，毛澤東也讚揚他為「功在國家」。中共掌權以後，毛還在抱怨剛剛進城的《人民日報》作風散漫，說只要他們能學一點《大公報》他就滿意了。言猶在耳，新政權卻猛烈清算《大公報》那條「封建」的根，以致該報老人如王芸生、徐鑄成乃至蕭乾都曾經紛紛違心批判《大公報》和張季鸞。幾十年過去了，2015年張季鸞的遺體終於獲准魂歸陝西榆林墓園。2016年8月16到18日，榆林市並召開「報界宗師張季鸞暨民國新聞史學術研討會」，我應邀在會上做出簡要的口頭報告，本文根據現場錄音訂正而成。

一、張季鸞和《大公報》在異時異地所發生的影響

　　《大公報》和張季鸞在中國大陸的命運極為坎坷，在海外卻發生深遠的影響，且舉數例以說明之。第一例，我從高中開始就抱著浪漫情懷，憧憬記者生涯，1970年考上了臺灣的中央通訊社，一心想跑外勤，挖掘驚天動地的大新聞。因為我在大學期間得過陳博生先生新聞獎學金，中央社總編輯沈宗琳先生待我如子弟兵。他替臺北的五家報紙兼差寫社論，也想訓練我往這

方面發展。有一天他突然叫我過去談話，感慨在戒嚴的嚴峻情勢下臺灣不可能出現張季鸞，勸我不要跑外勤了，乾脆到中央社的國外部去把英文學好。回想起來，在那個蕭殺的年代，年長的黨媒老總肯跟初出茅廬的後進「交心」，實在是格外呵護我了。我不知道他是不是寫社論碰到什麼壓力，內心苦悶必須宣洩。但重點不在於這裡，而在於他的心目中以張季鸞為榜樣。

第二例，上個世紀70年代中到90年代末，臺灣最好的報紙是《中國時報》，頗有海納百川的恢弘氣象。創辦人余紀忠先生是國民黨的開明派，也是政治風向的指標。他心目中的榜樣就是張季鸞，但凡重要的社論必字斟句酌親自定稿，儼然以國士（甚至國師）自居，認為他的社論是直接和蔣經國對話的。有時候興起，他跟年輕記者談到前輩張季鸞，心中何嘗沒有一絲瑜亮情節。

第三例，香港最好的中文報紙當屬《明報》，創辦人查良鏞本來就是出身於已經沉淪的香港《大公報》而後又與之鬧翻的。《大公報》三巨頭張季鸞、胡政之、吳鼎昌早年留學日本，辦報理念原來學《朝日新聞》，後來慢慢轉向英國的《泰晤士報》和《曼徹斯特衛報》（*The Manchester Guardian*，後來改名為《衛報》）和《紐約時報》。查良鏞每天在《明報》刊登兩句話──「事實不容歪曲，意見大可自由」──擲地有聲，就是譯自《泰晤士報》、《曼徹斯特衛報》的信條。他每天親自寫社論，心目中必有張季鸞的形象，總希望把《明報》辦成當年《大公報》的地位。曾經在《明報》做過事的林行止，後來出去辦《信報》，也有聲有色，延續了文人論政的香火。俱往矣，這些人物不是故世就是退休，象徵了中國文人辦報傳統的終結。

《大公報》1949年以後屢經改造，於「文革」時期正式宣告停刊。表面上《大公報》已成為歷史名詞，但其精神之頑強往往超出估計，正猶如風中殘燭，只要碰到死灰就要復燃。1985年《人民日報》海外版四位籌辦者當中即有三位是《大公報》出身的。廈門大學籌辦新聞系，還回去向《大公報》老人徐鑄成和劉季伯取經。《南方週末》創辦時，也曾問道於蕭乾，何嘗不想繼承《大公報》的血脈？何況近二、三十年來，更多有志的記者私淑《大公報》和張季鸞為新聞典範。

二、《大公報》和張季鸞的歷史意義是什麼？

　　《大公報》代表中國士大夫階層向現代知識人角色轉型的過程。1905年清廷廢除科舉以後，知識人的角色愈來愈邊緣化，而報刊是知識人重新進入政治舞臺的一個重要途徑，最好的代表就是梁啟超。張季鸞和梁啟超筆鋒都帶有感情，兩人都接受日本明治維新時期所轉介的西方自由思想。梁啟超參政失敗以後從事論政，張季鸞則自認為是一個職業報人，他在專業化的轉型中比梁啟超走得更遠。梁啟超的《新民叢報》為了啟蒙，以評論為主；而張季鸞的《大公報》除了評論還有新聞，而且他的評論是站在平等立場說話，不是居高臨下的口吻。

　　《大公報》從「儒家自由主義」（或有自由傾向的儒家社群主義）慢慢結合西方的自由主義，前者為體，後者為用。我以為張季鸞的本體思想還是儒家自由主義，他經常講到「良心」和「氣節」，還提倡「報恩主義」，便是明證。但他是有國士之風的職業報人，對自由主義的肯定，也走得比梁啟超更深遠。梁啟超原來是宣揚自由民主的，等到1903年遊歷新大陸歸來以後，對於美國許多現狀感到失望，便力言中國國情不適合實行民主，轉而提倡開明專制。張季鸞不是沒有想過開明專制，尤其1937年前後他對軍人主政不滿，表示「實逼處此」，無可奈何。但終其一生，在抗戰最艱苦奮鬥的時期即使主張「國家中心主義」，他對自由主義的理想也沒有動搖過。1939年5月5日，香港《大公報》刊出〈抗戰與報人〉中的這段話說得淋漓盡致：

圖11.21　胡政之（1889-1949），《大公報》經理。

圖11.22　張季鸞（1888-1941），《大公報》主筆。

中國報人本來以英美式的自由主義為理想，是自由職業者的一門。其信仰是言論自由，而職業獨立。對政治，貴敢言，對新聞，貴爭快，從消極的說，是反統制反干涉。⋯⋯人不隸黨，報不求人，獨立經營，久成習性。

論及張季鸞與《大公報》的歷史意義，還必須跟當時的報紙比較，從而探討《大公報》如何脫穎而出。林語堂在《中國新聞輿論史》（*A History of the Press and Public Opinion in China*）罵《申報》編得很濫，諷刺《新聞報》簡直沒編，而讚揚《大公報》是辦給那些「教育程度過高（overeducated）的人」看的。這句話畫龍點睛，表明《大公報》的讀者都是高層知識人。《大公報》開辦時充其量是份天津小報，後來才遷到上海，卻一直有全國性的格局與氣度。《申報》和《新聞報》在上海的根基牢固，目光反而侷促在十里洋場，沒有雄心要引領全國輿論。從商業經營和資本上看，《大公報》遠遠不是《申報》和《新聞報》的對手。在抗戰以前，《大公報》不過是五十萬元的小公司，而《申報》的總資產達到了三百萬元。即使如此，胡適說《大公報》這「小老弟」趕過了《申報》和《新聞報》，是全國最好的報紙。

圖11.23　天津《大公報》成員。

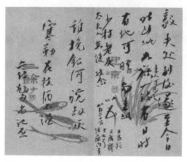

圖11.24　張季鸞早年任孫中山祕書，此為其手札。

范仲淹所說的「以天下為己任」，正是中國儒家士大夫和知識人的精神特質，西方的專業人士才不會把天下的責任扛在自己的肩膀上。所謂「文人論政」，文人就是文化人，民國時期的職業分工沒有那麼細，文人、報人、學者都是跨界的。中國報人無不自許是知識人；像胡適這樣的知識人在報刊上寫文章、辦政論雜誌，而

許多報人也到學校教書，職業角色並不是涇渭分明。陶希聖讚揚張季鸞是魯仲連式的人物，除了與蔣介石交好，還能夠周旋於各方，特別是英美歸來的自由派知識群體，而同樣在天津的《益世報》就做不到這一點。張季鸞有一流的文筆和手腕，胡政之更是徐鑄成眼中僅見的辦報全才，會寫，還會經營。

三、《大公報》和張季鸞的時代精神是什麼？

八、九十年過去了，為什麼我們還在懷念《大公報》和張季鸞呢？因為這是文人論政的最高峰。張季鸞追求新聞自由，又不為政治所俘虜，這在中國報刊史上是絕無僅有的，很多報紙都巴望受到政治勢力的青睞。《大公報》有這種不為政治服務和不受金錢腐蝕的自覺，正是源於儒家重義輕財的道德理念。報業經營當然必須站住腳，《大公報》拒絕接受政治津貼，決定拿出五萬元來辦，辦不了就關門；由於胡政之善於經營，《大公報》的財務狀況並不差，卻不想賺太多錢，怕受到金錢的污染，這在中國的報刊史上是可以大書特書的。在某個抽象的象徵意義上（但不是在歷史經驗上），這個理念是否和當今德國學者哈伯馬斯（Jürgen Habermas）的「公共領域」異曲同工？這是另外的話題了。

《大公報》和張季鸞以「不求權，不求財，不求名」自勉，不求權力和錢財已經很難，「不求名」更難，因為實至名歸，不求自來。《論語》開宗明義說「人不知而不慍」，又說「不患人之不己知」，《大公報》提出「不求名」是為了「公心」，更是具有明顯的儒家印記。

《大公報》和張季鸞所留下最寶貴的精神遺產是新聞工作的「四不原則」：「不黨、不賣、不私、不盲」。

圖11.25 〈大公報一萬號紀念辭〉（1931），提出「不黨、不賣、不私、不盲」原則。

這個「四不」原則是1931年5月22日在〈大公報一萬號紀念辭〉的社論提出的，絲毫不因為時間的沖刷而失去意義。「四不」的闡釋者已多，我不再詞費。但必須指出，在精神境界上，這個「四不」原則與西方的「媒介專業主義」互相發明，接近之，甚至超越之，至於是否落實到具體操作層面形成規範或建立傳統則是另外一回事。

《大公報》的「四不」原則和西方媒介專業主義的社會動力畢竟不一樣。以美國歷史為例，有兩股力量塑造媒介專業規範，一是1830年以後市場經濟開始勃興，中產階級抬頭，報刊為了爭取更大量讀者，放棄黨同伐異的習慣，以至於新聞記事強調客觀公正與不偏不倚，逐漸與評論意見剝離或分途；二是脫胎於上個世紀初期的「進步運動」，它對政治、經濟、文化都有深刻的影響，更是鼓勵了媒介揭發官商惡行，號稱「扒糞運動」。當今許多學者都普遍認識到：專業主義和資本主義的興起息息相關，但是資本主義發展過頭則會侵蝕專業主義。

反觀1930年代中國資本主義根本不發達，《大公報》卻對資本市場已有戒心，聲稱辦報需要有錢，但不能太有錢，深怕太有錢的股東會影響言論自由。《大公報》「四不」原則的社會源頭不是資本主義，它反覆強調的道德基礎是知識人的「良心」和「公心」。張季鸞追求言論獨立自由，思想上受到西方影響絕無疑義，但他的基本道德理念還是建立於儒家自由主義的輕財重義。不僅張季鸞如此，同時代的人也類同，成舍我1935年在上海辦《立報》，也說過「憑良心說話」，這是那一代傑出報人的普遍心態。

張季鸞和《大公報》在專業主義方面做了些什麼？報人徐鑄成經歷「文革」劫後餘生，年屆七十歲時始寫回憶錄，說夢見自己寫了一篇好社論，受到張季鸞和胡政之的褒揚，可見張季鸞對下一代報人的影響有多大。張季鸞邀請胡適等兩百多位從美英歸國的自由派學人撰寫「星期論文」，共發表了七百五十篇，形成意見領袖，對於國民政府和整個知識界影響巨大。張季鸞重視新聞教育和新聞專業組織，不但參與平津新聞學會並起草宣言，也參與創建中國新聞學會，對燕京大學新聞系的貢獻尤多。他本人並不同情共產主義，但還是願意報導共產黨的活動，也是專業精神的體現。

四、《大公報》和張季鸞的內在限制是什麼？

　　美國政治社會史家摩爾（Barrington Moore）有一個著名的論斷：沒有資產階級，就沒有民主。如果這個論斷正確的話，那麼中國從來沒有出現資產階級，零星的資產分子不構成階級，以致生產力落後，社會矛盾無法調和；《大公報》縱使做了最大的努力，還是不能夠達到爭取中國自由民主的境界。中國自由知識界脆弱，幾乎以反對國民黨為共同綱領，而面對共產主義時很少立場不動搖的。這是整個中國的問題，不能單獨苛責於《大公報》。

　　《大公報》和自由派知識群關係密切，這是很了不起的事，但也無形中和草根民眾的聲音脫節了。鑑於中國經濟貧窮，教育愚昧，交通閉塞，《大公報》所能影響的只是都市知識人和中產階級，是點的，是線的，而非面的。該報有此自覺，曾經批評中國報業太注重政治，只顧著都市，而放棄了占人口總數90%多的農民。因此該報派記者巡迴採訪，發動了近二十次的賑災活動，但以其薄力和國情，畢竟不能布置很細緻的新聞網。《大公報》頭版有一半是該報記者採寫的，而不是用通訊社的稿件，這在當時全國也是絕無僅有的。

　　《大公報》一直堅守民族氣節，不屈服於日本侵略者的鐵蹄之下。因戰爭原因不斷搬遷，命運坎坷。但除了抗戰時期進入中國內陸（武漢、重慶和桂林）以外，主要還是以租界（天津、上海）和殖民地（香港）為據點。[1] 在租界辦報，有些話才

圖11.26 《大公報》對西安事變發表社論（1936）。

---

1 1936年4月，華北局勢告急，《大公報》創立上海版，業務中心南移。1937年盧溝橋事變後，天津版停刊；同年12月上海成為「孤島」，上海版停刊。1937年9月18日，

可以講，但其道德意義畢竟有所不同。1941年《大公報》獲得美國密蘇里大學新聞學院頒發榮譽獎章，頒獎詞說：「在中國遭遇國內外嚴重局勢之長時期中，《大公報》對於國內與國外新聞之報導，始終充實而精粹，其勇敢而鋒利之社評，影響國內輿論者至巨。」《大公報》重慶版發表了一篇社論，懇切表明他們在後方或海外辦報儘管艱難，卻遠不如上海和其他淪陷區的同業那麼勇敢。

五、今天看《大公報》和張季鸞的意義何在？

　　《大公報》的「大公」精神傳統何以中斷了？今天中國新聞獨立自由遭受兩面威脅，一是政治，二是經濟。1949年之後，大陸和臺灣選擇了不同的道路：大陸改造《大公報》，以至於在「文革」時期停刊，但其魂魄只要一息尚存，卻不時要跳出來起點作用；臺灣在報禁結束以後，政府控制的力量撤退，新聞界心情舒暢，但族群撕裂和市場邏輯已經開始腐蝕新聞自由和專業主義，令人不勝唏噓。香港的新聞自由原來在夾縫中求生存求發展，現在無論從紐約自由之家（Freedom House）的評分、巴黎無國界記者（Reporters sans frontières）組織的評分、香港大學的民意調查，以及香港中文大學對記者所做的調查，都對香港的新聞生態表示相當的關懷。撫今追昔，更加令人體會到《大公報》的「不黨、不賣、不私、不盲」歷久彌新，對香港及海峽兩岸都有極為深刻的現實意義，值得嚴肅探討，共同賦予時代新解。

　　今天的媒介生態跟幾十年前完全不一樣了，再過幾十年報紙的面目如何都未可知，但新聞卻是永遠存在的。而且，面對新科技的蓬勃發展，以及全球資本集中和壟斷的情勢，如何保持言論獨立，良心泰然？這是我們所必須思考的，也是紀念張季鸞和《大公報》的意義所在。

九一八事變六周年，成立漢口版（1938年10月27日，武漢失守，報紙停刊）。1938年8月13日，上海八一三抗戰一周年，香港版問世（1941年12月13日香港淪陷前夕停刊）。1938年12月1日，由武漢遷重慶發刊。1941年3月15日，桂林版創刊（1944年9月12日，全城疏散，報紙停刊）。

　　《大公報》的讀者是高層知識人，但文人論政的時代已經過去了，新聞專業化是不可逆轉的道路。社會愈來愈複雜，分工愈來愈仔細。但西方學界也普遍認識到媒介專業主義的許多侷限性。如何在職業分工的同時，保持儒家優秀的精神素質——以天下為己任，言論獨立，良心泰然？同時，在今天的公共領域裡，知識人不再是特殊階層；他們必須站在公民的立場，憑藉知識基礎對公共事務發表意見，但不再高人一等了。面對新時代的挑戰時，新聞人如何創造與維護公共領域？新聞人如何以「不黨、不賣、不私、不盲」為張本，重新思考他們應有的角色、權利與責任？

六、新聞自由宣言

　　臺灣從1987年7月15日起解除戒嚴，《新新聞》週刊先聲奪人，於3月12日應運創刊。我應邀為該刊的發刊詞寫下了以下期許的話：

　　　　新聞自由的目的在於追求真相。新聞自由不止是報業經營者的自由，也是新聞專業工作者的自由，更是社會全民的自由。全民有知道真相的權利，全民有免於被蒙蔽真相的權利，全民有不被歪曲形象的權利，全民有免於恐懼、暢所欲言的權利。自由報業接受公共信託，必須全力以赴，追求真相。自由報業以公是公非為依歸，要永遠站在人民的立場講話。自由報業必須接受社會力量的監督。

　　這幾句話呼應本文開端所表達的意思，權充相隔數代的無名晚輩對《大公報》和張季鸞先生的禮讚。

他是一個點亮明燈的人

追念徐佳士老師

徐佳士老師仙逝了，享壽九十六歲。記得兩年（2014）前，我們夫婦與陳世敏、鄭瑞城、朱立和王石番等老友相偕去新店拜年，徐老師走路已不太靈便了，腦子卻勇健如常。他還是那麼親切而溫暖，那麼關心身邊的每一個人，那麼愛自嘲，愛開玩笑，他像老頑童一般跟大家打成一片。他一見到我，立刻調侃我是「外國人來了」。這些年，見到徐老師的地方，就有笑嘻嘻的師母，而她總是周到體貼，給我們後輩帶伴手禮。去年春節，本想相約登門拜望，卻怕太打擾他們沒敢去。怎料沒有等到過這個年，徐老師已然辭世。想到這裡，心中有說不出的悵惘與不捨。

我寫這篇追念文字，不是因為我自覺最瞭解徐老師。我不過是他教過的眾多學生之一，何況大半輩子滯留海外，師友之中比我更瞭解徐老師的大有其人。我寫這篇文字，是因為我親炙徐老師教誨的機會雖然不算多，他給我的感動和我對他的感激並未稍減：我選擇傳播學術的道路，他是最重要的啟蒙者；而且，彷彿冥冥中自有安排，由於徐老師的善導，我奇妙地與幾位心儀的前輩（施蘭姆、羅傑斯、陸鏗）結了善緣。現代學術體制固然轉益多師，真正關鍵的必屬少數，徐先生是影響我最深刻的恩師。

一、那些年的一些事

初見徐老師的情景，歷歷在目，那是將近半個世紀（1967）以前的往

事了。當我在政治大學新聞系讀到一半，他從《中央日報》副總編輯轉任系主任。他第一次露面主持週會，好個翩翩君子，高瘦挺拔，舉止斯文，穿著有型有款，女同學說他帥得像葛雷哥萊‧畢克。他向全系學生講開場白，不是口若懸河型的，看來有些內向而木訥。他抓住粉筆，把《韋氏大字典》profession

圖11.27　徐佳士先生與學生參加環島畢業旅行（1969）。（李金銓提供）

一詞的解釋抄滿了整個黑板，接著說：「我來念念看，我的發音不標準，你們可以笑我──只要你們記住這個字的意思就好了。」

　　我現在明白了，professionalism是徐老師的motif，貫穿他一生做事的原則。但是，徐老師英文發音不標準？前幾年我才知道，徐老師抗戰時曾經輟學，響應知識青年從軍，考上的就是英文翻譯官。他有點江西口音，完全無傷大雅。自嘲是他一貫的低調，卻毫不矯情，到老了還不斷自嘲，「抱怨」在美國的外孫笑爺爺英文發音不標準。

　　大四時他教我們的「大眾傳播理論」，這是他唯一教過我的課。我們平素被鑄模成考試機器，哪得閒情想問題。有一天，有同學突然提出一個古怪的名詞，說是書上看到的。徐老師坐在課桌上，兩手一攤，頗顯無助，略有尷尬。「我也不懂呀，怎麼辦？」下週，他弄回成堆資料替我們說明那些謎樣的概念，並且再三謝謝那位同學「幫助我教育自己」。

　　畢業旅行，他自動「申請」跟我們擠墊腳的遊覽車環島跑。出發前，班代表魏明光宣布：「各位同學，現在請老闆為我們說幾句話。」我坐在他旁邊。大家的眼光輻湊在他身上，他好像有點不自在，大概沒有料到這一招。他愣了半晌，然後用一向慢條斯理的速度說：「你們要我講什麼呢？……對了，謝謝你們的批准，讓我來一起玩。我一直以為你們的老闆是班代表，原來是我。」沒有「四年相處，一旦分離……」的酸道理。

　　這三件事存在我的記憶庫，歷久彌新。特別是自己站在講臺的另一端，

這些小故事更鮮活。當時，我只覺得在泛道德、乾巴巴教訓的重圍裡，徐老師沒有誇誇其談，而是吹來一股清風。後來發現這根本是徐老師整個「有所不為」狷介個性的表現，含蓄內斂，溫煦平易。

　　徐老師是個有溫度的人。他的身上蘊藏著深厚的文人底色，無論內外，俱精細而多致，做人有品味，做事講格調。在那個物質匱乏的年代，他住在化南新村的教師宿舍，空間有點侷促，他在客廳一隅以幾塊原木搭在紅色空心磚上面當書架，賞心又悅目。他把高大的身材擠進一部小金龜車裡，在校園慢吞吞跑，更是一道風景。他的感人，來自真誠與自然、開明與容忍，來自守正不阿。他的舉止從容不迫，始終給人溫暖、關懷和安定，對學生從不高高在上，更不指指點點。在保守的大學體制和封閉的氛圍裡，他樹立了一個無形而強大的風範，其影響力綿延不息。

二、傳播理論的啟蒙者

　　在大陸的民國時期，新聞教育以燕京大學（1924）最出名，復旦大學（1929）次之，中央政治學校（1935）乃後起之秀，是為國民黨系統培養新聞幹部的搖籃。到了臺灣，在特殊的歷史格局下，政大新聞系一枝獨秀。自從高中開始，我就對馬星野先生創立的這個新聞教育支脈充滿了好奇，躲在偏僻的城鄉圖書館挖掘零星材料，憧憬著傳說中「明星記者」的榜樣和事蹟。若干年後終於明白，傳說必有誇大的成分，各行各業塑造了一套職業「迷思」，而吸引年輕人獻身記者生涯的，正是這種不可抑制的英雄情懷——渴望站到社會的第一線，挖掘驚天動地的大新聞，享受「先天下之知而知」的樂趣。

　　1966年，我從公共行政系，與鄭瑞城從邊政系，[1]分頭轉入校園內被視為光鮮的新聞系。轉系生要補修許多基礎課，教務處安排我們坐在課堂後面幾排。有些老師會給這幾個「留級生」以「關愛的眼神」，但這個戰略位置有

---

1 鄭瑞城留學美國回臺後，先後當過政大新聞系主任、傳播學院院長、校長，教育部長。

利於我們趁機從後門溜課。那一堆紙上談兵的「實務課」，只拚命在定義上下功夫，像學習游泳的人聽了滿耳朵的「道理」，不跳下水浸透身體，到頭來還是一隻旱鴨子。我一心想當政治記者，乃兀自在政治系、外交系和法律系之間穿梭，選修有重量的理論課。

圖11.28　1968年馬星野（前排左四）回政大新聞系頒發獎學金，與部分師生合影。系主任徐佳士（後排左四）是馬氏早年的學生，曾任南京《中央日報》記者。在一群青澀少年中，發現當今蜚聲國際「雲門舞集」創辦人林懷民（後排右四）和本書作者（後排右一）。（政大新聞系提供）

翌年，徐老師接系主任，第一個新政是「解放」新聞系圖書館，歡迎學生自由瀏覽借閱，不再把書籍放在架子上當古董收藏。為了培養心目中的「專業記者」，徐老師跟著在新聞系全面推行輔系制度，規定所有學生必須在外系選讀一個專門知識；他認為學生文字要好，但知識得豐富，新聞教育不應該太窄，於是大幅降低新聞系的課程比例。這倘若不是「革」老傳統的「命」，至少也象徵著新方向的開始。

徐老師教「大眾傳播理論」，我們趕上了《大眾傳播理論》的問世[2]，它用通俗的語言、文學的筆法，深入淺出，講有趣的社會科學知識。教科書寫得這麼引人入勝，令人耳目一新。這是一把溫暖的火炬，引領我進入學術的大門，我後來對傳播研究發生興趣，以至於畢生投身於此，最早便是得自這個因緣。徐老師這樣形容他的寫作風格：

> 而這段（留學）期間，很幸運地碰到了一位對我影響極深遠的大師級傳播學教授——Wilbur Schramm。他把大眾傳播的理論融會貫通，作了很有系統的歸納與分析，並用文學的想像力來處理communication……

2　徐佳士（1966），《大眾傳播理論》，臺北：臺北記者公會。（臺北正中書局於1987年重印）

他把別人研究心理學、社會學、人類學等的成果，放在大眾傳播的框架上，為傳播行為的研究開了一扇窗。我後來寫了一本書《大眾傳播理論》，假如我沒有碰到他，這本書我做夢也寫不出來。[3]

1960年代，傳播研究即使在發祥地的美國也是新興事物，教材奇缺，流通最廣泛的是施蘭姆（Wilbur Schramm，或譯宣偉伯）所編纂的兩本論文結晶：《大眾傳播》和《大眾傳播的過程與效果》。[4]施蘭姆年輕時得過歐亨利短篇小說獎，徐老師在文藝青年時代已是一支健筆。如果施蘭姆為徐老師開了一扇窗，徐老師則是為我們開了一扇窗。對於這一扇窗，徐老師在該書的〈前言〉這樣自道：

　　傳播理論的探討是在一個開闢階段，目前還沒有發展成為一門完整的「學問」。假使說學者們對於傳播的研究現在已經有了一些收穫的話，這些收穫也只是在其他「老資格」的學科上接枝伸張出來的。這些枝條沒有一棵屬於它們自己的「樹」，作者在本書卻必須把它們畫成一棵樹的樣子，沒有人曾經做這種事。[5]

徐老師畫的這株「樹」，是以施蘭姆編的兩本書為「枝條」的，搭起的架構主要靠施蘭姆所點名的傳播研究四大始祖：社會學家拉查斯斐（Paul Lazarsfeld）、政治學家拉斯威爾（Harold Lasswell）、團體動力心理學家勒溫（Kurt Lewin）以及實驗心理學家賀夫蘭（Carl Hovland）。從內容章節分配來看，涵蓋了傳播的程序，傳播的結構與功能，閱聽人的注意、動機與

3　蕭容慧（2004），《生活規劃智慧王》，臺北：未來書城。

4　Wilbur Schramm, ed. (1960), *Mass Communication*. Urbana: University of Illinois Press; Wilbur Schramm, ed. (1965), *The Process and Effects of Mass Communication*. Urbana: University of Illinois Press。及至1971年後面這本書第二版印行（編者Wilbur Schramm 和Donald Roberts），已在徐著之後。

5　徐佳士（1966），《大眾傳播理論》。

理解（兩章），傳播通路，傳播效果的內外因素（三章），反映了傳播研究「萌芽時期」的景象。著墨最多的是「哥倫比亞學派」（代表人為拉查斯斐，及其門生卡茨〔Elihu Katz〕），包括兩級傳播、意見領袖、媒介使用與滿足等研究。徐老師做過一些開風氣的經驗研究，多半登在《新聞學研究》，也延續這方面的選題和框架。

　　《大眾傳播理論》是一本入門的小冊子，影響力為何這麼大？一方面是出版得時，開風氣之先，為臺灣社會和學子介紹所未曾見的風景線，令大家眼睛一亮；另一方面，則是歸功於徐老師的文字魅力，誰不愛聽娓娓道來的故事？他形容「選精挑肥的閱聽人」、「不喜歡就忘記」（「選擇性理解」），又以「誰頑固？誰耳朵軟？」的小標題，介紹賀夫蘭做的閱聽人「聽從性」（persuadability）實驗。這些恰到好處的中文表達，我五十年前過目終身難忘。

　　施蘭姆所代表的這個理論範式，在後來的歲月裡頗受質疑，有的批評更是來勢洶洶，舉其大者，包括「芝加哥學派」的再發現，媒介社會學的興起，以及左翼政治經濟學和文化研究所帶來的衝擊。這種論辯是學術社群的正常現象，也是進步發展的動力。在施蘭姆的晚年，我曾經問他成功的要訣，他答道：「我選對了題目！」如何看待別人的批評？他回說：「我心坦然，我已經向知識高峰邁進了一步。」徐老師的舊作既是施蘭姆早期範式的臺灣版，不妨置諸歷史語境和理論脈絡做「同情的理解」，而半個世紀之後，我的「後見之明」仍推舉他的《大眾傳播理論》為最好的入門書。

　　徐老師一直關注媒體新科技的發展，是引進麥克魯漢理論的第一人，但他不是「科技決定論者」，而是關心新科技所帶來的傳播與文化問題，這方面的文字結集成為《資訊爆炸的落塵》[6]，書中還討論了世界資訊的新秩序、信息時代的文化適應等「與時俱進」的問題。

---

6 徐佳士（1997），《資訊爆炸的落塵》，臺北：三民書局。

三、與施蘭姆和羅傑斯的因緣

　　1970年夏我考進中央通訊社當助理編譯，值大夜班，像貓頭鷹一樣獨守天外傳來的國際電訊。白天有很多時間，心中作癢，想讀一點書，於是回母校向徐老師叩問門徑。他從書架抽出施蘭姆的名著《大眾媒介與國家發展》[7]以其文字淺顯、優美而易懂，我借回家一口氣讀完。我回木柵還書，他又提醒我要留意勒納（Daniel Lerner）和羅傑斯（Everett M. Rogers）的著作。勒納是國際傳播研究的先驅，施蘭姆和羅傑斯都以綜合見長，羅傑斯從各種零星的研究中抽繹出「創新擴散」（diffusion of innovation）的「通則」。徐老師無心插下幾根柳條，為我鋪上日後和這兩位大師結緣的道路。

　　農曆年除夕，我偶然在報端看到不起眼的消息，說夏威夷東西文化中心招生，我決定試試運氣。東西中心是冷戰時期的產物，在詹森總統倡議下，經美國國會撥款成立。這是美國文化外交（現在時髦的話叫做「軟實力」）策略的一部分，招收的學生有三分之二來自亞太國家，三分之一來自美國本土，名為東西文化交流，實則美國生活方式的擴散。中心下設五個研究所，傳播研究所是施蘭姆設計的，關注點聚焦於所謂的「發展傳播」，即如何以傳播媒介促進第三世界的現代化。我向徐老師求援，他支持我去申請，還提筆幫我寫了幾段研究旨趣。當時臺灣派農耕隊到非洲國家提供技術援助，正是「創新擴散」和跨文化傳播的絕佳題材。

　　我僥倖獲得東西中心獎學金。在夏威夷攻讀碩士兩年，我把施蘭姆和羅傑斯的著作從圖書館一一搬回宿舍閱讀。施蘭姆即將從史丹佛大學退休，準備接掌他創立的東西中心傳播所，頻頻往返於舊金山和檀香山之間。他對該所的研究成果貧瘠表示失望，特地成立一個把脈的委員會，我忝為學生代表，得以近距離觀察他如何構思與運作。

　　夏威夷四季明媚如春，浪漫而芬芳，許多名學者如敏感的候鳥，冬季一

7　Wilbur Schramm (1964), *Mass Media and National Development*. Stanford: Stanford University Press.

到紛紛飛來客座，以逃離美國大陸的冰天雪地。其中一位就是羅傑斯。我剛剛讀完一本《理論建構》的新書，畢竟初生之犢不畏虎，我照著書的提示依樣畫葫蘆，把羅傑斯的「創新擴散」弄出一個貌似嚴謹的理論結構，寫了一篇生硬的作業給老師。羅傑斯居然對我頗為嘉許。1973年，在羅傑斯的力薦之下，我到密西根大學念博士，從學於他兩年，當他的研究助理，直到他轉任史丹佛大學。說起來，我能夠和施羅兩位大師結緣，不就是靠徐老師種苗發芽嗎？

　　密西根大學的傳播博士課程是跨系的，我選的課六成以上集中在社會學和政治學的交叉地帶，接觸的理論視野不拘一隅，遂對施蘭姆和羅傑斯所承傳的「現代化理論」開始從源頭質疑。博士論文《媒介帝國主義再商榷》出版，[8]另一位大師卡茨教授慨允作序，我對施羅二師「以美國為中心的世界觀」提出粗淺的異議，後來很多學術上的看法更和他們大相徑庭，但沒有聽過他們說　句不悅的話。

　　在我就讀期間，徐老師屢屢隔空來函鼓勵，促我早日回去「耕耘荒蕪的園地」。等我畢業那年（1978），母系的教職沒有空缺，我乾脆轉往香港中文大學追隨施蘭姆。施蘭姆從夏威夷再度退休，遠來中文大學擔任胡文虎講座，承諾花三年創建第一個跨亞洲的傳播博士課程，後來事與願違，僅僅十四個月便快快然提前打道回府。我和他有兩個月的重疊，曾寄宿他家，也曾目睹他口中念念有詞，手指卻在IBM打字機的鍵盤上飛舞，端的是「我手寫我口」，文從字順，行雲流水，酣暢而優美。施蘭姆偶爾從打字機抬起頭，以他那教會裡唱詩班般的男中音哼唱一曲。他贈我一本新書，《傳播研究：半個世紀的評估》（1977），[9]由一群門生故舊各選專題撰寫，以作為紀念他退休的獻禮。他在扉頁寫了幾句勉勵的話：「送給李金銓，祝願他與中文大學增進彼此的偉大與快樂，並建議他的妻子立刻開始為其傳記（見297頁）做

8　Chin-Chuan Lee, (1980), *Media Imperialism Reconsidered: The Homogenizing of Television Culture*. Beverly Hills, CA: Sage.

9　Lyle Nelson, ed. (1980), *Communication Research: A Half-Century Appraisal*. Honolulu: University Press of Hawaii.

筆記。」第297頁指的是施蘭姆夫人對他的回憶文字。如今回味施蘭姆的話，心暖而汗顏。

　　我在中大四年，為了因應教學的需要，抓住時間每週寫出授課內容，修訂後合集成書稿。我請徐老師推薦出版社，豈料他謙沖為懷，藉口自己應承出版社寫書卻未落筆，要我僭越頂替。拙稿出版，承蒙徐老師惠賜一序，鼓勵有加。[10]我未必接得起徐老師的棒，但在寫作過程中卻隨時感受到徐老師的身影。

　　我是1982年應聘到明尼蘇達大學任教的，直到2004年才正式離開。1986年休學術假回臺一年，幸運碰到解除戒嚴前夕的歷史時刻，臺灣社會風起雲湧，各方各界準備破蛹而出，我忍不住寫了不少有感而發的政評。[11]徐老師並未多言，卻在背後默默支持我，使我在是非混沌的環境中掌握了一座羅盤針。1987年臺北記者學會年會邀請成舍我先生和我做主題演講，成老讚歎我年輕有為，徐先生在旁邊輕輕地說：「四十歲，不年輕了，是我們這代人擋住他們的路。」成老先生四十歲的時候已經在中國新聞界叱吒風雲了。

　　1989年承余紀忠先生慷慨捐款，囑託我在明大成立「中國時報社會與媒介研究中心」，並舉辦第一屆「中國的聲音：政治與媒介的交光互影」會議，與會者俱一時之選。隨後十年間，出版了四本書，努力為跨學科視野的中國傳媒研究開闢新徑。徐老師是1955年負笈明大的，一年半獲得碩士以後，轉學到史丹佛大學，師從施蘭姆，並親自在美國報紙實習。1989年我邀請他回明大參加會議，他的教授（新聞倫理名家Edward Gerald）年近九十，精神矍鑠，特地趕來歡晤話從前。會後，我開車帶徐老師去探訪三十四年前求學的住處，他獨自四處溜達，心頭似有淺淺的起伏。

　　十多年前我從明大退休，又回到香港做事。每隔一陣子回臺北，總想盡量抽空去看徐老師，特別是2008年在政大客座那個學期，但畢竟蜻蜓點

10　李金銓（1982修訂再版），《大眾傳播理論：社會、媒介、人》，臺北：三民書局。多次重印後，出修訂第三版，也不斷印刷。

11　李金銓（1987），《新聞的政治，政治的新聞》，臺北：圓神出版社。

水，不像其他師友能夠長期接近他。我和徐老師是兩條平行線，偶爾交會，他都毫不吝嗇，分享智慧，說幾句鼓勵的話，他的誠懇給我勇氣向前進。

四、與陸鏗的因緣

1960年代末，我在政大當學生時，徐老師和漆敬堯老師嘴邊偶然不經意吐槽，此生沒有見過比陸鏗更能幹的採訪主任，言下頗為落寞而惋惜。因為臺灣被白色恐怖的陰霾籠罩，而陸鏗在大陸杳無音訊，他們語焉不詳不願多說，但陸鏗這個名字卻印在我的腦海裡了。1979年我已經在香港教書，有一天英文《南華早報》突然報導：老報人陸鏗，昨日跨過羅湖橋來到香港。我心頭一震：「就是他！」

抗戰勝利，還都南京，中央政治學校於1947年改制為國立政治大學，徐先生是改制後的第一屆政大畢業生。走出校門，進入南京《中央日報》當記者。國民黨在順勢的時候，對言論的控制是睜一眼閉一眼的，處於逆境時則加強控制。在抗戰勝利的亢奮下，國府勢力日正當中，雖有隱憂，卻充滿自信。南京《中央日報》內部有兩條路線：言論是「先中央，後日報」，由總主筆陶希聖把關，是黨國體制的喉舌；新聞路線歸社長馬星野管，號稱「先日報，後中央」，大膽起用年輕的學生，採訪的尺度很寬，對若干黨國要人的抨擊往往不假辭色。徐、漆兩位先生都是新進記者，在生龍活虎的採訪主任陸鏗帶領下，搞得驚天動地。徐老師形容那時的《中央日報》採訪組是「不發文憑的學府」，年輕記者經過半年多的嚴格訓練，就變成了「當時全國新聞重心南京的最強悍的記者團」，連上海和平津大報駐京記者每天都得去「走動走動」。

漆老師在陸鏗的調遣下，從經濟部深鎖的機密文件檔案，連夜撬出皇親國戚孔祥熙、宋子文貪取國家外匯的實據，經陸鏗披露於黨報第四版以後，簡直太歲頭上動土，其震幅之大，不但牽動最高當局的神經線，甚至影響到國共鬥爭與國府爭取美援的態勢，險些惹出殺身之禍。此事詳見陸鏗本人的

記述。[12] 我這裡要提的是徐老師。徐老師說他當年在南京讀政大時，學到的自由主義的新聞意識多於黨八股。第一屆國民大會在南京召開，因為陳誠在東北剿共失利，局勢逆轉，有國大代表憤怒呼籲「請殺陳誠以謝國人」，徐先生聽了如實寫，陸先生看了照實登。文章未具名，當局接著追究是誰寫的，陸鏗獨自頂下責任，好在有驚無險，馬社長也沒有處罰徐先生。不料這事幾乎阻礙了後來《中央日報》的遷臺復刊，因為陳誠在臺灣掌握實權。在徐老師辭世以前三、四年，我曾向他求證此事，他以手作勢說：「要是沒有陸大聲（陸鏗），我的腦袋早就不見了。」

徐老師是國民黨體制內出來的人，卻也是溫和狷介的自由主義者，一直站在開明、開放、進步的一邊，未必以保守的黨意為依歸。他是個有公心的專業學者，有公信的知識人，在臺灣爭取新聞自主和公共領域（例如為公共電視催生），他當仁不讓，而且不遺餘力。他的立場鮮明而堅定，只是話說得很婉轉，很漂亮，不傷人，不走極端，為各方所尊敬。他欣然出任民間藝文組織（例如雲門舞集）和獨立新聞基金會的董事長，以他的清譽守護多元社會的茁壯成長。[13] 我無法想像徐老師會上街遊行，但這位風骨嶙峋的人，必要時可以很強硬的；他毅然退出行政院新聞局的公共電視籌備小組，以抗議政府企圖把公視趕回「老虎籠子」（他的話）──凡是違反新聞專業理想，背馳公共利益，或觸犯他的底線，他是斷然不肯背書的。這樣溫和的學者，突然釋出不尋常的動作，其震撼力之大，實在出乎官方的意料之外。

飲水思源，徐老師早年種下的因，使我後來忝為陸鏗先生眾多忘年交之一，往來達二十多年。陸鏗到香港時已經六十歲，後來移居美國，別人在這個年紀已經頤養天年了，他卻繼續在紐約和港臺等地的新聞界呼風喚雨。他多次「攜眷」到明大為我的會議撐場面，並曾蝸居寒舍，我們的談話總離

12 陸鏗（1997），《陸鏗回憶與懺悔錄》，臺北：時報文化，頁159-180。

13 政大好友林元輝教授說我的記敘「所言甚是，但未周全」。他說，在戒嚴肅殺的年代，徐先生碰到身不由己的時候，寧可表現「顧左右而言他的機智與耐心」，以求自保避禍，游移轉進，而不願意附和黨意，圍打落水狗。見政大傳播學院印行（2017）的《徐佳士教授的人生風範》，頁113。

不開徐老師。我是無足稱述的小輩，承陸鏗先生看得起我，要我喊他「陸大哥」，我始終恭敬稱之為「陸先生」。我算見識過徐老師口中「最能幹」的記者了，而且以這位天不怕、地不怕的傳奇「老虎記者」為模型，撰寫了一篇很長的學術論文，探討個人處於時代巨變關頭的選擇與命運。[14]在人生旅程的印記中，我實在極為珍惜從陸鏗、徐老師傳給我這代人一脈相承的薪火。

五、新聞專業的守護者

徐老師是出色的雜文家，早年寫的文章結集成為《符號的陷阱》、《符號的遊戲》和《模糊的線》。後來寫的一百多篇，多半發表於《天下》雜誌、《中華日報》副刊和《自立早報》，結集成為《冷眼看媒體世界》（除非特別注明，下引皆出自此書），這是一本對臺灣媒體民主實踐的莊嚴宣示。[15]光是瀏覽小標題，就可以知曉它的中心旨趣：（1）誰的權益受損？（2）誰在占用媒體？（3）誰的報紙？（4）誰的電視？（5）廣告登臺，（6）文化、倫理、政治。

他一生堅持專業理念，言行一致，卻不唱高調，而強調務實。他評論的立足點接近民生主義，介於自由主義和社會民主主義之間。他寫文章總是與人為善，不失敦厚之旨，沒有劍拔弩張，沒有尖酸刻薄。即使是批評，他也不傷人，不給被批評者難堪。

他的專業理想境界是：

　　——社會中每一位個人或每一群體的境況和疾苦都有為社會知悉的權利；

　　——個人與群眾的形象有不被媒介扭曲的權利；

---

14 李金銓（2013），〈記者與時代相遇——以蕭乾、陸鏗、劉賓雁為個案〉，李金銓主編，《報人報國》，香港：香港中文大學出版社，頁403-464。

15 徐佳士（1997），《冷眼看媒體世界》，臺北：九歌。

——非公眾人物的個人私事，有不被報導的權利；

——個人與群體的期望與意見，有在媒介上出現的權利；

——不同品味的藝術家，都有使用媒介的權利，媒介不容由通俗藝術所壟斷。（頁53-54）

萬變不離其宗，許多文章都是從不同的角度和事件闡釋這些原則。他不斷呼籲全民（特別是弱勢團體）有權利在媒介發言，媒介必須反映他們的聲音與疾苦。他尤其強調新聞記者的專業自主性：

新聞記者（的）地位是很微妙的。他在報社、通訊社或電臺等傳播機構的外面，十分類似律師和醫師，有著「博腦佛心」（profession）的架式。他的腦應博，心如佛，跟製造皮鞋或依公務人員服務法而辦事的人是不一樣的。他應該具備專而廣的知識與技能，懷著菩薩心腸，犧牲小我做救人濟世的工作。[16]

這樣的記者必須免於媒介外部的干預，包括政府控制和財團壟斷或腐蝕，此外還須爭取媒介內部的專業自主權。他說，記者一方面以集體力量（如工會）維護工作自主性，一方面要通過而且履行自律性的行為規範，以免除媒介內外的干預。他更援引瑞典、德國、法國的範例，說明由記者選總編輯，行政管理層簽約不許干預編輯的自主權。

他堅持專業理想，主張公共電視應該辦成公共福利式的，由政府出資，如同辦公立大學一樣，因此他對政府企圖把公視趕回「老虎籠子」頗不以為然（頁205-206）。戒嚴時期，臺灣的三家電視臺由黨政軍壟斷，他批評它們掛不同的招牌，賣相同的產品，「就如一個兵營的三個連隊，操演同一套日課一般」（頁239）。他譴責民意調查變成政治集團、政客和媒體謀求私利的一種利器，而不是增進民主程序運作效能的設計（頁351）。他呼籲廣告行

---

16 徐佳士（1979），〈「記者權」的浮現〉，《中國時報》，11月16日，第30版。

業「必須與民主社會一同慢慢成熟，變成一個專業」（頁279），成為文化發展的驅動力（頁288）。他譴責粗暴的政治文宣引入廣告媒體（頁282）。

徐老師以瑞典廣電系統為新聞客觀性的組件：一是符合事實，即真實而又有關聯性；二是公正無私，即平衡中立（頁148）。他顯然不贊成記者自以為是正義的化身，直接投入運動的火線靠邊說話，更反對為上級或權勢效勞而扭出報導。對新聞界有這麼高的期許，他注定要失望的，對於臺灣媒介生態愈來愈瑣碎無聊，相信他更要痛心疾首。徐老師是老派的紳士，嚴守新聞與意見的分際。他說：

> 許多記者似乎不甘心充當純粹報導新聞的角色，而要加入主筆的陣營，結果是極大部分的新聞讀起來都像一篇一篇的社論。（頁24）

這是徐氏行文的典型風格，常常用巧妙的隱喻，層層剝解它的內涵，像慢鏡頭徐徐而生動地展開。他的文字直白，輕描淡寫得像聊天，但在熟悉的字眼中，常現出人意表的表述，清新、生動而幽默，背後貫穿的卻是深厚的文化關懷，灌注的卻是堅定的價值理念。文如其人，有文人山水畫的悠遠詩意，亦如值得細品的美酒佳釀。

徐老師那一代人從記者變成學者的寥寥無幾，聽說他年輕時立志終身做記者，但生命安排他換跑道，變成全心培養記者的學者。我的生涯軌跡亦然，在「學術界」看「新聞圈」，而從未忘情於新聞，是否無形中受到徐老師的啟示？徐老師是一位點亮明燈的人。他生前接受政大新聞系錄影訪問說：

> 生命這個東西的確是個難題。未知生，焉知死？我平常都不太想過這個……艱深的問題。……我對死亡不太懼怕，因為好幾次死亡的機會都逃過了。我是樂觀主義者，我甚至認為我永遠活下去。

他是「粹然儒者」，生死看得如此豁達平淡。他安息了，然而在眾多學生心目中，他是「永遠活下去」的。

第三篇

訪談錄

治學經驗拾綴

第十二章

海外中國傳媒研究的知識地圖[1]

一、海外中國傳媒研究的前世今生

劉兢：作為當代海外中國傳媒研究的代表人物，請談談您對海外中國傳媒研究的發展脈絡的理解。

李金銓：海外中國傳媒研究的第一代學人的研究以介紹中國情況為主。1924年，汪英賓在哥倫比亞新聞學院的畢業論文付梓，介紹中國本土新聞業的興起概況（Wang, 1924）。1936年，林語堂的《中國新聞輿論史》（*A History of the Press and Public Opinion in China*）在上海首版，之後又在芝加哥大學出版社出版（Lin, 1936）。該書在當時有其貢獻，但林語堂畢竟是學文學出身的大眾作家，書中框架脫不開戈公振《中國報學史》的思路。謝然之在50年代初期的《新聞學季刊》（*Journalism Quarterly*）上還發表過一篇文章，敘述蘇聯模式對中國新聞管制的影響（Shieh, 1951）。該刊最初30年都在明尼蘇達大學編纂，謝然之是該校畢業的碩士。我在明尼蘇達大學任教二十多年，它能與威斯康辛、伊利諾、史丹佛比肩，成為美國早期傳播研究的四大學術重鎮，也與該刊的出版不無關係。

1 訪問人：華南師範大學劉兢教授。原載《開放時代》，2012年，總237期，頁146-159。

在海外研究中國傳媒問題的學者當中，曾在密西根州立大學任教的政治學人侯服五先生（Franklin W. Houn）有首功，他很早就出過一本討論中國宣傳體制的書（Houn, 1961）。接下來的那一代，受麻省理工學院的美國政治傳播學家普爾（Ithiel de Sola Pool）的影響很大，主要興趣在於分析共產蘇聯和共產中國的政治宣傳。喻德基先生曾受福特基金會資助，去做了普爾的博士後，旋即圍繞共產中國的大眾的勸服問題寫成專著（Yu, 1964）。後來，普爾指導的博士生劉平鄰先生也出了一本主題相近的專著（Liu, 1971）。排輩分的話，喻德基早半輩，劉平鄰與朱謙（施蘭姆在史丹佛大學的學生）算是同一輩，再下來就是我們這一輩。20世紀50年代到60年代，美國傳播研究東西輝映，麻省理工學院的普爾在東，史丹佛大學的施蘭姆（Wilbur Schramm）在西。與中國傳播相關的研究主要在麻省理工學院，有三位學者最為重要：除了普爾以外，還有奠定了傳播與現代化理論基礎的勒納（Daniel Lerner），以及研究政治文化的白魯恂（Lucian W. Pye）。白魯恂出生於在華傳教士的家庭，曾編過一本很有影響的文集，討論傳播與政治發展之間的關聯（Pye, 1964）。勒納跟施蘭姆合作，以夏威夷東西中心為據點，編過好幾本以傳播與發展為題的書。普爾和施蘭姆合編過一本《傳播學手冊》（*Handbook of Communication*），是當時美國傳播研究成果的集成（Pool and Schramm, 1973）。

劉兢：60年代美國有本分析蘇聯和中國傳媒的著作獲得了頗具聲望的莫特獎（Frank Luther Mott-KTA Research Award），您如何評價它呢？

李金銓：愛荷華大學馬卡姆的這本著作（Markam, 1967），是美國新聞學者首部涉及中國傳媒問題的著作。恕我直言，該書內容以敘述為主，缺乏洞見，許多材料轉引自林語堂的那本書。我不信作者真懂中文，多半只是為在愛荷華大學新開國際傳播課程編了這本書。美國新聞學界為冷戰的需要，急於瞭解中國，該書的地位才會被放大。

直至現在，還有西方學者把中俄傳媒放在一起比較。2008年，有學者

撰文比較中國、俄國和波蘭三個國家傳媒制度的轉型。該文的問題是看同不看異，得出的結論是這三國的舊精英在轉型過程中改頭換面，繼續掌權。但問題是這三國有何不同呢？不談不同何以言比較？「不同」永遠比「同」有趣。一句話就可以得出「同」的結論，「異」則必須解釋有何不同以及為何不同。哈林（Daniel C. Hallin）和曼西尼（Paolo Mancini）曾出書剖析自由主義、民主統合和極化多元這三種當代西方主要傳媒體系的區別；接著他們再推新作，邀請學者從「非西方」國家的角度探討問題。兩書都是比較研究中值得推薦的作品（Hallin and Mancini, 2004, 2011）。要有批評的話，他們著重體制結構的比較，但沒有放到歷史的架構比較。

劉兢：那麼朱謙先生的研究呢？他在70年代與施蘭姆在夏威夷東西中心組織了不少傳播與中國發展問題的論文集，其代表作討論的也是傳播與毛時代社會變遷這一話題。

李金銓：以後見之明來看，朱謙先生的這本代表作是值得商榷的（Chu, 1977）。其一，該書關注傳播在新中國社會變遷中的作用，其理論架構沿襲的是結構功能論。結構功能論的主要訴求是維持社會穩定，而「文革」時期的中國是要講矛盾的。以一個和風細雨的理論架構，能不能分析一場狂風暴雨的運動？其二，該書主要靠舉例為證，舉例常帶有以偏概全的危險，而更致命的是他舉證的材料主要源自當時的《人民日報》。「文革」結束，該報被官方斥為「假大空」，於是書裡企圖搭建的理論殿堂也就跟著倒塌了。受到70年代美國學術界唱好毛澤東和「文革」的氣氛影響，該書對「文革」時中國的組織傳播有所美化。他強調組織變遷（group transformation）和傳播在重塑「社會主義新人」過程中的作用，頗有意識形態先行之嫌。以方法論而言，他分析文本一旦孤立看待，脫離語境，沒有其他證據或場景可資比較，便容易陷入過度解讀的險境。他舉的「孤例」本身有問題，但當時的《人民日報》，即使大面積搜證也不可能舉出「反例」。

朱謙先生在夏威夷大學東西中心時編過許多書，最好的一本我覺得是和

許烺光先生合編的《愚公移山》（*Moving a Mountain*）（Chu and Hsu, 1979），
其中收錄了白魯恂剖析傳播與中國政治文化的一篇妙文（Pye, 1979）。白魯
恂等前輩漢學家是很懂中國的。他們人文素養深厚，對中國的蛛絲馬跡都很
敏感。雖然有今人指摘他們方法不夠嚴謹，但他們對中國的描繪常入木三
分。後來的學者接受社會科學訓練，研究技術嚴格了，但洞見卻反而減少
了。我覺得社會科學的訓練一旦脫離人文的關懷和觸角，損失是很大的。

　　與朱謙代表作對照的，是哈佛大學社會學者懷默霆（Martin K. Whyte）
的名作（Whyte, 1975），討論「文革」時期中國基層「小組」的運作。其主
要材料源自對赴港中國大陸難民的訪談。難民們對其所來自的社會制度肯
定會有偏見，但懷默霆把這些偏見「客觀化」，只要訪問對象描述小組在軍
隊、工廠、學校等場合如何運作，以瞭解這些小組活動如何逐漸變成政治儀
式。他的取向和結論和朱謙截然異趣。這本書現在還站得住腳。由此可見知
識論和方法論很重要，它涉及「何為知識」、「如何獲得知識」等問題，而
這恰恰是中國學問裡的薄弱環節。

　　何漢理（Harry Harding）成名前曾寫過一篇很有趣的文章（Harding,
1982），對美國的中國研究「朝聖」、「文革」做過尖銳批判。那是當時的
普遍氣氛和普遍現象造成的。今天不少知名學者回頭看，不免要臉紅，恨不
得毀掉「少作」。那段日子西方真有價值的中國研究其實不多。我在這裡不
是有意深文周納，而是以往鑑今。

　　劉兢：20世紀80年代，隨著愈來愈多英美學者進入中國，又出現了一
些中國傳媒的英文專書，您如何評價它們的價值？

　　李金銓：80年代英國人霍金斯（John Howkins）和密蘇里大學韓裔教授
張鎬哲（Won Ho Chang）出版中國傳媒的兩本書（李金銓，2004）。霍金斯
的書讀來更像膚淺的獵奇遊記。張鎬哲的書則由「文革」後第一批被派去密
蘇里受訓的新華社記者匯整，只見材料敘述，未見理論剖析，也沒有聯繫到
中國改革開放的整體脈絡（Howkins, 1982; Chang, 1989）。

　　80年代政治學家沃馬克曾在《中國社會學與人類學》（*Chinese Sociology and Anthropology*）上主持過一期專號，介紹北京首次大型受眾調查（Womack, 1986）。沃馬克是芝加哥大學鄒讜教授的學生，做中國和泰國的比較研究。他告訴我，對中國產生了愛恨交織的複雜情感，感歎「人類文明最好的東西在中國，最壞的東西也在中國」，但泰國就純粹是他的研究客體，而沒有這種情結。歷史上，西方駐華記者對中國政治的介入也頗深，從1949年以前的國共糾葛到後來1989年的風波均如是。

　　70年代直至90年代，美國主要大報駐華記者們任期結束後往往出一本回顧駐華經歷的書，但派駐莫斯科、新德里或東京都寫不了書。從1979年至今，這類美國駐華記者的回憶錄已積累三十多本，但隨著中國的神祕面紗逐漸揭開，這類書愈來愈難出。

　　前《紐約客》駐華記者何偉（Peter Hessler）的《尋路中國》寫得很好，這種講「內陸中國」的書在美國也許還出得來，講都市中國的書就再難覓市場了。很多西方駐華記者是真懂中國的，一般中國人還不一定瞭解他們筆下的中國。我見過不少上海學生，他們對紐約的認識可能比對安徽的認識多得多。

　　局內人視角和局外人視角是相互滲透的，很多局內人習焉不察的現象，局外人反而讀出了特殊的意義。白魯恂觀察「文革」時期中國的政治文化，提出問題：毛澤東在1976年「批鄧、反擊右傾翻案風」時，罵那個「黨內走資本主義道路的當權派」，全國皆知是指鄧小平，但為何不點鄧的名呢？對此，中國人習以為常，但對白魯恂來說卻很有趣。白魯恂說，一方面，不點名是對被批評者更大的羞辱；另一方面，這也是為隨時平反鄧小平留下餘地，話一旦說死了（如劉少奇）就不能平反了。美國人當面吵架可以面紅耳赤，但寫文章就很小心，因為是要負法律責任的。中國人當面非常客氣，但陽奉陰違，回去後轉個身寫文章把你罵得狗血淋頭。

　　劉兢：21世紀初，海德堡大學漢學系的瓦格納（Rudolf Wagner）等人曾推出一些《申報》的著作和論文，您如何看待這些研究？

　　李金銓：我曾在《二十一世紀》發文，評價海德堡大學漢學系的這些研究（李金銓，2008a）。我認為他們是以中國的材料去迎合哈伯馬斯的理論。他們說《申報》是在創造「公共領域」，但怎麼創造卻沒有回答。不僅《申報》，連《點石齋畫報》，甚至一些專登「西洋鏡」的小報都在創造公共領域。若按這種講法，有什麼東西是在公共領域之外的？他們的定義太廣了，「有無公共領域」是個全稱命題，必須變成中觀研究才好。當時上海報業最發達的在租界，而且為何對中國報業最有影響的是英租界，不是法租界或日租界？這裡面要探討的問題太多了。瓦格納等人的一些結論其實只是問題的開始而已。他們故意把「公共領域」的範疇定得那麼寬泛，而且故意跟哈伯馬斯的定義不一樣，表面上看起來很眩目，實際上是禁不起推敲的。

二、我與中國傳媒研究的緣分

　　劉兢：您主編的「中國傳媒研究系列」四本書被公推為當代海外中國傳媒研究的代表作，能否結合您的個人學術生涯談談它們的問世經過？

　　李金銓：我個人主要的知識背景，除傳播學以外，還涉及社會學和政治學，對歷史學也有興趣。我念政大新聞系時，覺得新聞學空洞，常泡在政治系，後來到美國讀書也修了很多社會系的課。政大畢業後，我考取夏威夷大學東西中心獎學金修傳播學，因緣際會，得到施蘭姆教授和羅傑斯教授的提攜，之後到了美國中國研究的大本營之一的密西根大學念博士。但那時候我對中國研究毫無興趣，「文革」如火如荼，撲朔迷離，我總覺得中國研究是一場聰明人在做糊塗的猜謎大會。我的博士論文題目是《媒介帝國主義再商榷》（Lee, 1980）。我對中國大陸傳媒感興趣，是1978年到香港中文大學執教以後的事。當時《人民日報》非常好看，一手批「四人幫」，一手批「凡是派」，天天都有驚心動魄的文章。一個人的學術生涯講究因緣：我的內緣在於一直都對新聞和政治感興趣，外緣則與所處環境的變化有關。「四人幫」垮臺後，接著就是香港回歸，我寫過很多香港報業的學術和政論文章，

還與同事合作寫過兩本書，分析香港傳媒與主權回歸的關係（Chan and Lee, 1991; Lee. Chan, Pan, and So, 2002）。

　　1982年，我從香港中文大學轉赴明尼蘇達大學任教，又有了新的機緣。臺灣《中國時報》創辦人余紀忠先生曾經四度要我去投效該報。我既然投身學術，就覺得不該再回報館做事。他在1989年給了我一筆經費，在明尼蘇達大學成立了媒體與社會研究中心。正好碰到六四事件，我組織的第一個會議就請了三位主題發言人，包括何漢理、劉賓雁，還有明尼蘇達大學系友、寫出《長征：聞所未聞的故事》的《紐約時報》名記者索爾茲伯里（Harrison E. Salisbury），加上其他領域學者的文章，集成一書，影響力延續至今（Lee, 1990）。

　　再後來，我們在美國又陸續出版了「中國傳媒研究系列」的其他三本書（Lee, 1994, 2000, 2003）。我們的視角是結合「從傳媒看中國」和「從中國看傳媒」這兩人視角。我們這一輩受過西方訓練，有社會科學的語言，也會使用分析工具，而中國社會也比以前相對開放些，給我們創造了有利條件。詳情請參見黃煜、陳韜文對我的訪談（本書第十三章）。

　　劉兢：您所提倡的打通中國傳媒研究與中國研究的洞見令人眼前一亮，確實為當前的華人傳播學界開闢了新的研究視野。

　　李金銓：在我看來，傳媒研究必須與相關學科結合才能進步。我在密西根大學念書時，六七成的課都在社會系和政治系。我選修社會系的現代化理論時，問老師：勒納的《傳統社會的消逝》（*The Passing of Traditional Society*）是傳播學門的名著（Lerner, 1958），為何社會系開出的參考書目獨漏此書？老師說那本書寫得不好，讓我很吃驚。

　　傳播學門是邊緣學科、交叉學科及新興學科，發展的可能性大，學術資源也相對匱乏，須從人家那裡汲取養分。傳播學門也有自己的理論，如議程設置、沉默的螺旋、媒介的使用與滿足、第三人效果等，但毋庸諱言，這些在成熟的社會科學學門眼中是小兒科。在我入行時就在討論這些理論，很多

理論的提出者還是我的老師輩，現在我即將退休了，還在講這些東西。這些年來，傳播學門的研究積累了不少，可新的洞見並不多。以議程設置理論為例，自1968年誕生後至今，製造了600篇論文，但五十多年新的知識真正增加了多少呢？

我一直以為，不與社會脈絡連結的傳播學研究是無生命力的，頂多關起門來努力經營而已。傳播學應是社會科學的一支。我期待有一天其他學科的學者談起傳播學來，能說出哪些著作是他們非看不可的。至今對傳播理論最有貢獻的，例如卡茨（Elihu Katz）、甘斯（Herbert Gans），多是社會學家。塔克曼（Gaye Tuchman）從現象學談新聞生產，剛出來時對傳播學界是石破天驚，她在傳播學界比在社會學界聲望更高（Tuchman, 1978）。季特林（Todd Gitlin）對媒體中新左運動鏡像的解讀也是經典（Gitlin, 1980）。還有其他例子不必多舉了。上海一些學者開始關注早年芝加哥學派的傳播研究，我覺得方向是對的，剖析芝加哥學派應該放在都市社會學背景下觀照。芝加哥學派關心都市化、工業化、移民等問題，他們的關懷可以給當代中國的語境借鏡，豐富視野。

劉兢：有大陸學人批評以您為代表的海外中國傳媒研究偏重在國家與市場的關係視角下批判當代中國傳媒的若干變化，卻無法深入中國傳媒內部體察國家的真實運作，您如何回應？

李金銓：當然，我們承認有侷限，但光這樣講沒有意思。誰沒有侷限？關鍵是我們的分析有無重大漏洞。只用國家與市場的關係這一視角當然不行，但這並不代表不能使用這一視角。我們不妨換一個角度問：可以完全不理會這個視角嗎？

國家與市場的關係視角源自西歐，西歐自由主義的興起令封建王權不斷讓步，所以西方學者很自然地用這一視角看待近代以來西歐社會的變化。從海外看中國，猶如在盧山之外看盧山，有得有失。這一視角可作為我們觀察中國的參照，當然需要修正。如何解釋經濟改革給中國帶來的變化？國家和

市場在中國如何捆綁在一起？市場力量由誰操縱？官僚資本和民營資本如何博弈？這些錯綜複雜的關係都亟需梳理。沒有一種理論視角是全面的，沒有一種理論視角是不需要再造的。以國家與市場的關係視角作為理解當代中國傳媒的出發點，在剖析中不斷修正，未嘗不可。

最近還有人批評我們對中國傳媒的剖析是脫離底層體驗的。對一些底層民眾來說，所謂的國家與市場的關係也許離他們太遠，但國家與市場關係的變化對人人都有實實在在的影響；他們知道不知道這個影響是一回事，但學者有沒有能力分析國家與市場的聯繫，以及這個聯繫如何透過許多中介因素影響日常生活，這又是另一回事。如您所說的，囿於種種限制，在海外的確難做到「深入中國傳媒內部體察國家的真實運作」，國內學者在近距離觀察自然有他們的優勢，我衷心希望將來看到愈來愈多的佳作。

我主編過一本《文人論政》（李金銓，2008b），流傳甚廣。有位年輕學者寫了一篇很長而不太恭維的書評，意思說《文人論政》講的都是知識精英的思想史，政治不正確，落伍了，現在應該提倡大眾的社會史。後來我們有兩封電郵往來，我提出幾個看法和他商榷。第一，我說：「我做的是Ａ，你可以評價我做得很濫，但不能告訴我非做Ｂ不可」。學術不能這樣霸道。你自可循你的路徑，但不能說你的研究就是正義的，其他人的研究充滿虛偽。第二，他引述幾位英美權威來壓我。我說，他們各有所見，但不是金科玉律，不能「先驗」認定他們是對的，我就是錯的。其實，他心目中的權威有的是我的好朋友，雖然彼此看法不一樣，但我們都是有自信而成熟的學者，能夠容納異說，從未劍拔弩張或鬧過彆扭。第三，不管喜歡不喜歡，民國時期的報刊主軸還是「文人論政」，目的還是「救亡圖存」。人家做思想史，完全不妨礙你做社會史或經濟史，何必相互排斥？

我在中國大陸一個跨文化的國際會議，聆聽一位英國學者在硬銷，堅持要把英國文化研究對於「文化」的觀點貫穿到整個跨文化研究上面。英國文化研究自有其歷史傳統和社會背景，它對「文化」的看法這裡無法細說，大抵上是以階級鬥爭的角度看如何爭取意識霸權的過程。從英國這麼簡單地「跨」到別的文化，豈止霸道？（為什麼用某些西方理論是「霸權」，用另

外一些西方理論是理所當然？）對待不同的觀點，不必把人一腳踩扁。用階級鬥爭的角度看文化，當然可以，文化研究的先驅學者的確分析入微，後來許多鸚鵡學舌的就庸俗粗糙了，甚至未讀分析就預知他們的結論。其實，連在英國也不是個個學者贊成這個取徑。如果原教旨派堅持人人「只能」用階級鬥爭看文化，而且要強加到「國際」，那麼我覺得不如廢了「文化」，直接講「階級鬥爭」更痛快，讓許多文化人類學家失業算了。這樣上綱上線，與「文革」相距僅有百步之遙，躺在安樂椅上搶占道德高地，我是無論如何不敢苟同的。

薩依德（Edward W. Said）提出「東方主義」的命題，剖析文化與帝國主義的關係（Said, 1978, 1993），受到早期的傅柯（Michel Foucault）以及威廉斯（Raymond Williams）的啟發，一脈相承，但靈活自由發展，蔚然而成一家之言。他站在文學和歷史的基礎上透視政治與文化錯綜複雜的脈絡，筆鋒銳利，卻娓娓道來；分析入微，見解深刻，有登高望遠之趣，能見其大又能見其小，讓我們看到的世界不一樣。他反對帝國主義，卻沒有陷入狹隘民族主義的泥淖，沒有患上天真的革命妄想症，也從未拋棄「啟蒙與解放」的宏大敘述。一個大學者，做文化批判，參與政治實踐，真是「坐而言，起而行」。這才是我心嚮往之而不能至的自由左派學者。

我的學術口味是多元的，酸甜苦辣都要嘗一點，不能獨沽一味。在學術道路上，各有各的緣分，有的可以結伴而行，有的如路人，相遇打個招呼就好了。我治學的原則是求同存異，可以互相競爭、辯難以及合作，但走到最後就是互相尊重了。

劉兢：您近年來對中國新聞史研究比較重視，《文人論政》反響不俗，近期又要推出續篇《報人報國》，您是如何轉向新聞史研究的呢？

李金銓：我對歷史本來就感興趣，但沒有全面下過功夫。做史學研究一定要全面掌握史料，而我對某些具體歷史問題可能知道多些，但對整個新聞史頂多有點的到線的把握，是不成面的。

　　我進入新聞史的領域是有點魯莽的。因為我覺得傳統的中國新聞史研究問題不少，就想著給它加把勁，敲敲邊鼓。2007年我不揣鄙陋，在香港城市大學開了一個會，請近現代史學者和新聞學者一起討論。會議論文匯成《文人論政》，儼然受到學界重視。以往中國新聞史學界較為封閉，不受主流史學界重視。歷史研究特別是近代史研究一定會牽涉到傳媒，傳媒對大多數歷史學者只是工具，他們對傳媒本身感興趣的是少數。新聞史應是史學一支，不能脫離史學研究，而現在不少新聞史研究只是在閉門造車而已。由香港中文大學出版社出版的續集《報人報國》（李金銓，2013），請了中國近現代史名家撰文，他們的分析非常細緻，問題意識又好，值得我們借鏡。

　　我最心儀的史家還是余英時先生，他精研中國思想史，一再強調中國文獻的內在理路，很少搬弄西方一些故弄玄虛的名詞術語。如果沒有受到現代社會科學的影響，他是問不出這些問題的。

　　我進入新聞史的領域做一些「學術接生」工作，我起個頭，給大家接續。

三、國際傳播研究、中國傳媒研究與華人傳播研究

　　劉兢：我在整理20世紀50年代至60年代美國的中國傳媒研究文獻時發現，它們與美國國內的主流傳播研究的路數不同。前者與政治學的糾葛更為緊密，而後者日趨經驗化。您如何看待這一現象？

　　李金銓：美國素有孤立主義傳統，學者關心的當然是本國的傳播問題。美國傳播學者開始接觸國際問題跟二戰有很大關係，國際傳播研究偏重宣傳研究，拉斯威爾即因分析一戰中的宣傳技巧而成名（Lasswell, 1927）。美國政府在二戰期間設立了戰時情報處（Office of War Information），很多社會科學家都到這裡做事，研究美國對納粹德國的宣傳策略。二戰把美國推向國際舞臺，接下來就是冷戰，當時美國研究的整個興趣都圍著「宣傳」在轉。

　　二戰結束後，美國的國內傳播研究與國際傳播研究日漸脫節。大致說，國內傳播研究誕生於社會學和社會心理學的門牆，以哥倫比亞大學的墨頓

（Robert K. Merton）和拉查斯斐（Paul Lazarsfeld）這一系為代表。國際傳播研究一開始即跟政治學和社會學過從甚密，以麻省理工學院的普爾、勒納和白魯恂等人為代表，後來史丹佛大學的施蘭姆也是佼佼者。國內傳播從微觀的角度，認為媒介無力改變人們的態度和行為，只會強化他們的固有立場，也就是媒介沒有發揮具體的短期效果。拉查斯斐曾撰文呼籲重視國際傳播研究（Lazarsfeld, 1952），但充其量只在提倡用國際經驗檢驗美國國內傳播研究的若干結論罷了。

國際傳播研究的旨趣不同，一直強調媒介在冷戰宣傳的宏觀效果，以及它在第三世界現代化發揮的角色。相對於國內傳播的「媒介無效論」，國際傳播由勒納（Lerner, 1958）開其端，強調媒介是國家發展的樞紐。施蘭姆為聯合國教科文組織寫過一本書，更強化這種看法（Schramm, 1964），儼然頗有「媒介多能論」之概。施蘭姆這本書如今備受批評，當時卻是第三世界政府的「寶典」。70年代中期以後，現代化理論日趨沒落，解釋拉美現象的依附理論興起，形成一正一反的局面。依附理論視媒介為強國侵略弱國文化的一環。冷戰結束以後，新自由主義和全球化理論流行，又是另一番景象了。這個譜系的分疏牽涉到複雜的知識社會學，我在這裡只能素描其輪廓（見本書第三章）。

美國的中國傳媒研究是美國國際傳播研究的一支，與主流傳播學研究的路數自是不同。上世紀50、60年代研究中國傳媒的美國學者主要是從政治系出身，關心的是政治問題，媒介只是研究課題的助緣而已。如今，美國國際傳播研究的政治關懷還是比國內傳播研究集中，海外中國傳媒研究尤然。

美國的國內傳播研究，除了哥倫比亞大學傳下來的這一支，還有兩大傳統值得注意。一大傳統源自施蘭姆這些學者。為爭取這個新興科系的合法性，也受50年代美國統一科學運動的影響，施蘭姆把很多其他專業的學者號召到伊利諾大學（他後來才轉到史丹佛大學），企圖以科際整合的方式建構統攝性的傳播科學。這一路徑證明是失敗的，但它強調傳播與別的學科保持動態互動，這種精神是好的。另一大傳統源自新聞系內部，特別是中西部大學，這個傳統為了證明自己是獨立學科，與社會脈絡和其他學科逐漸脫

節，形成「內眷化」現象，題目愈做愈小，小山頭之間也不通氣。

　　無論國內傳播還是國際傳播，邊緣學科都充滿焦慮。傳播學門是否是獨立學科？我認為不必為「正名」傷這個腦筋，即使你認為是，別人不承認，也不過是自我安慰而已。更要緊的是：我們能不能針對傳播現象提出有原創性、有重大意義的問題？如果能，別人非重視我們不可；如果不能，多說無益（見本書第二章）。

　　劉兢：您如何看待當前國際傳播研究中一些新的理論趨勢？如全球化理論的流行？

　　李金銓：冷戰結束，新自由主義的全球化理論當道，其實是現代化理論的「借屍還魂」。全球化理論有其部分的道理，因為新的尖端科技高度發展、全球經濟市場一體化，規模比以前任何一個時期都大，中國才會選擇加入世貿組織，但這並不代表帝國主義已經結束了。我覺得全球化理論和帝國主義理論是並行不悖的。宏觀層面的社會理論無所謂過時不過時，也很少有絕對的對錯之分，只在看問題的角度不同而已。

　　我正在編一本英文書，邀請許多國家的著名學者，共同檢討國際傳播的國際化問題（按：已出版，Lee, 2015）。我眼裡的國際傳播研究不是美國的延長，我們必須和第一世界的理論保持互動，而不依附於第一世界。我們不能盲目隨著西方的學術觀點亦步亦趨，馬首是瞻。但中國的文化民族主義高漲，不少人又覺得華人傳播經驗獨樹一幟，不必理會別人在做什麼。兩者皆非。其實，如果把美國主導的西方理論視為一種地方性理論，中國經驗也應若是，能否有一種更宏觀的理論視角統攝這些地方性理論呢？

　　當然，這絕不能夠只靠空談。首先，華人傳播學者要在瞭解中國社會的基礎上做出業績，不然別人不會重視你。其次，華人傳播學者對西方研究要有深入理解，跟西方學者才可能有對話、辯論的基礎。只討論中國表面的經驗，對西方學者意義不大，但在理論層次中西是可以對話的，華人學者也可以用中國的經驗證據來修正西方理論。我跟若干西方學者立場各異，但大家

可以互相尊重，共同進步。我可進一步思考立場不同的原因何在，他們的表述有無道理？再反過來審視我自己的觀點。

劉兢：您能否對中國大陸的年輕傳播學人提一些研究建議？

李金銓：在我看來，社會科學研究和人文素養應相互配合，離開人文關懷而一味向自然科學靠近，未必是好事。即使以自然科學為榜樣，也不妨有人文價值的關懷。人不是機器，抽離人文素養的社會科學研究經常不知所云。現在不少年輕學者過於強調研究方法。老實說，學會研究技術不容易，也不難，但是人文素養、敏銳性（sensibility）則必須是長期浸淫的結果，這不是研究技術能教我們的。

研究方法固然不是一切，卻不能因此貶抑研究方法。中國大陸一些傳播研究最大的問題，就是沒有方法，沒有理論視野，沒有問題意識，只是靠聰明和靈感。靈感是不可持續的，有時靈光一現會寫下一句好想法，但因為缺乏邏輯和證據，下一句往往就自相矛盾了。有些年輕人缺乏而又藐視技術訓練，崇拜那些隨便引經據典、表面上很有學問的「大師」。也有些不懂西學的國粹派，喜歡拍腦袋，牽強附會，信口開河，動不動就說「西方那一套不過爾爾」，更批評人家的嚴謹是綁手綁腳，真是「夏蟲不足以語冰」。但也有人到西方尤其是美國學習，卻只學些研究技術，所知道的研究技術就只有那幾種而已。學會了做問卷調查，就只會做問卷調查，而且認為世界上唯一的方法就是問卷調查。如何結合理論和方法訓練是重要的。

我常勸我的學生，技術要學好，但若不在知識論和方法論的源頭下點功夫的話，不能高瞻遠矚，境界是不會高的。有的方法論是實證主義的東西，有的未必是實證主義的東西。我自己贊成實證的經驗研究，但輔以解釋性的路徑，最好能夠結合在一起。

此外，還要用活的方式，學習學術品味和境界。我勸我的學生，選幾種性之所近的經典著作，反覆研讀，揣摩作者如何問問題，如何解答問題。所謂經典著作，就是每次讀必有所得，又禁得起時間考驗。這樣入乎其內，出

乎其外，日積月累，他看世界的視野和方法，逐漸內化成為你看世界的視野和方法，境界也就自然而然提高了。這些也許卑之無高論，真正能做得到的人卻極少，因為多數人是無法持之以恆的。

參考文獻

李金銓（2004），〈視點與溝通──中國傳媒研究與西方主流學術的對話〉，李金銓，《超越西方霸權：傳媒與文化中國的現代性》，香港：牛津大學出版社，頁1-24。

李金銓（2008a），〈過度闡釋「公共領域」〉，載《二十一世紀》（香港），12月號，頁122-125。

李金銓編（2008b），《文人論政：民國知識分子與報刊》，桂林：廣西師範大學出版社，臺北：政大出版社。

李金銓編（2013），《報人報國：中國新聞史的另一種讀法》，香港中文大學出版社。

Chan, Joseph Man, and Chin-Chuan Lee(1991), *Mass Media and Political Transition: The Hong Kong Press in China's Orbit*. New York: Guilford Press.

Chang, W. H. (1989), *Mass Media in China: the History and the Future*. Ames: Iowa State University Press.

Chu, Godwin C. (1977), *Radical Change through Communication in Mao's China*. Honolulu: University Press of Hawaii.

Chu, Godwin C., and Francis Hsu, eds. (1979), *Moving a Mountain: Cultural Change in China*. Honolulu: University Press of Hawaii.

Gitlin, Todd (1980), *The Whole World is Watching: Mass Media in the Making and Unmaking of the New Left*. Berkeley: University of California Press.

Hallin, Daniel C., and Paolo Mancini (2004), *Comparing Media Systems: Three Models of Media and Politics*. New York: Cambridge University Press.

Hallin, Daniel C., and Paolo Mancini, eds. (2011), *Comparing Media Systems beyond the Western World*. New York: Cambridge University Press.

Harding, Harry (1982), "From China, with Disdain: New Trends in the Study of China," *Asian Survey*, 22, 10: 934-958.

Howkins, J. (1982), *Mass Communication in China*. New York: Longman Press.

Houn, Franklin W. (1961), *To Change a Nation: Propaganda and Indoctrination in Communist China*. New York: Free Press of Glencoe.

Lasswell, H. D. (1927), *Propaganda Technique in World War I*. New York: P. Smith Press.

Lazarsfeld, Paul (1952), "The Prognosis for International Communications Research," *Public Opinion Quarterly*, 16, 4: 481-490.

Lee, Chin-Chuan (1980), *Media Imperialism Reconsidered: The Homogenizing of Television Culture*. Beverly Hills, CA: Sage.

Lee, Chin-Chuan, ed. (1990), *Voices of China: The Interplay of Journalism and Politics*. New York: Guilford Press.

Lee, Chin-Chuan, ed. (1994), *China's Media, Media's China*. Boulder, CO: Westview Press.

Lee, Chin-Chuan, ed. (2000), *Power, Money and Media: Bureaucratic Control and Patterns of Communication in Cultural China*. Evanston, IL: Northwestern University Press.

Lee, Chin-Chuan, ed. (2003), *Chinese Media, Global Contexts*. London: Routledge.

Lee, Chin-Chuan, ed. (2015), *Internationalizing "International Communication."* Ann Arbor: University of Michigan Press.

Lee, Chin-Chuan, Joseph Man Chan, Zhongdang Pan, and Clement Y.K. So (2002), *Global Media Spectacle: News War Over Hong Kong*. Albany: State University of New York Press.

Lerner, Daniel (1958), *The Passing of Traditional Society: Modernizing the*

Middle East. New York: Free Press.

Lin, Yutang (1936), *A History of the Press and Public Opinion in China*. Chicago: University of Chicago Press.

Liu, Alan P. L. (1971), *Communications and National Integration in Communist China*. Berkeley: University of California Press.

Markham, James W. (1967), *Voices of the Red Giants: Communication in Russia and China*. Ames: Iowa State University Press.

Pool, Ithiel de Sola, and Wilbur Schramm, eds. (1973), *Handbook of Communication*. Chicago: Rand McNally.

Pye, Lucian W., ed. (1963), *Communication and Political Development*. Princeton, NJ: Princeton University Press.

Said, Edward W. (1978), *Orientalism*. New York: Pantheon.

Said, Edward W. (1993), *Culture and Imperialism*. New York: Knopf.

Schramm, Wilbur (1964), *Mass Media and National Development*. Stanford: Stanford University Press.

Shieh, M., 1951, "Red China Patterns Controls of Press on Russian Model," *Journalism Quarterly*, 28: 74-80.

Tuchman, Gaye (1978), *Making News: A Study in the Construction of Reality*. New York: Free Press.

Whyte, Martin K. (1975), *Small Groups and Political Rituals in China*. Berkeley: University of California Press.

Wang, Y. B. (1924), *The Rise of the Native Press in China*. New Jersey: Bergenfield Press.

Womack, Brantly (1986), "Media and the Chinese Public: A Survey of the Beijing Media Audience," *Chinese Sociology and Anthropology*, 18: 3-4.

Yu, Frederik T. C. (1964), *Mass Persuasion in Communist China*. New York: Praeger.

第十三章

三十年河東與河西

國際傳播研究再出發[1]

黃煜：您稱得上是中國傳媒研究的領軍人物。1980 年發表《媒介帝國主義再商榷》(*Media Imperialism Reconsidered*)，第一次提出與眾不同的國際傳播研究視角。1990 年出版《中國的聲音：政治與新聞的交光互影》(*Voice of China: The Interplay of Politics and Journalism*)，具有標誌性意義，至今讀來仍然發人深省。能否從您早年接受的學術訓練開始，談談您是如何形成自己學術脈絡的。

李金銓：想不到我居然在國際傳播的領域蹉跎三十多年了（按，本書出版時已四十年）。承你的好意訪問我，不是因為我有什麼成就，而是我這一代承先啟後，代表華人傳播學術圈進入國際傳播學術圈的開端，我的為學歷程也許對於後來者有些參考作用。這一點我有自知之明，把話講在前頭。我就像白頭宮女話當年舊事，談談國際傳播研究的三十年河東、三十年河西了。

1971 年我到美國念書，首先接觸到三本書，都是入門的經典。第一本書施蘭姆（又譯宣偉伯，Wilbur Schramm）的《大眾媒介與國家發展》(*Mass Media and National Development*)，是綜合性的介紹，文字淺白而優美，很

1 訪問人：香港浸會大學黃煜教授、香港中文大學陳韜文教授。原載《傳播與社會學刊》，2011年，總第16期，頁1-14。

吸引初學者。第二本書，勒納（Daniel Lerner）的《傳統社會的消逝》（*The Passing of a Traditional Society*），是傳播與現代化理論的奠基之作，略為艱深，當時讀得似懂非懂。第三本書就是羅傑斯（Everett M. Rogers）的《創新擴散》（*Diffusion of Innovations*）。羅傑斯一輩子在修改這本書，逝世以前趕上出第五版。我那時讀的是第二版，書名叫做《創新傳播：跨文化的方法》（*Communication of Innovations: A Cross-Cultural Approach*）。他根據一千五百篇經驗研究，歸納出一百零三個命題（propositions），並儼然弄了個「得分表」，統計有百分之幾的研究支持這個命題，又有百分之幾不支持。當時我心想這種研究方法很「科學」，後來從學於他兩年。直到 70 年代中後期，我逐漸質疑這個路子不太對勁。

黃煜：70 年代後期，對現代化理論的批評愈來愈多。您發現的問題是不是與此有關？

李金銓：對。幾十年後，如今回頭批評他們的理論，有點事後諸葛亮的味道，未免不夠厚道，但討論他們的方法論還是有現實意義，值得拿出來作為前車之鑑。這些前輩學者所代表的，是把美國中產階級的世界觀投射到全世界再生產。例如羅傑斯上書第二版的副題標榜為「跨文化」，因為他所根據的經驗研究（一千五百篇）有百分之三十是在國外做的。這樣貌似「跨文化」，理論的基本假設卻徹頭徹尾是美國式的。他只是把問卷拿到不同的地區（如印度、哥倫比亞、巴西、奈及利亞）去複製，而完全沒有思考這些概念和經驗指標是否有跨文化的意義和制度的可比性。在不同的文化語境下，相同的概念可能有不同的意義，相同的概念可能有不同的經驗指標，而概念與經驗指標的關係也會受到文化語境的「干預」。把美國的世界觀強加到其他文化環境，未免抹煞了跨文化的意義。

勒納的《傳統社會的消逝》，把現代化理論講得洋洋灑灑，批評的人已多，我不再重複。然而在方法論上，我總覺得他先入為主，有了結論，再找證據。他為中東每個國家寫一個案例，這些故事單獨看好像頭頭是道，合看

卻發現各章取材的角度不一致，甚至有點隨意削足適履，因為要串起來「證明」理論。他寫作技巧高明，故事引人，不仔細分析未必看得出他方法上的「犯規」。勒納認為，「移情作用」（empathy）可以改變第三世界人民的宿命論，是現代化的觸媒劑，而媒介是移情作用的「魔術擴散者」（magic multiplier）。

　　他的理論對錯先不置評，但他用以衡量「移情作用」的指標是有問題的。他問土耳其的農民「如果你是鄉長的話，你會做什麼？」，「如果你是省長的話，你會做什麼？」，「如果做土耳其總統的話，會做什麼？」。這可把土耳其的鄉巴佬嚇壞了，不明白為什麼會問這種犯大不韙的問題。勒納認為這些傢伙答不出來就是缺乏移情作用（思想落伍）。我不禁想起埃及總統沙達特遇刺後，他的遺孀到明尼蘇達大學演講，有人問她會不會競選下屆總統，她說：「朋友，拜託，我還想安全回國呀。」沙達特大人看過多少大場面，都覺得這個問題太敏感，令她心驚膽跳，何況一介土耳其鄉下農民？（沙達特的繼任者穆巴拉克據位四十二年，最後在「茉莉花革命」中黯然下臺。）天下只有天真的美國人，從小被老師灌輸，相信長大以後人人有機會當總統。勒納把這套東西拿到中東再生產，當成現代化的準繩，不啻是美國中產階級世界觀的國際投射。

　　黃煜：80年代初您以《媒介帝國主義再商榷》，奠定學術地位。90年開始，您開始自成一體，研究華人社會的媒介問題，能否談談您是如何走出自己的這條路子的？

　　李金銓：我早年在臺灣求學，培養了人文關懷。在密西根大學攻讀博士學位，接受嚴格的量化實證研究訓練，所選的課有六成集中在政治社會學上面。原先想分析密西根大學著名的選舉研究數據寫論文，我的導師說，由你這個外國人來研究美國選舉，不啻喪失了你自己的文化特色。於是我就不理其他同學做什麼，只管開拓自己關心的問題，終於寫出了《媒介帝國主義再商榷》的論文，我的導師自言對我的題目一竅不通，卻極力縱容我，扶持

我。論文後來順利出書，開啟了我的學術生涯。他的恩惠我至今還不能忘懷。

　　1982年我到明尼蘇達大學教書，開始兩三年很苦惱，不斷在摸索自己應該走什麼路子。當時學術界開始激烈辯論傳播研究何去何從，1983年《傳播學季刊》（*Journal of Communication*）出特刊發表歐美學者的爭鳴，對我的衝擊很大。我不斷閱讀各種知識論和方法論的書籍，等到有比較全盤的瞭解以後，才企圖慢慢建立自己的風格。

　　我喜歡以小見大，猶如牛頓從一個蘋果看到地心引力。我研究的問題多屬這類。這樣一方面照顧到因果規律，另一方面也沒有把豐富的意義簡單化。我覺得研究最好能夠抽絲剝繭，執簡馭繁，用簡單的語言表述豐富的意義，有如剝筍見心。但人類社會畢竟充滿複雜性和矛盾性，社會意義必須層次分明一層一層剝，不能像實證主義者那樣粗糙處理。我在《超越西方霸權》（2004）有一段粗淺的方法觀，不妨錄下來供參考：

　　　以歷史為經，以世界為緯。做中國研究，要放眼全世界；主體性還是中國，眼光包含全世界。……見樹又見林。要看到局部，又要看到全部，才能夠曲盡其致。規律和意義在某個地方是可以結合的。見其大，又能見其小。主題要言不煩，提綱挈領，層次分明，因果嚴謹；但每個主題轉折多致，柳暗花明，意義豐富。（頁317）

黃煜：國際傳播的研究方法可以分為哪幾個層次？能否請您為我們詳細解釋一下。

李金銓：布赫迪厄（Bourdieu）批評美國人，說他們老以為美國的制度和價值放諸四海而皆準，那是「普世性的帝國主義」（imperialism of the universal）。我把這句話修改一下，另一個極端則是「特殊性的狹隘主義」（parochialism of the specific），太強調大我小我的特殊性，唯我獨尊，彷彿與全世界完全不同。這兩個極端都有問題。社會科學是平衡普遍性與特殊性的一種藝術，既有理論的普遍性，也有文化的特殊性。自然科學家只需顧及

普遍因果規律；人文學者常常強調文化意義的特殊性，但強調太過也有閉門造車的危險，我的朋友張隆溪教授就反覆強調各國文學有共同普遍的地方。

　　每個領域的發展軌跡不同，傳播研究向來由美英主導，以致壓倒其他文化的特殊性。除了美英，我們所知不多。因此我提倡做些深入的個案研究。美國的區域研究以個案為主，對政策的擬訂很有價值，例如塔利班恐怖突擊事件發生以後，政府就得借助阿富汗問題專家的分析。可惜區域研究不太有理論關懷，長期位處學術邊緣。我們的個案研究卻必須接通理論、講究方法，這是一種「從小見大」的方法。習慣統計分析的朋友往往批評個案研究沒有概括性。個案研究的確缺乏統計的概括性，但它提供的是「理論概念的概括性」（conceptual generalization），好的個案研究幫助我們瞭解世界，視野得以豁然開朗。有理論關照的個案研究，不是傳統的區域研究（area studies），而是以區域經驗為基礎的理論研究（area-based studies）。

黃煜：能不能舉幾個例子？

李金銓：我一直喜歡人類學家格爾茲（Clifford Geertz）。他以濃筆敘述的方法刻畫印尼爪哇「農業內眷化」（agricultural involution）的過程，令我們對許多事物的看法煥然一新。比起峇里島，爪哇島的農田肥沃，不斷吸收剩餘人口，直到田地愈耕愈少愈細，最後良田變廢墟，這就是「內眷化」的過程。學術發展也是這樣，剛開始總是有個大氣象，後來各自鑽進一個小題目，死抱著它愈做愈窄愈細，變成同行也如隔山，沒有共同的語言，連內部溝通都有障礙。這是學術的「內眷化」，也是過分專業化、技術化的弊病。

　　塔克曼（Gaye Tuchman）根據個案研究，提出「新聞網」（news net）的概念，分析新聞機構如何運用資源，布置記者，以適應時間和空間的需求。因為新聞的基礎在於事實（fact），新聞機構必須撒出一面新聞網，捕捉最多的事實。在時間上，新聞機構的作息和社會上的中心機構（包括政府和大企業）同聲共氣；在空間上，派駐記者於重要的地區，重要的機構，和採訪重要的題材。兩方面合起來，塔克曼批評新聞專業主義以建制的觀點為出發

點，到頭來維護既有秩序的意識形態。這個「新聞網」的概念的確有照明作用，讓我們豁然瞭解原來新聞機構是這樣運作的。

薩依德（Edward Said）更是高手了。他從英法美帝國的文學作品和媒介報導如何建構、扭曲中東，提出「東方主義」（Orientalism）的說法，開創了「後殖民主義」的先河。薩依德「入乎其內，出乎其外」，從西方霸權的主流文學讀出分庭抗禮、甚至針鋒相對的意義，顛覆了霸權的意義系統。他的影響力已經滲透到人文學科和社會科學的每個領域了。別的例子不勝枚舉。如巴西社會學家卡多索（後來當了總統）提出「依賴性發展」（dependent development），也引導了一連串生動有趣的個案研究。這些鮮活的例子都值得我們學習。

黃煜：個案研究是國際傳播研究的第一個層次，能否談談其他兩個層次？

李金銓：第二個層次是比較個案研究（comparative case study）。最有名的就是韋伯式的（Weberian）「理想型」（ideal type）設計。現在許多研究設計比理想型還要精確，但整個方法論的洞見還是出自韋伯。韋伯的研究以西歐社會的歷史為主，闡述新教倫理促進資本主義的形成，旁及中國儒教不適合資本主義的興起。韋伯不懂中文，只能靠當時有限的翻譯。現在很多人說他對儒家的論斷是錯的，即使如此，韋伯的方法論的洞見實在了不起。

國際傳播的比較研究為何如此之少？過去二十年，許多美英出版商曾邀請我寫一本東亞媒介的專著，我為了藏拙不敢貿然答應。中國還可以應付，韓國部分與學生合作也許勉強過關，日本我一竅不通。介紹日本學術業績的英文著作極少，我不懂日語，寫一本膚淺敘述的書非我所願；要深入寫，我又沒有相應的語言背景和文化瞭解。難就難在這裡。我們成長時心向美國，對亞洲的周邊國家根本不瞭解。美國學者哈林（D. Hallin）和義大利學者曼西尼（P. Mancini）合寫的《比較媒介體制》有新意，但整個國際傳播真正讓人信服的比較個案研究實在不多。如果由中日韓學者合寫，大家未必有相

同的理論視野，還要花很多時間協調，也很麻煩。但不靠這樣的合作，只能永遠留下空檔。卡茨（Elihu Katz）在以色列研究多元移民文化社區如何解讀美國肥皂電視劇，很有創意，好在他用不著顧慮跨國、跨語言，否則困難必大。

　　第三個層次是大規模跨國、跨文化實證量化研究，這牽涉到問卷調查，找許多的指標去證偽一些假設。在國際傳播領域，到目前這方面工作做得傑出的還不多，解釋往往流於表面，以「科學」為名，形式壓倒實質。前面提到羅傑斯的一些方法論的問題也沒有克服。歐盟近些年積極撥款，鼓勵學者做跨國比較研究。而美國似乎還自以為是世界的中心，對跨國比較研究反而沒有那麼積極。我自己也參與了幾項跨國比較研究。

黃煜：我們都在西方學府受訓，您覺得華人學術圈應該做什麼努力？

李金銓：美國的學術霸權是全面性、籠罩性的，然而美國人多數對國際問題根本不感興趣。我聽說出版商要求英國著名期刊《媒介，文化與社會》多刊登美國學者的文章，這樣才能賣得好，引用指數（citation index）才會提高。商業邏輯干預學術生產是很嚴重的。第三世界的學者回國之後，沒有跳出美國的影響，也沒有找出適合自己的一條路。我們應該好好思考文化遺產如何繼承與發揚，並進一步和當代西方學術接軌。五四時期及以後的幾輩學者國學基礎深厚，又得到美英各國一流的研究訓練，中西融合是自然而然的事。我們這一代人，不論中西學問的功底，都無法企及最亮麗的前輩學者。

　　何況整個學術社群的急功近利，到達了史無前例的地步。照理說，香港因緣輻湊，有良好訓練的學者應該聚在一起，認真凝聚共識，尋找一條互相競爭、合作、爭鳴的道路，但就是完全沒有這個氣候，因為大家只顧生存壓力，需要趕快弄出一些文章去發表。這個「第三世界身分焦慮症」真是我們的悲哀。正因為沒有自信，更覺得需要向西方靠近，尤其需要向美國學習，簡直就是亦步亦趨。不可思議，平白浪費這麼好的天時和地利，實在太可惜

了。這種文化自信心必須等到何時才能建立？

黃煜：可不可以談談您對大陸和港臺這幾年社會轉型和媒介研究的一些觀察？是否這幾個地方逐漸開始建立自己的學術社區，並有日趨成熟的趨勢？

李金銓：希望我的朋友們原諒我「實話亂說」：一方面，臺灣的學者很用功，很工整，很專業化，也比較拘謹，文獻回顧巨細無遺，但好像不敢跳出留學時期的框框，新意不夠，這方面的自覺也不高；另一方面，臺灣的本土化走偏了，視野不夠開闊，所以不是在本土複製外國理論，就是孤立地描述若干本土現象。本土化不能像鴕鳥一樣把頭埋在沙堆苦幹，而必須暢懷在不拘一格的國際脈絡找適當的定位。我們的學術還沒有成型，不要畫地自限，認定傳播應該是這樣的，不是那樣的。沒有成型或定型的東西應該有火花，應該有活躍的思想。臺灣個別有識之士也有這個自覺，但救援行動沒有全面開始。

陳韜文：我們希望《傳播與社會學刊》能有早期《傳播學季刊》的味道，但有時也受制於稿件。這一代人的訓練不同，某一種型態的文章特別多，啟發性的文章比較少。尤其是臺灣來稿，這種情況更為明顯。

黃煜：從工整和規範的角度來說，挑不出什麼毛病，但又沒有什麼特別好的地方。大陸的文章相對來說，容易看一些。好的還是不好的，五分鐘後就能看出來。

黃煜：大陸呢？

李金銓：不用我來班門弄斧了，留待你來評。老實說，大陸的東西我看的不多，主要還是看史料。（校按：十多年來我在香港觀察，得到的片面印

象是：一，大陸跟外面接觸多了，眼界開闊很多，至少變得眼高手低；現在的研究比以前規範，好的學者也逐漸出現，都是可喜之事。二，翻譯事業發達，儘管素質良莠不齊，但好學的人接觸新知比以前容易得多。翻譯腔恐怕也害一些年輕學子的中文寫得礩礩巴巴的。三，還是有不少人缺乏經驗研究的訓練，喜歡拍腦袋，這裡東拼、那裡西湊，牽強附會，望文生義。講一些表面上非常「高大上」的東西，不但符合中國人喜歡高談闊論的傳統，而且顯得有學問，是否禁得起推敲，則是另外一回事。四，也有若干海歸學者的研究技術學好了，但不斷複製原來在外國學的東西，理論和文化自覺都嫌不夠。五，目前大概是處於蓄勢待發的局面，再醞釀二、三十年，相信會人才輩出。但現行體制的獎懲辦法甚不合理，這一點論者已多。）

黃煜：香港呢？

李金銓：首先要向香港大學教育資助委員會的「技術官僚專政」（tyranny of technocracy）發難。我們人人都是學術機器的螺絲釘，每一隻學術工蟻都在瞎忙一番。學術官僚化如火如荼，辦學如搞政治運動，一波接一波，把學術思考的空間扼殺殆盡了。學術本該是很優遊自在又有內在紀律的，許多奇奇怪怪的想法都應該有空間。現在奇怪的想法都死掉了。專業化本來是按部就班，做事規則明確；但香港走過頭，設立種種條例枷鎖綁住你，光填表格就搞得你筋疲力竭，規章制度直情異化成了韋伯說的「鐵籠」。港商治港，學術政策由一批無知商人瞎指揮，碰到問題就只會向英國和澳洲討一本衰經；而一眾學術官僚只知爭排名，上下交相爭利，都是一副「後殖民」的心態，哪管你什麼主體性客體性。聽大家高唱動人的「新亞精神」，倘若錢穆老夫子再生，學術官僚恐怕要摔破他的飯碗。

（校按：上個世紀70年代末，我初到香港時，大學的研究要求不高。90年代中以後再回來，發現開始強調研究了。等到本世紀初第三度回來，研究壓力一年一年加碼，甚至比美國許多大學有過之而無不及。香港畢竟是國際都會，雖彈丸之地，能以高薪聘請教師，使大學的研究進步得很快，可惜學

生普遍對學術不感興趣。另一方面大學又急功近利，行政當局用管理工科那套一刀切的指標作為獎懲依據，戕害人文學科和社會科學的發展頗大。發表的東西多了，但很難有學術創新，很難有長期計畫，很難開拓學者之間的真誠合作。在香港，寫書不及期刊論文重要，中文的發表聊備一格，期刊只數SSCI，而SSCI內部還分好幾等級，這種建制沒有什麼崇高的理由——只是為大學的排名。學界的獨立判斷因而交給了管排名的商業機構。然而再往深處看，豈止香港各大學熱衷排名？大學排名有如選美競賽，這是「新自由主義」浪潮席捲全球赤裸裸的表現。湯森路透排SCI和SSCI的影響因子數，QS和《泰晤士報》排世界大學的名次，都是在做大筆生意，以學術為名，爭逐巨利。這股強風已逐漸颳到世界各地，影響所及，連中國的大學也成天喃喃誦念一部「雙一流」的經。學術當然需要適當的評鑑，但目前這些排名遊戲的指標十分粗暴，一旦成為普遍規範，存在就是合理，任誰都別想跳出如來佛的掌心，全世界的校長或院長不得不跟著玩。）

黃煜：從您1990年出版的《中國的聲音》開始，至今已經二十年了。二十年前，我在英國念書的時候，用了幾個月的時間就把二十來年中國的傳媒研究論文及專著都看完了。現在一個禮拜出的數量就超越了當年，回顧這二十年來的中國傳媒研究，有什麼感想？

李金銓：每個人走過的道路，冥冥之中莫非有脈絡可循？我有些人文情懷，學術品味是比較old-fashioned（老派）的，而且總是順著心獨來獨往。我剛到美國念書的時候，傳播領域只顧美國自己，根本不理會外國，更別說中國不中國，而中國傳媒研究主要是由美國的政治學家擔綱、命題。我有機緣組織一系列的會議，就找一些研究中國最好的政治學家和歷史學家來談中國媒介的問題，從周邊包抄，也算是另闢蹊徑。機緣促成我前後編了四本有關中國傳媒研究的專書，在美國建立了一些基本文獻。當然，我是從傳播學科的旨趣著眼的，而不是為「中國研究」服務的。

陳韜文：您在早期的《媒介帝國主義再商榷》，找案例來測試理論。從這種方法到幾年前希望在新聞史多做研究，您感覺這和您原來的訓練一脈相承，還是中間有一個跳躍？

李金銓：以我的人文情懷，關注歷史應該是很自然的。我始終覺得社會科學和歷史不應該割斷關係。我不是做歷史的，但知道歷史太重要了。我平常也看史料，但沒有下過全面的功夫，偶爾「業餘」寫新聞史的文章總是如履薄冰，生怕說錯話貽笑大方。我既然在香港做事，有許多便利，不妨搭起一個平臺，邀請最好的歷史學家來談中國新聞史，加把勁推動這方面的研究。新聞學者寫的新聞史多半像流水帳，缺乏分析，缺乏理論的視野，所以我乾脆借史學界的養分來灌溉新聞史的園地。《文人論政》在中國大陸頗受好評，我正準備出版續篇。（《報人報國》已出版，2013）我好像一輩子在當學術的「接生婆」，並且樂此不疲。進入新聞史，是我這次來到香港以後的驚喜。當然，我反對用史料去迎合理論，而是用理論來幫助勾勒史料，這個不能本末倒置。

黃煜：您一直強調學術要平等對話。去年12月分您舉辦的國際會議「國際傳播的國際化」（Internationalizing "international communication"），從華人的角度回饋國際社會。這二十年來，您先是造一個中國傳媒研究的主體，回位到國際傳播的領域之中。能否具體談談，您是如何完成這個主體再造的過程的？

李金銓：我們這一代人應該說是開風氣吧。現在年輕人在美國念書，做中國傳媒研究，人家不會再說你做這個東西幹嘛。我這個人很遲鈍，不曉得算計利害，也從不管主流或邊緣，總是硬著頭皮追隨興趣走，一路走來沒有人給你掌聲，但成果一一出來，也逼得別人非注視不可。主體再造與問題的合法性有關。我們提的問題和西方學者有一樣的，有不一樣的。以前我們問的問題，西方學者是不重視的；現在我們提的問題，西方的學者至少不能忽

視。我們這一代人做了一些努力，爭取部分話語權，外在環境也在變化，比起我三十多年前入行的時候，中國傳媒研究的地位不知提高了多少倍。（校按：曾幾何時，西方出版社已開始瞄準中國市場，所以機會多多了，中國學者必須拿出學術業績迎頭趕上。）必須嚴肅地說明：不是因為華人學者的身分，才要研究中國媒介；更不是因為華人學者的身分，只會研究中國媒介。中國傳媒研究不能自給自足，無論理論和方法都必須進入國際傳播的風景線，彼此吸收，互相滲透。

陳韜文：您同時用中英文兩種語言寫作，使用語言的不同，會不會對您的寫作經驗有什麼影響？

李金銓：沒有特別的意識到這個問題。我寫英文用英文思考，寫中文用中文思考。有時候詳略不一，因為讀者的知識背景不同。

黃煜：您認為自己對國際傳播領域最大的貢獻是什麼？

李金銓：我不敢說有什麼貢獻。但我編的英文書大概有階段性的影響力。國際傳播的邊界不是固定的。卡茨（Elihu Katz）2010年12月初應我的邀請來香港，為「國際傳播的國際化」會議做主題演講。他是碩果僅存的大師，卻一再謙辭不懂國際傳播，我一直從旁「力斥其非」，說他做的幾個里程碑式研究對國際傳播太重要了。他在傳播領域領風騷六十年，他在香港終於欣然接受國際傳播學者的「新」身分，這是他親口告訴我的。回顧我平生能爭得參與國際傳播的對話權，想來是很幸運的，但絲毫沒有飄飄然，因為我知道天有多高地有多厚。

陳韜文：您研究國際傳播至今三十多年，對新一代的學者有什麼期望？

李金銓：我覺得千萬要走出自己的路子。英國的文化研究與美國的媒

介研究各具特色，但彼此可以溝通對話。當年芝加哥學派內部視野很不同，但整體看來卻又與後來的哥倫比亞大學結構功能學派分庭抗禮。華人學術圈應該在密切互動中提出原創性的問題，建立這種獨特的文化風格，既容許內部歧異，又和歐美迥然不同，但足以和它們平等對話。這是同中有異，異中有同的境界。正如我們都有地方口音，但合起來我們的話語自成系統，和英語、法語、德語或日語不同，又能互相溝通。「中國特色」不是寫標語、喊口號，更不能閉門造車，而必須在一種文化特性上建立理論的普遍性。我勸學生寫論文要選擇「富有理論意義的具體問題」。唯其是具體問題，才是你切身感興趣的，但必須從具體問題上升到理論的普遍性。換言之，從興趣點出發，不斷培育這棵苗種，使它在某一處跟理論密切接觸，於是點連接成面，然後變成立體的架構，看有哪幾個理論可以幫助你思考這個問題，哪些理論需要再造，萬一現有理論都不能解決你的問題，那就自己創造一個理論。這種韋伯式的方法論是值得整個華人學術圈深思而力行的。我們是不是應該有這種自信，應該建立這種共識，應該朝這個目標努力？

第十四章

以歷史為經，以世界為緯

國際傳播研究的想像力[1]

一、中國國際傳播研究的獨特關切

張磊：您是國際傳播研究領域的領軍人物。近年來，您在多篇中文文章和訪談中對這一領域的研究發展狀況做了高屋建瓴的梳理和反思，對美式國際傳播研究的總結相當入木三分。但我覺得中國大陸當前的國際傳播研究，似乎與美式潮流有相當大的差異，可謂是同名而不同質的兩個事物。不知您是否同意？

李金銓：美國傳播研究的視野和預設是內外有別的，國內傳播和國際傳播的淵源與目的很早就分道揚鑣。國內傳播，第二次世界大戰之後，重心移至哥倫比亞大學，轉而以結構功能論為依託，遵循行為主義的道路，聚焦於媒介在投票和消費上面的短期效果，一脈相承，至今在美國仍是主流。但美國的國際傳播研究，則是20世紀50年代圍繞麻省理工學院（MIT）開始的，與美國的外交政策（尤其是冷戰結構）息息相關。當時，國際傳播秉承線性發展的「現代化理論」，假設第三世界發展的軌道跟隨在美歐的後面。美國的歷史經驗和中產階級的價值因此投射到第三世界，學術背後的政治目的是防止國際共產主義的蔓延。這裡面出現了一個悖論：哥倫比亞學

1 訪問人：中國傳媒大學張磊教授。原載《國際傳播》2016年，總第1期，頁45-53。

派發現，媒介只能強固人們的預存立場，很難改變他們的態度和行為，總稱為「媒介效果有限論」；然而MIT的政治社會學者，包括普爾（Ithiel de Sola Pool）、勒納（Daniel Lerner）、白魯恂（Lucian W. Pye），卻積極肯定媒介在長期上、宏觀上足以促進第三世界的現代化。兩個看法截然不同，這需要從知識社會學做細緻的分析。

　　針對你的問題，我想談三點。第一，美國的國內傳播和國外傳播的發展是分道揚鑣的。第二，中國的國內傳播研究受到美國國內傳播研究的影響有多大，媒介效果的範式是否跟美國主流亦步亦趨？我沒有做過考察，不敢妄言，但這至少是值得思考的問題。第三，中國的國際傳播所關心的議題當然和美國不同。中國漫天聽到軟實力、講好中國故事、一帶一路等問題，但多半僅止於口號階段，還沒有變成真正的學術研究。

　　傳播學引進中國三十多年，還沒有形成真正的範式，潮流多變，也頗不穩定。誰有什麼機緣，跟哪一個人讀書，學術的看法也因之而異。中國傳播學者關注什麼問題，莫衷一是。解決之道需要靠時間醞釀，更需要整個學術社區的自覺與爭鳴，在具體實踐中形成某種「共識」。國際傳播在中國似乎位處邊緣，政治活動的色彩蓋過學術研究。中國的關懷和美國不一樣，那是完全可以理解的，但目前沒有看到重要的研究成果。

張磊：早期美式國際傳播研究，究竟存在什麼問題？

李金銓：美國早期的國際傳播研究主要以「現代化理論」為主導。這是冷戰的產物，企圖用經濟的手段來解決政治的問題：從國際格局來看，假若第三世界國家經濟富有，人民教育程度高，國際共產主義便無生根的餘地。這個學術範式背後是有政治預設的。

　　當然，現代化是每個國家都想追求的。正如卡茨（Elihu Katz）把現代化分成三個層面，包括政治整合（例如非洲很多部落意識強過國家意識）、經濟社會成長，以及文化自主性。這些抽象目標，有哪個國家會反對？但具體內容是什麼，要以什麼途徑追求怎麼樣的現代化，彼此看法可能大相徑庭了。

　　追求「現代化」是一回事，「現代化理論」有沒有解釋力是另一回事。最早開創「發展國際傳播」範式的是勒納，他認為現代化之路從工業化、都市化開始，然後提高識字率，媒介提高人們的「移情能力」，最後導致政治參與。第三世界人們受制於宿命論，甘於接受命運的安排，不知外面美好的世界。他認為，媒介打破這種宿命論，讓人們獲得更高的期望，敢於挑戰現狀；一旦大家的人格都現代化了，整個國家也自然現代化了。這個線性假設已被攻擊得千瘡百孔了。的確，第三世界很多民族受到宿命論的束縛，不適合現代的社會發展。但媒介縱然打破宿命論，難道問題就迎刃而解了嗎？萬一期望飆得太高，社會條件無法滿足，豈不製造集體挫折感，成為動亂之源？何況那些受到嚴格控制的媒介，只是傳聲筒，簡直是現代化的絆腳石。

　　然而勒納的「現代化理論」整體不可取，局部的成分（例如打破宿命論）未必不可取；反之，即使局部可取，也未必意味整體是沒有問題的。如果打破宿命論是現代化的必要而非充分條件，那麼這裡面還引出一連串相關的問題，例如媒介有多少能力打破宿命論，而打破宿命論以後又有什麼相應的社會機制解決下一步的問題。總之，勒納這種線性思考未免太簡單化了，但我們還是可以從中學到一些教訓。

　　張磊：一個比較具體的問題：1980 年您曾經出版過《媒介帝國主義再商榷》（*Media Imperialism Reconsidered*）一書，您認為如今「媒介帝國主義」是否依然有生命力？所謂新媒介據稱有能力跨越地理疆界，在網際網路和新媒介領域，是否會產出新形式的媒介帝國主義？

　　李金銓：傳播帝國主義（或曰媒介帝國主義）有其基本預設，跟列寧的帝國主義理論大有關係。有論者以為傳播只是文化的一環，寧願稱為更廣泛的「文化帝國主義」。也有人對任何「帝國主義」的說法都無法接受，那就用葛蘭西的「霸權」（hegemony）概念吧。如果連這個也不喜歡，叫它「支配性理論」也沒關係。我想，只要整個國際關係存在支配關係（dominant relationship），這個問題就不會消失，圍繞「傳播帝國主義」的辯論就會繼

續下去。有時候比較沉寂，有時候會很昂揚。冷戰結束後，新自由主義高漲，文化帝國主義、傳播帝國主義的批判式微，而由浪漫色彩的「全球化理論」所籠罩。等到整個國際局勢改變，這個辯論會再次興起。

　　有壓迫就有反抗，這是萬古長青的話題。每次興起，內涵都會不一樣，論者會不斷賦其以新意。如今，新的挑戰來自於新媒體。壓迫與霸權是多層結構，而非單層結構，解決了一層，又加深了另外一層。在我看來，新媒體解決了以前傳統媒體的基本障礙，但也開創了一層新的、甚至更嚴重的支配關係。例如蘋果手機（iPhone）、谷歌（Google）、微軟（Microsoft），都是美國獨霸的技術。即使類似阿里巴巴和騰訊的公司提供地區性、局部性的替代，畢竟不是全球性的，它們的發展也受到當地國家力量的扶持和保護。

　　冷戰結束後，席勒（Herbert Schiller）宣稱，國家力量不再那麼重要，主導甚至操縱世界秩序的將是全球性大公司的壟斷資本。這個觀點很重要，但未可一概而論。國家和大公司的關係有分有合，美國政府幫助微軟、蘋果（Apple）和谷歌拓展市場，但有時候也會援引「反托拉斯法」制裁它們。（歐盟與谷歌之間的紛爭長達六年，歐盟要加以制裁。）大體而言，兩者利益一致；但局部而言，利益、立場也有互相制衡與互相制約的時候。

　　任何新科技出現後，一定會變成社會制度的一部分。外因必須要透過內因起作用。社會結構是內因，科技是透過社會結構來表現的。手機與形形色色的新媒體湧現，哪些人有條件使用，使用的情形怎麼樣，這跟原來的社會結構是有關係的。科技既可改變社會結構，也可鞏固社會結構，這種複雜的「交涉」需要以歷史眼光做具體的經驗分析。

　　再回到傳播帝國主義。馬克思主義者說：說到最後，上層建築是受到經濟基礎決定的。「決定」是什麼意思？政治經濟學取其窄義，以為意識形態是受到媒介產權與控制權左右；而文化研究者取其廣義，例如威廉斯（Raymond Williams）、霍爾（Stuart Hall）認為，經濟基礎只是分析的「起點」而不是「終點」，一開始從經濟基礎入手，隨後文化有其自主性，可能與下層建築不一致，甚至分道揚鑣。這是學術左派內部最大的爭執。

　　經濟力量強大，文化力量是不是必然強大？經濟固然是火車頭，帶動文

化，但它們豈是一對一般地水乳交融？上世紀70-80年代，日本是世界上第二大經濟體，但文化影響相對是微不足道的。現在中國躍居世界第二大經濟體，朝野焦急症發作，高唱「軟實力」，問題是有錢就保證有文化影響嗎？這個關係錯綜複雜，恐怕沒有想像中那麼簡單。

二、國際傳播研究的世界主義精神

張磊：您最近主編的《國際傳播的國際化》（*Internationalizing "International Communication"*, 2015），搜集來自世界各個背景的多元思想與經驗，力圖對美式國際傳播研究進行糾偏。能否跟我們分享其中您特別欣賞的文章或研究？「國際傳播研究」與「國際化的傳播研究」如何嵌合？

李金銓：在這本書中，好幾位背景不一的學者不約而同，揭櫫了「世界主義」（Cosmopolitanism）的精神，包括張隆溪、達爾格林（Peter Dahlgren）、衛斯波得（Silvio Waisbord），和我自己。這是一個值得注意的趨勢，其中包含豐富的信息。世界精神基本上假設不同的人、不同的文化可以試圖互相瞭解，無論多困難，也必須盡量克服，以增加彼此交流，求同存異，獲取「互為主觀的理解」。

　　一方面應該以世界的格局看中國、華人社會和中華文化，一方面應當從中華文化的特殊性彰顯理論的普遍性。僅僅侷限於中國或華人社會的特殊經驗，沒有凝聚為普遍性的理論，只有中國人孤芳自賞，無法和其他學術社群對話溝通。前些時我在雲南演講曾舉一例：假如你只把白族的特殊性敘述得很好，研究白族或少數民族的學者或許讀得津津有味，但其他人卻無動於衷。要是你從白族的服飾出發，分析其禮儀與身分的關係，又從身分分析人際網絡與權力關係，相信有更多學者會聯繫到他們的學術旨趣。白族本身雖然有趣，但還不夠，必須進一步提煉出普遍性的解釋。特殊性和普遍性是辯證統一的。

　　國內國外的道理大致一樣。研究少數民族，也是想瞭解多數民族；研究

「邊緣」，也是想瞭解「中心」；研究犯罪分子，未嘗不是想瞭解主流社會的規範與生活。人類學跑去荒島研究，給我們一面強有力的反照鏡。例如現代社會裡沒有一個角落不受到電視的滲透，我們習以為常，甚至麻木了。若能到沒有電視的「落後」地區長期觀察，豈不反過來讓我們深刻瞭解電視在日常生活中的角色？

我們研究華人社會，首先當然是對華人社會有興趣，但光是這樣不夠，還需要從華人社會提升到理論的普遍性。同中有異，異中有同。華人社會不可能跟世界完全相異，也不可能跟世界完全相同。相異在哪裡，相同又在哪裡？為什麼會有這種相異與相同？這樣解釋起來就非常有趣、很有意義了。

在跨文化研究中，文化色彩最濃的莫過於文學藝術。托爾斯泰的《戰爭與和平》、《安娜‧卡列尼娜》，讀起來充滿異國風味，不僅俄國人感興趣，各國人也都覺得「於我心有戚戚焉」，原因何在？因為托翁所觸及的是人性和人心深處的問題。如果不是這樣，托翁不過是俄國的小說家，不成其為世界的文學瑰寶了。即使最有民族特殊性的人文內容，牽涉的還是人類共同的問題。雖然表現方式不同，但觸動心靈是一樣的。

社會科學更應該處理文化經驗的特殊性與理論普遍性之間的辯證關係。「世界精神」必須把世界當成整體看待，衛斯波得呼籲學者研究那些在世界格局裡面受到忽視的問題。例如現在的文化逐漸是跨邊境的，國界並非完全神聖不可侵犯，當今移民來來回回很普遍，過去國際傳播不太研究跨邊界的流動，如今能否注意這方面的問題？最後，世界主義牽涉到能否建立人文性（humanities）的問題。我在本書的第四章，題目是「在地經驗，全球視野」，副題是「國際傳播研究的文化性」，代表一項初步的努力，這裡就不展開談了。

過去，美國式的國際傳播是忽略文化意義的，甚至認為美國的標準是放諸全球而皆準的，整個世界是美國的放大版。我們當然要反對這一點。但是也不能簡單取而代之，認為世界就是中國的放大版。當然，如果說美國是美國，中國是中國，各管各的，兩條線不交叉，這也沒什麼意思。中國和美國、中國和世界之間的關係是什麼？這樣聯繫起來才有意思。現在談的「全

球命運共同體」，就是世界主義的精神。

張磊：從這種精神出發，中國的國際傳播研究，應該採取什麼樣的學術姿態？

李金銓：今天是全球化的時代，要用全球的格局來看中國（或華人社會），而不是關起門來看中國（或華人社會）。中西交流是必然的事情。一方面，我們應當以西方為參照系。學科意義上的傳播研究，本來就是美國的產物，跟他們學習是天經地義的。學了之後當然可以批評，但先要瞭解人家，而不能閉關自守，悶著頭胡亂批評，或者無賴地說「美國的東西我們不要理它」。要是不參考美國的文獻，正常的學術研究恐怕都難做下去。

我們不能全盤照收，不能拿美國（或哪個國家）的「真理」硬套到中國（華人社會）頭上，而是要取精用宏。哪些對我們有用，哪些沒有用，要分辨清楚。「在地化」、「本土化」，與國際化不是對立的，是辯證而同時並進的。我們愈瞭解國際，就愈瞭解母國社會。我們的學術研究應該問些什麼問題？在國際格局裡面應當扮演什麼角色？我們能夠提出什麼貢獻？在我看來，一方面要本土，另一方面要國際，彼此有機滲透，而不是對立起來。現在有個口號講得很好：「立足中國，放眼國際」。如何把口號變成學術方案，卻是個艱難的挑戰。無論盲目追隨，還是盲目排斥，兩者皆不可取。最健康的心態是對西方瞭解得愈多愈細緻愈好，選擇值得參考的，又從自己的文化土壤中發展出最有原創性的問題，最後中國與西方對話接軌，彼此滲透，互相切磋。我看這就是世界主義的精神。

張磊：就像您在文章中講過的，一方面要反對西方霸權，另一方面要反對狹隘的民族主義。

李金銓：對，不能搞「學術義和團」。本土化是必然的趨勢，但不是關起門來，必須要在開放的世界格局裡面給自己找定位。

張磊：具體到學術研究中，這種世界主義的精神要求我們怎樣去做？

李金銓：世界主義要求特殊性和普遍性的辯證統一。美國的主流是實證主義，追求可概括的共性，不太講特殊的「例外」，為此常常抹煞文化意義。例如羅傑斯（Everett Rogers）的「創新擴散」，常常把海外各地當成美國的前哨站，複製美國的世界觀。「國際」研究只是美國理論的注腳而已。我對此是存疑的。

在國際傳播研究中，有些學者採取嚴格實證主義的路徑，抽空了文化意義，做出貌似「價值中立」的大規模跨國問卷調查，但所得的結論往往「不過爾爾」，洞見不多。另一方面，不少美國專家對中國實際狀況是非常瞭解的，可惜沒有理論上的興趣，他們是「區域問題專家」（area specialist）。這兩個趨向我都有保留。有人提出，「區域研究」（area study）應該變成「以區域為基礎的研究」（area-based studies）。我贊成。綜合一下，我們應當有理論興趣，也要掌握深刻的區域知識；以區域（文化或地理意義）為基地，既照顧到豐富的文化意義，又提升到理論的普遍性。我問美國學者，美國也是一個「區域」，為什麼美國之外的學問才叫「區域研究」，而美國就屬於建制學科呢？這是美國本位中心，如同19世紀大英帝國定義「格林威治時間」為標準時間。

孤立研究中國（華人社會）是不對的，也是不可能的，無論如何做研究心裡總有參照系。比較性個案研究（comparative case studies）的重要著作，例如摩爾（Barrington Moore）的《專制與民主的社會起源》，以及斯考切波（Theda Skocpol）的《國家與社會革命》，都深受韋伯方法論的啟發，一方面關照因果關係，一方面獲得洞見，這是值得國際傳播學習的。

冷戰時期，西伯特等人編著的《報刊的四種理論》影響很大，但那本書說得太絕對，太黑白分明。哈林和曼西尼（Daniel Hallin and Paolo Mancini）的《比較媒介體制》，延續了上面所說的「比較個案」路徑，分析十八個西方國家，大概分出三大傳媒體制：一種是英美式的自由主義模式，另一種是北歐與德國的民主統合主義模式（social corporatist），第三種是極化多元主

義（polarized pluralist），義大利、法國等拉丁國家均屬之。這本書難免有爭議，卻頗有新意。後來他們又邀約一批非西方國家的學者，分別撰寫個案，考察他們的理論能不能站得住腳。這種道路尚在起步，還可以發展，但值得提倡。最近我和幾位美歐日學者（包括詹姆斯・科倫〔James Curran〕、丹尼爾・哈林〔Daniel Hallin〕、弗蘭克・埃塞爾〔Frank Esser〕、林香里〔Kaori Hayashi〕）合作，針對希臘、美國和中國等國領導人換屆，以及倫敦奧運會，做了兩篇橫跨五國媒介報導（包括電視與網絡）的比較研究。

張磊：回到國際傳播領域，您談到的「世界主義」精神，很多具有真正文化關切的學者多半都會持有這種精神。像費孝通所講的「各美其美，美人之美，美美與共，天下大同」。西方大哲也有人談到這種精神。那麼，無論在學術層面上，還是國際交往層面上，它算是主流嗎？

李金銓：現在已有這個新的呼聲。早年孫中山在《三民主義》談及，要用民族主義為階段，最後達成世界主義。他的觀點可以講得更周延。首先，要有民族自尊心，拿出好東西，敢跟別人打交道。打交道的時候，始終抱有世界主義的精神，知道整個世界格局中，我到底是誰，能做什麼事情，貢獻在哪裡。這樣，既不會唯我獨尊，也不致故步自封。世界上好東西太多了，值得我們虛心學習，但我們最終也要拿出學術業績，對世界的學術有所回饋才行。不光進口，也要出口；不光拿，也要給。當然，這個境界不是一蹴可幾的，而是需要學術社群數代人努力。學術發展一旦到成熟的地步，提得出系統的學術理論，人家就不能忽視我們。我們常說德國、英國、法國的學術怎樣，因為他們可以和美國的學術對話甚至對抗。甚至荷蘭或北歐的小國家實力也不容忽視，中國（華人社會）必須提出有原創性的東西，既對中國人（華人）有意義，也對外國人有意義。不然的話，自己搭臺、自己唱戲、自己叫好。用時髦語言來說，你在朋友圈裡發好多自拍照，講自己多了不起，人家不給你點讚，又能怎麼樣呢？

三、國際傳播研究的知識論與方法論

張磊：您多次談到「脈絡」（context）的重要性，那麼，中國國際傳播研究應該如何把握當前的脈絡？

李金銓：談到語境與脈絡，我始終覺得，社會科學往往是觀點與角度的問題。蘇東坡形容「廬山真面目」，取決於你站在哪個角度。猶如「瞎子摸象」，每個觀察者有自己的切入角度，盡其所能都只看到片面的，摸不到全貌。

社會科學研究不能有「全稱命題」，把話說死，說得太絕對，而是都帶有「條件性」的。富人的問題是厭食症，窮人的問題是營養不良，關鍵看對誰而言。晉惠帝問飢民「何不食肉糜」，就是因為他不知民間疾苦，以致語境顛倒，邏輯錯亂，留下千古笑柄。社會科學要看語境，要看條件。

莊子說：「自其異者視之，肝膽楚越也；自其同者視之，萬物皆一也。」本來應該肝膽相照的，卻可以變得遠若天邊。蘇東坡的〈前赤壁賦〉也說，從變的角度來看，天地沒有一瞬間不在變；若從不變的角度來看，一千年前的長江與現在有什麼分別？雖然我們不知道古時月的樣子，但今月不是照過漢武帝、唐太宗，也照過李白和杜甫嗎？變與不變，就是移步換景；對社會科學來說，同中有異，異中有同。

這個觀點對國際傳播研究格外有啟發。中國與別的國家必然有同有異，哪些是同的，哪些是不同的，而且在每個複雜的層次都可能「異中有同，同中有異」。從這種結構性的看法，會問出很多以前問不出來的問題。（按：詳見本書第一章。）

此外，在解讀文本的時候，必須聯繫到語境。語境包括時間和空間。用米爾斯（C. W. Mills）話來說，一方面要有世界觀，一方面要有歷史觀。中國的定位也應該是這樣。

張磊：您講到國際傳播研究要有世界觀，也要有歷史觀。我和胡正榮教

授曾合寫過一篇文章，叫做〈帝國、天下與大同〉，從歷史的視角評析中國古代對天下秩序和世界的想像。天下秩序有很多問題，但它是一種不同的視角。

李金銓：這是一種文化上的想像。史學家認為，古代只要願意接受中國文化價值的，就被當作中國人看待。陳寅恪先生說，盛唐的氣象恢弘，不以種族分漢人或胡人，而以文化分漢化或胡化。這是「文化中國」。

舉例說，宋史的書已經汗牛充棟，為什麼還要做宋史研究？因為史家受到時代的感召，覺得有些問題回到宋史，從新角度研究書院制度和科舉制度，會得到更深刻的思考、啟發和借鑑。歷史是和現在不斷對話的，一部分也在回答現代的問題。有些歷史被淹沒，卻因為時代的召喚被照亮而復活起來。但歷史不是服務現實的資料庫，若為了現行的政策「古為今用」，就趕緊回去歷史倉庫淘寶，斷章取義，那是誅心、不誠實的態度。我們研究科舉制度，除了問題本身引人入勝，何嘗不是希望反思現代考試制度、人才流動和階層翻身這些問題？但以「拿來主義」踐踏歷史卻是可恥的。歷史不是為現在服務的，儘管直接間接受到當代問題所觸動。

有時候我們以為發現石破天驚的見解，沒想到智者早就說破了。歷史增加我們思考的寬度和深度。我對歷史是外行，但覺得有點歷史素養是好的。1776年是美國獨立建國的年分，華盛頓的時代正是中國的乾隆時期。記住這個年分，美國從衰到盛、中國從盛到衰的歷程便有嶄新的意義。

容我再舉一例，說明新聞史的問題意識。1905年廢科舉以後，傳統士大夫轉換為現代知識人。傳統士大夫有社會特權，但現代知識人的特權消失了。記者和律師、教師都逐漸成為中產行業。在20世紀初，唯有科舉落第才會做記者，不得已而為之。到了上世紀20-30年代，記者的身分和地位不斷上升，《大公報》很多記者是燕京大學畢業的，聖約翰大學新聞系學生家庭背景一般相當優異。要考察記者社會身分的遞嬗，應該有橫比和縱比。橫的可以拿記者和律師比，看這兩個新興中產的職業怎麼興起，有何異同；縱的方面，當年最主要的報紙在上海，可以拿《申報》、《新聞報》，甚至小

報，追蹤記者地位怎麼演變的，這樣就能看更清楚。

張磊：中國大陸傳播學研究需要更多的史學訓練、史學素養。

李金銓：美國主流傳播研究以統計分析為主。統計當然重要，若具備歷史素養，對歷史有認知和欣賞，相輔相成不是更好？記得我初到美國念書，偶然讀到拉查斯斐的一篇文章。他說，歷史是研究過去的，社會學（傳播）是研究現在的，以此截然劃分。他是大學者，我連門都還沒有入，雖然直覺不對勁，但也說不出反對的道理。等到我讀到米爾斯的文章，就知道我的品味更近米爾斯。米爾斯的《社會學的想像力》第三章完全在批評拉查斯斐。

張磊：如果我們把米爾斯講社會學想像力的三個因素——歷史、社會整體、人性——挪用到國際傳播這邊來，是不是也可以拓展一種國際傳播研究的想像力？

李金銓：當然可以。像摩爾、斯考切波、提利（Tilly）等人的研究，就是頗有啟發的。他們分析國家、階級與國際結構的互動關係，以解釋它們最後變成民主或專制的不同狀況。他們是社會學家，融合了歷史的視角，這是歷史社會學的取徑。

此外，余英時先生問的是史學領域另闢蹊徑的核心問題，但思路和方法契合現代社會科學。他受到社會科學的暗示或啟發，只是沒有喧賓奪主，沒有以社會科學取代歷史分析。例如他的《中國近世宗教倫理與商人精神》，理論上可以與韋伯對話，從文獻的內在理路探討明清儒商關係的變化，他發現儒家並不必然輕商，也未必是中國歷史上沒有發展出資本主義的主要障礙，他的研究使我們更瞭解韋伯對新教倫理的解釋有什麼貢獻和限制。我自己非常佩服他的路徑，也常勸學生耐心多看幾遍這本書，揣摩他怎麼樣立論，怎麼樣用各種證據來鋪陳和勾連。他牽涉的證據非常廣，從四面八方旁敲側擊，我數了一下，包括正史、筆記、文集、書信、行狀、傳記、文抄、

尺牘、奏摺、統譜、族譜、宗譜、家譜、曆志、見聞錄、叢話、家訓、日記、雜記、箚記、自述、碑刻、佛殿記、神道碑、壽考、墓誌銘等等，分析一層一層加深，令人歎為觀止。又，余先生在《朱熹的歷史世界》揭示，朱熹和南宋的理學集團除了在「內聖」之學下功夫，也苦心追求「外王」——所謂「致君得道」——的機遇，希望獲得明君的重用，以進入權力中樞，實現治國的政治抱負。余先生以其精密的考據使若干沉埋八百年的材料重見天日，一層層撥開原來薄弱的歷史環節，從而建立嶄新的歷史意義，以至於發前人未發之覆。

　　更早一輩的陳寅恪先生，例如《唐代政治史述論稿》，薄薄一百多頁，卻目光如炬，見微知著，從面面俱到的考證提出通則性的意理，對許多關鍵問題提出原創性的解釋。多沉潛於這類書，可望在潛移默化中慢慢提高境界，比讀一些談方法技術的書實在多了。

　　張磊：跨學科大概是國際傳播研究必須思考的路徑，如您所談的「周邊包抄」。哪些學科可以為中國的國際傳播研究提供裏助？我們剛才提到了社會學、政治學、歷史學，還有哪些呢？

　　李金銓：「一門深入，觸類旁通」，選哪一門深入好呢？傳播研究自己沒有太成熟的範式。我自己的訓練和興趣偏重在社會學和政治學交叉的介面。我不在乎人家說傳播是不是一門獨立的學科，我在乎的是問的問題好不好，重要不重要，有沒有能力解決這個問題。有人稱我是媒介社會學家，我欣然接受。

　　每隔一陣子就有年輕學者問我，既然傳播研究的理論資源偏少，是不是再去讀一個社會學的學位？我開玩笑說：讀完社會學，你發現不滿足，還得再讀個心理學或別的學位；這樣讀下去，要讀到什麼時候？現代學術以問題為中心，學科的分野不是楚河漢界，一旦你提出一個好問題，閱讀的範圍就從這裡出發——這個問題要是牽涉到政治心理學的某些理論，你就有系統地去補足那方面的理論；如果牽涉到社會結構的理論，就去補那方面的課；其

他牽涉到史學、法學、地理知識等，莫不皆然。唯有跨越狹窄的學科界限，才能拓展研究的想像力。只要你受過嚴格的基本訓練，應該有能力做到這一點。但跨學科絕非「膚淺」的代名詞，我們還得在某一個學科打下堅實的基礎，才能從其他學科吸取營養。如果好高騖遠，或者見獵心喜，東讀點，西讀點，必定是囫圇吞棗，氾濫無歸，什麼都只懂一點皮毛，這不是一條切實可行的道路。

第十五章

傳播科學和反思的藝術[1]

大多數人不能擺脫學術官僚架構的運作，或由於認識論上的盲目，還是跟著西方亦步亦趨。

——李金銓

Cherian George（CG）：您的新書書名引人——《國際傳播的國際化》，可否解釋背後的含義？

李金銓：人們誤以為國際傳播必定非常國際化，其實不然。國際傳播是在特定的美國語境下發展起來的，國際傳播成為國內傳播在概念上的延伸和經驗上的應用。我們在西方受教育，獲益良多。但多年後，我們開始拋棄某些在西方學的東西，去蕪存菁，甚至開始和西方共同重新學習——如果我們

---

1 訪問人：《亞洲傳媒》（*Media Asia*）主編切里恩·喬治（Cherian George）博士，香港浸會大學教授。編者按語：「幾十年以來，美國主導傳播學研究領域，亞洲學者對此搓手而著急。許多學者完全服膺這種西方主導範式，有的卻退居邊緣。李金銓認為這兩個極端都不可取。在他的職業生涯中，不斷努力與西方學者平等對話，但又保留東亞學者的聲音。李金銓是國際中華傳播學會創始會長，被視為國際傳播領域的先驅。2014年5月，他榮獲國際傳播學會的B. 奧布里·費舍爾導師獎。他接受《亞洲傳媒》雜誌編輯的採訪，分享了他對全球視野的洞見，同時呼籲亞洲學者應當反思本土，以發揮作用。」原載 George Cherian (2014), "Lee Chin-Chuan: Communication Science and the Art of Reflexivity." *Media Asia* 41(3): 199-207。湖北大學黃月琴副教授譯。

拿得出學術業績，就可以在平等的基礎上與他們展開有益的對話。

CG：所以，直到最近國際傳播實際上是「非美國」傳播？

李金銓：是的，國際傳播常順理成章地被視為「非美國」傳播，正如美國棒球年終大賽號稱「世界大賽」，直情以為美國就是世界。這種想法很普遍。國際傳播興起於二戰結束和冷戰開始，以美國麻省理工學院為中心，特別是以勒納（Daniel Lerner）、白魯恂（Lucian Pye）、普爾（Ithiel de Sola Pool）等政治社會學家為代表。

CG：聚焦於美國超級強國的需要來理解世界，為它的利益？

李金銓：是的。麻省理工的學者與史丹佛大學的施蘭姆結盟，以促進第三世界的現代化為目標，為的是防止它們被國際共產主義所赤化。這些前輩學者的用意也許是好的，但這種視野也是美國戰後外交政策的一部分，他們認為傳播在世界現代化進程中至關重要。

　　勒納的《傳統社會的消逝》是國際傳播研究的奠基之作，影響深遠。此書的材料來自冷戰時期在中東所做的調查，以評估美蘇宣傳戰的效果，發現美國輕易取勝。奇怪的是此書在社會學現代化理論的地位卻相當邊緣，並未列入閱讀的書單；但對國際傳播的學生而言，它可能是最經典的著作，部分因為施蘭姆抓起勒納的想法，加以發揚光大，隨後羅傑斯又把它融入《創新擴散》的體系。《創新擴散》在國外做的實證研究可能比任何研究多，是廣被傳播領域以外的學者所熟知之作，在市場調查和農業推廣兩方面的影響尤大。但羅傑斯也只是複製了美國的預設。他早期採用相同的問卷，翻譯成當地文字，在不同的國家做調查；後來在綜合各種經驗研究時，都似乎一味假設了國家與文化差異是無關宏旨的。

　　這種「美國中心」的心態在柏格（Charles Berger）和查菲（Steve Chaffee）在《傳播科學手冊》（1987年出版，2010年的第二版由柏格、羅洛夫、

艾沃德森主編）表現無遺。在這兩版中，各只撥出一章討論跨文化傳播或比較研究，沒有處理任何國際傳播的實質問題——他們把傳播學稱之為「科學」，而科學追求的是普遍性，那麼任何與美國主流範式不同的都是「例外」，而「例外」對他們是無足輕重的。

比較1973年普爾（Ithiel de Sola Pool）和施蘭姆（Wilbur Schramm）主編的《傳播學手冊》，這是一本一千多頁的厚書，其中有百分之二十涉及國際傳播，由麻省理工的政治學家執筆。儘管他們以美國重大利益為視角，主題包括國際宣傳、現代化、共產主義傳媒體系等，畢竟帶有全球景觀。然而，這些國際場景在第二代學者編輯的《傳播科學手冊》完全消失了，對他們來說國際只是美國的延伸。

CG：這很可能不是有意的，而是為了推動傳播學成為一門科學。

李金銓：當然。所以，我們更得思考實證主義的優點和缺點，這是很重要的。

CG：談談您個人的學術道路吧。您在美國讀研究所，您是當時就意識到這種失衡和民族中心主義，還是後來才察覺呢？

李金銓：有點模糊的意識。那時候傳播是新生事物，在亞洲根本不存在。我到美國念書，因為接觸到勒納、施蘭姆和羅傑斯的著作而對傳播感興趣的。羅傑斯提出的理論「通則」號稱總結了在美國和海外的實證研究發現，意簡言賅，貌似科學，把我引進了國際傳播的領域。

一段時間過後，我才意識到這些「通則」是有文化偏見的，未必適用於其他地區。我求學時選的課，有些我喜歡，但有些課我沒有聽老師的話去選修，因為我總認為它們的世界觀把一切東西化約為「認知的實證主義」（cognitive positivism），這不是我看世界的方法。

CG：因為這種世界觀你的文化不能產生共鳴？

李金銓：這個問題一直存在，只是當時不明顯。但遇到具體的情況時，我就覺得不習慣這樣看世界。我去了密西根大學念博士，該校是全國選舉研究的重鎮，我接受了嚴格的定量和實證訓練。我的導師問我要做什麼樣的論文，我說可能結合主流傳播理論，用選舉資料庫作第二手分析。他不是一個國際主義者，卻有很好的直覺：他說，你是外國人，做美國選舉的研究，就喪失了你的文化獨特性。我要的正是這句話。我說，好，從此我走自己的路。我的論文題目為《媒介帝國主義再商榷》，畢業後隨即出版，對我的學術生涯很重要。至今這個核心問題都還是我所關注的。

CG：您說過，反對美國中心的傳播視角，不等於贊成亞洲中心的傳播視角，它們不是一鏡之兩面，而是應該發展一種真正具有世界精神性的取徑。您的意思是什麼？

李金銓：我們向西方學習，天經地義，但學習以後也要丟掉一點——丟掉一部分，而不是全盤。這是「正」與「反」的過程，最後才得有所「合」，即是與西方學者共同再學習。有人說需要建立亞洲傳播理論，如果為了「反」，我理解這種心理反應。但是從知識論的角度，這不是應走之道，我們必須在更高的抽象層次上綜合分析，吸收各種不同的文化經驗到更高的理論層面。

我寫了一篇〈在地經驗，全球視野——國際傳播研究的文化性〉，主張從具體分疏在地經驗的內在理路開始，在抽象階梯上拾級而上，然後接引更大的文獻，也因此與更大的國際知識社群成員對話。我們要看重在地經驗，但也要把它放到更大的脈絡下考察，這樣才能融合本土經驗和全球視野（按：詳見第四章）。

我要強調，在地經驗是首要的，再上升到更具全球視野，而不是假設某些理論是真理，放諸全球而皆準，然後為它尋找一個本土的例證。那是不

行的。

CG：但是不需要發展一些專屬亞洲的傳播理論。

李金銓：沒有什麼本質化的亞洲傳播理論。首先，亞洲文化不是凍結不變的，其內在差異很大。不談亞洲，光談中國；甚至不談中國，只談儒家。儒家文化已經夠複雜的了，有官方欽定的儒家，也有深入民間的世俗化儒家；經過兩千多年的實踐，各地不同，怎麼能夠「統而言之」呢？

即使儒家思想，在不同時期也有顯著差異。要是我們假設儒家文化是一成不變的，假設儒家只有一種解讀；再假設儒家思想和道家思想太接近了，以至於其間差異可以忽略；更假設存在一個所謂的「儒家文化區」——這些種種「假設」都必須一環一環地細緻分析，不能視為當然。如果我們一味假設亞洲文化都一樣，那不過是西方霸權的水中倒影罷了。

有人說我們可以把亞洲中心主義、美國中心主義和非洲中心主義等等都綜合起來，就是國際視野了。這種「大雜燴」在形而上學也許有趣，但實際上根本做不到。哪位智者可以站在高地，居高臨下做這種綜合呢？這幾乎必須假設有通人，從知識的制高點對各種「中心主義」了然於心，從中提煉出「放諸全球而皆準」的東西了。世界上沒有這種人。

我採取的路徑其實是韋伯—舒爾茨（Weber-Schulz）式的現象學。現象學認為，文化的理解取決於「互為主觀」（intersubjectivity），允許不同的詮釋社群建構多重現實，求同存異。如果文化是重要的——我堅信中華文明能夠綿延數千年，必有獨特的價值；但同時要記住，文化有很多內部矛盾和衝突，也有很多共同性——我們就得反思在地經驗的內在理路，逐步上升，與別國經驗接觸，以形成一個足以關照文化差異的全球性理論。

現象學假設不同的詮釋社群可以建構多重現實；文化既然是非常重要的詮釋社群，現象學為國際傳播的「國際化」提供了強有力的認識論基礎。我甚至可以說，國際傳播的「國際化」也就是傳播研究「國際化」的契機。此外，我服膺米爾斯的《社會學的想像力》，他呼籲所有重大問題都必須置

諸時間（歷史視角）和空間（全球視角）的座標中檢視，這也對國際傳播的「國際化」提供堅實的基礎。

CG：您是說重點必須轉移到文化研究，而遠離定量社會科學研究嗎？為避免誤解，請解釋。

李金銓：我支持經驗研究，但未必喜歡極端的實證研究。經驗研究的基礎是你可以感受到的，看到的，或可以與他人談論的──也就是感官經驗及其延伸，猶如《心經》說的「眼耳鼻舌身意」，「眼耳鼻舌身」是感官經驗，「意」是感官經驗的延伸。實證研究則是把複雜的社會現實化約為少數變數，建立其間的因果關係，這是經驗研究的一部分，但是不能畫等號。

我們尋找經驗規律，但希望不化約人類文化和社會的意義結構。我接受過實證訓練，可以使思維更縝密。一旦你接受了嚴格的訓練，就可以開始把「因果」預設放寬，向「意義」轉向。我反對的是極端實證主義，這在美國是最有支配性的學派和方法範式，我看不出有何力量可以挑戰這種趨勢。

畢竟實證主義出自自然科學，我們想模仿自然科學。但我們逐漸瞭解到其中的侷限性，因為人類社會並不是物理世界。人類社會是有意義的，而意義必須闡明。我們從物理科學學如何尋找規律。因果與意義的結合是現象學的核心假設。我現在的立場就是這樣。

CG：您認為在亞洲這種新的意識普遍存在嗎？

李金銓：下一代學者也許接受過更規範的學術訓練，但視野也可能更窄，實在需要培養文化意識。少數人覺醒了，大多數人不能擺脫學術官僚架構的運作，或由於認識論上的盲目，還是跟著西方亦步亦趨。更有甚者，他們學一樣東西，只會做那種東西，別的不會了，而且不以為忤。

然而亞洲思想最活躍的學者，似乎隱約有一種自覺，不是有組織的運動，但是來自各方不約而同形成一種意識。我們需要與西方學者有更多的對

話，需要南北對話，也需要南南對話，這是非常缺乏的。

CG：對話不應該僅限於亞洲學者之間，還應該包括南半球地區，比如拉美學者與亞洲學者之間的對話。

李金銓：是的，我們很少想到這點。

CG：目前，每一地區都是通過西方學界來展開這類對話的。

李金銓：就像殖民結構，不是嗎？從一個非洲國家的首都飛到隔壁國家的首都，最簡單的往往是在倫敦或巴黎轉機。

CG：知識上也這樣嗎？

李金銓：是，這是一個中心與邊緣的關係。

CG：這讓我想到了另外一個問題，年輕的亞洲學者應該在哪裡深造。當年你別無選擇，只能去美國。現在，亞洲的大學也有不錯的傳播課程。是否應該留下聰明的年輕學者在亞洲學習，或者到西方國家還是最好的選擇呢？

李金銓：儘管美國有種種偏見，但美國無疑還是機會最多的。沒有人可以取代這個優勢。

CG：那麼，如果年輕學者在好的美國大學攻讀博士學位，您會怎麼建議他規劃他的生涯呢？您談到導師明智地建議您不要忘本，不要讓自己文化的獨特性被美國主流文化所淹沒。

李金銓：很遺憾，許多學生從美國回來，只是複製他們老師的世界觀，成為學術推銷員。他們在文化上、從知識論上或方法論上都缺乏反思。當然，大部分亞洲大學也是如此。亞洲的大學要是不能反思它們的文化根源，那是很可悲的。

CG：所以地理位置並不具有決定性，對嗎？同樣的問題也出現在亞洲的大學：他們可以複製美國高校。

李金銓：當然不是。亞洲的大學可以成為帝國中心的前哨，並以此洋洋自得。這種情況正在眼前上演。所以，我們需要很多反思，個人應當培養反思能力。但是我們要發展一種促進反思的文化。

CG：您的意思是學術文化嗎？

李金銓：是的，一種文化運動：學者都來參與，變成一種實踐。是實踐，不是終點：向前走，更多對話，找到自己。找到我們的抱負和侷限，繼續前行。我認為這是重要的，但目前還不在關注的議程上。

CG：教導是很重要的一面。今年，您榮獲了國際傳播學會頒發的導師獎。問題是年輕學者的競爭極為激烈，日子很難過。坦白說，您的日子就簡單多了。即使我十多年前讀完博士，也比今天的年輕博士面臨的挑戰容易多了。他們要爬過去的欄杆愈提愈高，要發表文章，要出席會議，競爭壓力還會與日俱增。在這種環境下，您會給這些活在無情市場競爭中的年輕學者什麼建議？各校以複製美國模式為價值取向，因此，學者們只敢簡單的複製，不敢冒險去做不同的東西。

李金銓：很難。我只能給些老派的建議，卻也是我深信不疑的。我從來不想把學生改造成我的翻版，我的工作是激發他們的學術熱情，發展研究

興趣，培養理論視野，建立良好的工作習慣，如此而已。年輕學者在跟學術官僚體制的各種規定周旋之餘，還是不要放棄長遠的抱負。所有的學校都看重排名，只看短期。你必須滿足這些要求，否則就要失掉飯碗。但就算是那樣，內心深處還不斷探問自己最關心什麼問題。

CG：一個長期研究的問題。

李金銓：是的。有些時刻在心中燃燒的問題，你的研究都會試圖回答這個問題的一部分。在過程中，人們不明白你要做什麼。但總有一日，你所做的都會明確指向一個目標，也就是長期關注的恆久性問題。所有的研究都在呈現這些恆久性的關懷，一點一滴解答問題。你不可能解決所有的問題。

恆久性的問題往往是最基本的問題，包括自由、平等、種族、貧窮、階級等等。我很幸運，求學時接觸到米爾斯的《社會學的想像力》，這本書成為啟發我學術道路的泉源，開闊視野，不斷聯繫個人的關懷到公共的問題，讓我知道要成為什麼樣的學者。我開始任教時，每年都重溫此書，以不忘初衷。我還算是多產的，但願我的論著也是有說服力的。

CG：所以您的建議是年輕學者既要懂得如何和高校的遊戲規則周旋，又要堅定地致力於長期的學術研究？

李金銓：是的。你要建立一套整體性的方向，一篇一篇發論文，不要有什麼機會就抓住什麼機會。研究方向要明確，這樣你會發展出來很多研究項目，所有的研究都互相聯繫，共同回答你的學術關懷。最後它們都走在一道了。

第十六章

傳播研究的方法論

「跨界」、「搭橋」與「交光互影」[1]

一、文本，脈絡，跨文化意義

於淵淵：您在多個場合都言及受社會學家米爾斯（C. Wright Mills）影響很大，習慣把問題置放在時空的脈絡中來觀照。有人把您歸為脈絡學派，您欣然接受。說到 context 這個詞，大陸文獻常譯為語境，臺灣學者喜歡稱之為脈絡。脈絡不同於歷史背景，歷史背景只關乎歷史的平面，與人和事之間只是襯托的關係。而脈絡是立體的，由多種相互關聯的人、事、關係、觀念所構成。現在的一些研究，也會談語境和脈絡，但是最後呈現出來的是靜態的、僵硬的、幕布般關於政治、制度和生活的背景介紹，文本與脈絡之間，無法形成「交光互影」的關係，在扎扎實實提升學術功力之外，您有沒有什麼切實的建議？

李金銓：文本分析首先要首尾一致，不能有內在邏輯的矛盾。但沒有內在矛盾，未必就是真實，因為傳說和謊話都可以編得天衣無縫。社會科學是經驗科學，內在邏輯沒有矛盾只是第一步，最後還必須有外在的證據支持。文本必須在特定的「語境」下理解，才能參透層層疊疊的意義系統。而文本又必須聯繫到更大的政治、經濟、文化「脈絡」，否則一旦孤立起來，可

1 訪問人：安徽大學於淵淵博士，刊載於《新聞記者》（上海），2018年7期，總425期，頁42-52。

能會有誤讀、解讀不夠或過分解讀的危險。我通常用「語境」指涉「文內」的意義，用「脈絡」指涉「文外」的聯繫，但有時也混著用。「語境化」或「脈絡化」是任何研究都要貫穿的，特別是跨文化研究。

橘逾淮為枳，枳的味道可能很好，在植物學上雖屬同科，但畢竟同中有異，異中有同。有些粗心的實證主義者不太在意，反正把它們一起歸類為水果得了。他們做跨文化研究，不外加幾個很淺的文化變項，卻抽空深層的文化意義，不理會同一概念在異文化語境的闡釋。往深處看，橘枳的「變異」也許比相同還有趣。羅傑斯（Everett M. Rogers）的創新擴散名為「跨文化」研究，其實也是看同不看異。創新的門檻和尺度是什麼，從誰的標準來看是創新？淺面的技術創新擴散（手機、時裝）比較容易辦，要是牽涉到內涵豐富的概念（民主、自由、人權、民族、主權），思想的「創新擴散」就極其複雜了——人類是否有普世的民主核心價值，是否容許不同的文化表現方式？羅傑斯並不處理這些複雜的問題。

美國社會學家如墨頓（Robert K. Merton）老早就談到社會結構的問題，但哥倫比亞大學的主流派傳播研究，除了少數例外（例如醫藥的創新擴散研究），卻不太重視社會結構。直到上個世紀的60和70年代，它主要還是受到社會心理學的影響，凍結了宏觀的社會結構分析和中層的媒介結構分析，著重討論媒介如何影響「個人」的短期態度和行為。拉查斯斐（Paul Lazarsfeld）為何在這點與密切合作的同事墨頓分道，倒是知識社會學的好課題。在1970年代初，蒂奇納（Phillip J. Tichenor）等人以社區研究為基礎提出structural model（結構模式），這在社會學應該是基本假設，但在傳播領域內卻被視為石破天驚之見。我對蒂奇納的講法很容易接受。他是我的前輩，後來我們在明大成為同事，來往很多。有一次我問他，你的分析只講結構，人跑到哪裡去了？他說人已經被結構吸納進去了。結構決定論把人的能動性當成軀殼了，這是形式主義，卻又是我不能同意的。

我曾親耳聽見形式主義者說，《紐約時報》和蘇聯的《真理報》同樣為權力服務，沒有什麼不同。這樣大而化之，彷彿全世界各地「太陽都從東邊出來」，那樣說有什麼意思呢？結構決定論走到極端，推出這樣荒謬的結

論，讓你懷疑社會分析的價值。首先，結構是多層次的，一個層次之同，並不妨礙另一個層次之異，反之亦然，而結構與結構之間又有種種互動和勾連。其次，除了看結構，還要看人類傳播活動的「過程」，並放在一個時空背景下考察，仔細比較哪些東西已形成穩定的形態，這些形態如何不斷變化，這個變化是否威脅到整體形態，整體和部分又怎麼互動。第三，隨時聯繫能動性和結構性的辯證關係，看結構如何既「保障」又「限制」個人的能動性。這樣層層的具體分析才可能是動態的，而不是靜態的。我在〈傳播研究的時空脈絡〉一文提到這些，就不再詳說了。

王國維（1877-1927）說，康德式的邏輯哲學「可信而不可愛」，叔本華和尼采的文學形象式的哲學「可愛而不可信」，他為當中的矛盾感到苦惱。王國維在上個世紀初的中國是最瞭解西學的第一人，是跨界和劃時代的巨擘，他的感歎當然不是一般人的感歎。我是淺人，也許異想天開，覺得直覺的形象語言和社會科學的邏輯語言雖不同，過幾趟水卻是可以互證互通的。我們要把形象語言化為邏輯思考的分析語言，然而邏輯思考也可以受到生動的形象語言啟發。以動態分析來說，我們都看過戲，故事情節一定有主線和伏線，有和諧與矛盾，大故事交織並包含小故事。誰演這個戲，背景如何襯托前景，前因後果如何鋪陳，悲歡離合的矛盾如何解決？戲劇的比喻使社會分析生動活潑，甚至令人注意到邏輯推論未及的角落。

例如我分析過記者與時代的「互動」，必須落實到誰在什麼具體條件下做了什麼選擇，最後對人生和事業有什麼影響，而且從分析中反映時代的一鱗半爪。這樣落實比較異同，很難變成靜態，必然生動活潑。但是在具體分析以後，不忘隨時綜合，也就是在具體與抽象之間不斷移動，既分析又綜合，看小又看大。這是我心目中的標的，雖然我不一定達得到。

於淵淵：您不止一次提到中國直覺思考和西方社會科學的邏輯思考之間的辯證關係。

李金銓：我先說我對中西醫的「印象」，儘管我的皮毛之見也許要貽笑

大方。我常覺得中國的宏觀思想見林不見樹，知其然，不知其所以然。現代醫學尚未傳入以前，中醫早已源遠流長，長期存在，而且救了無數條命，這是毋庸置疑的。中醫當然有它一套系統的哲學或玄學理論。但比起現代西醫，我總覺得（不知道是不是誤解）中醫的療程和療效太宏觀，太主觀籠統，一方面陰陽五行講得很玄，一方面太依靠醫生個人的經驗和直覺，現代意義的「臨床」（不論是樣本或證據）比較模糊而不穩定，診斷的結果可以出入很大。正因為沒有經過科學適當而充分的標準化和操作化，一般人根本分不出誰是華佗再世，誰是庸醫或騙子。這不完全是醫療體系管理的問題，更涉及宇宙觀和方法論的核心問題。

　　據說有的老中醫把脈很準，他們從全局看筋脈和穴道的整體關係，所以頭痛未必醫頭，腳痛未必醫腳。但即使他們看得很準，多半不太交代細節，也不講完整的道理。比較來說，西醫以實驗控制的科學證據為依歸，看的是血液和骨骼，典型的「頭痛醫頭，腳痛醫腳」，針對局部的問題加以控制解決。中醫能夠有這麼長的歷史，影響力這麼大，必然有它一套深厚的道理。然而中醫的直覺洞察力能不能用現代的語言加以理論化，而且循序漸進，使它有步驟，有方法，在總結一片「叢林」的景象之餘也清晰地刻畫一株株「樹」的樣貌？現在大家贊成中西醫互相學習，但不同醫療傳統涉及不同的宇宙觀和方法論，斷不能簡單加以機械式融合。能融合到什麼地步，怎麼融合，摸索過程尚在初階。（我聯想到中國食譜說「鹽少許」，西方人看了要頭痛。現在馳名的鼎泰豐加以改良，要求小籠包秤得重量相等了。）

　　還是以我熟悉的美國「中國通」為例。我常覺得，他們微觀的東西可以做得很細，卻見樹不見林。他們從邏輯上把證據一步加一步推演，推到最後卻未必看得出整體的面貌。例如1970年代中國在鎖國狀態，外界看不清楚內部發生什麼，美國專家出版好多書，分析毛澤東去世以後的中國情勢。政治學家看權力鬥爭和意識形態，經濟學家看經濟生產會不會垮，還有各門各類的專家，總之都是自己學術專業的一孔之見，各吹各的號，洋洋灑灑，最後兜不起來中國社會變化的完整圖像。我們相信專家，但不要迷信專家，因為專家也有一見之偏，社會學家說是「訓練有素的無能」（trained incapacity）。這是我在留學時期親見的案例，當時頗感困惑，所以記憶猶新。

後來1970年代末，我到香港任教，發現新聞界有一群觀察家對「後毛時代」的分析，其實比美國學院派的專家學者還靠譜得多。這些「觀察家」並未崖岸自高，沒有學院派那一套貌似嚴謹的抽象理論。金庸（查良鏞）長期在《明報》寫社論，分析及時而深入。徐東濱寫專欄，取「灌茶家」（觀察家）的諧音為筆名，頗有自嘲的況味。但他們有長期潛移默化養成的直覺，有通觀通識，能夠敏銳地捉摸事物發生的軌跡。「文革」時期情勢撲朔迷離，外界只能靠蛛絲馬跡來猜中國謎，就算猜錯也不足為奇，關鍵是為什麼有人猜得比較準，有人猜不太準？一些西方著名「中國通」，靠的是線性流水的邏輯推理，加上堆積片面的證據，卻缺乏這種長期涵養的直覺（即所謂的「第六感」或「新聞鼻」？），以致無法及時準確判斷材料背後的來龍去脈與動態意義，無法穿透局部與整體的複雜關係。他們預測中國的情況，只要預設失之毫釐，結論便謬以千里。長篇大論，往往禁不起事物發展的驗證。例如「文革」後期周恩來去世，華國鋒突然接他出任總理，而不是順理成章由副手鄧小平繼位。美國的權威中國政治學專家說，總理畢竟是次位，所以鄧小平把它讓給華國鋒，自己等待毛澤東死後做黨主席。當時毛澤東正在發動「反擊右傾翻案風」，劍指鄧小平，外界無從知道內情尚可理解；可惱的是：這些都是有名的政治學家，沒有理由不瞭解政治鬥爭之殘酷，豈可比擬於堯舜的禪讓政治？「中國通」的邏輯推理也許表面上合理，但這是典型的「有知識，無常識」的毛病。例子所在多有，只是在「文革」時期特別突出。要是對問題沒有切己之感，理論和方法可能割裂得支離破碎。

直覺思考和邏輯思考只是粗略的分法，有直覺不表示沒有邏輯，反之亦然。我在這裡指的是主流的大勢，兩者不是截然對立，而是互相辯證聯繫。中國的宏觀直覺和西方的微觀分析互有長短，可以互補，相輔相成。值得學界探討如何做比較有效。

二、方法論的轉向：因果關係與文化闡釋

　　於淵淵：您在許多文章強調賦研究以「條件性」，例如美國左派與施蘭姆的學術觀點「南轅北轍」，在您看來有時候是對立的，有時候卻是「條件關係」的悖論。您讓博士生讀《調查分析的邏輯》（*The Logic of Survey Analysis*），我注意到那本書專門有兩章談「條件關係」。

　　李金銓：對。作者若森伯格（Morris Rosenberg）所演繹的，是他老師拉查斯斐的elaboration method（加細法）。這本書很簡單，只要懂加減乘除就行了，卻很能幫助學生建立邏輯概念。有些文科生缺乏邏輯觀念，學了很多統計也不知道怎麼用，其實更複雜的統計模型都是這個邏輯的延長。這本書講的是在兩個變項建立因果關係以後，再加入第三個變項，看原有的因果關係是否因此改變。換言之，在添加第三個變項以後，可能變為虛假（extraneous）關係、前行（antecedent）關係、中介（intervening）關係、被壓抑（suppressor）的關係，以及條件（conditional）關係等等。其中我認為「條件關係」最重要。

　　我進一步擴展說：但凡有兩種說法，必有四種邏輯關係。一是兩個都錯；二是一個對，另一個錯，兩者必居其一；三是在不同的條件下，兩者可能各自言之成理；四是從統計的回歸分析來講，兩個都對，只是解釋力不一樣。我們從統計中得到啟發，很多表面上紛紛擾擾的問題，令人無所適從，其實只要加入「條件性」，看似矛盾的東西可能獲得統一。好比醫學研究今天說多吃蛋，明天說不可以多吃蛋，可能是互相矛盾，但也可能因為條件不一樣，在更高的層次看未必矛盾。我常說要考察同與異，常與變，也許卑之無甚高論，但若不常常練習卻很難做到。

　　於淵淵：您多次談及，剛去美國教書的時候，曾花過兩三年的時間系統閱讀知識論和方法論的書，即養成了您後來看世界的方法。您推崇韋伯式現象學的知識論和方法論。在〈傳播研究的時空脈絡〉一文中您詳盡闡釋了

知識的客觀與主觀，普遍與特殊，同與異，以及知識的脈絡化、條件性，乃至對知識的多重闡釋，可被視為您這些年關於傳播研究知識論和方法論思考相對系統的總結。中國的學問裡面缺少知識論和方法論，中國的碩博士教育中，相關的學術訓練也是不夠的。您在美國讀書的時候，向羅傑斯和其他實證主義的老師學習，到後來逐漸建立迴異於師承的看世界的視野和方法。這裡能不能請您回顧一下，曾經的那兩三年，您閱讀和思考背後的心路歷程？

李金銓：我在攻讀博士期間，選的課多半在社會學和政治學的交叉介面，轉益多師，不侷限在傳播的領域內。第一年就選科學哲學的課，各種不同而尖銳的見解都有，頗開眼界。接著我受益於墨頓和米爾斯等人的社會學著作，然後又接觸到巴林頓・摩爾（Barrington Moore）的民主與獨裁的起源，西達・斯考切波（Theda Skocpol）的國家與社會革命，巴西卡多索（Fernando H. Cardoso）的「依賴發展」理論，以及格爾茲（Clifford Geertz）在印尼的農業生態史研究等等，都是韋伯式宏觀的比較研究。當然還有很多重要的書，有的是選課必讀的，有的是自己摸索以後讀的。

我的博士論文《媒介帝國主義再商榷》，無法用簡單化約的檢測假設（hypothesis testing）統計方式處理。1978年到1982年，我在香港中文大學教書，學校規模不大，方便我和許多人文和社科學者密切來往，深感美式主流傳播研究的胃口太小了，太畫地自限了。1983年《傳播學季刊》（*Journal of Communication*）刊登了一期爭鳴文章（Ferment in the Field），在知識論和方法論深刻撞擊。此外，我又接觸到哈伯馬斯（Jürgen Habermas），他認為知識有三種：第一是實證主義，以追求征服自然的理性工具為旨趣，這是我們比較熟悉的；第二個是人文視角的解釋性知識；第三個是從馬克思那邊借鑑的解放性知識。你不必完全同意哈伯馬斯的分類，但至少應該知道有好幾種知識，性質和旨趣都不一樣。這些衝擊合起來，是促使我摸索與思考的契機。

我受過完整的實證訓練，也算學得不錯，但始終沒有放棄人文的興趣。我逐漸發現：實證主義那些以「科學」為名過於操作化的，太技術化的，不

敢問大問題的，只敢躲在一個小問題裡尋找安全感的，弄來弄去就換幾個變項的，都不是我要追求的。那樣瑣碎的精確，有什麼意思？我的學術旨趣自自然然離開實證主義。我相信社會科學是經驗科學，但懷疑是否必須削足適履而以實證為「主義」。此話何解？

　　經驗科學建立在感官的基礎及其延長，即是《心經》所說的「眼耳鼻舌身意，色聲香味觸法」，「眼耳鼻舌身」（色聲香味觸）是五官，「意」（法）是五官的延長。實證主義是經驗科學，但它效法自然科學，把複雜萬端的社會現象「化約」為最簡單、最重要的元素，然後建立元素之間的因果關係，效法自然科學的量化模型多屬之。現象學則是「非實證主義」的經驗研究，它和實證主義有何不同？簡單說，它們對因果結構的看法容或相通，然而追求的認知旨趣卻又分道：實證主義者的路徑是化繁為簡，企圖把社會現象「化約」為簡明的因果關係，已如前述；現象學則認為社會事相富有複雜的人文「意義」，這種意義不能簡單化約為客觀模型，而必須以主客交融的「闡釋」賦以層次井然的秩序。多年前，我對此是這樣理解的：「我覺得這兩個取向可以合在一起，既精簡道出內在規律，同時一層一層剝離外相，將內核顯現出來」（見《超越西方霸權》，頁331）。至今這個看法也沒有改變。

　　1982年，我離開香港去明尼蘇達大學教書，開了一門研究生的討論課，聚焦於實踐主義（芝加哥學派）、結構功能論（哥倫比亞學派）、左翼政治經濟學與英國文化研究，探討這四種理論視野和傳播研究的關係。這門課我教了二十幾年，反覆比較社會理論的知識論和方法論之異同，因為牽涉範圍很廣，使我有機會每年增加閱讀範圍，以鞭策自己進修。學者一鑽入專題研究以後，深怕眼界愈變愈窄，這門課提醒我應該在通識和專題之間取得平衡。對社會理論取得通盤瞭解，自然會滲透到專題研究的立論和分析；最近十年來，我開始寫些跨學科的通論性文字，提醒自己不要無的放矢，而是以許多專題研究為基礎。

　　回顧我的學術興趣是偏向古典式的，求學時期就喜歡墨頓、林德（Robert Lynd）、米爾斯之類的書，後來又陸續接觸別的學術流派和大家。我認為學術有公共性，不是在學苑內關起門自娛。等到我逐漸接觸到比較

多的現象學著作，就自覺接受韋伯式分析的影響。舒茨（Alfred Schultz）第一個把現象學應用到社會學，他的學生是柏格（Peter Berger）和拉克曼（Thomas Luckmann），影響很大。現象學一方面追求「具體的」（不是抽象的）因果關係，一方面注入很多文化意義，兩者兼備，合乎我的脾性，對我的啟發很多。

於淵淵：能不能請您談一談傳播研究中方法論的張力？

李金銓：先說我從實證主義轉向現象學的歷程。我發現有的文科生說不清楚事物的因果關係，其實只要用統計術語（例如極差、集中趨勢、變異數分析，回歸分析）一講就清楚了。例如在美國的薪資待遇，黑人普遍低於白人，女人普遍低於男人，這能不能全部歸諸階級問題？用統計術語來表達，種族、性別和階級各自對薪資待遇產生「主效應」（main effects），在此之外，種族與性別、種族與階級、性別與階級，甚至種族性別和階級三者「可能」產生交互作用（interaction effects）。換言之，階級再重要，也不能取代種族或性別各自的獨立作用，這樣說不就一清二楚了？（在特殊情況下，階級的主效應可能達不到統計的顯著度，階級與其他變項的交互作用反而顯著。但這只是少見的例外，不是常態。）學統計不僅僅是學技術，更重要的是學嚴謹的歸納思辨方式。這種思辨邏輯也適用於質化研究，所以我讓學生都要選統計。

我為什麼從實證主義轉向別的方法論呢？

自然科學相信宇宙「外在」有客觀存在的規律，要以實證的方法找出客觀的因果規律。但人文學科相信宇宙不是自明的，必須以闡釋的方法賦予它「內在」的意義。這兩頭之間有不同的光譜，每個人要有所選擇。韋伯允執厥中，兼顧自然科學的「因果足夠性」（causal adequacy）和人文學的「意義足夠性」（meaning adequacy），現象學是從這個脈絡發展出來的。學統計固然幫人理出紛亂世界的因果秩序，但人的社會除了因果，還涉及豐富而複雜的意義。實證論的統計模型必須滿足某些嚴格的假設，而且實證論相信只有

一個客觀的真實；如果學會了統計，知道因果歸納的思路，然後適度放鬆這些假設，並加強多層的意義闡釋與真實建構，可以這樣調整嗎？我若沒有理解錯誤，這樣可以通向現象學的旨趣。

佛經有一個著名的故事說，六道輪迴的眾生一起到河邊，天神視河水為可口香甜的甘露，人類把河水當作解渴的清水，但河水對惡鬼道的眾生卻是熊熊的火焰，所以人類解渴的清水會燒破惡鬼道的喉嚨。《長阿含經》裡「瞎子摸象」的故事，更是家喻戶曉。這些故事說明：沒有對所有眾生皆呈現共同業相的客觀世界，萬事萬物都是因緣的聚散生滅所造成的。明代李如一的禪詩說：「是非無實相，轉眼究成空」，一切皆是「空相」。佛理奧妙無窮，又涉及靈學，我豈敢妄說？就算我只懂一點皮毛，卻有助於我理解並接受「入世的」現象學。現象學強調互為主觀（intersubjective），也就是主客互融，而主觀與客觀之間當然也受到時間和空間的制約，彼此的關係隨時空而變化。儘管我們的「業相」不同，你主觀，我主觀，但並不是代表你我完全沒有辦法溝通，倘若在兩個極端中間找出路，換位思考，互相聆聽對方，應該可能達到某種程度「心知其意」的瞭解。

現象學對我啟發特別大的，其一是「互為主觀」，其二是multiple realities（多重真實），兩者是緊扣相連的。前幾天，我們同去聽一位著名史家演講，他談傅斯年當年從德國帶回蘭克的「史料學」，成為成立中央研究院歷史語言研究所的「憲章」。在問答環節，有人起立問講者，今天在場聽講的有一百人，回去以後可能記錄一百種不同的「史料」怎麼辦？講者引用美國學者海頓・懷特（Hayden White）答道，歷史很難有客觀，說到最後歷史可能和小說差不多。聽到這樣出人意表的回答，我心頭不禁一震——果真如此，何必像傅斯年「上窮碧落下黃泉，動手動腳找材料」？更諷刺的，這個說法豈非與他演講所表達的整體旨趣自相矛盾？除非他接受了激進「後現代」的轉向，否則我猜想他只是一時心急，順口援引從腦際跳出來的懷特作答，並且無形中把懷特的立場過分簡化，以致回答變得很極端，很不厚重。我覺得所有極端的立場（包括各種決定論）都很新鮮，很能夠刺激我們的思考，但終不可輕信。

　　我看還是現象學的立場比較合理，我相信那天聽講的人再多，也只可能建構「多種」（multiple）版本，肯定多於一個版本，頂多三、五個版本，不可能每個人造一個版本，否則人類溝通和知識的基礎都要崩潰。闡釋學肯定多元的真實建構，然而這是有學術紀律要遵循的，絕不是漫無限制，不是任人愛怎麼解釋就怎麼解釋，起碼必須接受文本的內在邏輯和語境（包括文本整體與部分的有機關係）所制約，不能脫離文本亂跑野馬，更不能隨便斷章取義或信口開河。而且，文本不是孤立存在的，必須聯繫到更大的政治、經濟和文化背景，才不至於過度解釋。至於建構了哪幾個版本，那就看哪一個核心的因素（也就是佛家說的「緣」，如個人經驗、師承、學科旨趣、時代思潮）在起作用，致使不同的詮釋社群可以從它們特有的視野與關注做出相異而合理的解讀。這些版本也許有同等的解釋力和洞察力，但也許未必。無論如何，這些版本構成互相對話的基礎，達成闡釋學大師高達美（G. Gadamer, 1900-2002）所謂主客觀「視野的交融」（fusion of horizons），闡釋社群之間也因此彼此獲得「和而不同」的識見與理解。這個境界極不易達到，卻不能輕言放棄努力。我常覺得社會科學沒有絕對的對與錯，而是觀點與角度的問題，轉個彎柳暗花明又一村，就是這個道理。

　　我自己喜歡的研究，結構簡明，意義豐富。舉例而言，我曾經反覆閱讀跨越十一年將近五百篇《紐約時報》對華政策的社論和專欄，寫成一篇〈建制內的多元主義〉論文。如果你只想知道結論，我可以用一兩句話概括；如果你想知道多些，我可以提出話語分析的三個意識形態框架；如果你想知道細節，我可以一層一層剝解，詳細說明每個框架的預設、道德訴求、內容、比喻、證據、歷史發展脈絡的常與變，乃至於比較評論界內部左中右派論據的異同。這個個案歸納和排比對華政策的話語，但進一步則要從側面照明多層的理論涵義，包括《紐約時報》為呈現「內部多元」言論光譜（即容納左中右的立場）所做出的制度性安排，精英報紙言論與外交政策變化的微妙互動，媒介話語與權力結構的關係，以及「建制內多元論述」的邊界。我不一定做得好，但我的理想是希望做到能上（理路）能下（材料），既具體又抽象，呈現多元的言論光譜，而在分歧中見統一。

三、理論有照明作用，證據是最後的裁判

於淵淵：您素來強調理論對於研究問題的「照明」（illuminate）。理論的使用本身是非常考驗學術功力的，能不能請您談一談如何盡量規避「理論套用」的陷阱？

李金銓：正因為平常關注某些問題，你才會注意那些相關的理論。平素有好的理論素養，碰到具體問題時，你才知道去哪裡尋找理論資源。做研究是為了解答問題，先從具體經驗材料著手，摸熟它的內在理路，再選擇能夠「照明」問題的理論，而不是一開始就抓住一個現成的理論硬套材料。假定對某一個問題，大致有三個相關理論，我可能選擇其中一個最適恰的；可能結合其中兩種理論，以一個為主，一個為輔；可能思考在什麼條件下，三個理論都適用；可能因題制宜，再造舊理論。最要緊的是我有選擇權，找最適當的理論幫助我燭照問題。萬一沒有現成的理論，就根據現象和材料，創造一個新的理論，當然這不是容易的事，但至少道理如此。

要以理論「照明」材料，而不是以材料迎合理論。從現象開始，就不可能套用理論；從理論開始，就可能抹煞材料。例如議程設置（agenda-setting），若只是為了證明在中國（華人社會）是成立還是不成立，那一定是套用的，我特別反對。創新擴散的文獻也是這樣。再說，如果什麼問題都上線上綱到階級問題，而且只能是階級問題，那豈非緊抓一條「真理」之繩套到所有問題的脖子？德國海德堡大學漢學家瓦格納（Rudolf Wagner）研究晚清民初的上海報業，企圖將材料套入哈伯馬斯「公共領域」的緊身褲，我也不以為然。

我們要保持對經驗現象和理論視野的敏感度。如要培養理論視野，則必須系統閱讀，建立脈絡感，才不致斷章取義。我在求學階段，曾對現代化理論及其反面的依賴理論感興趣，自勉要充分掌握文獻。我從《美國社會學期刊》（*American Journal of Sociology*）找到一篇極好的通論（review essay），對文獻做俯瞰式的梳理與評論。我從中瞭解研究陣營、流派和圖譜，然後按

圖索驥，列出詳細的書目，一篇一篇耐性細讀，開拓博士論文的理論視野。

　　拿一知半解的理論來套用，就像抓到一根救命稻草，也像躲在理論背後尋找安全。許多偽辯論都出自理論的誤用與套用，不外是茶壺裡的風暴。我在一個學術場合聽到資深教授誇誇其談，先煞有介事說德國學者提出「風險社會」的概念，接著煞有介事列出中國的十大風險如何如何，這是典型拍腦袋式的望文生義。人家德國學者提出「風險社會」是有語境的，不是一般街談巷議的「風險」。我心裡想：你有話直說，何必裝模作樣，戴一頂流行的外國理論帽子壯膽？誤用理論有時候比沒有理論還糟糕。至於那些只會叫口號、引語錄的，就更不堪一談了。

　　於淵淵：您曾多次建議後學從墨頓的中距理論（middle-range theory）中吸收養分。如同韋伯現象學的方法論調和規律與意義，墨頓的中層理論接通的是過於抽象的一般理論與具體經驗。這種「調和的視野」在您的過往論述中似呈一種隱見的線索，能不能談談您的看法？

　　李金銓：說到中距理論，這個牽涉到美國社會學發展的背景了。二戰結束以後，美國社會學的重心由芝加哥大學（實踐主義）轉移到哈佛大學（結構功能論）。帕森斯（Talcott Parsons）是美國結構功能論第一人，他企圖融合歐洲的涂爾幹、韋伯和馬克思於一爐，成一家之言。但他的理論華美殿堂太抽象，從概念跳到概念，總在觀念世界打轉，和經驗世界是脫節的。也有人批評他從哈佛校園看世界，世界觀是保守的。他的這套宏大理論簡直被攻擊得體無完膚。

　　結構功能論接著在哥倫比亞大學開花結果。墨頓一方面受到帕森斯的影響，另一方面受到同事拉查斯斐的影響，提出了「中距理論」，以求在理論和證據之間尋求一個交會點。題目不大不小，切實可行。我們現在所做的，大部分都是這樣的研究。帕森斯寫大部頭的書建立理論殿堂，現在看來已經塌陷了；墨頓畢生沒有寫過企圖建立大理論的書，但他的「中距」論文幾乎篇篇是經典，他的學術業績為中距理論提供最好的榜樣。墨頓另外一篇有名

的長文〈顯性和隱性的功能〉，對於顯性和隱性的正負功能，以及功能分析的層次與對象，分析得極為透徹。細讀那篇文章以後，得到居高臨下的視野，對美國主流量化中距傳播研究的旨趣知過半矣。墨頓學識宏富，見解廣闊，文字優美，我在求學時代頗為著迷。

當然，也有人懷疑中距理論能否累積為大理論。學者對於通盤性解釋的大理論有心理需求，卻又不怎麼信任它。做中距理論切實可靠，但是否因此拋棄大理論？那又不是。接觸大理論可以提高一個人的抽象能力和全盤見識，因為它提的問題多，涵蓋面廣，即使有的命題無法證明，也未必完全同意它的整體或局部論說，卻有益於訓練縝密的思考。大理論吸引人，卻不能隨便套用，上面說到瓦格納和他的學生把上海報業套入哈伯馬斯的「公共領域」的緊身衣，我看不到他們在各不同的抽象層次間搭橋，僅憑一點材料隨意發揮，表面上嚇人，其實禁不起推敲。我寧可把大問題化為許多中距問題，而在分析中距問題以後，看能不能取精用宏，再綜合成為比較大的結論。

你說到我調和視野，我不是「拿來主義者」，不故作調人，不是一加一除以二的折中主義者，更非不分青紅皂白的和稀泥。我嚮往的是圓融境界，看問題不願意絕對化，我強調的是條件性、具體性、互補性和辯證性。研究的最高境界就是藝術境界，不拘一格，在學術傳統中得到滋養，卻又自由自在，不受既定的成見和俗義所羈絆。我當然做不到，卻是我心目中最好的境界。我自己願意定位在專業學者和知識人之間，在社會科學與人文關懷之間。我的研究一直跨界，不必然把它們視為對立面，也不是無條件融合。

四、個案研究提供看世界的方法

於淵淵：關於個案研究的典型性和代表性問題，學界有很多的討論乃至爭辯。您曾經說過，個案研究之長，不在於「人口的概括性」（population generalization），而在於「概念的概括性」（conceptual generalization）。這與羅伯特・K・殷（Robert K. Yin）主張的，「個案研究方法的邏輯基礎不是從

樣本推論到總體統計性的擴大化推理，而是從個案上升到理論的分析性的擴大化推理」，意境相通。您曾以上海、廣州和北京的報業為個案，來分析傳媒、國家與資本之間的交錯關係；也曾以蕭乾、陸鏗、劉賓雁的生命史為個案，來探索時代、報館和記者的交光互影。這些研究皆為個案研究的典範。個案研究容易見「個案」，而不見「研究」；見「經驗」，而不見「結構」。您能不能分享一下您在做個案研究時的心得體會？

李金銓：應該把個案研究和統計分析當成一個光譜，而不是對立。統計因為樣本大，可以剔除不相干的變項，追求比較明確的因果關係，結論的「人口代表性」高。但照格爾茲「深描」（thick description）的講法，這類研究是一種「淺描」（thin description），不是濃墨重彩描繪出來的，看完以後即使感覺有趣，總嫌意猶未盡。有些東西必須靠大規模的統計分析，但統計不是唯一的分析方式，有些研究旨趣也不是統計可以處理的。

學統計的人總看不起個案研究，笑它的分析沒有概括性。問題是什麼樣的「概括性」？個案研究的長處不在於人口的代表性，而在概念的代表性，也就是提供一個看世界的方法。哈佛商學院特別注重個案分析的訓練，不是因為沒有錢做大數據分析，而是因為很多複雜事物經過分析與歸納，得到智慧與洞見，碰到某種類似甚至不同的情境，便可以互相借鑑思考的對策。我們碰到的問題儘管林林總總，卻不可能完全不一樣，必是異中有同，同中有異。個案剖析做得到家，必有洞見；如果從未深入想過這些問題，會感覺束手無策，不知道該怎麼辦。不是每個情形可以複製或照抄，但洞見使人創意思考。活學活用，把握原則，因時因地制宜。

個案研究，麻雀雖小，五臟俱全。庖丁解牛，牛的大小和顏色各異，但五臟器官的結構和五臟之間的關係皆同。我更喜歡以「牛頓的蘋果」為喻，牛頓從一個蘋果從樹上掉下來看到地心引力。個案以小見大，看結構，看整體和部分的關係，看表面現象背後所牽引的力量和所表現的規律，從而引出一些具有普遍意義的智慧、洞見和看世界的方法。從蘋果到地心引力，那就是牛頓無比的功力了。我當然沒有功力，但我反對人家一句話就否定個案

研究。

　　個案研究也是韋伯所擅長的「理想型」。韋伯似乎未對「理想型」提出明確的定義。我以統計的「變異數分析」來理解，是取其類型，先比較內部差異，再比較外部差異，最後比較內部與外部之間的差異。上面提到摩爾和斯考切波的宏觀歷史研究，也是理想型的分析法。摩爾指出現代化有三條道路：英國制自下而上的議會民主，德國和日本自上而下導致法西斯的強國方案，以及中蘇共產黨主導的農民革命。此外，哈林和曼西尼比較西歐國家的三種媒介制度的模型，也受到這類分析一脈相承的影響。要培養這方面的敏銳度，得細心揣摩精闢的作品，可能比孤立講方法論的框框條條更有用。

　　我認為，個案研究寧可「以小見大」（由內看出去），應該比「以大見小」（由外看進來）好。前者有如透過一扇窗去瞭解外在世界（英文說a window on the world），窗框讓我們看到外面的景物，當然也限制我們看見的幅度，因此個案研究的概括也必須「適度」，不能過度推演。然而，假如反其道而行，從遼闊的世界透過一扇窗戶觀看室內逼仄的景觀，這個景觀可能變得微不足道，或者看得模模糊糊，因此「以大見小」的分析自難做得精當。如果能夠以小見大，又以大見小，交叉互切，當然是最好的。

　　舉我自己的例子說明。我選擇左中右報紙的三位著名記者（蕭乾、陸鏗、劉賓雁）為典型，比較他們的新聞生命史，以瞭解在政權交替或改朝換代的巨變中個人如何抉擇，從而編織一幅足以反映近代中國部分變化的圖案。在方法論上，我不斷琢磨如何聯繫他們的具體經驗，首先在不同歷史的關鍵點上，他們各自在做什麼，他們在什麼時空下交叉分合；其次，從媒介社會學的角度，比較他們的家庭和教育背景、報社的政治傾向、個人的意識形態和職業身分，以及包括敵友的交往圈，而這些因素如何反映在他們的報導上面，這些寫作又引起什麼波瀾和風浪；最後，我想回答一個比較大的問題——記者與報社、報社與時代、記者與時代如何互相交涉？總之，整個設計和選樣是具有典型意義的，然後虛心浸淫在材料的海洋中（包括全集、著作、自傳、傳記、別人的回憶和紀念文字、同時代的紀錄，甚至斷簡殘篇），隨時檢驗材料是否可靠，然後針對主題刻畫出線索來，並不斷思索如

何聯繫到時代脈絡，反覆在具體與抽象的層次穿梭。我的分析不一定做得很好，但這至少是我素樸的方法論。

於淵淵：如果一個個案分析，無法勾連「樹」與「林」，您認為主要是什麼原因？

李金銓：若只看現象，似乎每個個案都不一樣，但若看現象背後的本質和成因，必是同中有異，異中有同。許多個案研究都是描述性的，見樹不見林，這是因為沒有從具體個案提升到普遍意義。香港回歸前後，當時我在中文大學，有些同事寫論文投到美國的期刊去，評審者語帶輕蔑地調侃說，怎麼又來一篇香港的東西。我想歧視是有的，美國人對外國的瞭解終究是從他們的世界觀投射出去的。但更重要的，我認為是投稿者沒有把香港研究提升到理論層次。我分析香港回歸，總聚焦在媒介話語與權力結構遞嬗的互動關係，這在任何社會都是中心問題。

五、在抽象層次之間搭橋，建立各種聯繫

於淵淵：您在很多個場合談過「搭橋」的問題。就我目力所及，大概會涉及以下幾個層面：其一，從經驗到概念和理論的抽象階梯。其二，從證據到論旨之間的橋梁。這個「證」和「論」的結合，層層外推的功夫是最不容易的，您最讓人佩服的也是在這上面。除了精讀和揣摩出色的研究，您能不能談一談在這個搭橋的過程中，特別需要注意的地方？其三：談「搭橋」，最為重要的還是您所說的「建立聯繫」，您能不能結合過往四十年的學術經歷，對此進行進一步的闡發？

李金銓：先說抽象階梯。研究生階段最重要的訓練是什麼？在我看來，是能夠在抽象階梯上下自如，聯繫具體到抽象，聯繫抽象到具體。從具體想到理論意義何在，從抽象概念想到具體的證據是什麼？比方讀到報上具體

故事時，能不能想出一些概念來解釋它，聯想到其他類似的故事？而讀到抽象的問題，能不能擬想需要什麼證據支撐？我在美國教書的時候，就一直慫恿學生玩個「老書新讀」的遊戲，但至今還沒有人「收貨」：就是把拉查斯斐的《人們的選擇》（*People's Choice*）用階級的概念重新分析一遍，看可以推論到什麼地步，得失之間是什麼？同時，從雷蒙德・威廉斯（Raymond Williams）稠密度很高的文化研究，能否細化為實證主義式更具體的論旨、邏輯與證據？這種「互切」如刀子愈磨愈利，增加敏感度，可以看到別人看不到的東西。

　　再舉一例說明「建立聯繫」的問題。中國人有一句俗話說：壯不讀《水滸》，老不讀《三國》。這是假設人到血氣方剛的年紀，讀《水滸》會變得更魯莽好鬥，而老年人讀《三國》會更加老奸巨猾。真的嗎？這是把文學趣味直接化約為道德觀點，過分簡單粗暴。我更感興趣的，毋寧是這句話不啻是早期傳播文獻「魔彈說」（magic bullet theory）或「注射針說」（hypodermic needle theory）的中國民俗版，即假定媒介能發揮子彈或注射針般的「神力」，對人們的態度或行為產生「直接、即時而巨大」的影響。有趣的是：這個全稱命題雖已被實證主義者批駁得體無完膚，但有些文化研究者企圖從「後門」加以「復辟」，強調媒介建構長期的、壟斷性的，乃至潛移默化式的意識形態效果和文化霸權。兩派立足點截然對立，它們所理解的「效果」旨趣也互相矛盾，這裡無法詳論。但拿來和上面這句中國俗語一一交叉互參，釐清脈絡，闡明其中所蘊含各種意義，比較理論光譜上的點與面，也許是好玩而有意義的知識遊戲，也說明中國式的直覺智慧必須在邏輯上和證據上接受社會科學的檢驗。

　　於淵淵：您為博士生開的那門課程「社會科學研究工作坊」，主要在訓練思維方式。我感覺每個人在其不同的學術階段去聽這門課，感受應該是不一樣的。

　　李金銓：是啊，我指導過的學生說，許多東西等到自己教書時，才恍然

大悟，當年學的體會也更貼切。但別以為博士生剛入門，你怎麼講他們怎麼聽，一個學期下來其實進步不少。做學問一方面要好玩，有樂趣，不要成天緊繃神經；另一方面，又要態度嚴謹，步步為營，不能脫離邏輯和證據，不能天馬行空亂說一通。我不斷告訴學生，不要滿於做一個庸俗的學匠，要知道天外有天，對學術和知識知所敬畏。不要器小易盈，一味坐井觀天，以為宇宙就是井口這麼大了。錢鍾書笑蒼蠅嗡嗡的自鳴得意，「認為肉骨之外無樂土，垃圾之外無五洲」，我年輕時讀過，一輩子未敢或忘。

　　再來談談論與證之間的關係。我用芝加哥大學幾位教授寫的《研究的技藝》（*The Craft of Research*）為參考教材。此書已經出到第四版，但我覺得第三、四版講得太細，反而有點瑣碎。我先用這本書要學生熟悉論文構成的幾個要素，然後選出十篇著名的文章給他們仔細分析，著眼於論文的結構，包括論旨、邏輯（包括文獻）與證據的互相聯繫。培養這樣的鑑賞力，一方面可以判斷人家論文的好壞，當學生發現名學者的文章原來也有缺點時，我就告訴他們，應該尊重但不盲目迷信權威；另一方面也可以參考這個結構為準則，指導自己的論文寫作。這個圖譜看似容易，其實知易行難，剛開始很少學生掌握得好，必須花時間才能內化，學會了非常有用。

　　這本書所談的第一個環節是論旨。西方言辭（rhetoric，即是「論」）的傳統源遠流長，注重文章的主旨，最好能意簡言賅用幾句話表達，既準確又可以證偽。第二，不管用量化或質化的經驗手段，所搜集的證據必須可靠而充分。第三，在論旨與證據之間必須搭座橋，就是邏輯推論——這座橋建立在若干預設之上，可能來自個人信仰、直覺感受、普通常識、文化原則，但最穩定的是學術範式，所以才要回顧相關文獻。然而如果我們有充分理由懷疑這些預設，進一步將這些預設加以證偽，也許引出新的問題。最後一環可以說是「餘論」或未盡之言。常常練習如何聯繫這四個要素，成為有機體，久而久之變成習慣。

　　論與證相輔相成，論的時候想到證，證的時候想到論。只論不證，浮游無根，在概念世界裡打轉。只證不論，漫無目的，失之瑣碎。論者，就是把經驗世界進行抽象表述。「論」之於「證」，有指導作用。好的論證需要想

像力，想像力不是守株待兔，不是胡思亂想，而是對某個問題有感覺，有看法，有洞見，才會這樣想。論旨的對錯取決於證據的支持，證據是最後的裁判，用來證明、約束、加深、修正甚至否定論旨。我們不能篡改證據以遷就論旨，胡適說「大膽假設，小心求證」，說明論與證是一體的兩面，也是不斷辯證修正的過程，像調整顯微鏡或望遠鏡的聚焦，尋找最清晰的角度看問題。論旨和證據彼此在抽象層次上上下下互動，停在最好的觀察位置，恰如其分表達出來。

論和證之間是捆在一起的。維也納學派強調證實（verification），因此提出的事實和證據愈多愈可靠；後實證主義者帕普（Karl Popper）強調證偽（falsification），標準更嚴格，證據再多，只要找到例外就足以推翻整個命題。人文學科和社會科學只能求其「大概」，很難做到帕普這麼嚴格的要求。我讀余英時先生對明清商人思想的研究，看他旁敲側擊，從各種資料（正史、筆記、尺牘、墓誌銘、家譜等等）互證，歎為觀止。但即使如此宏富周延，未必是定論；別人否定他的機會即使不大，卻不能說絕對沒有。證與論之間就是這樣永遠抱著開放和懷疑的態度。

社會科學的本質就是建立聯繫。我引用鋼琴家兼指揮家巴倫波因（Daniel Barenboim）的話說，交響樂團不要抹煞那些最極端的音色，而是在極端的音色之間建立各種聯繫，這樣就會構成有機體。這個話講得很好。建立什麼聯繫呢？建立時空的聯繫，建立文本和整個大的脈絡的聯繫，建立個人能動性和社會結構間的聯繫。

如何建立這樣的聯繫？一個方法是不斷做比較，彰顯同與異、常與變。既比較時間，也比較空間。比較最不同的極端，再看極端與極端之間的分布，這裡統計概念就很有用了。米爾斯提到很多方法，例如怎麼做讀書卡片，然後在心情放鬆的時候把卡片撒滿一地，重新組合，從而發現意外的內在聯繫。最好去細讀他的經驗談，我不再重複了。韋伯也提倡歷史研究的mental experiment（心智試驗），雖然過去的事無法重塑，但若不斷質問：「如果這樣，會怎麼樣？」當會引出一些靈動的問題。又如薩依德（Edward W. Said）用古典音樂比喻的「對位閱讀」（contrapuntal reading），也很值得

借鏡。想像力有如探照燈，照明一些晦暗的角落。學會這些方法，慢慢變成本能的一部分。

於淵淵：在學術研究的同時，您為報刊所做的評論也是縱橫捭闔，睿智洞見。這兩個不同形態的寫作，您是如何把握的？如何能既捕捉到鮮活的時事，又能注入研究的省思？

李金銓：法國報刊有很強的知識傳統，最有影響力的思想家也是公共知識人，通常在報刊寫文章。美國新聞界高度專業化，學者參與較少，但不是沒有。《新共和》最早的主編李普曼（Walter Lippmann），是上個世紀最受學界尊敬的記者，主持哈佛大學的尼曼記者項目；他的《公共輿論》（1922）出版將近一百年，還是學界繞不過的文獻，他在政界更真正是縱橫捭闔。《紐約時報》的經濟專欄作家克魯曼（Paul Krugman）是諾貝爾獎得主。《華盛頓郵報》保守派專欄作家維爾（George Will）原來是政治學教授，他笑言只要他忘記有博士學位就可以寫專欄。我們更別忘記，當年胡適回國，學《新共和》，辦《努力週報》、《新月》和《獨立評論》，更號召美英歸國平津學人為《大公報》寫「星期論文」，｜五年間發表750篇文章。左翼的魯迅也是報人、作家兼學者。以前的報人和學者不是楚河漢界的。

我在大學工作，業餘有時手癢，偶爾寫評論，填報屁股而已。你的溢美，我完全不敢當。我希望能夠做兩面手，但經驗、時機和成就都十分有限。凡是受過學術訓練的人，即使在寫評論，也習慣有學術分析的路線和理路在背後，做得好的話可以提綱挈領，站在比較高的視野看問題。但學術分析畢竟太抽象，報刊評論則是針對具體事件，最好化抽象理念為具體敘述，所以我不喜歡引經據典，文字力求直白鮮活，有時略為俏皮，不必板起學者的臉孔。而且，學者要注意不可以「理論先行」，以具體事相去遷就理論。

反過來說，評論針對的是具體人事，等於是我上面說的個案分析，是活的思考模型；如果仔細一路追具象背後的來龍去脈，從具象逐漸抽象化，聯繫其他事件的因果、類型和意義，當可刺激學術研究的想像力。學術研究

和報刊評論有同有異，互尊互通，兩邊都做，可以換位思考，調劑生活。做
學術研究是我選擇的志業，偶爾寫的評論根本微不足道，略盡公民的言責而
已。我是這樣自我安慰的。

六、學術合作的機遇

　　於淵淵：您曾評論您的學生李紅濤和黃順銘博士的學術合作「在現有
冰冷刻板的學術體制下，相互切磋，截長補短，這是極為難能可貴的學術
緣分」。在您以往的研究中，也有部分研究是和其他學者合作完成的。您在
《全球媒介奇觀》（*Global Media Spectacle*）一書的序言中談及與合作者們花
費了大量的時間打磨書的框架和細節，您還記錄了您和其他學者於合作的三
年之中，在小麵館的角落、在山頂的辦公室、在擁擠的地鐵裡、在嘈雜的電
話中，進行交流討論的場景，特別令人動容。在中國大陸，學者之間穩定的
學術合作並不多見，這當然和大陸的學術評價體制有關。就學術研究本身而
言，能不能請您結合以往的研究經歷，談一談您對學術合作的看法？

　　李金銓：墨頓很久以前有一篇文章，說美國學者做問卷調查或實驗之
類的實證研究，需要組成團隊，像生產線似地寫論文，歐洲學者通常是獨行
俠。兩種工作方式是不一樣的，但墨頓的分類也不是絕對的。米爾斯是不折
不扣的獨行俠，他的興趣和個性都不太可能和別人合作。

　　在明尼蘇達大學，我的同事蒂奇納、多諾霍（George Donohue）和奧利
恩（Clarice Olien），一起合作幾十年，每篇文章一起掛名，像連體嬰一樣。
別的大學要挖角蒂奇納，他答應以後又反悔，他說須三個人一起請。有一次
我偷偷問他，你們有沒有內部矛盾？他淡淡地說，當然有，但不會顯露給外
界知道。維持長期合作不容易，各人的才情不同——李紅濤和黃順銘有深
厚的情誼，學術準備旗鼓相當，興趣相投，而且不計較，要計較起來就麻煩
了。

　　我們做1997回歸的研究，是歷史的偶然。在歷史變化的關鍵時刻，碰

到一幕活生生的戲在眼前展開，是畢生難逢的社會實驗，而正好我們幾個人湊聚在香港。我從美國請假，也是為了研究香港回歸。我們一起吃飯，聊東聊西，做得很起勁。我們深度訪問來自八個國家和地區的76位記者，結合近3883篇文字及電視報導的話語分析，寫出《全球媒介奇觀：香港的新聞戰》。要出單篇文章容易，要寫出整本書就得有人總其成。那時我已經回美國，整個暑假每天工作到半夜，睡前發回給香港同事補充或修改，翌晨醒來已經收到他們寄回的修訂稿。網際網路加上時差，我們全天候往復工作。在合作的過程當中，我們互相學習。雪泥鴻爪，彌足珍貴，但後來還是「鴻飛那復計東西」了。

於淵淵：您當時用了一個詞 borrowed learning，我印象特別深。您在序言的最後寫道：「Three years of asking, arguing, laughing, and griping together have accomplished a profound level of borrowed learning.」在您看來這段合作對您後來的研究有沒有產生影響？您感覺在學術合作過程當中，最關鍵的是什麼？

李金銓：截長補短，一定有。我一向關心權力結構改變和媒介、記者之間的互動，所以這個研究在我的學術生涯中，似乎是順理成章的事。我沒有仔細想過對我的研究有什麼影響，有的話，也許是讓我對現象學有更深刻的理解。合作要有共同興趣，腦波相通。負總責的人付出更多，不能太計較。學術合作看緣分，有緣就合作，沒緣不強求。大陸現行的評價體制，只認第一作者，當然不鼓勵合作，極不合理。實證研究的合作容易些，做理論工作的合作較難。

第十七章

社會科學對中國新聞史學研究
的啟示與借鑑[1]

史學與社會科學應相互吸收彼此之長

張寧：近十年來，您舉辦了兩屆「中國近現代報刊的自由理念與實踐」學術研討會，並在新聞史方面發表了多篇文章，在學界頗有影響。但在很多場合，您都自謙是新聞史研究的「門外漢」，涉足這一領域只是興趣使然。另一方面，我也多次聽您說過，社會科學的研究要「以歷史為經，以世界為緯」，由是觀之，您涉足新聞史研究也應該是一種必然。您為何會產生這樣的觀點？

李金銓：這是米爾斯的說法。他認為社會學的研究要放置於一個座標體系之中，一方面有全球比較的視野，另一個是有歷史的視野，在時空中觀照自己所研究的問題。我一直相信這種說法，覺得社會科學不應該脫離歷史。但現在的社會科學是社會科學，歷史是歷史，我覺得這樣的趨勢不太好。

現在整個社會科學受實證論的影響很大，一味向自然科學的方法靠近，遠離人文的核心關懷。社會科學本應是處於科學與人文之間，受到兩者影響，並由此形成不同流派，開拓不同的學術興趣。我們當然應該學習科學的研究方法，但社會科學有哪些方法，是否只能跟隨實證主義的路徑亦步亦

1 訪問人：南京師範大學張寧副教授。原載《新聞記者》，2014年9月，頁28-32。

趣，這在知識論和方法論的層面都大有商榷的餘地。社會科學畢竟是研究人與社會的學問，一旦抽空了人文的意義，很可能本末倒置，變成技術掛帥，問題乾枯，結論自然索然無味。

我剛剛進入夏威夷東西中心念碩士時，偶然在圖書館翻閱到拉查斯斐（Paul Lazarsfeld）的一篇文章，說社會學研究的是現在的橫切面，歷史則是研究過去。拉查斯斐被施蘭姆推崇為傳播學的四大始祖之一，我初讀其文，心中雖有疑惑，但初出茅廬，不敢斷定自己的看法對不對。直到1977年左右，英國媒介社會學家坦斯多（Jeremy Tunstall）到美國訪問，我們一起喝啤酒的時候，我的美國同學問他到底是做社會學還是做歷史的，他說他向來認為社會科學是歷史的一部分。當時我聽了，嚇一跳，於我心有戚戚焉。後來接觸到米爾斯的《社會學的想像力》，我的整個學術心跡就由此奠定了。（米爾斯是拉氏在哥大的同事，但兩人的見解南轅北轍，《社會學的想像力》第三章尖銳地批評拉氏的「抽象的經驗主義」）。而隨著年歲漸長，閱歷增加，我愈發意識到，如果沒有歷史的深層視野，社會科學研究所提出的問題很可能是膚淺的、無根的。

張寧：您剛才所說涉及社會科學與歷史的融合問題。說到融合，在我看來應該是雙向的。一方面，社會科學研究中需要加入「史識」，有歷史的觀念，但另一方面，歷史的研究，比如新聞史，在其中是不是也需要有社會科學的相關觀念與方法的融入呢？

李金銓：社會科學的研究者（即使不是史學的專業學者）需要有些歷史的視野，就像我們都需要有些哲學素養，但並不一定都變成哲學家。我自己對歷史有些興趣，但沒有下過全面的功夫，所以我在新聞史上是「門外漢」。我是以外行人的身分發言的。

整體而言，在華文圈內，新聞史領域研究的素質有待大幅度提升。無論在理論上或方法上，新聞史研究都遠遠落後於整個史學界，到處充斥太多粗糙描述的東西。我想問的是：做這樣的流水帳，目的是什麼？歷史材料的內

在理路、內在邏輯、內在聯繫在哪裡？這樣的研究對我們產生什麼意義？

　　我的訓練背景來自社會科學。我知道，歷史學家對於歷史研究是否應該有概括性，意見並不一致，但社會科學家對此是深信不疑的。我認為，新聞史不妨借用一些社會科學的概念和理論來燭照史料，洞察史實背後的曲折意義和內在聯繫。當然，千萬不要用理論來套史料，理論只是幫助我們勾勒史料；史料不是為理論服務的，但善用一些概念和理論卻有畫龍點睛或提綱挈領的作用。我不是提倡把歷史「社會科學化」，而是提倡史學和社會科學互相吸收彼此之長。

　　我不是新聞史的專業學者，自知目光所觸及的很窄，可能以偏概全，請姑妄聽之。我的一般印象是什麼呢？第一，坊間有些新聞史寫作只簡單敘述材料，但這些材料如何取得，信度、效度和代表性如何，卻都交代得不夠清楚，甚至完全沒有交代。第二，這些材料常常是單方面的，敘述是單線條的，而不是旁敲側擊的，不是從不同角度看問題的，也不是從多方求證的。有時候甚至作者已經有了結論，再找一些例子權充證據，實在沒有說服力。第三，還有些人急著用政治話語或道德標準發表議論，臧否人事，盡是想當然耳，這些議論與材料有何（或有無）關聯，卻不一定講得明白。我勸我的學生要多分析，少議論。

問題源於對現實的觀照

　　張寧：能不能舉例說明新聞史研究如何從社會科學獲益呢？

　　李金銓：做研究必須有「問題意識」。要能提出有價值的問題，首先必須有所「感」。這種「感」，源於對日常生活的經驗現象細緻觀察與體驗；其次，必須掌握充分的史料，把史料讀出味道來；第三，可以借用社會科學理論的概念和分析工具。

　　例如這些年來，國內傳播學界對早年芝加哥學派的傳播研究突然熱過一陣。有一位中國大陸交換學生，要以芝加哥學派做博士論文，問我意見。我

說，你如果要做知識社會學，既沒有在美國生活過，對美國歷史地理又渾然沒有感覺，材料東抓一點西湊一些，那樣做出來的東西怎能有創見？當然，在封閉的學術環境下做些介紹性的工作還是有意義的，但學術價值畢竟有限。能讀英文的人何必通過你的介紹？還有兩位上海學生到香港宣讀論文，都涉及芝加哥學派的部分面相。我應邀做評論人，於是好奇地問他們為什麼對芝加哥學派感興趣。他們的答案很簡單：國內懂的人少。我說，你們不是在搞「圈地運動」，向世界宣示這塊東西是你們的嘛？我還開玩笑說，你們是不是怕統計，特地「圈」一塊沒有數字的版圖？那麼為什麼不去「圈」法蘭克福學派，而偏要「圈」芝加哥學派？是不是因為芝加哥學派好懂，法蘭克福學派難懂？玩笑歸玩笑，我想問他們的是：早年芝加哥學派對當今上海研究有何啟示？

　　百年來，上海形成一個移民城市，也處於工業化、都市化的複雜過程之中，不斷吸納各地人群，出現了許多新的問題，形成了新的文化。芝加哥學派的都市社會學當年所研究的是什麼情境，他們提出什麼問題，採用什麼分析視角，對當今研究上海的溝通與傳播、社群人際整合等問題提供哪些學術資源？從這些問題出發，進一步發展，這才是重溫芝加哥學派文獻的意義所在。現代學術以問題為中心，而不是要培養一具具活動的書架，能夠炫博式地倒背如流哪個權威說過什麼話，這種學究式的讀書方法早已過時。再說，早年芝加哥學派對當今上海研究的啟示，不可能是簡單的橫向移植。這個學派的形成不是空穴來風的，必須深入接通芝加哥這個城市的地氣：它在美國歷史地理的發展過程有何特色，與芝加哥學派的知識生產如何互動？芝加哥學派包含哪些分支，甚至內部有何不同？它是如何式微而又再度復興的？後來為何遠離傳播問題？這些背後問題瞭解愈多，對上海研究的啟發必然愈大。

　　張寧：我感覺您剛剛所說的，是指在歷史的研究中，也必須對現實有敏銳的觀照，以便提有價值的問題。但在此我有兩個疑問，第一個就是在歷史研究中，有很多經典研究似乎其中沒有強烈的現實關懷，比如純粹的思想史

方面的研究。

　　李金銓：你不會毫無理由一頭栽進去研究一個問題的。例如研究美國傳播思想史，其中必然有什麼問題觸動你，讓你覺得有趣或有意義。美國憲法第一修正案明文保障新聞自由，那是舉世所獨有的，到底是如何形成的？最高法院的判決如何既保障又限制新聞自由？最高法院的判例和社會運動的消長有無關係？假如沒有一些或隱或顯的觸動，必是一具殭屍，依樣畫葫蘆，沒有生命的活力在裡面。準備考試的學生死記硬背，考完立刻還給老師，就是這個道理。

　　又如在研究芝加哥學派的過程中，需要關注芝加哥當時的「現實」，去問「為什麼」，去尋求不同要素之間的關聯，這其實是對歷史現實和歷史經驗的觀照。許多研究看似與當下無關，但其實對當下有非常強烈的關懷，這種關懷決定研究者學術生涯的旨趣與走向，幫助他們提出更好的史學問題。葛兆光治中國思想史，從他的自述中可以體會到現實關懷與學術研究之間的關聯。孔飛力的《叫魂》[2]，通過對大量史料細緻的描述與分析，逼出他的最後一章對君主、知識階層、普通民眾、官僚制度之間關係的分析與概括。他說得很清楚，這本書要回答的問題是專制權力如何凌駕於法律之上，而不是受到法律的限制，官僚機制如何試圖通過操縱通訊體系來控制最高統治者，最高統治者如何試圖擺脫這種控制。這樣的問題，既從歷史研究揭示當時的現實社會，對於思考當下的現實也有啟示意義。

以理論與概念燭照史料

　　張寧：第二個疑問是我感覺在關注現實（歷史的與當下的）與真正提出問題之間，似乎仍有一段距離，那我們還需要有哪些方面的努力？

---

2 孔飛力著，陳兼、劉昶譯（1999），《叫魂：1768年中國妖術大恐慌》，上海：上海三聯書店。

李金銓：這恐怕需要借助於「理論」的暗示或指引了。我們可以虛心學習西方學術的精彩之處，以概念概括材料，證據切實而充分，推理嚴謹。研究者必須借用一些概念（但不要堆積不相干的概念），經過邏輯推論，來組織材料與證據。否則，缺乏概念的暗示或指引，可能是材料像一地羽毛，雜亂無章。流水帳式的新聞史，提不出問題，缺少概念的指引，看不出什麼框架與邏輯，讀完以後覺得沒有心得。

　　我寫過一篇〈記者與時代相遇〉[3]，這三位著名記者我都有幸認識，而且我對個人在時局巨變中如何抉擇一向有興趣，這是我「有所感」的來源。但我並不只在意這三人做過什麼，而是希望以小見大，提供一個時代的側面。換言之，時代如何影響個人，個人如何影響時代，個人與時代如何交相輝映。我不斷設想若在他們的處境我會怎麼做，文章裡其實有我的影子和寄託。這在社會學裡，就是結構（structure）和行動者（agency）之間的關係，是人與勢、個人與時代互動（interaction）的問題。

　　理論概念幫助我們洞察、解釋手頭所掌握的史料，從中發現他人所未見的重要意義。在這方面，我非常心儀余英時先生。他的歷史研究有兩大特點，其一是層層剝筍，步步深入，直逼核心。在他的研究中，幾乎很少直接出現西方社會學中的名詞，但其思路與邏輯之縝密，不是受到嚴格的西方學術訓練的人，是很難做到的。另外一點，就是他對傳統中國史料極其熟稔，這些史料並非他所獨有，但他總是能從這些大家都搜集得到的材料中解讀出更新、更深、更有價值的意義，進而構建出原創性的解釋。從既有理論進入，經過對史料的分析，得出原創性理論，這也正是社會科學研究所追求的境界。

　　不過，在強調借用理論的同時，也需防止對理論的生吞活剝，將理論強加於史料。我曾撰文[4]批評過德國海德堡大學漢學系魯道夫‧瓦格納（Rudolf

---

3　李金銓（2013），〈記者與時代相遇──以蕭乾、陸鏗、劉賓雁為個案〉，載於李金銓編，《報人報國：中國新聞史的另一種讀法》，香港：香港中文大學出版社，頁403-464。

4　李金銓（2008），〈過度闡釋公共領域〉，《二十一世紀》，12月。

G. Wagner）教授所主編的以《申報》和《點石齋畫報》及其他一些上海小報為分析對象的中國新聞史論文集，[5]他是拿著中國材料去迎合哈伯馬斯的「公共領域」的概念，材料細碎但邏輯斷裂，對材料的分析和材料所處的當下語境被割裂開來，是典型的削材料之足以適理論之履。相比而言，我寧願掌握大量材料，細細閱讀，慢慢歸納，歸納到最後，提出一些重要的問題，再接通一些重要的概念，起到了一種照明的作用，使得整個研究中所運用的材料一下有了光彩、有了意義。在近代中國的學者中，翹楚人物如陳寅恪，他所著之《唐代政治史述論稿》，以唐代三百年統治階級中心皇室之姓氏入手，在極其細緻的材料的基礎上，層層推進，最終揭示唐朝之興衰，「其核心實屬種族文化之關係也」，極其雄辯。我勸有志治新聞史的年輕學人，不要只在新聞史的小範圍打轉，應該有系統地閱讀、品嘗這類影響深遠的宏著。

　　概而言之，在我看來，中國新聞史的研究，亟需提高的是三種意識，一是問題意識，二是理論意識，三是方法論的訓練與自覺。而這些正需要從西方的社會科學，尤其從墨頓（Robert King Merton）的「中距理論」（middle range theory）中汲取有益的養分，並將之與中國學術傳統相融合。既不可大而無當，見林不見樹，亦要避免陷於瑣碎，見樹不見林。當然，我有這樣的觀點，也和我所接受的學術訓練有關。學術道路艱難，須得不斷磨練，方能略有所成。我一直以此自勉，也願借這個機會和年輕學者共勉。

---

5 Rudolf G. Wagner, ed. (2007), *Joining the Global Public: Word, Image, and City in Early Chinese Newspapers, 1870-1910*. Albany: SUNY Press.

第十八章

民國知識人辦報以圖重返政治中心 [1]

　　在剛結束（2014年）的香港書展上，香港中文大學出版社新出版的由香港城市大學李金銓教授主編的《報人報國：中國新聞史的另一種讀法》（以下簡稱《報人報國》）引發了知識界較大關注。楊奎松、許紀霖、桑兵、章清、黃旦、陳建華、李金銓等史學界和新聞學界名家都名列這部厚實著作的作者名單中。作為當代研究中國傳媒的代表人物，李金銓告訴《東方早報》記者：「本書以『結繩記事』的方法，選取新聞史上的關鍵人物、關鍵事件、關鍵節點，串起一部曲折而複雜的中國新聞史（晚清及民國）。以這樣的方式進入歷史，既觸碰了交錯生動的人與事，深入探究其間的文化肌理，又為新聞史脈絡提供了整體圖景，為中國新聞史，乃至近現代史提供了另一種讀法。」

　　據瞭解，李金銓曾邀請來自中國大陸、香港、臺灣和日、美等國的部分歷史、文學和傳播學者在香港城市大學媒體與傳播學系召開「中國近現代報刊的自由理念與實踐」第二屆學術研討會，而這本著作就是在這場研討會基礎上形成的論文集，並且經過香港中文大學出版社長達兩年的精心打磨，具有明顯的跨學科性和強烈的現實意義。此前，由李金銓主編的《文人論政：知識分子與報刊》在臺灣政治大學出版社和廣西師範大學出版社先後出版，引起兩岸三地跨領域學者不少「深刻的迴響」，《東方早報·上海書評》、

1　訪問人：記者田波瀾。原載《東方早報》，2014年4月3日。

《新聞學研究》、《二十一世紀》、《思與言》、《南風窗》等知名報刊和學術期刊都發表過書評。

《報人報國》堪稱《文人論政》的姊妹篇，在很多論題上既有延續性，更有推進性。日前，《早報記者》趁李金銓教授到復旦大學講學之機，就民國報刊、報人與政治等主題專訪了他。

「文人論政的主題是救亡圖存」

東方早報：據我瞭解，你其實主要從事的是媒介政治經濟學、全球傳播和社會理論等方面的研究，是怎樣的契機和動力讓你涉足中國新聞史的領域？又是哪些因素讓你先後召集中國兩岸三地以及日本、美國等地的學者在香港城市大學召開報刊史的會議？

李金銓：我一直對新聞史有興趣，雖然沒有全面下過功夫。我對華文學術界的新聞史寫作不怎麼滿意，一方面因為很多作品是平鋪直敘、像流水帳，缺乏問題意識，沒有太多解釋力；但另外一方面，它們在談到具體歷史人物的時候，又有太多道德判斷和政治褒貶。我年輕時就讀這種「新聞史」，現在年輕一代還在讀這種類型的「新聞史」，我們這一代未免交了白卷。我從美國回到香港城市大學媒體與傳播學系任教，有幸搭了一個學術交流的平臺，就心想不如為新聞史敲敲邊鼓，找一批最好的民國史專家來談報刊，因為他們既受過嚴格的史學訓練，研究又必然涉及報刊，一舉兩得。於是我繞過傳統的新聞史學界，邀請民國史學者。至於我為什麼選擇晚清民國這一段，一是因為限制相對少些，二來當時的報刊也比較精彩一點。在這個會議的基礎上，編輯了《文人論政：知識分子與報刊》，反響不錯。再接再厲，又主編了這本《報人報國：中國新聞史的另一種讀法》，希望能形成對中國新聞史的另一種學術譜系，這樣影響力能逐漸累積而成。

東方早報：從《文人論政》到《報人報國》的書名來看，是否意味

著（你認為）對於近代中國的報人和知識人來說，「論政」中的政治意識和「報國」中的「民族國家意識」，其實是支配這個特殊群體的基本觀念？對於這些知識人來說，「民族」與「民主」兩者的關係是怎樣的？

李金銓： 有現代意義的中國報刊歷史很短，是19世紀末20世紀初才從西方傳過來的。晚清先出現傳教士報刊，後來國人又先後向日本和英美取經。報刊在近代中國的歷史進程有三部曲，就是啟蒙、革命和追求現代化，其中知識階層的分量很關鍵。中國教育落後，識字的人很少，不像歐美國家教育那般普及，中國的知識階層是沙漠中的綠洲，是千頃地頭長出的幾株禾苗，報刊成為他們發表意見的園地。中國向來有「立言」的傳統，1905年廢除科舉制度以後，知識人企圖通過報刊重新進入政治中心，想要對政治有所影響，這便造就了「文人論政」的傳統與風氣，論政的主題自然牽涉到民族存亡和救亡圖存，這是他們精神世界最基本的底色。

東方早報： 救亡圖存式的報國思潮在那個時代是主要潮流，這涉及一個非常核心也是一直以來很有爭議的問題。近代中國文人論政、報人報國的主體是因時而變的，起初很多知識人都是留學日本回來的，後來留學英美回國的居多，這幾代留學生大多都是偏向自由主義的，但是自由主義和民主的觀念，跟國家主義和民族主義的觀念，其實存在著一種張力，你怎麼看待這幾代人在自由主義跟民族主義思潮之間的緊張？

李金銓： 這是一個辯證關係：如果沒有國家民族的話，自由民主當然沒有著落點，但一旦變成極端民族主義和國家主義，那就必須犧牲自由民主了，關鍵就在於兩者如何求取平衡。抗戰時期國民政府的新聞檢察官，有好些是從英美留學歸國的精英，留美的人未必都相信新聞自由，也可能認為新聞自由的理念雖好但並不適合國情，但更重要的是國難當前，覺得不如把自由民主先擺在一邊，等解除外患以後再說。連1930年代《獨立評論》的那批頂尖的知識人——包括蔣廷黻、丁文江、錢端升，都有「新式獨裁」的主

張，何況一般報人？所謂覆巢之下無完卵，他們認為暫時犧牲自由民主也是應該的。例如張季鸞原是嚮往英美報業的，但全面抗戰以後，他表態支持政府檢查報刊，免得洩露國家機密。其他報人也不反對新聞統制，只是批評統制手法太惡劣，不該管的亂管。

民國知識人與政治

東方早報：文人論政也好，報人報國也好，有些人認為知識人的言論在當時那個以武力決定一切作為基本邏輯的中國是非常邊緣的，因此才有一些知識人最終選擇「學而優則仕」的道路，你怎麼看？

李金銓：未可一概而論，蔣介石就非常重視《大公報》的看法。只是中國文人向來孤芳自賞，讓他發表意見可以，要他實際行動卻不敢。他們老覺得政治是骯髒的，連胡適都潔身自好，只想要做裁判者、中介者而不要實際從政。而且，他們太相信文字的力量，以為「一言可以興邦，一言可以喪邦」。

東方早報：你曾經特別指出：「中國的『自由主義者』多半是書齋型精英，呫呫書生，空有理想，只能紙上談兵，既沒有組織力，也沒有行動力，在整個中國茫茫大海中不啻是孤島。不論從出身、教育背景和關注的問題來說，他們和社會底層幾乎完全是脫節的。」那麼在你看來，民國知識人與政治力量、社會底層的關係是怎樣的一種狀態？

李金銓：一些知識人進到體制內，如翁文灝、王世杰、蔣廷黻，究竟有多大作為？學而優則仕，他們的表現似乎並不盡如人意。畢竟他們是權力圈外的人，當局對他們「尊」而不「重」，真正的權力不會給他們的。胡適做駐美大使只是象徵性的，由宋子文掌握著實權，連對美交涉的文件都不讓胡適看。歸根結柢，假如社會力量沒有多元的基礎，光靠知識階層也沒有辦

法。社會力量要是多元，知識人就不是一個特殊階層，只是社會的一環。在西方，他們憑知識和專業素養，以公民的身分和立場對公共事務發言，卻不能居高臨下，指指點點。中國知識人大都有強烈的精英意識，他們喜歡指點江山，認為政府或民眾應該怎麼樣，但他們又未必瞭解民情。他們多半來自江浙富庶之鄉，得風氣之先，西化較早，眼界較開，對中國廣大中小城市來說缺乏代表性。至於其他從中小城市和農村出身的知識人，他們到了都市也跟農村逐漸脫節了。因此，精英知識人是漂浮在中國社會上層的特殊群體。

東方早報：胡適這些人顯然不會這樣定位自己，他在〈政論家與政黨〉一文中指出有三種政論家的類型：服從政黨的政論家、表率政黨的政論家和監督政黨的政論家，並且直言不諱地說他及其友人要做第三種政論家，他的好友丁文江也聲稱知識精英應該承擔「少數人的責任」。現代中國的自由主義者有一種天然的精英主義意識，你是怎麼看待這種精英意識？

李金銓：清朝以前考取秀才、舉人、進士等功名的人，都會感覺高人一等。民國以後，留學回來的洋秀才又感覺自己比國內大學的土秀才高一等。知識人自命清高，大多都不想混到政治圈。例如胡適不從政，但意見很多，所以最好學《新共和》辦《獨立評論》，有文采，溫文爾雅，當個李普曼式的意見領袖。胡適自稱願意做國家和政府的諍友，不願意當官。在臺灣，他甚至力勸雷震做政府的諍友，不要組黨和政府作對，為此他挨了很多批評。他的極限也就到那個地步了，而當時他卻是西化得最徹底的。

東方早報：胡適晚年發表的英文演講，都是講中國文化的一些可取之處，不像以前我們所認為的他只是在批評八股、小腳、太監文化等。這樣來看，我們是不是可以說胡適的報刊言論是有策略性的？他的公共發言會注意對象，比如面對西方人和面對不同的中國人會注意調整發言的立場。對於胡適的政治面向，有些人認為胡適太書呆子氣了，有些人則認為他還是滿有政治智慧的，你又是怎麼看的？

　　李金銓：我覺得胡適不是那種善於「策略性」算計的人，而是他的思想的確歷經改變的過程，早年略為激進，以後慢慢沉澱，轉向溫和漸進。人畢竟是矛盾綜合體，胡適是西化的代表人物，卻提倡整理國故，影響力很大，而他鼓吹的自由主義，帶有中國式的群體色彩，不是西方式的以個人為基礎。魯迅把中國傳統罵得一無是處，但他在上海的小圈子，他的深文周納，都是很中國式的。他要青年人不讀中國書，自己卻讀很多線裝書；他罵人家做「青年導師」，結果自己做了青年導師。殷海光早年是全盤西化論者，晚年也在某種程度上回歸中國文化傳統。世界上的東西沒有全好和全壞的，人成熟的時候比較能夠持平。

　　東方早報：我們經常可以看到一些對胡適這樣自由派知識人的批評，認為這群人報刊言論態度隨政治而變化。他們說1930年代胡適寫人權約法、寫新文化運動與國民黨的時候，對國民黨的批評很犀利；1930年代以後隨著他和國民黨高層的互動愈來愈密切，蔣介石對他愈來愈重視，胡適的言論就慢慢變得比較溫和，比如胡適對1930年代平津風起雲湧的學生運動就不太贊成，主張學生應該「救國不忘讀書」，因此有些學者認為胡適個人和政治關係親疏的變化也在影響他言論的表達方式和表達尺度。你怎麼看待胡適的這種變化？

　　李金銓：胡適的思想和主張前後確實有變化。他辦《新月》的時候，跟蔣介石的關係非常緊張，後來經過陳布雷、宋子文的斡旋而和解。平津學生運動風起雲湧時，胡適勸學生好好讀書，因為他擔心中國當時無力與日本開打，必須忍辱負重，以爭取緩衝的時間和空間。他的朋友傅斯年為此氣得很，威脅要退出《獨立評論》，但持此論的不止胡適一人。不管贊成與否，胡適不是為了討好蔣介石才這麼說的。然而我也注意到，胡適接觸蔣介石以後，曾經是佩服蔣的。證據何在？他至少寫過兩封信，分別給羅隆基和蔣廷黻，稱讚「蔣先生是個天才」，只是批評蔣小事管得太多，身邊人才又不夠用。1950年代的時候，胡適在臺灣《自由中國》雜誌撰文為蔣祝壽，更勸蔣

要學美國總統艾森豪，依法依制度辦事，不要憑藉個人威望管東管西，說穿了就是要法治，不要人治。這篇文章犯了大忌，蔣經國在軍中嚴厲批判它為「思想毒素」。從歷史上看，胡適還是保持西方式的獨立人格，他和蔣是諍友關係，他的諍言儘管溫和，卻是堅定而前後一致的。

民國報刊業的不同傳統

　　東方早報：如你所言，近代中國的報刊往往是知識精英主辦，同時也是辦給精英或者至少是知識人閱讀的。這個目標受眾的狹窄，是否導致了報人和報刊的影響力的受限？主張辦報給平民閱讀的成舍我在這個群體中算是特立獨行的報人嗎？

　　李金銓：成舍我是無政府主義者。他的社會關係複雜，國共兩黨都有朋友，跟陳立夫、陳果夫兩兄弟的關係很好，報社裡面也有好些共產黨員，像薩空了等。成舍我用人不拘一格，有才就用，不管其意識形態。他是個奇特的報人，受到英國北岩爵士的啟發，要發展報業集團，但他又不要資本家操縱這個報業集團，而且報紙是辦給平民看的。有點異想天開，很有趣，假如辦得成，不知是何等光景。他的報紙都因時局動盪而短命，影響力不能高估。

　　東方早報：抗戰前的《大公報》一直在天津辦，但卻是一份名副其實的全國性大報，而上海的《申報》始終具有強烈的地方性和商業性特質，為什麼會有這種分化？

　　李金銓：《大公報》的三巨頭胡政之、吳鼎昌、張季鸞，都是留日派的報人，當初想學日本的《朝日新聞》，一開始定位就是全國性報紙。後來他們又想把《大公報》變成《泰晤士報》。他們宣稱「不求權，不求財，不求名」，提出「不黨、不賣、不私、不盲」的原則，更是中國文人論政的標

竿。上海十里洋場自有它的城市特質，報人目光以上海為主，辦報也以商業目的居多。

東方早報：民國時期也出現了黨報，比如陶希聖主持過《中央日報》這樣的黨報，我們應該如何理解民國報刊業的這個支流？

李金銓：陶希聖有學者氣質的一面，是著名的社會史家，但也有「黨喉舌」的一面，是蔣介石的文膽，順從蔣的意志作輿論。說起來令人吃驚，抗戰剛結束後，南京《中央日報》有過兩三年的輝煌。該報內部有兩條路線：一是陶希聖的社論路線，「先中央，後日報」，照蔣的旨意作文，陸鏗的回憶錄裡說，報社內大家尊稱「陶公」，私下沒有多少來往；二是馬星野代表的新聞路線，「先日報，後中央」，搶起新聞的狠勁一點不輸給民營報紙，批評黨國要人（特別是皇親國戚的孔宋集團）不留情面。馬星野為人謹慎謙和，從美國帶回了新聞理念，讓屬下的記者生龍活虎般地幹，很有活力。對國民黨來說，你不犯我，不傷及統治基礎，就睜一隻眼閉一隻眼。順境時尺度寬，逆境時則收緊，而當時國民政府很有自信，以為很快將定下江山，又為了爭取美援，必須妝點民主的門面，言論尺度放得比較寬。

「大陸新聞史遠遠落後於形勢」

東方早報：你在《報人報國》的序言中對西方學界的一些研究近代中國報刊史的著作有很犀利的批評，認為像海德堡大學瓦格納教授等人的《申報》研究是以理論裁剪歷史，導致削足適履不倫不類的過度闡釋，也對葉凱蒂的《上海‧愛：名妓、知識分子和娛樂文化（1850-1910）》一書過度拔高上海灘娛樂小報的影響力和公共意義有尖銳批評，在你看來，《文人論政》和《報人報國》的研究，與以上這些研究成果之間最大的差異是什麼？為什麼會有這種差異？

李金銓：不管做什麼樣研究，都必須遵守學術紀律，推出一個觀點需要邏輯推論和證據支持。例如《上海·愛》這本書本身是有趣的，風花雪月，一般人當作茶餘飯後的休閒讀物也不錯，但何必拔高到「公共領域」的層次？如果要拔高，就要搭建很多座橋，這些橋在哪裡？我看不到。理論是經驗現象的抽象呈現，不能離開經驗空談的，否則就沒有意義了。對歷史現象和歷史人物的講述，不能空說無憑，不能抓住一點點東西就憑臆想無限放大。假如把中國歷史當成資料倉，為了迎合西方理論，隨時入倉淘貨，怎能不信口開河？何況這樣做，又把中國歷史的主體性擱在哪裡？

東方早報：你怎麼看待德國歷史學者瓦格納對晚清《申報》的研究？

李金銓：他是有成就的學者，但就《申報》的研究而言，我覺得他是理論先行的，著述裡面太多環節連接不起來。他一方面把《申報》講得細得不得了，見樹不見林；一方面又憑有限材料拔高到哈伯馬斯「公共領域」的宏大敘述，當中推論的臺階在哪裡我看不到。我不是專治新聞史的，本來對他並不熟悉，正好有個美國的英文期刊要叫我寫書評，我先婉謝，後來想藉機學習就答應了。一看，發現他完全是理論先行的，我才寫了〈過度闡釋「公共領域」〉（刊於香港《二十一世紀》，2008年12月）一文談自己的淺見。

東方早報：你希望大陸的新聞史研究能夠更上一層樓，你在書中寫道：「新聞史的研究不能抱殘守缺，必須從人文和社會科學中吸取理論和方法的資源，同時從新聞史回報給人文與社會科學，保持一個開放互動的態度。」在你看來，究竟是哪些因素導致大陸新聞史學界的躊躇不前？應該主要從哪些方面著手來推動其改變？

李金銓：新聞學的發展實用性太強，跟現實政治掛勾太緊。新聞史在大陸曾經是顯學，有老一輩學者在推動，但歷史研究得坐冷板凳才會有成績，而且不像新媒體那樣時髦，現在肯問津的學者愈來愈少。禁忌多，能在歷史

期刊登出來的，在新聞傳播學期刊可能就有問題。這些因素都限制了新聞傳播學術水準的提升。此外，新聞學、新聞史的書寫一向自成封閉系統，應該注入新的理論和方法，最好和其他學科互相滲透，轉換學術範式。大陸史學蓬勃發展，各見高明，新聞史是遠遠落後於其他學科和整個形勢的。只能急起直追，努力從新聞傳播領域的視野做出獨特的貢獻，才能進入當代中國的公共生活。

第十九章

「我這代臺灣學人對於歷史多少是有興趣的」[1]

「筆者可算是『自由知識人』，但絕不希望追隨上述諸位報界先進（王芸生、徐鑄成、蕭乾、儲安平）般無端打倒昨日之我，更不會把所創報紙及同事拖落水！」前些時，面對論者的指責，創辦《信報》已四十年的「香汀第一健筆」林行止，大段引用新書《報人報國：中國新聞史的另一種讀法》的序言，自述其不會變節的心志。

《報人報國》正是香港城市大學講座教授、傳播研究中心主任李金銓編著的作品，也是該系 2009 年第二屆「中國近現代報刊的自由理念與實踐」學術研討會的會議論文結集，上半年剛由香港中文大學出版社出版；第一屆的研討成果《文人論政：知識分子與報刊》，先後由臺灣政治大學出版社和廣西師範大學出版社出版，在傳播學界內外引起熱烈反響。

林行止援引的文字，出自李金銓為《報人報國》撰寫的長序〈報人情懷與國家想像〉，這篇序也評述了該書收錄的歷史學家楊奎松〈新中國新聞報刊統制機制的形成經過——以建國前後王芸生的「投降」與《大公報》改造為例〉一文，該文經過修改後，以〈王芸生與 1949 年以後的《大公報》〉為題，收入楊奎松新著《忍不住的「關懷」：1949 年前後的書生與政治》中。

普通家庭出身的李金銓 1969 年畢業於臺灣政治大學新聞系，服完兵役

---

1 訪問人：青年評論家燕舞（張彥武），原載《經濟觀察報》「觀察家@人物」版，2013 年 11 月 4 日。

後短暫服務於中央通訊社，1971年赴美留學，在傳播學鼻祖施蘭姆（Wilbur Schramm）創立的夏威夷大學東西中心傳播研究所攻讀碩士，後在密西根大學獲博士學位；1978年，李金銓追隨施蘭姆至香港中文大學新傳系執教，四年後又回美國，在明尼蘇達大學新聞與傳播學院執教二十二年，現為該校榮譽教授，其間又於1994年和2002年兩度重回香港（1998年返美），先後擔任香港中文大學和香港城市大學的傳播學講座教授，當選香港人文學院院士，也曾回臺灣擔任母校和中研院客座教授。

《中國時報》創始人余紀忠先生曾四度邀請李金銓加盟該報，都沒有成功，不過李金銓1980年代末期在余先生資助下，於明尼蘇達大學創立媒體與社會研究中心，並出任主任，舉辦多場國際性大型跨學科學術研討會；1990年，又首創「國際中華傳播學會」（Chinese Communication Association），並任前兩屆會長。

李金銓在全球傳播、媒介政治經濟學和社會理論等領域卓有建樹，是當代海外中國傳媒研究的領軍人物，有《傳播帝國主義》（1987）、《超越西方霸權：傳媒與「文化中國」的現代性》（2004）等代表性著作行世，但他不滿足於華文圈新聞史研究的抱殘守缺。於是，新世紀以來發起和主辦了兩屆「中國近現代報刊的自由理念與實踐」學術研討會。

更有功德的是，李金銓及其執掌的香港城市大學媒體與傳播系自2004-2005學年開始，啟動「中國大陸新聞傳播青年學者訪問項目」，九年來吸引了一百三十餘位（校注：到2017年已超出兩百人）中國大陸優秀青年學者來港訪學一月，這群歷年來的訪問學者組成了一個鬆散而溫暖的精神共同體「多聞雅集」（取《論語》「友多聞」和〈蘭亭序〉「群賢畢至」兩重意思），大家以「多友」互稱。

在筆者前一陣子與李金銓教授的訪談中，我們還展望著2012年他退休後的臺北生活。不過，最新消息是，在香港城市大學校長郭位的再次盛情挽留下，李金銓教授的聘期將延至2016年（後又延至2018年）。

學問源於四個專業

問：李教授的學術研究呈現出文史兼修、實證與解釋並重的特色，這種視野、底蘊早期是如何養成的？

李金銓：我不是知識人家庭出身，更別說書香世家了，家裡面沒有一本書，是打赤腳、踩著泥巴去上學的。我家住在苗栗縣一個偏僻的鄉村，後來到鎮上去念苗栗中學，再後來到臺北念大學。我是那個村子裡第二個念大學的。我就讀的苗中不太有名，卻也有很多從大陸逃難到臺灣的老師。有一位浙江籍的童振翰老師住在單身宿舍，全心把圖書館辦得很好。書是封閉式的，你得打借條由館員去書庫拿，但報紙雜誌是開放式的。我讀雜書如飢似渴，一有空就泡在圖書館裡，連走路也在看書，這樣東看西看，荒廢了功課以至於初二留級。

初中時，我在苗中圖書館看到香港友聯出版社辦的《中國學生週報》（創刊於1952年7月25日、停刊於1974年7月20日的以中學生、大專生及青少年為讀者的綜合性刊物——採訪者注），印象深刻，主動去信應徵，想做他們駐苗中的學生記者。因為友聯是屬於所謂「第三勢力」，有一天臺灣調查局派員到左鄰右舍探聽我平日的舉止，我爸爸聽說以後嚇壞了，東拜託西拜託，找到那個調查站的人，那人假裝沒事，稱只是在調查一些女工被騷擾而已。過了一陣子，我那份當學生記者的免費《中國學生週報》收不到了，而苗中的那份也失蹤了。長大懂事以後，我猛然覺醒，以前《自由中國》得罪國民黨當局的第一篇文章叫〈政府不可誘民於罪〉。他們處理《中國學生週報》，是先讓它「進口」，然後按圖索驥，紅著眼到處抓有「嫌疑」的人，連懵懵懂懂的初中生也不放過，這不正是「白色恐怖」的典型套路嗎？當時我太小，不懂得怕，家裡人很緊張，叫我出去不要亂講話。

高中時，對我影響很大的國文老師鍾象本先生，蘇北人，穿長袍馬褂，上課時動不動就講梁啟超、錢穆。他寫文章，學梁啟超。他特別推崇錢穆先生《國史大綱》的序言，要大家「對其本國已往歷史之（有）溫情與敬

意」。他教過我兩年，但整整三年間我常去他在學校隔壁的簡陋宿舍聊天。他放下手中的工作，泡杯茉莉花茶，偶爾有包花生米，這麼面對面師生聊上一下午。如今回想，不知道他哪來的耐心，陪著什麼都不懂的鄉下中學生。從他那裡，我開始聽到許多學界前輩的名字，而且知道文人相輕，打不停的筆戰。他對權貴往往流露出一份輕輕的不屑。要是沒有碰到鍾老師，我困在鄉下學校，一定更加閉塞。他字斟句酌幫我改作文，我沒有讀過幾篇古文，但年少輕狂，竟學起任公的文體，當然幼稚可笑。高三時他不教我那班，但他卻選我為《苗中青年》主編，下面還有兩位編輯。

　　高一時，我連英文句子都寫不通，居然敢在鍾老師的縱容下辦了一個英文刊物《種子》（Seed），並由當地天主教的麥志誠美國神父引介，與康乃狄克州的一家名校建立夥伴關係，說是要互換刊物，但我的刊物只出過一期便夭折了。這輩子輾轉搬家，許多東西都丟了，居然有一天在美國家裡的地下室找到《Seed》的孤本，一時間簡直羞愧得無地自容，真所謂「不知者無畏」呀。我的英文老師徐宏祥先生，年輕而熱情，循循善誘，激起我們的興趣，給我很多鼓勵。碰到鍾老師和徐老師，是我念鄉下學校的奇緣，也是畢生的資產。

　　我念高中時，李敖接《文星》雜誌編務，到處罵人，他發起了「中西文化論戰」，和徐復觀等維護中國文化的人士大戰一場。記得李敖意氣風發，寫了篇〈給談中西文化的人看看病〉，故作驚人語，提倡「全盤西化」，聲稱文化不能東挑西選，所以連梅毒淋病也要一起「進口」，存心要氣死那批衛道的老夫子們，還彼此告上法院對簿公堂。我們看熱鬧，偶爾聽鍾老師評論一下，大概知道他們在吵些什麼。現在回頭看，那場大陣仗的辯論荒唐透頂，也只有在當時那個學術極封閉的環境才會發生。任何有點文化人類學常識的人都知道，傳統跟現代之間有著千絲萬縷的聯繫，外來的東西要在這個地方生根，一定要跟傳統接續才行。文化必須有機地更新，怎能「全盤西化」？

　　後來我進了政治大學新聞系，同學的素質很好，但系裡教學偏重於密蘇里式的實務操作，不是追求知識。我覺得新聞系教得太空洞了，沒有太多的

「驚豔」，於是把很多時間挪去選政治系和外交系方面的課程，因為我嚮往做一個政治記者，甚至夢想做李普曼式的專欄作家（何其不切實際，何其不知天高地厚！）。1960年代的臺灣處於苦悶的白色恐怖年代，生活清苦，思想沒有出路。那時求知欲旺盛，想學東西，但只能自己隨便亂讀，沒有人指導方向。

1971年到美國念書，碰到一些名師，有了榜樣。在夏威夷大學的東西文化中心讀兩年碩士，碰到施蘭姆（Wilbur Schramm）、羅傑斯（E. M. Rogers），我把他們寫的書從圖書館搬回去讀了個遍，從而建立傳播研究的參考架構。之後到密西根大學念博上學位，更是遇到了很多很有名的社會學、政治學老師，奠定了我學術的興趣和基礎。我念的是跨科系課程，由新聞系和社會學系、政治學系、心理學系合辦，我有六成以上的課都是在社會學系和政治系選修的，於是養成了我的思考習慣，不斷把新聞媒介聯繫到政治、經濟、文化架構，一方面從政治、經濟、文化的脈絡來看新聞媒介，一方面從新聞媒介折射政治、經濟、文化意義。這個聚焦的方向，跟傳統讀新聞系上來的不一樣，他們多在媒介裡面看媒介。

1978年我到香港中文大學教書，學校規模不大，大約有五千個學生，我分配到錢穆先生創立的新亞書院。每班只有二十多人，所以幾十年後我大致記得那幾個年級的學生。很多外省老師吃不慣廣東飯，書院找工友供應一些牛肉麵之類的小吃，也讓他們賺點外快。我們在「雲起軒」進門處長期「霸占」一張檯子，號稱「天下第一桌」，八方雲集。圍著那張檯子的，有哲學家、社會學家、歷史學家、政治學家、人類學家……。當時科研壓力不大，不像現在在壓力鍋裡掙扎，於是大家天南地北，一聊天就是兩三個鐘頭。聽各行前輩談古論今，臧否人事，發現美式社科訓練的傳播學路數太窄，我乘機找了許多文史方面的著作自修，這四年等於攻讀了第二個學位。

四年後，1982年再回美國明尼蘇達大學教書，心中了然，我的路數跟一般美國同事不太一樣。這時，傳播學界對學科性質有很多辯論，我花了兩三年讀知識論、方法論的書，確立我到底想走什麼路子、學術方向怎麼發展。此後數十年，我的學術生涯就在太平洋兩岸穿梭了。

　　回想起來，我早年的記者夢沒有做成，但在學術界一直沒有忘情新聞界，也沒有和新聞界太脫節，有幾個時期還熱衷撰寫政評。我在學術界看新聞圈，樂此不疲。

我從來不是為了辦會而辦會

　　問：您編著的《文人論政》和《報人報國》分別是2007年和2009年兩屆「中國近現代報刊的自由理念與實踐」學術研討會的成果，這個主題最初是怎樣確定下來的？

　　您以傳播學研究名世，但2002年再度回到香港以後，毅然進入新聞史領域，顯然是因為中國大陸的新聞史研究現狀很不能讓您滿意，您失望的地方在於？

　　李金銓：我們這一代人，年輕時在臺灣受教育，雖然有種種缺陷，但始終自認是文化人，對歷史多多少少是有興趣的。然而，這一代人也很慚愧，我大學時代讀的新聞史教材現在還在用，臺灣如此，大陸也一樣。我既然在美國搭過交叉研究的平臺，何不在香港再搭一個平臺，推動新聞史的研究？而且「前朝」比較好談，民國報刊有過短暫的輝煌時期，何不回頭檢視一番？我不喜歡一般新聞史教材只顧堆砌資料，沒有分析，沒有理論視野，沒有問題意識，只是一筆一筆的流水帳，對人對事又往往賦予政治解釋和道德褒貶。因此，我找了復旦大學新聞學院黃旦教授一起合作，採用我一貫的方法，請最好的民國史專家來開研討會，探討民國報刊的各種問題。新聞史研究在史學界是很邊緣的，我和黃旦教授先擬了相關議題，再請復旦大學歷史系系主任章清教授幫忙去邀請最適當的學者。

　　我們每次開會，都力求籌備縝密，先議定明確的主題，再找名家。在美國，我邀請名家以後，會和他們一一商量，要他們寫哪一方面的文章。我列出一系列題目，等於是提供一個指引，這樣討論才可以集中，而不至於淪為各說各話。在辦會的過程中，我摸索出一個自己的模式。我要求受邀學者很

早就得交論文，而且我總是第一個交稿「獻醜」的，經過我的拋磚引玉，第二篇、第三篇、第四篇陸續到來，我隨時轉發，有人說一早起來最怕看到我的催稿信，像催命符，讓他們心神不寧，不敢拖欠，只好拚命趕在截止日期以前出稿。

開會以前，所有論文早已匯集轉發，要求與會學者務必先看完。開會時，每篇論文討論四十分鐘，作者十分鐘，只講重點，客套話都免了；接著我安排與會的兩位學者當評議人，各十分鐘，不要客套，完全單刀直入，講問題；剩下十分鐘，開放討論。會議結束後，作者回去再認真修改論文，因此我編輯的論文集都改了好幾遍，竭力保證高品質。我最怕名家耍大牌，潦草從事，好在我還沒有碰到過。由於看到我們態度認真，與會者都覺得從中學到了東西，所以樂於參加，也不敢隨便敷衍。

新聞史與社會科學的互動

問：兩屆「中國近現代報刊的自由理念與實踐」學術研討會的邀稿簡章中，第一屆您列了十三個題目，第二屆增加到二十七個且分成五類，這些某種程度上可以看作新聞與傳播學界希望與歷史學界合作探討的焦點問題，也體現了一種有價值的學術互動。

李金銓：我在《文人論政》中附錄列出那十幾個題目，年輕學者說頗受啟發，因為他們一般不從這些角度去思考。有些人大概是客氣，告訴我希望在那些問題上寫出好論文，這對我是很大的鼓勵，所以索性在《報人報國》的附錄裡列出二十七個題目，進一步拋磚引玉。跨學科的視野會增加分析的厚度，問出傳統新聞史忽略的問題。例如在《文人論政》中，我和張詠合作的〈密蘇里新聞教育模式在現代中國的移植——兼論帝國使命、美國實踐主義與中國現代化〉，就嘗試把社會學的角度帶進來，但盡量避免半生不熟的名詞。

楊奎松教授是很好的敘述史學家，故事講得很精彩，材料都是最原始

的，他的興趣不在理論上。許紀霖教授主要的興趣在理論。桑兵教授問的是小問題，卻都涉及關鍵性的大思維。他們都是我所佩服的。

問：《文人論政》出版後引起一定反響，但我在當當網上購買時還是當作歷史書來買的，它引發的熱烈反響對新聞與傳播學界內部具體有怎樣的衝擊？

我也注意到，相關書評中，相當一部分來自像李天綱、李公明這樣的中國大陸歷史學家以及唐小兵這樣有新聞學訓練的青年歷史學學者；甚至，李公明那篇書評的副標題「中國現代史的另一種讀法」無形中啟發了《報人報國》的副標題。

李金銓：歷史學界研究媒介的不多，我們搭的平臺大家可能覺得新鮮。我們另闢蹊徑，但尊重別人的路子，彼此切磋，對學術發展是有利的。

《文人論政》和《報人報國》中，我都寫了詳細的導讀，除了總結全書論文以外，還希望把整個討論提到一個更大的架構裡，所以我必須做獨立研究，消化全書的重點，再提煉出一些視野和觀點來。在這個過程中，我學到了很多。

李公明教授說出了我心中的話，我治學的取徑一向跨界，也出入宏觀與微觀之間，但我沒有大膽地這麼講。既然他講出來，我就借用他的說法來作《報人報國》的副題。我一直聚焦於政治、經濟、文化與新聞媒介的交光互影，《報人報國》附錄中臚列的那二十幾個題目也是跨學科的。假如沒有受到社會科學的影響，大概是不會注重這個問題的。這就是開拓社會學的想像力嘛。

「文人論政」的精神還在，「自由」的研究要回到源頭

問：您在《文人論政》序言中曾留下一個懸而未決的問題，即「文人論政在中國的前途是什麼？自由主義在中國的前途是什麼」；五年後，您在導

讀《報人報國》時又指出,「本書關心在近現代中國（尤其是民國時期）的報刊環境中,『報人報國』的『國家想像』如何落實或落空？在『文人論政』的歷史脈絡下,自由主義是如何獲得理解的」。再次時隔五年,您對這些問題有更清晰的答案了嗎？

李金銓：「文人論政」的精神對許多中國報人還是有生命力的,但不可能長期成為制度而存在。時代變化太快了,從前儒家士大夫有特殊地位,現代的知識人可沒有這種特殊地位了。我們是知識工作者,也是公民,我們可以憑藉專門知識,以公民身分對公共事務發言,但也不太可能撈過界。像梁啟超那樣的啟蒙者什麼話都可以講,那個時代一去不復返了,現在遇到憲法問題必須請教憲法專家分析才能鞭辟入裡,不是人人可以置喙的。古人所謂「立德,立言,立功」的「三不朽」,是不是把「立言」的輿論力量估計得太高了？

今年（2013年）4月的一次演講中,有人問我新興的社交媒介是不是主導了「阿拉伯之春」,我認為社交媒介只是一根火柴棒,如果社會上沒有乾柴遍布,萬萬是點不燃火的。換句話說,必須有社會組織,有效動員,否則媒介是乏力的。（校按：「阿拉伯之春」下場不太好,是社會基礎出了問題,不是社交媒體失靈。）當年在臺灣,如果沒有黨外運動為支柱,黨外雜誌必然不成氣候,所以兩者必須齊頭並進。我們既不能高估輿論,也不能低估輿論。一般中國文人都太看重輿論的作用了,連胡適和傅斯年等通達之士也認為「要從政不如組黨,要組黨不如辦報」,辦報有這麼大力量嗎？

還有「自由」這個概念,是外來的,一百年來我們對它的理解都是馬馬虎虎的,所以桑兵教授的〈民初「自由」報刊的自由觀〉發人深省。他從源頭檢視「自由」傳入中國以後變成什麼樣的意義。我們瞭解西學不能流於皮毛。

一個好的國家需要各種報紙,但至少必須容納幾份好的知識性報紙,像英國的《衛報》和美國的《紐約時報》,雖然它們各有偏見,但每次讀完總覺得增加很多知識。當年的《中國時報》有那麼一點苗頭,後來給掐死了。

香港是局外人又是局內人

問：前年您和學者黃煜、陳韜文對談「國際傳播研究再出發」，談到中國大陸、香港、臺灣特別是香港的社會轉型與媒介研究時，您對香港「大學教育資助委員會」和學術官僚的「後殖民」心態有嚴厲批判和反思，但從您個人的學術生涯來看，香港還是成就了您「學人報國」（以國際傳播研究回饋華人社會和華人學術社群）的情懷和理想，香港中文大學新傳院的一眾學術骨幹大多是您的弟子，在撰寫香港報業的學術和政論文章之外，您還與同事合著過剖析香港傳媒與主權回歸關係的著作，那您如何評估幾度回香港發展的學術得失？

李金銓：因緣際會，我1978年就來香港，1982年回美國任教，期間常常兩邊跑，1990年代中後期又回港三、四年，直到2004年決定從明大退休，長留香港。這些特殊淵源不是人人都有的。因此，無論在美國或在香港，我都有機會和許多才俊結緣，誼兼師友，其實他們早已青出於藍了。

香港在國際學術圈是邊緣的，但經過二、三十年的努力，也慢慢不這麼邊緣了。對研究中國大陸的傳播的人來說，香港是局外，又是局內；一方面在香港可以冷眼旁觀，甚至隔岸觀火；一方面從香港又很容易進出大陸，感受到它的脈搏在跳動。我在美國只能憑材料，知性的理解多於感性的理解。當然，不管身處哪裡，都必須不斷反省自己站在什麼位置看問題。

香港不是一個學術或文化城市，學術只是商業的點綴。香港各大學一切為排名，它們在全球排名這麼高，因為有錢請好手來嘛。但本地學生對學術不感興趣，整個學術發展也急功近利。香港完全是科層式管理，講效率，做事分明俐落。但不管三七二十一，只規定你每年在SCI和SSCI發表論文幾篇，一刀切，不惜犧牲長遠的研究規劃。中文寫作也是可有可無的，的確是嗟嗟怪事。

香港學術的侷限在於根基不深。在美國一流的大學，學術氣氛濃，空氣裡面都充滿了文化。在香港沒有這種感覺，只看到學術行政在舞棒。我很

同情年輕學者，他們壓力大。不是說我的壓力不大，只是我的研究做了一輩子，很多時候是問題追著我，不是我去追問題。年輕人還需要時間才能成熟，為了急於發表東西，往往東抓西抓，的確很辛苦，也缺乏樂趣。

問：請李教授分享一下創立「中國大陸新聞傳播青年學者訪問項目」的初衷和得失。

李金銓：有人問我有什麼「使命感」，沒有「使命感」這麼偉大，只是覺得值得做的事就去做了。我請年輕學者來城大訪問，因為他們平常沒有太多機會，而且學術的可塑性強。有些成名的或資深的可能來虛晃一槍，沒有把學術交流放在心上。

青年學者來到香港以後，聽聽看看，覺得打開眼界了。他們年紀相仿，平時在職場上太忙，現在能夠從容地在香港共同生活一個月，同進同出，沒有利害關係，沒有勾心鬥角，好像回到大學時代，關係單純，心無芥蒂，很容易變成好朋友。「多聞雅集」遍布全國，是一個志同道合的團體，是一所「看不見的學府」，向心力很強。每年暑假我們選一個好地方聚會，寓學於樂，以增進聯繫。今年暑假去過蘭州和敦煌；在這以前，去過深圳、廬山、南京／黃山、雲南、鼓浪嶼、香港和臺北。（校按：後來又去過蘭州／敦煌、內蒙古、成都／川西、廣州、北京／熱河和西安／秦嶺。）所有的節目和活動都是精心設計的。

坦白說，我們自始至終沒有丁點功利的考慮。系裡同事十分慷慨，全力支持配合，自願給青年學者開座談會，安排各種學術活動。我也帶他們去登山，享受香港的山水之美山水之樂。以我系之小，中國之大，至今132人能聚在一起（校按：截至2018年已達217人），怎能不說是奇緣？現在每年有一百多人申請，只能邀請12至16人不等，太多遺珠之憾。

跋

傳播縱橫
學術生涯五十年

　　從1978年走上講壇起，到2018年退休，整整四十年的歲月從指尖溜過去了。四十年很久遠，也很短暫。回頭看，怎麼剛剛才開始就要結束了？四十年的道路可以走得很平坦，也可以走得很崎嶇，入行的時候是預測不到的。我這四十年，走得還算平坦，最感謝的是我太太的相伴與支持。彷彿「白頭宮女說天寶舊事」，我是「退院老僧」，要談「廟裡」四十年的人與事，該從哪裡說起？——我本來只準備回顧教書的四十年，但想想要是錯過求學階段，難以瞭解從何而來，到何處去，那麼說來我就得涵蓋五十年了。有些片段以前曾經零星說過或寫過，今天我試著把它們串成一個故事。[1]

　　我且從1969年政治大學新聞系畢業說起。我在畢業後服了一年義務兵役，1970年考入中央通訊社做大夜班。什麼叫做大夜班？那是凌晨一點鐘到四點鐘，一個人獨守編輯部，像貓頭鷹守望著從天外傳來的外電，遇有要聞立刻翻譯成中文，傳送臺北各報。這麼古怪的時間，英文裡稱為graveyard shift（守墓班）。它起源於甘迺迪總統被刺那年，因為太平洋兩岸的時差，臺北各日報翌日全體「獨漏」，沒有隻字報導，被廣播電臺輕易打敗，一群尷尬的報社社長慫恿中央社，你是名義上的龍頭，有責任二十四小時發稿。

1　根據2018年4月6日在浙江大學傳媒與國際文化學院演講的錄音改寫而成，學生志願者謄寫為文字初稿，初稿寫成以後承數位友人（劉鵬、於淵淵、陳楚潔）提供修訂意見，一併致謝。本文首刊於《新聞記者》（上海），2018年7期，總425期，頁18-41。繁體字版交《傳播理論與實踐》（臺北）刊登，2019年1月，9卷1期，頁131-163。

圖 20.1　我的啟蒙書《大眾媒介與國家發展》。

中央社因此成立了大夜班。我去上班，主管說我年輕力壯，就派我做這個「守墳人」。

　　好了，話分兩頭。一頭是：我白天有很多時間，想讀點書，所以回去政大問我的老師徐佳士先生讀讀什麼書好。他從書架上面取下一本他老師施蘭姆（Wilbur Schramm）的著作《大眾媒介與國家發展》借給我。施蘭姆被尊稱為傳播研究的集大成者，他的文字淺顯而有味道，我很快就把那本書讀完。回去還書時，徐先生要我留意勒納（Daniel Lerner）的現代化理論和羅傑斯（Everett M. Rogers）的創新擴散理論，這些都是當時備受矚目的「發展傳播」（development communication）範式。另外一頭：1970年春節的除夕夜，破曉時分，雞已鳴，鞭炮聲此起彼落，我孤零零上班不禁自憐，在編輯室不安地踱步，突然看到報紙極不起眼處登了一欄題，說夏威夷大學的東西中心（East-West Center）招生，被錄取者都可以獲得全額獎學金。我告訴徐老師，我想申請，他很支持。東西中心下面有五個研究所，傳播研究所列為其首，正是施蘭姆所創立的；其他三個所包括人口所、科技所、文化學習所，另外有「開放項目」容納剩餘的學科。我申請的研究主題是什麼？當時臺灣派了不少農耕隊在非洲各地做技術示範和支援，我以這個主題為研究綱要，完全符合「創新擴散」的旨趣。

　　1971年夏天，颱風勁掃臺灣過後，我這土包子第一次離開生長之地，搭乘氣流顛簸的飛機到香港，瞥見「東方之珠」動人的容貌，三天後在偉岸的尖沙咀碼頭登船──搭的竟是威爾遜總統號豪華郵輪。它已經在新加坡接了一批東南亞和南亞學生，接著來香港接我們，再一道去橫濱接日本韓國學生。東西中心第一次（也是最後一次）在跨越太平洋的郵輪上舉行新生介紹儀式，我平生未曾與眾多不同國家、膚色、文化的學生相處。兩週後，郵輪施施然抵達檀香山，開啟我的留學生活。

一、這些作者從書本裡跳出來

　　東西中心是在詹森總統時由美國國會撥款，借夏威夷大學校園的一個角落所建立的。名義上是為了促進國際的文化交流，三分之二學生來自亞太地區，三分之一來自美國本土；用現在時髦的話來說，其實就是推銷美國制度和生活方式的「軟實力」。我們平時在夏威夷大學上課，課餘則在東西中心的學生宿舍生活，並參與傳播所的演講活動。第一任所長是美國農業部退休的專家，他的重點不在學術研究，而在第三世界的「行動」項目，例如以傳播手段在印度、巴基斯坦、菲律賓推廣節育和農業知識。繼任者曾任日本文部省長官（教育部長），從政以前是《朝日新聞》主筆；他是公共知識人，想推動的是廣義的「文明對話」，不是狹義的學苑式研究。他公然嘲笑那些在書齋做「內容分析」的人只懂「分析」，不懂「內容」，即使把報紙的關鍵詞數得再精確，對內容（例如他寫的社論）卻如隔靴搔癢，一竅不通。他大概水土不服，不到期滿就掛冠離去了。

　　施蘭姆即將從史丹佛大學退休，準備接掌他所創立的東西中心傳播所，頻頻往返於舊金山和檀香山之間。他公然批評傳播所的學術成果貧瘠。傳播所成立一個臨時委員會，請他帶頭診斷學術「不孕症」的原因，並提出改進之道。我不知道為何有幸被推為學生代表，居然能近距離觀察施蘭姆，他在談笑盈盈之間，認真地指點江山，品評人物，這是我這個毛頭小子連做夢也不敢想的機會。最後他寫了一份不太客氣的評估報告。等他離開檀香山回去舊金山，傳播所裡的氣氛好像鬆了口氣，而又人人自危。之後，他正式接掌傳播所，大刀闊斧整頓，招聘有分量的學者，企圖在坐落於太平洋中間、聯繫美國與亞洲的美麗之島夏威夷，建立世界級的傳播研究重鎮，但那時我已到密西根大學攻讀博士學位了。

　　1970年代初，美國傳播研究是什麼樣態？美國傳播研究有國內傳播和國際傳播，這兩個傳統是分道揚鑣的。國內傳播在一戰到二戰期間以芝加哥大學社會系為主，但二戰以後（尤其是1950和1960年代）則是由哥倫比亞大學拉查斯斐（Paul Lazarsfeld）和墨頓（Robert K. Merton）以及他們的學

生領風騷。他們從社會心理學出發，提出「兩級傳播」的說法，是大家耳熟能詳的。他們一再發現媒介不太能夠改變人們的態度和行為，反而鞏固他們的預存立場。許多學者因此普遍焦慮，對這個新興領域產生認同危機。當時的教材很少，最流行的是施蘭姆所編輯的《大眾傳播》和《大眾傳播的過程與效果》，雖然力圖從其他老資格學科引進思想的元素，這兩本書的脈絡還是以接續哥大的旨趣為主。國際傳播主要是圍繞在麻省理工學院的幾位政治社會學家，由勒納發其端，接著又有白魯恂（Lucian W. Pye）和普爾（Ithiel de Sola Pool）等重要學者。這是冷戰的知識產物，他們認為大眾傳播是促進第三世界現代化的利器，以防止國際共產主義的蔓延和鯨吞蠶食，統稱為「發展傳播」。我要說的有兩點。第一，國內傳播以問卷調查得到的結論是傳媒沒有太多短期微觀的效果，國際傳播卻以個案和預測性的主張，渲染傳媒在社會變遷的長期宏觀作用。這個落差值得從知識社會學的角度加以分析。第二，施蘭姆不僅活躍於國內傳播，也企圖把國際傳播發揚光大，他是在兩邊搭橋的樞紐人物。他為聯合國教科文組織所寫的《大眾媒介與國家發展》（1964），是當年徐老師介紹我入門的書，儼然被第三世界官學兩界視為「聖經」。施蘭姆力圖綜合國內傳播與國際傳播的文獻，協調它們的矛盾，是否成功則是見仁見智了。

前面說到，我在夏威夷讀碩士的兩年，整個傳播所的研究庸庸碌碌。越戰打掉美國財庫的幾個洞，但還不至於鬧窮，東西中心有錢邀請許多知名學者去開會，書本上那些作者一個一個跳到眼前。先是施蘭姆，其次是勒納。勒納的《傳統社會的消逝》（1958）是「發展傳播」的奠基之作。1971年我初到校園，即抱著敬仰之心去聽勒納演講，但見他醉醺醺地兀自在夜晚的燈光下老調重彈；學界對他的著作褒貶已是不少，他似乎無動於衷。剎那間，我恍然覺得有些作者「一見不如百聞」，還是留在書本裡不見為好。第三個，是以「創新擴散」成名的下一代學者羅傑斯——大家形容夏威夷是人間天堂，春光明媚，四季如春，聽起來像是陳腔濫調；但每到冬天，知名學者就像候鳥，紛紛降臨東西中心做訪問教授，以逃避北美洲的冰雪封天，其中一位就是羅傑斯。

在夏大首次見到開架式圖書館，我活像飢餓的饕客，把施蘭姆和羅傑斯的著作搬回宿舍，兩年內一一讀遍。他們兩人都以綜合見長，我因此從他們的著作中掌握了美國傳播研究的脈絡。羅傑斯從各種文獻中提出條理分明的「通則」，我尤其覺得「很科學」。我在夏大的導師搜集了幾十份羅傑斯的油印本會議論文，篇篇都注明是密西根州立大學的「擴散文件中心」（Diffusion Documents Center），我不禁油生憧憬之心，想去他的中心「朝聖」，後來聽說這個中心只是一堆收集論文的鐵櫃子。就在那時，我讀到杜賓（Robert Dubin）剛出版的《理論建構》，初生之犢不怕虎，於是鸚鵡學舌，把羅傑斯的創新擴散理出個有層次的「頭緒」，貌似一個「嚴謹」的理論結構。我初識羅傑斯的時候，他邀我陪他和他的新婚印度太太（後來離異）駕車環島旅行，停在海邊散步，共度他的四十二歲生日，他頗訝異於我這麼熟悉他的東西，還聽說我曾參加施蘭姆的學術把脈委員會。

我說，羅老師，我下定決心要跟你學習。他立刻表示歡迎，但他說要從密西根州立大學（Michigan State University）轉到密西根大學（University of Michigan），問我想不想跟他去。原來密西根大學剛剛成立一個跨科系的傳播博士課程，由新聞系、政治系、社會系和心理系的相關師資合組而成。我當然有興趣。然而申請期限已過，他幫我打電話，說了一番好話，對方破例通融我遲交申請。另外一個問題又來了，我沒有考過GRE，我辯說GRE有文化偏見，能不能先收我，進去了再補考？他們居然綠燈開到底，我成為被錄取的四人之一，人人都有獎學金，其中有位同學更是福特基金會派在奈及利亞的代表。密西根大學後來問我什麼時候補考GRE，我反問道：既然讓我進來了，還要我考GRE，豈不是多此一舉？結果不了了之。我這輩子沒有考過GRE，不知道它長成什麼樣子。還有一件事差點忘記講：1973年暑假，我從夏威夷畢業，在去密西根就讀之前，隨著羅傑斯和他早年的學生，三人一起去韓國做田野訪問，研究人口節育的傳播策略，算是「師父引進門」了。

另一位從書本跳出來的就是卡茨（Elihu Katz），他和拉查斯斐合寫的《親身影響》，是繼乃師的《人們的選擇》以後另一塊里程碑。他的大名如

雷貫耳，一看卻才四十多歲，原來卡茨與老師合寫《親身影響》時不到三十歲。他去東西中心演講，並會晤在那裡短期訪問的亞洲各國教授，因為他正在研究第三世界廣播制度，徵求他們提供協助，這個研究後來成書，即是《第三世界的廣播》。短暫的邂逅卻結下難得的緣分，1980年我的博士論文成書出版，他慨允賜序。2010年，他已然高齡，卻不辭勞苦，應我的邀請從以色列僕僕風塵到香港城市大學開會，發表主題演講，憶述此生在國際傳播的貢獻。起初他堅持是國際傳播領域的外行，我歷數他的《媒介事件》和《意義的輸出》都是經典著作，他在離開香港時說，他已被說服，承認自己也是國際傳播的學者。

　　這些前輩學者從書本跳出來，實在是靠「幸運吉星」在閃爍，眷顧於我，使我早年就見識到他們的風采。

二、「你不要喪失文化特色！」

　　好了，我到密西根大學去了。這是美國數一數二的公立大學，很多科系都排在全國前面，社會科學各系的實力很強。密西根大學也是我畢生最感恩的學府，我的學術基礎、風格和方向都奠定於此。

　　我的老師克萊恩（F. Gerald Kline）雖然相對資淺，但他的行政力和溝通力特別強，憑著魅力居然凝聚起一批世界著名的政治學家、社會學家和心理學家，成立跨學科的傳播研究博士課程。他還創立《傳播研究》（*Communication Research*）期刊，如今在實證研究領域有舉足輕重的地位；他又聯合另外一位老師克拉克（Peter Clarke），共同編輯《Sage Annual Review of Communication》，除此還編輯一套叢書。他們匯聚以中西部為主嶄露頭角的中生代傳播學者，形成一個新銳的社群，發表大量現在大家熟知的「議程設置」、「知識鴻溝」、「媒介使用與心理滿足」、「認知共同適應」（co-orientation）等研究。如果以往的研究說媒介無力改變態度與行為，這些新的研究則似乎強調媒介發揮「認知」（cognitive）功能。

　　說到克萊恩建立的人際網絡，還有兩件事值得記一筆。第一，他號召

密西根大學、密西根州大、威斯康辛大學和明尼蘇達大學等中西部新聞傳播學院（後來還有別的學校加入），舉行研究生的年度會議，讓他們在無拘束的氣氛下宣讀尚未成熟的論文。每年春假我們開車輪流到其他校園，自帶睡袋在當地同學家裡打地鋪。透過這種非正式的「社會化」交往，我們不啻與前前後後五六年的未來學者共同成長，等到進入職業生涯時，並不怯生，因為許多師友已成熟人了。第二，我在密西根大學讀書那五年，儼然是天之驕子。博士班每年只取一到四人，規模小，財力雄厚，人人不虞斷糧，而國內國外來訪的學者更川流不息。克萊恩常常招呼學生去他家烤肉，喝啤酒，吃他烘焙的法國麵包（當地報紙介紹過），我們得以面對面和這些學者接觸，眼界自然擴大很多。

　　另外一位老師是羅傑斯。他留著灰白短鬍子，鮮豔的頭帶綁住散飛的長髮，穿故意洗得半白皺皺的牛仔褲，頗有嬉皮之風。起初我只敢恭稱他「羅傑斯教授」，不習慣直喚他的小名，幾次以後他笑著喊我「李學生」，我只好從此改口。我做他的助理兩年，研究大學教授教學方法創新的擴散過程和因素。首先我們寄發問卷給三千個全國樣本，每份問卷貼上25分錢硬幣，邀請函劈頭就說：「請你喝一杯咖啡，在喝咖啡的時候請你填寫這份問卷。」我去銀行提滿袋子沉甸甸的銅板，又提著貼了銅板的問卷到郵局寄。經過三波的催促，問卷回收率高達百分之七十五。除了問卷調查，我們開車或搭飛機到各地，面訪有代表性的「創新者」。我學會了量化與質化研究如何互參。奈何功課壓力大，有看不完的書，出遠門我總擔心；羅傑斯安慰我，畢業出去找事，沒有人會看你的成績單，你發表什麼論文才重要。羅傑斯動輒飛來飛去，有時一去歐洲就整個月，留下我兀自摸索，如今想起頗慶幸有機會從冤枉路中學教訓。兩年後，他決定離開密西根，去史丹佛大學接任施蘭姆原來的「佩克（Janet Peck）國際傳播講座教授」。

　　我有六成的課程選自政治系和社會系的交叉介面。回想起來，對我影響最深的，一位是社會學家蓋姆森（William A. Gamson），一位是政治學家康沃斯（Philip Converse）。蓋姆森以研究權力、社會運動和話語分析聞名。他和另外一個老師合開社會心理學的討論課，很奢侈，兩個老師只教我們六

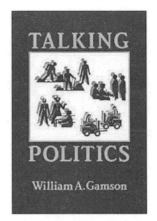

圖20.2　蓋姆森，《談論政治》。

個學生，五個是社會系的，加上我。整個學期用三種理論，反覆討論五個社會問題。其中一個問題是報業大王赫斯特（一百多年前他和普立茲掀起「黃色新聞」之戰）的孫女派翠西亞（Patricia Hearst）在加州大學柏克萊校園突被綁架，綁架者是反建制的暴力集團。等她再度現身時，顯然已被洗腦，自願參與暴力集團搶銀行。我們在課堂上，用三種理論——犯罪心理學、結構功能論和象徵互動論——反覆討論這個案例，「人為何成為反社會的歧異分子？」這樣不斷變換角度，觀察自然不同，結論也因之有異。我體會到理論是相輔相成的，社會科學沒有絕對的對與錯，往往是觀點和角度的問題，轉個彎就看到「柳暗花明又一村」的景象。（若干年後，轉益多師，從閱讀和思考中我逐漸摸索出「條件性」的重要，主張不要把理論說死，不要絕對化，而是看在哪一種「條件」下什麼理論比較合理。）

美國政治系的學生不可能沒有讀過《美國的選民》，這是康沃斯等四位密西根大學政治學家寫的經典著作。我選修康沃斯的課，因為他的名氣太響亮了，但我未必對美國的選舉行為感興趣，而是一心想揣摩他怎麼思考，看他從哪些角度切入問題，又怎麼回應不同視野的人。換言之，我學的是他的針法，而不是他繡的鴛鴦。他能夠抽絲剝繭，從簡單的資料引出深意，成一家之言。他有一篇文章說，使用媒介與態度變遷的關係是曲線的：接觸媒介少的人，態度少受影響；接觸媒介多的人，選擇性吸收資訊以強化固有的立場，態度很少因而改變；反而是接觸媒介不多不少的人，態度容易受媒介影響。這篇文章看似簡單，卻啟發了一連串重要的研究，影響力擴散到其他領域。我在全國電視上聽到評論員引述他的研究，說明碰到四年一次總統大選時，會有大批民眾跨黨派支持有魅力的候選人，但在兩年一次的國會中期選舉時，他們可能懶得投票，或回去投給本黨候選人，因此總統的執政黨在中期選舉通常失利。康沃斯從選民的黨籍、意識形態和候選人的條件分析制勝

的原因，為美國的選舉行為解開一個大謎，也為
整個研究設置基本議程。我體會到開創性的傑作
如同涓涓流水，由溪成河，匯江河入海流。

　　密西根大學是量化研究的大本營。克萊恩
是行政長才，但我稱他是「認知的實證化約主義
者」，彷彿整個世界可以化約為用數位表達的認
知結構。這不是我看世界的方法，我拒絕走他的
道路，好在他不阻攔我選課的自由。我知道他是
不太看得起國際傳播的，他在言談間暗示，只有
二流的人做國際傳播，所以對羅傑斯的路徑自然
有微詞。這是極端實證主義者的傲慢與偏見，他
們批評國際傳播「太軟」（不夠量化，不夠「科

圖20.3　康沃斯，《美國選民》。

學」），潛意識裡更以為美國是世界的答案。在他們的心目中，數學無國
界，所以學好統計，研究國際傳播只要加些國家的變項就是了。先不說這在
知識論和方法論是霸道而窄狹的，即以量化技術而言，一般資料多半以個人
為單位，而國際傳播以國家為單位，很多資料得不到，得到的品質也不夠精
細可靠，難道因此不做國際傳播研究了？我讀過上個世紀60年代著名的政
治學家以各種指標和變項研究世界各國的現代化程度，經過因數分析和回歸
分析的多層複雜處理，用牛刀殺雞，原來面目已不復見，如陷入迷魂陣，但
所得到的洞見卻極為有限。我相信材料不夠好，加多少調味品，也煮不出好
食。

　　羅傑斯轉任史丹佛，我這時開始覺得「創新擴散」太淺了，所以無意
跟他轉學。克萊恩成為我的導師。我去密西根時，要求不要計算我在夏威夷
的碩士學分，寧願從頭讀起，所以碩士加博士共讀了七年，幸虧全程都有全
額獎學金。在密西根讀完第三年課業，必須考通盤筆試，才有博士候選人的
資格，進入寫論文的階段。克萊恩好像一直不怎麼看好我，因為我沒有和他
亦步亦趨。但他沒有料到我的資格考試表現上乘，跌破了他的眼鏡，從此對
我另眼相看，甚至到處向人宣揚我的「潛力」。密西根有舉世聞名的「社會

研究調查所」（Institute for Social Research，簡稱ISR），我自己也接受過嚴謹的實證主義訓練，我說索性統計分析ISR的二手資料，以檢測若干傳播理論的正誤。他突然說：「你一個外國人，做美國的選舉研究，不就喪失了文化的特殊性？」哈哈，我要的就是他這句話，從此我走自己的路，做自己的事，永遠不要喪失文化特色。克萊恩為何有這樣戲劇性的轉變？他是加拿大人，有一年休學術假，他回去渥太華當加拿大政府文化部的顧問，思索如何對抗美國的文化侵略。我猜這個政策研究的經驗給他帶來很大的衝擊，原來世界之大，社會組成和文化意義之複雜，何止於幾個統計模型？

　　我敘述克萊恩獨尊量化研究，並不是孤例。我考過候選人資格那年暑假（1976），興沖沖長途開車前往華府近郊的馬里蘭大學，第一次到新聞與大眾傳播教育學會年會看熱鬧，見世面。克萊恩向鼎鼎有名的查菲（Steven H. Chaffee）提到我，查菲特地跑過來問我論文要寫什麼，我脫口說可能是傳媒與國家發展，屬於國際傳播的範圍。他看我一眼，失望地說：「『發展』是什麼玩意兒？」講完就跑掉了。我愣在那裡，不知怎麼回應，等回過神來，後悔沒有問他：「『態度』是什麼玩意兒？」如果他嫌「發展」是模糊的概念，他所研究的態度變遷豈不更是看不到的黑箱？他是施蘭姆在史丹佛的得意門生，顯然對施蘭姆的國際傳播是不以為然的。查菲已故世多年，生前成就斐然，我提起這件往事，只為說明邊緣學科的那一輩領袖獨沽一味，只想模仿自然科學的範式研究「人」，卻丟掉了人文學科恆久的價值關懷。難道兩個範式不可以和平共處，甚至互相滲透嗎？在我看來，不但可以，更應該鼓勵。以飲食為喻，人不應該偏食，不應該廢食，唯有雜食才能維持營養的平衡。我不喜歡偏枯而狹隘的學術，學術最高境界是藝術境界，縱橫自如，不拘一格。

　　我逐漸走出傳播研究的那道窄門，接觸外面的天地，閱讀許多政治社會學的重要著作，再也不能忍受那些以科學為名而「畫地自限」的瑣碎傳播研究。英國社會學家坦斯多（Jeremy Tunstall）到美國巡迴宣講新著《媒介是美國的》，我們在克萊恩老師家裡喝印第安人啤酒的時候，我的美國同學問他到底是做社會科學還是做歷史，他回說社會科學不是歷史的一部分嗎？我

對這段話記憶猶新，此後數十年每到倫敦我都設法和他吃頓午餐。至少在我們這一行，一般歐洲人似乎比美國人更有歷史感。然而真正塑造我學術旨趣和志業的是米爾斯（C. Wright Mills）。我在博士班讀到大約一半時，偶然在書店邂逅他的《社會學的想像力》，讀後大受啟發，感覺有點相見恨晚。他強調兩點：第一，我們要不斷聯繫個人關懷到公共議題；第二，任何重要的問題必須放在一個時空座標，也就是兼具歷史脈絡和全球視野。這本書我不知讀過多少遍，剛開始教書時，每年重讀一遍，叩問自己有沒有把握好方向，久而久之就內化成為意識了。米爾斯其他專著都沒有《社會學的想像力》長壽，出版至今六十年仍歷久不衰，而且還會繼續流傳下去。除此，我讀了文化人類學家格爾茲（Clifford Geertz）在印尼做的農業生態史研究，他的「深描法」（thick description）迥異於實證主義的「淺描」，田野筆記竟有優美的文學筆觸，如同徐志摩說的「濃得化不開」，必須細品才能體會出它濃郁的醇味，卻又條理清晰，沒有以詞害意。我遍讀了以現象學為主的社會學家柏格（Peter Berger），他求取因果規律和文化意義的平衡，著作深入淺出，很有說服力；他不只是停在知識論層面說事，更有許多經驗性分析研究，是可供模仿的範例。這些都是促使我從實證主義轉向到現象學的契機。

　　米爾斯對我的影響不止於建立研究旨趣與風格，《社會學的想像力》有一篇四十七頁的附錄——〈論知識的工藝境界〉，這是我畢生受益最多的具體治學竅門。他舉了大量的例子現身說法，從做讀書卡片，到如何開拓對概念、對人性的敏銳度，由歸類到成型，「抓兩頭看中間」，時刻在歷史脈絡和全球視野的座標交叉比較，以至於寫作明曉暢達，每一帖藥都是刺激想像力的良方。他立足於古典的社會分析，宣示知識人與社會、政治、歷史的關係，最終是要達到學術獨立而自由自在的藝術境界。這篇附錄我讀過幾十遍，而且不斷在實踐中揣摩，直到內化為自己的思考習慣。除了開拓想像力，還要與學術紀律取得平衡；想像力引入某些聯繫，引出某些問題，最後必須接受嚴格的邏輯和證據檢驗。以後我教書，總一再推薦給學生讀這本書，尤其是這篇附錄。

　　前面說過，我對勒納、施蘭姆和羅傑斯以「現代化理論」為依託的著

作本來就非常熟悉。他們一致肯定傳媒是促進第三世界的政治整合、經濟發展與文化自主的觸媒，所以必須維護「資訊的自由暢通」。我對這個理論有贊成有懷疑。接著我開始接觸美國左派的政治經濟分析，其中最重要的就是席勒（Herbert I. Schiller），他說美國傳媒其實就是美國海外霸權擴張的馬前卒，致使國際資訊秩序嚴重失衡，無論是內容輸出或體制外銷，它們灌輸著資本主義的消費意識，是文化侵略的表徵。此外，普爾自稱是「軟性的」科技決定論者，他說，國際資訊之所以分配失衡，歸咎於科技瓶頸，如今新媒體載量多，速度快，失衡的問題當可迎刃而解。席勒卻說新媒體其實為虎作倀，使得美國和跨國公司更進一步支配全球的資訊。兩種觀點與立場不但南轅北轍，簡直針鋒相對，到底孰是孰非？我也為此困擾很久。很多年以後，我悟到若以《易經》的道理來理解，這兩種說法如同一陰一陽，然更有趣的應該是「陽中有陰，陰中有陽」，它們有互涵互斥的關係，所以不要把理論片面化或絕對化。這是後來我從體驗中不斷強調社會科學「條件性」的緣故。

　　我從傳播的著作，回溯源頭去閱讀「現代化理論」，同時仔細廣泛閱讀拉美激進學者提出的「依賴理論」。依賴理論是現代化理論的對立面，它要解釋為什麼拉丁美洲（乃至第三世界）經濟發展遲滯？第一派以政治經濟學家法蘭克（Andre Gunder Frank）的外因論為代表，他受到列寧的帝國主義理論影響，認為第三世界所以無法發展，是因為第一世界長期強取豪奪，剝削殆盡。他的方法是實證主義式的，有簡單化之嫌；他的立場與「現代化理論」對立，方法論上卻異曲同工。第二派是韋伯式社會學家卡多索（Fernando H. Cardoso）的內因論，他從內部階級的合縱連橫開始，聯繫到國際政治經濟結構產生的制約條件，也就是外因要透過內因才能起作用。他提出「依賴發展」的視野（他不願稱之為形式化的「理論」），認為有些國家（如巴西）一方面依賴國際結構，一方面經濟獲得發展，既依賴又發展同時並進。卡多索後來當選巴西總統，「依賴發展」對於後來的學者研究「半邊陲」國家（如墨西哥、阿根廷和「亞洲四小龍」）很有啟發。我以這些理論文獻為基礎，不斷聯繫到國際傳播的主題和案例，成為構思博士論文的養料。

第三年考完資格試，第四年我到處旁聽課，並開始閱讀大量的書籍、期刊和資料，做了滿滿兩大箱的讀書卡片，不斷排比，而且反覆琢磨米爾斯提示的方法，以開拓想像力，力圖在這些卡片中建立聯繫和脈絡。我從《美國社會學期刊》找到一篇極佳的通論（rcview essay），然後按圖索驥，自擬詳細的書單，包括現代化理論和依賴理論的各重要派別和作者，以及「國際資訊與傳播新秩序」辯論雙方兩造的著作，一本本一篇篇讀下來，每隔一陣子便檢查進度，務求避免漏掉重要的文獻。我自勉全面掌握這個領域的文獻，要與社會系最好的學生比肩。我的書架上保留著一些當年在冰天雪地夜闌人靜燈下苦讀的書，捨不得流失，大概是為了捕捉年輕時代的記憶，但這次退休大搬家勢必要割捨了。在這以後的學術歲月裡，但凡要進入不熟悉的領域以前，我總是先找一篇好的通論性導讀，以便瞭解各種理論場域的邊界和相互關係。

第四年結束第五年開始，猛然有點心慌，再不動筆寫論文怕畢不了業了。撐上寫作的發條以後，鐘錶就滴滴答答動起來了。我從第三章開始寫，然後寫第二章。寫完第二章，克萊恩教授說，你這篇論文可以出書。論文委員會上的社會系和政治系教授也鼓勵有加。我不止吃了定心丸，簡直像吃了鴉片煙；我沒有吃過鴉片，不曉得它怎樣令人飄飄然，反正我的世界大放光明，彷彿怎麼忙都不會累。在這以前，論文必須戰戰兢兢地打字，研究生院派人一張一張檢查，只要打錯一個字就得整張重打，是吃力不討好的勞動。碰巧我那年開始，大學開始接受用電腦寫博士論文。個人電腦尚未出現，我只能午夜時分跑到電腦中心，在角落占領一個終端機，由終端機連通碩大的電腦，整夜在那邊寫作，直到清晨那些「早鳥」來報到我才回家睡覺。因為我已積存兩大箱卡片，思路想得差不多了，每天平均固定寫作二十頁，寫完以後不斷修改，整篇論文歷時三、四個月完稿。

我要插幾句話，與各位同學分享我的寫作經驗：你們寫論文，最好攔腰一截，從中間寫起，因為那些是最具體的材料，平鋪直敘，好寫。等寫完中間部分，再寫結論，最後回去寫第一章，這時要你交代全篇的旨趣和問題，自然駕輕就熟。要是硬從第一章寫起，思路沒有理清，還要絞盡腦汁想擠出

圖 20.4 我的第一本著作《媒介帝國主義再商榷》（1980），脫胎自博士論文，承卡茨賜序。

一些「語不驚人死不休」的話，保證你想整晚也寫不出一段言之有物的東西；何況寫到後面幾章，觀點和分析必然和當初預想的不同，那就勢必動搖第一章的基礎了。請你們記住：文章不是「寫」出來的，是「改」出來的。所以你們起初稿時，不要抱著「完美主義」的心態字斟句酌，最好一氣呵成把整個想法寫下來，別管它是好壞精粗。有了第一稿以後，再慢慢琢磨、修改、增刪，這樣分段作業，可以減低你的心理壓力和腦力負荷。有了蹩腳的第一稿，就可能磨出較不蹩腳的第二稿，因為你已經知道哪些地方不好，哪些地方該怎麼改了。寫作有如西洋油畫，可以一筆一筆添改顏色，不像中國傳統文人在宣紙上寫水墨畫，一旦落筆就難以改動。在改文章的時候，眼看著模糊的東西愈改愈清晰，脈絡愈梳理愈有致，以至文從字順，這是令人享受而著迷的過程。（莫扎特和貝多芬同為千古不朽的作曲家，但上帝通過「神人」莫扎特寫的樂稿一片明淨，而貝多芬的樂稿則千錘百煉，改了又改，潦草凌亂。在寫作的道路上，我無力跟隨莫扎特，寧願一步步勉強學習貝多芬。我的腦中也常浮現曠世雕塑家米開蘭基羅一刀大砍一刀小琢「大衛」的景象。這種「想像」常給我一種精神鼓舞的力量。）

回到我的博士論文《媒介帝國主義再商榷》，到底寫些什麼？我參加自由多元派的「資訊自由流通」和激進派的「媒介帝國主義」的辯論，把它們的論旨加以排比，提出下面三個問題，以為分析全球廣播電視同質化的綱領：

（一）跨國媒介擴張的「引擎」：自由派認為美國以其市場優勢向外尋求最大利益，激進派認為是先進資本主義的內部矛盾，產生「軍事工業複合體」。

　　（二）媒介依賴的後果：自由派認為初期必須依賴外國，然後從學習中加強自身實力，達到相對自主的目的；激進派認為，一味依賴下去，只能造成更根深蒂固的依賴而無法拔除。

　　（三）媒介政策：自由派倡議第三世界與西方國家保持開放互動，激進派主張第三世界從國際資本制度及其主流文化撤退。

　　這兩個貌似水火不容的論旨，在我看來其實是一種「悖論」（paradox）：我不相信哪個說法是壟斷真理的；我認為，對不同處境和不同條件的國家而言，兩邊的說法各自言之成理，各有各的解釋力。我還做了幾個個案研究來闡述這個道理。從辯證的角度來說，「資訊自由暢通」是「正」，「文化（媒介）帝國主義」是「反」，合起來的話，我的結論是必須營造自由而平等的國際資訊新秩序，兩者缺一不可。同一年，聯合國教科文組織的馬克布萊德委員會發表一份報告，提倡「多種聲音，一個世界」，我的結論與它的精神不謀而合。這篇博士論文的取徑，事後想起來，應該受到米爾斯、蓋姆森和柏格這一脈風格的潛移默化。論文完成於1978年，系裡出資複印五十本，廣寄行內著名學者，徵求修改意見，得到他們正面的評價；系裡還資助我去紐約和好萊塢，訪問各大影視公司負責外銷的副總裁。兩年後書正式出版，承卡茨惠賜一序。這本書開啟我的學術生涯。

　　密西根大學是研究當代中國的重鎮，據我所知前後至少有四位政治學家曾在白宮制訂對華政策。我念書那五年，懷庭（Allen S. Whiting）和奧森伯格（Michel Oksenberg）教授在學官之間。各位大概想不到，密大東亞圖書館收藏全世界最多的紅衛兵小報。在那個騷動的特殊年代，我沒有跟上時髦的列車研究中國。「中國通」有專家的傲慢，但其實這是相當危險的行當，因為我靠直覺常懷疑他們的判斷是錯誤的。「文革」期間，「中國通」只能霧裡看花，挖點《人民日報》的東西捕風捉影，上線上綱。周恩來1976年去世後，華國鋒接任總理，出乎外界的意料，密大的一位權威向《新聞週刊》解釋，鄧小平讓位給華國鋒，自己等著接毛澤東做黨主席。鄧小平在「反擊右傾翻案風」被打下臺，直到他第三度復出，這兩位「中國通」對局

勢的闡釋完全相反，簡直是信口開河嘛。他們對中國政局的感覺還不如一般香港的觀察家。我對中國發生興趣，是「文革」結束到香港教書以後了。

三、馬料水的「雲起軒」大學

1978年8月，我們抱了兩個學位（夫婦同獲密西根大學博士）、一個出生八週的男嬰，加上滿腹希望，到沙田馬料水向香港中文大學報到。我原來想回去政大，但母校沒有空缺，我乾脆轉進到香港追隨施蘭姆。他在東西中心再度退休，願意到香港中文大學任胡文虎講座教授，應承三年合約。他信以為可以在香港成立跨亞洲第一個傳播學博士課程，到達以後才知道香港的學制僵硬，人家先前「誤導」他的條件根本不可能存在，事與願違，僅僅十四個月便悻悻然打道回檀香山了。

我在寫博士論文的時候，向中大投函，申請講師（英制）教職，一切說得好好的。眼看畢業的腳步愈來愈近，卻久久沒有音信，查問也不得要領，過了一陣子突然又接得聘書。原來這裡面另有文章。施蘭姆應聘時，大學當局召開記者會大肆宣揚，豈料他不到半途就要離開，校方十分尷尬。系裡的人事結構又相當「異常」，除了一個講座教授高高在上，中間沒有教授和高級講師，剩下的幾乎是清一色沒有實任（可以隨時被解聘）的講師和副講師，校方頗為不悅，因而扣留我的講師任命。為了這件事，施蘭姆親自出面去見李卓敏校長，告訴他「我認得這個學生，他是很優秀的」，校方終於放行。這是事後施蘭姆跟我不經意透露的內情，我也未曾為外人道也，這是第一次公開。

我們和施蘭姆重疊兩個多月，還寄宿過他家。他早起在蜿蜒起伏的校園慢跑，早餐豐盛，但中午就是一個橘子一個蘋果，數十年如此。晚飯喝點紅酒，八點開始工作忙到半夜。（我剛到密西根大學時，也曾寄宿羅傑斯的地下室，他過了午夜還在勤奮寫作，常聽到他的腳步聲，去開冰箱倒廉價的紅酒喝。我可以見證，成功的學者沒有不用功的。）施蘭姆總是第一個到辦公室，最後一個離開。只見他念念有詞，手指在IBM打字機鍵盤上飛舞，

我手寫我口，文字淺顯易懂，口語化，卻優美而有味道。他年輕時寫短篇小說，得過歐亨利獎，被選入中學教材，幾十年後還偶爾接到版稅。他一邊埋頭寫作，有時從打字機抬起頭，以他那在教會唱詩班雄渾男中音的歌喉低哼一曲。他告訴我，他成功的要訣是選對了題目。我問他怎麼看待批評者？他說：「我心坦然，我已經向學術的高峰邁進了一步。」學術批評是常態，他的反應也是坦蕩蕩的。

施蘭姆從東西中心退休的時候，各階段門生故舊合撰一本書——《傳播研究：半個世紀的評估》，從不同領域闡釋他的卓越貢獻。他送我這本書，署上1978年9月9日，正與我們的結婚紀念日巧合——1972年9月9日，我們在夏威夷東西中心優雅的日本花園結婚。他在書上題詞說：「贈給李金銓，但望他和中文大學增進彼此的偉大與快樂，並建議他的妻子立即為其傳記做筆記（見頁297）。」翻到第297頁，是施蘭姆夫人對他充滿溫馨的回憶。1987年，在他去世以前一週，我還接到他的信，我常懷念他。如今，美國學生已茫然不知施蘭姆、勒納、羅傑斯和查菲是誰了。在無涯的學海面前，人人都是渺小的泡沫，所以只能求心安理得罷了。生前盛名是速朽的，各領風騷三十年就不錯了，後浪推前浪是擋不住的定律。

香港開埠以來只有一所香港大學，是培植殖民地官員的搖籃。港英政府公然在華人社會歧視中文，英文是唯一的法定語言，法庭用英文，港大

圖20.5　初抵香港，與施蘭姆合影（1978）。後排右起是朱立和李金銓。

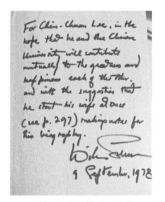

圖20.6　施蘭姆給我的贈言手跡（1978）。

圖20.7　在啟德機場送施蘭姆返美（1978）。

用英文，政府公告用英文。上個世紀60年代，終於爆發一場中文合法化運動，總算逼使港英政府從善如流，合併崇基學院、聯合書院和新亞書院成為香港中文大學。Chinese University of Hong Kong在英文沒有問題，但在中文有很多歧義（中國人、華人、中文、華文、中華、華夏），最後採納錢穆的建議以「香港中文大學」命名。中大號稱雙語並重，上課畢竟以中文為主。大學初創，成員書院品流複雜，人事傾軋，最近我陸續看到一些新出土的回憶錄，記敘當年大學整合過程之艱辛。我分配到錢穆創立的新亞書院，洋溢著士大夫花果飄零的氣氛，著重中國文化的海外傳承。新亞校歌說「手空空，無一物；路遙遙，無止境」，現在校友高呼維護中大精神，何嘗不是維護艱苦卓絕的新亞精神？我在新亞書院的時候，金耀基院長力圖奮進，請來許多名家演講，我親炙過錢穆、李約瑟（Joseph Needham）、狄培理（William Theodore de Bary）、小川環樹、錢偉長、劉海粟諸先生的丰采。

在中大四年期間（1978-1982），一幕又一幕的中國政治變化在眼前展開：「四人幫」垮臺，「文革」結束，鄧小平復出，香港回歸開始逐漸走上議程，風聲益緊。新亞書院的「民主牆」上，天天都貼滿了各種嚴肅的政治辯論——中國何去何從？在一種論調旁邊貼著另一種論調，今天的大字報明天就被新的大字報糊上，駐足圍觀、熱烈討論的人很多。位處偏僻而清淨的中大校園內，到處有各種演講活動，師生充滿了激情與理想。《人民日報》空前絕後，精彩絕倫，一邊打擊極左遺毒，不斷刊登老幹部（包括鄧小平）在文革期間被「四人幫」蹂躪的回憶文章，一邊又批評頂著教條為令箭的所謂「凡是派」，高潮起伏。我對中國研究的興趣肇始於此。香港當年有幾十家報紙，左中右立場都有，加上狗經、馬經、娛樂甚至黃色報充斥。我每天看七、八份立場鮮明的報紙，十分過癮。日後我研究中國媒介和香港回歸，是和這段因緣與氛圍息息相關的。這些報紙如今關的關，併的併，能存活下

來的很少了。

　　施蘭姆離開中大，留下的碩士課程由朱立和我兩位資淺講師承乏接替。說「承乏」不是客氣，而是實況。我因緣際會，從1978到1982年，先後指導李少南、陳韜文、蘇鑰機等人的碩士論文。他們留學美國歸來以後，青出於藍，先後出任該院前三屆院長。（第四屆院長馮應謙，是我在明尼蘇達大學指導的博士。第五任的李立峰與我有兩段因緣，90年代中後期我回到中大客座時教過他，本世紀初他學成歸來，我聘他到城市大學成為同事，後來他又回中大。）我的年紀略長於學生，又剛出校門，有用不完的精力，和他們鎮日打成一片，爾後幾十年誼兼師友。我非「伯樂」，很少人像我這麼幸運，一畢業就與「千里馬」有教學相長之樂。還有一件趣事：上個世紀70年代末80年代初，美英出版界突現奇葩，一連串「媒介社會學」的著作紛紛問世，是60年代「新左運動」餘波蕩漾所醞釀出來的學術成果，而新亞圖書館這些媒介社會學的書都是我推薦的，每本書後面的借書單都只蓋一個圖章，因為只有我借閱。

　　中大當時只有五千學生的規模，每班不超出二十五人，多年以後我幾乎還叫得出早年學生的名字。港英政府嚴格控制學額，兩家大學學生是挑了又挑的精英，他們畢業以後多數有很好的機會。我教「大眾傳播理論」，第一年與人合教，我逐週寫出後半部的講稿；第二年單獨再教，寫出上半部；第三、四年單獨教時，又兩次修訂，最後出版為《大眾傳播理論：社會・媒介・人》，「用廣角鏡或『新藝拉瑪』攝影術的方式作為起點來探視大眾傳播的景象」（業師徐佳士先生語），有別於施蘭姆《人，信息，媒介》的取徑。出版社一再印刷，至今仍是臺灣學生的主要教科書。我當然是認真寫的，但教科書只是供人踩過的踏板，不能代表我的學術成就。專門著作的學術價值高得多，卻是訴諸小眾的，我這本教科書遠比我任何學術專著知者更多；連晚一輩的大陸學者都告訴我，他們在「港臺特藏室」看到此書而受到啟蒙。猶如我自己讀了徐佳士老師沿著施蘭姆的路子所寫的《大眾傳播理論》，而對傳播學萌生興趣。歷史真是充滿了偶然。

　　新亞書院位居校園的山頂，大概是香港的「最高學府」。新亞有許多

圖20.8　香港中文大學新亞書院雲起軒。

外省老師，不會說粵語，吃不慣廣東飯，書院要工友供應簡單的麵食午餐，他們也小賺外快。同事們聚在「雲起軒」，掛的匾是饒宗頤先生的題字。我們在進門處長期霸占一張檯子，號稱「天下第一桌」。創校的李卓敏校長剛退休，繼任的馬臨校長在一個場合告訴我們，書好好教，研究多做少做沒有關係。研究壓力小，大家多的是時間，在「天下第一桌」高談闊論，針砭人事，每頓飯擺起龍門陣至少兩個鐘頭，令初出茅廬如我者茅塞頓開。縱然是天南地北閒聊，文人不可能完全言不及義，總要觸及學問的邊和角，舉凡西方漢學、中國政局、儒法之爭、審判「四人幫」、資治通鑑、宋代書院、西學東漸、李約瑟問題、哈伯馬斯、後現代、分析哲學、自由主義、朱熹、胡適、錢穆、陳寅恪、馮友蘭、費正清、費孝通、殷海光、《金瓶梅》、壯族、地方誌，簡直形形色色，無所不包。凡是聽不懂的，我回去立刻找書補課。四年下來，不啻獲得一個無形的通識學位，深感美國主流的傳播研究格局未免太小器了，等我回去明尼蘇達大學任教，已是胸有成竹，我的路數蓋上了「雲起軒大學」的烙印。「天下第一桌」的常客包括勞思光、劉述先、金耀基、孫述宇、林聰標、金聖華、孫國棟、魏大公、李弘祺、朱立、閭建蜀、逯耀東、喬健、謝劍等。不知當年的桌友怎麼想，至少對我而言那是一段不回頭的美好記憶。

　　我在中大教書第三年，明尼蘇達大學已決定聘我為實任副教授，在中大校園是大新聞。我繼續在香港等待移民簽證，又拖了一年才啟程。1978年我們抱著兩個月大的兒子居安到香港，1982年抱著八個月大的女兒居明去美國。太太顏嘉琪也是密西根大學博士，原在中大教育學院任教，但為了我自私的選擇，放棄她的事業跟我遠渡太平洋彼岸，並決定居家四年，全心照顧兒女。四年後她考上專業執照，在明大成為出色的心理師。她這輩子不斷為我而奔波而犧牲，這只是剛剛開始而已。而居安和居明長大以後，也都堅持要念密西根大學，全家四口都為密西根的足球隊加油，這是我們家庭的佳話。

四、明尼蘇達：北國的故鄉

　　明尼蘇達大學為我破了兩個例。一是提早三年聘請我為實任副教授，主要是看重我從博士論文脫胎出版的《媒介帝國主義再商榷》。第二個破例：新聞與大眾傳播學院成立五十年，所有教員只有我的母語不是英語。早年美國新聞傳播學界四大重鎮為威斯康辛、伊利諾、明尼蘇達和史丹佛，1982年風氣仍未大開，聘請非英語系的外國人來新聞系任教彷如天下大事，相信大家眼睜睜打量我到底行不行。

　　我匆忙去明大報到，距離開學只剩兩週。研究生的傳播理論討論課教些什麼好？我本想教新興的媒介社會學，但已有同事捷足先登了。我海運的書還在太平洋途中旅行，我又要安家，急急忙忙憑著印象寫出一個教案。我以前讀過很多結構功能論，後來又陸續涉獵西方馬克思主義的各流派，不如就聚焦在社會理論和媒介研究的交光互影。第一學期教下來，口碑一旦建立，此後每年吸引不少本系和外系的學生選修。這門課我連續教了二十多年，不斷擴充、細化和加深內容，回溯芝加哥學派的指導思想實踐主義、哥倫比亞學派的結構功能論，又探討左翼政治經濟學和英美文化研究內外派別的異同，旁及各種知識論和方法論。我開另一門國際傳播的研究生討論課，也是從國際政治和區域研究找了大量的閱讀材料，再聯繫到傳媒研究。我與這兩門課一起成長，隨時警戒自己莫因做專題研究而眼光變窄。

　　克萊恩和我同年離開密西根，接掌明大新聞與大眾傳播學院。他鼓勵我去申請教職，但為了避嫌他完全不介入遴選過程。我在三十二人中脫穎而出，全靠資深教授蒂奇納（Phillip Tichenor）在委員會上一錘定音，據說他細讀我的書後，頗贊許我的結構分析。後來我們成為同事，來往密切，我向他學習很

圖20.9　明大資深同事蒂奇納（左）與兩位鄉村社會學家合作數十年。

多。他是我平生所見最講程序正義和公平原則的人，而且身體力行。美國是高度個人主義的國家，最崇拜白手起家的英雄，傳播研究的主流也是以個人為導向。蒂奇納和另外兩位鄉村社會學的同事以結構功能論為基底，1970年代初從社區研究提出結構模式。他們的成名作是分析結構因素（社會經濟地位）擴大「知識鴻溝」，有如經濟學上「富者愈富，貧者愈貧」的原理。光這樣說似無驚人之處，但他們另有一篇重要的文章，命題是知識鴻溝固然可以擴大，然而在特殊的「條件」下（例如衝突性議題、社區結構的複雜性）也可以縮小。這個「條件說」對我很有啟發。然而有一次我問他，你動不動講結構，人跑到哪裡去了？他說人已經被結構吸納了。我不能接受結構這樣抹煞個人的能動性，這是結構的「過度決定」（overdetermination）。我寧可相信現象學，注意「人」（能動性）與「勢」（結構）的互動關係，而結構又是多層次互相重疊的，解決一層的結構未必解決另一層的結構或整體結構。

　　這個階段對我最有吸引力的是薩依德（Edward W. Said）。我先接觸他一語雙關的《報導／遮蔽的伊斯蘭》，他分析西方國家的媒介以國家利益為依歸，既「報導」又「遮蔽」伊斯蘭教及伊斯蘭國家，把複雜矛盾的現實簡單化約、本質化甚至妖魔化，彷彿整個伊斯蘭世界都凍結在幾個永不改變的特徵（例如保守宿命，以致無法自贖），然後形成與西方二元對立的敘述。接著我開始反覆閱讀《東方主義》和《文化與帝國主義》，他從英法美文學藝術的文本出發，聯繫到政經結構和意識形態的歷史脈絡。他的視野寬廣宏富，既批判又不自憐，始終以世界精神和人文關懷為立足點，而以「啟蒙」和「解放」為宗旨。他是專業學者、文學批評大家、文化人、公共知識人和政治活動家，其理論視野受到早期傅柯（Michel Foucault）關於「話語」（discourse）以及威廉斯（Raymond Williams）闡釋葛蘭西「霸權」（hegemony）的影響，開啟「後殖民主義」的先河，影響遍及人文學科和社會科學各個領域。儘管他分析的許多西方文本（包括文學、小說、歌劇、藝術）我並不熟悉，我還是不斷揣摩他的立論和方法，對我研究國際傳播有長遠而深刻的影響。我對心儀的作者，一向幾乎讀遍他們的著作，所以薩依德的其他書、論文、自傳、政論乃至樂評，我都讀得津津有味。

　　我是1982年到明大的，2004年才正式退休離職。人生沒有幾個22年，何況正當黃金壯年，子女都在那邊長大，我們交了很多朋友，留下各種難忘的記憶，能不認為這是我們在北國的家鄉嗎？其實這22年間，我先後離開過三次：第一次是1986年，放一年學術假回臺北；第二次在香港回歸前後，到中文大學三年（1994-1995，1996-1998）；第三次，先到香港城市大學客座兩年（2002-2004），試探水溫以後才決定「落戶」。我在明大期間，多數碩士博士生都修過我的傳播理論或國際傳播討論課，我教過和指導過的學生來自美國、日本、韓國、馬來西亞、印度、瑞典、挪威、德國、波蘭、伊朗、南斯拉夫、突尼西亞、約旦、沙烏地阿拉伯、衣索比亞，當然也包括中國大陸和臺灣、香港，煞像一個「迷你聯合國」了，這是我在亞洲不可能複製的經驗。最哀痛的是失去我的老師兼好友克萊恩（1986），他因病英年早逝，歿於四十九歲生日，老天未免太會開黑色的玩笑了。若假以天年，他在學術行政上必有更大的建樹。在他以後，沒人有他的魅力，學院領導難以為繼，長期陷入不穩定狀態。

　　1986年舉家回臺一年，我在中央研究院民族所客座，兒子就讀胡適國小三年級，女兒進幼稚園，太太在臺大醫院做兒童心理治療師。這是我1971年離臺以後回去住得最久的一年。臺灣正在解嚴蛻變前夕，新舊勢力交鋒，我的朋友多已位居報館高層，紛紛要我撰寫政評，我把十五年來累積的話一吐為快，引出不少漣漪，許多知識人和新聞人讚我說出他們的話，但兩家軍報卻撰文圍剿我。好在政治土壤鬆動了，帽子店的生意愈做愈淡，如春耕以前的翻土，連軍報和國民黨政府內部的人都私下打電話鼓勵我再接再厲，不要洩氣。這些政論文章最後結集為《新聞的政治，政治的新聞》，獲選為《中國時報》年度十大好書之一。

　　《中國時報》是當時最好的報紙，創辦人余紀忠先生是國民黨中常委，黨內的開明派，它的社論是測量政治氣候變化最敏感的溫度計。余先生以愛才出名，只問才幹，不計背景。他盡其所能，與情治單位周旋，保護有「反骨」的政治記者。他重金從別的報紙挖角，不次拔擢，甚至去同仁雜誌和大學社團刊物探勘人才。但也有人批評他太精明，愛才而不惜才，新人換舊人

的速度很快，以致「時報退除役官兵」遍布社會各界。余先生倒是一直寬容待我，而且有恩於我。我那陣子寫的政論有三大要旨：一是譴責某些媒介違背事實，蒙蔽真相，破壞公信；二是鼓吹政治順應時代潮流，加快言論開放的速度和範圍；三是呼籲在解除報禁以前，應該立法限制市場壟斷，以建立公平競爭的遊戲規則。當時兩大報系合占報業市場的三分之二，而三家電視臺又分別是黨政軍三股勢力的禁臠。余先生對我的言論不以為忤，他說《中國時報》報系的市場擴張是時局造成的。他還多次請我去他府上吃常州的家常飯。

他老人家曾經四度紆尊降貴，慈惠我加盟《中國時報》。第一次，我還在密西根大學念書，碰到福特總統競選連任失敗，回母校擔任一個月的短期訪問教授，他與十多位教師做了小範圍的早餐座談。（侍者端來一盤安檢過的美式早餐，福特總統幾乎整盤未動，只抓一片麵包咬在口裡，其他人取用簡單的歐陸早點。）我忝為唯一的學生代表，事後寫了一篇通訊稿〈福特總統的一堂早課〉，寄給總編輯歐陽醇老師。余先生讀後深為嘉許，當即希望我畢業後去報館當副總編輯。第二次，我在香港中文大學教書時，他要我兼任駐港特派員，我以違反大學規定婉辭。第三次是1986年在中央研究院客座一年，他要我期滿以後留下來。1991年我回臺做研究，有一天深夜去看他，他又舊議重提。我既然進了學術界，就不好隨便轉移跑道，但幾十年來我始終在學術界看新聞圈，而未曾忘情於新聞。余先生的好意我無以為報，整個1990年代期間，我只能多寫評論文章報答他。臺北編輯部來一通電話，提供背景資料，我就開工寫一篇評論傳真回去。

1980年代初，我剛剛從香港到明大，余先生在紐約創辦《美洲中國時報》，因為言論開放，立場開明，發展勢頭相當火旺，竟觸怒國民黨內部保守派的政敵，他們聯手在中常會以莫須有的罪名圍攻他。當局執意派黨部「信得過」的人去當總編輯，余先生寧願打落牙齒和血吞，斷然結束該報的生命，財務和人才損失慘重，每當和我們後輩提起這件事仍憤憤然。1986-1987年間，眼看解除戒嚴、開放報禁在即，他以老邁之年，卻像年輕人一樣野心勃勃，志氣昂揚，一心想回北美洲大顯身手，可能也有雪當年之恥的意

味，可惜後來不知何故未遂。1989年他突然主動提議，要捐助我一筆經費，在明大成立「時報社會與媒介研究中心」。我提三項合作的條件，他都爽快一口答應：一是學術獨立，按照美國大學的方式辦事，不能干預；二是言論自由，要信任我的判斷力，不能限制我講什麼，不講什麼；三是文化中國，不是政治中國。

「時報中心」維持十二年，做了一些事，最重要的是拓展中國傳媒研究的疆域，揭高它的學術能見度。美國有「門羅主義」的文化孤立傳統，而又睥睨天下，凡是探討外國的學問皆被編制在化外的「區域研究」（如東亞研究），而不是放在主流學科建制（如社會學）之內。國際傳播是邊緣的，中國傳媒更是邊緣的邊緣，根本不足為奇。在我讀書期間，由新聞傳播出身的學者研究中國傳媒的，做得好的不多，做得比較好的是政治學家，但他們回到政治學的範圍卻也是邊緣的。這是特殊政治文化的產物，在學術上沒有道理可說。但我這個人一旦認定對的事，就不管它是中心還是邊緣，總是勇往直前，因此盡心盡力辦了幾次高品質的會議，邀請研究中國的著名政治、社會、歷史、法律學家來剖析傳媒。我一向反對傳媒研究關起門蠻幹，有意引

圖20.10　我在明大主編的叢書之一：《中國的聲音：政治與新聞的交光互影》（1990）。

圖20.11　叢書之二：《中國的傳媒，傳媒的中國》（1994）。

圖20.12　叢書之三：《錢、權力與媒介：文化中國的科層控制與傳播形態》（2000）。

圖20.13　叢書之四：《中國傳媒，全球脈絡》（2003）。

進其他老資格學科的理論視野，至少在早期可以救濟傳播領域的貧乏。以別人的肥料灌溉自己的園地，這個「周邊包抄」的迂迴策略，把中國傳媒研究帶出傳統的窄圈，成為人文與社會科學風景線的一環。

將近十五年，時報中心結集會議論文，出版了四本主題連貫的叢書。第一本書《中國的聲音：政治與新聞的交光互影》（1990），香港浸會大學傳理學院院長黃煜教授當時在英國念書，他事後告訴我，初見此書時，大有驚豔和觸電的感覺。第二本書《中國的傳媒，傳媒的中國》（1994），延續第一本書的特色，結合學者和記者的對話，一個主題是分析改革開放以後傳媒結構和內容的變化，另一個主題是回顧美國媒介報導中國所呈現的歷史映射。第三本《錢、權力與媒介：文化中國的科層控制與傳播形態》（2000），則更加深入探討媒介的政治經濟互動，作者群中增加不少同輩和下輩華裔學者的面孔。第四本《中國傳媒，全球脈絡》（2003）與時俱進，分析中國進入世界貿易組織與全球化接軌以後，傳媒如何因應新情勢。這套叢書在我的學術生命史上——尤其是在明尼蘇達的歲月裡——是不可磨滅的印記。我有幸在某個歷史階段發揮觸媒作用，為學術發展及時搭幾座堅固的橋梁，飲水思源，這是余紀忠先生給我的機會。

這四本書對於美國的中國傳媒研究具有指標作用，也至少有五個階段性的貢獻。第一，它們代表學者與記者別開生面的對話。作者群的層面廣泛，赫赫有名的學者不說，美國頂尖媒介（如《紐約時報》、《華爾街日報》和《華盛頓郵報》）派駐中國的記者也撥冗參加，參與者還有對華政策的制訂者，也有同政策者打交道的智庫學者——這些大忙人，五湖四海，要會合起來做一件事，有賴精心策劃，鍥而不捨溝通，絕對是心力交瘁的考驗。第二，作者的背景不同，但我們特別強調緊扣深刻的問題意識，這套叢書早已

超出簡單敘述，也超出以往僵化的冷戰思維，共同把中國傳媒研究的境界推上另一個臺階。第三，它們代表跨文化、跨學科的交流，一方面涵蓋有代表性的美國和華裔學者與記者，一方面又橫跨新聞、政治、歷史、科技和法律各領域。無論橫通或縱貫，都聚焦在特定的問題上面，不能如脫韁野馬各說各話。第四，這四本書不啻記錄了時代變化的一鱗半爪，關注的深層問題始終聚焦於新聞媒介的政治經濟生態與影響，但分析議題則緊跟國內國外國際情勢的發展而變化，也隨著中國日漸開放而加深。第五，這四本書自成一系列，在美國著名出版社連續密集出現，既為中國傳媒研究在英文世界建立基本文獻，更是提高它在學界的普遍認受性（legitimacy），一般學者再也不能嗤之以鼻了。今天中國傳媒研究行情陡漲，比起我入行時的冷遇不可同日而語；中國傳媒研究的地位上升，當然與中國崛起息息相關，但我相信我們這一代人的努力沒有白費。

　　我在明大時期，還無意中做了一件「前人種樹，後人乘涼」的事。1990年國際傳播學會（International Communication Association, ICA）在明尼亞波里斯召開年會，參加會議的華裔學者不消雙手就數完了，我記得不出十五人。我們坐下來聊天，好像是張讚國說不如趁機成立「國際中華傳播學會」（Chinese Communication Association, CCA），聯絡情誼，甚至開拓學術合作的可能。大概是因為在我們的地盤開會，又以我最年長，所以被推上去做了兩任光桿會長，四年後才交棒給更能幹有為的朋友們。歷任會長的名單串起來，就是一個光鮮傲人的譜系。最初的通訊主編是普度大學劉端裕，印刷和郵寄費用由明大的時報中心資助。尤其值得一提的「功勳」是：我們積極遊說國際傳播學會、新聞與大眾傳播教育學會，以及後來的全國傳播學會，爭取到每年年會撥專場給CCA宣讀論文。會後大家依照慣例，抽空聚餐，舊雨新知，彼此結緣，行之有年。這個出身寒微的「丫頭」，不期然已經廿九年華了，婀娜多姿，開枝散葉，不僅數代人才輩出，更像一條無形的文化臍帶，跨越並聯繫著太平洋兩岸的學府與學人。專屬的「微信群」已滿五百人，熱鬧非凡。現在CCA輪流與各大學合辦接待會，除了財源有保障，也是大學宣傳和個人求職的好平臺。國際傳播學會在布拉格開2018年會，參

加的華人學者很多，和1990年的稀疏相比直如天壤之別。CCA趁著ICA開
會外會，頒賜給我「終身成就獎」，這是對「資深公民」的溫馨獎勵了。

五、再續香港因緣，見證回歸

　　上個世紀80年代初離港赴美時，香港前途的陰影已經開始浮現。市場
最怕不明朗，我們買的物業跌價一半，我們分期付出的款項是另一半，血本
無歸，兩人在港工作四年的積蓄完全付諸東流。我們在美國從頭開始。香港
主權從談判到回歸，提供活生生的社會實驗室，是研究者難逢的好機會。陳
韜文和我合作寫了不少論文，最後成書在紐約出版，題目是《大眾傳媒與政
治轉型：中國勢力範圍下的香港報業》（1991）。這本書聚焦於權力結構改
變與傳媒互動的關係：

　　（一）從港英獨大的一元權力結構，轉變為港英政府與新華社（港澳工
委，代表國務院港澳辦）勢均力敵的雙元權力結構，這個改變對香港報業的
定位與認同有何影響？我們發現右派報紙逐漸式微，中間偏右的向中間靠
攏，中間派各打五十板，左派應該抬頭但元氣尚未恢復。

　　（二）港英政府和新華社角逐權力，贏取民心，在這個過程中，它們用
什麼手段、有什麼資源對報紙展開統戰攻勢？立場各異的報紙如何回應中英
雙方軟硬兼施的壓力？報紙的外部關係和內部作業有何改變？

　　（三）中英談判跌宕起伏，雙方不斷展開宣傳戰，報紙歷經「過山車」
的心理試煉，如何在社論反映出來這種微妙的變化？

　　我在1994年放一年學術假，回到中大。高錕校長聘我為講座教授，他
希望我多駐留幾年，於是我1994-1995年按原計畫在中大，次年回明大，再
請假兩年回中大，因此親眼見證香港回歸的前後。中英當局對峙甚至對罵不
已，一幕連環戲在眼前不斷演出，數年後更是鬧到幾乎翻臉，這點點滴滴都
變成我們觀察研究的對象。九七回歸的不確定性引發沸沸揚揚的移民潮，師
資顯得青黃不接，一直到回歸以後，局面逐漸穩定下來，情況才陸續改善。
高錕校長是科學家，謙謙君子，在那種騷動不安的大環境下堅定掌舵，特

別重視學術研究，他把中大的國際地位提升了好幾個臺階。中大的崛起，固然拜賜於香港經濟社會高度成長，但高校長無疑建立了一塊重大的里程碑。他退休以後，榮獲諾貝爾獎，無論識者與不識者都引以為榮，可惜那時他已患病，不能享受這個終身的至高榮譽了。

時局變化迅速，觸發很多感想，每每發而為文，這是我寫政論的另一個高潮。我的主題一以貫之，總是圍繞著政治與新聞的互動關係。我在校園晨運時醞釀想法，邊散步邊打腹稿，上班時坐在電腦前一口氣寫出來，就傳真給報社。寫政論幫助我清理一些學術問題的關節，而學術觀點的發展也自然會滲透在政論之中。我寫報紙文章，不愛掉書袋，能夠直白講，就不繞圈子，也避免引述這個或那個權威以壯膽。我自期是學術與新聞的兩棲動物，有時也胡思亂想，倘若回報館當總編輯會怎麼樣。可惜因為一再拖延，這些文字錯過結集的時機，已成為過去式，即使再出版也沒有當年迫切的節奏感了。

那幾年，我體會到什麼是「滄海桑田」。沙田迎風搖曳的稻禾不見了，大片海域填得剩下一條城門河，政府宣傳在打造「新市鎮」，處處聳立一棟一棟高樓，擁擠如市區。從大學火車站旁邊的馬料水，已經不能悠哉悠哉划艇過吐露港，到對面的烏溪沙露營；而馬鞍山移山倒海，平添幾十萬人，蝸居在密密麻麻遮天蔽日的樓宇內。貝聿銘設計的低調和諧中大校園，逐漸夾雜了高聳突兀而色調不協調的大樓。電氣化火車呼嘯而過，取代了每小時一班燒煤炭、放黑煙的鐵皮火車。中大

圖 20.14　與陳韜文合著《大眾傳媒與政治轉型：中國勢力範圍下的香港報業》（1991）。

圖 20.15　與陳韜文、潘忠黨、蘇鑰機合著《全球媒介奇觀：香港的新聞戰》（2002）。

不斷擴招，班級人數膨脹，很難對得上學生的名字和面孔了。新亞書院舊
貌不再，而雲起軒昔日「天下第一桌」的風光已成歷史。「民主牆」稀稀落
落，不是國家發展、民主前途的宏大敘事，而是食堂校車等身邊生活瑣事。
師生分拆到其他書院，這一回我配到校園另一角落的逸夫書院，形式大於實
質，沒有太深的參與。

　　在這三年間，過從最密的是陳韜文、潘忠黨和蘇鑰機，我們幾乎每天
碰頭一起吃中飯，談學術。九七年香港回歸，距離八九年天安門的血腥鎮壓
記憶猶新，這也是柏林牆倒塌、冷戰結束以後東西方陣營第一次意識形態對
壘，引得數千名各國記者前來這個彈丸之地採訪。其實，「項莊舞劍，意在
沛公」，外國記者感興趣的是中國，不是香港。正當外國記者追逐新聞的時
候，我們追逐這些記者。我們深度訪問了八個國家地區的76個記者，收集
他們3883篇的報紙和電視報導，以抽絲剝繭的方式歸納其「意識形態束叢」
（ideological packages），進而聯繫新聞視角到各國的國家利益與外交政策。
這個碩大工程最後以英文寫成《全球媒介奇觀：香港的新聞戰》（2002）。
回歸之前，外國記者假定「東方之珠」必然動盪不安，回歸之日發現平靜無
事，他們反而必須找雞毛蒜皮的事填補。

　　我們發現整體光譜形成一場國際意識形態的話語角逐：中國強調洗雪自
從鴉片戰爭以來150年的民族恥辱，香港和臺灣的報導以「文化中國」沖淡
「政治中國」的調門；英國媒介緬懷昔日帝國的榮光，宣稱香港是「具有英
國特色的中國人成功的故事」，但絕口不提鴉片戰爭，反而諷刺香港的難民
源自動盪的中國；美國報導惋惜「東方之珠」送入「虎口」，美國必須挺身
護衛香港的「自由民主」與生活方式，美國既非宗主國，卻有國際霸權的意
識形態；澳大利亞媒介呼籲要採取獨立的外交政策，但報導充滿了反對中國
的偏見，幾乎與美國無異；加拿大有大量香港移民，聲言香港回歸直如國內
新聞的延長；日本最關心的是經濟，不是政治，以第三者旁觀的角度報導中
美英的爭執，自己不介入其中。我在本書第一章〈傳播研究的時空座標〉，
即是以這個個案為引頭，進一步結合現象學，闡述（一）真實的多重建構，
（二）局內人與局外人的辯證關係，以及（三）歷史脈絡和全球視野下的常

與變、同與異。

正如東坡居士所形容的：雪泥鴻爪，各奔東西。九八年我如期返回明尼蘇達大學，不久潘忠黨也去了威斯康辛大學，陳韜文和蘇鑰機留在中大，但多年來我們一直懷念這個合作。在中大的第二段因緣中，我直接間接教過的李立峰（現任院長）和邱林川（副院長），已是蔚然有成的學者了。而我在明大指導的兩位博士馮應謙（第四任院長）和張詠（現任教於密蘇里大學，剛剛獲得美國新聞與大眾傳播教育學會的傑出教師獎），都曾有中大求學的背景。中大的傳承是溫暖的，有序的，也是源遠流長了。

六、最後的學術驛站：香港城市大學

我第二次到中大，家人留在明州，只要北國飄大雪下冰雹，我在香港不但惴惴不安，甚至有罪惡感。1998年合約期滿，中大留我常駐，我以家庭理由堅持要回明人；女兒還有兩年念大學，再不及時回去她都不認我了。中大極寬待，建議我請假兩年，等女兒讀大學再回來，但我不敢貿然接受。我回歸明大，香港城市大學立刻就伸出橄欖枝，我說剛回來沒有興趣。沒想到城大耐心「追」了我兩年。一直拂逆人家的好意，未免太無禮，所以2002年我答應來看看，以為是緩兵之計。但我終於熬不過張信剛校長的魅力，因此回去明大要求請假兩年。我從中大回去明大四年，又要到城大兩年，明大抱怨我怎麼老想往外跑，我答應下不為例。

翌年（2003）4月1日愚人節，SARS肆虐，我戴著口罩以嗡嗡聲告訴張校長，明大催我速回甚急，我可能無法依約做滿兩年。他突然說：「明尼蘇達這麼冷，別回去了！」因為這句話，我留下來了，而且一留十六年。雙子城的文化人情生態樣樣都好，然而西伯利亞的冷風從加拿大平原長驅直入，比同緯度的哈爾濱還冷，一年有半年嚴冬，遙遙看不到盡頭，而在北國我的文化情懷也得不到慰藉。這是為什麼張校長的話發生威力。當我們決定留在香港，子女萬般不捨，但只能尊重我們的意願。其實我的淵源一直在中大，卻偶然地來到城大，更宿命地在城大退休，人生的道路冥冥中自有安排。

2008年新校長郭位上任，對我尤其支持有加。我原本2012年到退休年齡，郭校長一再禮遇，特例延聘三次共六年，直到2018年正式告別。

（1）媒體與傳播系

我到城大是傳播學講座教授，兼英文與傳播系主任。英文（文學）與傳播拼湊在一起，在英國有先例。在香港這是歷史的特殊邏輯，城市理工學院尚未升格為城市大學以前，許多系都是這樣「拉郎配」的怪異組合。我的朋友祝建華和何舟已先我而至，所以我毫不以為意。真正到了城大，才發現「英文系」不是文學系，而是教外國人英語，系內近親繁殖的傳統甚深。我既來之則安之，中大那時還要我回去，我也沒有動心。前兩年相安無事，我替同事頂住上面的壓力，他們對我不錯。但一旦香港政府突然決定抽資，把英語教學的資助項目從城大轉給香港教育學院，而傳播這邊卻發展得風風火火（為此獲得校方的嘉許），矛盾就全面爆發了。兩邊的想法、利益和素質簡直南轅北轍，校方高層心知肚明，卻投鼠忌器，一味和稀泥。我們經過三年的艱苦奮鬥，終於在2008年獲准成立媒體與傳播系。

我們在喘定之餘，必須重起爐灶，捲起袖子做事。我對行政已意興闌珊，但新任的郭位校長態度誠懇而堅定，執意要我出任系主任，我想想也有義務挺身而出，開創一個新的局面。一個新系急著要做的事很多，片刻不能等，例如設置課程、教學設備、招聘師資；有些規範需要碰到實際情況時一一建立，例如教師分工、研究獎勵、招生策略、學生外訪；而學術文化更需要時間醞釀才能成熟，但一開始就必須端正風氣。

在輕重緩急的考慮中，要永遠保持一個長遠的願景，我們自始就是以國際前沿的標準自期的。在招聘師資方面，我的原則是不預設領域，只要做得出色的就要，我相信好的學者碰到好的學者就會擦出火花。除了在美英港各地登招聘廣告，我透過溝通網路請各地師友推介傑出的人才。我邀請美西潛在的候選人到柏克萊，請美東潛在的候選人到芝加哥，和他們面對面溝通，然後鼓勵他們正式申請。決定聘任以後，我以高於大學起點兩級的標準敘薪。報到以後，第一學期不用上課，要他們去企業界實習，學點本事回來教

學生。我也隨時留意其他學校的才俊，主動延攬並說服他們加盟。我相信有了好的人，再配以好的環境，同事會裝上自動馬達運行不已。認真做學術研究是我們的底色，不出幾年，我們在港府的學術研究評估便獨占鰲頭了。這當然是大家的努力，我不敢邀功，但我願意相信我用「赤子之心」打下的基礎是不錯的。

學術界不像商界或政界，能爭的權奪的利不多，但凡是有人就有事，故稱「人事」。「學術政治」不可怕，怕的是「只問立場，沒有是非」。有人說學堂和教堂內部紅起眼惡鬥，除了凶狠，人人更振振有詞，但那絕對是殘害生命、兩敗俱傷的悲劇。學術行政只能靠「軟實力」，無法硬壓，我希望同事之間可以有親疏，不要有派系，共同營造一個優良的學術生態。其實，文人相輕，教授的自尊心特別強，同事之間利害關係又不斷改變，彼此未必做得上朋友，但至少要有專業態度，對事不對人，能坐下來討論問題。在這個基礎上再結交朋友，那是真朋友。我在任內盡量開誠布公，不斷努力向大學爭取資源；我為同事送出去的升等、實任和續聘案幾乎都順利通過；我號召同事全面參與系裡各種會議和活動；若有什麼機會，我往往讓渡給他們。當然，「豈能盡合君意，但求無愧我心」，我做不到人人滿意，但若偶有小摩擦也能化解，基本上杜絕派系，互相尊重，這是其他系同事羨煞的文化。

課程設置方面，我們充分發揮「後發優勢」，一開始就抓住先機，注重新媒體的發展，而且得到校方的支持，投資大量先進設備。這對學生的就業很有好處。如今媒體與傳播系坐落於「邵逸夫媒體創意中心」，這座後現代建築的設計師丹尼爾・里布斯金（Daniel Libeskind），也是負責紐約世貿大樓被911恐怖襲擊重建計畫的主腦，CNN選出全世界十大校園建築，我們名列第七名。在拓展對外關係方面，我們牽頭與復旦大學、臺灣大學、中國傳媒大學組成華人四校聯盟，又與新加坡南洋理工大學、韓國延世大學組成亞洲三角聯盟，輪流召開年會，讓研究生發表論文，並藉機開拓眼界，熟悉別人在做什麼。

有學生好奇地問我，行政工作似乎並未太干擾我的研究，每年照常有論文發表，原因何在？我想想，大概歸納出四個原因，一是專注，我明知做

行政會吃掉很多時間，所以更加保護時間，善用時間，心無旁鶩。二是我的心境很容易「換檔」，不會因為要處理行政事務或死等開下一個會而浪費光陰；開會前要是有點空隙，我會修改一篇文章的幾個段落，或從書架上取下薩依德的書溫習若干章節；開會後很快轉換心境，回到原來的節奏。第三，施蘭姆夫人有一段憶述，我初讀時就很感動，以後常會回想當初的感動。她說，有一次他們回去俄亥俄州老家，探望施蘭姆的母親，但見婆婆繫上圍裙滿臉通紅忙裡忙外，收拾屋外繩子上給太陽晒乾的衣服，廚房的爐灶起了好幾個火頭，每個鍋子都在冒煙。為什麼同時可以做好幾件事？婆婆說：「開了幾個火頭，我就得一一照顧它們。」這正是施蘭姆一生的寫照。我不敢自比施蘭姆，但的確有意模仿他，我只要先起了頭，就必須及時完成這些研究。第四，我不是「完美主義者」，不太患得患失，凡事盡其在我，上天給我的能力就這麼多，只要付出努力，就算做得不夠好我也認了。

國際傳播學會（ICA）在西雅圖開2014年年會，頒發年度「費雪導師獎」（B. Audrey Fisher Mentorship Award）給我，據說是美國以外第一人。2019年又獲選為國際傳播學會「會士」（ICA Fellow），以及獲頒中國新聞史學會的「卓越學術獎」。為此，常有人問我是如何指導學生的。其實，我和學生亦師亦友，互相切磋。我為李紅濤和黃順銘的《記憶的紋理》（2017）作序時說：「回顧教學研究四十載，我從未企圖把博士生塑造成為自己的翻版。他們有不同的個性、才情和機遇，我做的是觸媒劑，盡量讓他們發揮出最好的潛能。」我的觸媒角色大致包括四個方面。第一，我幫助他們找到學術興趣。有了興趣就會有熱情，有了熱情就會像裝上馬達的機器，自行運動不已。第二，我幫助他們提高學術境界。發現興趣是「知己」的功夫，而提高境界是「知彼」的功夫。學生應該知道天有多高地有多厚，取法乎上，又不好高騖遠。第三，我幫助他們提出好的問題。問好的問題，就成功了一半。我常開玩笑說，好的博士論文題目應該要像一隻八爪的章魚，每個觸角伸出去，都能接觸到其他的新問題，然後從理論上關照它們，達到觸類旁通的地步。第四，敦促他們養成好的工作方式和習慣。如今看到我在明大、中大以及城大的學生陸續卓然有成，青出於藍，不但感到欣慰，而且彷彿覺得

他們替我延續學術生命。

我提醒學生，論文是學術生涯的里程碑，不要等閒視之。選的題目最好畢業五年以後那把火仍在「腹中燃燒」，所以必先嚴肅叩問自己關懷什麼。我尊重他們的選題，有時候也給他們出題目，他們可以不接受。我在城大一直開一門「社會科學工作坊」，實際動手做，訓練學生在理論與證據的抽象階梯上下自如，每一立論便旁敲側擊試圖駁倒它，直到邏輯無懈可擊、證據充分有效為止。有一陣子，我召集我的博士生舉行定期圓桌分享會，他們最怕的問題是：「能不能用兩句話表達整篇論文的題旨？」經過這樣反覆練習，抽象思考的能力自然提高。他們交給我的英文論文初稿，我總會挑一兩章仔細改，被形容為「祖國江山一片紅」；然後，我要他們照著我的路子，不但一章一章改，而且一遍一遍改，他們不免叫苦連天。我說，別抱怨，將來你們會感謝我。現在有資格「憶苦思甜」的，包括李紅濤（浙大）、黃順銘（川大）、宋韻雅（香港浸會大學）、劉璟（香港人學專上學院）、陳楚潔（中山大學）和曾苑（英國利茲大學）等人。

我相信潛移默化的力量，建議學生選幾本與自己性之所近的經典著作（不一定在傳播領域）反覆研讀，認真揣摩作者提問題和答問題的方法與境界。這些著作每讀必有所得，得暇隨時翻閱，直如智者在眼前對話一樣親切，最富啟發和勵志的功效。其次，在相關的研究領域內，有幾個特別心儀的作者和一批重要的著作，值得仔細讀，讀到相當熟悉的地步，以便學習其中的問題意識、語言表述、邏輯思考和證據鋪陳，直到他們看世界的方法逐漸內化為自己看世界的方法。進一步說，現代學術轉益多師，在加減損益之間要慢慢培養自己的看法，甚至塑造個人的風格——學術是需要講風格的，要不然就是一個平庸的匠人。立志無妨大些，然而實踐起來務求篤實自信，一步一腳印，下功夫，不要浮誇，更不要急於成名。畢業以後，把大的關懷好好規劃一下，一篇一篇文章從容地做，裡面有內在聯繫，初時外人未必知道，但等到它們匯流在一起，就顯現一脈相承的力量了。好的學者應該「吾道一以貫之」，不是東抓一點西抓一點。我說，要有定力，不怕寂寞，等到哪天這裡在說你，那裡也在說你，你已經成名還不知道。但做學術最要緊的

是有趣，成名與否是次要的，也不在個人控制的範圍內，我就不羨慕某些前輩學人的「盛名之累」。

　　媒體與傳播系創立十年，我們在QS排名攀升到全球第27，當然值得欣喜。我覺得排名遊戲如選美競賽，這種事最好以平常心對待，既不可以不看重，也不可以太看重。要看重，因為亞洲的校方、學生和家長都看重，城大正因為排名不斷扶搖直上（十多年由全球198升到47），外面捐款源源而來。但不要太看重，因為排名的指標粗糙甚至粗暴，因噎廢食，窄化和扭曲整個學術評價體系。教研評估是必要的，問題是怎麼評；排名現在是一盤龐大的生意，全世界的大學跟著它的魔棒團團轉，根本是「新自由主義」統治學術場域的表徵。

（2）傳播研究中心：聯繫東西，走進歷史

　　我在2005年創立傳播研究中心，並負責主持十年。香港是中西會合的樞紐，我認為傳播研究一方面必須深入華人社會的特殊文化肌理，一方面要能在普遍理論上和西方對話。面對媒體融合和全球化的挑戰，尤其應該站穩立場，做出獨特的貢獻。

　　剛到城大時，我選了一束20世紀90年代在明大時發表的英文論文，改寫成中文，由牛津大學出版社出版，名為《超越西方霸權：傳媒與文化中國的現代性》（2004），內容分成社會理論、歷史經驗和世界脈絡三部分。其中有許多華人社會傳媒與社會變遷的個案研究，最後寫成開首之篇：〈視點與溝通──中國傳媒研究與西方主流學術的對話〉，延續我一向的關懷。可惜香港市場太小，此書中國大陸流傳不廣，有人告訴我（我也親見）他們從「淘寶網」買到的竟是複印的贗品。

　　我們的研究受到國際同僚的注意，以致2011年承美英同時出版的期刊《新聞學研究》（*Journalism Studies*）主編垂青，邀請我寫一篇文章，概述城大的傳播研究中心。我以〈來自亞洲的聲音，並超越之〉為題，介紹傳播研究中心所做的新聞史、中國傳媒生態與政經互動、中國記者的角色與意識、媒介話語與公共影響，以及跨文化的媒介話語比較分析。這些研究在這裡無

法細說，只能舉三個例子說明。一，我會同何舟、黃煜在京滬廣深四地，帶著研究生，深度訪問媒介機構高中下層一百多人，以瞭解中國面對全球化格局，媒介生態的外部和內部條件有何變化。二，我和宋韻雅、李紅濤、李立峰分別合作，做了一系列研究，分析美國精英報紙在各歷史階段、以及對當前事件如何報導中國。三，我策劃並主持北京、上海、西安和成都四個城市的問卷調查，正值我主持系務，聘請不少新人，所以建議提供數據，邀請姚正宇、沈菲、林芬和張讚國各寫一章，由李立峰總其成，在英國出版《都市中國的傳播、公共輿論與全球化》（2013），算是一份系裡的集體獻禮。（我從中大投奔城大，李立峰從城大回歸中大，學術界的流動很正常，但我深以李立峰的離開為憾。）

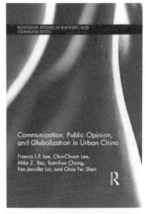

圖20.16　傳播研究中心集體合著《都市中國的傳播、公共輿論與全球化》（2013）。

　　城大給我很大揮灑的空間，使我有機會涉足新聞史的領域。我對新聞史有興趣，但做新聞史研究必須坐上十年冷板凳，我沒有下過這種功夫。我也沒有受過正規的史學訓練，但畢竟讀過好的歷史分析。我從余英時先生的各種著作中得益最多，特別佩服他的選題都擊中關鍵性的要害，論旨層層推進，證據旁徵博引，結合中西古今，每每在其他學者不注意處出新意，其文字之

圖20.17　我自認是余英時先生的私淑弟子，但他不知道。

優美而娓娓道來則猶其餘事耳。取法這個標準，我自然對坊間一般以中文書寫的新聞史相當有保留。

　　我以傳播研究中心搭個平臺，兩次邀請二十多位治民國史的著名學者來分析報刊；他們研究民國史，必定繞不過報刊的材料，讓他們來談報刊不啻是另闢蹊徑。我以前在明大，請政治、社會、歷史和法律學者來分析中

圖20.18 《文人論政：知識分子與報刊》（2008）。

圖20.19 《報人報國：中國新聞史的另一種讀法》（2013）。

國傳媒，這次也借助民國史家，為中國新聞史的研究注入新觀念，新理論，新方法。由於辦會的需要，我自己動筆試寫新聞史的文章，用社會學概念勾勒並燭照歷史材料，而又不能喧賓奪主，把歷史材料變成抽象概念的附屬。在出書寫導讀時，我都做過獨立研究，以延伸並聯繫各章的主題。此外我也和新聞史行家張詠合作，向她學習，研究過好幾個題目。承若干新聞史學者不見外，居然引我為同道，這是我在學術道路上意外的收穫。

第一本書是《文人論政：知識分子與報刊》（2008）。文人論政是近現代中國報刊的主旨，為的是啟蒙、救亡圖存、現代化和革命，本書聚焦於知識人（尤其是「胡適派」）的理念之分與合，報刊與社會文化的互動，民國時期報刊鼓吹的憲政、自由和平等觀念，以及報人與當局的關係。第二本書《報人報國：中國新聞史的另一種讀法》（2013），是《文人論政》的姊妹篇，一方面推進文人論政的主題，另一方面涉及更廣闊的題目，例如報刊成長與公共輿論的形成，公共輿論與清議、宣傳的異同，新聞職業意識的興起，報刊對於自由和個人主義的闡釋，報人以「真相」為名成為新聞檢查員，民族主義與世界主義的矛盾，知識人和報人在政權變化的抉擇等等。不論單篇的由小見大，或合起來鋪陳成面，都是另一種新聞史的讀法。（退休以後，我冀望能夠披閱原始檔案，追溯臺灣幾十年來前仆後繼爭取新聞自由的歷史，並進一步探討解除戒嚴、開放報禁以後，為何媒介的立場撕裂至此，而且內容瑣碎化甚至「嬰兒化」到不忍卒睹的境地。這個課題等於「反芻」我此生的經歷。）

圖20.20　召開國際會議，為「國際傳播的國際化」努力。
（城大媒體與傳播系提供）

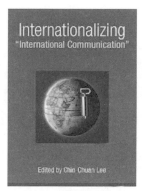

圖20.21　《「國際傳播」的國
際化》（2015）。

　　在學術生涯中，我一直對國際傳播最感興趣，從《媒介帝國主義再商榷》
（1980），到《全球媒介奇觀》（2002），到《超越西方霸權》（2004），關懷始
終如一。傳播研究向以美國傳播稱霸，國際傳播相對邊緣化。這是「美國中
心」的世界觀作祟，不是國際傳播沒有價值。學界假定「國際」是美國理論
在海外的延長，也是美國理論的試驗場，而不看重他國、跨國、跨文化和跨
邊界的主體性。為消弭西方理論的霸道與偏見，必須從知識論和方法論的源
頭下功夫。我邀請了十四位來自各國的著名學者召開會議，由卡茨發表主題
演講，這是西方學者（美、英、荷蘭、比利時、義大利、瑞典）與第三世界
學者（印度、阿根廷、以色列、匈牙利、華裔）的「南北對話」，最後由我
母校密西根大學出版社出版，題目是《「國際傳播」的國際化》（2015）。我
多年來的思索也寫成〈在地經驗，全球視野——國際傳播研究的文化性〉一
章。從1980年到2015年的漫長學術旅程中，我一貫保持這個宏大的關懷，並
以它引導個別問題的專題研究。我很喜歡這本書，正由李紅濤、黃順銘、宋
韻雅、陳楚潔和袁夢倩諸友生迻譯為中文，將由中國傳媒大學出版社印行。

（3）多聞雅集：中國大陸青年傳播學者到訪項目

　　城大歷史短，必須迎頭趕上，多交朋友。我到城大兩年後，即以傳播
研究中心的名義，在2004-2005年成立「中國大陸新聞傳播青年學者到訪計

圖20.22　學術生涯有幸與許多前輩學者結緣。卡茨曾為拙著（1980）賜序。此幅合影於1998年耶路撒冷，左起為蘇鑰機、陳韜文、卡茨、作者和潘忠黨。

圖20.23　卡茨偕同夫人（以色列希伯來大學音樂系教授），應邀到香港城市大學發表主題演講（2010年12月）。（城大媒體與傳播系提供）

畫」，促進與大陸高校新聞傳播院系學術交流。我們著眼於青年學者，因為他們可塑性大而機會少。每年分兩期，各駐校一個月。第一年準備匆促，專邀我剛剛走訪的幾所大學，第一期是武漢大學和浙江大學，第二期是南京大學和華中科技大學組成。後來逐漸擴展版圖，先「南征」，再「北伐」，第一步是容納華南的廈門、深圳、暨南和中山大學，再向華中和華北有序發展，到我退休時（2018）已經有217位，幾乎遍布大江南北的重要高校。

　　他們來自不同高校，年齡相若，完全沒有利害關係，更無所芥蒂，他們互稱「多友」，不必勾心鬥角。尤其是他們共同進出、活動、遊玩、覓美食、學習一個月，好像回到大學時代那樣單純，所以很容易變成好朋友。其情之篤切，我形容為「不計利害，只有交心」。很多同期「多友」會自行在各地聚會，友誼長存。他們駐校時，和城大同事密切交流，打成一片，走了以後經常聯絡，甚至合作。最有趣的是週末參加我們的「行山」——說起這個「行山隊」，必須回溯到SARS肆虐（2003）那陣子，人人自危，出門戴著口罩，大學怕細菌傳染關閉兩週，大家悶得發慌，於是響應張校長的號召，到郊外的嘉道理山頂農場踏青。在這以後十多年，腦中有導航器的鄭培凱教授當領隊，帶一批教授好友行遍香港的山嶺，享受山水之樂，並趁便找家好餐館把失去的卡路里補回來。每週張隆溪、張宏生兩位文學教授輪流選一首古詩，先用普通話朗誦，再用巴蜀、粵語和各地方言朗誦；記得我

們「多友」中有吳儂軟語的，有豪情萬丈的山東腔，有學北朝鮮播音員朗誦的，也有把唐詩翻成蒙古語的，大家笑成一團，其樂融融。

　　為什麼互稱「多友」呢？因為2006年在我赴美前夕，朱麗麗、陳先紅和黃順銘等人說，來城大一個月以後，不能說走就走了，應該有個機制讓大家保持長期的友誼，發展學術活動。於是，我從《論語》取「友直，友諒，友多聞」之意，成立「多聞雅集」，象徵由「博學多聞」的「新聞人」組成的「無形學府」（invisible college）。當年八月「多聞雅集」首次聚首於深圳和大梅沙。2008年南大多友推動首屆「中華青年傳播學者論壇」，接著遊覽皖南徽商建築，上黃山，不僅談學論藝，並無拘無束盡情嬉戲，喚回青春。其後，每年仲夏由不同院校舉辦論壇，足跡所至包括昆明到大理、鼓浪嶼與客家土樓、臺北、香港，從河西走廊到敦煌、川西藏寨、內蒙草原、珠三角下川島、北京熱河以及西安秦嶺。「多友會」打破上下各期的隔閡和陌生，平日「多友微信群」互通聲息的名字頓成真實；現在「多二代」也紛紛參加，與同齡人年度「約會」，這種共同成長的經歷將是一段佳話。

　　無心插柳柳成蔭，十五年下來，「多聞雅集」熔友誼和學術為一爐，成為一面重要的旗幟。許多「多友」已經是中年學界翹楚。全國各地召開學術會議，走到哪裡都會看到許多「多友」的身影，彼此見面如家人，選擇聚坐在一起。這是一個形式鬆懈、向心力強的學術網絡。於淵淵「多友」在讀完本文初稿以後說：「我從『多聞雅集』看到克萊恩的影子。」這是善解人意的觀察。然而以我系之小，中國之大，遺珠之憾實在太多。現在每年申請者多達150人，而我們的經費只能邀請12人到16人，還要考慮學校、性別平衡、專長和地區分布等因素，最後只能用「緣分」來解釋了，我始終對向隅者感到抱憾。

　　2014年11月南京大學多友鄭欣帶我們去揚州玩，我感歎李白詩「煙花三月下揚州」會

圖20.24　多聞雅集書籤，沈國麟刻章。

圖20.25　《遇見CC：致我們的燃燈者》（2018），黃順銘主編。

是何等光景，他立刻說明年三月在南京和揚州開個「多聞論壇」。說到做到，轉年清明節左右，第一屆「多聞論壇」誕生，選定主題，以三十人為限，有充裕的時間交流討論。這個「多聞論壇」規模小，有別於暑假大規模的「中華青年傳播學者論壇」。第一屆和第二屆的「多聞論壇」都是南大多友精心籌備的，2018年第三屆在浙大，西湖湖畔煙雨濛濛，遊人如織，可說「煙雨三月會杭州」，2019年第四屆在南京師範大學（按：目前已決定2020年在雲南大學，2021年在安徽大學召開），以後煙花三月我都將有所期盼。

佛家說人生萬物都是因緣的聚合生滅，兩百多人結成「多友緣」是我極大的福分。特別是在我大病期間，隨時感受到各地「多友」的溫暖問候和衷心祝福。為了我的退休，他們居然瞞著我，又捐款，又寫文章，編輯一本限量而精美的《遇見CC：致我們的燃燈者》，內收117篇文章，有的文章還配上各地方言的語音版，他們更推三位代表來香港參加系裡為我辦的告別會，使我既吃驚又感動。

正當為《遇見CC》感動不已之際，香港的溫情又吹拂另一個驚喜。將近四十年前在香港中文大學教過的學生25人，在尖沙咀的帝苑酒家設宴歡送我們。席間，蘇鑰機和陳韜文兩位教授展開「突擊」，推出另一本「祕製」的紀念冊——《結緣相知感恩情》，他們串聯我在中大、明大、城大各階段的學生以及數位多友寫文章，記述具體生動的點滴往事，全無空話，真摯感人。接著大家輪流回憶和我相知的片段，嘉琪更出其不意透露我的三個私密，「短短數分鐘將CC由笑容滿面變得熱淚盈眶，再以一個擁抱作結，令他再展笑顏」（陳鐘坤在臉書的形容）。我何德何能，我又何幸？我把這兩本紀念冊放在臺北和芝加哥家中的心臟位置，以無限感恩迎接人生的新階段。

小結

我這一輩子，大約在臺灣、美國和香港各三分之一；而在學術生涯當中，又是美國和香港大約各占一半，一直游弋於太平洋兩岸之間。這種遊牧生活辛苦了家人，我卻享受別人少有的學術機緣，能夠以親身體驗直接關懷、觀察、參與兩種文化的互動。

清華大學的老校歌有幾句話說：「東西文化，薈萃一堂。……新舊合冶，殊途同歸。……立德立言，無問西東。」這是宏偉的終極目標，但如何「殊途」而「同歸」卻是幾代人所面臨的共同挑戰，而「薈萃」和「合冶」也不純是理論問題，最終還得靠幾代學術社群在實踐中慢慢總結經驗，共同摸索出一些有效可行的道路。

我幸運有機會扮演「溝通」的角色，宛如飛舞在花叢之間採蜜的蜜蜂，大概也塑造我成為「半桶水」，自慚蜻蜓點水，學殖太淺：

- 溝通傳播研究與人文學科、社會科學
- 溝通華人社會的傳播研究與西方學術
- 溝通學術界與新聞圈的藩籬
- 溝通新聞史研究與社會學的互相滲透
- 溝通傳播研究的歷史脈絡與全球視野

四十年間，我又有幸在明大創立時報社會與研究中心、國際中華傳播學會，在城大創立媒體與傳播系、傳播研究中心，以及「多聞雅集」。

五十年來，我有很好的老師、朋友和學生。我有我最愛、也最愛我的家人。我也算自知努力，自從1978年獲得博士學位以來，可以說年年都有學術論文發表，沒有間斷。但自愧像學術工蟻一樣辛勞，此生建樹不多，等下輩子繼續努力。我在本書的〈自序〉說：

陶淵明在臨命之前，猶且引用《左傳》的話慨歎「人生實難」。像我

這樣無足輕重的小人物，在退休前夕更體會到「學問實難」的道理，縱使窮盡畢生之力，欲獲得點滴寸進，也未必有太大的把握。回顧這一段既漫長卻又短暫的歲月，不禁欣喜愧怍交集；欣喜的是一輩子能做自己愛做的事，愧怍的是學海無涯，而生命與才情有限……想到莊子說的「如鼴鼠飲河，不過滿腹」，不禁唏噓、悚然而汗顏。

在浩瀚的學海面前，怎能不謙卑？就以這段話結束我的報告。

附錄六

門風　會風　春風[1]

　　首屆多聞論壇在2015年4月的南京、揚州結束了，和李金銓老師、和多友們一起度過的那個週末卻還歷歷在目。春風沉醉揚州路，這條路連著香港，連著全國各地。回顧我們與多聞論壇、多聞雅集的結緣，我想還是要回溯香港城大的「大陸青年傳播學者訪問項目」。李老師一力創建的多聞雅集的情誼篤長的門風、南大勉力前行的多聞論壇的清新會風，和人間四月天的春風一樣，都值得再三沉吟和回味。

門風：桃李不言 下自成蹊

　　當年我們每一個人負笈城大的時候，大多是初出茅廬的青椒。十年後回想，李老師的視野和格局確實遠大，他不挑成名人士，專挑在學業上有較大進階空間的青年學者，初衷是給一批青年學者以國際視野的學術訓練。但現在回望，未始不是李老師以一位中華傳播學者的身分回饋文化母地，打造薪火相傳的學術傳繼者的雄心。城大項目與其他類似的項目不同，只要求申請者提供一個研究計畫，並不要求成文的文章，也並不在意所謂的成果。但這種表面上的極度寬鬆，並不意味著城大項目沒有求。可以說，它要求的是那種最高的要求。李金銓老師之外，祝建華、何舟、李立峰、姚正宇、沈菲等

---

1 南京大學鄭欣教授為2015年第一屆「多聞論壇」而作。

諸位老師都先後為城大項目付出了許多心血。尤其是以李老師教書育人的門風最為獨特。

獨特之一，CC不批評不說教，喜歡與訪問學者自由漫談，無論是行山還是下午茶甚至是夜談，只要你就一個議題請教討論，CC都會源源不絕地旁徵博引，從治學經驗、研究路徑、研究方法到人生態度，他是那種特別善加點撥的導師。在這種類似於古典書院的師徒傳授中，每一個人都在其中感受到真切的對話、真實的受益和真誠的學養薰陶。李老師不僅是經師，也是人師，他以身體力行的踐行告訴我們如何做一個真正的老師。

獨特之二，CC不中不西，不洋不古。李老師本人是臺灣學者，政大出身，在美國師從施蘭姆、羅傑斯等傳播學先賢，於香港中文大學、臺灣中央研究院都曾任教職，又在美國度過大半生的治學生涯。晚年重返亞洲，雖居香港一城，視野卻涵蓋中國大陸、港、臺等大中華地區。李老師無論是求學還是治學，人生路徑及視野格局都是橫貫中西，但他並無一般學者非此即彼的框限，反而是異常通達。他跳出歐美，要求「超越西方霸權」；也審視現代中國的歷史軌跡與政治囿限。他提醒學術訓練專業化、保持與西方主流話語對話的能力是必經之路；又要求不要將中華經驗作為西方理論的注腳，警惕過分專業化的陷阱。他常說要「入乎其內、出乎其外」，可以反映出他的治學理念的兼容並蓄。

獨特之三，CC學術要求上極其嚴格，但在生活中毫無架子，是一位真性情的大學者和溫情的長者。多友們有一個共同的感受，未來城大之前，遠望CC，覺得不怒自威，心生敬畏。一旦近距離接觸，發現他對人對事一概不分階層不分大小，不管來者何人，他都視為朋友，真誠平等相待。每一次多友聚會，總有一些年輕的多友與CC不是那麼熟悉。CC非常注意照顧到每一個人的感受，尤其是那些新多友，他會主動攀談，生怕冷落人家。類似於城大的訪問項目不少，但鮮有做成如多聞雅集一樣的影響力與凝聚力。這自然是與李老師作為學術社群精神領袖的個人魅力是分不開的。在學業上，多友之友李紅濤、黃順銘、宋韻雅、陳楚潔們深知導師的嚴格，他們的每一次進階都浸潤著CC殫精竭慮的心血。入室弟子如此，眾位登堂弟子多友們也

是如此。許多年來，只要多友中有請求支持和指點，李老師都是不惜心力，全情付出。武漢、北京、廣州是如此，南京也是如此。

會風：見賢思齊 砥礪真知

說起南京，就不能不說到2008年在南京舉辦的首屆中華青年傳播學者會議，也不能不說到2015年同樣在南京舉辦的首屆多聞論壇，以及必然會說到這次論壇在李老師傾力指點下的會風。多聞論壇是2014年秋天南京多友在漫談間與李老師談出來的共識。每個身在其中的學術人都深知學術機制中某些不盡如意的現狀。李老師在內蒙曾經提到多聞雅集十年，已經有這麼好的基礎，大家情誼堅固。以後為了方便大家經常碰頭，應該有一個地點相對固定、人員相對流動、規模適中的學術平臺，也就是今天的多聞論壇。適逢老師很喜歡江南的春天，南大也是因為種種機緣，在老師一路指點與激勵下舉辦了首屆多聞論壇。多聞論壇在我們的設想中，應該與一般的會風有所不同。唯有如此，才能承繼李老師的治學門風，才能在多友之間真正實現學術砥礪，彼此精進。

因此在李老師多次的微信指導下，我們做了一些努力和嘗試，希望多聞論壇能夠與常見的學術會議有一些不一樣的地方，真正以學術為正事，力戒浮誇和流於表面的形式。總結起來，大致就是三個真。

真問題。李老師說，學術研究的高下關鍵在於能不能提出好問題。一個好的會議，就應該有個好的議題。對這次論壇主題，我們曾經有過多重考慮。但因為會議準備時間倉促，最後只是提出了一個開放性的主題——「中華傳播研究的反思：下一個里程」。CC說，議題最好要有開放性和包容性，而且關鍵不要形成每個人上場十分鐘，各自宣讀毫無交流的陋習。他建議，參與多聞論壇的多友們可以不必糾纏一些碎片化的小問題，而需要就某一個領域系統整理並做前瞻性的討論。與會論文成不成文不要緊，五千字也可以，關鍵是要有對真問題的思考和留下足夠供大家討論的空間。也正是基於這樣的辦會理念，南京多友分別就不同的研究領域向多友們約稿，並多次就

論壇主旨的要求向大家催稿、逼稿。最後真的催來了多友發來的許多好論文，不過也給我們帶來了幸福的煩惱。因為參會論文都很優秀，怎麼選都有遺珠之憾。這是後話，按下不表。

真討論。論壇主題確立之後，剩下的就是論壇的議程怎樣設計的問題。在這一點上，CC也給我們提供了他的經驗。他說，我辦會，發言人的論文基本上都要寫一年。每個發言人只講十分鐘，但是對話人及其他人的討論要三十分鐘。老師說不要陷入念論文的俗套，那麼我們就來一點真刀真槍的討論與質疑。這樣，每一個議題的討論和碰撞都很充分，也能充分激勵一個學術社群的活力。這個點撥促使我們籌備組提出「靶子論文」的設想。在提出這個設想的時候，其實也是有壓力的。一是怕辜負眾多提交論文的多友的誠意，為了確定專題討論環節上的「靶子論文」，我們不得不忍痛割愛把許多參會的優秀論文轉移到大會討論環節。二是怕專題討論環節沒有設計好，發言人和對話人不能形成充分對話，這樣論壇主旨的學術期許不免要打折扣。好在最終專題討論環節的活躍和激烈程度超出了我們的預期，計畫中的三個小時遠遠不夠。這也給我們今後進一步改善多聞論壇設計及準備提供了經驗。三是一次次的花樣翻新的催稿要求，也給「靶子論文」發言人造成了壓力。為了讓發言人有更強大的心理準備面對學術同行的質疑與商榷，我們也將太過刺激人的「靶子論文」換成了比較緩和的「引子論文」。一是為了撫慰即將被炮轟的多友的心，二來主要是為了呼應多聞論壇的主旨：深度小型化的專題交流。深度討論一批論文，但最終是要在討論的激發中引導大家反思自己研究方法和研究路徑的得失，便於與會者腦力激盪，開拓邊界，獲取新知。這也是「引子論文」的真意。

真學問。這其實主要是多聞論壇以學術為最高旨歸的原則。李老師多次提及，現在的學術管理多是以科層組織為主，好處是很有效率，便於管理，而且可預測性強。但是問題在於過了頭之後，現在的學術就變得碎片化、過於專業化。老一代的學者可能沒有經過嚴格的專業化的訓練，年輕的學者卻很可能陷於專業化的陷阱中。CC希望年輕的多友們不斷提高眼界，要有理論和方法上的自覺，以近兩百個多友的努力，來形成一種文化運動。這些真

知灼見，都被吸納進多聞論壇的旨歸。可以說，多聞論壇正是一種開放的嘗試，試圖將學術活動放置在一個比較闊大的視野來關照，不拘泥於太瑣碎和細小的問題，而是以問題意識來促進學術社群的共同成長。如切如磋、如琢如磨，以一個學術社群中具備普遍意義的問題啟發共通的思考與討論，使得大家得以見賢思齊。這樣的學術社群才會慢慢成長乃至成熟。從這個意義上，多聞雅集、多聞論壇和多聞書院都是一脈相承的。大家能夠在一個真正的學術社群中互相砥礪，努力精進，是多聞雅集的旨歸，亦是多聞論壇的旨歸。

多聞論壇結束時，李老師勉勵我們，要穩步地走下去，至少再辦上十年，變成一個傳統。以後每一屆都應該比上一屆更進步一些，慢慢做，也毋須高調，十年後回頭看，應該是一個很有趣、很有意義的事情。我們心裡明白，無論哪個層面，首屆多聞論壇都是一個嘗試，有太多需要努力提升的空間。我們自當共同珍惜、勉力前行！

春風：沉醉十里揚州路

在溯源多聞雅集的門風和多聞論壇的會風之後，還有一點一定要提及，就是一直以來迴盪在多聞雅集、迴盪在多友社群心中的那一縷春風。

這個春風，首先是李老師帶來的如沐春風。與其他的學術社群相比，多聞雅集的特別之處在於李老師以自身的人格魅力和學術氣場建構的情誼場域。多友們大多已經身在學術場中若干年，經歷過各種學術社群或團體，但像多聞雅集這樣的社群是極其少見的。究其原因，當然要感念CC的十年心血，才成就今天的功業。他經常謙虛說，你們都是在做功德，而其實他才是真正的大功德。以一己之力，十年樹木，多聞雅集才能慢慢發展成為華人傳播學界一個重要、活躍、有趣的學術社群。有李老師的精神扶持和城大一月的集體記憶，多友之間的情誼才可以超越利害，不問得失，如沐春風。

其次，是多友社群的春風送暖。學術科層制的異化，使得每個身處其中的人不堪勞累。而多聞雅集的出現，使得一眾人等不僅在學術和精神的層面

找到同氣連枝的知音，也在日常生活中嵌入同儕群體的情誼。每年暑期的中華青年傳播學者論壇，大家新朋舊知相伴遊學，飽覽大江南北的美景，更締結眾多超越職業的真摯情誼。陳先紅在武漢辦會，眾多友傾情加盟；何晶在北京辦會，眾多友鼎力相助；我們南京，從首屆中華傳播學者論壇到首屆多聞論壇，哪一次不是全國各地的多友春風送暖鼎力支持？在大江南北的學術場域中，最常遇見的驚喜就是：哇，你也是多友！這份深厚篤長的情誼，可謂是肝膽如雪。多友資歷有深有淺，來自院校有大有小。多聞論壇如果像一般的學術會議一樣論資排輩，甚至論官論爵，不免傷害學術社群的真義，也有違多聞雅集一直以來平等、公正、自由、真誠的門風。因此在多聞論壇開幕式上我們有一個小小的細節設置，就是所有多友不問職稱不問職務，一律以在城大進修的時間年限為標準逐一介紹。這也是南京大學一以貫之的校風之一──「序長不序爵」。多聞雅集和南京大學在誠樸的氣質和平等的精神上有一種奇妙的碰撞。我們也希望多友社群的春風永遠溫暖，暖你暖我。

最後，我們心中的那縷春風，也有春風十里揚州路的意思。在無聊的學術科層結構中，在辛苦的日常學術生活裡，我們需要有一群人抱團取暖，也需要有一個美好的空間安放學術本來應該具備的純粹的熱情。南京是個不大不小的城市，非常幸運，我們位於江南。大概沒有中國的文化人不喜歡江南的。這裡有最精緻最秀美的關於中國文化的想像。南京大學和南京師範大學加起來一共有十八位多友，僅南京大學一校即有十三位多友負笈城大。南大受惠於多聞項目甚多，理應回饋多聞雅集。煙花三月下江南，春風十里揚州路。也許是我們在共同的學術旨歸之外，能夠奉獻給多友們的最好的禮物。

瘦西湖的楊柳依依，平山堂的端凝厚重，個園與何園的精緻秀美，花局裡的古色古香，揚州八怪的書畫，鑑真紀念堂的佛理，冶春的早茶……在每一個煙花三月，相約最江南的揚州，問學遊春兩不誤，會不會成為多友們新的樂趣呢？

期待春風又綠江南岸的時候，多友年年歡聚。南京見，揚州見。春風常在，多友常見！

傳播縱橫：歷史脈絡與全球視野

2019年7月初版　　　　　　　　　　　　　　　定價：新臺幣550元
有著作權‧翻印必究
Printed in Taiwan.

著　　　者	李　金　銓
叢書編輯	張　　　擎
校　　　對	馬　文　穎
內文排版	極翔排版公司
封面設計	兒　　　日
編輯主任	陳　逸　華

出　版　者	聯經出版事業股份有限公司	總編輯	胡　金　倫
地　　　址	新北市汐止區大同路一段369號1樓	總經理	陳　芝　宇
編輯部地址	新北市汐止區大同路一段369號1樓	社　長	羅　國　俊
叢書主編電話	(02)86925588轉5321	發行人	林　載　爵
台北聯經書房	台北市新生南路三段94號		
電　　　話	(02)23620308		
台中分公司	台中市北區崇德路一段198號		
暨門市電話	(04)22312023		
台中電子信箱	e-mail：linking2@ms42.hinet.net		
郵政劃撥帳戶	第0100559-3號		
郵撥電話	(02)23620308		
印　刷　者	世和印製企業有限公司		
總　經　銷	聯合發行股份有限公司		
發　行　所	新北市新店區寶橋路235巷6弄6號2樓		
電　　　話	(02)29178022		

行政院新聞局出版事業登記證局版臺業字第0130號

本書如有缺頁，破損，倒裝請寄回台北聯經書房更換。　ISBN　978-957-08-5345-2 (軟精裝)
聯經網址：www.linkingbooks.com.tw
電子信箱：linking@udngroup.com

國家圖書館出版品預行編目資料

傳播縱橫：歷史脈絡與全球視野/李金銓著 .
初版 . 新北市 . 聯經 . 2019年7月（民108年）. 624面 .
17×23公分
ISBN 978-957-08-5345-2（軟精裝）

1.國際傳播 2. 傳播研究 3.文集

541.8307 108009897